富水地层地铁工程
关键施工技术

主 编 孙 杰

副主编 吕守明 许 庚 张 鹏

中国建设科技出版社

北 京

图书在版编目（CIP）数据

富水地层地铁工程关键施工技术/孙杰主编． ——北京：中国建设科技出版社，2025.2. -- ISBN 978-7-5160-3483-5

Ⅰ.U231

中国国家版本馆CIP数据核字第2024BC9745号

富水地层地铁工程关键施工技术
FUSHUI DICENG DITIE GONGCHENG GUANJIAN SHIGONG JISHU
主　编　孙　杰
副主编　吕守明　许　庚　张　鹏

出版发行：中国建设科技出版社
地　　址：北京市西城区白纸坊东街2号院6号楼
邮　　编：100054
经　　销：全国各地新华书店
印　　刷：北京联兴盛业印刷股份有限公司
开　　本：787mm×1092mm　1/16
印　　张：27
字　　数：640千字
版　　次：2025年2月第1版
印　　次：2025年2月第1次
定　　价：108.00元

本社网址：www.jskjcbs.com，微信公众号：zgjskjcbs
请选用正版图书，采购、销售盗版图书属违法行为
版权专有，盗版必究。本社法律顾问：北京天驰君泰律师事务所，张杰律师
举报信箱：zhangjie@tiantailaw.com　　举报电话：（010）63567684
本书如有印装质量问题，由我社事业发展中心负责调换，联系电话：（010）63567692

编审委员会

主　　审：牟晓岩

副　　审：刘相华　王维锋　史红军　朱相波　田国锋
　　　　　　马　烽　王　翔　李　江　郭　建　孙万臣
　　　　　　张连科　朱献民　侯明学　刘俊岩　李连祥

编写委员会

主　　编：孙　杰
副 主 编：吕守明　许　庚　张　鹏
编写人员：（按章节顺序）
　　　　　　郭亚妮　齐善民　王信印　王　凯　海　涛
　　　　　　赵晓东　梁益硕　韩兆民　王　亮　张维欣
　　　　　　石　义　陈成鹏　侯冠群　张胜安　许记锋
　　　　　　高　伟　赵金辉　邓小杰　尚国宇　张海龙
　　　　　　李　雷　刘增金　尹贻超　刘洪荣　付同华
　　　　　　陈　彦　陈　宽　董晨雨　王其玉　郁　磊
　　　　　　李德宝　刘筱懿　李　靖　刘　杰　张新宇
　　　　　　公岳婷　王崇立　李　明　贾相磊　姜秀玲
　　　　　　董伟英　闫海波　党叙良　白文彪　尉　鹏
　　　　　　王　丹　周鹏程　辛　莹　崔　琳　赵卫敏
　　　　　　韩　巍　高树亮　徐华勋　杨　琳　王红燕
　　　　　　范　凯　陈洪影　杨　震　李继林　何学鹏
　　　　　　沈长亮　赵方恒　马新伟　孔令辉　周　冲

主编单位： 济南城建集团有限公司
参编单位： 北京中煤矿山工程有限公司
哈尔滨工业大学（威海）
山东建筑大学
山东汇通建设集团有限公司
山东泉建工程检测有限公司
济南市市政工程建设集团有限公司
山东汇友市政园林集团有限公司
山东汇达新型建筑材料有限公司
上海宏信设备工程有限公司
广东铁科灌浆科技有限公司
中铁十局集团有限公司
中铁上海工程局集团有限公司
济南轨道交通集团建设投资有限公司

前　言

在地下水位较高或含有承压水的砂性地层等富水复杂地层条件下修建地铁工程，常常面临车站基坑出现帷幕渗漏，区间隧道盾构始发、掘进与接收过程中出现涌水和涌砂等技术难题。地铁车站采用地连墙作为基坑围护结构的方案造价高，采用灌注桩＋桩间高压旋喷桩工艺会导致在粉土、粉细砂、粒径较大的碎石地层中出现帷幕效果不理想现象。为降本增效，课题组开展了富水地层地铁工程关键施工技术系列研究，研究主要包括以下内容。

（1）开展沥青拌和站回收粉尘在同步注浆、防喷涌、车站肥槽填充中的资源化利用技术研究，解决了区间隧道上浮、涌水和涌砂技术难题。

（2）研发一种变角速度高压旋喷技术，通过改变不同方位的旋喷速度，形成了异性旋喷桩体。与摆喷防渗墙相比，墙体厚度均匀、抗变形能力强、防渗效果好。

（3）研发了"高压撕裂、低压成桩"技术，解决了在粉土、粉细砂、粒径较大的碎石地层会出现渗漏的技术难题。

（4）总结了地铁车站基坑工程采用 TRD 工法作为止水帷幕、MJS 工艺封底、采用水泥土体或冻结法加固土体、钢套筒辅助始发与接收盾构系列施工技术。

本书第一章和第二章介绍了富水地层地铁基坑工程施工关键技术、富水地层地铁工程区间隧道施工关键技术；第三章应用实例示范了新技术应用过程及效果，便于读者理解技术应用的条件、技术要求、实施路径和步骤；第四章重点阐释高压旋喷止水帷幕关键技术研究、水泥多合混合料及其应用技术的开发、沥青拌和站粉尘在盾构同步注浆及防喷涌技术中的应用、泉域地层地铁冻结法关键技术的研发背景、研究内容和结论，便于读者理解、掌握新技术的研究过程、应用范围和效果，激发工程师立足本职工作进行科技创新的信心和动力。

由于编者水平有限，书中难免有不足和疏漏之处，敬请读者批评、指正。若对本书有任何意见和建议，请反馈给我们（地址：济南市天桥区汽车厂东路 29 号；邮编：250031；电话：13706401377；邮箱：1760533566@qq.com），以供今后修订时参考。

2024.07

作者简介

孙杰，男，1966年生，黑龙江省宝清县人，1990年毕业于同济大学地下工程及隧道工程专业，济南城建集团有限公司首席专家、研究员，山东省泰山产业领军人才，山东省建筑工程大师，享受国务院特殊津贴专家，住房城乡建设部科学技术委员会城市安全与防灾减灾专业委员会委员、道路与桥梁标准化技术委员会委员，中国施工企业管理协会技术、质量、科技专家，中国建筑业协会技术质量专家，中国公路建设行业协会专家，中国工程建设标准专家库特邀专家，山东省住房和城乡建设厅城市轨道交通建设专家，山东省工程建设标准审查委员会专家，山东土木建筑学会绿色施工评审专家，山东土木建筑学会地下空间专业委员会副主任委员、基坑专业委员会副主任委员，济南市创新方法研究会副理事长，济南市土木建筑学会副理事长，济南市城市交通学会秘书长，济南市应急管理专家，济南市安全质量专家（参与基坑工程、幕墙工程、模架工程、轨道交通工程、工法评审工作）。

孙杰研究员多年来扎根一线，其主要成果获省科技进步二等奖1项、三等奖2项，华夏建设科学技术奖4项，济南市科技进步奖6项；授权发明专利39项、实用新型专利69项、国家级工法5项；出版著作6部，编制标准33部。

目　　录

第一章　富水地层地铁基坑工程施工关键技术 ······· 1
　第一节　复杂地层水泥土置换桩成桩施工技术 ······· 1
　第二节　渠式水泥土搅拌连续墙施工技术 ······· 7
　第三节　MJS 全方位高压喷射施工技术 ······· 11
　第四节　深基坑装配式内支撑技术 ······· 15
　第五节　地下水引流生态保护系统 ······· 23
　第六节　地铁基坑双液灌浆法堵漏技术 ······· 25
　第七节　地铁结构化学灌浆法堵漏技术 ······· 28
　第八节　盾构接收井内环向注浆堵漏技术 ······· 30
　第九节　气泡混合轻质土施工技术 ······· 32

第二章　富水地层地铁工程区间隧道施工关键技术 ······· 36
　第一节　泉域盾构掘进的双螺旋技术 ······· 36
　第二节　始发及接收端注浆加固技术 ······· 38
　第三节　近距离地铁隧道穿越敏感建（构）筑物关键技术 ······· 41
　第四节　泉域盾构同步双液浆施工技术 ······· 48
　第五节　洞内注浆法加固联络通道土体技术 ······· 51
　第六节　环氧砂浆修复管片技术 ······· 57

第三章　应用实例 ······· 60
　第一节　济南东站明挖区间 TRD 止水帷幕应用实例 ······· 60
　第二节　田园大道站盾构接收井 MJS 加固基坑应用实例 ······· 77
　第三节　老屯站—商埠区西站区间套筒辅助盾构始发与接收应用实例 ······· 92
　第四节　裴家营站冻结法接收盾构应用实例 ······· 124
　第五节　向阳站—临港站区间联络通道机械法施工实例 ······· 137
　第六节　济南东站—田园大道站区间联络通道冻结法施工实例 ······· 177
　第七节　老屯站—商埠区西站区间涉铁施工实例 ······· 211

第四章　研究成果 ······· 236
　第一节　高压旋喷止水帷幕关键技术研究 ······· 236

第二节　水泥多合混合料及其应用技术的开发 …………………………………… 276
第三节　沥青拌和站粉尘在盾构同步注浆及防喷涌技术中的应用 ……………… 310
第四节　泉域地层地铁冻结法关键技术研究 …………………………………… 363

参考文献 ……………………………………………………………………………… 419

第一章　富水地层地铁基坑工程施工关键技术

第一节　复杂地层水泥土置换桩成桩施工技术

一、概述

穿越卵石地层止水帷幕施工往往比较困难，水泥土搅拌桩无法搅拌卵石土，高压旋喷桩切削卵石困难，止水帷幕质量往往较差，存在渗漏水等质量问题。软弱地层支护桩成孔容易出现塌孔、缩颈等问题，对于存在地下流动水的情况，更容易产生塌孔渗水问题（图1-1-1、图1-1-2）。该工法针对穿越卵石地层帷幕桩施工工艺、软弱杂填地层支护桩施工工艺进行创新，成功解决了工程难题。

图1-1-1　杂填土层塌孔　　　　　图1-1-2　砂层塌孔

（一）工法特点

(1) 地层适用性强，卵石地层等坚硬土层、软弱杂填土层均适用。
(2) 成桩质量好，通过置换工艺，成桩质量大大提高。
(3) 施工工艺简单可行，通过常规施工机械即可完成。

（二）适用范围

在复杂地层条件下进行支护施工时，单一、常规的施工工艺方法往往难以满足工程的要求。复杂地层水泥土置换桩成桩工艺适用于卵石地层、硬塑黏性土、密实砂性土等坚硬地层及软弱杂填地层（图1-1-3、图1-1-4）。

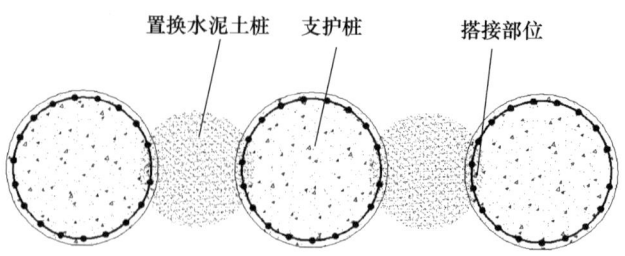

图 1-1-3 卵石层等坚硬土层桩间帷幕置换成桩

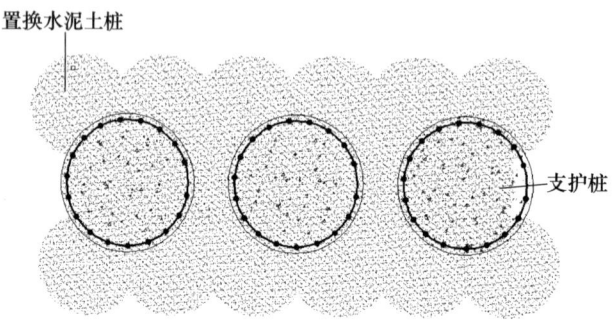

图 1-1-4 软弱杂填土层支护桩置换成桩

二、施工工艺

（一）水泥土置换桩工艺流程

（1）卵石层等坚硬土层桩间帷幕置换成桩由以下流程组成：旋挖钻机施工帷幕桩孔→灌入搅拌好的水泥土或回填土→高压旋喷桩（若上一施工步骤为灌入水泥土时则不需旋喷施工）→旋挖支护桩→放入钢筋笼→浇筑混凝土。

（2）软弱杂填土层支护桩置换成桩由以下流程组成：置换土桩及支护桩定位→采用高压旋喷或水泥土搅拌进行置换桩施工→待水泥土桩体达到一定强度后旋挖支护桩→放入钢筋笼→浇筑混凝土。

（二）施工准备

1. 场地平整

正式进场施工前，进行管线调查后，清除施工场地地面以下 2m 以内的障碍物，不能清除的做好保护措施，然后整平、夯实；同时合理布置施工机械、输送管路和电力线路，确保施工场地的"三通一平"。

2. 桩位放样

施工前用全站仪放样确定位置，一桩一签，保证桩孔中心移位偏差小于 50mm。

（三）帷幕桩成孔置换

钻机就位后，对桩机进行调平、对中，调整桩机的垂直度，保证钻杆与桩位一致，偏差应在 50mm 以内，钻孔垂直度误差小于 1/100，成孔直径应满足止水帷幕搭接要求，成孔后灌入搅拌好的水泥土或回填土。旋挖钻机引孔如图 1-1-5 所示。

(四) 旋喷桩施工

钻机就位，钻机安装、移动、对准孔位并保证垂直度偏差不大于1.5%；钻旋喷孔，一般采用引孔机引孔，过程中必须注意孔的垂直度；泥浆制备，包括但不限于检查喷浆系统、按配合比拌制水泥浆等；喷射施工时采用流量泵控制注浆速度，自上而下进行喷射作业，并做好记录，喷射完成后必须清理机具。旋喷桩施工如图1-1-6所示。

图1-1-5　旋挖钻机引孔　　　　　　图1-1-6　旋喷桩施工

(五) 搅拌桩施工

待搅拌机及相关设备运行正常后，启动搅拌电机，使搅拌机边旋转切土边下沉，同时开启送浆泵向土体喷水泥浆，两组叶片同时正反向旋转切割搅拌土体，直至达到设计深度。关闭送浆泵，两组叶片同时正反向旋转切割搅拌土体，直至达到设计桩顶标高以上50cm，提升速度不大于0.8m/min。

(六) 支护桩成桩施工

水泥土达到一定强度后，钻机就位，钻头中心对准桩位，定位误差不大于20mm。钻孔作业须分班连续进行，填写好钻孔施工记录，交接班时必须交待钻进情况及下一班注意事项。钻进时应随时检查泥浆密度和含砂率等指标，不符合要求时，及时调制。经常汇意地层变化，在地层变化处进行渣样捞取，判明后记入记录表中并与地质剖面图核对。开钻时必须慢速钻进，待导向部位或钻头全部进入地层后，方可加速钻进。

钻进过程中，操作人员随时观察钻杆是否垂直，并通过深度计数器控制钻孔深度。钻孔需一次成孔，中途不得停顿，因故停钻时，应将钻头提到孔外。在钻孔过程中，指定专人经常对孔径、孔深、垂直度等项进行检查，施工时做好钻孔记录。当钻至设计深度后，用测绳检查孔底沉渣厚度，用探孔器进行钻孔直径检查，并及时通知监理工程师进行桩孔检查验证。孔深、孔径不能小于设计值，钻孔倾斜度允许偏差为桩长的1%。

(七) 清孔

钻孔达到设计深度，且成孔质量符合要求并报监理工程师检查验收后，即可停钻清孔。清孔时用捞砂钻头将沉淀物清出孔位。要求沉渣厚度不大于20cm。在灌注水下混凝土前，若沉渣厚度超出规范要求，应进行二次清孔。

(八) 终孔验收

当钻孔达到设计终孔标高后，使用已校正的测绳进行自检，符合规范及设计要求后，请监理工程师检查，确定终孔。

（九）钢筋笼制作安装

钢筋笼现场加工制作，钢筋采用 HRB400 级热轧钢筋，加工尺寸严格按设计图纸及规范要求进行控制，钻孔灌注桩保护层厚度为 50mm。钢筋笼整体加工，钢筋笼主筋采用单面搭接焊，焊缝长度大于 10d，主筋与箍筋点焊连接，钢筋接头按规范要求错开。焊缝应饱满，焊缝表面应平顺，无缺口、裂纹和较大的金属焊瘤，接头弯折角度不得大于 4°，接头轴线的偏差不得大于 0.1d，并不得大于 2mm。钢筋笼采用吊车起吊安放，应避免碰撞护壁，采用慢起慢落、逐步下放的方法。

（十）吊装导管

导管：混凝土灌注采用 Φ300mm 的钢导管，每节长 2.5m，底节长 4m，配以 0.5m 及 1m 调整管节，管节间用丝扣连接。导管使用前进行试拼装、试压，试水压力为 0.6～1.0MPa，不漏水为合格。

漏斗：用 6mm 钢板制作，漏斗质量合格，保证不漏浆，不挂浆，漏泄顺畅彻底。

采用 25t 吊车下放钢筋笼，人工辅助对准。吊放钢筋笼过程中保持钢筋笼轴线与桩轴线吻合，并保证桩顶标高符合设计要求。为防止混凝土灌注过程中钢筋笼上浮，钢筋笼最上端设定位筋，由测定的孔口标高来计算定位筋的长度，反复核对无误后焊接定位。灌注完的混凝土开始初凝时，割断定位骨架竖向筋，使钢筋笼不影响混凝土的收缩，避免钢筋混凝土的黏结力损失。

（十一）混凝土灌注

灌注前做好一切准备，保证混凝土灌注连续紧凑进行。混凝土配合比要求：坍落度 18～22cm，采用商品混凝土灌注。

灌注首批混凝土：导管底部距孔底的距离为 300mm，漏斗与储料斗装混凝土 2.0m³，使导管口部一次埋入混凝土面以下至少 1.5m。

导管埋深：为防止导管拔出混凝土面造成断桩事故，为保证混凝土扩散的均匀性、密实性，导管埋深控制在 2～6m。

连续灌注混凝土：灌注首批混凝土量应使导管埋入混凝土中深度不小于 1.0m。首批混凝土灌注正常后，连续不断灌注，灌注过程中用测锤测探混凝土面高度，推算导管下端埋入混凝土的深度，并做好记录，正确指导导管的提升和拆除。直至导管下端埋入混凝土的深度达到 2～6m 时提升导管，然后继续灌注。

灌注过程中混凝土面高于导管下口 2.0m，每次拆除导管前其下端被埋入深度不大于 6.0m。灌注必须连续，防止断桩。随孔内混凝土的上升，需逐节快速拆除导管，拆管停顿时间不宜超过 15min。

在灌注过程中，当导管内混凝土不满，含有空气时，后续的混凝土应徐徐灌入漏斗和导管，不得将混凝土整斗自上而下倾入管内，以免在管内形成高压气囊，挤出管节的橡胶密封垫。混凝土上层存在一层浮浆需要凿除，桩身混凝土超浇 0.5m 左右，达到强度后，将设计桩顶标高以上部分用风镐凿除。做好混凝土浇筑记录。灌注过程要保护安设在钢筋笼上的监测元件不破坏或损坏。

三、质量标准

(一) 灌注桩质量检验标准

灌注桩排桩质量检验标准见表 1-1-1。

表 1-1-1　灌注桩排桩质量检验标准

	检查项目	允许偏差		检查数量	检验方法
主控项目	孔深	不小于设计值		全数检查	测钻杆长度或用测绳
	桩身完整性	设计要求		《建筑地基基础工程施工质量验收标准》(GB 50202—2018)第 5.3.1 规定	低应变或声波透射法。当根据低应变法或声波透射法判定的桩身完整性为Ⅲ类、Ⅳ类时，应采用钻芯法进行验证
	混凝土强度	不小于设计值		每浇筑 50m³ 不应少于一组试件；不足 50m³ 时，每连续浇筑 12h 应至少留置一组试件	28d 试块强度或钻芯法
	嵌固深度	不小于设计值		总桩数的 20%	尺量
	钢筋笼主筋间距	±10 mm		每根桩测 3 点	用钢尺量
一般项目	垂直度	≤1/100 (≤1/200)		每根桩测 1 点	用测壁仪或钻杆垂线和钢尺量
	孔径	不小于设计值		每根桩测 1 点	测钻头直径
	桩位	≤50mm		每根桩测 1 点	用全站仪检查
	泥浆指标	密度(黏土或砂性土中)	1.10~1.25	每台班 1 点	泥浆试验
		含砂率	≤8%		
		黏度	18~28Pa·s		
	钢筋笼质量	长度	±100mm	每根桩测 1 点	用钢尺量
		钢筋连接质量	设计要求		试验室试验
		箍筋间距	±20mm		用钢尺量
		笼直径	±10mm		用钢尺量
	沉渣厚度	≤200mm		每根桩测 1 点	用沉渣仪或重锤测
	混凝土坍落度	180~220mm		每车测 1 次	坍落度仪
	钢筋笼安装深度	±100mm		每根桩测 1 点	用钢尺量
	混凝土充盈系数	≥1.0		每桩测 1 次	实际灌注量与理论灌注量的比
	桩顶标高	±50mm			水准测量，需扣除桩顶浮浆层及劣质桩体

(二) 高压喷射注浆截水帷幕质量检验标准

高压喷射注浆截水帷幕质量检验标准见表 1-1-2。

表 1-1-2 高压喷射注浆截水帷幕质量检验标准

<table>
<tr><th colspan="2">检查项目</th><th>允许偏差</th><th>检查数量</th><th>检验方法</th></tr>
<tr><td rowspan="4">主控项目</td><td>水泥用量</td><td>不小于设计值</td><td>全数检查</td><td>查看流量表</td></tr>
<tr><td>桩长</td><td>不小于设计值</td><td>每20根1次</td><td>测钻杆长度</td></tr>
<tr><td>钻孔垂直度</td><td>≤1/100</td><td>每20根1次</td><td>经纬仪测量</td></tr>
<tr><td>桩身强度</td><td>不小于设计值</td><td>同一配合比每20根不少于1组</td><td>钻芯法</td></tr>
<tr><td rowspan="7">一般项目</td><td>水胶比</td><td>设计值</td><td>每台班测1点</td><td>实际用水量与水泥等胶凝材料的质量比</td></tr>
<tr><td>提升速度</td><td>设计值</td><td rowspan="6">每桩测1次</td><td>测机头上升距离和时间</td></tr>
<tr><td>旋转速度</td><td>设计值</td><td>现场实测</td></tr>
<tr><td>桩位</td><td>±20mm</td><td>全站仪或用钢尺量</td></tr>
<tr><td>桩顶高程</td><td>±200mm</td><td>水准测量</td></tr>
<tr><td>注浆压力</td><td>设计值</td><td>压力表测量</td></tr>
<tr><td>施工间歇</td><td>≤24h</td><td>检查施工记录</td></tr>
</table>

（三）水泥土搅拌桩质量检验标准

水泥土搅拌桩质量检验标准见表1-1-3。

表 1-1-3 水泥土搅拌桩质量检验标准

<table>
<tr><th colspan="2" rowspan="2">检查项目</th><th colspan="2">允许偏差或允许值</th><th rowspan="2">检验频率</th><th rowspan="2">检查方法</th></tr>
<tr><th>单位</th><th>数值</th></tr>
<tr><td rowspan="5">主控项目</td><td>桩身强度</td><td colspan="2">不小于设计值</td><td>全数检查。每浇筑50m³不应少于一组试件；不足50m³时，每连续浇筑12h必须至少留置一组试件</td><td>28d试块强度或钻芯法</td></tr>
<tr><td>水泥用量</td><td colspan="2">不小于设计值</td><td rowspan="9">全数检查</td><td>查看流量表</td></tr>
<tr><td>桩长</td><td colspan="2">不小于设计值</td><td>测钻杆长度</td></tr>
<tr><td>导向架垂直度</td><td colspan="2">1/250</td><td>经纬仪测量</td></tr>
<tr><td>桩径</td><td>mm</td><td>±20</td><td>量搅拌叶回转直径</td></tr>
<tr><td rowspan="6">一般项目</td><td>水胶比</td><td colspan="2">设计值</td><td>实际用水量与水泥等胶凝材料的质量比</td></tr>
<tr><td>提升速度</td><td colspan="2">设计值</td><td>测机头上升距离和时间</td></tr>
<tr><td>下沉速度</td><td colspan="2">设计值</td><td>测机头下沉距离和时间</td></tr>
<tr><td>桩位</td><td>mm</td><td>≤50</td><td>全站仪或用钢尺量</td></tr>
<tr><td>桩顶高程</td><td>mm</td><td>±200</td><td>水准测量</td></tr>
<tr><td>施工间歇</td><td>h</td><td>≤24</td><td>检查施工记录</td></tr>
</table>

第二节 渠式水泥土搅拌连续墙施工技术

一、概述

(一) 适用范围

等厚度渠式水泥土搅拌连续墙施工技术，又称 TRD 工法。TRD 工法首先将链锯型切割箱插入地基，挖掘至墙体设计深度，然后注入切割液、固化液，在整个设计深度范围内与原位土体充分混合搅拌，并持续横向挖掘、垂直搅拌、水平推进，构筑成连续的等厚度水泥土连续墙体，也可以插入 H 型钢形成等厚度渠式型钢水泥土搅拌围护墙复合结构（图 1-2-1、图 1-2-2、图 1-2-3）。墙体厚度宜取 550～850mm，常用厚度宜取 550mm、700mm、850mm；墙深不宜大于 50m。水泥用量及水灰比等参数宜根据墙体性能要求和土质条件由试验确定。水泥宜采用强度等级不低于 P·O 42.5 级普通硅酸盐水泥，水泥掺入比应根据土质条件及要求的水泥土强度确定，且不宜小于 20%，水灰比宜取 1.0～2.0。

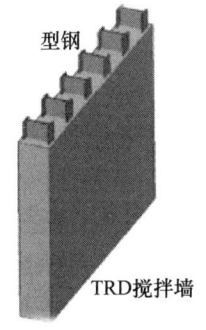 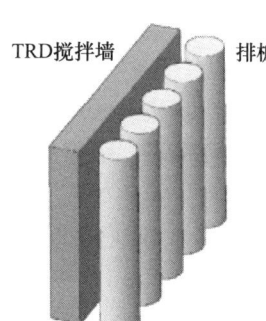 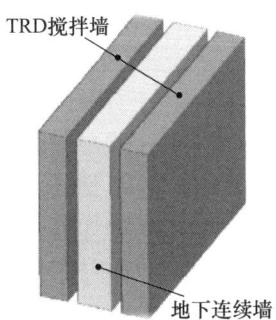

图 1-2-1 TRD 搅拌墙组合应用形式

图 1-2-2 TRD 工法机　　图 1-2-3 TRD 搅拌墙

工程上采用 TRD 工法等厚度水泥土搅拌墙技术，主要有以下几种组合应用形式。

(1) TRD 搅拌墙可作为止水帷幕，无须内插 H 型钢。

(2) TRD 搅拌墙内插 H 型钢形成等厚度型钢水泥土搅拌墙复合围护结构。

(3) TRD 搅拌墙作为地下连续墙两侧槽壁加固体兼地下连续墙接缝止水帷幕。

(4) TRD 搅拌墙作为防渗墙、隔离墙等其他形式。

（二）TRD 工法的特点

(1) 稳定性高。与传统工法相比，机械的高度和施工深度没有关联（约为 10m），稳定性高，通过性高，安全性高。施工过程中切割箱一直插在地下，绝对不会倾倒。

(2) 成墙质量好。与传统工法相比，搅拌更均匀，连续性施工，不存在咬合不良问题，确保墙体高连续性和高止水性。成墙连续，可在任意间隔插入 H 型钢等芯材，可节省施工材料，提高施工效率。

(3) 施工精度高。与传统工法相比，施工精度不受深度影响，通过施工管理系统，实时监测切削箱体各深度 X，Y 方向数据，实时操纵调节，确保成墙精度。

(4) 适应性强。与传统工法相比，适应地基范围更广，可以在砂、粉砂、黏土、砾石等一般土层及 N 值超过 50 的硬质地层（卵石、黏性淤泥）施工。

(5) 成墙品质均一。连续性刀锯在垂直方向一次性挖掘，混合搅拌及横向推进，在复杂地层也可以保证地下连续墙的均一质量。

（三）TRD 工法施工特征

TRD 工法施工分为一步施工法、两步施工法和三步施工法 3 种。

一步施工法施工是切削、固化液注入、芯材插入一次同时完成，直接以固化液进行切削、固化，适用于开发长度短、深度比较浅的软土地基。

两步施工法施工是单向进行切削，全部切削结束后返程，在返程过程中进行固化液的注入和芯材的插入，适用于开发长度长、深度比较深的由软到硬的地基。

三步施工法是将整个施工长度划分为若干施工段，在每一个施工段，先进行切削，切削到头后返回硬的地基段起点再进行固化液注入与芯材插入，适用于开发长度短、深度比较深的地基。

二、施工工艺

（一）工艺流程

测量放样→开挖沟槽→设置导向定位线→主机就位校正复核→拌浆，输送→刀具箱切割土体，搅拌→依次拼接刀具下钻至桩底设计标高→继续喷浆，横移回旋刀具进行帷幕施工→施工完毕。

（二）施工工序

1. 施工准备

施工前应掌握场地地质及环境资料，对 TRD 桩机施工路线的场地进行平整，施工路面铺设钢板及路基板作为施工道路，路面上根据现场施工需要预留空槽。

2. 测量放线

按照设计图进行放样定位及高程引测工作，并做好永久或临时标志。放样定位后做好测量技术复核单，提请监理单位进行复核验收。

3. 开挖沟槽

根据基坑围护内边控制线，先用挖掘机开挖 1～1.2m 宽的 TRD 施工导槽，深度约为 2m。

4. 吊放预埋箱

用挖掘机开挖深度约 5m、长度约 2m、宽度约 1m 的预埋穴，并将预埋箱吊入预埋穴内。

5. 桩机就位

由指挥员统一指挥桩机就位，移动前看清上、下、左、右各方面的情况，发现障碍物应及时清除，桩机移动结束后认真检查定位情况并及时纠正。桩机应平稳、平正，并用经纬仪观测以确保桩机的垂直度，桩机定位后再进行定位复核，桩位偏差值不大于 20mm，标高偏差±100mm，垂直度偏差不大于 1%。

6. 切割箱与主机连接

用指定的履带式吊车将切割箱逐段吊入预埋穴，利用支撑台固定；用 TRD 工法将水泥土搅拌桩移动至预埋穴位置连接切割箱，主机再返回预定施工位置进行切割箱自行打入挖掘。

7. 安装测斜仪

切割箱自行打入到设计深度后，安装测斜仪。通过安装在切割箱内部的多段式测斜仪，可进行墙体的垂直精度管理，通常可确保 1/250 以内的精度。

8. TRD 工法成墙

测斜仪安装完毕后，主机与切割箱连接，进行三工序形成等厚度水泥土搅拌地下连续墙施工。

步序 1——先行挖掘：通过压浆泵注入挖掘液（膨润土浆液），切割箱向前推进，挖掘松动原土层，切割成槽一段行程。

步序 2——回撤挖掘：根据作业功效，一段行程成槽后，切割箱再回撤至切割起始点。

步序 3——成墙搅拌：切割箱回撤至切割起始点后更换浆液，通过压浆泵注入固化液（水泥浆液），切割箱向前推进并与挖掘液混合泥浆进行搅拌，形成等厚度水泥土搅拌墙。

9. 浆液流动度及密度测试

通过测试混合泥浆的流动度与密度进行成墙品质的管理。

10. 置换土处理

TRD 施工产生的置换土优先回填、置换设备行走道路，其余置换土集中堆放，待达到一定强度后统一外运。

11. 拔出切割箱

在施工位置或施工深度变更的区域将切割箱拔出，再重新组装切割箱进行后序作业。

（三）搅拌速度及注浆控制

（1）TRD 搅拌桩在下沉和横移过程中均应注入水泥浆液。根据设计要求做好相应原始记录。

（2）制备水泥浆液及浆液注入。水泥浆拌制采用自动拌浆设备，电脑控制配合比，严格控制水灰比和水泥掺量。

(3) 在开机前应进行浆液的搅制,开钻前对拌浆工作人员做好交底工作。后台标明施工参数,明确水灰比、水泥掺量,拌浆及注浆量以及加固土体方量换算。注浆压力为 0.5~1.5MPa,以浆液输送能力确定。

(四) 施工搭接

当天成型 TRD 工法水泥土搅拌桩墙体宜搭接已成型 TRD 工法水泥土搅拌桩墙体约 50cm,严格控制搭接区域的推进速度,使固化液与混合泥浆充分混合搅拌。如图 1-2-4 所示。

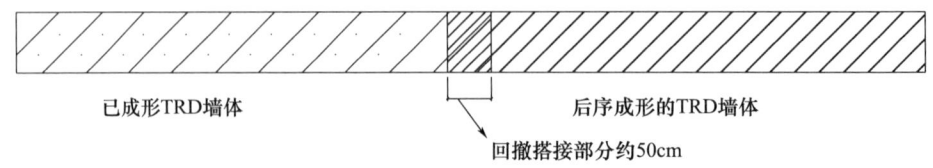

图 1-2-4 正常段施工搭接

为保证 TRD 工法水泥土搅拌桩在转角处的成墙质量和防水性,转角处每个方向的 TRD 工法水泥土搅拌桩需各向外延伸 1000mm,具体节点如图 1-2-5 所示。

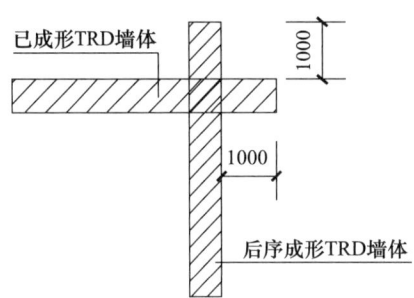

图 1-2-5 转角处施工搭接(单位:mm)

(五) 废土处理措施

(1) 沟槽开挖挖起的沉淤、杂填土和深层搅拌墙施工产生的涌土通过新型泥浆压榨脱水机对泥浆进行处理,保持现场文明施工。

(2) 施工产生的涌土在施工后应立即进行铲除、平整,否则等涌土硬化后就增加了铲除的难度,需加大人力、物力、财力的投入。

三、质量标准

(1) 严格控制浆液配合比,做到挂牌施工,并配有专职人员负责管理浆液配置。

(2) TRD 施工 28d 后,应采用钻孔取芯的方法进行检验,取芯检验数量及方法按一个独立延长米墙身取样,数量为墙身平面总延长米的 1‰,且不应小于 3 处;每个取芯钻孔应根据土层分布和墙体所在位置的重要性,在墙身不同深度处取样,且在基坑坑底附近设取样点,取芯数量不少于 5 组。

(3) 取芯后测得的无侧限抗压强度,宜根据芯样的情况乘以 1.2~1.3 的系数,强度不应小于 0.8MPa;取芯测得的抗渗性能应满足墙体自防渗要求,渗透系数不应大于

10^{-7} cm/s。取芯后的空隙应注浆填充。

(4) 截水帷幕采用渠式切割水泥土连续墙时,质量检验应符合表 1-2-1 的规定。

表 1-2-1 渠式切割水泥土连续墙截水帷幕质量检验标准

检查项目		允许偏差或允许值		检查方法
		单位	数值	
主控项目	墙体强度	不小于设计值		28d 试块强度或钻芯法
	水泥用量	不小于设计值		查看流量表
	墙体长度	不小于设计值		测切割链长度
	垂直度	≤1/250		用测斜仪量
	墙厚	mm	±30	用钢尺量
一般项目	水胶比	设计值		实际用水量与水泥等胶凝材料的质量比
	中心线定位	mm	±25	用钢尺量
	墙顶标高	mm	≥-10	水准测量

第三节 MJS 全方位高压喷射施工技术

一、概述

全方位高压喷射工法,即 MJS 工法,主要是对要求扰动比较小的临近铁路、地铁、桥梁构筑物的地段进行加固、保护,设备要求比较高,该工法在钻孔后将硬化材料水泥浆输送到 MJS 主机上进行喷射,边切割地层边混合搅拌喷射。MJS 工法配有一套控制地内压力的控制系统对浆、气及地下压力进行监控,实现了孔内强制排浆和地下压力监测,并通过调整强制排浆量来控制地内压力,为防止地面隆起和减少对周边的扰动强制排出多余的废浆,大幅度减少对环境的影响。MJS 工法是一种能进行水平地基加固和垂直 360° 全方位地基加固的施工工法(图 1-3-1)。

图 1-3-1 MJS 工法

(一) 工法特点

(1) 可实现水平、倾斜、垂直及水下施工。

(2) 可以测量地层内泥水压力,对周边地基造成的影响小。

(3) 桩径在 20m 以内比较好的土层可达 3.0m,可施工最大理论深度为 50m,超过 50m 慎用。

(4) 最大的优点是可实现水平喷射注浆,装有专用排泥管,强制排泥,排泥量可以调节。

(5) 可以 360°全方位施工,加固直径可以自由选择,加固范围可在 5°~360°自由选择。

（二）适用范围

MJS工法在黏性土、砂性土中均适用，该工法可用于止水帷幕；加固基坑土体，防止基坑底部土体隆起或形成管涌等；对相邻构筑物或地下埋设物进行保护；既有构筑物地基的补强；桩基础的防护或代替；盾构法及顶管进出工作井的加固等。

二、施工工艺

（一）MJS工法工艺流程

MJS工法施工由以下流程组成：成孔→主机就位→试钻→下放钻杆→清水喷扫→提升喷浆→分段拆杆→喷浆结束→移机就位。

（二）施工准备

1. 场地平整

正式进场施工前，进行管线调查后，清除施工场地地面以下2m以内的障碍物，不能清除的做好保护措施，然后整平、夯实；同时合理布置施工机械、输送管路和电力线路，确保施工场地的"三通一平"。

2. 桩位放样

施工前用全站仪放样确定位置，一桩一签，保证桩孔中心移位偏差小于50mm。

3. 修建排污和灰浆拌制系统

施工过程中将会产生10%~20%的返浆量，将废浆液引入沉淀池中，沉淀后的清水根据场地条件可进行无公害排放。沉淀的泥土则在开挖基坑时一并运走。沉淀和排污统一纳入现场污水处理系统。灰浆拌制系统主要设置在水泥附近，便于作业，主要由灰浆拌制设备、灰浆储存设备、灰浆输送设备组成。

4. 施工顺序安排

旋喷桩分序跳桩成孔，例如，第一序列先喷1号、3号、5号等桩，再进行第二序列2号、4号、6号……喷注作业，使相邻桩施工间隔时间大于48h，以保护先喷桩桩体的终凝。

（三）钻机就位

钻机就位后，对桩机进行调平、对中，调整桩机的垂直度，保证钻杆与桩位一致，偏差应在50mm以内，钻孔垂直度误差小于1/100；钻孔前应使设备运转正常；校验钻杆长度，并用红油漆在钻塔旁标注深度线，保证孔底标高满足设计深度。

（四）引孔

（1）根据地质情况，选择符合要求的引孔设备。

（2）钻头宜采用三翼金刚石钻头，加一个导正器或者配重，引孔直径为200mm。

（3）制备膨润土浆，泥浆密度宜为$1.1\sim1.25g/cm^3$。

（4）确保引孔垂直度，若遇障碍物降低钻速，加大泵量，反复切削，垂直度保证在1/100。

（5）引孔深度应大于设计孔深0.3m，根据孔深沉渣厚度来确定实际引孔的超出深度，引孔好后使用制作的扫孔导正器进行扫孔，并灌入比重在1.2左右的泥浆，防止塌孔。

(6) 钻孔应连续作业，若因故停止钻进，应保持钻杆的旋转，防止塌孔或扩孔。

（五）MJS 主机设置

(1) 主机放置基础应坚实平整，软弱地基需架设槽钢或铺设钢板。

(2) 连接电源、数据线、各路管线、钻头和地内压力监测显示器，确认在钻头无荷载的情况下清零，管线连接确保密封，使管内没有空气。

(3) 通过悬臂梁操作阀，调节主机位置和方向，动力头中心点对准套管孔内中心点，并伸缩支座对主机进行调平，查看主机上水准点确定主机是否平整，并用方木垫密实。

(4) 检查设备的运行情况，确保主机、高压泵、空压机、泥浆搅拌系统、MJS 管理装置等都能在正常工作状态下进行就位，机架放置平稳后开始校零。

（六）试喷

(1) 卸下钻头前端切削头，吊车吊起钻头放入主机动力头内，夹紧卡盘（注意：不能夹住排泥口和地内压力感应器部位）。

(2) 开启下部液压夹头，启动向下进给操作开关把动力头降低，关闭下部液压夹头，装上前端切削头。

(3) 安装倒吸空气适配器、安装水龙头，确保各路管线在通畅的前提下进行试喷。

(4) 旋转钻头喷嘴至合适位置（原则上避开人群）。

(5) 主机操作人员通过对讲机通知后台操作人员，依次开启主空气、120 泵（泵内通水）进行试喷，确认钻头喷射是否正常。

(6) 依次开启倒吸气、75kW 泵倒吸水，确认排泥口和倒吸适配器是否正常。

(7) 一切正常方可卸下水龙头开启后续工序。

（七）下放钻杆

(1) 清洗钻杆，检查钻杆孔内是否通畅，密封圈状态是否良好，禁用损坏密封圈，如有及时更换。

(2) 钻杆下放，即在引孔内将钻杆下放至设计深度，如果在钻杆下放过程中下放困难，打开削孔水进行正常削孔钻进。

(3) 对接钻杆和钻头，对接时，认真检查密封圈情况，看是否缺失或损坏、地内压力是否显示正常。

(4) 重复步骤(2)(3)，根据孔深计算钻杆下放数量，直至钻头喷嘴下放至桩底标高。

（八）喷浆

(1) 喷射前 10min 通知后台制备水泥浆，水泥浆三道过滤，防止掺入较大颗粒。

(2) 设定主机参数并且校零，将摆动/旋转切换开关拨到旋转位置，手动摇动动力头，使钻杆上面的白线位于主机正前方，夹紧夹子，松开卡盘，旋转动力头使 0 刻度通过感应器上方后停止，按下清零按钮，校零完成。

(3) 确认注浆方向、角度、回转速度、提拔速度，设定好后再喷浆。

(4) 定位置喷射：将摆动/旋转切换开关拨到摆动位置，打开摇晃开关，依次打开倒吸空气、倒吸水，确认排浆正常后，打开排泥阀门，阀门最多半开，然后开启主空气和泵（此时泵中供水），向上打开进给操作开关把动力头提升50cm左右，再向下把动力头下降至最低，定位置喷射完成。

（5）将水切换成水泥浆，确定主空气压力和流量、水泥浆压力和流量、倒吸水压力和流量在工艺参数范围之内，正式喷浆开始，喷浆过程中密切关注地内压力、泥浆排放情况，主动控制排泥阀门的大小，保证地内压力在规范数值之内。

（6）喷射阶段，在每根钻杆完成喷射结束之前大约30s时，将水泥浆切换成水，当泵的压力有大幅下降时关闭泵，停止步进和摇晃，关闭排泥阀门，再依次通知后台人员关闭泵、主空气、倒吸水、倒吸空气，卸下水龙头和喷射完成的钻杆（一般情况每喷3m一拆），重新接上水龙头，继续打开摇晃开关。

（7）依次打开倒吸空气和倒吸水，当观察排泥管路排水正常时，打开主空气和泵，调整泵的压力，当压力达到一定值后，水切换成水泥浆，调节压力至设计值，打开步进开关，继续喷射施工。

（九）拆卸钻杆

注意在拆卸钻杆的过程中，认真检查密封圈和数据线的情况，看是否损坏，地内压力显示是否正常，如有问题应及时排除方可继续喷浆。拆卸钻杆后，需及时对钻杆进行冲洗及保养。

（十）施工结束

重复以上步骤跳孔施工，直到施工结束。施工结束后，对设备进行冲洗和保养。

三、质量标准

（1）施工前应进行试成桩试验，确定桩径及厚度、咬合间距等参数，以便核对地质资料、机具及施工工艺是否满足要求。

（2）施工过程中控制钻孔位置与设计位置的偏差，不得大于50mm。

（3）下放钻杆前，应进行试喷，确认钻头喷射是否正常。

（4）下放钻杆时，应检查钻杆孔内是否通畅和密封圈、信号数据线是否完好，钻杆应连接紧密，保证钻具中管道连接的密闭性，并根据孔深计算钻杆下放数量，直至钻头喷嘴下放至桩底标高，保证成桩深度。

（5）根据MJS钻头的构造，实际引孔深度应大于MJS桩设计深度0.3m。成孔后，利用套筒钻头进行扫孔，使成孔垂直度误差严格控制在1/100以内。

（6）在喷浆前，应设置好喷射角度、回旋速度、提拔速度，设定好后再喷浆。

（7）浆液配合比必须严格控制，正式喷浆开始，在喷浆过程中，密切关注地内压力、泥浆排放情况。

（8）采取跳桩施工工艺，相邻2根桩的施工时间间隔应不小于3d。

（9）严格按照要求监测水泥浆的密度，每台班不得少于2次。当检测值低于1.5时，应增加水泥用量，确保水泥浆的密度达到要求。

（10）严格按照确定的参数进行施工。水泥浆喷射压力和水泥浆液流量应满足设计要求，喷浆提升至2.5cm/min。

(11) 单桩完成后,进行水泥实际消耗量与设计理论用量对比复核,确保满足水泥掺量不小于40%。

(12) 基坑开挖前,采用钻芯法对 MJS 工法桩桩身强度进行检验,取芯数量不少于总数量的2%,且不得小于6根。MJS 工法桩 28d 无侧限抗压强度不小于 1.0MPa,渗透系数不大于 10^{-7}cm/s。

第四节　深基坑装配式内支撑技术

一、概述

（一）结构类型

组合钢板桩、型钢组合支撑及组合围檩的选型与布置应根据周边环境、地质条件及施工方式等因素确定,其型钢构件的截面规格应根据受力及构造要求初选,并经计算复核后采用;三角传力构件、立柱、托梁及托架等辅助构件的选型与布置应与所选型钢组合支撑形式相协调。型钢组合支撑常见构件如图 1-4-1 所示。

图 1-4-1　型钢组合支撑常见构件

(二) 布置原则

（1）结构布置方案应保证传力明确、支撑杆件密度设置合理，满足施工空间要求，与主体地下结构形式及施工顺序协调，且应避开地下主体结构的承重结构。

（2）型钢组合支撑应根据基坑平面形状对称平衡布置，杆系结构应整体性良好，基坑阳角两侧应同时设置型钢组合支撑形成可靠的双向约束。

（3）相邻型钢组合支撑水平间距较大时，宜在杆件端设置八字斜撑杆进行端部补强，斜撑杆长度不宜超过6m，八字斜撑杆与冠梁或组合围檩间的夹角宜取30°～60°。

（4）采用多层支撑方案时，各层型钢组合支撑结构宜布置在同一竖向平面内，各层间净高宜取3.0～5.0m。

（5）组合围檩宜采用单根H型钢标准件或采用螺栓连接翼缘的双拼H型钢标准件截面；同层组合围檩应沿基坑边线首尾连接形成封闭整体，且应与型钢组合支撑和组合钢板桩可靠连接。

（6）立柱布置应避开主体结构，不同方向型钢组合支撑交会处应设置立柱，同一型钢组合支撑的立柱间及组合围檩与立柱间的距离不应大于10m。

常见基坑布置形式如图1-4-2～图1-4-5所示。

图1-4-2 常见基坑布置形式（一）

图1-4-3 常见基坑布置形式（二）

图1-4-4 常见基坑布置形式（三）

图1-4-5 常见基坑布置形式（四）

(三) 构造要求

装配式型钢组合结构基坑支护中各类构件截面板件的宽厚比等级应为S3级、S4

级；分级标准及限值应符合现行国家标准《钢结构设计标准》(GB 50017)的有关规定。

(1) 型钢组合支撑的构造应符合下列规定。

① 型钢组合支撑宜减少拼接节点数量，且各型钢单肢的拼接点宜相互错开，错开长度不宜小于1m。

② H型钢标准件拼接位置宜设置在立柱与托梁附近。

③ 型钢组合支撑上翼缘宜设置盖板，下翼缘宜设置构造系杆，盖板与构造系杆应与各单肢型钢可靠连接。

(2) 型钢组合支撑采用双层组合截面时，应在上下层单肢型钢间设置型钢垫梁并相互可靠连接。组合围檩的构造应符合下列规定。

① 拼装节点不应设置于截面弯矩较大处。

② 型钢翼缘处应设置采用高强螺栓连接的拼接板，各单肢的拼接点应错开布置，错开长度不宜小于1m。

③ 组合围檩转角位置应增设加劲肋；加劲肋构造应符合现行国家标准《钢结构设计标准》(GB 50017)的有关规定。

④ 同层组合围檩应通过构造措施连接为整体。

⑤ 在组合围檩转角处、型钢组合支撑与组合围檩斜交处、连接处应设置三角传力构件。

(3) 组合围檩与组合钢板桩的连接构造应符合下列规定。

① 组合围檩应采用钢支架承托或专用吊具吊装于组合钢板桩侧面设计位置处。

② 组合围檩与组合钢板桩间的空隙应采用灌注细石混凝土或嵌入钢垫片等方式进行密实填充。

③ 组合钢板桩侧承托组合围檩的钢支架间距不宜大于3m。

(4) 立柱构造应符合下列规定。

① 立柱的长细比或换算长细比应小于25。

② 立柱与托座间的连接螺栓应不少于6组；螺栓布置的间距、边距和端距容许值应符合现行国家标准《钢结构设计标准》(GB 50017)的有关规定。

③ 立柱与托梁间宜设置隅撑或其他加强措施。

④ 立柱在穿越主体结构底板范围时应设置止水措施。

(5) 立柱桩构造应符合下列规定。

① 立柱锚入立柱桩内的长度不宜小于立柱边长或直径的4倍，且不宜小于2m。

② 立柱桩长度应符合现行行业标准《建筑桩基技术规范》(JGJ 94)的有关规定。

(6) 托梁构造应符合下列规定。

① 除螺栓连接外，托梁应通过设置抱箍对型钢组合支撑的侧向与竖向形成有效约束。

② 托梁应采用整根型钢进行加工。

③ 托梁与托座间的连接螺栓不应少于4组。托梁构造如图1-4-6所示。

图1-4-6 托梁构造

(7) 加压节点构造应符合下列要求。

① 液压伺服系统的设置要点应符合规程的规定。

② 预应力加载装置应设置于型钢组合支撑端部，施加预应力后，应保留预应力加载装置或设置保力盒。

③ 加压节点的宽度不应小于型钢组合支撑杆件截面的宽度；加压节点与预应力加载装置及支撑端部应设置加劲板确保加压节点的翼缘稳定。

二、施工工艺

（一）安装施工规定

（1）型钢组合支撑的安装施工。具体如图 1-4-7～图 1-4-11 所示。

（2）装配式型钢组合结构基坑支护所用的型钢构件、配件应根据设计图的要求，采用工厂化制作和加工方法，并按相关标准及设计要求进行防腐、防锈处理；型钢组合支撑的施工应遵循先支撑后开挖、先换撑后拆撑的原则；型钢组合支撑在施加预应力前，加载设备应进行标定及预加载测试；型钢组合支撑安装完毕后及施加预应力时，应及时检查各节点的连接状况，如遇异常应立即停止施工，排除隐患后方可继续作业。

(a) 现场　　　　　　　　　　　(b) 模型

图 1-4-7　施工立柱、安装托座

(a) 现场　　　　　　　　　　　(b) 模型

图 1-4-8　焊接围檩牛腿

(a) 模型1　　　　　　　　　　(b) 模型2

(c) 模型3　　　　　　　　　　(d) 现场

图 1-4-9　安装组合围檩

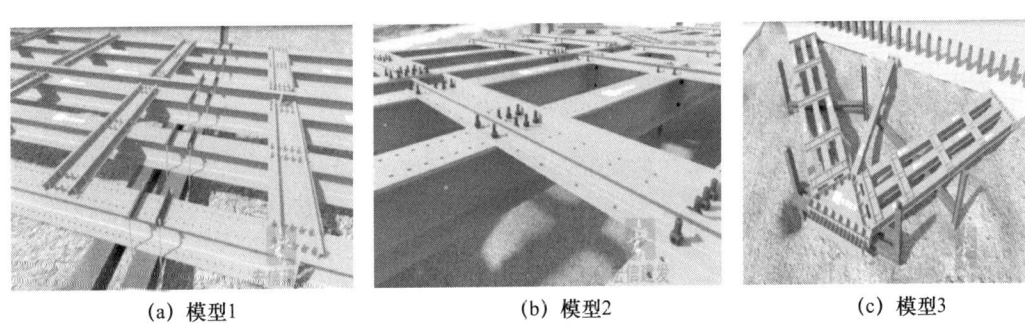

(a) 模型1　　　　　　(b) 模型2　　　　　　(c) 模型3

图 1-4-10　安装型钢组合支撑杆件

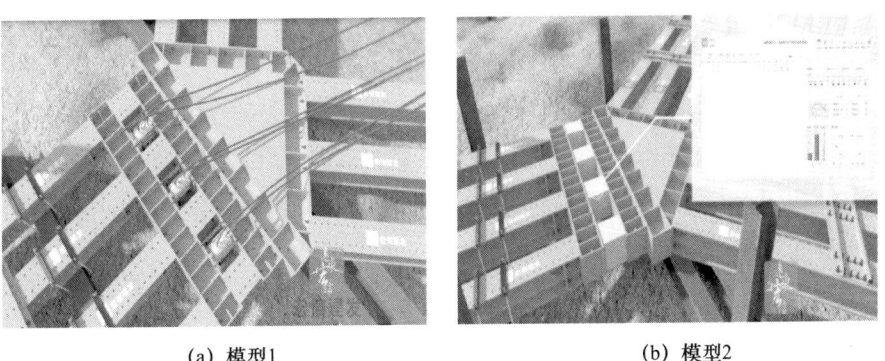

(a) 模型1　　　　　　　　　　(b) 模型2

图 1-4-11　施加预应力

(3) 组合围檩施工应符合下列规定。

① 承托组合围檩的钢支架与组合钢板桩侧面焊接前应彻底清理连接部位，钢支架应避免歪扭、虚焊，钢支架顶面标高应小于 10mm，倾角应小于 1/1000。

② 组合围檩的拼接缝隙必须紧贴、密实，接缝处应采用侧盖板加固。

③ 组合围檩与型钢组合支撑的连接处的 H 型钢标准件应增设加劲肋。

(4) 立柱施工应符合下列规定。

① 应采取有效措施控制立柱的定位、垂直度及转向偏差。

② 立柱需接长时，应采用焊接或螺栓连接；当采用螺栓连接时，螺帽与螺栓应点焊固定。

③ 立柱周围土方应均匀对称开挖。

(5) 托梁与托座的安装应符合下列规定。

① 安装过程应重点控制托梁与托座的标高与水平度。

② 托梁与组合型钢各单肢均应采用抱箍进行固定。

③ 型钢组合支撑预应力施加前，托梁不应限制其水平位移，预应力施加完成后，托梁和型钢组合支撑应采用螺栓进行连接。

(6) 构件采用螺栓连接时应符合下列规定。

① H 型钢标准件连接应采用 M24 承压型大六角头高强螺栓。

② 螺栓安装紧固应按初拧、终拧两步进行，初拧扭矩值为终拧扭矩值的 60%～80%；型钢组合支撑杆件施加预应力或土方开挖后应对螺栓进行复拧。

③ 型钢组合支撑施加预应力前，盖板应通过高强螺栓进行紧固，紧固值应为设计值的 80%。

（二）液压伺服控制

(1) 液压伺服系统的工作状态应根据监测结果自行调整。

(2) 预应力加载应根据设计要求分级加压；本级加载完成 10min 后压力仍保持稳定，可进行下级加载。

(3) 预应力加载至设计要求后，应对所有螺栓进行复紧并再次检查连接节点状态，必要时应对节点进行加固处理，待额定压力稳定后进行锁定。

(4) 型钢组合支撑端部设置八字斜撑杆时，各单肢型钢应同步均匀加压。

(5) 应根据支撑预应力状态受气温变化的影响，及时调整安装及加载施工方案。

（三）构件回收

(1) 回收过程中应保证剩余支护结构的稳定，型钢组合支撑的回收应先换撑后拆除，并应自下而上分层进行；对大型、复杂的基坑支护宜进行回收施工仿真分析。

(2) 回收过程应加强基坑监测和现场巡视，发现安全隐患应立即停止作业，隐患排除后方可继续作业，必要时调整回收方案。

(3) 回收后的型钢构件如发生变形或损伤而影响使用功能时，再次使用前应进行修复。

(4) 支撑结构分类拆除后应妥善存放，回收流程应符合下列规定。

① 释放型钢组合支撑预应力后拆卸回收其上盖板、系杆。

② 根据支撑结构的布置方案，逐节回收 H 型钢标准件。
③ 拆除与已拆除型钢组合支撑相关的组合围檩、三角传力构件、托梁、托座。
④ 回收立柱及其他型钢构件。

（5）型钢组合支撑预应力应分级释放，每级释放完成后应观测支撑状态变化及周边环境影响，观测时间不应少于 30min，出现异常时应立即采取应急措施。

（6）构件连接螺栓宜采用气动扳手，先松开后人工拆除，高强螺栓应间隔拆除。

（7）吊装型钢构件时，应避免碰撞仍在服役的型钢组合支撑及其他构件，且应采取可靠措施防止型钢构件坠落。

三、质量验收

（一）进场检测

（1）进场的装配式型钢组合结构支护型钢原材应按批次进行验收，检验批次和抽检数量应满足设计要求，并应符合现行国家标准《建筑工程施工质量验收统一标准》（GB 50300—2013）的有关规定。

（2）型钢原材进场时应具有该类构件的产品出厂质量证明文件、进口型钢构件尚应具有检测报告；型钢构件的品种、规格、型号、材质等应符合设计要求，并应符合现行国家标准《钢结构工程施工质量验收标准》（GB 50205—2020）的有关规定。

（3）型钢组合支撑 H 型钢标准件进场的检验项目、允许值或允许偏差及检测验收方法应符合表 1-4-1 的规定。

表 1-4-1　标准件和非标准件进场检验标准

序号	检验项目		允许值	允许偏差		检查方法	检查数量
				单位	数值		
1	品种、规格和性能		设计值	—	—	产品质量相关文件	全数
2	外形尺寸	长度	设计值	mm	±20	用钢尺量	
3		宽度	设计值	mm	±3	用钢尺量	
4		厚度	设计值	mm	±1	用钢尺量	
5	垂直度		—	mm	<$h/1000$，且<10	用线锤检查	总数的5%，且不少于3个
6	平直度		—	mm	≤0.1l ‰	用平尺检查	
7	焊缝厚度		设计值	—	—	用焊缝检验尺	
8	孔间距		《钢结构工程施工质量验收标准》（GB 50205—2020）附录 J～附录 M	mm	±2	用钢尺量	
9	孔径			mm	±2	用游标卡尺检查	
10	孔数			个	0	观察	

注：l 为型钢组合支撑长度。

（4）装配式型钢组合结构基坑支护所涉及其他原材料的进场质量检验，应符合现行国家标准《建筑工程施工质量验收统一标准》（GB 50300—2013）、《建筑地基基础工程施工质量验收标准》（GB 50202—2018）的有关规定。

（二）施工检测

（1）型钢组合支撑安装施工验收项目、允许值或允许偏差及检查方法应符合

表 1-4-2 的规定。

表 1-4-2 型钢组合支撑安装施工质量验收标准

项目	序号	验收项目		允许值或允许偏差		检查方法
				单位	数值	
主控项目	1	两支撑之前轴线偏移		mm	±30	水准仪
	2	组合支撑预加力		kN	50	油泵读数或传感器
一般项目	1	型钢组合支撑	支撑挠度		$l/1000$	钢尺
	2		平面位置	mm	±20	钢尺
	3		标高	mm	±20	水准仪
	4	连接质量		设计要求		—
	5	螺栓松紧度		N·m	≥105	扭矩扳手
	6	盖板、系杆	尺寸、规格	mm	−1	钢尺
	7		间距	mm	20	钢尺
	8	焊缝厚度		设计值		焊缝检查尺

注：l 为型钢组合支撑长度。

（2）组合围檩安装施工验收项目、允许值或允许偏差及检验方法应符合表 1-4-3 的规定。

表 1-4-3 组合围檩安装允许偏差

序号	项目	允许偏差值	检查方法
1	板面标高	±10mm	水准仪
2	水平度	$l/1000$	水准仪

（3）三角传力构件安装施工验收项目、允许值或允许偏差及检验方法应符合表 1-4-4 的规定。

表 1-4-4 三角传力构件安装允许偏差

序号	项目	允许偏差值	检查方法
1	轴线偏差	±10mm	全站仪
2	顶面标高	±10mm	水准仪

（4）立柱、托座及托架安装施工验收项目、允许值或允许偏差及检验方法应符合表 1-4-5、表 1-4-6 的规定。

表 1-4-5 立柱施工允许偏差

序号	项目	允许偏差值	检查方法
1	定位	50mm	全站仪
2	垂直度	≤0.5%	用钢尺量或吊线
3	柱顶标高	±30mm	水准仪
4	平面转角	±3°	全站仪

表1-4-6　牛腿、托座、托架、T形传力构件安装允许偏差

序号	项目	允许偏差值	检查方法
1	板面标高	±5mm	水准仪
2	托座、托架标高	±5mm	水准仪
3	水平度	$l/1000$	水准仪
4	T形传力构件翼缘板与腰梁的型钢腹板中心	±3mm	水准仪

(三)验收

(1)装配式型钢组合结构基坑支护各分项工程应划分检验批成批验收,检验批的划分应符合现行国家标准《建筑工程施工质量验收统一标准》(GB 50300)的有关规定;组合钢板桩的质量验收应在土方开挖前进行,型钢组合支撑结构的质量验收应在对应的分层土方开挖前进行。

(2)装配式型钢组合结构基坑支护工程验收时应提交下列资料:岩土工程勘察报告,支护结构设计文件、图纸会审记录和技术交底资料,施工组织设计及专项施工方案,工程测量、定位放线记录,型钢原材质量合格证明,施工记录及施工单位自查评定报告,基坑监测报告,隐蔽工程验收资料,检验与检测报告,其他应提供的文件和记录。

第五节　地下水引流生态保护系统

一、概述

本设计的目的是解决地下明挖工程建成后,阻断地下水系的流动而造成地下水环境的破坏,影响地下水系统平衡的难题。本设计的地下水引流生态保护系统的结构为在地下构筑物两侧支护系统上设孔洞,基坑底部向下设沟槽,沟槽内设有带纵坡渗水结构,沟槽与孔洞对应连通两侧孔洞,通过沟槽连通地下结构两侧的水系,降低地下结构工程对地下水流动的影响。本设计适用于地下连续墙、钻孔灌注桩和旋喷桩止水帷幕组合结构、型钢水泥土搅拌墙(SMW)工法桩等明挖工程的围护结构,连通围护结构孔洞的沟槽截面为梯形,其中渗水结构包括碎石、卵石、渗水管道中一种或多种。本设计的地下构筑物主体结构内凹或外放空间形成检查井端口,也可以不做检查井。

本系统结构设计如图1-5-1所示,结构两侧孔洞汇集地下水,通过地下结构底部沟槽连通。根据实际需求,地下构筑物主体结构可内凹或外放形成空间,作为检查井端口,也可以不做检查井。设置检查井时检查井孔洞宜正对着支护结构孔洞,这样可以把一些管道设置集中在一个空间内。具体结构形式如图1-5-2所示。

本系统的沟槽结构可以由渗水管道和卵石构成,也可以由渗水管道或卵石单独构成,其目的在于形成稳定的地下水流通道,沟槽截面及承载力应满足后期渗水结构的铺设要求,具体如图1-5-3所示。

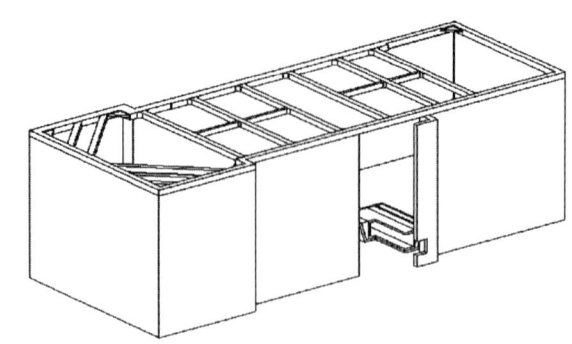

图 1-5-1 系统结构设计示意图

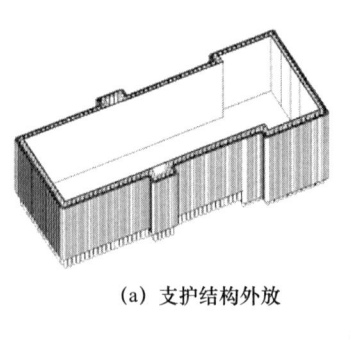
(a) 支护结构外放

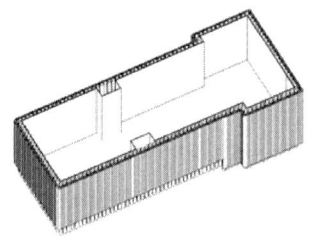
(b) 支护结构内凹

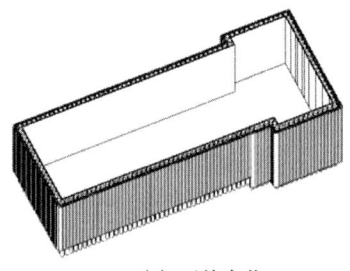
(c) 无检查井

图 1-5-2 系统支护结构形式示意图

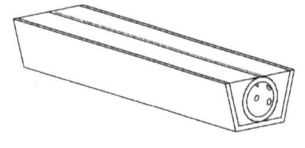
(a) 沟槽内设置渗水管道和卵石

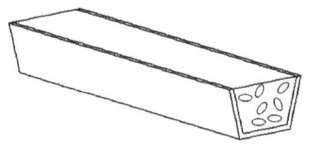
(b) 沟槽内设置渗水管道

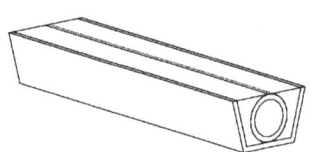
(c) 沟槽内设置卵石

图 1-5-3 系统沟槽结构形式示意图

两侧支护结构作为引流端，从而使得地下构筑物两侧的地下水通过引水通道流动，保证地下水系的正常流动，不会因地下构筑物被阻断。针对不同的支护方式，本系统设计有相应的支护结构孔洞形式，本系统实施以地下连续墙、钻孔灌注桩和旋喷桩止水帷幕这三种支护结构进行举例说明，但不限于此，具体如图 1-5-4 所示。

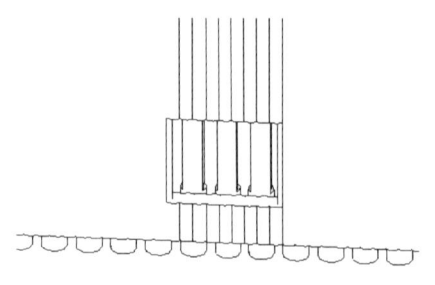
(a) 钻孔灌注桩和旋喷桩止水帷幕

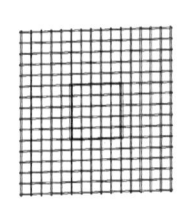
(b) 地下连续墙的孔洞结构

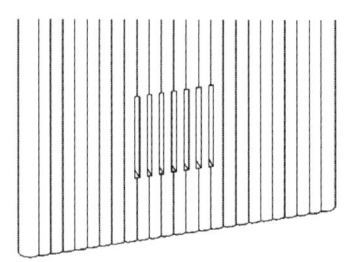
(c) SMW工法桩的孔洞结构

图 1-5-4 系统支护结构孔洞形式示意图

二、施工工艺

本系统具体施工步骤如下。

(1) 进行地下构筑物两侧支护结构的施作，进行降水处理，确保水位降至后续开挖的沟槽底面以下。

(2) 在两侧支护结构上分别打设孔洞，孔洞位置对应以后开挖的沟槽。

(3) 进行基坑的开挖，基坑开挖至底部时，开始向下开挖沟槽，开挖的沟槽连通步骤（2）支护结构两侧的孔洞。

(4) 在沟槽内铺设渗水结构，形成引流通道，渗水结构铺设完成后进行沟槽回填。

(5) 沟槽回填后平整基坑底面，然后进行地下构筑物垫层施作。

(6) 进行地下构筑物主体结构施工，如有检查井端口空间，则同时在检查井端口空间内施作检查井。

三、质量标准

在进行地下降水作业时，降水处理确保水位降至后续开挖的沟槽底面以下500mm。

如果地下构筑物两侧无须施作检查井，则无做预留检查井端口空间，孔洞直接在支护结构上开挖即可，地下构筑物两侧的支护结构作为引流端。当地下构筑物需要施作检查井时，应预留出检查井端口空间，检查井端口空间一般为地下构筑物主体结构内凹或者支护结构外放形成。

若地下构筑物两侧的支护结构为地下连续墙，则孔洞处的地下连续墙钢筋使用玻璃纤维筋替代，后期破除玻璃纤维筋形成孔洞；若地下构筑物两侧的支护结构为钻孔灌注桩和旋喷桩止水帷幕组合结构，则钻孔灌注桩桩间扩孔、旋喷桩止水帷幕打洞形成孔洞；若地下构筑物两侧的支护结构为SMW工法桩，则桩间扩孔形成孔洞。

基坑底部开挖的沟槽设置纵坡以便支护结构两侧的地下水更加顺畅地流通，沟槽截面设置为梯形，沟槽截面及承载力应满足后期渗水结构的铺设要求。

沟槽内铺设渗水结构的施工方式包括但不限于以下几种：沟槽内回填卵石；沟槽内回填碎石；沟槽内铺设渗水管道，渗水管道连通两侧孔洞，然后沟槽内回填土；沟槽内铺设渗水管道，渗水管道连通两侧孔洞，沟槽内渗水管道其余空间回填卵石或碎石。

第六节 地铁基坑双液灌浆法堵漏技术

一、概述

在自然灾害、人为因素、设计不周、选材不良、构造处理不当、施工质量不佳等情况的直接或间接影响下，已竣工或施工中的地铁基坑项目发生渗漏水现象，导致这一问题的原因大都是基坑下存在大量承压水，当基坑开挖减小了不透水层的厚度到达一定程度时，承压水的压力便会顶破冲毁基坑底板，造成基坑内的突涌现象。

当基坑发生突涌时，基坑底部会出现网状或树枝状裂缝，地下水会从裂缝孔隙中涌出,并带出基坑下层颗粒,进而引发流砂、喷水及冒砂等现象,从而造成基坑积水、地基软化和结构整体强度降低,严重时甚至会造成边坡失稳和局部垮塌悬浮,针对这一较为常见的问题,采用双液灌浆法进行处理可以有效地治理该类安全隐患。

(一) 工法特点

(1) 施工设备仪器体积小,调动灵活。适用于市区狭窄的施工场区和不同深度层次要求的加固,具有对周围环境影响小等优点。

(2) 反应时间快。具有速凝性能,可以通过调节时间,缩短沉降周期,在瞬时间内起到强化和加固作用,相比单液灌浆法能够更快地达到控制目的,避免因反应时间较长而导致基坑下沉等问题。

(3) 流动性能较好。浆液具有良好的流动性、触变性和扩散性,部分化学性能具有可调性能,能适时根据不同的情况进行调整,克服灌浆中引起的扰动和软化效应。

(4) 性价比极高。可通过较低的成本,有效提高地基承载力,控制沉降量和沉降差,具有简易灵活、经济实效的明显效果。

(二) 使用范围

(1) 适用于既有建筑物和拟建建筑物地基加固工程,广泛应用于软土地基及岩基断裂破碎带的加固工程中。

(2) 适用于盾构、隧道及地下工程。如地下工程周围土层改良、竖井洞口地层加固、地下管线的保护、隧道通过地面建筑物基础加固等。

(3) 深基坑工程。保护基坑外周边管线和建筑物的灌浆加固等。

二、施工工艺

(一) 工艺流程

确定情况和范围→测放孔位→钻孔成孔→配置材料→压力灌浆→检查养护。

(二) 工法步骤及要求

(1) 确定情况和范围:勘查施工部位,规划施工区域和确定周边情况。

(2) 测放孔位:根据施工环境,布设灌浆孔位并标记记录,孔位一般呈梅花形错位布置。

(3) 钻孔成孔:采用钻孔机等机械设备进行钻孔作业,并分节插入灌浆管,可使用平板振动器将灌浆管振冲至基坑加固体的底面。灌浆管的规格尺寸需根据现场的情况进行调整,施工时应严格控制成孔位置,定位误差不得大于 30mm,垂直度误差不得大于 1%。

(4) 配制材料:根据试配的结果选用合适比例配制材料,水泥与水玻璃浆液应分别拌制。拌制好的浆液初凝时间尽量控制在 3~5min,两种浆液在地面灌浆孔口通过三通管混合后,方可沿灌浆管注入土体中。

(5) 压力灌浆:根据试验确定的每节灌浆量分节灌浆,一般每节压注 80~120L,灌浆时应控制灌浆压力,不宜过大,直到提升至基坑底面灌浆结束,拔出灌浆管。灌浆后的孔洞应立即用木棍或活塞封堵,以防止浆液流出地面。其他施工注意事项如下。

① 灌浆时应依次有序进行，其间应保证空气、污水和杂物的排出和清理。

② 灌浆时采用少量多次的原则，灌浆压力初始为 0.1MPa，应由小到大逐渐增加，不宜骤然加压，压力控制在 0.1~0.2MPa，达到规定压力后，保持压力稳定，以满足灌浆要求。

③ 灌浆结束后，立即拆除管道，清洗干净，用有机溶剂冲洗管道和设备。灌浆是施工的关键工序之一，应确保灌浆质量。

（6）检查补漏：施工结束后，发现灌浆管内无浆液时需进行补灌，补灌应在 2h 内进行，并检查灌浆补强的质量和效果，发现缺陷及时补救，检查无问题后进行自然养护。

三、质量标准

（1）双液灌浆法是一项专业性较强的工作，施工前必须做好技术交底和安全交底工作，施工人员必须经过培训，并由熟练工人进行操作。

（2）选择合理有效的材料，是保证工程质量的首要条件，施工前应确保材料的各种物理力学性能均满足设计和工程要求。

（3）在浆液配制和使用现场，必须通风良好，施工操作人员应穿工作服，必须戴好安全帽、防护手套等，且严禁在现场进食。

（4）现场施工技术人员必须做好施工记录，正确指导施工，密切监督施工，发现问题及时解决，或向有关部门汇报，以保证各项工序顺利开展。

（5）灌浆所用的机具器具及管道在作业前应进行检查，符合操作要求后方可进行施工。

（6）施工过程中需注意灌浆量和灌浆时间，且时刻保持足够的灌浆压力，以实现浆液在混凝土结构中的渗透扩散、充填和压密。

（7）为保证浆液固结形成凝胶体和灌浆效果，灌浆压力应逐渐升高，防止骤然加压，并且随裂缝不同部位的灌浆情况，调整灌浆压力。

（8）灌浆结束后应检查灌浆效果，发现缺陷及时补救，确保工程质量。

（9）现场施工人员操作时，应戴手套和防护眼罩等相应的劳动保护用品，防止长时间接触化学浆液造成皮肤过敏等。渗漏水处理工程现场如图 1-6-1 所示。

(a) 现场1

(b) 现场2

图 1-6-1　渗漏水处理工程现场

第七节　地铁结构化学灌浆法堵漏技术

一、概述

在自然灾害、人为因素、设计不周、选材不良、构造处理不当、施工质量不佳等情况的直接或间接影响下，已竣工或施工的地铁车站项目发生较为常见的渗漏水现象，如不及时进行治理，将进一步影响车站的实际使用功能，甚至有可能会影响到工程的结构安全。

目前市面上大规模使用的渗漏水治理材料，仍然以聚氨酯材料为主，该材料只能对缺陷起到一定的封堵作用，无法解决渗漏导致的混凝土结构内钢筋锈蚀、结构劣化和耐久性降低等问题，而以改性环氧材料为主体材料的化学灌浆法，可以有效地治理上述所有问题，且因为形成的聚合物强度高于混凝土强度，还能够对结构整体起到加固补强的作用。

（一）工法特点

（1）化学灌浆法采用的改性环氧材料，具备黏度低、流动性好和可灌性好的特点，小于0.1mm以下的缝隙也能进行施工。

（2）化学灌浆法可以通过现场试配的方式，调整材料配合比从而较为准确地控制反应时间，以适应不同工程的不同情况需求。

（3）改性环氧材料反应后形成的聚合物，渗透系数较小，防渗效果极佳，又因聚合物强度高于混凝土强度，且与混凝土之间的黏结强度高，能够对缺陷薄弱区域起到加固补强的作用。

（4）工作整体环保性好，工艺体系中不含不反应的丙酮、甲苯类溶剂，所有组分均为可反应的活性组分，材料形成固结体后为一个致密的固结体，不会对人体、环境造成不良影响。

（二）使用范围

（1）矿山法地铁隧道中车站、道床、侧墙、顶板、仰拱等裂缝堵漏并加固。

（2）盾构法地铁隧道中盾构管片拼接缝、螺栓孔、注浆孔等的堵漏及管片裂缝、道床、轨道板等脱空部位的堵漏和加固。

（3）地下综合管廊地面、侧墙、顶板等渗漏水治理和修复。

二、施工工艺

（一）工艺流程

确定情况和范围→基面清理→设置注浆嘴→封闭处理→密封检查→配置材料→支模浇筑→压力灌浆→封口结束→检查养护。

（二）施工步骤及要求

（1）确定情况和范围：勘查施工部位，规划施工区域和确定周边情况。

（2）基面清理：先采用电锤或电镐等机械设备，凿除规划区域内强度不达标的混凝土，凿除作业期间应确保清理掉所有脱落和疏松的混凝土，直至露出新的混凝土基面为准，再采用吹风机等机械设备，清理受损区域内的碎石、灰尘和杂物等，以保证界面的黏结力，产生的废水、废料应及时清理运走。

（3）设置注浆嘴：在新基面缺陷区域布置孔位，预埋注浆嘴，首尾各布置一个，中间按间距30～40cm进行布置，缝宽则疏，缝窄则密，从下至上依次为进浆孔、排气孔和出浆孔。在缺陷严重区域应增设灌浆嘴，并根据现场缺陷的实际情况，适当调整灌浆嘴的数量和间距，连贯性好、贯穿性好的部位可以疏布置；连续性不好、贯穿性差的部位密布置。

（4）封闭处理：封缝的目的是防止灌浆时浆液外漏，使浆液能渗入裂缝深部，保证灌浆质量。用密封胶封闭裂缝表面，并用环氧树脂胶泥固定灌浆嘴，胶泥厚度不小于1mm，宽度2～3cm。

（5）密封检查：从最下或左进浆孔输入0.4MPa无油压缩空气，相邻或右孔排气时逐个关闭所有阀门，再沿缝附近涂刷肥皂水检漏；若有气泡冒出，说明该处漏气，做好标记。用裂缝表面封闭胶对漏气的区域进行封闭，待达到强度后再气检，如此反复直至不漏气为止。

（6）配制材料：按照不同浆材的配方及配制方法配制浆液，一般采用双组分按一定比例配制浆液，进行泵前混合，浆液一次配制数量，应按其凝固时间及进浆速度确定。

（7）压力灌浆：待封缝胶泥固化并有一定强度后，检查各管路接头，保证无漏气漏浆现象，将浆液用手动或电动灌浆泵从灌浆嘴灌入缺陷区域中，施工注意事项如下。

① 灌浆时应从裂缝一端至另一端依序灌浆，直到下一个灌浆嘴出浆时立即对灌浆嘴进行封闭，依次逐级封闭，以保证空气排出和浆液充满裂缝。

② 灌浆时采用少量多次的原则，灌浆压力初始为0.1MPa，应由小到大逐渐增加，不宜骤然加压，压力控制在0.1～0.2MPa，达到规定压力后，保持压力稳定，以满足灌浆要求。

③ 灌浆停止的标志为另一侧灌浆嘴出现化学浆。

④ 灌浆结束后，立即拆除管道，清洗干净，用有机溶剂冲洗管道和设备。灌浆是施工的关键工序之一，应确保灌浆质量。

（8）封口结束：灌浆结束后，发现灌浆嘴无浆液时需进行补灌，补灌应在2h内进行，当缝内浆液达到初凝而不外流时可拆下灌浆嘴，再用封闭胶抹平封口，并检查灌浆补强质量和效果，发现缺陷及时补救。

（9）检查养护：施工结束后，发现铝管内无浆液时需进行补灌，补灌应在2h内进行，并检查灌浆补强的质量和效果，发现缺陷及时补救，检查无问题后进行自然养护。

三、质量标准

（1）化学灌浆法是一项专业性较强的工作，施工前必须做好技术交底和安全交底工作，施工人员必须经过培训，并由熟练工人进行操作。

（2）选择合理有效的材料，是保证工程质量的首要条件，施工前应确保材料的各种物理力学性能均满足设计和工程要求。

(3) 在化学浆液配制和使用现场，必须通风良好，施工操作人员应穿工作服，必须戴好安全帽、防护手套等，且严禁在现场进食。

(4) 现场施工技术人员必须做好施工记录，正确指导施工，密切监督施工，发现问题及时解决，或向有关部门汇报，以保证各项工序顺利开展。

(5) 灌浆所用的机具器具及管道在作业前应进行检查，符合操作要求后方可进行施工。

(6) 施工过程中需注意灌浆量和灌浆时间，且时刻保持足够的灌浆压力，以实现浆液在混凝土结构中的渗透扩散、充填和压密。

(7) 为保证浆液固结形成凝胶体和灌浆效果，灌浆压力应逐渐升高，防止骤然加压，并且随裂缝不同部位的灌浆情况，调整灌浆压力。

(8) 灌浆结束后应检查灌浆效果，发现缺陷及时补救，确保工程质量。

(9) 现场施工人员操作时，应戴手套和护眼罩等相应的劳动保护用品，防止长时间接触化学浆液造成皮肤过敏等。广州铁路枢纽白云站施工现场如图 1-7-1 所示。长沙地铁 6 号线施工现场如图 1-7-2 所示。

图 1-7-1　广州铁路枢纽白云站施工现场

图 1-7-2　长沙地铁 6 号线施工现场

第八节　盾构接收井内环向注浆堵漏技术

一、概述

本设计的目的是解决盾构接收作业过程中，当洞门涌水量较大时，地层中高水压造成材料浪费、封堵时间长、施工风险大且洞门漏水封堵困难等问题。在盾构接收前，应完成注浆设备、浆液原材料、钢管、棉被或保温棉等原材料的准备工作。接收过程中出现洞门涌水时，沿洞门在盾体与洞门帘布的间隙内环向插入钢管，其余间隙用棉被或保温棉塞紧，使钢管作为内部承压水的流出口，并且通过从下至上的环向注浆使内部承压水逐步向上流，疏水孔与堵水孔不断转换上移，水压力逐渐减小，最终完成封堵作业。

本设计系统结构如图 1-8-1 所示，在实施过程中沿洞门在盾体与洞门帘布的间隙内环向插入钢管，其余间隙用棉被或保温棉塞紧，使钢管作为内部承压水泄压的水流出口，并且通过从下至上的环向注浆使内部承压水逐步向上流，注浆口上方相邻的钢管作为泄压口疏排土体内压力水，疏堵结合，便于注浆口位置的封堵，由下向上逐孔注浆封堵，上部注浆孔压力逐渐减小，最终完成封堵，相比传统的封堵方法，时间短、效果好、效率高、风险小，且堵漏材料容易获取，成本低廉。

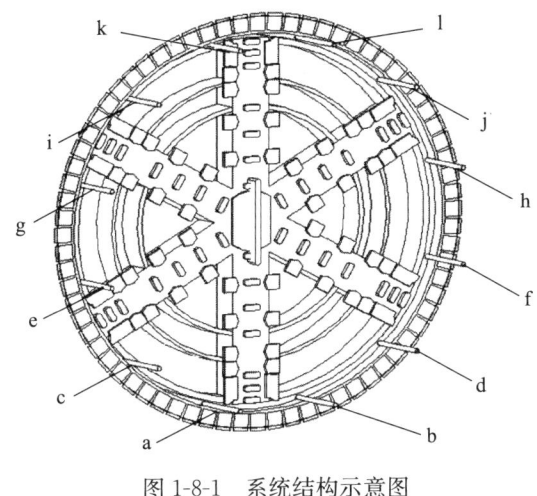

图 1-8-1　系统结构示意图

注：a～j 为钢管标号。

封堵所用钢管宜采用 DN40 钢管，钢管插入洞门帘与盾体之间的间隙后，在外部的长度宜为 30～50cm，钢管以外的其余间隙封堵效果以水都从插入的钢管中流出为封堵判断标准。

注浆作业过程中，浆液先从最低的钢管中注入，配置的浆液应做到注入后可在短时间内凝固，浆液调整配合比使其凝固时间为 1～3min。最低的钢管注浆直至上部相邻钢管有浆液溢出，则此钢管注浆封堵结束。完成最低的钢管注浆封堵后，对最低钢管相邻的钢管分别进行注浆，以此类推，依次从下至上逐个对钢管进行注浆。以图 1-8-1 为例，钢管封堵顺序为 a、b→c、d→e、f→g、h→i、j→k、l。注浆结束均以上部相邻钢管有浆液溢出为判断标准，直至最高点的钢管注浆封堵完成，至此整个堵漏工作完成。

注浆过程形成从最低点向最高点的环向封堵路线，在此注浆过程中，注浆点上部钢管作为泄压和观察孔，便于注浆点位封堵时的泄压和封堵效果的观察。依次完成上部点位的注浆，经过多次疏水泄压孔和堵漏孔的转换，最终剩余最顶点的泄压点。盾构接收井最顶部埋深较浅、水压小，可直接向最顶部漏点注入浆液进行封堵，最终完成整个作业过程。

二、施工工艺

具体施工步骤如下：

施工准备→盾体与帘布间插入注浆钢管→其余间隙封堵→最底部钢管注浆→注浆直至上部钢管有浆液流出，并依次对上部钢管注浆→所有管路注浆结束→封堵完成。

第九节　气泡混合轻质土施工技术

一、概述

气泡混合轻质土又名气泡轻质土,是以水泥、骨料、发泡剂为主要原料,加入稳泡剂、引发剂及适量粉煤灰或细砂,经物理发泡充分融合,发泡机的泵送系统进行现浇施工或模具成形,经自然养护所形成的一种含有大量封闭气孔的、整体性好、自立性强、强度高的新型轻质路基填筑材料。气泡混合轻质土中均匀分布大量的微细气孔,因此松散密度相比普通混凝土大大降低,同时还附生出其他优异的性能,例如,轻质高强、整体性好、保温隔热隔声好、抗震性能好、施工方便等。

（一）材料准备

1. 水泥

气泡混合轻质土采用水泥作为固化剂,宜采用P·O 42.5级以上的通用硅酸盐水泥,当使用P·O 32.5级的水泥时,使用前应进行配合比试验,当有快硬要求和其他用途时,可选用快硬水泥或特殊水泥,且符合现行国家标准规范要求。

2. 发泡剂

发泡剂是制作气泡混合轻质土的关键材料,发泡剂的种类和质量直接影响到气泡混合轻质土的品质。目前,市场上的发泡剂主要有表面活性剂系列、蛋白质系列及树脂肥皂系列三种,前两种应用较多。其中,表面活性剂类发泡剂效果较好。但是,每个厂家生产的发泡剂质量相差非常大,稀释倍率、发泡倍率也相差很大,这就是微孔类轻质材料品质差异的关键所在。质量好的发泡剂经稀释发泡产生的气泡群具有液膜坚韧、细微均匀、互不连通等特性,不易在浆体挤压下破灭或过度变形,保证了气泡混合轻质土不离析分层。施工前根据施工松散密度、强度设计和试验配合比确定,具体要求还应符合《泡沫混凝土用泡沫剂》（JCT 2199—2013）要求。

3. 骨料

气泡混合轻质土的原料土宜采用细砂、粉煤灰,其最大粒径不宜大于5mm,添加材料宜包括细骨料、掺和料、外加剂等,其粒径不宜大于4.75mm。拌制混凝土用的粗细骨料的质量应符合《普通混凝土用砂、石质量及检验方法标准》（JGJ 52—2006）。

4. 水

气泡混合轻质土施工需要用到大量水,应保证机器附近有充足的水量,机器产能和配合比不同,用水量差异较大,一般为250～300kg/m³,水量不足时采用打深水井、设储水罐等措施以保证用水供应,使用地表水等其他水源时,应取样测试酸碱度,选用中性偏弱碱性的水,用水符合《混凝土用水标准》（JGJ 63—2006）的有关规定。

5. 模板

模板结构或构件的木材应当选择质量好的材料,不得使用腐朽、霉变、虫蛀、折裂、枯竭的木材。当需要对模板结构或构件木材的强度进行测试检验时,应按现行国家标准《木结构设计规范》（GB 50005）的检验标准进行,胶合板板材表面应平整光滑,具有防水、耐磨、耐酸碱的保护膜,并应有保温性能好、易脱模、可两面使用等特点。

板材厚度不应小于 12mm，并应符合国家现行标准《混凝土模板用胶合板》（GB/T 17656）的规定，胶合板应采用耐水胶，其胶合强度不应低于木材或竹材顺纹抗拉的强度，并应符合环境保护的要求。

(二) 机具准备

气泡混合轻质土施工主要设备见表 1-9-1。

表 1-9-1 气泡混合轻质土施工主要设备

序号	名称	规格型号	用途	备注
1	全自动发泡机	KT1200	制备泡沫轻质土	根据实际选择型号
2	上水管	DN80	施工用水输送	—
3	配管	DN75	浆液输送	—
4	水泥罐	200t	储存水泥、骨料	—
5	储水罐	20m³	储水	—
6	汽车吊	50t	安装机器设备	—
7	电缆电线配件	—	满足施工用	—
8	发电机	400kV·A	备用电源	—

其他机具：线绳、钢卷尺、电子秤、1L 标准量筒、水平尺、瓦刀、抹子、灰桶、铁锹、锤子、木楔子、扫帚等。

二、施工工艺

(一) 施工流程

气泡混合轻质土施工流程：材料准备（水、泡沫剂、水泥、骨料等）→分块支设模板→全自动发泡机制备浆液→管道输送→分层浇筑、成形→养护。

(二) 施工工艺

1. 配合比试验

配合比设计应采用工程实际使用的原材料，试配前按照《气泡混合轻质土填筑工程技术规程》（CJJ/T 177—2012）规范要求对原材料进行检验。主要指标包括湿松散密度、流动度及抗压强度，一般流动度为 160~200mm，抗压强度大于设计抗压强度的 1.05 倍。未掺入外加剂时，水胶比宜选取 0.55~0.65；掺入外加剂时，水胶比应通过试验确定，宜选取 0.20~0.55。应至少采用 3 个不同的配合比。当采用 3 个不同的配合比时，其中 1 个配合比应为该规程确定的试拌配合比，另外 2 个配合比的水泥用量宜在试拌配合比基础上分别增加和减少 10kg。施工时可根据常用材料设计出常用的配合比备用，并应在使用过程中予以验证或调整。

2. 施工用水

水泥罐和机器安装在施工场地周围，并寻找合适水源。如河流、湖泊、基坑降水井，若周边无稳定水源供应则需要打深水井或接入储水罐，保证水源供应充足，一般供水量应满足 25~30m³/h。水井距离机器距离不宜超过 100m。

3. 发泡泵送机器调试

对施工现场进行整平硬化，安装 2 个水泥罐，分别安装存储水泥和骨料（粉煤灰、矿粉、细砂等）的竖罐。接入施工用水、电，备用电源，浇筑设备的生产能力和设备性能应满足连续工作要求。按照配合比设置参数，调试机器。待稳定出浆料后管口取样观察浆料性状，检测湿松散密度是否符合配合比要求。

4. 分层分块回填浇筑

为减少水化热对填筑体质量的影响，气泡混合轻质土应采用分层分块的方式进行浇筑作业，除空洞填充、管线回填工程外，单层浇筑厚度宜按照 0.3～0.8m 控制，上一层浇筑作业在下一层浇筑体终凝后进行。浇筑应分块进行，形成流水作业。

例如，初凝时间为 12h，实际生产能力为 80m³/h，宜分 3 块区域支设模板，单个区域面积约 400m²，长度约 25m，宽度约 15m，具体根据工作面调整，以实现跳仓施工、流水作业。

泵送作业是气泡混合轻质土填筑工程施工的关键工序，也是容易出现故障的工序。泵送前，应做好管接头的紧固和检查工作，确保接头牢固。泵送中，经常检查泵送管接头的牢固情况。

浇筑过程中泵浆管出口应与浇筑面保持水平，不宜采用喷射方式浇筑，以减少对新拌气泡混合轻质土的扰动。如遇大雨或持续小雨天气，应对未硬化的填筑体表面进行覆盖。

图 1-9-1 施工现场

夏季施工时，应避开高温时段浇筑。冬季施工时，应对浇筑设备、泵送管道、发泡剂及浇筑区域等采取保温防冻措施，每班完工后应清空浇筑设备、泵送管道中的残留物。当施工现场环境日平均气温连续 5 昼夜低于 5℃，或最低气温低于 -5℃ 时，建议停止气泡混合轻质土浇筑。

5. 留制试块及指标检测

均匀出浆料后，随机在浇筑过程中的管口进行取样，根据《气泡混合轻质土填筑工程技术规程》（CJJ/T 177—2012）规范附录 C 的要求进行湿松散密度试验，按照附录 D 的要求进行流动度试验，湿松散密度和流动度应当满足配合比要求，发现问题及时调整机器参数进行校核。按照附录 E 的要求进行表干松散密度、饱水松散密度试验。当同一配合比连续浇筑少于 400m³ 时，应按每 200m³ 制取一组试件；当同一配合比连续浇筑多于 400m³ 时，应按每 400m³ 制取一组试件。进行强度试验，形成试验检测记录。

6. 拆模养护

在填筑体达到设计抗压强度后，方可在填筑体顶面进行机械或车辆作业。作业前，应先铺一层覆盖层，厚度不宜小于 20cm。除空洞充填、管线回填工程外，在完成填筑体顶层施工后，应立即在填筑体表面覆盖塑料薄膜或土工布保湿养护，养护时间不宜少于 7d。

三、质量控制

(1) 该工法施工严格遵照《气泡混合轻质土填筑工程技术规程》(CJJ/T 177—2012) 的相关要求及工程行业施工质量检验检测规范要求。

(2) 泡沫混合轻质土浇筑完毕后应派专人负责监管,做好成品检验及保护工作。泡沫混合轻质土混合料要充分搅拌均匀,与发泡剂要混合均匀。搅拌泡沫混合轻质土混合料时,必须严格控制水的用量。施工用水必须采用自来水,严禁含酸性物质的水掺入发泡剂中,以免产生反应,影响发泡剂的发泡效果。

(3) 填筑体的外观质量检验应符合下列规定。

① 面板应光洁平顺,板缝均匀,"线形顺适",沉降缝上下贯通顺直。

② 表面出现的非受力贯穿裂缝宽度应小于 5mm。

③ 表面蜂窝面积应小于总表面积的 1‰。

(4) 填筑体的主控项目为表干松散密度和抗压强度(表 1-9-2);实测项目允许偏差见表 1-9-3。

表 1-9-2 填筑体的主控项目检验

项目	允许偏差		检验频率
表干松散密度 (kg/m³)	每组平均值不大于湿松散密度标准值	每块最大值不大于湿松散密度允许偏差上限	1. 每个构造单元应至少制取两组试件。 2. 当同一配合比连续浇筑少于 400m³ 时,应按每 200m³ 制取一组试件。 3. 当同一配合比连续浇筑多于 400m³ 时,应按每 400m³ 制取一组试件
抗压强度 (MPa)	符合《气泡混合轻质土填筑工程技术规程》(CJJ 177—2012) 规范要求		

表 1-9-3 填筑体实测项目的允许偏差

检查项目	允许偏差		检验方法	检验频率
	道路工程	建筑工程		
顶面高程 (mm)	+50,-30	±50	水准仪	每个构造单元测 2 点或每 20m 测 1 点
厚度 (mm)	—	±100	卷尺	
轴线偏位 (mm)	50		经纬仪或拉尺	
宽度 (mm)	不小于设计值		卷尺	
基底高程 (mm)	土质	±50	水准仪	
	石质	+50,-200		

(5) 在实际工程中,龄期 28d 抗压强度可采用龄期 7d 抗压强度进行初步判断,当龄期 7d 抗压强度达到设计抗压强度 1/2 以上时,可初步认为合格,但这不能作为质量检验依据。

(6) 填筑体的主控项目表干松散密度、抗压强度的检验验收,浇筑时还可采用抽芯法、弯沉法检验表干松散密度和抗压强度,以便更直观地检验其填筑体的质量。

第二章 富水地层地铁工程区间隧道施工关键技术

第一节 泉域盾构掘进的双螺旋技术

一、概述

正常条件下,一台螺旋机基本能满足土压平衡盾构机的正常掘进需求,但是在特殊地层,一台螺旋机受性能制约,不能较好地控制土仓压力。此时可增加一台螺旋机补充工作。采用性能良好的球形连接,在最大程度上保证双螺旋机盾构的灵活性,保证施工掘进时,盾构机在转弯、角度倾斜等工况下正常推进。二级螺旋机的增设,要有效减缓盾构在泉域地层掘进时的喷涌,根据施工情况灵活调整联动或独立作业,利用两节螺旋机之间空腔形成的土塞效应,阻止高压水从仓内流出,进而达到防止喷涌的目的,间接起到控制地表变形的作用。

二、施工工艺

(一)双螺旋输送机的介绍

双螺旋输送机位置如图 2-1-1 所示。双螺旋输送机皮带角度对比如图 2-1-2 所示。

螺旋机采用两级串联 Z 形结构,两级螺旋 Z 形连接能够使水土压力急剧衰减,降低水土压力。双螺旋接续出渣,螺旋出渣距离延长,降低水土压力。双螺旋相对单螺旋,皮带机倾斜角度小(由 10.5°变为 6.5°),皮带机两侧加高加上变频驱动携渣能力强,渣土不易倒流。

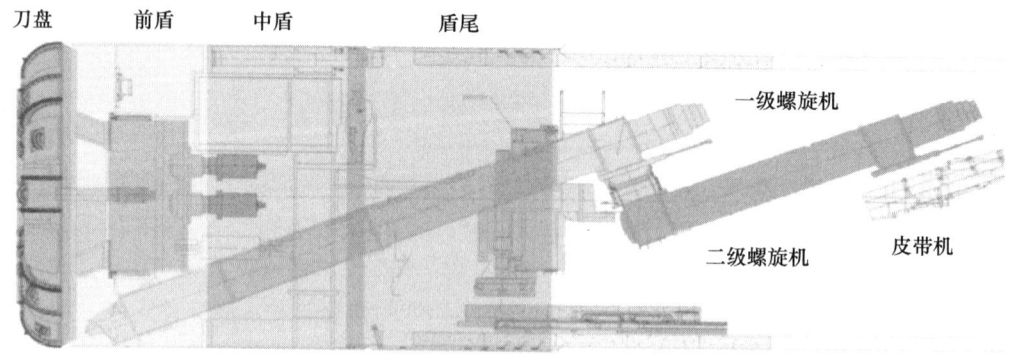

图 2-1-1 双螺旋输送机位置示意图

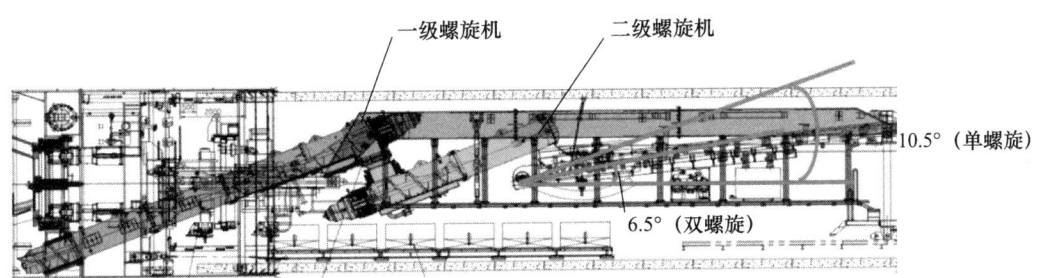

图 2-1-2 双螺旋输送机皮带角度对比图

(二) 双螺旋输送机的运用

螺旋机是土压平衡盾构的心脏,起到将密封土仓内的渣土运出仓外,并通过调整转速有效保证土仓内密封压力的作用。为了适应泉域地层不良地质及隧道曲线半径,一级螺旋与二级螺旋之间装有可将两级螺旋隔离的仓门,两级螺旋为球形连接。在盾构机转弯时,螺旋机可承受连接桥自由左右转动。充分考虑到转弯的方便性,二级螺旋的倾斜角度也可以根据需要自由调整。

螺旋输送机转速为 0~22r/min,在此转速范围内可以无级调速。根据实际土压与隧道埋深、地质情况动态调整,土仓压力波动控制在 2MPa 左右,以有效保证平稳出渣。为防止喷涌发生,可以根据需要时刻调节第二级螺旋机的转速及其他参数。

(三) 双螺旋输送机的渣土改良

根据试验段掘进施工分析结果,选取了能够有效降低地层渗透性、改善砂土流动性,且使用成本较低的钠基膨润土为主、泡沫剂为辅的渣土改良方法。

钠基膨润土注入参数:含砂量为 60%~70% 时,添加膨润土 $1~2m^3$;含砂量为 70%~75% 时,添加膨润土 $2~3m^3$;含砂量为 75%~80%,添加膨润土 $3.5~4m^3$。膨润土的加入,极大地改善了渣土的颗粒级配,提高了土体的塑性流动性和润滑性,降低了渣土对刀盘、刀具、螺旋输送机的磨损,增加了盾构机有效掘进距离,减少了换刀费用,延长了盾构机的寿命。

泡沫剂注入参数:采用膨胀率 10~15 倍的泡沫剂,按照不高于 30% 的注入率注入,同时要求注入速度控制在 600L/min。加入泡沫剂可以有效降低地层的渗透性,增强土仓内砂土的流动性和保水性,提高螺旋机运输的便捷性。对改良效果影响最大的是泡沫剂的发泡率和掺量,因此在实际施工中,要以发泡率和掺量这两个关键参数为重点,通过多次试验,调整相应参数,使改良后的渣土效果最佳。通过泡沫剂改良,现场施工中的渣土保水性和流动性都满足要求,未出现喷涌事故。

(四) 双螺旋输送机的施工调控

渣土的有效改良虽然在一定程度上提高了地层的流动性和保水性,但受地层条件制约,渣土的改良效果不能时刻保持,如果不慎发生喷涌,很容易造成土压平衡破坏,甚至诱发开挖面土体坍塌。为使盾构机适应复杂多变的地层环境,需要时刻监控螺旋机。一般发生喷涌事故后,按照如下方式操作可使盾构快速恢复正常。关闭两级螺旋机的出渣口,把水土封闭在螺旋机内,然后快速注入渣土改良材料,确保土仓内的压力稳定。将第二级螺旋机土仓内的积水排干净，然后打开输送机出渣口，将渣土排净后关闭出渣口闸门。打开第一级螺旋输送机的出渣口，将土仓内渣土排除。第一、第二级螺旋机交替行进直到土仓内渣土正常。经过上述步骤的反复操作，可有效控制喷涌。

三、质量标准

（1）双螺旋输送机使用前完成机械层面的验收，验收通过后才可投入施工。

（2）掘进过程中做到预判性施工，减少突涌事故的发生，保持密封仓内水土压力，避免水土压力急剧减小，杜绝地表塌陷。

（3）在泉域地层加强第三方监测并提高施工监测频率，现场第三方监测和施工监测分别间隔1小时监测一次数据，两组测量的时间错开，保证每小时就有一次监测数据传递给洞内，为指导调整掘进参数提供基础，建立动态平衡，掘进中土仓压力波动控制在20kPa范围内。

第二节　始发及接收端注浆加固技术

一、概述

为保证盾构始发、接收施工安全，必须事先进行地基加固。

始发及接收地基加固设计采用高压旋喷桩施工方式。桩间搭接250mm，加固长度按8m考虑，旋转注浆主要材料为水泥，宜采用强度等级42.5级及以上的普通硅酸盐水泥，水泥用量为250kg/m³，根据需要可加入适量的外加剂，具体参数根据现场试验适当调整。加固后土体应有良好的均匀性和自立性，掌子面不得有明显的渗水，无侧限抗压强度 $q_u \geqslant 1.0\text{MPa}$，渗透系数小于 10^{-7}cm/s；旋喷桩桩位偏差不大于50mm，桩身垂直度偏差不大于1/200。

二、施工工艺

（一）施工工艺流程

高压喷射注浆就是利用钻机把带有喷嘴的注浆管钻进至土层预定深度后，以高压设备使高压水射流（32MPa）从喷嘴喷射出来，冲击破坏土体，使土颗粒从土体剥落下来。一部分细小的土粒随浆液冒出地面，其余土粒在喷射流的冲击力和重力等的作用下，与浆液搅拌混合，并按一定的浆土比例和质量大小有规律地重新排列。浆液凝固后，便在土中形成一个固结体。

（二）施工准备

1. 现场准备

了解、摸清周边管线布置，破开洞口地基加固区域范围内地表硬地坪，并开挖深度约2m的探沟，探摸地下管线情况。如果管线在洞口地基加固区域范围内，人工挖出地下管线，将其移位并做好保护工作，保证洞口地基加固区域范围内无影响施工的障碍物。

提前与车站施工单位协调联系，划定施工区域，保护或妥善处理可能影响的相关设施，尽量避免互相影响。

2. 安全文明施工措施

（1）加强对现场施工人员安全文明施工的宣传教育，提高其安全文明施工水平及自身保护意识。

（2）施工现场应由专人负责清扫，不任意排污，加强现场泥水管理，指定专人负责，开挖和及时回填各种排浆沟，杜绝泥水外溢，保持场地干燥、平整。事先筑好临时施工便道和排水沟，保证阴雨天气各种机械设备正常作业。清除杂物路障，保持道路畅通、平整。

（3）注意安全用电，工地内电线应理顺，不能乱拉乱挂，施工中钻机架不进入高压电危险区。加强安全用电，统一使用标准安全电箱，教育职工自觉遵守安全用电制度和持证上岗制，防止用电事故发生。

（4）严格按照安全生产的有关条例进行施工作业，正确使用机械设备。施工中随时调整钻机垂直度。

（5）专人负责现场安全，加强设备材料保管，水泥堆场加强防雨防潮工作，减少水泥浪费。做好防偷盗等保卫工作。

（6）施工现场必须做到安全生产，生产不忘安全。进入现场正确戴好安全帽，施工现场要设有围栏、隔离墙，加强消防管理，按规定布置消防器材，使用阻燃材料搭建临时房，杜绝火灾事故。

（7）根据旋喷施工特点，加强施工场地的废泥浆管理，固定临时排浆池，保持施工场地的整洁。

3. 机械设备

单个旋喷桩施工所需机械设备详见表 2-2-1。

表 2-2-1 施工机械设备统计表

序号	设备名称	规格	数量	备注
1	旋喷机	GD-2	1 台	—
2	工程钻机	G-2A	1 台	备用
3	拌浆桶	SM-700	1 套	—
4	贮浆桶	SS-400	2 套	—
5	高压水泵	GZB-40A	1 台	—
6	空压机	$6m^3$	1 台	—
7	泥浆泵	HBW150/10	1 台	—
8	相关辅助设备	—	若干	—

施工时根据实际情况合理增加设备，保证工程顺利实施。施工人员配置见表 2-2-2。

表 2-2-2 施工人员配置

序号	工种	人数（人）	工作范围
1	加固施工负责人	1	组织施工
2	加固施工安全员	1	督促安全生产
3	专职指挥	1	吊机领航
4	混凝土工	3	制浆
5	打桩工	2	打桩
6	驾驶员	1	桩架操纵
7	驾驶员	1	挖机操纵

（三）主要技术参数

以某工程为例，Φ800mm三重管高压旋喷施工参数如下。

（1）直径：800mm。

（2）旋喷桩中心距：550mm（450mm）。

（3）水泥用量：250kg/m。

（4）水压力：大于32MPa。

（5）浆压力：大于25MPa。

（6）空气压力：大于0.7MPa。

（7）浆液喷射钻杆提升速度：12~13cm/min（需与流量匹配）。

（8）加固浆液配合比见表2-2-3。

表 2-2-3 加固浆液配合比表

材料名称	水	水泥
规格	自来水	P·O 42.5级普通硅酸盐水泥
质量比	1	1

（9）成桩垂直度误差不大于1/200，桩体偏位不大于50mm。

（四）高压旋喷桩施工

高压旋喷桩施工步骤可分为以下四步。

（1）准确确定孔位。按设计图纸准确放样，确定旋喷桩桩位和轴线，并请监理工程师现场复核，要求孔位偏差小于50mm。

（2）液压钻机就位钻孔。液压钻机就位，校准垂直度，进行预成孔。

（3）旋喷钻机就位，放入钻杆至设计底标高处。依次开启气、高压水、浆泵，在加固底标高处停留2~3min，当各压力指标达到施工要求后，按照施工技术要求提升钻杆至加固顶标高，提升过程中卸管后继续喷浆时应复喷10cm，以确保桩身搭接质量。然后依次关闭浆、高压水、气泵。

（4）移动钻机至下一桩位继续施工。

（五）检验方法

旋喷桩加固检验采用现场钻芯取样的方法，即在深层搅拌桩和旋喷桩施工完毕后，在盾构始发施工前钻孔取芯，测其28d无侧限抗压强度。同时要求加固土体强度大于1.0MPa，渗透系数不大于10^{-7}cm/s。

三、质量标准

（1）钻机就位与设计位置的偏差小于5cm，垂直度偏差小于1/100。

（2）成桩过程中钻杆旋转和提升时喷浆必须连续不中断，如果因特殊原因而导致喷浆中断，在恢复喷浆时将钻杆下放50cm以避免断桩；分段提升的，搭接长度宜大于10cm。

（3）施工时严格控制各种施工参数，发现问题及时汇报处理。

（4）现场施工做到及时记录、及时整理，发现问题及时汇报处理。

（5）在施工时严格遵守操作规程，班长和技术员严格进行质量自检。

（6）严格控制喷浆液配合比，根据三重管高压旋喷作业情况，应固定浆液拌制操作程序，减少操作失误。

（7）严格控制高压旋喷施工使用水泥的质量，加强水泥的防潮工作。

（8）复核施工水泥用量，保证三重管高压旋喷施工过程中的水泥掺量达到设计要求。

（9）夹缝旋喷加固需待端头井结构施工结束后方可进行，施工时跳孔施工（间隔两孔），相邻桩施工间隔时间必须超过48h。

第三节　近距离地铁隧道穿越敏感建（构）筑物关键技术

一、概述

目前越来越多的城市开始修建地铁，盾构机是地铁施工中最主要的施工设备。但是，盾构施工会引起土体沉降，在穿越老旧居民楼、运营地铁隧道、电力隧道等敏感建（构）筑物时，会造成既有建（构）筑物变形开裂。

本技术依托济南轨道交通滩头站至稻香站区间隧道穿越济南东车辆段出入段线隧道，借鉴国内成功案例，在原有的技术手段上进行了创新，运用分区域设置盾构掘进参数、盾构同步水泥-水玻璃双液浆的注浆新工艺、同步雷达监测管片壁后的填充、盾构机出土口改造、喷涌模拟装置试验、自动化监测既有地铁线路的变形情况等措施，最终出入段线最大变形量不超过1mm，得到建设单位、监理单位、设计单位等的好评，为济南市首次穿越既有地铁线，为济南地铁下一步盾构穿越既有地铁线积累了宝贵的经验。

二、施工工艺

（一）施工工艺流程

midas GTS三维有限元法模拟安全评估→选择试验段→试验段盾构机掘进→总结地面监测数据变化最小值处盾构机设置参数→穿越前出入段线内部结构进行实地调查验证→正式穿越前条件核对→盾构机按照拟定参数正常掘进施工→根据监测数据决定是否二次注浆→穿越完成。

（二）建立前期试验掘进段

1. 地质分析

对穿越出入段线地质情况进行分析，选取与隧道穿越地层相似或者相同的区段作为试验段。

2. 试验段施工措施

试验段区间盾构施工期间，参数设置均以穿越出入段线为基准进行调整，在施工过程中对盾构机各项参数变化、地表沉降进行统计，分析试验段掘进效果，在满足各项施工指标后确定盾构机施工时的各项准确参数，制定试验段掘进指令用以指导施工。

3. 试验段目的

（1）用合理的最短时间对盾构机状态进行调试。

（2）了解和认识穿越出入段线期间的地质条件，掌握该地质条件下盾构的最优施工方法。

（3）收集、整理、分析及归纳总结地层的掘进参数，制定穿越掘进时的操作规程，实现快速、连续、高效的正常掘进。

（4）熟悉管片拼装的操作工序，提高拼装质量，加快施工进度。

（5）通过试验段施工，加强对地面变形情况的监测分析，反映盾构机推进时对周围环境的影响，掌握盾构推进参数及同步注浆量。

（6）通过在试掘进地层推进施工，摸索出在盾构断面处于各地层中时盾构推进轴线的控制规律。

（三）盾构施工掘进参数初步设定

盾构施工过程中，掘进参数的设定是盾构掘进施工进度和地面沉降控制得以保证的前提。为确保掘进参数的准确，结合国内外盾构施工经验和自身施工实例，对盾构掘进参数进行了计算和选取，具体如下。

1. 土仓压力设定

各项压力按式（2-3-1）至式（2-3-4）进行计算。

$$P_e = \gamma h + P_0 \quad (2\text{-}3\text{-}1)$$

$$P_{01} = P_e + G/(DL) \quad (2\text{-}3\text{-}2)$$

$$P_1 = P_e \times \lambda \quad (2\text{-}3\text{-}3)$$

$$P_2 = (P_e + \gamma D)\lambda \quad (2\text{-}3\text{-}4)$$

式中：D——盾构外径；

L——盾构主机长度；

G——盾构主机重量；

λ——水平侧压力系数，取 0.4；

h——在盾构中心上方的各土层厚度，m；

γ——在盾构中心上方的各土层容重，kN/m³；

P_0——地面上置荷载，$P_0 = 20$ kN/m²；

P_e——土仓压力；

P_{01}——盾构机底部的均布压力；

P_1——盾构机拱顶处的侧向水土压力；

P_2——盾构机底部的侧向水土压力。

代入相应数据，各压力值如下。

(1) $P_e = \gamma h + P_0 = 2.43 \times 10^4 \times 12 + 20 \times 10^3 = 2.94 \times 10^5 \text{Pa}$

(2) $P_{01} = P_e + G/(DL) = 2.94 \times 10^5 + 500 \times 10^4/(6.68 \times 9) = 3.77 \times 10^5 \text{Pa}$

(3) $P_1 = P_e \times \lambda = 3.77 \times 10^6 \text{Pa} \times 0.4 = 1.51 \times 10^5 \text{Pa}$

(4) $P_2 (P_e + \gamma D)\lambda = (3.77 \times 10^5 \text{Pa} + 1.51 \times 10^4 \times 6.68) \times 0.40 = 1.39 \times 10^5 \text{Pa}$

2. 总推力

盾构的推力主要由五部分组成，见式（2-3-5），

$$F = F_1 + F_2 + F_3 + F_4 + F_5 \quad (2\text{-}3\text{-}5)$$

式中：F_1——盾构外壳与土体之间的摩擦力；

F_2——刀盘上的水平推力引起的推力；

F_3——切土所需要的推力；

F_4——盾尾与管片之间的摩擦力；

F_5——后方台车的阻力。

各作用力按式（2-3-6）至式（2-3-10）进行计算。

$$F_1 = \frac{1}{4}(P_e + P_{01} + P_1 + P_2)\alpha DL\mu\pi \quad (2\text{-}3\text{-}6)$$

$$F_2 = \pi D^2 P/4 \quad (2\text{-}3\text{-}7)$$

$$F_3 = \pi/4 (D^2 C) \quad (2\text{-}3\text{-}8)$$

$$F_4 = 0.3 W_C \quad (2\text{-}3\text{-}9)$$

$$F_5 = G_h \sin\theta + \mu_g G_h \cos\theta \quad (2\text{-}3\text{-}10)$$

式中：μ——土与钢之间的摩擦系数，取 0.3；

P——水平土压力，计算求得 $2.0 \times 10^5 \text{Pa}$；

C——土的黏聚力，取 50kPa；

W_C——两环管片的重量，取 $43 \times 10^4 \text{N}$；

G_h——盾尾台车的重量，取 $152.5 \times 10^4 \text{N}$；

θ——坡度，取 2‰；

μ_g——为滚动摩阻，$\mu_g = 0.04$；

α——由于刀盘开挖直径大于盾体直径，盾构四周土体压力需折减，折减系数 $\alpha = 0.6$。

3. 扭矩

盾构掘进扭矩是盾构掘进的另一重要指标，扭矩数据能直接反映开挖面和土仓内土体的物理性质变化。

结合国内外盾构工程施工经验和盾构机制造商制造经验，笔者认为影响盾构机扭矩的主要有以下几个因素。

盾构机扭矩＝刀盘面积×开挖面黏滞力系数＋刮刀切削扭矩×刮刀数量＋支撑臂扭矩＋搅拌柱扭矩

$$T = 60\% \pi r^2 C_u + T_1 n + T_2 + T_3 \quad (2\text{-}3\text{-}11)$$

其中 $r=3.34m$，60%为刀盘封闭部分面积（开口率为40%），T_1，T_2，T_3，n均从盾构机技术手册中查得。

4. 掘进速度的设定

推进速度过快或过慢都会对土体产生较大的扰动，根据盾构机整体性能，在使推进速度满足掘进土压力以及同步注浆速度的同时尽量提高掘进速度。根据盾构机在试掘进过程中积累的地层掘进经验，确定推进速度为30~50mm/min，在保证同步注浆量的前提下可以提高掘进速度，同时保证推进的连续性。

5. 刀盘转速

当掘进速度确定后，刀盘转速主要受刀具贯入度影响，刀具贯入度（P_e）=掘进速度（V）/刀盘转速（N），即刀盘转速（N）=掘进速度（V）/刀具贯入度（P_e）。

刀具贯入度过大，将导致刀具线速度过快和温度更高，引起额外的磨损；贯入度过小，又易产生刮擦而无法顺利切削土体，并导致刀具背部磨损增加。因此，笔者考虑设定刀具贯入度在20~40mm/r，由此得刀盘转速为1r/min，现场选用（1±0.1）r/min并根据试掘进情况进行调整。

6. 同步注浆

该工程所采用盾构机共设有4个同步注浆点，每个注浆点都有注浆压力和注浆量显示。目前使用的砂浆配合比下，浆液胶凝时间为4~6h。注浆压力应与该位置的水土压力相匹配，做到充分充填而不劈裂，考虑到注浆管头到盾尾的压力损失，需对注浆压力进行补偿，即注浆压力为该位置水土压力与盾构机注浆管压力损失之和。根据以往经验，盾构机注浆管压力该工程暂取200~300kPa，待盾构机进场后根据现场实测数据进行修正。该工程理论间隙为$1.2\pi \times (6.68^2-6.4^2)/4=3.45m^3$，考虑到穿越建（构）筑物期间区间隧道掘进方向为曲线，适当增大注浆量，严格控制浆液的质量，穿越建（构）筑物段注浆量应不低于$5.5m^3$。注浆速度需与掘进速度匹配。

7. 泡沫和水注入

为使进入土仓的渣土具有较好的流动性，并适当地降低渣土的黏度和土仓内的温度，需及时向土仓内注入一定量的水。水量根据掘进掌子面地质情况来确定，根据不同地层情况添掺水量以土体达到液性指数$I_L=0.5$为标准，即$I_L=(w-w_p)/(w_L-w_p)$，$w=I_L(w_L-w_p)+w_p$，$\Delta w=w-w_1$（式中，w_L为掌子面土体液限，w_p为掌子面土体塑限，w_1为掌子面土体实测含水率）。

因土体随着含水率的增加，稳定性有一定的降低，且可能存在搅拌不均匀的现象，所以不能单纯依赖加水来对渣土进行调节，必须注入一定量的发泡剂作为有益补充。泡沫剂在盾构施工中的应用是通过无数小气泡组成的泡沫混入渣土来实现的。通常我们所称的注入泡沫实际上是注入气泡。泡沫是典型的气-液二相系，其90%为空气，10%为泡沫剂溶液；而泡沫剂溶液90%~99%为水，其余为泡沫剂原液。

该工程采用知名品牌泡沫剂，泡沫剂原液掺量3%，发泡率为8~10倍，流量为100~400L/min，该泡沫剂参数在该工程中效果较好，达到了出土呈现蓬松牙膏状的效果。实际施工过程中盾构司机每环检查渣土改良效果，根据检查结果调整泡沫剂等的注入量。

根据盾构始发前100m及试验段得出的各项掘进参数，结合穿越段的地层情况，初步设定穿越段的掘进参数,施工过程中掘进参数再根据实际地面监测情况随时调整。

通过施工纵断面以及平面图进行分析,根据盾构机与建筑物的竖向距离和水平距离划分影响区域。

盾构机在穿越施工期间,盾构机每环掘进参数应根据实际情况进行相应调整,同时合理控制参数的变化幅度,严禁猛调参数。

设定参数根据施工时建(构)筑物的监测情况进行动态调整,做到动态施工。

(四)同步双液浆注浆参数及保障措施

同步注浆是盾构施工中非常关键的施工环节,在盾构施工中,通过同步注浆施工使管片和土体形成稳定的整体,可以抑制地层沉降,防止管片变形和上浮,防止管片间隙、盾尾的渗漏水。在盾构掘进施工过程中,对同步注浆作业要严加管理,以保证成形隧道的质量。应采取保护盖板和防止盾尾漏泥、漏水及隧道上浮的措施。

富水地层中水是流动的,盾构施工采用的水泥砂浆本身初凝时间都在10h左右,进入管片后的缝隙中易被地层中的水稀释,凝结时间无法保证,从而影响监测数据。采用水泥砂浆和水玻璃同步双液浆,可以将浆液的初凝时间控制在4h内,降低浆液被稀释程度,控制变形监测数据。

1. 同步双液浆注浆浆液

穿越以及侧穿出入段线期间同步注浆采用预拌盾构用水泥砂浆和水玻璃双液浆,保持注浆量在$5 \sim 5.5 \mathrm{m}^3$/环,根据监测情况实时调整注浆量,确保达到控制变形的效果。

另外,注浆压力应为保证足够注浆量的最小值,设定为0.20~0.30MPa。

根据相关地质进行试验分析,确定效果最佳的同步注浆浆液配合比,在施工过程中严格执行配合比计划;经试验得出每1000kg预拌水泥砂浆各项材料最佳配合比,见表2-3-1。

表 2-3-1 预拌水泥砂浆材料配合比

总重(kg)	水泥(kg)	粉煤灰(kg)	细砂(kg)	膨润土(kg)
1000	200	500	150	150

注:砂浆:水=1:0.61~0.63(质量比)。

通过现场试验选择稀释的水玻璃,水玻璃(35°Bé)与水稀释体积比例为1:1,稀释的水玻璃液与水泥砂浆的体积比为1:5.0~5.5,表观凝结时间为6min,1d后的强度可达到0.5MPa。

2. 同步双液浆施工方法

将两桶水玻璃加入洗干净的泡沫桶,再加水并加满,利用2号台车隔膜泵将稀释的水玻璃抽至水玻璃罐,利用台车上的二次注浆泵将水玻璃输送到盾尾注浆管入口,在入口处增加自带单向阀的三通,在三通内水泥砂浆与水玻

图 2-3-1 将稀释的水玻璃抽到水玻璃罐内

璃混合。具体如图 2-3-1～图 2-3-3 所示。

图 2-3-2　双液注浆泵

图 2-3-3　自带单向阀的三通

注浆速度的确定原则是使浆液充填速度与盾构掘进速度一致，如注浆过快易造成盾尾漏浆，如注浆过慢则注浆充填效果不易达到。实际施工中注浆速度根据掘进速度调整。推进过程中注浆量、注浆压力及注浆速度（浆液稠度严格控制在 10～12s），均达到了技术控制要求，地面沉降得到了有效控制。

盾构在穿越及侧穿期间掘进时初定同步注浆量为 5～5.5m^3，在掘进过程中，按照不同的进尺（0～1200mm），注浆量见表 2-3-2。

表 2-3-2　注浆量控制表

掘进进尺（mm）	400	800	1200
注浆量（m^3）	1.8	3.6	5/5.5
理论冲程数（个）	72	144	200/220

（1）注浆时，油缸每环推进行程的前 200mm 注单液浆，200～1200mm 注双液浆，1200mm 以后注单液浆，用单液浆将盾尾内的双液浆清洗干净。

（2）注水玻璃的速度一定要匹配砂浆的注入速度，动态调整液压注浆的速度。

（3）每 10 环检查混合三通内单向阀的情况，如有破损及时更换配件。

（4）在实际掘进过程中，同步注浆的注入压力和注入量的管理是同时进行的，在背后注浆施工过程中，通常注入压力和注入量的管理是同时进行的。若注入压力管理采用始终维持注入压力的方法，则注入量不固定；若注入量管理按注入一定量的浆液进行，则注入压力是改变的。在地层相对稳定、透水系数小的地层，对注入量的管理通常可以达到有效填充盾尾间隙的目的，但是对于地质情况复杂的地层来说，存在许多不确定因素，如裂隙、大孔隙等，则主要以注入压力管理为主。注入压力管理适用于绝大部分地层。

（5）在注浆过程中，盾构机长时刻关注注浆压力、注浆量变化，及时地对操作人员的操作进行检查指导，发现情况及时排除，以保证盾构隧道的成形质量。

（6）盾构长时间停顿或完成掘进后，需拌制润滑浆，清空管路和注浆泵中残留的浆液，以防砂浆堵管而影响后续施工。

（7）施工作业人员须随时观察注浆工况，控制好注浆压力和注浆量，与盾构操作者保持联系，浆液注入量应同掘进速度相适应。

（8）拌浆作业须与盾构推进同步进行，浆液注入量应同掘进速度相适应，每段隧道推进前应明确规定。

(9) 盾构机长如实填写盾构推进过程质量控制压浆记录表,并做好每班交接工作。

(10) 在不停泵的情况下,不得进行任何修理,在注浆泵及管道内的压力未降至零时,不准拆管路或松开管路接头,以免浆体喷出伤人。

3. 同步注浆监测系统应用

为保证施工过程中的同步注浆效果能够及时反馈到操作室,保障施工安全,在管片拼装机上方安装有同步注浆监测系统,如图 2-3-4 所示。

同步注浆监测系统能够及时反映注浆的深度以及地层缝隙的填充情况,可针对地层内浆液填充情况,盾构机操作室可进行注浆数据的调整,以确保浆液的填充质量。

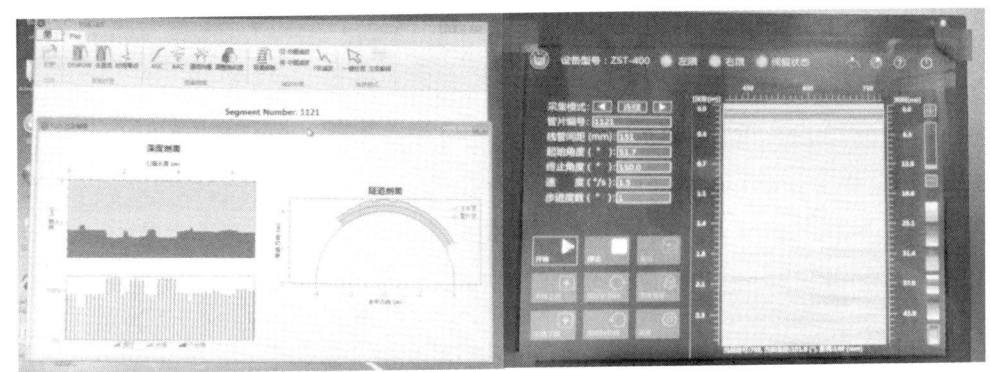

图 2-3-4　注浆监测雷达测量显示图

(五) 二次注浆

二次注浆是减少地表沉降的有效辅助手段,在盾构完成拼装 5~8 环处再向衬砌进行二次(或多次)注浆,以弥补同步注浆的不足。由于同步注浆无法完全满足沉降控制要求,需要在同步注浆的基础上注入水泥-水玻璃双液浆来控制地面沉降。二次注浆浆液配合比为水:水玻璃=3:1(质量比),水玻璃的波美度为 35°Bé;水泥浆水灰比为 1:1(质量比);水泥浆:水玻璃浆液=1:1(体积比)。注浆压力一般不大于 0.5MPa。

此次穿越为了保障施工的连续性,二次注浆采用超长距离二次注浆系统,包括隧道外地面部分和隧道内使用部分;隧道外地面部分设置在隧道端头井处的地面上,包括搅拌桶和注浆泵,搅拌桶用于搅拌浆料,注浆泵用于通过注浆软管向隧道内部输送搅拌好的浆料;在隧道内部铺设注浆软管,注浆软管由多根独立的软管通过接头可拆卸地对接而成;每节环片上设有 4 个注浆孔,分别位于环片的顶部、两腰和底部,每个注浆孔处预设有排气孔和排水孔,在注浆孔位处拧上单向注浆逆止阀;同一管片按照"先拱顶后两腰,两腰对称"的原则注浆,将注浆头插入注浆孔处进行二次注浆,注浆压力为 0.3~0.5MPa;由于长距离输送浆液,存在明显的压降,输浆泵的输出压力与压力表的显示压力有很大的不同,需要人工观察压力表的示数,通过对讲机通知注浆泵的操控人员,合理调控输出压力,实时动态监测注浆压力;当然该区间技术人员也可以将压力表设置为智能无线压力表,通过合理设计控制器,使控制器根据压力表的反馈信号设置注浆泵的输出压力;每个注浆孔注浆完结后,等待 5~10min,将注浆头打开疏通,查看注入效果,如果出水呈水流状态,则应继续注浆;如果出水呈水滴状态,则可终孔;终孔后,拆除注浆头，采用双快水泥砂浆封堵注浆孔，并在封堵的注浆孔处安装塑料堵头。

二次注浆注意事项包括以下 9 个方面。

（1）在注浆前应查看管片情况并在注浆过程中进行跟踪观察，如有异常情况应立即停止注浆，并及时向主管部门汇报。

（2）在注入过程中应严密监视压力情况，控制注浆压力在设计范围以内。

（3）在注入过程中出现压力过高但注入效果不明显的情况时，应检查注浆泵及注浆管路是否有堵管现象，并立即进行清理。

（4）在注浆过程中出现任何停机现象时均应对注浆泵及注浆管路进行清洗；在注浆完毕后应做到"工完料洁"，所有的机具均应清理干净并归于原处。

（5）在注浆前应将同步注浆管路的所有球阀全部关闭。

（6）注浆前应查看盾尾油脂腔的压力，如果压力偏低，应适当注入盾尾油脂，以保证在注浆过程中有足够的压力避免盾尾漏浆；如果注入过程中盾尾出现漏浆现象，应停止注入 5～10min 后再重新注入。

（7）在注浆前应查看管片情况及土仓压力情况并在注浆过程中进行跟踪观察，如有异常情况应立即停止注浆，并上报。

（8）在注浆前应将注浆孔全部打开并带上注浆头，在注浆时可将注浆头全部打开放水直至浓浆流出再关闭注浆头。

（9）在注一个孔时应备足水泥及水玻璃，严禁中途停止注入。

二次补浆采用的是双液浆，浆液配合比见表 2-3-3。

双液浆的材料分为 A 液和 B 液，A 液的材料为水泥浆，B 液为水玻璃。

表 2-3-3 双液浆配合比表（单位体积）

A 液水与水泥之比	B 液水与水玻璃之比	A 液：B 液（体积比）	凝结时间（s）
1:1	1:3	1:1	20～48

根据施工中的配合比显示，初凝时间为 35s 左右，初步设定注浆压力为 500kPa，为避免盾尾被浆液包裹，管片脱出盾尾 5～8 环开始二次注浆，注浆位置为管片上方 10～14 点。

三、质量标准

（1）相邻管片的环与环间错台不大于 6mm，同环管片块与块间错台不大于 5mm，椭变小于 $0.5\%D$。

（2）盾构隧道轴线与设计轴线允许偏差（上、下、左、右）为 ±50mm。

第四节 泉域盾构同步双液浆施工技术

一、概述

在以往隧道施工过程中，单液浆可正常凝结，保证了施工质量和施工过程的连续性。在富水地层项目施工过程中，丰富的地下水和地层较高的渗透系数造成单液浆凝固时间延长，浆液填充率降低，管片渗漏增多。浆液凝固时间慢，填充不密实，浆液对管片的约束作用较小，管片极易造成破损。缺陷的增多造成工序无法连续开展，工期延长。

二、施工工艺

（一）确定水泥砂浆和水玻璃的比例

浆液对比方案见表2-4-1。

表2-4-1 浆液对比方案表

备选方案（水泥浆与水玻璃液体积比）	选择依据	选择方式
5.5：2 5.5：1 5.5：0.5	1. 浆液表观凝结速度； 2. 水玻璃液运输难度； 3. 性价比	1. 试验分析； 2. 经验分析

施工现场选取水泥砂浆与水玻璃液若干，将两者按照三种比例进行试验，每种比例试验三次，记录表观凝结时间。

运输物料的电瓶机车单次可运输水玻璃一桶。现场浆液试验数据统计见表2-4-2。浆液的现场试验见表2-4-3。

表2-4-2 现场浆液试验数据统计表

序号	组数	水泥砂浆与水玻璃液体积比	表观凝结时间（s）	平均凝结时间（s）	水玻璃运输次数（次）	水玻璃消耗桶数（桶）
1	第一组	5.5：2	141	141	2	2
2	第二组	5.5：2	138			
3	第三组	5.5：2	144			
4	第一组	5.5：1	368	361	1	1
5	第二组	5.5：1	355			
6	第三组	5.5：1	362			
7	第一组	5.5：0.5	762	763	1	0.5
8	第二组	5.5：0.5	773			
9	第三组	5.5：0.5	754			

表2-4-3 浆液的现场试验表

类型	水泥砂浆与水玻璃液体积比	浆液表观凝结速度	水玻璃运输难度	性价比
方案一	5.5：2	浆液表观凝结速度快	电瓶机车出入隧道一次，运输过程烦琐	水玻璃消耗2桶，成本高
方案二	5.5：1	浆液表观凝结速度适中	电瓶机车出入隧道两次，运输过程简单	水玻璃消耗1桶，成本适中
方案三	5.5：0.5	浆液表观凝结速度慢	电瓶机车出入隧道一次，运输过程简单	水玻璃消耗0.5桶，成本低

当水泥砂浆与水玻璃液体积比为5.5∶1时，浆液表观凝结速度适中，水玻璃液运输便捷。

（二）制作混合液

将两桶250L 35°Bé的水玻璃倒入清洗干净的1000L的泡沫桶中，再加满清水，可以配得水玻璃与水体积比为1∶1的水玻璃液；水泥砂浆配置方法不变，由地面砂浆站拌制，每环5.5m³。水玻璃及水玻璃混合桶如图2-4-1、图2-4-2所示。

图2-4-1 水玻璃图例

图2-4-2 水玻璃混合桶图例

（三）同步双液浆注入

利用台车上的二次注浆泵将水玻璃输送到盾尾注浆管入口，在入口处增加自带单向阀的三通，在三通内水泥砂浆与水玻璃混合。具体如图2-4-3～图2-4-5所示。

图2-4-3 将混合液抽到水玻璃罐内

图2-4-4 选用盾构机自带的双液注浆泵

图2-4-5 自带单向阀的三通

操作要点如下。

（1）注浆时，油缸每环推进行程的前 200mm 注单液浆，200～1200mm 注双液浆，1200mm 以后注单液浆，用单液浆将盾尾内的双液浆清洗干净。

（2）注水玻璃的速度一定要匹配砂浆的注入速度，动态调整液压注浆的速度。

（3）每 10 环检查混合三通内单向阀的情况，如有破损及时更换配件。

（四）效果检查

注浆作业完成 45min 后，施工人员在对应环的管片注浆孔（兼吊装孔）处逐一开孔，观察并记录浆液流出情况。

三、质量标准

（1）成形隧道须逐环进行壁后注浆检测，管片每完成 300 环连续进行雷达扫描无损检测（此处 300 环指从台车尾部拖出环数），若出现不合格区段需进行注浆处理，处理后再次进行雷达扫描无损检测（复检），直至检测全部合格。成形隧道分部工程验收前隧道管片壁后注浆检测须 100% 合格。

（2）首次使用前在现场施作配合比验证试验，浆液初凝时间须小于 4h；盾构施工时设置 20m 试验段，试验段内管片脱出盾尾 2～3 环后开孔检查，验证同步注浆浆液在地层内的凝结质量；如同步注浆液性能不满足要求，应调整注浆配合比，并重新进行试验验证。

第五节　洞内注浆法加固联络通道土体技术

一、概述

洞内注浆法加固联络通道土体技术又称为"全断面注浆加固＋超前小导管注浆加固，隧道内暗挖构筑"联络通道施工工艺技术，即利用联络通道处及附件管片注浆孔对管片壁后进行单液浆、双液浆加固。管片破除后进行探孔及开挖施工，同时每榀钢格栅施工时打设超前小导管、注浆。下一榀钢格栅施工前进行探孔，每榀钢格栅步距 0.5m，循环施工。

二、施工工艺

（一）工艺流程

施工准备→管片壁后二次注浆→全断面预注浆→探孔→隧道预应力支撑安装、开挖平台搭设、防护门安装→探孔试挖，打开洞口钢管片→超前注浆，通道掘进与初期支护施工→防水层施工→钢筋混凝土结构层施工→泵房开挖，初期支护及结构施工→后续注浆。

首先对隧道周围管片壁后进行二次注浆，然后探孔检测壁后注浆效果及拟开挖通道顶底板地层情况，根据探测结果制定有针对性的地层加固措施。

（1）利用隧道周围管片上预留注浆孔进行管片壁后二次注浆，充填空隙和封堵涌水，加大靠近管片附近区域土体强度，尤其是靠近隧道顶部区域的强度。注浆充填范围选择联络通道施工处前后各 5 环位置，隧道靠开挖工作面一侧 180° 区域。先注单液水泥浆，若吃浆量大且压力未上升，则先在距联络通道前后5环处注双液浆，再在前后1～4环内充填单液浆。联络通道壁后注浆充填及加固区域如图2-5-1所示。

（2）壁后注浆完成后，在上下行线隧道中向联络通道及泵房开挖区域内进行顶部、中间和底部探孔施工，以探明地层基本情况，尤其是拟开挖工作面顶板地层情况。上下行线各施作6个探孔，其中顶板、腰部、底板各2个，开孔位置及方向如图2-5-2所示。

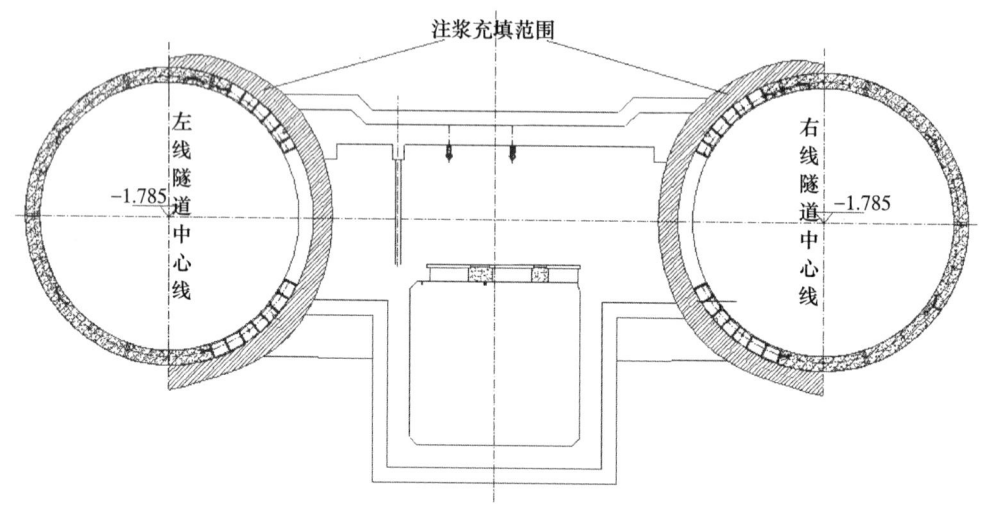

图2-5-1 联络通道壁后注浆充填及加固区域示意图（单位：mm）

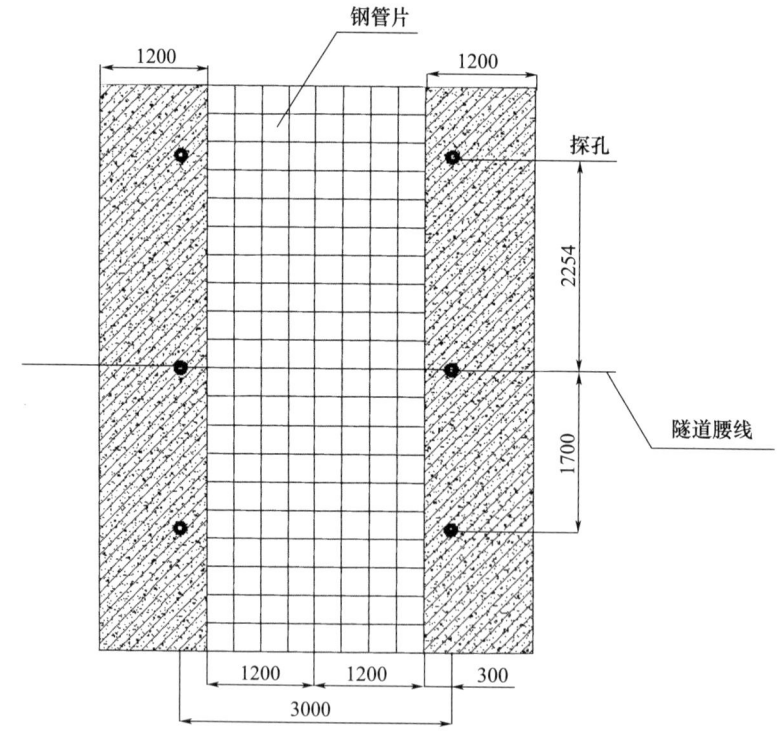

图2-5-2 联络通道及泵站全断面注浆孔布置图（单位：mm）

(3) 联络通道及泵站全断面注浆孔布置如图 2-5-2 所示。采用水钻开孔,管片中钻进 20cm 时,安装 Φ57 孔口管、球阀,再用锚杆钻机配 Φ28 钻头钻透管片,向里钻进至设计位置,撤出钻具,安装注浆管路,配制浆液进行注浆,采用水泥-水玻璃双液浆,水泥采用 P·O 42.5 普通硅酸盐水泥,水泥浆的水灰比为 0.8∶1～1∶1;水泥浆与水玻璃的体积比 1∶0.5～1∶0.8;水玻璃模数为 2.4～3.4,波美度为 35～40°Bé。注浆完成后,即进行隧道支撑安装、开挖平台搭设、防护门安装、探孔等开挖准备工作。

(4) 采用风镐分台阶开挖掘进,循环步距 0.5m,每循环架设 1 榀型钢支架,支架与顶板间用木背板背实、木楔紧固,然后挂设和绑扎钢筋网,每 2 榀喷射一次 C25 混凝土进行支护。开挖过程中,若地层较松散或有涌水,采用小导管超前注浆加固工作面顶板及其前方土体。

(5) 开挖及初期支护完成后,进行通道防水、绑扎钢筋、预埋管线口、支设模板、浇筑混凝土等永久结构施工。浇筑通道底板混凝土时,预留泵房开挖口。

(6) 进行泵房开挖、初期支护、排水管预埋和结构施工。

(7) 最后完成联络通道及泵房附属工程。

(二) 注浆施工工艺

1. 注浆

利用隧道周围预留注浆孔进行管片壁后二次注浆,加大靠近管片区域土体强度,尤其是靠近隧道顶部区域的强度,注浆压力控制在 0.5MPa。

注浆位置:联络通道施工处前后 5 环位置,选择靠近开挖工作面位置的 180°区域进行注浆施工。

(1) 开设注浆孔。

利用管片预留注浆孔,拧开预留注浆孔塞,采用 BOSCH2-22 钻机穿过注浆孔开透管片。

(2) 注浆作业。

① 拧上连接丝头,连接注浆管路及设备。

② 根据确定的技术参数,配制好水泥浆。水泥采用 P·O 42.5 普通硅酸盐水泥,水灰比为 1∶1。

③ 向孔内注浆,注单液水泥浆,沿隧道环向从下往上,沿走向从中间分两边交替注浆。注浆完成后,及时清洗注浆管路,以免影响下一个孔位正常注浆。

(3) 施工注意事项。

① 上次注过的孔,复注时要加长钻杆把孔导通,确保复注效果。

② 注浆过程中要始终注意观察注浆压力和输浆管的变化,当泵压骤增、注浆量减少时,多为管路堵塞或被注物不畅;当泵压升不上去、进浆量较大时,检查浆液黏度和凝固时间。

③ 连接好注浆管路,防止跑浆、冒浆。

④ 应戴好劳动保护用品,防止浆液溅入眼睛。

⑤ 注浆完成后,清洗管路设备,以便下次使用。

2. 探孔

(1) 定孔位。

利用 1000 水平尺、石笔、水平管、工程线、盒尺等工具测设隧道腰线,根据既定参数定出后视点和开孔位置。

（2）钻机就位。

在隧道管片适当位置固定水钻，根据后视点和开孔位置的连线方位调整钻机钻进方位，使钻进方向与探孔方位一致。

（3）钻孔施工。

采用水钻开孔，钻进至20cm时，撤出钻具，安装好Φ57孔口管、球阀后，换Φ36钻头，开透管片，向地层钻进取芯。每钻进30cm接长1根加长钻杆。直至钻进至设计位置处时撤出钻具，关闭球阀。

（4）安全技术措施。

① 水钻钻架底座应牢固固定，可靠支撑。

② 开透管片时，若发现有承压水喷出，立即撤出钻具，关闭球阀。

③ 人工运输设备和材料时，应注意防滑。

④ 由于顶板开挖轮廓线至上方卵石、砂层较近，必须按设计长度钻探，若有泥沙和大量水涌出，则不拔出钻头和钻杆，而拆除钻机，关闭防喷装置，协调采用冻结法加固地层。

3. 全断面注浆

（1）准备工作。

将注浆施工所用空压机、储气罐、锚杆钻机（带钻杆、钻头）、电焊机、注浆泵、搅拌桶等设备和水泥、水玻璃、手拉葫芦、钢丝绳套等材料运至工作面附近。

（2）搭设钻孔平台。

利用已安装好的隧道支撑，采用工字钢、木板搭设注浆工作平台。

（3）埋设孔口管。

采用水钻配Φ57的钻头按照设计孔位及方位在隧道管片上开孔，钻进20cm时，撤出钻具，安装好Φ57孔口管、球阀。

（4）打注浆孔。

采用锚杆钻机配Φ28钻头开透管片，通过钻杆连接套加长钻杆，向里打注浆孔，直至设计孔深。若出现塌孔现象，则将未塌孔段注实凝固后，用锚杆钻机扫孔钻进复注。

（5）注浆工作。

通过孔口球阀连接注浆管路和设备，配置双液浆，水泥选用 P·O 42.5 普通硅酸盐水泥，水玻璃波美度为35～40°Bé，水泥浆液水灰比为1∶1～1.5∶1。

（6）安全技术要求及措施。

① 注浆浆液选用水泥-水玻璃双液浆，必要时可与化学浆相结合。

② 注浆时严格控制注浆压力，同时密切关注注浆量，当压力突然上升或从孔壁、地面溢浆时，应立即停止注浆，查明原因后采取调整注浆参数或移位等措施重新注浆。

③ 孔口管安装时根据设计注浆角度和位置准确定位。

④ 单根结束标准：注浆过程中，压力逐渐上升、流量逐渐减小，当压力达到注浆终压，注浆量达到设计注浆量的80%以上时，可结束该孔注浆；注浆压力未能达到设计终压，注浆量已达到设计注浆量时，若无漏浆现象，亦可结束该孔注浆，初压宜为0.1～0.3MPa，终压一般应不大于0.7MPa。

⑤ 操作人员必须经培训合格后才能操作注浆机，未经培训或非操作司机不得操作注浆机。
⑥ 注浆作业中，作业人员必须戴护目镜。
⑦ 为保证工作顺利，工作前必须试机，检查确认是否能正常工作。
⑧ 检查油箱液压油是否充足，如液面过低应及时添加。
⑨ 检查电机和油泵，应能轻松盘动数圈。
⑩ 将压力表开关打开，溢流阀调压手轮松开。
⑪ 将吸浆管放入清水中以便试机，点动电机开关检查旋转方向是否正确。
⑫ 注浆完成后采用止浆塞封堵注浆孔。

4. 超前小导管注浆施工

(1) 测量定位。

首先根据超前小导管设计位置，进行小导管位置的测量放样工作，并用红油漆在作业掌子面上做好小导管位置的标记。钻孔直径应大于设计导管直径 3～5mm，孔深大于设计长度 100mm。

(2) 钻孔施工。

钻孔时采用 YT28 型风钻开孔，以设计的外插角向外钻孔。联络通道超前小导管剖面布置如图 2-5-3 所示。

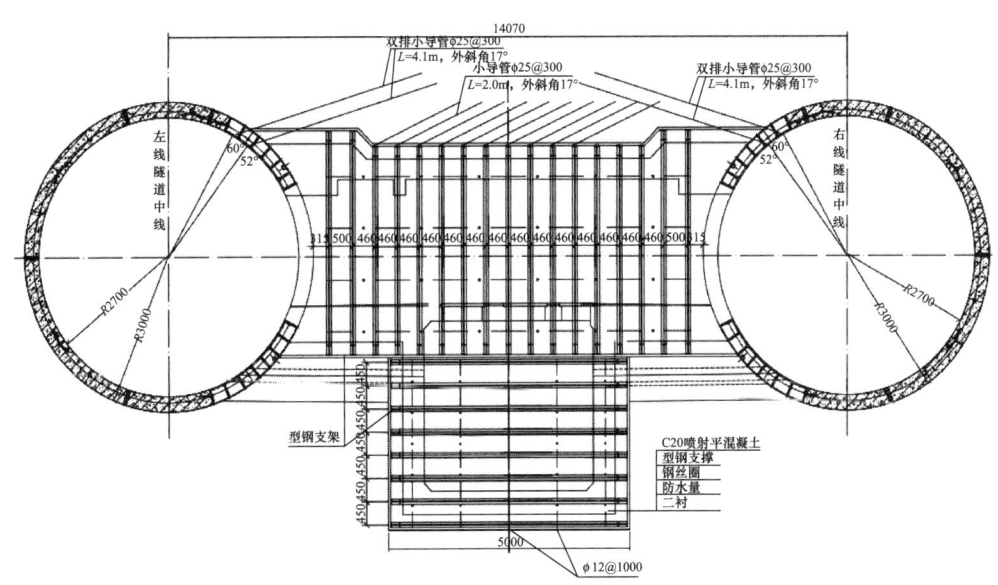

图 2-5-3　联络通道超前小导管剖面布置图

(3) 清孔验孔。

① 通常用地质岩芯钻配合钻头来回扫孔，清除浮渣至孔底，确保孔径、孔深符合要求，防止堵孔。
② 用高压风从孔底向孔口清理钻渣。
③ 用经纬仪、测斜仪等检测孔深、倾角、外插角。

(4) 安装超前小导管。

① 钻孔完成后及时安设注浆用小导管,避免塌孔。

② 小导管尾端缠满麻丝并连接管箍,使用风镐通过管箍顶进。

③ 小导管安装完毕后管壁与孔壁之间环形空间使用封堵阀快速封闭。

(5) 浆液配置。

注浆材料及配合比采用水泥浆液时,水灰比可采用 1.25∶1～1∶1,若需缩短凝结时间,则可加入 30～35°Bé 的水玻璃。水泥强度等级为 P·O 42.5。单根小导管理论注浆量为:

$$Q = 2\pi R L \eta \alpha \beta$$

式中:L——注浆段长度;

　　　R——浆液扩散半径,取 $0.6L_0$,L_0 为管体间距 40cm;

　　　η——地层孔隙率,风化岩层取 2%～3%,岩石破碎带取 5%～8%,砂土取 40%～60%,黏土取 20%～40%;

　　　α——浆液有效充填率,取 85%;

　　　β——浆液损耗系数,取 1.05。

(6) 注浆控制。

① 导管施工完成后开始注浆,注浆前需再次确认孔口已完成密封。

② 水泥浆液采用拌和机制浆,采用液压注浆机将浆液注入导管钢管内,注浆前先检查管路和机械状况,确认正常后做压浆试验,确定合理的注浆参数后施工。

③ 注浆分两步完成,当第一次注浆的浆液充分收缩后,进行第二次注浆,以使导管填充密实。注浆采取注浆终压和注浆量双控措施,注浆压力以 0.3～0.5MPa 为宜,持压 3～5min 后停止注浆,注浆量一般为钻孔圆柱体的 1.5 倍。若注浆量超限,未达到压力要求,应调整浆液浓度继续注浆,直至符合注浆质量标准。确保钻孔周围岩体与钢管周围孔隙均被浆液充填,方可终止注浆。注浆过程中压力如突然升高,可能是发生了堵管,应停机检查。

④ 注浆过程中应派专人负责,填写"注浆记录表",记录注浆时间、浆液消耗量及注浆压力等数据,观察压力表值,监控连通装置,避免因压力猛增而发生异常情况。

⑤ 注浆施工完成后需立即拆除注浆设备安装闷头。

5. 注浆质量控制措施

(1) 钻孔质量。

① 钻孔前,精确测定孔的平面位置、倾角、外插角,并对每个孔进行编号。

② 严格控制钻孔平面位置,超前小导管和超前锚杆不得侵入隧道开挖线内,相邻的钢管不得相撞和立交。

③ 终孔后,要检查锚杆的位置、孔深、方向和外插角,然后用高压风将钻孔吹洗干净。

(2) 注浆质量。

① 浆液配置必须按施工配合比进行,严格控制水泥、水以及其他外加剂(如速凝剂等)的质量;浆液拌制必须使用机械拌和,严格控制拌和的时间;实验室要加强对浆

液质量的检查。

② 注浆过程中随时检查孔口、邻孔、覆盖层较薄部位有无串浆现象，如发生串浆，应立即停止注浆，采用间歇式注浆封堵串浆口，也可采用麻纱、木楔、快硬水泥砂浆或锚固剂封堵，直至不再串浆时再继续注浆。

③ 注浆时相邻孔眼需间隔开，不能连续注浆，以确保固结效果，同时达到控制注浆量的目的。

④ 注浆时，要采取注浆终压和注浆量双控措施控制注浆质量，经常检查注浆压力表的准确度，根据单根钢管注浆量并结合岩体的松散程度，综合考虑注浆量。若个别孔浆液不畅通，被迫提前终止，可在邻孔适当加压补偿。

⑤ 注浆结束后，必须钻孔检查注浆效果，如未达到要求需要补孔注浆。

⑥ 配置的浆液应在规定的时间内用完。

6. 后续注浆

在结构层施工中同时布置预埋注浆管，注浆管采用 DN50 花管制作，环向间距 3m，每环 3~5 根。纵向间距 3m。

结构施工完成后 7d 进行回填注浆，注浆压力一般不大于 0.2MPa，注浆采用微膨胀水泥进行注浆。

全断面注浆材料计划见表 2-5-1。

表 2-5-1　全断面注浆材料计划表

序号	名称	规格型号	单位
1	钢管	$\Phi 42$；$t=3.5$	m
2	水泥	42.5	t
3	水玻璃	—	t
4	速凝剂	—	t

第六节　环氧砂浆修复管片技术

一、概述

在地铁隧道的建设过程中，经常会发生盾构管片破损的现象，常见的原因多是由于管片在生产、搬运和堆放过程中的磕碰，局部位置产生破裂缺角，而管片的破损不仅会引起隧道渗水漏浆，还会间接影响到隧道结构的整体使用性能，因此是隧道施工过程中较棘手也是必须妥善处理的问题之一。

目前市面上大规模使用的管片修复材料，多以聚合物水泥砂浆为主，该材料只能对管片缺损区域起到局部的保护作用，且在遇见拱顶、垂面等施工区域时，容易出现材料流动脱落的现象，导致现场存在较大的安全隐患。而以环氧树脂为主剂的立面用非流淌环氧砂浆，以水泥和超细砂作为增强材料，通过添加具有高分子量与富含氢键的触变剂，使形成的聚合物在垂直面上也具有较强的形状保持能力，可以实现非常好的立面非流淌的管片修复效果。

（一）工法特点

（1）触变性。材料具有良好的形状保持性和流动性，在混凝土结构的顶面和立面具有较强的修复和加固处理能力。

（2）固化速度快，与混凝土的黏结强度高。材料反应后形成的固结体 24h 抗压强度大于 20MPa，并且最终抗压强度在 50MPa 以上，可达到加固修复的目的；材料与混凝土的黏结强度决定了修复部位的耐久性，甚至比主体结构本身的强度还要高。

（3）无溶剂，环保型。可在通风不畅的不良的空气环境中进行施工，该性能对于施工人员的生命安全至关重要，是不可忽视的重要特点。

（二）使用范围

（1）矿山法地铁隧道中车站、道床、侧墙、顶板、仰拱等裂缝堵漏并加固。

（2）盾构法地铁隧道中盾构管片拼接缝、螺栓孔、注浆孔等的堵漏及管片裂缝、道床、轨道板等脱空部位的堵漏和加固。

（3）地下综合管廊地面、侧墙、顶板等渗漏水的治理和修复。

二、施工工艺

（一）工法流程

确定情况和范围→搭设施工平台→基面清理→配置材料→修复前准备→修复施工→自然养护。

（二）施工步骤及要求

（1）确定情况和范围：勘查施工部位，规划施工区域和确定周边情况。

（2）搭设施工平台：施工作业前，需根据周边区域的现场条件，决定是否搭建脚手架等临时作业平台，以便当缺陷治理点处于盾构隧道拱部等高处位置时，可以满足基本的施工作业条件，施工前还需注意对隧道内已有的管线和设备采取合理规范的保护措施，避免施工过程中对其产生影响。

（3）基面清理：采用吹风机对施工区域的混凝土表面进行清理，清除缺陷区域的碎石、灰尘和杂物等，以保证后续施工过程中的界面黏结力，针对可能存在的部分脱落和疏松的混凝土区域，需要将该区域的松散混凝土彻底凿除，直至露出新的混凝土基面为准，其间产生的废水、废料应及时清理运走。

（4）配置材料：待混凝土表面干净干燥后，配置结构修复用非流淌环氧砂浆，应按照合适的比例将 AB 组分混合，充分搅拌均匀，材料现配现用，一次配制数量不应过多，应根据凝固时间及固化速度确定。

（5）修复前准备：根据受损区域的深度进行区分，选择合适的施工工艺。

① 若受损区域的深度小于 1cm，直接采用立面用非流淌环氧砂浆进行表面加固修复处理。

② 若受损区域的深度大于 1cm，但小于 5cm，待清理疏松的混凝土表面后，应在出现裂缝区域的薄弱部位，选用机械锚栓加钢丝网的方式固定作业面，机械锚栓间距 10cm，呈梅花形布置，再采用环氧砂浆进行加固修复处理。

③ 若受损区域的深度大于 5cm，则每 5cm 为一层，重复上述施工步骤。

(6) 修复施工：刮涂非流淌环氧砂浆时，环氧砂浆应分层刮涂，拟施工涂刷平均厚度为 1cm，刮涂一遍成形，然后检查混凝土结合情况。如果结合紧密则再次填满找平涂抹光滑，如有裂纹出现则需把修补砂浆敲掉重新修补。

(7) 自然养护：待所有修补材料达到一定强度后，针对部分凸起的区域可使用砂纸或角磨机进行美观打磨处理，即可进行自然养护。

三、质量标准

(1) 当管片出现缺棱掉角、混凝土剥落以及宽度 0.1～0.2mm 非贯穿性裂缝时，必须进行修补，缺陷修补严格按照有关行业标准进行。

(2) 管片修补后，修补材料的抗拉强度和抗压强度均不低于管片设计强度。

(3) 环氧砂浆必须严把计量关，采用精度较高的磅秤或电子设备对材料进行计量，严禁采用体积比，各种材料计量允许误差砂为 3%、水泥为 ±1%、外加剂为 ±1%、水为 ±1%。

(4) 严禁采用过期受潮的原材料，不合格的材料禁止用到施工现场。

(5) 加强对龄期混凝土的覆盖等保护措施，使其强度达到 75% 以上后方可转为自然养护，以保证砂浆补偿收缩功能的实现。

(6) 砂浆配合比要注意色差调整，确保修补后砂浆的颜色与管片的颜色一致。

修补后的管片必须根据不同情况覆盖保护膜或用湿麻布覆盖修补部位进行洒水养护；养护时注意不能出现砂浆被水冲掉、划花现象；调运时注意不要碰撞。修补后的管片质量应符合《预制混凝土衬砌管片》(GB/T 22082—2017) 规范要求，否则作为废品。

四、效果

环氧砂浆修复管片技术效果如图 2-6-1 所示。

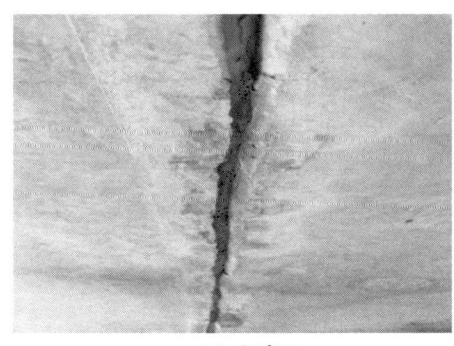
(a) 打磨后

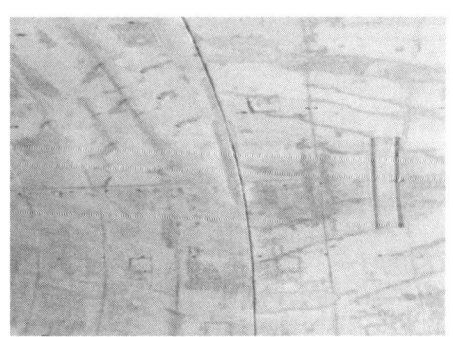
(b) 修复后

图 2-6-1 环氧砂浆修复管片技术效果

第三章　应用实例

第一节　济南东站明挖区间 TRD 止水帷幕应用实例

一、工程概况

（一）工程概况及特点

6号线济南东站与济—田盾构区间已建成盾构井连接的明挖结构。工程位于济南东站商务区 A3 地块内。A3 地块西侧为凤箫路，东侧为舜城大街。区间里程左线自 DK46+311.501 至 DK46+438.645，右线自 DK46+311.504 至 DK46+440.400。该工程由济南轨道交通集团建设投资有限公司投资建设，北京城建勘测设计研究院有限责任公司负责地质勘察，北京城建设计发展集团股份有限公司负责总体设计，中国铁路设计集团有限公司负责工程设计，青岛建设监理研究有限公司负责监理工作，济南城建集团有限公司负责该工程施工工作。

济南东站新建结构为单层矩形框架结构，最大基坑深约 19.3m，基坑主要范围内主要土层为粉质黏土层。新建结构上部后期建设地下车库结构，区间上部局部为覆土，最大覆土厚度约 12m。基坑围护结构采用 Φ1000@1500（内侧 Φ800@1200）钻孔灌注桩+850mm 厚 TRD 止水帷幕+内支撑+MJS 基坑封底的支护体系。具体结构情况如图 3-1-1 所示。

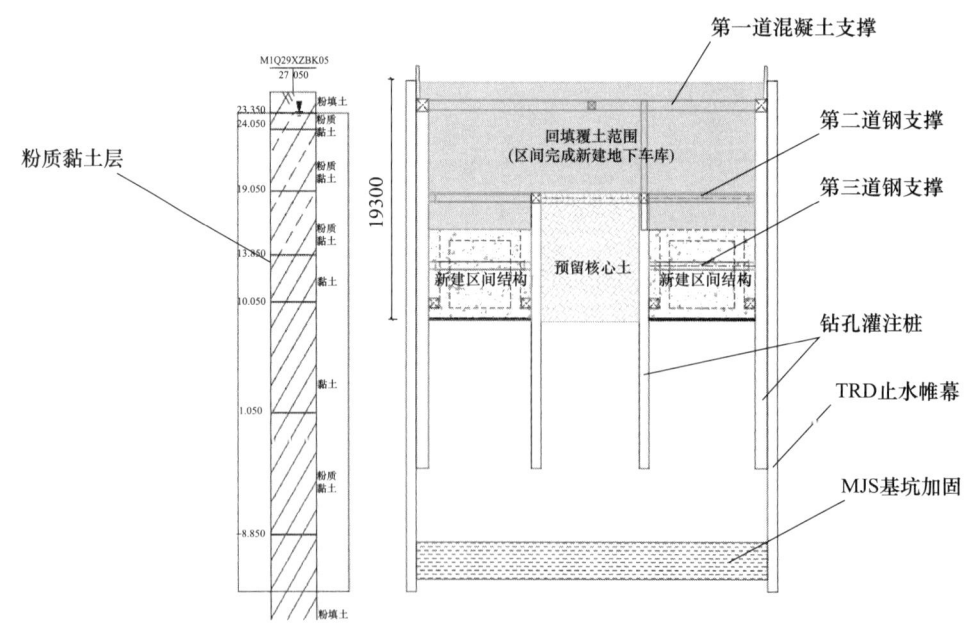

图 3-1-1　TRD 工法水泥土搅拌墙横剖面图（单位：mm）

济南市地铁6号线济南东站明挖区间TRD止水帷幕工程施工范围为明挖区间钻孔桩外侧，均采用TRD工法施工，厚度为850mm，深度为41.44m，采首先施工TRD工法水泥土搅拌墙，待墙体具有一定强度后，再施工外侧Φ1000@1500钻孔围护桩。

（二）工程地质与水文条件

1. 地质情况

TRD止水帷幕施工过程中所遇主要地层自上而下分述如下。

素填土①-1层：黄褐色，稍湿，松散至稍密，主要成分为黏性土及少量碎石。该层厚度0.40~2.20m，平均厚度1.17m，层顶标高23.30~27.08m，层底标高21.90~26.58m。

杂填土①-2层：杂色，松散至稍密，主要成分为碎石块、混凝土块、砖块、灰土、建筑垃圾，充填黏性土。该层厚度1.20~4.00m，平均厚度2.73m，层顶标高25.37~28.41m，层底标高21.57~26.62m。

粉质黏土⑦-1层：灰褐色至灰黄色，可塑，土质均匀，切面稍光滑，局部夹粉土薄层，局部偶见姜石、小碎石、铁锰氧化物，存在孔隙裂隙。连续分布，该层厚度1.50~9.30m，平均厚度4.90m，层顶标高21.57~26.58m，层底标高15.81~23.04m。

粉质黏土⑨-1层：黄褐色至灰黄色，可塑，土质均匀，切面稍光滑，局部夹粉土薄层，局部偶见姜石、小碎石、铁锰氧化物，存在孔隙裂隙。连续分布，该层厚度2.00~9.50m，平均厚度4.54m，层顶标高15.81~23.04m，层底标高11.84~19.32m。

粉质黏土⑩-1层：褐黄色至黄褐色，可塑，土质均匀，切面光滑，局部夹粉土薄层，局部偶见姜石、小碎石、铁锰氧化物，存在孔隙裂隙。连续分布，该层厚度3.40~14.00m，平均厚度7.62m，层顶标高10.63~19.32m，层底标高2.78~14.82m。

粉质黏土⑭-1层：浅棕红色至棕黄色，可塑至硬塑，土质均匀，切面光滑，含有少量铁质氧化物及钙质结核、姜石，局部含角砾，存在孔隙裂隙。连续分布，该层厚度2.00~11.00m，平均厚度6.22m，层顶标高1.31~9.71m，层底标高-4.19~5.97m。

黏土⑭-2层：浅棕红色至棕黄色，硬塑，切面较光滑，含有少量铁质氧化物及钙质结核，局部含角砾，存在孔隙裂隙。局部揭露，该层厚度1.70~12.00m，平均厚度4.27m，层顶标高0.13~10.08m，层底标高-1.92~4.72m。

粉质黏土⑯-1层：棕红色，可塑，土质较均，切面光滑，含铁锰氧化物及结核、碎石，偶见风岩碎屑，存在孔隙裂隙。连续分布，部分钻孔未穿透该层。该层层顶标高-17.71~5.62m。

含碎石粉质黏土⑯-3层：杂色，可塑，土质不均匀，成分以粉质黏土为主，含铁锰氧化物，碎石含量约占30%，一般砾径30~40mm，最大粒径不小于80mm。该层厚度1.30~2.70m，平均厚度2.00m，层顶标高-16.41~-10.62m，层底标高-17.71~-13.32m。

主要地层岩土参数建议值见表3-1-1。

表3-1-1 主要地层岩土参数建议值表

岩土分层	岩土名称	天然密度 ρ (g/cm³)	天然含水率 W (%)	压缩系数 Z (MPa^{-1})	压缩模量 E_s (MPa)	天然快剪		固结快剪	
						黏聚力 C (kPa)	内摩擦角 ϕ (°)	黏聚力 C (kPa)	内摩擦角 ϕ (°)
①-1	素填土	1.7	—	—	—	10	12		

续表

岩土分层	岩土名称	天然密度 ρ (g/cm³)	天然含水率 W (%)	压缩系数 Z (MPa⁻¹)	压缩模量 E_s (MPa)	天然快剪 黏聚力 C (kPa)	天然快剪 内摩擦角 ϕ (°)	固结快剪 黏聚力 C (kPa)	固结快剪 内摩擦角 ϕ (°)
①-2	杂填土	1.70	—	—	—	8	10	—	—
⑦-1	粉质黏土	1.97	25.6	0.34	5.2	25	14	30	18
⑨-1	粉质黏土	2.01	23.0	0.31	5.6	24	15	34	16
⑩-1	粉质黏土	1.99	23.5	0.30	5.9	24	15	33	18
⑭-1	粉质黏土	1.96	24.8	0.27	6.6	27	14	36	17
⑭-2	黏土	1.98	25.4	0.22	8.2	47	16	—	—
⑯-1	粉质黏土	1.95	25.6	0.27	6.9	29	14	37	18
⑯-3	含碎石粉质黏土	1.98	—	—	16.0	30	15	—	—

根据钻探揭露的地层资料可知，该场地 20m 深度范围内不存在可液化土层，无饱和砂土、粉土液化现象，施工过程主要地层位于粉质黏土层，天然含水率较高，土体比重为 2t/m³。

拟建场地属于黄河小清河冲洪积平原地貌，地势平坦，场地稳定。不存在断裂等直接影响拟建工程施工及运营稳定性的不良地质，不具备崩塌、滑坡和泥石流等地质灾害发生的地质环境条件，不存在粉土、砂土液化问题。

该工程场地范围内对工程有不利影响的特殊性岩土主要有填土层、含碎石粉质黏土（混合土），未发现膨胀土、软土等其他特殊性岩土分布。

2. 地表水及地下水的类型及赋存

本区间区域沿线地下水类型为第四系松散层孔隙水，此次钻探深度内仅揭露第四系松散层孔隙水。区域水文地质资料显示，该区域第四系松散层孔隙水含水层水量丰富，以碎石、卵石、含碎石粉质黏土等为主，裂隙发育的粉质黏土具有一定的渗透性，地下水主要受大气降水补给和下部岩溶承压水顶托补给，第四系松散层孔隙水具承压特性。

环境类型属Ⅱ类，对地下水腐蚀性进行判定：本区间揭露的第四系松散层孔隙水对混凝土结构具微腐蚀性，对钢筋混凝土结构中的钢筋在长期浸水条件下具微腐蚀性，在干湿交替条件下具弱腐蚀性。

3. 气候条件

济南地处中纬度地带，属于北温带温润大区鲁淮区，为温暖半湿润季风性气候。TRD 止水帷幕施工期间处于 5—10 月，其间跨越雨季与高温季。

济南气温 7 月最高，1 月最低，年平均气温 14.3℃，累年极高气温为 42.5℃，累年极低气温为 −19.7℃。

济南年平均降水量为 669.3mm，年最小降水量为 320.7mm，年最大降水量为 1283.4mm，累计月最大降水量为 504.5mm，一日最大降水量为 298.4mm，一年之中降水主要集中在 6~8 月，多以暴雨形式降落，3 个月的降水量占年降水量的 65%。

根据统计资料，月平均蒸发量为 218.4mm，月平均蒸发量 1 月最小为 61.1mm，6 月最大为 340.3mm，年蒸发量为 2263mm。

绝对湿度月平均为 8.54%，各月的大小不均，7 月为 18.93%，相对湿度月平均为 57.33%，最大月平均为 74.6%，最小月平均为 44.5%，气压平均为 101.05kPa，7 月最低为 99.65kPa。

济南地区主要以 SSW 风向为主，累年极大风速为 33.3m/s，最大月份平均风速为 26.3m/s，最小月份平均风速为 1.0m/s。

（三）施工场地布置

由于 TRD 止水帷幕施工期间场地内同时进行钻孔灌注桩施工，因此经协调，场地西侧用作钢筋笼存放以及钢筋加工预备场地，东侧靠近基坑位置用作钢筋笼加工平台，靠近既有盾构井位置为前期盾构接收井施工中既有水泥罐位置，此处安置两个水泥罐，每个水泥罐容量为 75t，施工速度为 15 延米/d 时水泥用量约为 274t，水泥浆制作 24h 不停机进行，可满足施工需要，场地规划时采用此处作为 TRD 止水帷幕的后台，水泥浆的拌和与存放均在此处进行，钢筋加工厂南侧用作三级沉淀池与澄清池，三级沉淀池尺寸为 18m（长）×10m（宽）×2m（高），澄清池尺寸为 10m（长）×8m（宽）×2m（高），场地南侧靠近围挡位置为渣土存放区，面积约为 900m²。

（四）周边环境条件

1. 地表建（构）筑物

济南地铁 6 号线济南东站明挖区间为济南东站与济田盾构区间连接明挖结构。新建明挖结构后接 6 号线济南东站预埋车站和已建成盾构井，西侧为凤箫路，东侧为舜城大街，已预埋车站结构长 475.12m，地下两层为双柱三跨结构；盾构井为地下两层单跨及双柱三跨矩形框架结构。新建明挖结构距已运营北辛店铁路线路约 80m，根据《铁路安全管理条例》第三十五条规定，铁路桥梁外侧起向外各 200m 范围内禁止抽取地下水，此线路为济南东站出口线路，东南侧距南广场 G02 匝道桥桩水平距离 22.36m，且基坑距济南"白泉"直线距离约 300m，基坑内含水层主要为粉质黏土层。具体周边环境情况如图 3-1-2 所示。

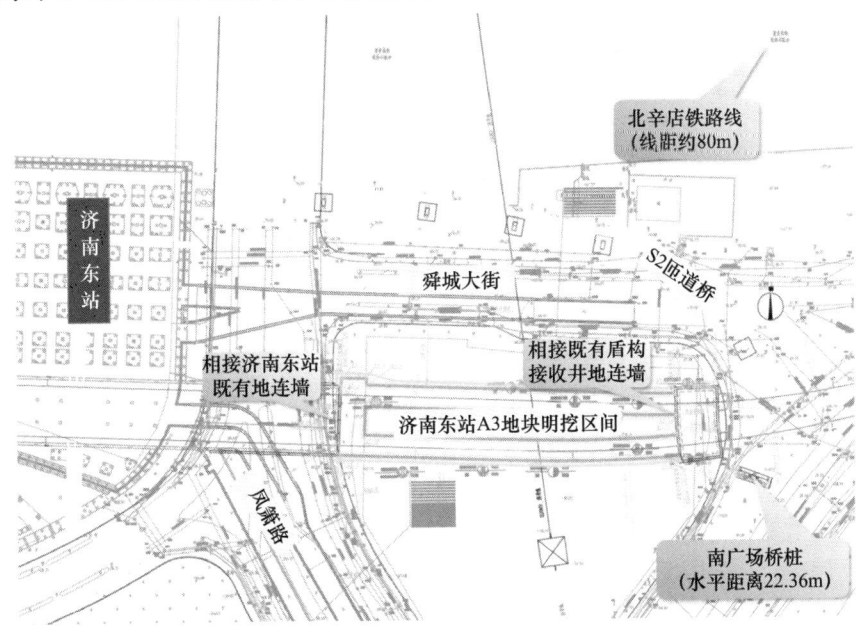

图 3-1-2 周边环境情况平面示意图

2. 地下管线

该施工场地附近地下管线均已完成迁改,且距离施工区域较远,对 TRD 止水帷幕施工影响不大,济南东站 A3 基坑明挖区间管线情况详见表 3-1-2。

表 3-1-2　济南东站 A3 基坑明挖区间管线调查统计表

序号	站名	管类	材质	规格（mm）	位置	管顶埋深（m）	产权单位
1	济南东站	通信	铜/光纤	600×200	用地红线西侧南边部分	1	历城区电力局
2	济南东站	中水	PE	300	基坑西侧端头	1	历城区水利局
3	济南东站	路灯	铜	500×200	基坑西侧端头	1	历城区电力局
4	济南东站	污水	混凝土	500	基坑西侧端头	2.72	历城区水利局

（五）施工要求及技术保证条件

1. 施工要求

（1）TRD 止水帷幕应长于坑底 MJS 加固不透水层底不小于 1m 深度。

（2）TRD 施工 28d 后,应采用钻孔取芯的方法进行检验,取芯后测得的无侧限抗压强度,宜根据芯样的情况乘以系数 1.2～1.3,强度不应小于 0.8MPa;取芯测得的抗渗性能应满足墙体自防渗要求,渗透系数不应大于 10^{-7} cm/s。取芯后的空隙应注浆填充。

（3）TRD 施工时要求水泥土搅拌墙深偏差控制值为±30mm,墙体定位偏差控制值为±25mm,墙厚偏差控制值为±30mm,墙体垂直度控制在 1/250 以内。

（4）施工时严格执行《渠式切割水泥土连续墙技术规程》(JGJ/T 303—2013) 的有关规定,确保水泥土搅拌墙不渗漏,如有渗漏,及时采取补救措施,保证基坑安全。

2. 技术保证条件

（1）TRD 施工单位必须具有专业施工资质及相关施工经验。

（2）施工前应掌握场地地质及环境资料,查明不良地质及地下障碍物的详细情况,编制施工组织设计方案,制定应急预案。清除地下的瓦砾、废管、木桩、混凝土块等杂物后方可施工。

（3）周边有地下管线需要保护的,应设置导向墙,导向墙厚度为 200mm,高出地面 100mm,导墙净距应比墙体设计厚度宽 60mm。切割液、固化液拌制选用的水泥、膨润土、外掺剂等原材料的技术指标和检验项目应符合设计要求和国家现行标准的规定。未设置导墙的,沟槽两侧应铺设基箱或钢板。

（4）正式施工前应选取有代表性的场地试成墙,据此确定施工机械、施工工艺及施工参数。

（5）TRD 墙的水泥用量及水灰比等参数宜根据墙体性能要求和土质条件由试验确定。

（六）风险辨识与分级

TRD 施工过程中的危险源、风险分级及可能产生的事故类型、控制措施见表 3-1-3。

表 3-1-3 TRD 施工风险分析一览表

风险点	危险源或潜在事件	风险分级	事故类型	控制措施				
				工程技术措施	管理措施	培训教育措施	个体防护措施	应急处置措施
主机安装不平整和不牢固	主机安装不平整和不牢固	IV	物体打击	主机安装就位后进行检查验收,安装平整牢固可靠后方可施工	1. 作业过程中安排专人盯控; 2. 加强日常巡检,做好排查记录; 3. 及时出具整改措施	1. 加强安全操作规程培训; 2. 作业前安全技术交底	正确穿戴安全帽、反光衣、安全带、防护手套等防护用品	1. 编制应急处置方案; 2. 发生紧急情况时立即停止作业; 3. 严重时启动应急预案,及时采取应急救援措施
作业前未对设备进行例行检查	作业前未对设备进行例行检查	IV	触电、机械伤害	作业前对设备进行例行检查	1. 作业过程中安排专人盯控; 2. 加强日常巡检,做好排查记录; 3. 及时出具整改措施	1. 加强安全操作规程培训; 2. 作业前安全技术交底	按要求正确穿戴防护手套、绝缘鞋、安全帽、反光衣等安全防护用品	1. 编制应急处置方案; 2. 发生紧急情况时立即停止作业; 3. 严重时启动应急预案,及时采取应急救援措施
人员操作不当或机械本身问题	人员操作不当或机械本身问题	IV	机械伤害	选用合格先进的机械设备	1. 制定安全管理制度; 2. 严格按照操作规程施工; 3. 加强安全检查	1. 做好安全入场教育; 2. 学习有关的安全风险分级管控措施; 3. 做好操作人员班前教育	正确穿戴安全帽、反光衣、安全带、防护手套等防护用品	1. 编制应急处置方案; 2. 发生紧急情况时立即停止作业; 3. 严重时启动应急预案,及时采取应急救援措施
起吊切割箱时坠落	起吊切割箱时坠落	IV	物体打击	1. 选用合格先进的机械设备; 2. 施工前检查切割箱的连接可靠程度	1. 制定安全管理制度; 2. 严格按照操作规程施工; 3. 加强安全检查	1. 做好安全入场教育; 2. 学习有关的安全风险分级管控措施; 3. 做好操作人员班前教育	正确穿戴安全帽、反光衣、安全带、防护手套等防护用品	1. 编制应急处置方案; 2. 发生紧急情况时立即停止作业; 3. 严重时启动应急预案,及时采取应急救援措施
TRD沟槽旁无防护或防护设施达不到要求	TRD沟槽旁无防护或防护设施达不到要求	IV	坠落、物体打击	1. 洞口设置安全可靠的防护设施; 2. 悬挂安全警示标志,必要时设置警戒区域	1. 制定安全管理制度; 2. 严格按照操作规程施工; 3. 加强安全检查	1. 做好安全入场教育; 2. 学习有关的安全风险分级管控措施; 3. 做好操作人员班前教育	正确穿戴安全帽、反光衣、安全带、防护手套等防护用品	1. 制订相关机械伤害事故应急预案或处置方案,并做好培训或演练; 2. 组织作业人员学习应急措施
成墙后未设警示标志或采取防护措施	成墙后未设警示标志或采取防护措施	IV	高处坠落	及时设置警示标志、标识	1. 制定安全管理制度; 2. 严格按照操作规程施工; 3. 加强安全检查	1. 做好安全入场教育; 2. 学习有关的安全风险分级管控措施; 3. 做好操作人员班前教育	正确穿戴安全帽、反光衣、安全带、防护手套等防护用品	1. 制订相关高处坠落事故应急预案或处置方案,并做好培训或演练; 2. 组织作业人员学习应急措施

二、施工工艺及技术要求

（一）施工技术准备

（1）认真熟悉图纸，做好图纸会审。

（2）对施工人员进行有针对性的施工组织设计、施工方案技术交底。

（3）红线桩及建筑物定位需经市规划、测绘部门检验核准。

（4）做好测量放线、定位及控制桩点保护工作，对周围临近建筑物布置沉降观测点。

（5）地下障碍物调查：根据业主提供的场区地下管线、构筑物的详细位置及不明地下障碍物进行现场探测工作（包括其深度、位置及走向），做好定位标志，并向施工技术人员做书面和现场的确认交底。

（二）施工准备及场地布置

1. 施工现场准备

TRD搅拌机施工前，应掌握场地地质及环境资料，查明不良地质及地下障碍物的详细情况，清除地下的瓦砾、废管、木桩、混凝土块等杂物。施工路面铺设钢板及路基板作为施工道路，路面上根据现场施工需要预留至少2.3m宽的空槽。

对TRD桩机施工路线的场地进行平整，清除施工场地围护中心线内侧15m范围内地表及地下障碍物，对施工场地路基进行30cm毛石换填处理，后铺设30cm钢筋混凝土，主机需在3cm厚钢板及路基箱上施工作业。在TRD工法桩机施工路线上，应提前挪移施工现场的管线、电缆等，让出TRD桩机施工区域。

周边有地下管线需要保护的，应设置导向墙，导向墙厚度为200mm，高出地面100mm，导墙净距应比墙体设计厚度宽60mm。

2. 测量放线

根据建设单位提供的坐标基准点，按照设计图进行放样定位及高程引测工作，并做好永久或临时标志。放样定位后做好测量技术复核单，同时做好护桩，提请监理单位进行复核验收签证。

3. 开挖沟槽

止水帷幕中心线放样后，对施工场地采取铺设钢板等加固处理措施，确保施工场地满足机械设备对地基承载力的要求，确保桩机的稳定性。施工前用切削机沿止水帷幕中心线平行方向开挖工作沟槽至原状土深度，以探测浅层（3m以内）是否存在地下障碍物，未发现障碍物的区段及时用切削的素土回填。

（三）施工工艺流程

TRD施工工艺流程：测量放样→开挖沟槽、设置导向定位线→吊放预埋箱→主机就位，校正复核桩基水平和垂直度（TRD主机架设）→注入切削液至回旋刀链锯端头→刀链锯切削土体，喷切削液与土体搅拌混合，拼接刀具下钻至设计桩底标高→链锯端头继续喷切削液并横移回旋刀链锯进行墙体切削→一段成槽后，主机回撤切削至起始点→成墙搅拌注浆→施工完毕（下一段施工循环）→残土处理（搅拌机械撤出）。切割箱自行切削工序如图3-1-3所示。

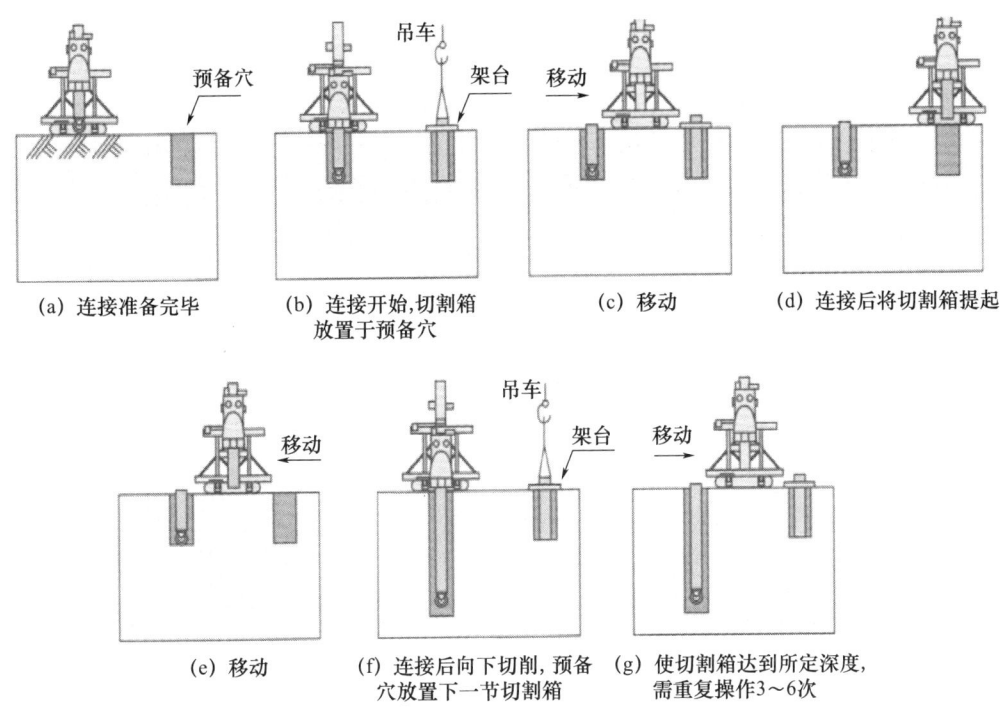

图 3-1-3 切割箱自行切削工序图

(四) 施工原理与步骤

1. 工程原理

TRD工法的基本原理是利用链锯式刀具箱竖直插入地层中，然后做水平横向运动，同时由链条带动刀具做上下回转运动，搅拌混合原土并灌入水泥浆，形成一定强度和厚度的墙。通过水平横向运动成墙，可形成没有接口的等厚连续墙体，其止水防渗效果远远优于柱列式地下连续墙和柱列式加固搅拌桩，其主要特点是环境污染少、成墙连续、表面平整、厚度一致、墙体均匀性好、防渗性能好、施工安全，与传统柱列式地下连续墙相比隔渗、经济性好。

TRD工法以链锯式刀具为主要机具，在插入地基过程中链锯式刀具与主机连接，回旋刀链锯可竖向垂直或横向水平移动进行对地下土体的切削，同时以水泥作为固化剂。

通过刀具在施工现场按照设计深度和护壁设计宽度将土体切割，在刀具端头喷出水泥浆硬化剂注入土体的同时注入高压空气使水泥浆与原位土体充分混合、搅拌，将原位土体固结，从而在地下形成一道等厚度的连续墙。

适应黏性土、砂土、砂砾及砾石层等地层，在标贯击数达50~60击的密实砂层、无侧限抗压强度不大于5MPa的软岩中也具有良好的适用性。可广泛应用于超深隔水帷幕、型钢水泥土搅拌墙、地墙槽壁加固等领域。

2. 施工步骤

(1) 吊放预埋箱：利用切削机沿止水帷幕中心线开挖深约3m、长约2m、宽约1m的预埋穴，用吊车将预埋箱吊放入预埋穴内。

(2) 桩机就位。

根据设计图纸，在平行沟槽方向放置一根定位线，机械施工时按照定位线施工。

由指挥员统一指挥桩机就位，移动前看清上、下、左、右各方向的情况，发现障碍物应及时清除，桩机移动结束后认真检查定位情况并及时纠正。桩机应平稳、平正，并用经纬仪观测以确保桩机的垂直度。TRD工法桩设备构成如图3-1-4所示。

(3) 主机连接切割箱。

用指定的吊车将切割箱（水平轴锯链式切割箱）逐段吊放入预埋穴，利用支撑台固定；TRD主机通过步履底盘横向驱动至预埋箱上方，开始与端部切割箱及链条组装，连接时需扣紧链条、紧锁切割箱，主机再返回预定施工位置，两侧的升降油缸向下施加压力，进行切割箱自行打入切削，下钻时端部切割箱体上的喷浆孔喷出切削液，如此循环通过主机自身移动实现所有切割箱的拼装直至设计深度。

图3-1-4 TRD工法桩设备构成

(4) 测斜仪安装。

切割箱打入到设计深度后，安装测斜仪。通过安装在切割箱内部的多段式测斜仪，进行墙体的垂直精度管理，通常可确保1/250以内的精度。

(5) 后台浆液制备。

TRD搅拌桩在下沉和横移过程中均应注入切削液（切削时使被切削土体流动化，并在规定时间内维持其流动性，该工程切削液为水）。根据设计要求做好相应原始记录。采用自动拌浆设备制备水泥浆液，电脑控制配合比，严格控制水灰比和水泥掺量。后台标明施工参数，明确水灰比、水泥掺量，拌浆及注浆量以及加固土体方量换算。注浆压力为1.5～2.5MPa，以浆液输送能力控制。

TRD墙的水泥用量及水灰比等参数宜根据墙体性能要求和土质条件由试验确定。水泥应采用强度等级不低于P·O 42.5级的普通硅酸盐水泥，水泥掺入比应根据土质条件及要求的水泥土强度确定，且不宜小于25%，水灰比宜取1.0～2.0。

(6) TRD工法成墙。

测斜仪安装完毕后，主机与切割箱连接，驱动大功率液压驱动马达转动链条使链条上的切割刀具切割原状土体，TRD施工时采用三步施工法：先行切削、回撤切削、成墙搅拌，即锯链式切割箱钻至预定深度后，首先注入切削液先行切削一段距离，然后回撤切削至原处。

步序1——先行切削：通过压浆泵注入切削液，切割箱向前推进，切削松动原土层，切削成槽一段行程。

步序2——回撤切削：根据作业工效，一段行程的成槽完成后，切割箱再回撤切削至切削起始点。

步序3——成墙搅拌：切割箱回撤至切削起始点后更换浆液，通过压浆泵注入固化液（水泥浆液），切割箱向前推进并与切削液混合泥浆混合搅拌，形成等厚度水泥土搅拌墙。

注意事项：

① TRD止水帷幕应长于超高压不透水层底不小于1m深度。

② 施工过程中应检查链状刀具的工作状态及刀头磨损度，及时维修、更换和调整施工工艺。

③ 正式施工前应选取有代表性的场地试成墙，据此确定施工机械、施工工艺及施工参数。

④ 切割、搅拌土体时未进行固化的最大成槽长度应根据周边环境、土质条件确定。

⑤ 施工过程中应根据土质及现场条件进行监控和适时调整，浆液不得离析，并且满足国家现行规范及施工工艺的要求。固化液拌制选用的水泥、外掺剂等原材料的技术指标和检验项目应符合设计要求和国家现行标准的规定。

⑥ TRD施工28d后，应采用钻孔取芯的方法进行检验，取芯检验数量及方法按一个独立延长米墙身取样，数量为墙身平面总延米的1‰，且不应小于3处；每个取芯钻孔应根据土层分布和墙体所在位置的重要性，在墙身不同深度处取样，且在基坑坑底附近应设取样点，取芯数量不少于5组。取芯后测得的无侧限抗压强度，宜根据芯样的情况乘以系数1.2~1.3，强度不应小于0.8MPa；取芯测得的抗渗性能应满足墙体自防渗要求，渗透系数不应大于10^{-7}cm/s。取芯后的空隙应注浆填充。

⑦ TRD成墙质量应每幅都检查，要求水泥土搅拌墙深偏差控制值为±30mm，墙体定位偏差控制值为±25mm，墙厚偏差控制值为±30mm，墙体垂直度控制在1/250以内。

⑧ TRD工法成墙搅拌结束后或因故停待，链状刀具需在沟槽养护段养护，养护段不得注入固化液，切割箱体离成墙区域宜不少于3m，并在切削液中添加外加剂或采取其他技术措施，防止切割箱抱死。

⑨ 停机后再次启动链状刀盘时，应首先在原位切割刀具边缘的土体，再进行回行切割，后续施工的墙体宜搭接已成形墙体不小于500mm，严格控制搭接区域的推进速度，使固化液与混合泥浆充分混合搅拌，确保搭接质量。

⑩ 在施工位置或施工深度变更的区域将切割箱拔出，再重新组装切割箱进行后续作业。转角施工有墙内拔出切割箱与墙外拔出切割箱两种情况，在条件许可的情况下，尽可能采用墙外拔出切割箱。为保证接缝质量，施工时每到转角处都应向墙体外侧多施工1延长米，形成十字形式的转角接头。接头冷缝处宜采用一根$\Phi1000$的旋喷桩进行抗渗补强。

⑪ 施工至转角位置时，链状刀具须拔出、拆卸、改变方向并重新组装。链状刀具拔出与拆分时，拔出的前链状刀具应与主机分离并拆分；链状刀具拔出时沟槽内应及时注入固化液，固化液填充速度应与链状刀具拔出速度相匹配；拔出后的每段链状刀具应在地面做进一步拆分和检查，损耗部位应保养和维修。

⑫ 在硬质土层中切割困难时，可采用刀头加长、步进距离减小、上下切割方式交错使用以及回行反复切割等措施。

⑬ 水泥土墙施工中产生的涌土应及时清理，若长时间停止施工，应清洗全部管路中残存的水泥固化液。

⑭ TRD施工过程中如遇地下管线，尽量采取临时改移的方法进行保护；如无法改

移,则在 TRD 无法施工的范围内采用超高压旋喷桩进行咬合止水,咬合范围不小于 300mm。

(7) 置换土处理。

TRD 施工过程中会产生大量泥浆,置换土挖设导流槽并采用新型的泥浆压榨脱水机进行处理,保证安全文明施工。

(8) 拔出切割箱。

成墙搅拌结束后,在拟定切割箱起拔区域注入同配合比的固化液,边起拔边注浆,确保对切割箱占据空洞进行密实填充和有效加固,结束直线段墙体施工。

(五) 施工参数及技术控制要点

1. 施工参数

该工程 TRD 工法止水帷幕施工按以下参数进行。

(1) TRD 链条式成槽机:CMD850Ⅱ(长 9.99m、宽 8.57m、高 10.78m,重约 172t)。

切割箱体配置:墙深 41.44m,共 12 节切割箱,由下至上排列分别为 1 节 3.5m 被动轮(重约 4t)+ 11 节 3.65m 切割箱(重约 3.2t),总长 43.65m。

(2) 切割刀具配置:墙厚 850mm,采用 5, 6, 9, 10, 11, 12, 13, 14 型刀具,呈菱形布置,确保全断面切割土层。

(3) 材料选用:用 P·O 42.5 普通硅酸盐水泥,水泥掺入比不宜小于 25%,根据黏性土的土质条件及要求的水泥土强度确定为 25%。

(4) 固化液比重:根据试验参数确定,实际施工过程中水灰比根据试验结果控制为 1.1。

(5) 成墙过程中应严格控制掘进速度,施工过程中首段成墙为 5 延长米/d,后续施工过程中平均速度为 15 延长米/d。

2. 技术控制要点

(1) 施工前,先根据设计图纸和业主提供的坐标基准点,精确计算出止水帷幕中心线角点坐标,进行坐标数据复核;利用测量仪器进行放样,同时做好护桩,通知相关单位进行放线复核。

(2) 施工前利用水准仪实测场地标高,利用切削机进行场地平整;对于影响 TRD 工法成墙质量的不良地质和地下障碍物,应事先予以处理,然后进行 TRD 工法止水帷幕施工;同时应适当提高水泥掺量。

(3) 局部土层松软、低洼的区域,必须及时回填素土并用挖机分层夯实,施工前根据 TRD 工法设备质量,对施工场地采取铺设钢板等加固处理措施,钢板铺设不应少于 2 层,分别平行和垂直于沟槽方向铺设,确保施工场地满足机械设备地基承载力要求;确保桩机、切割箱的垂直度。

(4) 等厚度水泥土搅拌墙施工采用三工序成墙的施工方法(先行切削、回撤切削、成墙搅拌),对地基土充分混合、搅拌松动后再进行固化成墙搅拌。

(5) 施工时应保持 TRD 工法桩机底盘的水平和导杆的垂直,施工前采用测量仪器进行轴线引测,使 TRD 工法桩机正确就位。

(6) 根据等厚度水泥土搅拌墙的设计墙深进行切割箱数量上的准备,并通过分段续接切割箱切削,打入设计深度。

(7) 切割箱自行打入时,利用测量仪器实时校正桩机导杆垂直度;在确保垂直精度的同时,将切削液的注入量控制到最小,使混合泥浆处于高浓度、高黏度状态,以便应对急剧的地层变化。

(8) 施工过程中通过安装在切割箱体内部的测斜仪,可进行墙体的垂直精度管理,墙体的垂直度不大于1/250。

(9) 测斜仪安装完毕后,进行等厚度水泥土搅拌墙施工。当天成形TRD工法水泥土搅拌桩墙体宜搭接已成形TRD工法水泥土搅拌桩墙体约50cm,严格控制搭接区域的推进速度,使固化液与混合泥浆充分混合搅拌;搭接部位须确保切割箱体垂直不倾斜,施工中应慢速搅拌,使固化液与混合泥浆充分混合、搅拌,保证搭接质量。TRD成墙搭接施工如图3-1-5所示。

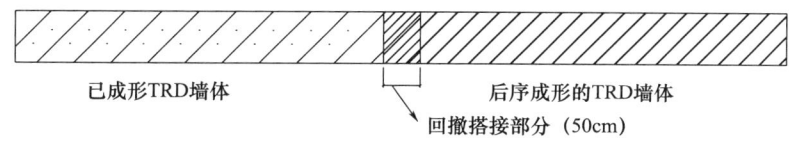

图3-1-5 TRD成墙搭接施工

(10) 转角搭接施工要求:TRD工法止水帷幕施工至转角部位需要进行切割箱拔出分解,应形成十字搭接形式,对已成形墙体进行充分切割,再次进行成墙搅拌,确保冷接缝施工质量。根据现场场地条件,具体分为外拔(在成形墙体外侧拔出切割箱)与内拔(在成形墙体内侧拔出切割箱)两种情况,图示如图3-1-6、图3-1-7所示。

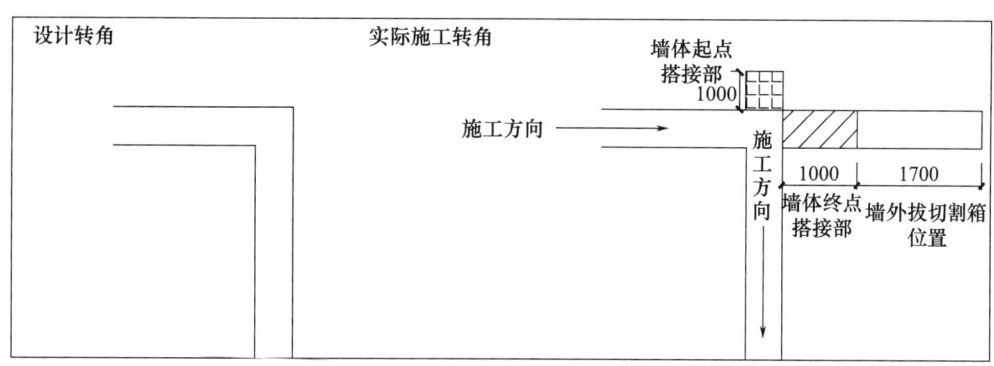

图3-1-6 墙外拔出转角施工(单位:mm)

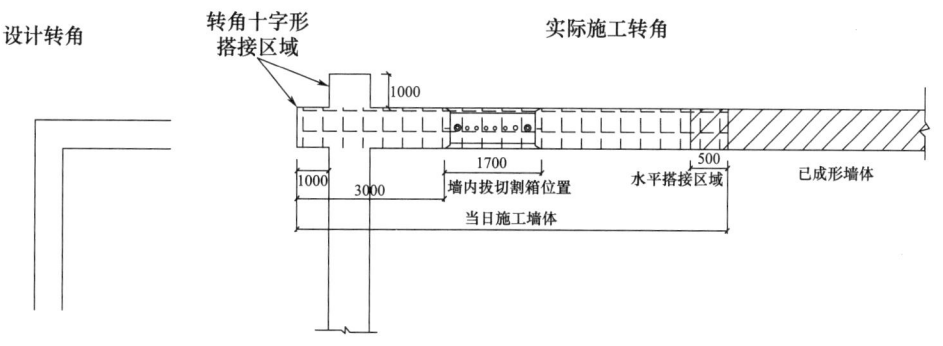

图3-1-7 墙内拔出转角施工(单位:mm)

（11）一段工作面施工完成后，进行切割箱拔出分解，利用 TRD 主机配合吊车依次拔出，时间应控制在 4h 以内，同时在切割箱底部注入等体积的混合泥浆。

（12）拔出切割箱时不应使孔内产生负压而造成周边地基沉降，注浆泵工作流量应根据拔切割箱的速度做调整。

（13）加强设备的维修保养，每台班重点检查动力系统及链条、刀具，同时配置备用发电机组，在市电供给不正常的情况下，一旦停电可及时恢复供浆、压气、正常搅拌作业，避免延误时间造成埋钻事故。

（14）加强对 TRD 工法施工过程的监控及对成形墙体的质量检测工作，如发现质量问题应主动与业主、监理及设计单位联系，以便及时采取补救措施，避免造成不必要的损失。

（15）固化液水泥浆注浆搅拌参数控制要点如下。

① 水泥掺量：每立方米土质量的 25%，即每立方米土水泥掺量约 520kg。

② 水灰比：1.1。

3. 关键工序及控制

做到工艺检查、设备检查、施工操作检查，建立严格验收把关制度。

施工现场专人检查复核桩机垂直度、桩机的移位，以及切割箱的钻进深度、切削速度，检查浆液的拌制，控制水灰比。

切割箱打入、拔出由现场指挥负责，施工前需检查桩机平稳性，做到固定端正，桩架垂直，并采用测量仪器或其他手段，完成桩架水平度、垂直度的确认，在确认无误后，指挥下达操作命令。

（六）检查与验收

TRD 止水帷幕的质量检查和验收应分为成墙期监控、成墙验收和开挖期检查三个阶段。

成墙期监控内容应包括：检验施工机械性能、材料质量，检查渠式切割水泥土连续墙的定位、长度、标高、垂直度，水泥土连续墙的水灰比、水泥掺量、外加剂掺量，切割下沉与提升速度、浆液的泵压、泵送量与喷浆均匀度，芯样的测试，水泥土连续墙施工间歇时间等。

成墙验收内容应包括：水泥土连续墙体的强度与渗透性能等。

基坑开挖期检查内容应包括：检查开挖墙面的质量与渗漏水情况等。

其中，成墙过程主控项目如下。

（1）固化液拌制选用的水泥原材料的技术指标和检验项目应符合设计要求和国家现行标准的规定，详见表 3-1-4。

检验方法：查产品合格证及复试报告。

表 3-1-4　固化液配合比表（q_u=800kPa 时）

土层	水泥（kg/m³）	水灰比	流动化剂（kg/m³）	缓凝剂（kg/m³）
黏性土	400～500	1.0～2.0	0～10	0～4.4
砂砾、砾石	370～420	1.0～2.0	—	0～1.5
卵石、碎石	360～400	1.0～2.0	—	0～1.5

① 水泥进场应附质保单，按规定做好原材料复试，水泥按每批每500t做一组原材料试验。

② 严禁使用过期水泥、受潮水泥，对每批水泥进行复试，合格后方可使用。

（2）TRD工法水泥土搅拌桩墙体强度应符合设计要求；TRD工法水泥土搅拌桩墙体强度应采用芯样强度试验确定。

成墙过程一般项目见表3-1-5。

表3-1-5 TRD工法水泥土搅拌桩成墙质量标准

序号	检查项目	允许偏差或允许值	检查数量	检查方法
1	墙底标高	+30mm	每切割幅	切割链长度
2	墙中心线位置	±25mm	每切割幅	切削时用激光经纬仪、卷尺检查
3	墙体宽度	±30mm	每切割幅	用卷尺检查
4	墙体垂直度	≤1/250	每切割幅	用多段式倾斜仪测量

（七）常见问题及处理措施

1. 喷浆阻塞

原因分析：①水泥受潮结块；②制浆池滤网破损以及清渣不及时。

处理措施：①改善现场临时仓库的防雨防潮条件；②加强设备器具的检查及维修保养工作，定期更换易损件。

2. 速度失稳

原因分析：①设备自身速度控制系统存在缺陷；②机组人员操作不规范、不熟练。

处理措施：①不符合技术要求的设备机具不得进场；②搞好岗前培训工作。

3. 切割过程中链条断裂

原因分析：①施工前未进行详细细致的地质勘察，勘察过程中对岩层交界位置不明确；②施工过程中急于赶工，切割速度过快。

处理措施：①切割过程中切割速度不宜过快，对于有可能出现地层变化的位置要缓慢前进；②链条断裂后尽快拔出，更换链条，更换后按照冷缝处理措施进行处理。

4. 浆液剩余

原因分析：①注浆速度过慢；②切割速度过快。

处理措施：协调切割与注浆速度。

5. 泥浆产生过多，泥浆池无法处理

原因分析：①施工地层位于透水性差、膨胀性高的土层，加之地层中地下水丰富，搅拌过程中易产生大量泥浆；②切割过程中切割液注入过多，泥浆过于稀释，难以在沉淀池短暂晾晒后采用渣土车进行外运。

处理措施：改进泥浆处理工艺，建议采用泥浆压滤机进行泥浆处理。

（八）技术要求

1. 进场控制技术要求

施工前应检验水泥、外掺剂等的质量，桩位。TRD设备的性能等，并应对压力表、流量表进行检定或校准；选用的水泥原材料的技术指标和检验项目应符合设计要求和国家现行标准的规定。

2. 过程控制技术要求

施工中应检查压力、水泥浆量、切割速度、注浆速度等施工参数及施工程序；要随时检查水泥浆的比重是否符合要求等，并监督切割深度以确保施工桩长符合设计要求；记录桩机的具体施工情况，包括运转、修理及停开机时间，以全面掌控现场的施工。施工过程中每段墙体作为一个检验批，每一个检验批均应按照规范要求进行验收并形成记录文件，每个检验批的主控项目必须全部合格，一般项目合格率不应低于80%。

施工过程中TRD施工参数见表3-1-6。

表3-1-6 TRD施工参数一览表

序号	类型	项目	施工参数
1	机械设备	TRD链条式成槽机	CMD850Ⅱ（长9.99m、宽8.57m、高10.78m，重约172t）
2		自动拌浆机	BZ-20LS/T拌浆系统（2套）
3		水泥筒仓	75t（2件）
4		切割箱体尺寸、质量	3m六箱体（长3.65m，重约4t，11件）＋头部箱体（长3.5m，重约3.2t）
5	成墙控制	成墙参数	宽度0.85m，深度41.44m（垂直度不大于1/250，墙宽±30mm，底标高+30mm，墙中心线±25mm）
6		无侧限抗压强度	0.8MPa
7		墙体渗透系数	10^{-7}cm/s
8	施工控制	最大切削速度	80m/min（实际施工约4min/r）
9		切割速度	120min/m
10		回转速度	8min/m
11		注浆速度	60min/m
12		切割及注浆翻浆量	约23.24m³/m
13		注浆压力	1.8MPa
14		切削用水量	约30m³/m
15		设计水泥用量	18.316t/m（水泥掺量为25%，水灰比为1.1）
16		实际水泥用量	约18.33t/m（19.5罐，每罐水泥0.94t）

3. 过程后技术控制要求

基坑开挖前，采用钻芯法对TRD成墙质量进行检验，钻孔取芯数量为墙身总延长米的1‰且不应少于3处取芯孔，每独立延长米墙身等厚度水泥土搅拌墙的取芯数量不宜少于5组。

钻芯取样方法：

（1）每次钻孔取芯应在养护期28d后进行，钻取桩芯宜采用Φ110钻头，连续钻取全桩长范围内的桩芯。数量为墙身总延米的1‰且不应少于3处取芯孔，每独立延长米墙身等厚度水泥土搅拌墙的取芯数量不宜少于5组。

（2）抗压试件应直接采用圆柱体，根据相关规范要求选择1:1的高径比，减少制成立方体过程中对水泥土的进一步损坏。

（3）取出的桩芯不得长时间暴露在空气当中，应及时蜡封，立即送检。

（4）为了减小对试样的扰动，应采用薄壁取土器取水泥土芯样，保证平稳回转钻进，使用的钻杆应事先校直。为避免钻具抖动，造成土层的扰动，宜在取土器上加接重杆，确保钻孔垂直度偏差不大于 1/250。

（5）取芯孔布置于等厚度水泥土搅拌墙的搅拌墙中心线上，且正式钻孔取芯前，必须将搅拌墙顶开挖暴露，以确保取芯孔位置定位准确。

（6）如取芯过程中出现搅拌墙不成形的现象，应立即停止取芯，并由各方协商解决。取芯完成后根据土层分布对芯样进行分段评价，分段长度不大于 2.0m，且不大于各土层厚度，评价内容包括芯样的颜色和性状、密实度、水泥搅拌均匀性、水泥含量、胶结度、强度等。

（7）取土器提出地面之后，小心地将土样连同容器（衬管）卸下，及时密封土样。每个土样封蜡后均应填贴标签，并牢固地粘贴于容器外壁。土样密封后应避免曝晒或冰冻，并宜立即送往实验室。取芯孔采集的试样立即进行抗压强度检测，土样采取之后至开土试验之间的贮存时间，不应超过 24h。

（8）取芯后测得的无侧限抗压强度，宜根据芯样的情况乘以系数 1.2～1.3，强度不应小于 0.8MPa。

（9）钻孔取芯完成后的孔洞应注浆填充。注浆时通过注浆管或钻杆由孔底向上分段注入水泥浆，直到孔内溢出浆液为止。

等厚度水泥土搅拌墙体抗渗性能应符合设计要求。检验方法：采用芯样渗透性试验确定。取芯测得的抗渗性能应满足墙体自防渗要求，渗透系数不应大于 10^{-7} cm/s。

三、效果及经济效益分析

（一）施工成品质量检测

该工法采用了 TRD 止水帷幕施工增强基坑防水能力，经过钻芯检测，止水帷幕的无侧限抗压强度与墙体渗透强度均满足基坑开挖要求。取芯产生的芯样试件如图 3-1-8 所示。根据试验检测结果，TRD 止水帷幕无侧限抗压强度为 2.1MPa，大于设计要求的 0.8MPa，渗透系数为 8.7×10^{-8} cm/s，远远高于设计要求。

（二）基坑开挖效果

该工程分为两层开挖，第一层施工至预留核心土标高，并在核心土位置进行第二道冠梁施工，施工完成后架设第一道钢支撑，在基坑开挖过程中采用钢筋网喷锚支护进行表面防护，第一层土方自场地整平标高开挖至地表以下 10m 左右，在第一层土方开挖过程中基坑内状况正常，围护结构变形较为稳定，地下水位未产生明显变化。当第一层钢支撑架设完成后，向下开挖第二层土方至

图 3-1-8 TRD 止水帷幕取芯试件

15m深度位置，在TRD止水帷幕与既有盾构接收井地下连续墙接头位置产生了漏水现象。围护桩顶水平位移数据超过预警值，达到红色预警标准，经分析主要由于在12m处遇到未知碎石地层，且地下连续墙与TRD止水帷幕接触位置封闭效果较差。

在漏水情况产生后，根据建设单位召开的红色预警会会议指示，项目部迅速展开渗漏水治理工作，首先在内侧开挖面进行封堵，采用引流管引流（图3-1-9），减小外侧水压力；之后采用注浆设备在围护结构外侧钻孔注浆，注浆浆液采用水泥-水玻璃双液浆，注浆完成后开挖至第三道钢支撑位置，及时架设第三道钢支撑，架设完成后监测数据恢复正常，正常后召开红色预警消警会。

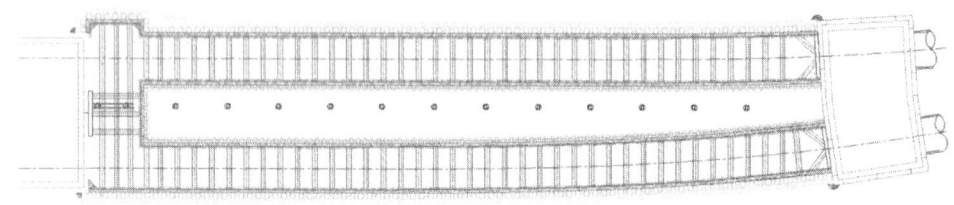

图3-1-9 漏水情况治理方法

通过开挖后情况分析可知，TRD等厚度水泥土地下连续墙施工技术在施工过程中存在两个技术难点：其一是在地层变化处，尤其是在软弱地层切割过程中遇坚硬地层或碎石地层处施工效果较差，主要是由于TRD等厚度水泥土地下连续墙施工技术的链条在较为坚硬地层难以进行有效切割，回撤后注浆过程无法将坚硬地层充分与水泥浆搅拌形成均匀墙体，导致成墙效果较差，墙体空隙较大，在深度较大的承压水层极易产生渗漏水现象；其二是在TRD等厚度水泥土地下连续墙施工至其与地下连续墙或其他围护结构连接位置，由于其施工机械尺寸较大，难以有效地将此处与既有结构连接，一般做法是采用超高压旋喷桩在此处进行阴角加固，但由于本身位置较为薄弱，加之两侧墙体材料不同，渗透率相差较大，因此地下水易于通过相对较薄弱墙体进行渗透，产生渗漏水。

（三）经济效益方面

TRD止水帷幕施工工艺相比地下连续墙工艺可以显著地降低造价，以同样6m宽的墙体的主要材料价格为例，地下连续墙造价（济南东站接收井地下连续墙）如下。

混凝土方量：$40.175m \times 6m \times 0.8m = 195.4m^3$。

钢筋用量：HRB400，HRB400E约18.95t，HPB300约4.74t。

总造价：$195.4m^3 \times 1757.91元 + 18.95t \times 7408.84元 + 4.74t \times 7655.17元 = 520178.64元$。

TRD止水帷幕造价如下。

水泥用量：$41.44m \times 6m \times 0.85m \times 617.64元 = 130534.50元$。

根据计算结果，同样6m的TRD止水帷幕相比地下连续墙可以节省约389644.14元，相比节省75%。

第二节　田园大道站盾构接收井 MJS 加固基坑应用实例

一、工程概况

(一) 工程概况及特点

1. 工程设计

济南东客站东侧新建盾构接收井位于济南历城区纸房村范围内，场地临近济南白泉泉群保护区，北侧临近济青高速铁路，南侧临近舜城大街，西侧临近济南东客站，东侧临近济南东站匝道桥。接收井里程自 DK46+455.396 至 DK46+438.645。该工程由济南轨道交通集团建设投资有限公司投资建设，北京城建勘测设计研究院有限责任公司负责地质勘察，北京城建设计发展集团股份有限公司负责总体设计，中国铁路设计集团有限公司负责工程设计，青岛建设监理研究有限公司负责监理工作，济南城建集团有限公司负责该工程施工工作。

济南东站盾构接收井位于济南东站南广场东匝道桥西。盾构井东西长 15m，宽度约 24.86m，基坑深度约 21.11m，顶板覆土 3.7m。

6 号线济南东客站为既有车站，现阶段设计在车站东端增加双层区间及盾构井结构，根据总体工程规划，盾构井采用明挖法施工。围护结构采用地下连续墙＋内支撑支护体系，采用 MJS 坑底满堂加固止水，加固深度 3m，加固后与地下连续墙形成封闭盒状结构。根据地质勘察报告，盾构井所处地层从上至下依次为素填土、粉质黏土、卵石，加固区域基本位于粉质黏土层和黏土层。现场地为绿地。其平面位置如图 3-2-1 所示。

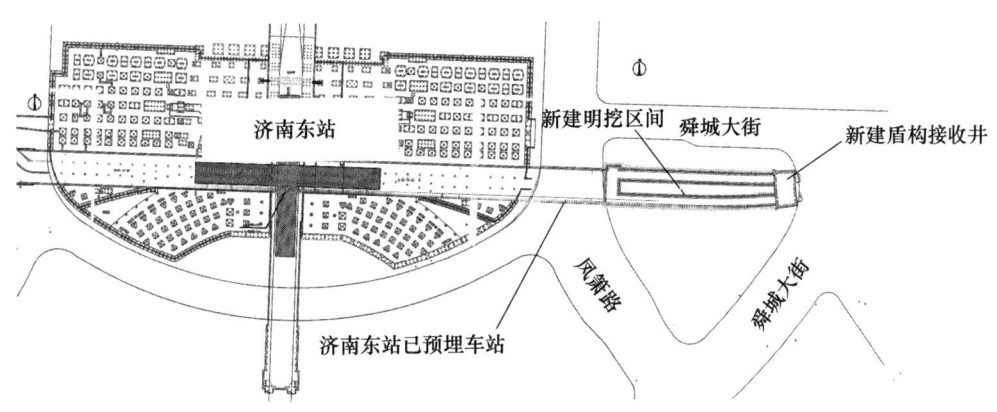

图 3-2-1　济南东站施工平面位置图

2. MJS 工程概况

济南城市轨道交通 6 号线济南东站盾构接收井用于济—田区间盾构机接收，盾构井围护结构距济南东站主体约 80m，距已运营北辛店铁路线路约 50m，根据《铁路安全管理条例》第三十五条规定，铁路桥梁外侧起向外各 200m 范围内禁止抽取地下水，且此线路为济南东站出口线路，基坑内含水层主要为粉质黏土层，在车站主体基坑开挖过程中，为减小高铁站周边地表沉降及已运营铁路线路基沉降风险，应在施工时阻断基坑内承压水，防止基坑外水位扰动。济南东站盾构接收井基坑围护结构采用40m深地下连续墙＋3m深、桩径2.5m MJS封底，使基坑形成封闭的盒状结构。

表 3-2-1 工程设计基础数据

区域	路面高程（m）	孔底标高（m）	孔深（m）	桩长（m）	桩顶标高（m）	孔桩长度（m）	备注
大里程端盾构井	28.35	−11.793	40.143	3	−7.793	36.143	全方位高压喷射注浆

(二) 工程地质与水文条件

1. 地质情况

MJS施工过程所遇主要地层自上而下分述如下。

素填土①-1层：黄褐色，稍湿，松散至稍密，主要成分为黏性土及少量碎石。该层厚度0.40～2.20m，平均厚度1.17m，层顶标高23.30～27.08m，层底标高21.90～26.58m。

杂填土①-2层：杂色，松散至稍密，主要成分为碎石块、混凝土块、砖块、灰土、建筑垃圾，充填黏性土。该层厚度1.20～4.00m，平均厚度2.73m，层顶标高25.37～28.41m，层底标高21.57～26.62m。

粉质黏土⑦-1层：灰褐色至灰黄色，可塑，土质均匀，切面稍光滑，局部夹粉土薄层，局部偶见姜石、小碎石、铁锰氧化物，存在孔隙裂隙。连续分布，该层厚度1.50～9.30m，平均厚度4.90m，层顶标高21.57～26.58m，层底标高15.81～23.04m。

粉质黏土⑨-1层：黄褐色至灰黄色，可塑，土质均匀，切面稍光滑，局部夹粉土薄层，局部偶见姜石、小碎石、铁锰氧化物，存在孔隙裂隙。连续分布，该层厚度2.00～9.50m，平均厚度4.54m，层顶标高15.81～23.04m，层底标高11.84～19.32m。

粉质黏土⑩-1层：褐黄色至黄褐色，可塑，土质均匀，切面光滑，局部夹粉土薄层，局部偶见姜石、小碎石、铁锰氧化物，存在孔隙裂隙。连续分布，该层厚度3.40～14.00m，平均厚度7.62m，层顶标高10.63～19.32m，层底标高2.78～14.82m。

粉质黏土⑭-1层：浅棕红色至棕黄色，可塑至硬塑，土质均匀，切面光滑，含有少量铁质氧化物及钙质结核、姜石，局部含角砾，存在孔隙裂隙。连续分布，该层厚度2.00～11.00m，平均厚度6.22m，层顶标高1.31～9.71m，层底标高−4.19～5.97m。

黏土⑭-2层：浅棕红色至棕黄色，硬塑，切面较光滑，含有少量铁质氧化物及钙质结核，局部含角砾，存在孔隙裂隙。局部揭露，该层厚度1.70～12.00m，平均厚度4.27m，层顶标高0.13～10.08m，层底标高−1.92～4.72m。

粉质黏土⑯-1层：棕红色，可塑，土质较均匀，切面光滑，含铁锰氧化物及结核、碎石，偶见风岩碎屑，存在孔隙裂隙。连续分布，部分钻孔未穿透该层。该层层顶标高−17.71～5.62m。

含碎石粉质黏土⑯-3层：杂色，可塑，土质不均匀，成分以粉质黏土为主，含铁锰氧化物、碎石含量约为30%，一般砾径30～40mm，最大粒径不小于80mm。该层厚度1.30～2.70m，平均厚度2.00m，层顶标高−16.41～−10.62m，层底标高−17.71～−13.32m。

主要地层岩土参数建议值见表3-2-2。

表 3-2-2 主要地层岩土参数建议值表

岩土分层	岩土名称	天然密度 ρ (g/cm³)	天然含水率 W (%)	压缩系数 Z (MPa⁻¹)	压缩模量 E_s (MPa)	天然快剪 黏聚力 C (kPa)	天然快剪 内摩擦角 ϕ (°)	固结快剪 黏聚力 C (kPa)	固结快剪 内摩擦角 ϕ (°)
①-1	素填土	1.70	—	—	—	10	12	—	—
①-2	杂填土	1.70	—	—	—	8	10	—	—
⑦-1	粉质黏土	1.97	25.6	0.34	5.2	25	14	30	18
⑨-1	粉质黏土	2.01	23.0	0.31	5.6	24	15	34	16
⑩-1	粉质黏土	1.99	23.5	0.30	5.9	24	15	33	18
⑭-1	粉质黏土	1.96	24.8	0.27	6.6	27	14	36	17
⑭-2	黏土	1.98	25.4	0.22	8.2	47	16	—	—
⑯-1	粉质黏土	1.95	25.6	0.27	6.9	29	14	37	18
⑯-3	含碎石粉质黏土	1.98	—	—	16.0	30	15	—	—

根据钻探揭露的地层资料可知，该场地20m深度范围内不存在可液化土层，无饱和砂土、粉土液化现象。

拟建场地属于黄河小清河冲洪积平原地貌，地势平坦，场地稳定。不存在断裂等直接影响拟建工程施工及运营稳定性的不良地质，不具备崩塌、滑坡和泥石流等地质灾害发生的地质环境条件，不存在粉土、砂土液化问题。

该工程场地范围内对工程有不利影响的特殊性岩土主要有填土层、胶结卵石、含碎石粉质黏土（混合土）、风化岩，未发现膨胀土、软土等其他特殊性岩土分布，施工过程中暂不涉及。

2. 水文情况

（1）地表水及地下水的类型及赋存。

本区间区域沿线地下水类型为第四系松散层孔隙水，此次钻探深度内仅揭露第四系松散层孔隙水。区域水文地质资料显示，该区域第四系松散层孔隙水含水层水量丰富，以碎石、卵石、含碎石粉质黏土等为主，裂隙发育的粉质黏土具有一定的渗透性，地下水主要受大气降水补给和下部岩溶承压水顶托补给，第四系松散层孔隙水具承压特性。

（2）抗浮水位。

本区间施工期间抗浮设计水位按标高26.50m考虑，运营期间抗浮设计水位按标高27.00m考虑。

（3）水、土的腐蚀性。

该勘察场地环境类型属于Ⅱ类，对地下水腐蚀性进行判定：本区间揭露的第四系松散层孔隙水对混凝土结构具微腐蚀性，对钢筋混凝土结构中的钢筋在长期浸水条件下具微腐蚀性，在干湿交替条件下具弱腐蚀性。

3. 气候条件

济南地处中纬度地带，属于北温带温润大区鲁淮区，为温暖半湿润季风性气候。年最早冻结日期为12月中旬，最晚为第二年的2月中旬，最长连续冻结天数为81d，最短冻结天数为13d，平均连续冻结天数在30d左右，最大冻结深度为0.44m。

(1) 气温。

济南气温 7 月最高，1 月最低，年平均气温 14.3℃，累年极高气温为 42.5℃，累年极低气温为 −19.7℃。

(2) 降水量。

济南年平均降水量为 669.3mm，年最小降水量为 320.7mm，年最大降水量为 1283.4mm，累计月最大降水量为 504.5mm，一日最大降水量为 298.4mm，一日最大降雪量为 190mm，一年之中降水主要集中在 7～9 月，多以暴雨形式降落，三个月的降水量占年降水量的 65%。

(3) 蒸发量。

根据统计资料，月平均蒸发量为 218.4mm，月平均蒸发量 1 月最小为 61.1mm，6 月最大为 340.3mm，年蒸发量为 2263mm。

(4) 湿度与气压。

绝对湿度月平均为 8.54%，各月的大小不均，7 月为 18.93%，冬季最小为 3%，相对湿度月平均为 57.33%，最大月平均为 74.6%，最小月平均为 44.5%，气压平均为 101.05kPa，1 月最高为 102.12kPa，7 月最低为 99.65kPa。

(5) 风速与风向。

济南地区主要以 SSW 风向为主，累年极大风速为 33.3m/s，最大月份平均风速为 26.3m/s，最小月份平均风速为 1.0m/s。

（三）施工场地布置

按批准的施工组织设计平面布置图，修建生产和生活设施，合理布局。施工现场四周设置排水沟，及时完成"三通一平"，创造良好的施工环境，建设文明工地。施工现场内加工场地、预制场地、材料堆放场地采用混凝土硬化。水电管线按照规范架设，生产、生活区分开布置。围护结构施工期间场地平面布置如图 3-2-2 所示。

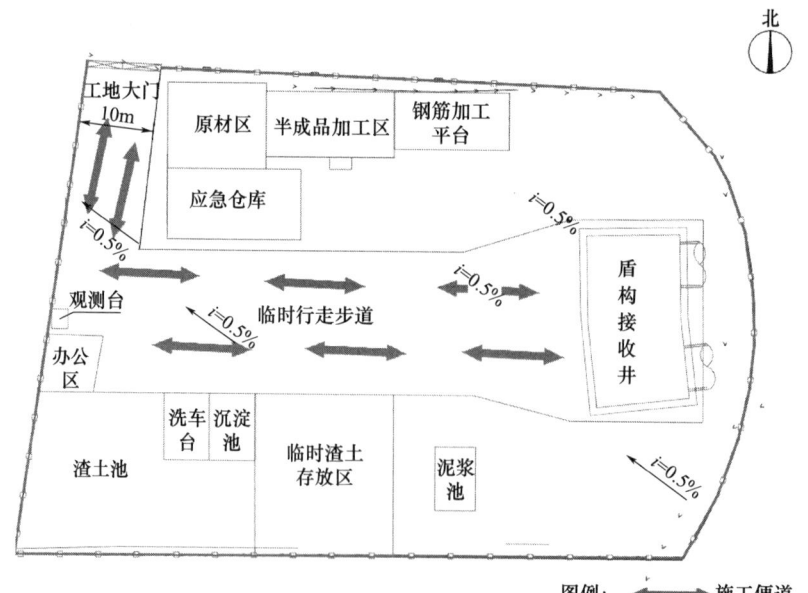

图 3-2-2　围护结构施工期间场地平面布置图

施工现场悬挂"六牌两图",悬挂时要齐全、美观、整齐,按照规定的材料、式样、颜色、内容等标准格式统一加工制作。严格按照施工组织设计平面布置图划定的位置堆放成品、半成品及原材料。所有材料分类存放、堆码整齐,并悬挂标识牌。

现场标牌:施工现场明显位置设置"六牌两图",包括工程概况牌、管理人员名单及监督电话牌、消防保卫牌、安全生产牌、文明施工牌、农民工权益保障公示牌、施工现场平面布置图、线网规划图,并悬挂安全警示牌、危险源公示牌、文明施工标语标牌、操作规程和检验合格牌、施工告示牌及环境保护监督牌、民工工资发放公示牌等。

室内布置:现场办公室或值班室,墙面悬挂(张贴)现场总平面布置图、施工形象进度图,组织机构、工作职责、工作制度。

队伍形象:施工作业人员应统一着装,佩戴安全帽。各种岗位人员佩戴胸卡,施工负责人,质量、安全检查人员佩戴红色袖标。坚守岗位,职责清楚。

(四)周边环境

1. 地表建(构)筑物

济南东站位于济南历城区纸房村范围内,场地临近济南白泉泉群保护区,北侧临近济青高速,南侧临近田园大道,西侧临近冷水沟村,东侧临近陆家村。车站位于国铁济南东站南广场下方,平行于济南东站站场东西向敷设。车站东西两侧均为绿地,南侧为济南东站南广场,北侧为国铁济南东站站房。与G02匝道桥桩水平距离为7.88m(图3-2-3)。

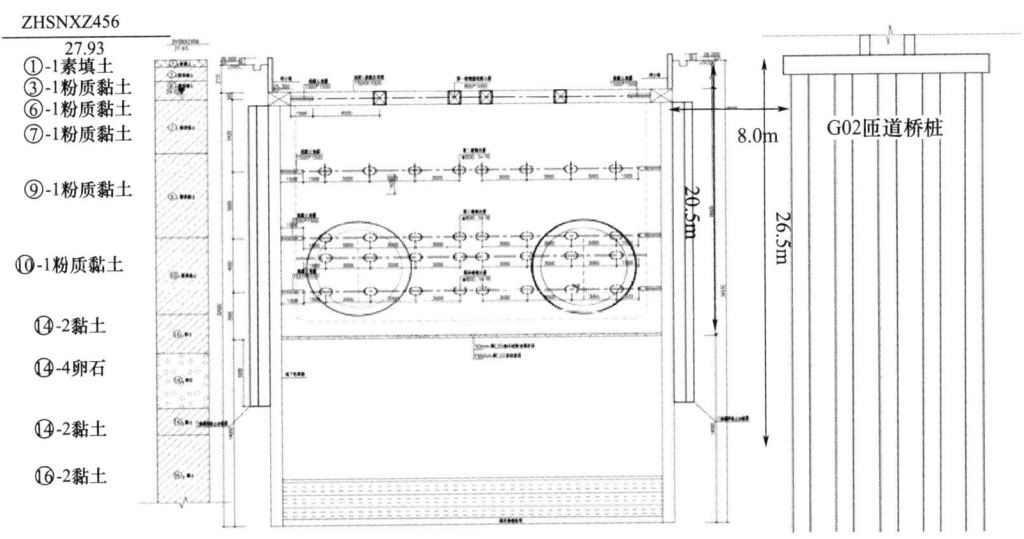

图3-2-3 济南东站盾构接收井周边环境位置关系剖面示意图

济南东站盾构接收井施工导致的道路封闭或交通管制也会影响车辆的正常行驶;施工过程中,应加强对周围环境、道路、既有建筑物的变形监测,及时反馈监测数据,进行信息化施工。周边建筑物调查见表3-2-3和表3-2-4。

表 3-2-3　周边建筑物调查表 1

建筑物名称	北辛店铁路线		
车站/区间	济南东站盾构接收井		
资料来源	图纸资料	设计单位	中国铁路设计集团有限公司
与结构物关系	济南东站盾构接收井北侧为北辛店铁路线，车站至路基坡脚水平距离约116m		

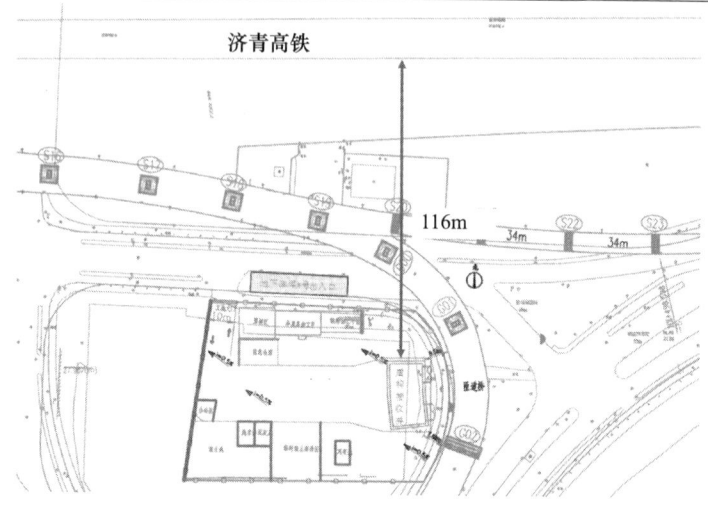

表 3-2-4　周边建筑物调查表 2

建筑物名称	南广场匝道桥		
车站/区间	济南东站盾构接收井		
资料来源	图纸资料	设计单位	中国铁路设计集团有限公司
与结构物关系	济南东站盾构接收井东南角临近南广场G02匝道桥桩，水平距离为7.88m		

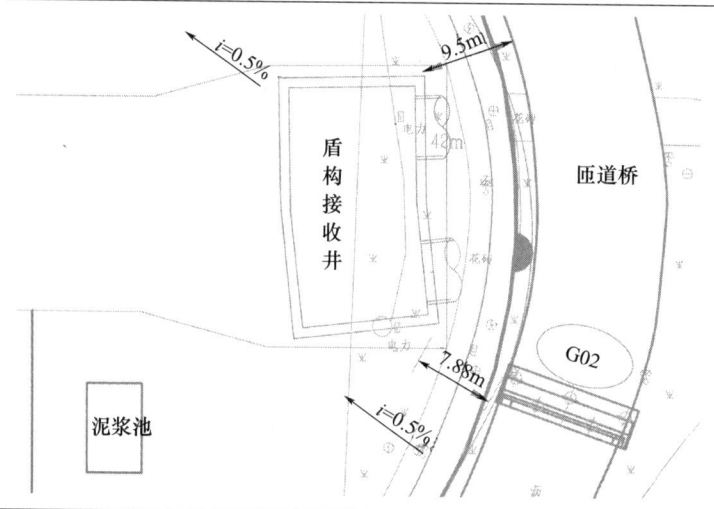

2. 地下管线

车站所在场地现状地下管线情况为：盾构井附近地下管线较多，主要有通信、供电、电缆、热力管道、自来水管道、污水管道、大直径雨水管涵，管线埋深 0.7～2.8m。道路下方有多条雨水、污水管沟，有多条电力管沟、天然气管沟，施工对其影响较大，施工易引起地面沉降，造成管线破裂，应对重大市政管线部位在施工时采取地层加固、超前预支护措施，减少侧壁变形和地面沉降，确保管线安全。接收井北侧距离济青高速铁路较近，施工过程中，应加强对济青高速铁路的变形监测，及时反馈监测数据，进行信息化施工，确保安全。济南东站盾构接收井管线调查统计见表3-2-5。

表3-2-5 济南东站盾构接收井管线调查统计表

序号	管线名称	规格	材质	方位	底部埋深（m）	水平距离（m）	备注
1	路灯	300×200	—	接收井东侧市政道路	0.8～1	4.2～5.2	—
2	通信	400×300	铜	接收井东南侧	0.8～1	6.5	—
3	雨水	1500	混凝土	接收井东侧	2.3	6	—
4	中水	300	PE	接收井东南侧	1.2	7.5	—
5	电力	10kV	铜	接收井西侧	1.5	3	需管线迁改

（五）施工要求及技术保证条件

1. 施工要求

（1）成桩应均匀、持续、无径缩和断层。

（2）MJS旋喷桩施工前后严格按照《建筑地基基础工程施工质量验收标准》（GB 50202—2018）中"4.10 高压喷射注浆复合地基"有关质量检验标准的规定执行。

（3）基坑开挖前，采用钻芯法对超高压旋喷桩桩身强度进行检验。检测结果要求28d无侧限抗压强度不小于1.0MPa，渗透系数不大于10^{-7}cm/s。

2. 技术保证条件

（1）MJS施工单位必须具有专业施工资质，且有相关施工经验。

（2）施工前应掌握场地地质及环境资料，查明不良地质及地下障碍物的详细情况，编制施工组织设计方案，制定应急预案。清除地下的瓦砾、废管、木桩、混凝土块等杂物后方可施工。

（3）施工前应进行试成桩试验，确定桩径及厚度、咬合间距等参数，以便核对地质资料、机具及施工工艺是否满足要求，同时在施工过程中及时对超高压旋喷桩周围的基坑土体、管线、建筑物、地下连续墙墙体及支撑轴力进行跟踪监测，便于及时了解旋喷桩施工对于围护结构的影响，进一步调整MJS旋喷桩施工的技术参数，保证MJS旋喷桩后续施工正常安全地进行。

（六）风险辨识与分级

MJS施工过程中的危险源、风险分级及可能产生的事故类型、控制措施见表3-2-6。

表3-2-6 MJS施工风险分析一览表

风险点	危险源或潜在事件	风险分级	事故类型	控制措施				
				工程技术措施	管理措施	培训教育措施	个体防护措施	应急处置措施
管线保护	地面上方有高压电线、低压电线、通信线杆等，未设置夜间警示灯，进行夜间机械设备作业	Ⅲ	触电	1. 在醒目的地方增设相关警示标识牌、警示灯；2. 在施工显著位置张贴悬挂安全警示标语	1. 告知作业人员危险源；2. 加强施工作业现场安全巡视检查；3. 设专人盯控，保证机械车辆、施工人员作业有序	1. 培训人员施工安全意识；2. 每日进行安全班前教育；3. 学习安全风险管控措施；4. 作业前进行安全技术交底	正确佩戴安全帽、绝缘手套、绝缘鞋等安全防护用品	1. 编制应急处置方案；2. 发生紧急情况时立即停止作业；3. 严重时启动应急预案，及时采取应急救援措施

续表

风险点	危险源或潜在事件	风险分级	事故类型	控制措施			
				工程技术措施	管理措施	培训教育措施	个体防护措施	应急处置措施
高压旋喷桩施工	基坑周边防护措施不到位	Ⅲ	坍塌	严格落实操作规程，在基坑周边及时设置防护措施	1. 制定安全管理制度；2. 严格按照操作规程施工；3. 加强安全检查	1. 加强安全操作规程培训；2. 作业前安全技术交底	正确穿戴安全帽等防护用品	1. 制订应急处置方案，做好培训或演练；2. 组织作业人员学习应急措施
主机安装不平整和不牢固	主机安装不平整和不牢固	Ⅳ	物体打击	主机安装就位后进行检查验收，安装平整牢固可靠后方可施工	1. 作业过程中安排专人盯控；2. 加强日常巡检，做好排查记录；3. 出具整改措施	1. 加强安全操作规程培训；2. 作业前安全技术交底	正确穿戴安全帽、反光衣、安全带、安全手套等防护用品	1. 编制应急处置方案；2. 发生紧急情况时立即停止作业；3. 严重时启动应急预案，采取应急措施
作业前未对设备进行例行检查	作业前未对设备进行例行检查	Ⅳ	触电、机械伤害	作业前对设备进行例行检查	1. 作业过程中安排专人盯控；2. 加强日常巡检，做好排查记录；3. 及时出具整改措施	1. 加强安全操作规程培训；2. 作业前安全技术交底	按要求正确穿戴防护手套、绝缘鞋、安全帽、反光衣等安全防护用品	1. 编制应急处置方案；2. 发生紧急情况时立即停止作业；3. 严重时启动应急预案，采取应急措施
人员操作不当或机械本身问题	人员操作不当或机械本身问题	Ⅳ	机械伤害	选用合格先进的机械设备	1. 制定安全管理制度；2. 严格按照操作规程施工；3. 加强安全检查	1. 做好安全入场教育；2. 学习安全风险管控措施；3. 做好班前教育	正确穿戴安全帽、反光衣、安全带、安全手套等防护用品	1. 编制应急处置方案；2. 发生紧急情况时立即停止作业；3. 严重时启动应急预案，采取应急救援措施
起吊钻杆、钻头时坠落	起吊钻杆、钻头时坠落	Ⅳ	物体打击	1. 选用合格先进的机械设备；2. 施工前检查钻头、钻杆的连接可靠程度	1. 制订安全管理制度；2. 严格按照操作规程施工；3. 加强安全检查	1. 做好安全入场教育；2. 学习有关的安全风险分级管控措施；3. 做好操作人员班前教育	正确穿戴安全帽、反光衣、安全带、安全手套等防护用品	1. 编制应急处置方案；2. 发生紧急情况时立即停止作业；3. 严重时启动应急预案，及时采取应急救援措施
导管、孔口担杠不牢固	导管、孔口担杠不牢固	Ⅳ	坠落	选择合格设备，作业前及时检查导管、孔口担杠牢固情况	1. 制定安全管理制度；2. 严格按照操作规程施工；3. 加强安全检查	1. 做好安全入场教育；2. 学习有关风险分级管控措施；3. 做好操作人员班前教育	正确穿戴安全帽、反光衣、安全带、安全手套等防护用品	1. 制订相关坠落事故应急预案或处置方案，并做好培训或演练；2. 组织作业人员学习应急措施
成桩后未设警示标志或采取防护措施	成桩后未设警示标志或采取防护措施	Ⅳ	高处坠落	及时设置警示标志、标识	1. 制定安全管理制度；2. 严格按照操作规程施工；3. 加强安全检查	1. 做好安全入场教育；2. 学习有关的安全风险分级管控措施；3. 做好操作人员班前教育	正确穿戴安全帽、反光衣、安全带、安全手套等防护用品	1. 制订相关高处坠落事故应急预案或处置方案，并做好培训或演练；2. 组织作业人员学习应急措施

二、施工工艺及技术要求

（一）施工技术准备

(1) 认真熟悉图纸，做好图纸会审。

(2) 对施工人员进行有针对性的施工组织设计、施工方案技术交底。

(3) 红线桩及建筑物定位需经市规划、测绘部门检验核准。

(4) 做好测量放线、定位及控制桩点保护工作，对周围临近建筑物布置沉降观测点。

(5) 地下障碍物调查：根据业主提供的场区地下管线、构筑物的详细位置及不明地下障碍物进行现场探测工作（包括其深度、位置及走向），做好定位标志，并向施工技术人员做书面和现场的确认交底。

（二）施工准备及场地布置

1. 场地准备

一般 MJS 工法桩施工过程中将会产生 100%～130% 的返浆量，将废浆液引入沉淀池中，沉淀后的清水根据场地条件可进行无公害排放。沉淀的泥土挖出堆放在集土坑集中外运。沉淀和排污统一纳入全场污水处理系统，对于无场地建立沉淀池的，可采用泥水处理装置，将泥水分离后的土方外运，将废水直接排放。灰浆拌制系统主要设置在水泥仓附近，便于作业，主要由灰浆拌制设备、灰浆储存设备、灰浆输送泵设备组成。

2. 桩位放样

施工前用全站仪测定 MJS 工法桩施工的控制点，埋设标记，经过复测验线合格后，用钢尺和测线实地布设桩位，并用打设木桩做好控制点，保证桩孔中心移位偏差小于 50mm。桩中心离管线 300～700mm。

3. 探挖沟槽

正式进场施工前，先弄清楚地下管线的种类、分布状况等，在旋喷桩中心向两侧各 500mm 左右探挖沟槽，沟槽开挖深度一般在 1m 左右，如有地下管线，则应挖至管线以下，根据桩位中心将直径为 219mm 的钢管埋入至管线底面以下 500mm，对钢管四周回填密实至地面以下 1m。

（三）施工工艺流程

MJS 施工工艺流程如图 3-2-4 所示具体为：成孔（抽查成孔质量）→主机就位→试钻头→下放钻杆→清水扫喷→提升喷浆（制备浆液、排泥门控制）→分段拆杆（清洗钻杆）→喷浆结束（泥浆处理）→移机就位。

（四）施工原理与步骤

1. 工程原理

MJS 工法从综合角度出发，将硬化材料泥浆配料的直接加压输送、喷射、地层切削、混合、强制排泥、集中泥浆这一系列工序作为监控对象，MJS 工法可以"全方位"进行高压喷射注浆，施工在传统高压喷射注浆工艺的基础上，采用了独特的多孔管和前端造成装置（习惯称之为 Monitor），实现了孔内强制排浆和地内压力监测，并通过调整强制排浆量来控制地内压力,大幅度减少对环境的影响,而地内压力的降低也进一步保证了成桩直径,通过大直径桩体咬合,形成整体加固体,以改善土体稳定性和自立性,可以有效阻断地底承压水深入基坑内。

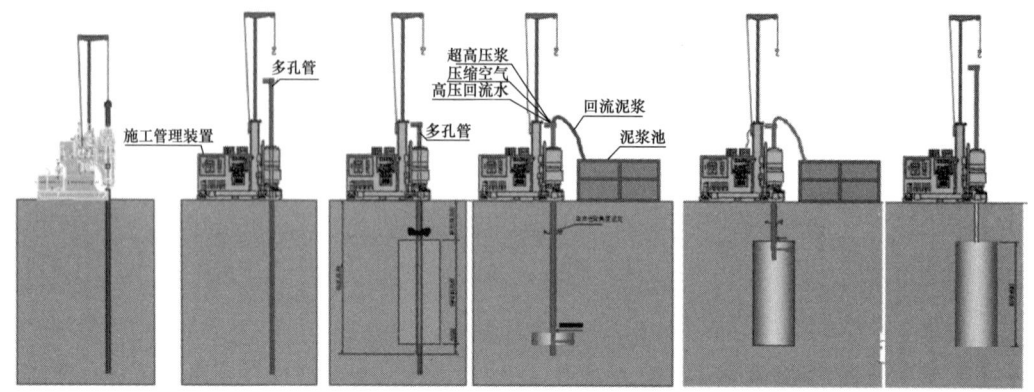

图 3-2-4　MJS施工工艺流程图

2. 施工步骤

(1) 引孔钻机就位。

钻机就位后,对桩机进行调平、对中,调整桩机的垂直度,保证钻杆与桩位一致,偏差应在10mm以内,钻孔垂直度误差小于0.5%;钻孔前应调试泥浆泵,使设备运转正常;校验钻杆长度,并用红油漆在钻塔旁标注深度线,确保孔底标高满足设计深度要求,引孔深度比设计深度深100cm以上,即设计喷浆深度为20m,引孔深度大于21m,以此类推。

(2) 引孔钻进。

钻机施工前,在钻孔机械试运转正常后,开始引孔钻进。钻孔过程中要详细记录钻杆节数,保证钻孔深度的准确,引孔过程中需加强泥浆护壁,在泥浆中加入适量膨润土,确保引孔结束后孔内无沉渣;为防止MJS旋喷喷浆过程在地质较差的土层中坍塌抱死钻杆,造成拔管困难,在空钻段埋设套管(对地层土质特别差的需埋设至桩底以上2~3m),一般钻杆直径为142mm,故埋设的外套管内径不宜小于219mm。

(3) 引孔垂直度的控制。

引孔垂直度是控制旋喷桩偏差的关键,引孔必须满足1/200要求,在引孔过程中需确保钻机水平状态及钻杆垂直,引孔采用导向钻头,经常检查钻杆垂直度,当钻杆偏差过大时,上提钻杆至垂直度较好部位开始扫孔,无法扫孔时需回填后重新引孔。

(4) MJS喷射钻机就位下放。

钻杆引孔至大于设计深度1m以上后埋设套管,移除引孔钻机,将MJS全方位超高压旋喷钻机就位对中并调整水平度,根据设计孔深计算好下放钻杆的节数,逐节下放钻杆使喷嘴位置至设计标高,下放过程中做好下放钻杆节数记录,并需检查钻杆的密封件是否完好,对密封件有磨损的应及时更换。

(5) MJS喷射。

钻杆下至设计标高(喷嘴部位)后,开始喷浆,喷浆时采用高压泵及高压空气喷射，为保证桩底端的质量，喷嘴下沉到设计深度时，在原位置旋转60s以上，待地内压力达到设计值后开启倒吸水及开始旋喷步距提升。试喷过程如图3-2-5所示。

（6）旋喷提升。

开启高压喷射泵及高压空气后，由下向上旋喷，同时将泥浆倒吸排出。喷射时，先应达到预定的喷射压力再逐渐提升旋喷管，以防扭断旋喷管，钻杆的旋转和提升应连续进行，不得中断，钻机发生故障，应停止提升钻杆和旋转，以防断桩，并立即检修排除故障，为提高桩底端质量，在桩底部1.0m范围内应适当增加钻杆喷浆旋喷时间。在旋喷提升过程中，可根据不同的土层，调整旋喷参数。根据有关资

图3-2-5　试喷过程

料的报道，在喷射压力40MPa下其在砂质土、黏性土典型土质中的有效直径可参见表3-2-7。

表3-2-7　MJS施工风险分析一览表

土质	砂性土					黏性土			
	N<115	15N<30	30N<50	50N<70	N70	C<10	10C<30	30C<50	C50
标准直径（mm）	2800	2600	2400	2200	需试验	2600	2400	2200	需试验
提升速度（cm/min）	30				需试验	30			需试验

一般当深度超过30m时，其有效直径减少300mm。MJS工法桩排泥装置与压力控制装置如图3-2-6所示。

 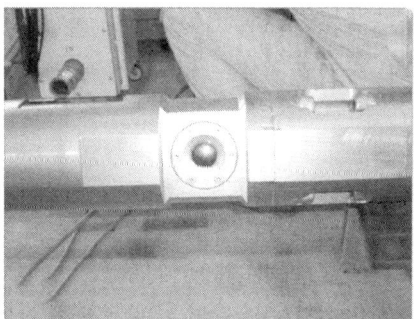

（a）MJS工法位于Monitor的排泥装置　　（b）能检测地内压力的压力传感器

图3-2-6　MJS工法桩排泥装置与压力控制装置

（7）钻机移位。

为确保桩顶标高及质量，浆液喷嘴提升到设计桩顶标高以上100mm时停止旋喷，提升钻杆逐节拆除出孔口，清洗钻杆、注浆泵及输送管道，然后将钻机移位至下一孔。MJS大直径超高压旋喷机如图3-2-7所示。高压注浆泵如图3-2-8所示。搅浆系统如图3-2-9所示。

图 3-2-7 MJS 大直径超高压旋喷机　　　　图 3-2-8 高压注浆泵

图 3-2-9 搅浆系统

为确保桩顶标高及质量，浆液喷嘴提升到设计桩顶标高以上 100mm 时停止旋喷，提升钻杆逐节拆除出孔口，清洗钻杆、注浆泵及输送管道，然后将钻机移位至下一孔。MJS 从综合角度出发，将硬化材料泥浆配料的直接加压输送、喷射、地层切削、混合、强制排泥、集中泥浆这一系列工序作为监控对象，是一种能进行水平地基加固和垂直 360°全方位地基加固的施工工法，对于周边环境及地基扰动影响微小；能进行大深度地基加固及水面下的施工，并且可以选择排泥场所，通过集中排泥与控制地内压力，保证水泥浆在加固范围内扩散，避免对地下水与土体的污染及对周边建筑物的影响。采用 MJS 全方位超高压旋喷，应先送高压浆，打开喷浆口后再送压缩空气；喷射时先应达到预定的喷射压力、喷浆量，原位旋转 1min 后，再逐渐步距提升注浆管，注浆管单节长度 1.5m，施工时 2 节钻杆拆卸 1 次，注浆管分段提升的搭接长度不得小于 50mm；当地内压力达到设计要求时，应立即开启倒吸空气及倒吸水，可促进孔内置换土体的排出，减小对周边环境的影响。

（五）施工参数及技术控制要点

MJS 工法桩施工中技术参数范围应根据工程设计图纸要求与国家标准《建筑地基基础工程施工质量验收标准》（GB 50202—2018）和《建筑地基基础工程施工规范》（GB 51004—2015）以及建工行业建设标准《建筑深基坑工程施工安全技术规范》（JGJ 311—2013）中的相关内容进行确定。在施工前应该编制 MJS 工法桩施工安全专项施工方案与MJS工法桩试桩方案,并在MJS工法桩施工前严格按照试桩方案的要求进行试桩试验,结合成桩质量编制试桩总结报告,从而确定详细具体的施工工艺参数,主要需要确定如下参数:桩径及厚度、咬合间距、浆液类型、材料用量、水灰比、浆压力、空气压力、倒吸水压、空气流量、地内压力控制值、提升速度、浆液流量等。

根据常规设计,当采用MJS工法桩进行深基坑坑底加固时,其加固相应建议参数如下:施工前应进行试成桩试验,确定桩径及厚度、咬合间距等参数,建议桩径2.5m,钻孔按2.0m×1.8m布置。浆液采用P·O 42.5级普通硅酸盐水泥快凝型浆液。材料用量和水灰比应结合土质条件和机械性能等指标通过现场试验确定,水泥掺量建议按40%采用(土重度按$18kN/m^3$计算),水灰比建议1:1,浆压力不小于40MPa,空气压力0.5~0.8MPa,倒吸水压8~25MPa,注浆压力具体值应根据现场试验确定。空气流量8~10m^3/min;地内压力系数为1.1~1.6(视监测情况进行调节和控制);提升速度为25~33mm/min;浆液流量为80~160L/min。试桩过程确定的参数见表3-2-8。

表3-2-8 MJS施工技术参数(直径为2500mm的全圆)

参数名称	参数量	参数名称	参数量
采用喷嘴	3.20mm	水泥浆液流量	100L/min
提升速度	25~33mm/min	水泥浆压力	≥40MPa
步距提升时间	60s	主空气流量	8~10m/min
步距行程	25mm	主空气压力	0.5~0.8MPa
地内压力	K=1.1~1.6	倒吸水流量	34~45L/min
水泥掺量	40%	倒吸水压力	8~25MPa
桩顶标高	−7.793	桩底标高	−10.793
水灰比	1.0	旋转速度	3.5r/min

(六)常见问题及处理措施

1. 难点论述

(1)作业深度较大,地层复杂。极易造成引孔偏差,导致成孔效果不佳产生塌孔埋钻现象。

(2)地层含碎石、卵石、砾岩等,施工中极易造成排浆口堵塞、清障困难等,导致成桩效果不佳,影响施工效率。

(3)水泥土强度不均匀、缩径。

(4)固结体顶部下凹。

(5)钻孔沉管困难,偏斜、冒浆。

2. 应对措施

(1)依据土层特性,拟采用泥浆护壁成孔、套管施工等方式,防止因深度过大、扰动过大而产生塌孔现象。

(2)根据试验段情况,拟采用不同直径喷嘴,改变施工参数以确保成桩效果,并投入合理的人员和设备来保障工期滞后的影响。

(3)根据设计要求和地质条件,选用不同的喷浆方法和机具。喷浆前,先进行压浆压气试验,一切正常后方可配浆,准备喷射,保证连续进行,配浆时必须用筛过滤。根据固结体的形状及桩身匀质性,调整喷嘴的旋转速度、提升速度、喷射压力和喷浆量。对易出现缩径部位及底部不易检查处进行定位旋转喷射(不提升)或复喷等扩大桩径的办法。控制浆液的水灰比及稠度。严格要求喷嘴的加工精度、位置、形状、直径等,保证喷浆效果。

(4)旋喷长度比设计长 0.3～1.0m,或在旋喷桩施工完毕,将固结体顶部凿去部分,在凹穴部位用混凝土填满或直接在旋喷孔中再次注入浆液,或在旋喷注浆完成后,在固体的顶部 0.5～1.0m 范围内再钻进 0.5～1.0m,在原位提杆再注浆复喷一次加强。

3. 控制措施

(1)放桩位点时应钎探,遇有地下埋设物时应清除或移动桩钻孔点。

(2)喷射注浆前应先平整场地,钻杆垂直度偏差应控制在 1/200 以内。

(3)利用侧口式喷头,减小出浆口孔径并提升喷射能力,使浆液量与实际需要量相当,减少冒浆。

(4)控制水泥浆液配合比。

(5)针对冒浆的现象则在浆液中掺加适量的速凝剂,缩短固结时间,使浆液在一定土层范围内凝固,还可在空隙地段增大注浆量,填满空隙后再继续旋喷。

(6)针对冒浆量过大的现象,采取提高喷射压力、适当缩小喷嘴孔径、加快提升和旋转速度等措施。

三、效果及经济效益分析

(一)施工成品质量检测

根据第三方检测单位(山东高速集团有限公司)出具的检测结果,MJS 基坑加固工程抗压强度以及渗透系数满足设计要求,且抗压强度为 2MPa,远远大于设计图纸中不小于 1MPa 的要求。取芯过程现场如图 3-2-10 所示。

　　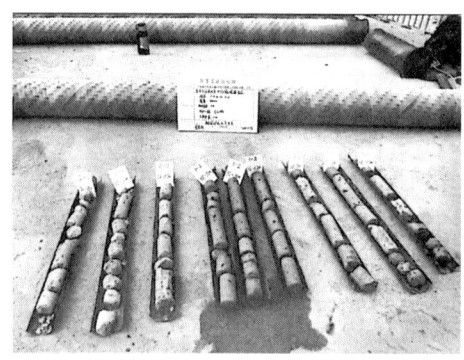

(a) 现场1　　　　　　　　　　　　(b) 现场2

图 3-2-10　取芯过程现场

(二)基坑开挖效果方面

在基坑开挖前 15d 进行基坑降水,首先经过试验段降水结果及降水期间基坑外周边地表沉降观测数据分析得出,地下连续墙+MJS 封底工法可以有效阻断基坑内承压水,且降水期间周边地表沉降值均在规范数值内。这说明此施工方法适用于富水软土地区临近重要建筑物深基坑开挖,与施作超深地下连续墙深入岩层及传统围护桩+双重/三重管旋喷桩止水帷幕施工工艺相比,此工法主要有以下几方面的特点。

(1) 地基加固 MJS 施工采用了独特的多孔管和前端强制吸浆装置,实现了孔内强制排浆和地内压力监测,并通过调整强制排浆量来控制地内压力,使得地面不会出现由于地内压力过高而引起地面隆起等事故,而地内压力的降低也进一步保证了成桩直径,成桩直径的增大提高了成桩之间的咬合面积,从而相比传统的高压旋喷桩加固方法大大提高了土体的强度,并且作为止水措施也能更好地隔绝地下水的渗透与影响,从而最大程度保证了基坑开挖过程的施工安全。通过 MJS 工法桩施工后地下水位的变化(图 3-2-11),可以看到地下连续墙+MJS 工法桩施工对地下水位的防渗效果非常有效,变化速率为 20.8mm/h,即 499.2mm/d。

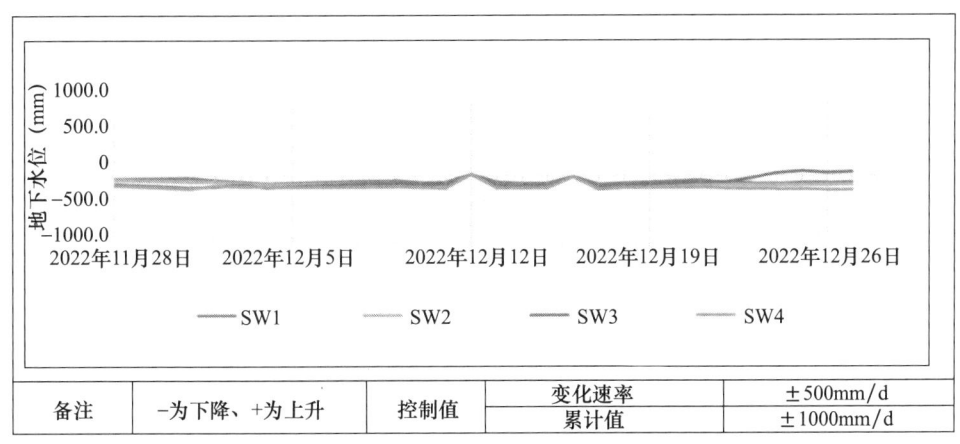

图 3-2-11　地下连续墙+MJS 工法桩施工后地下水位变化

(2) MJS 能够形成更加稳固的加固区域,使得开挖过程减小对周边建筑物的影响,通过形成面积更大的咬合桩和更高的水泥掺和率,可以更好地增大加固土体的强度,从而有效地减小沉降。通过三重管法加固区域(图 3-2-12)与 MJS 工法桩加固区域(图 3-2-13)周边环境地区沉降量的对比可以看出,采用 MJS 工法桩进行加固的方法可以很好地减小土体沉降的极限值。

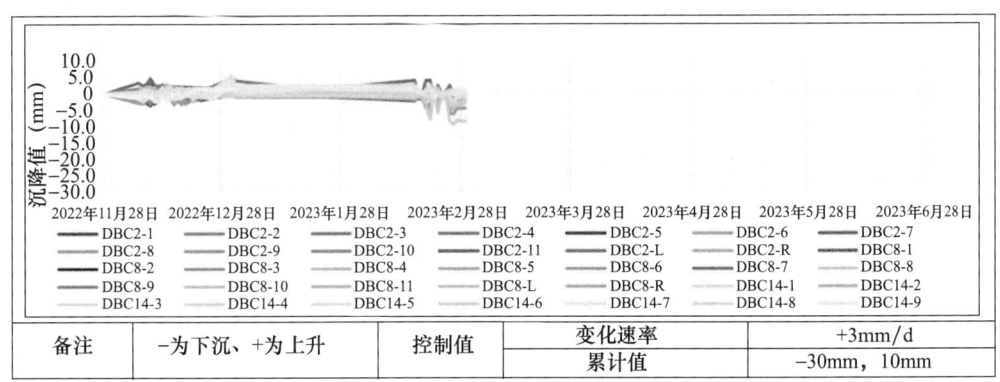

图 3-2-12　三重管法高压旋喷桩地表沉降变化曲线

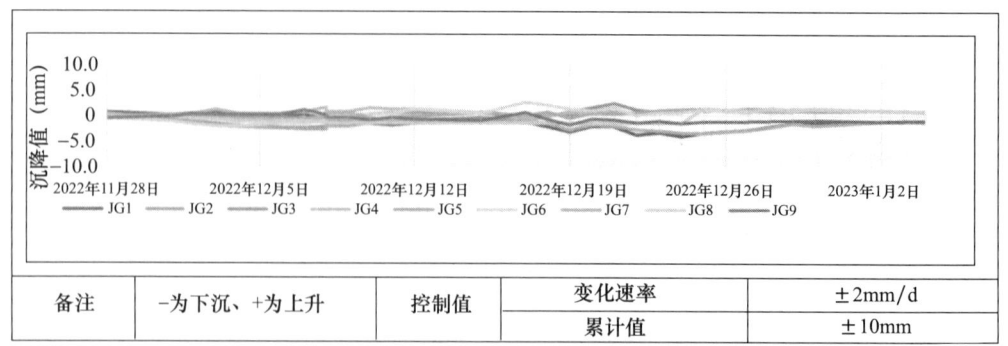

图 3-2-13　MJS 工法桩施工区域周边建筑地表沉降变化曲线

综合来看，MJS 能够有效降低施工过程中基坑开挖对土体沉降的影响，因此对周边环境及地基扰动影响微小，极大地降低了周边建筑物发生事故的风险，有效保证了周边环境的稳定，该技术满足地下工程施工质量控制要求，符合绿色施工理念，取得了良好的社会效益和经济效益，具有良好的推广应用价值。

（三）经济效益方面

济南城市轨道交通 6 号线济南东站盾构接收井工程，通过富水软土地区临近重要建筑物深基坑地层加固与止水控制施工工法，保护了铁路沿线，节约了铁路运营线自动化监测设备费用，根据铁路部门报价约 500000 元，铁路部门驻场监督费用为 10 个月×3 人×18000（人工费、办公费）＝540000 元，共可节省费用 500000＋540000＝1040000 元，且保护了济南市白泉地下泉脉，从而确保了周边地下水环境的稳定。

第三节　老屯站—商埠区西站区间套筒辅助盾构始发与接收应用实例

一、工程概况

（一）工程概况及特点

老屯站—商埠区西站区间左线起终点里程为左 DK19＋309.725～左 DK21＋036.607，长度为 1692.025m（含短链 34.857m）；右线起终点里程为右 DK19＋309.725～右 DK21＋036.607，长度为 1726.882m，区间双线总长度 3418.905m。最小曲线半径为 380m，线间距 17.2～33.2m，纵坡为 V 形坡，最大坡度为 28‰，区间覆土厚度为 11.3～22.1m。区间共设置 3 座联络通道，其中 2 号联络通道兼作泵房。老屯站—商埠区西站区间平面如图 3-3-1 所示。

1. 隧道结构设计

（1）区间隧道管片采用通用衬砌环错缝拼装设计，衬砌环外径 Φ6400mm，内径 Φ5800mm，壁厚 300mm，环宽 1.5m（涉铁段及联络通道处环宽 1.2m），管片采用 M27 弧形螺栓连接。该衬砌环为双面楔形通用环，最大楔形量 48.0mm。衬砌环的接缝连接包括 16 个环缝连接螺栓（M27）和 12 个纵缝连接螺栓（M27），每环管片由 1 块封顶块管片（圆心角 $22°30'0''$）、2 块邻接块管片（圆心角 $67°30'0''$）、3 块标准块管片（圆心角 $67°30'0''$）构成，管片分度 $22.5°$。混凝土为 C50 高强混凝土，抗渗等级为 P10。联络通道与正线隧道连接处采用钢管片。

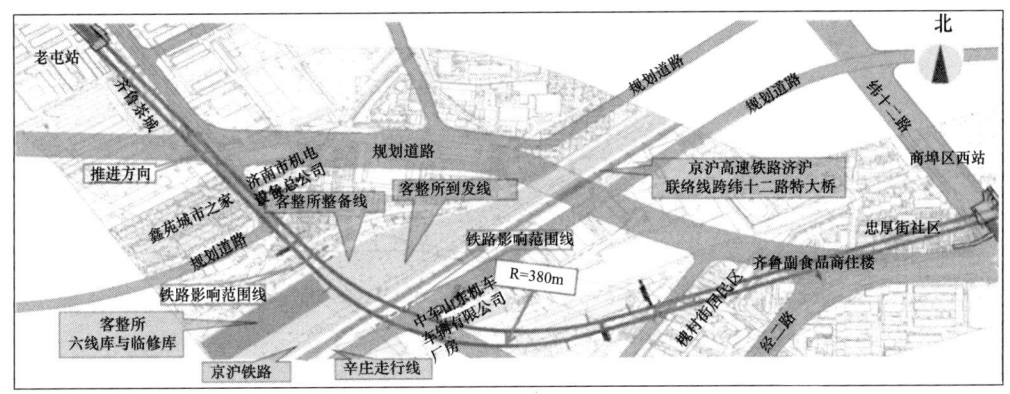

图 3-3-1　老屯站—商埠区西站区间平面示意图

（2）联络通道：区间隧道共设 3 处联络通道，其中 1 座联络通道含废水泵房。区间内的联络通道采用冻结法加固，矿山法开挖、网喷支护、复合式衬砌。初期支护采用网喷混凝土、格栅钢架联合支护，二次衬砌采用 C40、P10 模筑钢筋混凝土。在初期支护和二次衬砌之间设置无纺布缓冲层及 PVC 防水板防水层。联络通道内设两道双向开启的防火门。

（3）区间隧道洞门：洞门结构采用玻璃纤维筋，老屯站—商埠区西站区间水平加固长度为 2m，采用钢套筒进行始发、接收，始发、接收无须凿除洞门。通过设置合适的反力架和负环管片，并结合区间的管片排版情况，控制第一环管片的位置，采用 1.2m 及 1.5m 负环管片结合拼装方式，使第一环突出洞门 10～20cm，并根据实际情况进行相应调整。

隧道洞门结构由洞口预埋钢环、后浇钢筋混凝土环梁和盾构隧道进出洞特殊管片环组成；其中进出洞环梁均为 C40 现浇防水混凝土，抗渗等级为 P10。钢套筒始发、接收完成后，割除过渡环，采用 5mm 厚圆弧板进行焊接封堵。整个区间隧道施工完毕后，即可进行洞门与隧道的连接结构施工。

（4）防水设计：防水施工遵循"以防为主，刚柔并济，多道设防，因地制宜，综合治理"的原则。采用高精度钢筋混凝土管片，抗渗等级 P10，根据管片的形状，采用三元乙丙橡胶垫圈，满足衬砌接缝防水要求。加强掘进过程中同步注浆效果控制，必要时通过注浆孔对管片背后进行二次补强注浆；隧道附属结构与主隧道间的施工缝采用遇水膨胀型止水条，做好洞门防水，加强洞门封堵注浆等，提升其防水能力。

2. 盾构机概况

该标段投入施工的两台盾构机分别为 JZ020 号、JZ021 号，拟投入的盾构机参数见表 3-3-1。

表 3-3-1　JZ020 号、JZ021 号盾构机参数统计表

序号	项目名称	参数列表	单位	备注
1	开挖直径	Φ6680	mm	—
2	刀盘转速	0～3.15	r/min	—

续表

序号	项目名称	参数列表	单位	备注
3	最高推进速度	≈80	mm/min	—
4	最大推力	4086	kN	—
5	整机总长	≈85	m	—
6	主机总长（不包括刀盘）	8389	mm	—
7	总重（主机+后配套）	≈500	t	—
8	水平转弯半径	250	m	—
9	纵向爬坡能力	±50	‰	—
10	刀盘规格（直径×长度）	Φ6680×1645	mm	—
11	刀盘开口率	40	%	—
12	泡沫口数量	6	个	—
13	膨润土口数量	2	个	与泡沫共用

（二）工程地质与水文条件

1. 地质情况

老屯站—商埠区西站区间位于工程地质Ⅰ单元。根据详细勘察，老屯站—商埠区西站区间地质情况自上而下依次划分为①-2杂填土、①-1素填土、⑨-1粉质黏土、⑩-1粉质黏土、⑭-1粉质黏土、⑲-1全风化闪长岩、⑲-2强风化闪长岩、⑲-3中风化闪长岩、⑳-3中风化辉长岩。盾构穿越地层主要为⑭-1粉质黏土、⑲-1全风化闪长岩、⑲-2强风化闪长岩、⑲-3中风化闪长岩。具体见表3-3-2。

表3-3-2 区间土层特性表

岩土名称	层顶标高（m）	平均层厚（m）	岩土特征
①-1素填土	25.64～30.46	1.55	黄褐色，稍湿，松散，主要成分为黏性土及少量碎石
①-2杂填土	27.87～33.32	2.40	杂色，松散，主要成分以少量混凝土块、砖块等建筑垃圾为主，充填少量黏性土
⑨-1粉质黏土	21.94～29.05	4.40	灰黄色～灰黑色，可塑，土质不均匀，切面稍光滑，含少量氧化铁，偶见姜石，存在孔隙裂隙
⑩-1粉质黏土	24.64～29.26	3.69	褐黄色～黄褐色，可塑，土质均匀，切面稍光滑，局部偶见姜石、小碎石、铁锰氧化物，存在孔隙裂隙
⑭-1粉质黏土	18.21～26.06	7.37	褐黄色～黄褐色，可塑～硬塑；土质不均，切面稍光滑，局部含有少量铁锰质结核、氧化铁、小碎石、小姜石，局部姜石含量约30%，存在孔隙裂隙。连续分布
⑲-1全风化闪长岩	−1.09～13.82	2.25	灰黄色～灰绿色，岩芯风化呈砾状、粗砂状及土状，原岩结构基本清晰，母岩成分已基本蚀变，局部含有未分化完的残块。含水量13.6%～31.4%，平均26.2%；天然密度1.72～1.93g/cm³；孔隙比0.760～0.932，平均0.858，属中压缩性土

续表

岩土名称	层顶标高（m）	平均层厚（m）	岩土特征
⑲-2 强风化闪长岩	-4.43~11.92	2.75	灰黄色~灰绿色，原岩结构部分风化破坏，风化程度不均，岩芯呈短柱状及碎块状，一般块径为2~5cm，最大8cm，柱长一般3~5cm，最长8cm，锤击声闷易碎，采取率70%~85%，RQD：0%。岩体完整程度为破碎、基本质量等级Ⅴ级。该层的天然单轴极限抗压强度2.9~3.2MPa
⑲-3 中风化闪长岩	-14.36~11.86	未钻透	灰黄色~灰绿色，中粗粒状结构，块状构造，岩芯呈柱状，一般柱长为5~20cm，最长45cm，锤击不易碎，采取率90%，RQD：70%。岩体完整程度为较完整、基本质量等级Ⅳ级。该层天然单轴极限抗压强度7.5~32.9MPa，平均20.1MPa，饱和单轴极限抗压强度7.9~25.3MPa，平均15.9MPa，属软岩—较软岩类
⑳-3 中风化辉长岩	-17.76~7.00	未钻透	青灰色，中细粒状结构，块状构造，岩芯呈柱状，一般柱长为5~15cm，最长25cm，锤击不易碎，采取率90%，RQD：65%。岩体完整程度为较完整、基本质量等级Ⅱ~Ⅲ级。该层天然单轴极限抗压强度62.8~83.6MPa，平均67.4MPa，饱和单轴极限抗压强度49.6~92.5MPa，平均60.7MPa，属较硬岩—坚硬岩类

2022年10月13日完成了老屯站—商埠区西站区间地质补勘工作，区间主要穿越全断面粉质黏土层及上部粉质黏土层，下部全、强、中风化闪长岩地层及局部穿越⑳-3中风化辉长岩，区间右线穿越长度为34.7m，最大厚度为1.8m。区间左线穿越长度为70.9m，最大厚度为2.4m。经过对该层抗压强度的检测可知，最大天然抗压强度达到152MPa。取芯如图3-3-2所示。

图3-3-2 取芯

2. 水文情况

（1）地表水。

老屯站—商埠区西站区间附近无地表水体。

（2）地下水位及地下水类型。

老屯站—商埠区西站区间区域场地地下水为第四系松散层孔隙水及基岩裂隙水，勘察钻孔深度范围内揭露的地下水为潜水、闪长岩裂隙水。潜水含水层主要为素填土①-1层、杂填土①-2层、粉质黏土⑦-1层、粉质黏土⑨-1层、粉质黏土⑩-1层、碎石⑩-3层、粉质黏土⑭-1层。闪长岩裂隙水含水层主要为全风化、强风化、中风化闪长岩层和中风化辉长岩中的裂隙及碎块状间空隙。由于场区粉质黏土层具一定透水性，上部潜水与基岩裂隙水具有一定的水力联系，存在越流补给。

① 潜水。

老屯站—商埠区西站区间潜水水位埋深 1.80~8.60m，水位标高 19.97~29.36m，主要接收大气降水补给、地下水径流补给和承压水顶托补给，以侧向径流、下渗及人工开采方式排泄。在丰水期及枯水期地下水位有所变化。

② 闪长岩裂隙水。

老屯站—商埠区西站区间闪长岩裂隙水水头埋深 2.90~3.30m，水头标高 25.45~28.08m，观测时间为 2020 年 4—5 月，主要接收大气降水补给、第四系松散层孔隙水下渗补给和地下水径流补给，以侧向径流、人工开采方式排泄。该层地下水具承压性，在枯水期及丰水期水位有所变化。各含水地层水位见表 3-3-3。

表 3-3-3　各含水地层地下水水位表

层号	名称	水文特征	渗透系数建议值（cm/s）
⑦-1	粉质黏土	透水性中等，富水性强	2.30×10^{-4}
⑨-1	粉质黏土	透水性弱，富水性弱	5.79×10^{-5}
⑩-1	粉质黏土	透水性弱，富水性弱	5.79×10^{-5}
⑩-3	碎石	透水性中等，富水性强	2.30×10^{-4}
⑭-1	粉质黏土	透水性中等，富水性中等	9.20×10^{-4}
⑲-1	全风化闪长岩	透水性中等，富水性强，裂隙水主要含水层	9.20×10^{-4}
⑲-2	强风化闪长岩	弱透水，富水性弱，裂隙水主要含水层	3.47×10^{-3}

（3）抗浮设计水位建议。

根据此次勘察及区域水文地质资料搜集，该工程主要揭露地下水为潜水、闪长岩裂隙水。

结合沿线附近历史最高水位、沿线已有附近资料及此次勘察观测水位资料，同时考虑大气降水的补给量大小、地下水的年变化情况、周边场地地表排水的通畅情况、影响及工程的重要性（安全系数）等因素，建议该工程施工期间抗浮设计水位按标高 26.50~31.00m 考虑（小里程至大里程逐渐升高），运营期间抗浮设计水位按标高 26.50~31.00m 考虑（小里程至大里程逐渐升高）。

3. 气候条件

济南地处中纬度内陆地带，属于暖温带大陆性气候，春季干燥少雨，夏季炎热多雨，气温 1 月最低，月平均最低气温为 -1℃，7—8 月最高，月平均最高气温 28℃。济南泉域内降水量在一年内的分配很不均匀，在 6—9 月大量集中降水，平均为 500.014mm，占全年降水量的 77.34%，其中 7 月最大为 200.407mm，占全年降水量的 31%，12 月至翌年 3 月降水量较小，各月一般均小于 12mm，其中 1 月最小为 5.853mm，占全年降水量的 0.905%。7—8 月蒸发量最大，1 月最小，多年平均蒸发量为 2428.80mm。累年极大风速为 33.3m/s，风向 W，最大月份平均风速为 26.3m/s，最小月份平均风速为 1.0m/s。

4. 地震效应

拟建场地抗震设防烈度为 6 度，设计基本地震加速度为 0.05g，建筑场地类别为 Ⅱ

类，处于建筑抗震一般地段，根据《建筑工程抗震设防分类标准》(GB 50223—2008)，区间隧道抗震设防类别为乙类。场地属于建筑抗震一般地段。

(三) 施工场地布置

老屯站—商埠区西站区间始发场地布置于商埠区西站，主要临时工程为施工便道、管片堆场、周转材料堆场、龙门吊轨道基础、弃土坑等，占地面积约 5147.48m²。盾构施工场地与车站施工场地结合布置，其中施工便道、材料堆放场地等部分是利用既有车站施工时所布置的。

(1) 场地围挡安装、场地平整、硬化，供电系统扩建。

(2) 场地布置。按照图纸进行场地的重新规划和建设，其中管片放置区可存放管片 36 环，盾构渣土坑存土 5147.48m³ (75 环)，并有原材堆放区等。

(3) 场地内设备进场，包含盾构砂浆搅拌站、2 台 45t 龙门吊等。砂浆搅拌站设置在左右线顶板上翻梁之间，设置卧罐，可存放 100t 干拌料，干拌料经搅拌后，下放至扩大端中板储浆罐位置。

(4) 盾构用水市政管网引入直径 50mm，对盾构机循环水池进行供水，储存至底板轨行区东端循环水池经循环水管进入盾构机 6 号台车。循环水池可蓄水量为 461m³，可满足两台盾构机正常循环水需求。扩大端底板设置四级沉淀池，中板设置 2 间会议室，1 间监控室及 1 间库房，中板西侧设置空油桶、黄油、液压油、盾尾油脂、刀盘油脂等材料存放区。中板至底板设置斜梯，角度为 39°，满足正常掘进状态下人员通行要求。

(5) 场地内龙门吊轨道梁分别布置在车站挡土墙上，轨道间距 25m，龙门吊轨道梁采用 C30 钢筋混凝土基础，扩大端南侧采用钢箱梁，北侧采用贝雷梁设计。

(6) 出土及管片吊装可在出土口及端头井处进行，下井梯笼布置与根据始发前后顺序进行布设，始发布置于左线出土口处，布置原则为不影响盾构正常掘进。

(7) 隧道底部布设电瓶车及台车轨道，轨道采用 43 轨，左边为安全通道，每 2 环安装一个支架，走道板采用 3000mm×500mm×50mm 走道板，螺栓连接。隧道内每隔 150m 配置一个手持式灭火器。

(8) 洞内管线布设：隧道右下方布设三根 Φ100mm 镀锌管，分别为循环水进水、出水管和污水管，连接到盾构机上。右侧腰部用塑料绝缘挂钩悬挂盾构高压电缆，电缆接头注意做好绝缘保护。右上布设隧道照明灯带、应急照明灯、照明电缆线以及通信光缆，每 100m 设置一个低压照明电箱，联络通道处安装水泵，自动抽水。隧道顶部悬挂 Φ1000mm 风筒布，轴流风机设置于中板扩大端东侧。

根据盾构施工的特点，在隧道内布置"三管、三线、一走道"，"三管"即 Φ80mm 的冷却水管、Φ80mm 的排污管和 Φ1000mm 的通风管。"三线"即 10kV 高压电缆、380V/220V 照明线和 43kg/m 的运输轨线。

(四) 周边环境

1. 地表建（构）筑物

老屯站—商埠区西站区间主要穿越 13 处建（构）筑物，区间 I 级环境风险 4 处，II 级环境风险 9 处。具体见表 3-3-4。

表 3-3-4　老屯站—商埠区西站区间风险源统计表

序号	建（构）筑物	现场调查	与区间隧道位置关系	风险等级
1	区间下穿骏杰艺术培训中心，地上 3 层，无地下室，砖混结构，条形基础，基础埋深 2.5m，与隧道顶部的距离为 8.85m			Ⅱ级
2	区间下穿忠厚街社区民房，地上 6 层，地下 1 层，砖混结构，条形基础，基础深度 3.7m，与隧道顶部的距离为 8.27m			Ⅱ级
3	区间下穿齐鲁副食品商住楼，地上 6 层，无地下室，砖混结构，条形基础，基础深度约为 3.97m			Ⅱ级
4	区间下穿二合里居民楼，地上 6 层，无地下室，砖混结构，灌注桩基础，基础埋深约 12.0m，区间结构与桩基最小净距约为 4.10m			Ⅱ级
5	区间下穿槐村街居民楼，地上 6 层，地下 1 层，砖混结构，筏板基础，基础埋深 5.36m，区间结构与桩基最小净距约为 14.74m			Ⅱ级

续表

序号	建（构）筑物	现场调查	与区间隧道位置关系	风险等级
6	区间下穿山东机车车辆有限公司厂房，地上1层，无地下室，结构为砖混＋钢结构，基础为柱下杯形基础，基础深度约2m，区间结构与桩基最小净距约为19.21m		19.21m；左线 右线 30.2m	Ⅱ级
7	区间下穿中车山东机车车辆有限公司（锻工车间），建于1983年，地上1层，无地下室，砖混＋钢结构，基础为摩擦桩基础，基础深度约11.7m，区间结构与桩基最小净距约为6.7m		12.4m；6.73m；32.92m	Ⅱ级
8	区间下穿京沪高铁济沪联络线跨纬十二路大桥，隧道左线下穿48～49号桥墩，桥墩对应里程为K2+251.88～K2+284.59；隧道右线下穿49～50号桥墩，桥墩对应里程为K2+284.59～K2+317.300，下穿铁路段覆土厚度（至地面）为19.8～19.9m，隧道结构外缘距离桥桩边最小水平距离为8.8m		11.5m；19.8～19.9m；10.7m；9.2m 8.8m 9.2m	Ⅰ级
9	区间下穿辛庄走行线，穿越长度约2.6m，隧道上部距辛庄走行线道床底部18.89m		辛庄走行线；18.89m；30.60m	Ⅰ级

续表

序号	建（构）筑物	现场调查	与区间隧道位置关系	风险等级
10	区间下穿京沪铁路，下穿位置处京沪铁路里程为 K490+735.5～K490+771.8，穿越长度约 7.8m，隧道上部距京沪铁路道床底部 18.9～19.0m			Ⅰ级
11	区间下穿客整所到发线及存车线，下穿位置处于编组站接触网线杆"车22"与"车24"之间（最小间距为左线，距"车24" 6.8m），穿越长度约 23m，隧道上部距编组站道床底部 17.7～17.8m			Ⅰ级
12	区间下穿客整所整备线六线库及临修库，穿越长度 56.2m，水平净距 9.2～10.7m，竖向净距 18.31～18.61m			Ⅰ级
13	区间下穿八里桥社区风险群，地上5层，无地下室，砖混结构，毛石和条形基础，区间结构与基础最小净距约为 16.6m			Ⅱ级
14	区间下穿501仓库宿舍，地上5层，无地下室，砖混结构，条形基础，基础埋深 2.1m，与隧道顶部的距离为 15.46m			Ⅱ级

续表

序号	建（构）筑物	现场调查	与区间隧道位置关系	风险等级
15	区间下穿济南煤炭物资公司，地上5层，无地下室，砖混结构，条形基础，基础埋深2.09m，与隧道顶部的距离为15.8m			Ⅱ级
16	区间下穿401仓库宿舍及其沿街房，地上5层，无地下室，砖混结构，条形基础；401仓库宿舍距离左线接收端16m，距离右线接收端14m，基础深度约为1.8m，与隧道顶部的距离为16.4m			Ⅱ级

具体下穿建（构）筑情况详见周边建（构）筑物调查报告。

2. 地下管线

本区间出商埠区西站后，隧道横穿纬十二路，下方存在较多地下市政管网和雨污水管道。区间及周边主要管线分布情况见表3-3-5。

表3-3-5 老屯站—商埠区西站区间管线情况

序号	管线种类	管径/规格	埋深（m）	与隧道位置关系	线路走向
1	雨水	3000mm×1800mm	4.39	下穿，竖向净距约28.16m	沿纬十二路南北走向
2	热水	DN630	2.11	下穿，竖向净距约30.20m	沿纬十二路南北走向
3	供电	2000mm×2100mm	5.50	下穿，竖向净距约3.56m	沿纬十二路南北走向
4	天然气	DN325	1.82	下穿，竖向净距约30.43m	沿纬十二路南北走向
5	污水	DN1000	5.54	下穿，竖向净距约26.66m	沿纬十二路南北走向
6	雨水	DN1200	3.73	下穿，竖向净距约28.34m	沿纬十二路南北走向
7	给水	DN300	2.03	下穿，竖向净距约30.04m	沿纬十二路南北走向
8	雨水	DN300	1.57	下穿，竖向净距约30.43m	沿纬十二路南北走向

（五）施工要求及技术保证条件

1. 施工要求

（1）管片制作、拼装质量满足设计要求。

（2）推进时轴线误差不大于50mm，成形隧道轴线误差不大于100mm。

（3）严控防水材料的安装质量。管片防水等级需满足要求。

（4）工程质量必须符合国家和济南地铁有关标准、规范及设计文件要求，检验批、分项、分部工程施工质量检验合格率必须达到100％，单位工程一次验收合格率必须达到100％，主体工程质量零缺陷。

(5) 确保地面沉降（隆起）量在设计范围内，确保区间穿越建筑物安全。

① 老屯站—商埠区西站区间隧道主要有多条与隧道垂直的市政管线以及穿越密集建（构）筑物，涉及铁路等。

盾构掘进时应注意以下几点。

a. 施工前应详细调查穿越范围建（构）筑物基础准确资料，提出盾构施工阶段允许沉降量和倾斜量。

b. 施工前应建立完整的测量和监控系统，对上述结构的沉降、变形进行监测，监测频率及周期应通过模拟试验段施工的具体情况确定，原则上应能确保反映盾构施工时周边环境的实时影响。

c. 设置盾构施工模拟段，并将监测到的数据提供给技术人员，技术人员通过分析，及时通知盾构施工人员调整盾构推进速度、刀盘转速、正面土舱压力、出土量、同步注浆量等施工参数。

d. 在盾构到达上述结构前，降低推进速度，严格控制盾构方向，根据监测到的数据及分析的反馈信息，及时调整盾构推进参数，确保盾构机的平稳穿越。

e. 盾构施工中加强监测，及时反馈地面变形、沉降信息，以便采取二次注浆，减少盾尾通过后隧道外周围形成的建筑空隙。

② 在上软下硬地层中掘进，需特别注意以上问题，可采取以下措施，合理调整掘进参数，确保盾构机在该地层中顺利推进。

a. 盾构推进时要注意计算每环出土量，严防超挖。

b. 合理选择刀盘转速，转速慢则刀盘贯入度大，导致扭矩增大，影响推进速度；转速快则对刀盘损伤较大。

c. 合理利用推进系统的分区压力，利用各分区油缸对盾构机姿态进行调节，同时加大盾构机姿态、管片姿态的监测频率，若发现盾构机姿态有偏差趋势，及时纠偏。

d. 优化渣土改良，合理使用泡沫剂，提升土体的流塑性，使盾构机快速、顺利地通过该地段。

e. 做好施工总结，盾构接收后，仔细对盾构机各部件（特别是刀盘）进行检查，总结出土压平衡盾构机在上软下硬地层中掘进的经验，有助于以后类似工况下的施工。

2. 技术保证条件

由项目总工程师全面负责该项目的施工技术管理，及时解决始发、掘进、到达施工中出现的问题，以方案指导施工。实行图纸会审制度；采用"四新"技术，尽量压缩工序时间；实行技术交底制度；对各个施工过程做好跟踪技术监控，发现问题及时现场就地解决，防止因工序检验不合格而导致返工，延误工期。

(六) 风险辨识与分级

地下工程的施工风险随时都存在，盾构始发、到达施工风险尤其突出。风险源主要表现为：

(1) 始发、到达时洞门土体坍塌、涌水涌砂。

(2) 盾构姿态突变、地面上抬或下沉。

（3）盾构始发、接收支撑体系失稳变形。
（4）盾构始发、接收机械故障。
（5）盾构始发、接收风险作业。

风险源分析及处置措施见表 3-3-6。

表 3-3-6 风险源分析及处置措施

序号	风险源	风险源分析	风险等级	应对措施	备注
1	始发、到达时洞门土体坍塌、涌水涌砂	始发、接收时洞门凿除过程中或凿除完成后，掌子面加固土体不能自立，发生大面积坍塌，涌水涌砂，造成地面沉陷，影响附近地下管线和地面建筑物的安全使用，如情况严重，则造成井下无法施工等情况	Ⅱ级	应对措施：始发端头先进行井点降水，水位降至隧道底以下 0.5m，且端头加固检验合格后方可始发。始发过程中做好监测工作	自身风险
2	盾构姿态突变、地面上抬或下沉	盾构始发掘进时由于施工参数选取不当或监控量测信息反馈不及时，盾构姿态或土仓压力等控制不当，出土量不均衡，引起地面沉降或隆起。同时盾构姿态偏差引起成形隧道质量控制困难	Ⅲ级	始发前，收集资料，对始发掘进参数进行模拟计算，初拟一套盾构始发掘进参数。在盾构始发掘进过程中，做好信息化施工，按要求进行监测，及时反馈监测数据，根据监测情况，及时优化调整施工参数。同时做好盾构姿态测量工作，盾构姿态调整做到"勤纠偏，少纠偏"	自身风险
3	盾构始发、接收支撑体系失稳变形	盾构始发、接收施工支撑体系设置加固不到位，推进过程中推力过大或不均衡，扭矩控制不当，造成盾构始发、接收支撑体系变形失稳，导致盾构始发、接收姿态失控，严重时影响盾构始发、接收施工安全	Ⅲ级	对反力架后支撑体系进行受力验算，并保证有足够的安全系数；钢结构焊接必须牢固可靠；始发阶段，严格控制盾构掘进速度，总推力不应超过 800t	自身风险
4	盾构始发接收机械故障	盾构始发、接收时机械设备处于初期运行和长期运行阶段，始发、接收施工过程中，如出现机械故障，且不能及时维修，将导致停机，洞门暴露时间过长，严重时影响洞门安全	Ⅲ级	始发前进行盾构机调试及试运行，充分掌握盾构机各项性能参数；接收前，对盾构机进行全面检测维护，使盾构机达到良好的运行状态，缩短接收过程中因机械故障引起停机的时间	自身风险

续表

序号	风险源	风险源分析	风险等级	应对措施	备注
5	盾构始发、接收风险作业	盾构始发、接收施工过程中较多地存在高空作业、大件吊装、水平及垂直运输、特种机具操作、密闭空间动火作业等,在施工过程中起吊设备故障、吊装吊具损伤、特种机具操作失误等极易引起较大安全事故	Ⅲ级	每道工序施工前,对作业人员进行安全教育、安全技术交底,重大危险源方案必须通过专家评审,动火作业必须开具动火作业证,特种作业人员必须持有效证件上岗,严格按照操作规程进行机械操作,编制旁站计划及项目领导带班计划,安排专人24h旁站,领导带班,并做好旁站记录及领导带班记录	自身风险
6	软硬不均地层盾构区间	软硬不均地层盾构区间涉及长度长。隧道洞身为全风化闪长岩、强风化闪长岩、中风化闪长岩,拱顶上部主要为杂填土和粉质黏土	Ⅲ级	控制好盾构姿态,匀速掘进;加强同步注浆及二次注浆;加强监控量测;盾构机上配置克泥效注入系统,在穿越建(构)筑物时进行克泥效注入,提前起到支撑作用,隧道内进行深孔注浆,保证注浆量	自身风险
7	龙门吊作业	起重伤害、物体打击、高空坠落、机械伤害、触电	Ⅲ级	做好安全技术交底及安全教育、统一指挥、门吊司机持证上岗、安全员全程监督旁站、对设备及电路进行定期检查并做好维护保养	自身风险
8	下穿管线	盾构下穿管线期间,出现较大沉降,导致管线破损	Ⅲ级	(1)隧道始发前,召开管线交底会,做好施工前相关管线的调查准备。加强信息传递,24h轮流值班。 (2)提前布置监测点,做好监测工作,如发生沉降或隆起现象,立即排查原因并处理。 (3)调查管线与隧道关系,现场放样,在临近位置做好预警,控制掘进各项参数。 (4)加强同步注浆管理,减少盾尾通过后隧道外周围形成的建筑空隙,减少隧道周围土体的超挖量,定期、定量、均匀地压注盾尾油脂,防止盾尾发生漏泥、漏水,造成地表沉降的后果。	环境风险

续表

序号	风险源	风险源分析	风险等级	应对措施	备注
8	下穿管线	盾构下穿管线期间，出现较大沉降，导致管线破损	Ⅲ级	（5）严格控制推进速度、正面平衡压力、严格控制纠偏量；减少盾构蛇形、纠偏导致的开挖面土压力的波动及地表土层的扰动	环境风险
9	密集下穿建（构）筑物	盾构下穿建（构）筑物期间，出现较大沉降，导致建（构）筑物变形、开裂	Ⅱ级	（1）施工前进行详细调查，邀请第三方进行房屋调查鉴定，确定建（构）筑物基础形式，并留存原始记录。 （2）施工过程严格控制出土量、注浆量，优化掘进参数，加强建（构）筑物监测，根据监测数据进行二次补浆。 （3）合理优化施工资源，确保穿越建（构）筑物期间不停机。 （4）提前建立试验段，根据地面沉降情况及时调整掘进参数。 （5）盾构机掘进过程中，注入地层改性材料克泥效进行填充，起到提前支撑作用，可有效控制地面沉降。 （6）在建（构）筑物上布置监测点，对房屋进行监测，并根据沉降情况进行加密监测，保证建（构）筑物安全。在侧穿济南市法学会前，布置自动化监测系统	环境风险
10	盾构下穿铁路	盾构下穿京沪高速铁路济沪联络线跨纬十二路特大桥、辛庄走行线、京沪铁路、客整所整备线	Ⅰ级	（1）建立与政府相关部门、产权单位、地铁公司等相关单位的沟通协调和联动机制。 （2）京沪三、四线间距为3m，考虑盾构沉降曲线，以隧道左、右线与京沪三、四线中心线交点为中心，于京沪三、四线每股道架设两孔（左右线各一孔）D24便梁进行防护，便梁支墩采用钢木支墩，沿线路方向左右线各设置6处钢木支墩。	环境风险

续表

序号	风险源	风险源分析	风险等级	应对措施	备注
10	盾构下穿铁路	盾构下穿京沪高速铁路济沪联络线跨纬十二路特大桥、辛庄走行线、京沪铁路、客整所整备线	I级	（3）下穿铁路采取的措施以控制盾构掘进参数、加强同步注浆为主，同时采取洞内二次注浆及列车限速等措施。 （4）为保证下穿位置处铁路（尤其是道岔）的安全，盾构下穿时临时拆除3111号道岔，399号道岔侧向临时钉闭，待盾构穿越完成后恢复。 （5）穿越铁路前，做好盾构机各项设备的检修保养，确保穿越铁路时能够连续施工。 （6）下穿济沪联络线跨纬十二路特大桥两侧均采取隔离桩防护措施，现场隔离桩施工采用反循环钻机施工，隔离桩采用桩径0.8m@1m钻孔灌注桩，隔离桩与隧道结构净距为1.0m，隔离桩打设范围为超出铁路桥梁承台两端各10m，隔离桩打设深度为盾构隧道底以下3m，端部平行走行线向两侧延伸3～4m	环境风险
11	刀盘结泥饼	区间盾构穿越全断面粉质黏土层，在该地层刀盘可能容易结泥饼	III级	（1）加强掘进中的土体改良管理，尽量将改良渣土的泡沫通过刀盘面板上的孔道向切割表面喷注，使渣土经过刀盘开口进入土仓的流动性好，不易产生结泥饼。 （2）注意渣土温度变化。如果掘进速度较慢，而渣土温度较高，则有可能是结泥饼所致。 （3）对刀盘开口率进行控制，配置适合地层掘进的刀盘开口率	自身风险
12	区间中风化辉长岩	老屯站—商埠区西站区间中风化辉长岩强度为152MPa，掘进过程中需进行开仓换刀	I级	区间中风化辉长岩分布于中车厂房，可采用密集钻孔对中风化辉长岩进行预处理，保证盾构机掘进安全施工	自身风险

二、施工工艺技术

（一）施工技术准备

（1）对区间线路周边管线、建筑物进行调查，与产权单位做好对接，提前办理涉铁相关手续，并对重难点区域进行补勘，对建（构）筑物进行表观及结构鉴定，并做好监测点布设工作。

（2）熟悉并审核施工设计图纸，学习有关规程规范，掌握施工工艺，编制专项施工方案。

（3）按照施工设计图纸、有关规程规范要求对区间周边建（构）筑物及管线进行加固保护，并结合施工方案对工班进行技术交底和安全技术交底，施工过程中加强监测。

（4）施工前确定施工中各项技术控制措施，提前做好各项准备工作，以保证工程质量。

（5）盾构始发前，首先对相邻车站的控制点进行联测。

（6）加强对施工技术人员的培训，掌握施工中的要点和难点。

（7）完善盾构施工作业指导书，并依据作业指导书对进场工人进行培训指导，对每一道工序进行专项技术交底，加强现场技术管控。

（二）施工准备及场地布置

1. 施工现场准备

（1）合理进行人员组织安排，熟悉工程图和工程地质资料，并对始发场地进行布置。

（2）盾构始发、到达前，项目经理部组织有关人员参加设计交底，进行详细安全的专项技术交底。

（3）根据盾构隧道中心设计资料，复核盾构始发架、反力架、接收架、轨道轴线及盾构始发、接收姿态。

（4）施工前做好管线调查，建立监测及事故应急系统。

（5）始发、到达前，对所有盾构机、后配套设备状态和钢套筒、反力架安装加固情况进行复查。

（6）做好供水、排水、供电、夜间照明、各项物资、材料设备的准备工作。

（7）施工前办理有关涉铁手续及相关施工申报工作。

2. 端头加固

（1）老屯站—商埠区西站区间始发、接收端头洞门分别采用 $\Phi 800@450$、$\Phi 500mm$ 三重管高压旋喷桩加固，沿线路方向加固长度均为 2m，宽度为盾构隧道结构外侧 3m 范围，加固深度均为盾构隧道外轮廓线各 3m，水平垂直方向加固长度均为 12.4m，加固后土体渗透系数不大于 10^{-6}cm/s，加固体强度不小于 1MPa。在加固区的周边均布设 3 口降水井进行降水作业。老屯站大里程端端头加固如图 3-3-3 所示。老屯站—商埠区西站区间端头加固如图 3-3-4 所示。

降水井井深以进入底板以下隔水层 1m 或加固体以下 5m 为限，孔径 650mm，井径

273mm，井管采用桥式滤管，滤层采用豆石、圆砾，粒径 5～10mm，采用 250QJ50 型潜水泵进行降水作业，均为应急降水井，在始发、接收后出现洞门漏水情况下进行抽水作业。

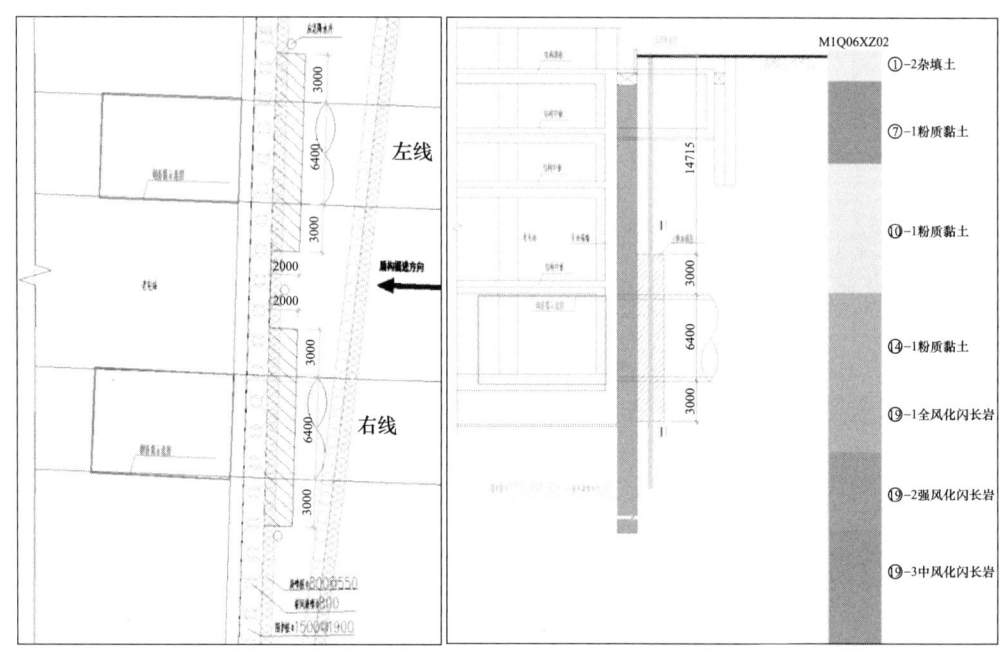

图 3-3-3　老屯站大里程端端头加固图（单位：mm）

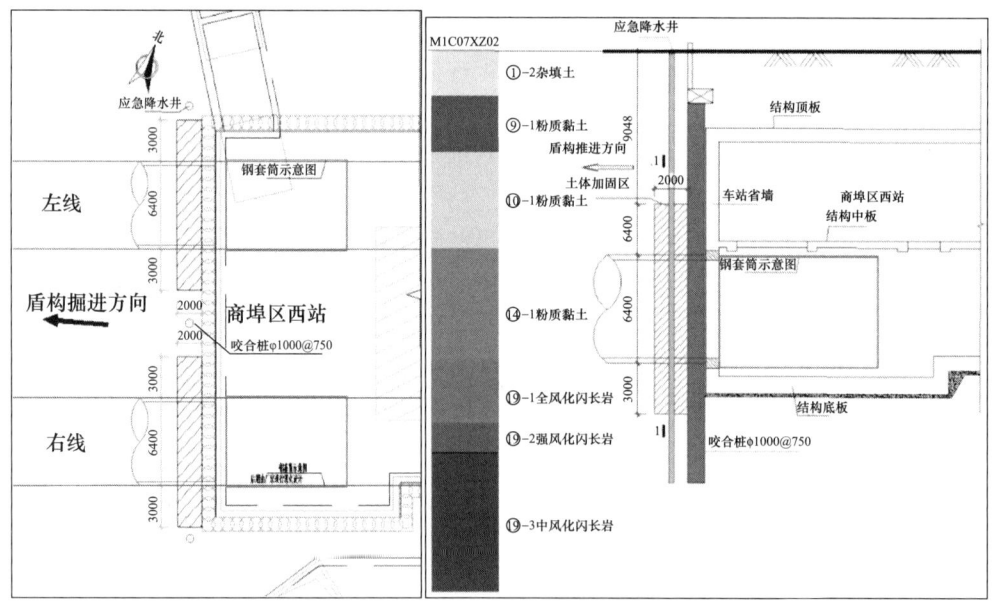

图 3-3-4　老屯站—商埠区西站区间端头加固图（单位：mm）

降水井施工监测主要内容为：

① 对降水井定时测量地下水位，及时掌握井内地下水位的变化，确保水泵正常

运行。

② 临近基坑的建筑物及各类地下管线应设置沉降观测点，定时观测其沉降，掌握沉降量及变化趋势。

③ 降水运行期间，定期测量抽排水的含砂量。

对地下土体进行加固时，地层中的应力扰动区延伸至地表，土体力学形态的变化在很大程度上反映于地表隆起，需加强加固段 30m 范围内的管线、地表沉降变化等的监控。监测频率为每天至少 1 次，监测沉降控制值按照盾构法施工规范要求执行。对加固区域实行实时动态监测，随时反馈监测信息，发现异常及时报告、研究处理。

（2）质量检验标准：旋喷桩的检验可采用钻芯法进行，在已施工好的固结体中钻取岩芯，并将其做成标准试件进行物理力学性能试验，检查桩体的均匀程度及其抗渗能力。成桩质量检验点的数量应不少于施工孔数的 2%，并应不少于 6 点。不合格者应进行补喷。检验点应布置在下列部位：荷载较大的部位、桩中心线上、施工中出现异常情况的部位。

3. 井下准备

（1）洞门钢环复测。

主体结构提供盾构始发条件后，测量组根据地面导线和平面控制点引入结构内，将盾构钢环中心和十字形外侧点的坐标高程实际测量出来，复测，并通过业主第三方测量单位复核，以保证盾构机的顺利始发，洞门钢环复测完成后根据复测结果安装始发架。

（2）站内轨道铺设。

站内铺设两排 P43 轨道，一排用于电瓶车运行，另外一排用于台车运行，为防止电瓶车下滑，现场采取限位措施，防止电瓶车溜车。站内台车轨道轨距内对内 2110mm，电瓶车轨道轨距内对内 900mm。下沉段设置马镫，采用 20 型钢进行铺设，型钢底部采用型钢进行支撑，始发架采用钢轨进行横向布置，布置间距为 1200mm，站内轨道轨枕采用 10 号槽钢进行布置，间距为 1500mm。

（3）盾构安装与调试。

盾构托架安装完毕后，在其上方放置负环管片和轨枕，进行台车下井。台车下井完毕后，拆除盾构托架上的钢轨、轨枕，吊出负环管片，供盾构机下井。

盾构分段吊入井下，在井下盾构基座上正确组装就位，并连接台车，完成后由专业技术人员对整机进行调试验收。

（4）反力架安装。

在盾构主体及后配套连接之前，开始进行反力架的安装。反力架端面与发射架基座水平轴垂直，以便盾构轴线与隧道设计轴线保持平行。反力架与车站结构连接部位的间隙应垫实，保证反力架的安全稳定。盾构反力架形式的设计应以盾构的最大推力及盾构工作井轴线与隧道设计轴线的关系为设计依据。

4. 隧道内施工布置

隧道内的合理化布置，在提高施工效率的同时也会提升安全系数和美观度以及施工效率。

(1) 水平运输系统。

盾构掘进过程中，出渣及管片、注浆材料等物质的运输，都直接与掘进相循环、相关联，因此快速运输是连续、稳定掘进的前提。车站底板运输线路设置四轨双线车道，轨距为0.97m，45t牵引机车，43kg/m钢轨，单根长6.25m。盾构机后配套设备行走在两侧边轨上，运输车辆行走在中间钢轨上，轨枕采用10号槽钢制作，轨枕间距为1.5m。

(2) 隧道照明。

隧道照明布置在隧道掘进方向的左侧，高度距离走道板不小于2.2m，为防止有害气体发生爆炸等危险，照明采用灯带进行照明，每150m设一只200A分专段开关箱，盾构隧道内每15m、通道转变处、临口处均需设置应急照明灯，隧道内道岔处设置一个临时配电箱，整个隧道的照明电压为220V，在隧道内设置电瓶车限速警示灯以及安全宣传标语牌。

(3) 人行走道。

人行走道位于照明灯同一侧，走道板采用角钢和钢丝网结构，宽度50cm，用粗铁丝固定，走道外侧设置栏杆，走道板采用3000mm×500mm×50mm走道板，螺旋连接，相互间连接牢靠，保证施工人员安全行走。

(4) 隧道供排水。

盾构机的供排水水管布置在走道板另一侧，供排水管管径均为80mm，连接接头采用抱箍连接。

(5) 隧道通信及防火。

隧道与井上通信采用电话连接。盾构机控制室微型计算机和井上中控室联网。隧道内每100m设置干粉式灭火器一组，隧道内严禁使用明火，严禁吸烟。

(6) 洞内通风及有害气体检测预防。

该项目使用的盾构机本身自带固定式气体检测装置，固定式气体检测装置能检测氧气、甲烷及硫化氢气体，安装在设备桥上的出渣口附近，可对盾构掘进前方有无有害气体进行有效检测。便携式气体检测仪器安装在人仓上，可检测氧气、二氧化碳、一氧化碳及甲烷，有声光报警，带压进仓时可随身携带。为安全起见，项目部同时购置一套可持式气体检测装置，可以从进隧道起一直到盾构掘进前方进行有效检测。为保证盾构区间的通风，项目部配置2台37kW的轴流风机（每月换班期间做好保养工作）和直径1000mm的通风设施进行盾构隧道通风。

(三) 始发施工工艺流程

1. 钢套筒安装

(1) 垫层施工。

区间洞门内径为6900mm，根据始发模拟情况，始发井底板与洞门底部的高差不满足盾构钢套筒安装要求，需对始发井进行基座处理，采用浇筑C30素混凝土的方式垫高20cm（25cm），垫层施工只打钢套筒底座部分，其余部分进行排水沟槽施工，放坡至下沉段左后侧，并设置潜水泵，将底板积水抽至地面，排至三级沉淀池内。钢套筒安装纵断面如图3-3-5所示。钢套筒安装位置关系如图3-3-6所示。

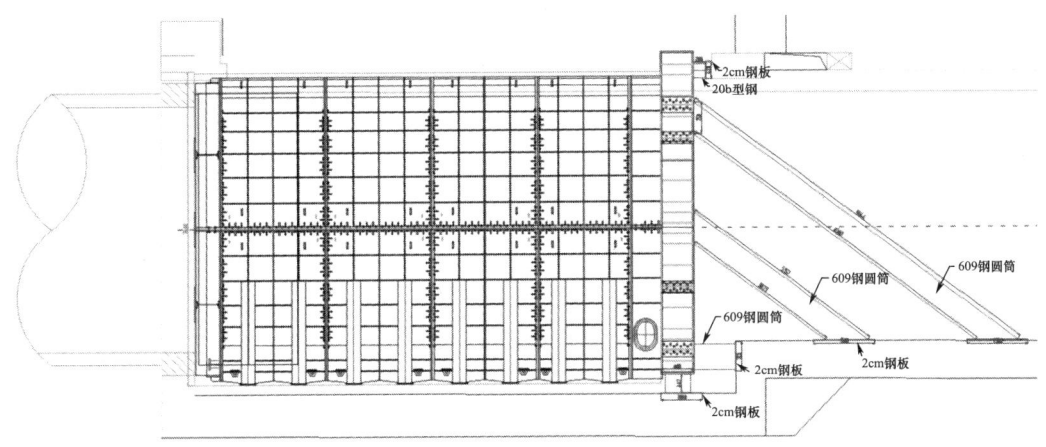

图 3-3-5 钢套筒安装纵断面图

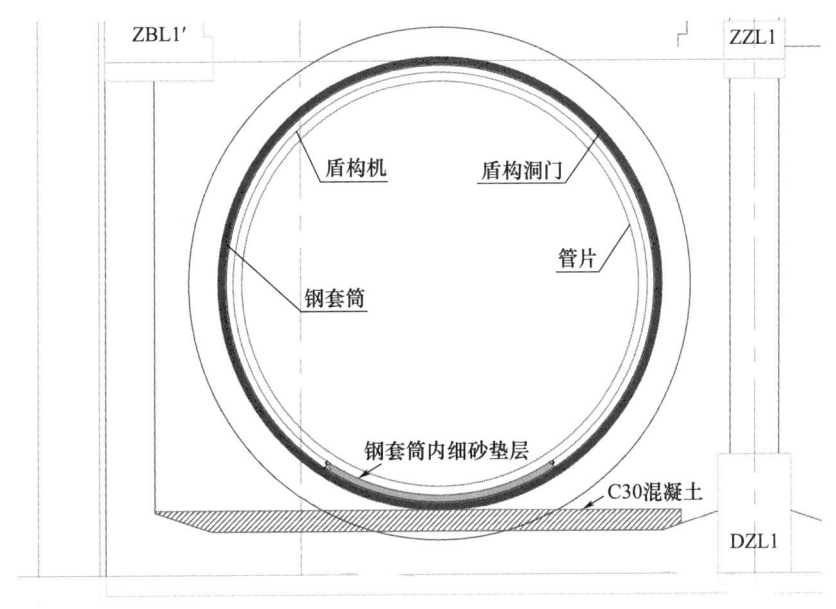

图 3-3-6 钢套筒安装位置关系图

(2) 套筒下半圆安装。

在开始安装钢套筒之前，首先在基坑里确定井口隧道设计中心线，也就是钢套筒的安装基准位置，力求使从地面上吊下来的钢套筒及反力架下横梁一次性放到位，不用再左右移动。钢套筒下半圆固定采用 20 型钢与车站内衬墙固定，左右各 4 道并焊接密实。在图纸上模拟台车下井与站台板高度，车站地板平铺台车轨道，钢套筒下半圆内横向采用 20 型钢，每 1.2m 设置 1 道，焊接在钢套筒下半圆处，型钢上竖向焊接台车轨道，盾构机后配套及钢套筒各构件均通过 350t 履带吊进行下井安装。下井顺序为电瓶车→7 号台车→5 号台车→4 号台车→3 号台车→2 号台车→1 号台车→设备桥→螺旋输送机。钢套筒下半圆铺马镫及轨道如图 3-3-7 所示。

(a) 铺马镫　　　　　　　　　(b) 轨道

图 3-3-7　钢套筒下半圆铺马镫及轨道图

(3) 第一次填料。

拆除钢套筒下半圆配套钢轨及型钢，模拟盾构机位置，在钢套筒下半圆焊接钢轨，在盾构机下放前，在钢套筒底部，在钢套筒下方 60°圆弧内平均分布安装 2 根 43 号钢轨，钢轨从钢套筒后端铺设至洞门围护结构 2m 位置，钢轨采用压板固定，压板焊接在钢套筒筒体上。导轨中间，填满砂料，高出相应钢轨高度 15mm，待盾构机放去上后，进一步压实，确保底部砂层提供充足的防盾构机扭转摩擦反力，在钢套筒及盾构机上焊接相对的防扭转支座，为盾构机初始掘进提供反扭矩，防止盾构机发生扭转。填料完成后，盾构机下井，盾构机各构件按照中盾→前盾→拼装机→尾盾→刀盘顺序下井。钢套筒钢轨安装及填料如图 3-3-8 所示。

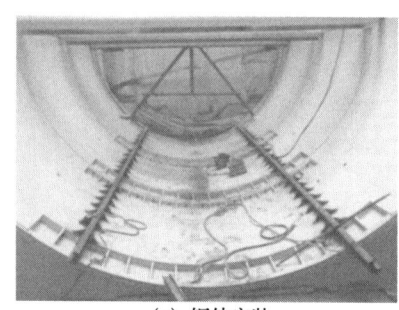 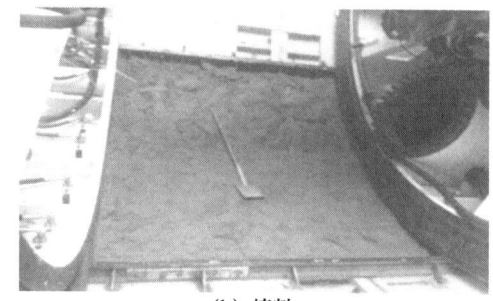

(a) 钢轨安装　　　　　　　　　(b) 填料

图 3-3-8　钢套筒钢轨安装及填料图

(4) 钢套筒上半圆安装。

盾构机主体安装好后，安装钢套筒上半圆，安装好以后，需进行压紧螺栓的调整。检查各部连接处，对每一处连接安装的地方进行检验，确保其连接的完好性，尤其是对于钢套筒的上下半圆和节与节部分之间连接的检查，若发现隐患，要及时处理。钢套筒上半圆如图 3-3-9 所示。

(5) 钢套筒的过渡环板与洞门钢环的连接。

钢套筒安装完成后，对中心线进行复测，确认无误后，将洞门钢环与过渡连接板焊接。

钢套筒的过渡环板与洞门钢环相接触后,要检查两个平面是否全部能够连接,由于洞门钢环在预埋的过程中可能出现变形或平面度偏差较大的情况,所以有可能出现过渡环有些地方无法与洞门钢环密贴的情况,这时就需在这些空隙处填充钢板并与过渡环焊接牢固,务必将空隙全部堵住。在确定洞门钢环与过渡连接板全部密贴后将过渡连接板满焊在洞门钢环上,钢套筒内外均满焊,焊接完成后,进行焊缝探伤检测,保证钢套筒密闭性。过渡环板与洞门钢环连接如图 3-3-10 所示。

图 3-3-9　钢套筒上半圆　　　　　　图 3-3-10　过渡环板与洞门钢环连接

（6）反力架安装。

钢套筒上半圆安装好以后,开始安装反力架以及钢环上半部分。钢环安装如图 3-3-11 所示。

(a) 外侧　　　　　　　　　　　(b) 内侧

图 3-3-11　钢环安装

（7）安装负环、盾构机刀盘推进至洞门掌子面。

钢套筒、反力架安装完毕,盾构机调试完成后,安装负环、盾构机向前推进至刀盘面板贴近洞门掌子面但不切削掌子面。

（8）钢套筒内回填砂。

盾构机向前推进至刀盘面板贴近洞门掌子面后,向钢套筒内进行第二次填砂,此次填料在钢套筒与盾构之间的间隙内填充砂，填充采用泵送方式。为保证负环管片与钢套筒之间的密封效果，在盾构机刀盘贴近洞门掌子面后，通过靠近反力架两环管片的吊装孔进行壁后注浆，注浆材料采用可硬性浆液，在管片后面形成一道密封防渗环。

（9）钢套筒检查。

当出现钢套筒本体连接端面或者筒体本身变形量较大时，要立即采取加强措施，在变形量较大处补加加强肋板，加强肋板可利用现场钢板制作。钢套筒安装完毕如图 3-3-12 所示。

（10）钢套筒压力测试。

钢套筒上设置检查孔，在筒体第一、第二块下方，每块设置一个内径为 200mm 的检查孔。

从加水孔向钢套筒内加水，至加满水后，检查压力，如果压力能够达到 200kPa。则停止加水，并维持压力稳定。

图 3-3-12　钢套筒安装完成

如无法通过水压达到 200kPa，则将水管解开，利用空压机向钢套筒内加气压，直至压力达到 200kPa 为止，对各个连接部分，包括洞门连接板、钢套筒环向与纵向连接位置、钢套筒与反力架的连接处进行检查，确认有无漏水。

每级加压过程及停留保压时间说明：0～100kPa 每级加压时间控制在 10min 左右，停留检测 15min；100～150kPa 每级加压时间控制在 15min 左右，停留检测 25min；150～200kPa 每级加压时间控制在 45min 左右，停留检测 120min。

加压检测过程中一旦发现有漏水或焊缝脱焊情况，必须马上卸压，并及时进行处理，上紧螺栓或重新焊接。完成后加压，直至压力稳定在 180～200kPa 且未发现有漏点时方可确认钢套筒的密封性。

2. 盾构机调试及验收

（1）盾构机空载调试。

组装前对盾构机各部件进行调试，组装完成后对盾构机进行空载调试，检查各系统和设备是否能正常运转，并与出厂时调试记录进行比较，检查各系统是否满足掘进要求，分析原因。主要调试内容包括配电系统、液压系统、润滑系统、冷却系统、控制系统、注浆系统以及各种仪表的校正。主要内容如下。

① 推进系统调试：推进速度、油缸压力检测。

② 刀盘驱动系统检测：正反转功能、刀盘转速、压力等。

③ 液压泵测试：检查液压油过滤、循环系统。

④ 管片安装调试：各自由度下旋转功能检测、抓举功能检测。

⑤ 注浆泵系统测试：各个功能是否达到性能要求、换向和调速是否正常。

⑥ 其他辅助液压系统测试。

⑦ 管片吊机功能检测。

⑧ 齿轮油循环系统测试：是否正常，液位报警功能等。

⑨ 盾尾油脂注入系统测试：工作压力是否正常，自动工作情况是否合理。

⑩ 主轴承 HBW 系统测试：工作压力是否正常，并将刀盘前部油脂注满。

⑪ 油脂密封系统是否正常，并且将油脂注满主轴承，直至溢出，测量压力是否达到要求，控制部分功能是否正常，小油脂桶液位连锁功能是否正常。

⑫ 测试空气加压系统的控制部分及压力是否正常。

⑬ 水循环系统能否工作，主驱动部分流速是否达标，压力是否正常。

⑭ 整机联动控制是否正常，各个环节在控制室的控制情况是否正常。

⑮ 盾构机故障显示测试。

（2）负载调试。

负载调试要求：通过盾构机空载调试证明盾构机具备工作能力后，即可进行盾构机负载调试，检查各管路及密封设备的负载能力，完善各个环节，使各个系统达到满足工作要求的状态，试掘进时间作为负载调试时间。试掘进时的各项性能参数满足设计及施工的要求。

（3）盾构机检查验收。

盾构机组装和调试完成后对其进行检查验收，根据设计图纸和盾构法隧道施工及验收规范，主要有出厂合格证书、工厂调试报告、盾构机维修报告、工地验收文件、清单等。最终目的是满足盾构施工的各项要求。同时测量盾构机调试完成后的姿态是否满足设计及规范要求，盾构机姿态调整合格后，请监理单位及业主第三方测量单位对盾构机姿态进行验收。

3. 反力架安装

反力架安装时，用全站仪双向校正两根立柱的垂直度，使其形成的平面与推进轴线垂直。反力架立柱下方根据实际测量高程下垫钢圆筒及钢板共计 14cm，钢圆筒底部采用 M24 膨胀螺栓与底板连接，钢圆筒与反力架间采用钢板焊接，在反力架立柱固定牢靠后，用 20H 双拼型钢连接其与车站构间的空隙。

第一负环管片距离洞门 70mm。安装反力架时，首先测量反力架位置起始里程断面的中心线，并用测钉固定在始发井侧墙上，以便反力架中心定位，反力架中心随始发架抬高而同时抬高 20mm。定位的关键是反力架紧靠负环管片的定位平面，并与此处的隧道轴线垂直。反力架安装如图 3-3-13 所示。

反力架底部的横梁和立柱下端，采用钢圆筒支顶在底部台阶处，共设置 5 处支撑，位置确定之后，再焊接固定后部两排斜撑。斜撑采用 $\Phi 609mm$ 钢管支

图 3-3-13　反力架安装始发

撑，反力架上支撑在始发井中板梁结构上。安装时反力架与盾构井结构连接部位的间隙要垫实，以保证反力架脚板有足够的抗压强度。反力架的安装固定采用钢板与主体结构焊接，焊接的焊缝饱满，牢固可靠以保证反力架稳定和有足够的刚度。盾构始发反力架

斜撑，在底板设置2cm厚1500mm×1500mm钢板，四周采用8根直径5cm圆柱钢棒长50cm，固定到每块钢板上，左侧采用609钢圆筒与车站侧墙支撑，共设置4处，钢圆筒直径为10cm，采用螺旋钢管。尺寸以现场实际测量为准。

由于反力架和始发架为盾构始发时提供初始的推力以及初始的空间姿态，在安装反力架和始发架时，反力架左右偏差控制在±10mm之内，高程偏差控制在±5mm之内，上下偏差控制在±10mm之内。始发架水平轴线的垂直方向与反力架的夹角小于±2‰，与设计轴线竖直趋势偏差小于2‰，水平趋势偏差小于±3‰。

该标段盾构始发采用整环始发，负环管片采用外径为Φ6400，内径为Φ5800，壁厚300mm，环宽1500mm及1200mm的双面楔形通用环配合使用，环间及块间以M27螺栓连接。拼装时应注意环面平整度并拧紧全部环向螺栓。管片拼装完成后，每环管片拼装后要多次复紧管片连接螺栓，防止因推力过大造成管片松开。钢套筒始发时，注意负环管片防水材料粘贴质量，保证整体密闭性，采用始发架时，负环漏出时需安装管片拉紧装置。

始发之前，在反力架上布设监测点，做好结构底板、反力架等各项初始监测数据的采集。始发时缓慢增加推力，随时做好反力架监测，每次推进期间进行监测，及时汇总数据并反馈，做好总结分析。为判断反力架结构安全稳定提供准确依据。

4. 涂刷盾尾密封油脂

在拼装负环之前，盾尾钢丝刷内要填充盾尾密封油脂，盾尾油脂能起止水、防止同步注浆浆液回流的作用。另外，盾尾油脂也有减小钢丝刷磨损的作用，所以在拼装第一环管片时一定要填满盾尾密封油脂，并且在管片组装前，要分开钢丝刷，在钢丝刷中部的不锈钢网及钢丝刷上，油脂要充分填满。

项目部采用优质手涂盾尾油脂对尾刷进行填充，施工中加强过程管控。具体施工工序如下。

（1）手涂盾尾油脂取出，搓成5～8cm圆形，便于进行涂抹。

（2）分为三个施工小组，每组两人，划定施工区域，一人用已加工好的三角形扁铲将尾刷钢丝分开，另一人将圆形油脂放入钢丝之间，然后拔出扁铲，施工过程中每一道盾尾刷钢丝分为5层，同一位置需要5次上述操作。

（3）施工期间，技术人员全程盯控，保证尾刷油脂充分填满。

（4）按照施工经验，盾尾三道钢丝刷，共需填充手涂盾尾油脂700kg，施工完成后对填充效果进行抽检，对不密实的地方进行补充，以保质保量地完成。

5. 负环管片安装

负环管片安装前，先在反力架上测出最后一环后盾管片的投影位置及纵向螺栓位置，弹好控制线，在安装第8负环管片之前，必须先涂好盾尾钢丝刷油脂，同时，负环管片拼装时在盾尾内安设厚度不小于50mm的槽钢垫在管片与盾尾间隙之间，保证盾尾间隙；控制好第8负环管片的法面、盾尾间隙等，控制管片成环质量。拼装时应注意环面平整度并拧紧全部环向螺栓。管片拼装完成后，要多次复紧管片连接螺栓，防止因推力过大而造成管片松开。用木楔或钢制块垫实负环管片与始发架间隙，负环管片通过在反力架上焊接防椭圆装置，防止管片因自重偏移。在盾构机壳体上焊接防扭装置防止盾构机旋转，以防盾构机姿态偏离设计轴线。

在盾尾内拼装第一环负环时,为方便拼装,需将封顶块拼装在上部,为固定管片邻接块,在盾尾内焊接L形钢板挂住管片,L形钢板采用2cm厚钢板整块切割,在拼装邻接块时由专业焊工焊接,保证焊缝高度不小于8mm,并由质检员检查焊缝质量,确认无虚焊等情况时方能放开拼装机,直到拼装完成,安全员全程旁站,管片拼装作业范围内禁止人员通行。每环负环管片脱离盾尾后采用一根钢丝绳绕管片外径拉紧,确保管片的整圆度。

因盾尾内径与管片外径之间有间隙,在拼装负环管片时,需要在盾尾下部盾壳内焊接1.2m长的$\Phi 30$圆钢6根,位置为拼装第8负环管片时B1、B2、B3标准块两端各1根,沿盾构方向放置,尾部靠在盾尾刷附近。圆钢靠近撑靴处与盾壳点焊2个点,以方便负环管片安装完成后将其割除。

(四)盾构接收

盾构到达段掘进是指盾构机距离接收井口50～100m范围内的掘进。其主要工作内容有联系测量、洞门复核、端头加固、接收基座定位加固、安装钢套筒、接收各阶段掘进参数控制、管片拉紧、封堵洞门等。

1. 施工准备

(1) 盾构接收前,项目经理部组织有关人员参加技术交底,进行详细的安全专项交底及技术交底。

(2) 根据盾构隧道中心设计资料,复核接收洞门钢圈实际三维坐标与设计值相比较,使盾构沿实际值掘进。

(3) 进行出洞前100m隧道内外导线点联测、水准点复测,并复核盾构姿态。

(4) 盾构接收前,对所有施工机械、设备状态和安装情况进行复查。

(5) 做好供水、排水、供电、夜间照明、各项物资、材料设备的准备工作。

(6) 合理进行人员组织安排,熟悉工程图和工程地质资料。

(7) 做好洞门漏水的应急准备。

2. 接收端头加固

为保证盾构机安全接收,隧道接收洞口土体必须具有良好的自立性及密实性,为确保盾构机在经过洞口时土体不坍塌,地下水不涌入,必须对洞口土体进行加固。区间端头加固采用三重管高压旋喷桩进行加固,加固长度2m。

经过加固改良的土体,要求其有一定的自立性和稳定性,同时不能漏水、流砂,根据设计指标和规范规定,对于该类型的土体改良要检查其土体强度和抗渗性能指标。土体强度通过钻芯取样测定其抗压强度,其强度符合设计要求后进入下一道工序。

3. 钢套筒安装

钢套筒安装注意事项如下。

(1) 使用经复核的控制点复测盾构钢环中心偏差,钢环偏差小于±20mm的按设计盾构钢环中心进行钢套筒放样,偏差大于±20mm的按偏差值一半进行钢套筒放样。

(2) 钢套筒中心距底座3650mm,设计盾心距底板4010mm,根据底板标高与钢环复测结果计算钢套筒基座下垫型钢规格。

(3) 严格执行测量复核制,控制钢套筒与洞门中心偏差不大于±5mm,首尾平面与高程偏差不大于±5mm,不满足要求的立即整改。

4. 垫层施工

由于接收井底板与洞门底部的高差不满足盾构钢套筒安装要求,需对接收井进行基座处理,设计采用浇筑 C30 素混凝土的方式垫高 250mm。负三层板预留 10 个 20cm×20cm 孔洞,用于钢套筒安装。钢套筒底部满铺钢板,钢套筒下半圆采用液压泵站顶推至接收井口位置,上半圆通过预留孔洞进行安装。

5. 钢套筒接收主要施工方法

老屯站—商埠区西站区间接收端采用暗井钢套筒接收,钢套筒安装采用机械。电动葫芦配合人工安装法,从底部下半圆到上半圆每节成环法安装,由于接收端结构特殊性,盾构接收后需钢套筒＋盾构机整体旋转,故钢套筒底部垫层采用 H200 型钢固定。

1) 套筒下井连接:钢套筒下井后采用叉车运送至洞口,测量人员定位钢套筒中心线,安装第 1 节标准环套筒的下半段,使钢套筒的中心与事先确定好的钢套筒中心线与盾体中心线重合,在下半段的钢套筒定位好后,进行初步固定,左右两边的法兰处粘贴 8mm 厚的橡胶密封垫,安装上半圆,固定法兰螺栓,安装完成后再次测量复核定位;然后重复以上方法将依次安装 2、3、4 节标准段,采用定位销将法兰盘连接定位,过程中要注意水平位置与纵向位置的一致性,确保螺栓孔对位准确,并用 M30 的高强螺栓连接进行初次紧固,标准段安装完成后,安装后端盖(图 3-3-14、图 3-3-15)。

图 3-3-14 钢套筒安装模拟　　图 3-3-15 钢套筒后端盖安装模拟

(2) 底部垫层:在钢套筒底部 60°范围内浇筑 10cm 厚的 C20 砂浆基座或者 C20 素混凝土,并保证垫层伸入洞门内与洞门掌子面相接,以防止刀盘出加固体时栽头(图 3-3-16)。

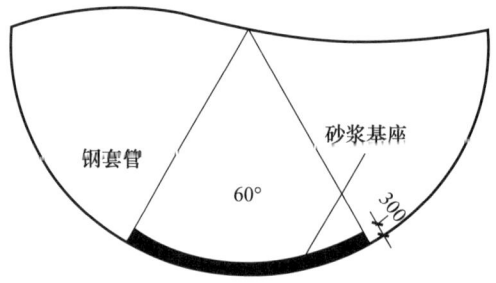

图 3-3-16 砂浆基层模拟图(单位:mm)

(3) 套筒过渡环的焊接：钢套筒安装完成后，对中心线进行复测，确认无误后，将洞门环板与过渡连接板焊接。钢套筒的过渡环板与洞门环板相接触后，要检查两个平面是否全部能够连接，由于洞门环板在预埋的过程中可能出现变形或平面度偏差较大的情况，所以有可能出现过渡环有些地方无法与洞门环板密贴的情况，这时就需在这些空隙处填充钢板并与过渡环焊接牢固，务必将空隙全部堵住。过渡环与洞门钢环焊接采用双面焊，不足处搭焊。焊接位置需进行焊缝探伤并出具报告。

(4) 反力架加固：反力架斜撑采用 9 根 Φ609 的钢管，其中 6 根斜撑至车站底板，3 根水平撑于车站底板，反力架斜撑与底板连接通过植筋连接，植筋材料为 30mm 钢棒，数量每块钢板（厚度 20mm）打设 12 孔，深度 30cm（钢板尺寸 0.8m×0.8m，凿开车站底板，将钢板与底板钢筋焊接）。

反力架定位好后，采用 400t 千斤顶，一端顶在钢套筒后端盖受力板上，另一端顶在反力架上，消除洞门到后端盖的安装间隙后，反力架与后端盖受力板顶紧，支撑柱与反力架之间用支撑楔块垫实并焊接。反力架安装如图 3-3-17 所示。

(5) 横向加固：钢套筒安装完毕，检查确认后，即安装横向加固支撑。横向支撑采用 20B 型钢或 14b 槽钢双拼支撑在基坑侧墙与底板的结构上，采用 14b 槽钢顶至中板，顶至中板与侧墙的型钢支撑间隔 1600mm 布置。支撑安装完成后，对托架左右、反力架的支撑进行牢固性检查。加固安装如图 3-3-18 所示。

图 3-3-17　反力架安装示意

(a) 外部视角

(b) 内部视角

图 3-3-18　加固安装示意

(6) 密闭性试验：钢套筒上从加水孔向钢套筒内加水，至加满水后，检查压力，如果压力能够达到 2.0bar，则停止加水，并维持压力稳定。如无法通过水压达到 2.0bar，则将水管解开，利用空压机向钢套筒内加气压，直至压力达到 2.0bar 为止，对各个连接部分，包括洞门连接板、钢套筒环向与纵向连接位置、钢套筒与反力架的连接处进行检查，确认有无漏水。

每级加压过程及停留保压时间说明：

0～100kPa 每级加压时间控制在 10min 左右，停留检测 15min；100～150kPa 每级加压时间控制在 15min 左右，停留检测 45min；150～200kPa 每级加压时间控制在 45min 左右，停留检测 120min。

加压检测过程中一旦发现有漏水或焊缝脱焊情况，必须马上卸压，并及时进行处理，上紧螺栓或者重新焊接。完成后再加压，直至压力稳定在 180～200kPa 且未发现有漏点时方可确认钢套筒的密封性。

（7）钢套筒填料：当钢套筒检查完毕后，向钢套筒内填料，采用泵送惰性浆液，填充钢套筒内土体较密实，另外在填料时也可以增加膨润土对渣土进行改良。为了将砂料输送至钢套筒内，需要从地面引一条输送管道至钢套筒上，采用管路连接，泵送至钢套筒内。

（8）洞门连接环割除：接收最关键的一步是割除过渡连接环与洞门钢环的连接，割除过渡连接环时分 20cm 宽、50cm 长小块割除；割除后及时用扇形钢板将洞门钢环与进洞环背负的钢板焊接，封闭洞门；洞门钢环内径为 6.90m，管片外径为 6.40m，管片与洞门钢环均匀间隙为 0.25m，弧形钢板采用厚 5mm 的钢板，钢板弧长 20cm，宽 35cm；弧形钢板与洞门钢环满焊连接；连接环割除一块焊接一块，不能连续割除，一旦割除后出现渗漏，应及时用棉纱进行封堵，防止漏砂，然后用钢板封闭割除的小块。

6. 盾构接收各阶段掘进参数控制

（1）第一阶段：自倒数第 130 环至距加固体 1m 时。

① 盾构掘进至倒数第 130 环前完成接收端及隧道内控制测量，精确测量环片前段里程，拟合洞通里程，测算是否需要采取辅助措施，确保最后一环管片拼装完成后超出端墙 0.6m。

② 刀盘距加固体 1m 时，盾构停机检查，要求盾构机处于最佳状态。需要注意以下事项。

a. 推进过程中严格控制推进速度和总推力，避免掘进速度过快引起同步注浆分布不均，二次注浆时无法形成封闭环。

b. 在刀盘转动过程中土仓内及刀盘前加注泡沫剂进行润滑和改良土体。

c. 严格把握二次注浆时间、注浆压力和注浆量，防止盾尾固结。

d. 合理分布注浆孔，以保证二次注浆均匀。

（2）第二阶段：加固区与围护结构掘进。

① 在盾构机刀盘抵达围护结构前，在盾尾后方进行二次注浆封环。在该阶段的推进过程中，需要注意以下事项。

a. 推进过程中严格控制推进速度和总推力，避免贯入度过大引起刀盘被卡。推进速度在 10～20mm/min 为宜，推力小于 8000kN，土仓压力 60～80kPa，在刀盘转动过程中土仓内及刀盘前加注润滑剂改良土体。

b. 严格控制盾构姿态，特别是盾构切口的姿态，控制目标为水平 ±15mm，垂直 0～10mm。

c. 控制盾尾间隙，保证盾尾间隙均匀。

d. 推进过程连续均匀，均衡施工，保证土仓内一定土压，防止出空土仓盾构机抬头上浮。

e. 推进过程中加强盾尾油脂的压注，防止盾尾漏浆。

② 二次注浆封环。

a. 当刀盘距围护结构 500mm 时，在盾尾后 4 环进行二次注浆封环，形成环箍，注浆过程中，盾构机保持微动状态，防止浆液抱死盾体。

b. 后序掘进，二次注浆采取隔一环注一环的方式，浆液采用水泥-水玻璃双液浆。

c. 严格控制二次注浆孔位和注浆压力、注浆量，既要保证闭水环箍的质量，又要保证盾尾刷不被击穿。

(3) 第三阶段：盾构接收。

① 完成倒数第 4 环拼装后，在倒数第 8 环开始用双液浆封环，阻止后方的水进入盾尾前方。

② 完成一环注浆后，再掘进下一环，每脱出一环管片，完成一环二次注浆封环，直至封闭至倒数第 2 环。

③ 在验收封环效果，确定无渗漏水现象后，将盾构机推到钢套筒内合适位置后停机，至此，盾构机完成钢套筒接收，下一步转入拆除、吊装阶段。

④ 第三阶段掘进注意事项。

a. 参数设置：推速小于 5mm/min；推力小于 8000kN，视实际推力大小，以不超过此值为原则；在钢套筒内以管片拼装模式掘进。盾构机在钢套筒内掘进时，要确保与外界的联系，密切观察钢套筒顶部的情况，一旦发现变形量超量或有渗漏，应立即停止掘进，及时采取补救措施。

b. 根据钢套筒顶部安装的压力表的读数，及时调整推进压力，避免推进压力过大，当钢套筒密封处出现渗漏状况，压力过大时，打开钢套筒后板盖上的排浆口，进行卸压。

c. 进套筒时的姿态控制：必须以实际测量的钢套筒安装中心线为准控制盾构机姿态，要求中心线偏差控制在 ±2cm 之内。盾构机在进入钢套筒内后，要注意姿态控制。

d. 倒数第 8 至倒数第 2 环管片应及时施作环箍，有效封堵开挖土体与管片外壳之间的渗漏通道，防止盾尾后的水进入盾尾前方。双液浆的配合比为水玻璃：水泥浆 = 1：1.15，水泥浆配合比为 1：1，注浆压力为 0.2~0.25MPa。

e. 盾构机筒体推到位置并完成洞门密封后，在刀盘不转情况下，出空舱内回填物。

f. 在洞门双液浆凝固后，情况稳定、安全的情况下方可开始拆除钢套筒。

g. 测量与监测：盾构机到达掘进及过程加大测量频率，并复核控制点，确保盾构机到达的姿态正确，在盾构机到达前布置监测点，在端头连续墙、地面及周围建筑物布置沉降观测点；围护结构及钢套筒、洞门周围布置形变监测点。测量初始值，盾构机到达过程中每天测量 2 次，若变形较大，增加测量频率并及时通报项目部采取处理措施。进钢套筒过程中，设专人观测钢套筒的稳定、变形情况，发现异常情况立即停机处理。

7. 洞门封堵

在盾构机刀盘抵至加固区时，为防止隧道后方的水进入隧道内，需对盾尾后的管片进行二次注浆等相关工作，以形成止水环箍，其具体施工方法如下。

(1) 刀盘开始进入加固区即开始进行二次注浆封环工作，首先对盾尾后 10 环进行二次注浆紧跟工作，每推进一环二次注浆紧跟一环进行封堵；当刀盘抵至围护结构后，对盾尾后第1环、第2环进行二次注浆封环，封环浆液中掺加膨润土，防止浆液抱死盾体；同时从盾体径向注浆孔里注入防沉泥；封环孔位注浆顺序为对称交叉注入。

（2）当管片最后一环管片拼装完成后，通过管片的二次注浆孔，注入双液浆进行封堵。注浆的过程中要密切关注洞门的情况，一旦发现有漏浆的现象立即停止注浆并进行处理。

8. 盾构到达施工注意事项

（1）盾构进入到达段施工时，工作人员应明确盾构实时里程及刀盘距洞门掌子面的距离，并按确定的施工技术方案进行施工。注意盾构接收段纵断面线形，推进时应提前做好管片纠偏，保证盾构姿态满足盾构接收要求。

（2）盾构到达前应检查确认端头地层情况是否达到加固要求。

（3）增加地表沉降监测的频次，并及时反馈监测结果以指导施工。

（4）为防止因刀盘反力不足引起管片环缝接触松弛、张开并造成漏水，盾构到达段最后10环管片用Ⅰ14b槽钢将管片沿隧道纵向拉紧。

（5）在盾构贯通后安装的几环管片，一定要保证注浆饱满密实，防止引起管片下沉与错台。

（6）在盾构机盾壳出洞圈之后立即将止水装置的钢丝绳收紧，防止盾构机外壳与止水装置之间流水、流砂；盾构到达段施工时，要保证泥水系统正常运行和切削干砂量、土砂量数据的正常，土压力降为最低限度。盾构推进最后2环时不进行同步注浆，接收后使用二次注浆方式填充土体空隙，同时随即进行洞门封堵；当盾尾脱离洞圈后，立即拉紧钢丝绳，使得洞门密封，再根据实际情况对洞门处进行注浆封堵。

（7）密切观察洞门变形和刀盘力矩等参数的变化情况，一旦发现有异常情况应立即停止推进，采取相应对策。

（8）盾构刀盘抵达车站的围护结构时，再开始车站围护结构的凿除工作，以防止地层的坍塌。

（五）盾构机平移、空推

1. 接收井场地情况

老屯站—商埠区西站区间盾构掘进完成后，需在老屯站拆机吊装出井。在老屯站K-4轴～K-6轴区域安装接收钢套筒，然后平移、空推至M20～M21轴盾构吊装井拆解吊出。接收钢套筒底座距底板250mm，钢套筒顶部距负三层板底350mm，净空满足盾构机平移、空推要求。

2. 盾构机平移、空推

（1）右线盾构机二次接收。

盾构机二次接收前，实测盾构机刀尖尺寸，反推出始发基座的空间位置。接收架由型钢和钢板加工而成，现场拼装，加工精度要求为±1mm，拼装精度要求为±2mm；托架安装精度要求为水平方向±5mm，垂直方向±2mm，在托架施工前应预先由测量组测定盾构始发井托架轨道底板原始标高，采用钢板垫块进行高度调节。

右线接收并完成洞门封堵后，需要将钢套筒过渡环与洞门钢环连接处隔开，焊接圆弧板，拆除反力架及后端盖，然后钢套筒向西旋转786mm，盾体上接收架，接收架及盾体向北空推 489mm 与钢套筒分解。

考虑接收架在盾构二次接收时要承受纵向、横向的推力以及抵抗盾构旋转的扭矩，所以在盾构二次接收之前，对接收架两侧用 H 型钢进行加固。

(a) 现场情况

(b) 盾体示意

图 3-3-19　盾体上托架示意

（2）右线接收架及盾体空推、平移

接收端、盾体平移行走区域至井口满铺钢板，钢板尺寸为 Q235 型 $2\times6\times0.02$m 常规钢板，盾体平移采用液压泵站，使用 2 台 200t 千斤顶将接收托架及盾构机分离，刀盘、前盾、中盾为一体，盾尾、拼装机为一体，同时将托架一体割除分离，分离完成后开始平移，平移使用 2 台 200t 千斤顶平移，平移分两部分，刀盘、前盾、中盾为 1 号平移体，盾尾、拼装机为 2 号平移体，千斤顶每顶升一体完成一次移位，要求焊接满焊，依次直到盾构机到达井口。为减小与钢轨摩擦力，在托架行走区域底部涂抹润滑油。接收托架与钢板间安装反力工装，泵站放置在盾构机盾尾内，随盾构机移动，施工时先在托架上焊接反力工装后持续使用，要求满焊，启动泵站千斤顶，向前顶进一个顶程 90cm，每向前平移一段钢板上焊接反力一次工装，依次操作，直至盾构机到达吊装井口。每前进 1 个顶程 90cm 约 4min。

(a) 盾体外观示意

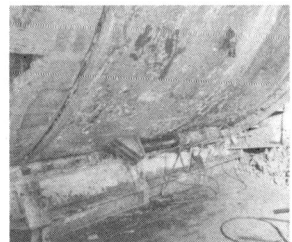
(b) 盾体底部示意

(c) 操作过程

图 3-3-20　盾体平移示意

（3）右线接收架及盾体空推至吊装口。

（4）左线钢套筒平移。

左线接收并完成洞门封堵后，需要将钢套筒过渡环与洞门钢环连接处隔开，拆除反力架及后端盖，盾体上接收架，然后钢套筒向西旋转 321mm。

(5) 左线接收架及盾体平移。

左线盾体上接收架后，考虑到接收架及盾体空推路线侵入侧墙范围，因此接收架及盾体需在右线吊装口吊出。首先将接收架及盾体从左线空推路线平移至立柱之间，然后再将接收架及盾体从立柱之间平移到右线空推路线，平移过程中需经过多次角度调整。

（6）左线接收架及盾体空推至吊装口同右线。

3. 盾构机及钢套筒拆卸上井

盾构机到达井口后，依次拆除刀盘、盾尾、前盾、中盾后吊装上井。钢套筒需通过预留孔洞，安装电动葫芦，将钢套筒上半圆与下半圆分解，分解后，放置在下半圆上，旋转90°后，顶升至钢轨上，与盾构机空推类同，顶推至吊装井口。

4. 拆卸的技术措施

（1）盾构拆卸前必须制订详细的拆卸方案与计划，同时组织有经验的经过技术培训的人员组成拆卸班组。

（2）履带吊机工作区应铺设钢板，防止地层不均匀沉陷。

（3）大件拆卸时应对车站端头墙进行严密的观测，掌握其变形与受力状态。

（4）大件拆卸时采用350t的履带吊翻转。

（5）拆卸前必须对所有的管线接口进行标识（机、液、电）。

（6）所有管线接头必须做好相应的密封和保护，特别是液压系统管路、传感器接口等。

（7）盾构机主机吊耳的布置必须使吊装时的受力平衡，吊耳的焊接必须由专业技术工人操作，同时必须有专业技术人员进行检查监督。吊耳焊接完成后，应委托具有专业检测资质的单位对吊耳做探伤检验并出具检测报告，合格后方可进行吊装。

第四节　裴家营站冻结法接收盾构应用实例

一、工程概况

（一）工程概述

济南轨道交通R3线王舍人站—裴家营站区间为双单洞隧道，该区间采用济南中铁重工轨道装备有限公司生产的两台土压平衡盾构机施工，盾构机于区间盾构始发井先后始发。区间隧道出王舍人站大里程端盾构井之后，沿工业北路直线向东推进，后线路由东转向北，沿村庄、农田等向北推进，最后推进至裴家营站小里程端盾构接收井。

裴家营站接收端水文地质条件复杂，粉质黏土层具有一定的渗透性，卵石、碎石含碎石粉质黏土层渗透性强。地下水以水平向径流补给为主，垂直向地下含水层复杂且存在承压水，且裴家营站接收井埋深较深，单纯的高压旋喷桩加固难以保证止水效果。

（二）环境概述

根据岩土工程勘察报告，裴家营站水文地质条件复杂，水位埋深为3.70～5.00m，相应水位高程25.23～25.98m，地下水以水平向径流补给为主，垂直向地下含水层复杂且存在承压水,施工安全风险高。

根据室内试验结果分析,⑨-1~⑯-1粉质黏土层渗透系数存在差异性,均质黏性土渗透系数(K_H,K_v)一般在10^{-6}cm/s级别,渗透性微,但非均质或(含姜石、卵砾石)黏性土渗透系数一般在10^{-5}~10^{-4}cm/s级别,渗透性弱。

根据野外抽水试验结果分析,⑨-1~⑯-1粉质黏土层综合渗透系数为4.3×10^{-3}~5.49×10^{-3},⑩-4卵石、⑰-1碎石渗透系数为6.59×10^{-3}~1.20×10^{-2},渗透性强,⑰-3含碎石粉质黏土层渗透系数为2.96×10^{-2}cm/s,渗透性中等。

以上试验结果表明,拟建工程场区内的各黏性土层渗透系数的试验结果具有差异性,说明各土层存在不均质体,各黏性土层土质并不均匀,存在渗透系数大的情况。综上所述,为保证盾构接收安全,盾构接收端头加固采用冷冻加固形式。

王舍人站—裴家营站区间位于白泉泉域排泄区域,地下水埋藏浅,且水量较丰富,孔隙水与岩溶水水力联系较密切,孔隙水在丰水期与岩溶水水位相当,水化学类型为HCO_3-Ca型水,矿化度小于1g/L。

二、施工工艺及技术要求

(一)施工工艺流程

施工准备→洞门凿除(第一次)→内圈冷冻管拔除及冻结孔封堵→安装冻圈小装置→冻结区域掘进施工→洞内环箍注浆→探孔检测→洞门破除→盾构接收。

(二)施工准备

1. 端头加固

裴家营站南端头井盾构接收加固区域采用水平冻结加固,加固范围为内圈冻结壁纵向厚度2.5m,外圈冻结壁环向厚度1.5m,外圈冻结壁有效纵向长度12m。

冻土强度设计指标冻结壁平均温度为-10℃时,抗折强度不小于2.0MPa,抗剪强度不小于1.5MPa,抗折和抗剪安全系数不小于2。

根据设计图纸,设计采用"杯形冻结壁","杯底"冻结壁厚度为2.5m,"杯壁"冻结壁厚度为1.5m,圆筒长度为9.5m。

设计冻结壁平均温度为-10℃,冻结壁与地下连续墙交界处平均温度不高于-5℃。

2. 盾构机姿态人工复核测量

在距贯通面150~200m时进行包括联系测量的线路复测。要对洞内所有的测量控制点进行一次整体的、系统的控制测量复核,对所有控制点的坐标进行精密、准确的平差计算。

在100m和50m处对激光导向系统进行复核测量。在盾构到站前的最后一次导向系统搬站时,充分利用在贯通前150~200m时线路复测的结果,用测量二等控制点的办法精确测量测站、后视点的坐标和高程,每一测量点的测量不少于8个测回。同时,在贯通前50m时,进一步加强管片姿态监测与控制。

3. 接收洞门复核测量

为准确掌握接收洞门施工情况,在盾构贯通前对盾构接收洞门进行复核测量,测量项目包括洞门中心位置偏差、洞门全圆半径等。必要时根据测量结果对洞门进行相应的处理。

4. 盾构姿态调整

根据盾构姿态测量和洞门复测结果，讨论制订盾构姿态调整方案，并逐渐将盾构姿态调整至预计的位置。确定盾构贯通姿态时，考虑盾构机前体出围护结构至接收架过程中存在下沉的情况，贯通前30m可逐渐将盾构姿态抬高20mm。

5. 洞门密封装置安装

盾构接收前完成洞门密封结构的安装，与盾构始发密封装置不同的是，盾构接收的密封装置在翻板外侧增加了一项钢丝绳收紧功能，增强密封帘布的密封效果。具体如图3-4-1所示。

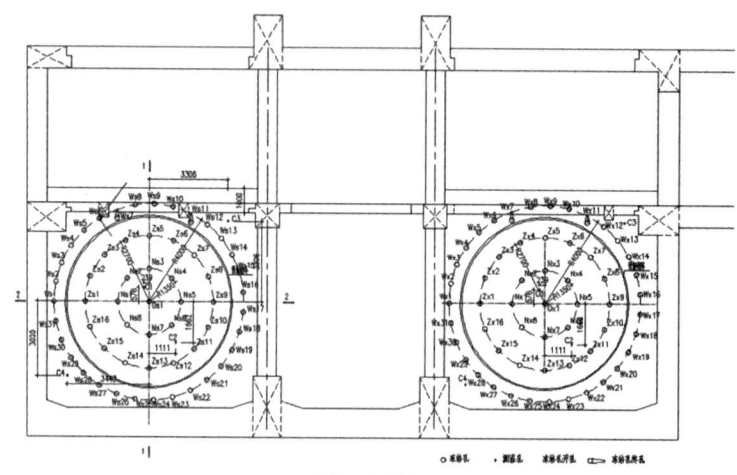

(a) 平面图

(b) 现场

图3-4-1 接收洞门密封结构平面及现场图

6. 盾构接收装置准备与安装

盾构接收装置准备与安装分两步进行。

第一步：按照预计盾构贯通姿态对接收装置进行初步定位。

第二步：待盾构贯通后根据盾构机实际姿态再次对接收装置进行准确定位。定好位后对接收装置进行加固（可与清渣同步进行）。接收装置定位的具体要求有以下两点。

(1) 根据盾构姿态确定装置中心线,保证装置中心线与盾构中心线一致。

(2) 装置以盾构前进方向确定高程,装置靠近接收洞门端高程根据盾构高程确定。

盾构基座长 9.8m、宽 4.13m,整个托架分三部分组装,分别长 4.5m、4.5m、0.8m,由螺栓连接,两侧均布牛腿。安装时盾构基座中心线与隧道设计中线同线,盾构基座前部距端墙 500mm。托架最小段靠近洞门,托架两侧均布各 9 根 150mm×150mm 的 H 型钢支撑,支撑顶在对应位置的侧墙、上翻梁和底板上。型钢支撑与侧墙和底板接触位置塞钢板加强支撑效果。盾构基座安装平面布置如图 3-4-2 所示。

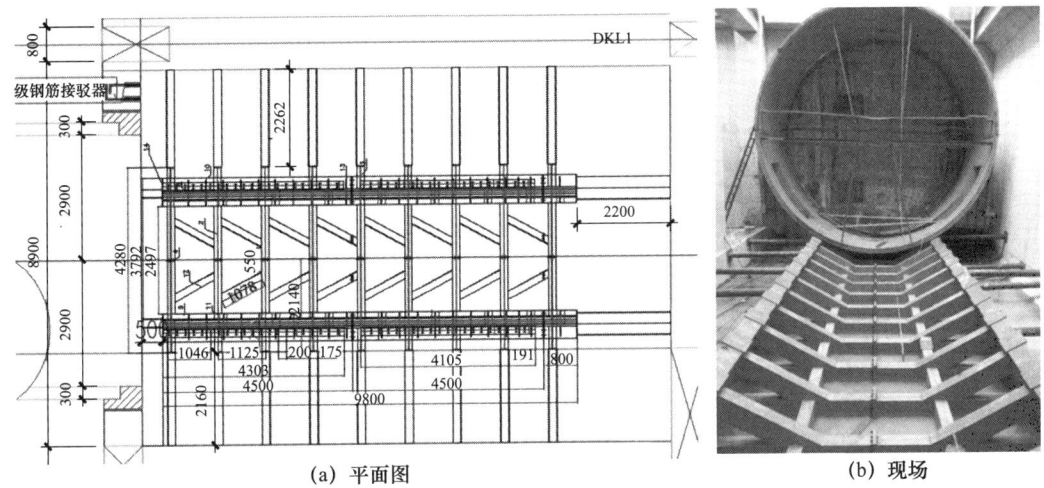

(a) 平面图　　　　　　　　　(b) 现场

图 3-4-2　盾构基座安装平面布置(单位:mm)

盾构基座前部通过 200mm H 型钢支撑在端墙上,后部通过 4 根 200mm 的 H 型钢支撑在车站底板,托架底部两侧均布 18 根 $\Phi 530@10mm$ 的钢管作为托架底部的支撑,钢管与托架之间进行焊接,钢管底部焊接 600mm×600mm@10mm 的钢板,钢板与结构底板直接接触,基座四周用 H 型钢加固,钢板与结构底板无须再做连接。

(三) 第一次洞门破除

为保证接收效果,此次接收洞门破除分成两次。根据左线实际冻结效果,杯底冷冻 25d 可加固达到设计要求,达到条件后进行条件验收。按盾构施工进度,杯底冷冻达到设计要求,盾构机掘进拼装至第 2254 环(距离洞门 60 环),开始进行第一次洞门破除,第一次破除只破除内圈冷冻管周边部分 30cm 厚混凝土层及钢筋网,提供条件进行内圈冷冻管拔除。

(四) 内圈冷冻管拔除及冻结孔封堵

杯底区冷冻设计的目的是破除洞门时土体的稳固,此次盾构接收刀盘抵至地下连续墙后再进行洞门破除,洞门破除不提前施工,杯底冷冻加固达到设计要求即可拔出冷冻管。

根据左线实际冻结效果,杯底冷冻 25d 可加固达到设计要求,现场对冷冻加固效果进行验收,待冷冻管部位混凝土破除完成,盾构掘进至冷冻加固区后进行内圈冷冻管拔除。

拔管方法与步骤如下。

(1) 安装强制解冻热水循环系统 (图 3-4-3)。

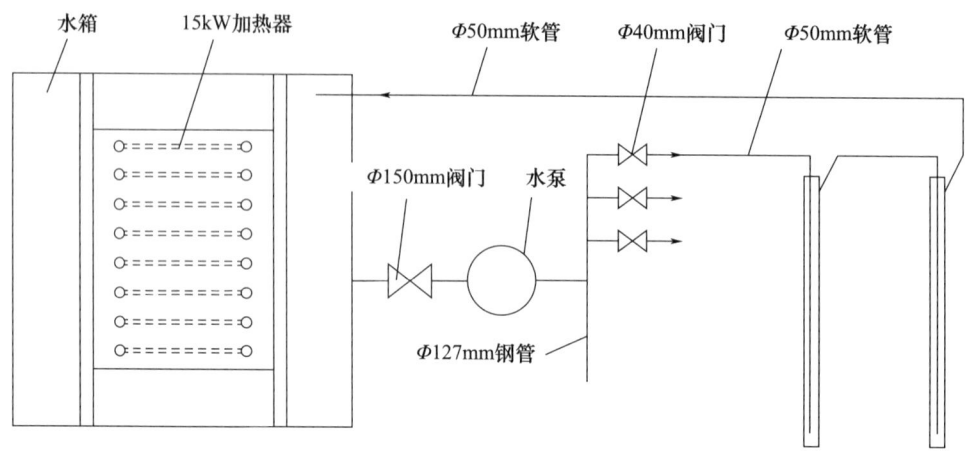

图 3-4-3 强制解冻热水循环系统图

(2) 以每 1~2 组冻结孔为一批，在冻结孔中循环热盐水。

(3) 待冻结管周围冻土融化 1~3cm 时，及时用手拉葫芦松动冻结管，如图 3-4-4 所示。根据经验，融化时间一般为 5~10min。

(4) 水平冻结孔拔管后用预制 M5~M10 水泥砂浆圆柱封孔，水泥砂浆强度等级为 M5~M10，预制圆柱直径同冻结管，每截长度 0.3m，每个冻结孔充填 4 截。冻结孔口处利用膨胀螺栓及钢板进行密封。

(5) 预计冻结孔正常起拔力为 0.1~5t。冻结管的破断力约为 32t，要求起拔力小于 5t。

(6) 上述方法不能拔出冻结管时，将两个 5t 千斤顶架设在维护结构上，水平向外顶推冻结管 (图 3-4-5)。

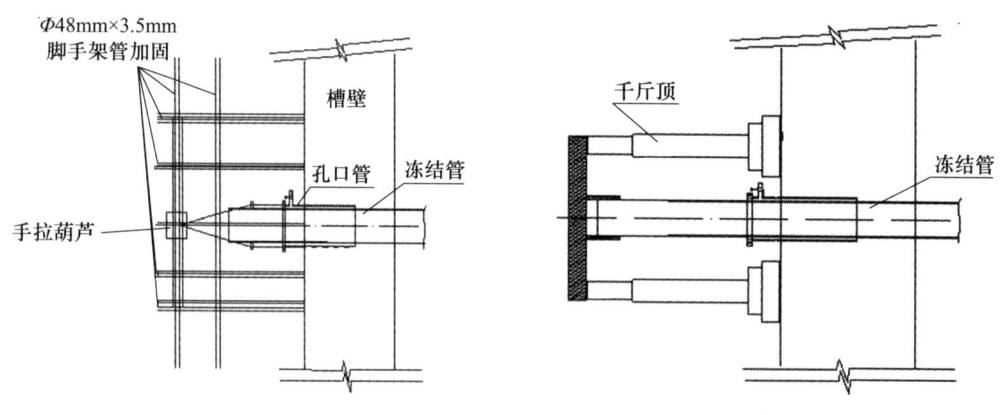

图 3-4-4 手拉葫芦拔管示意图　　图 3-4-5 千斤顶拔管示意图

预留检测孔：设计内圈冷冻孔共计 25 个，冷冻管拔出完成后封堵 16 个，剩余 9 个冷冻孔用作环箍注浆完成后探水检测预留孔，9 个孔洞利用钢管及麻丝填塞，地下连续墙外端利用快速水泥密封，密封完成后用膨胀螺栓固定，钢管口连接球阀，待环箍注浆完成后,逐个打开预留孔球阀,检测环箍注浆密封效果。预留孔如图 3-4-6 所示。

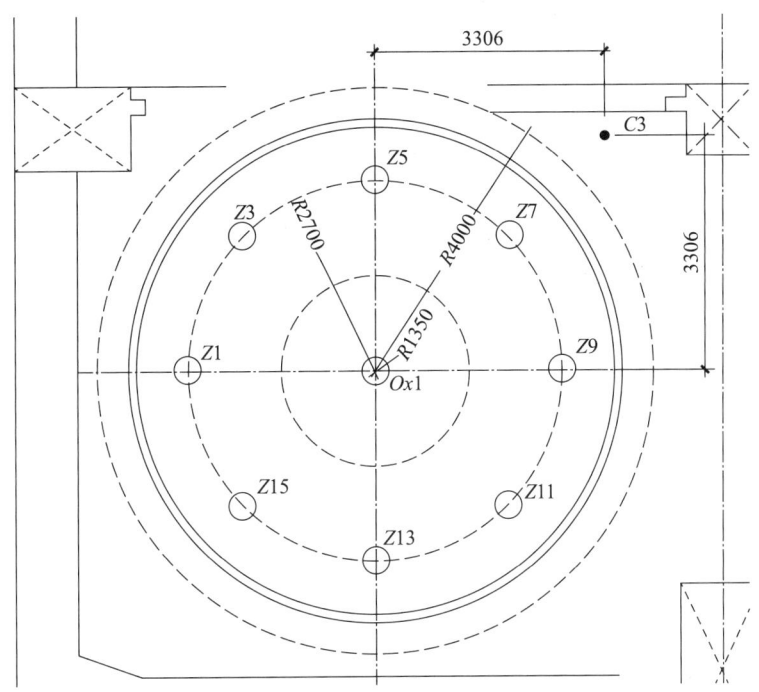

图 3-4-6 预留孔图(单位:mm)

（五）安装洞门缩小装置

内圈冷冻管拔出后进行洞门缩小装置的安装,用 4mm 花纹钢板沿着洞圈制作两圈弧形钢板,钢板沿径向宽度为 20cm,内径 6.6m,比盾构外径略小,并用三角筋板支撑牢固。花纹钢板之间搭接约 50mm,两圈花纹钢板间放置 300mm×200mm 海绵等充填物,并固定牢靠。三角筋板采用 10mm 厚钢板,筋板间距 35cm。位于基座轨道之间 60°范围内的弧形板采用 8mm 厚钢板,径向宽度为 14cm。洞门缩小装置如图 3-4-7 所示。

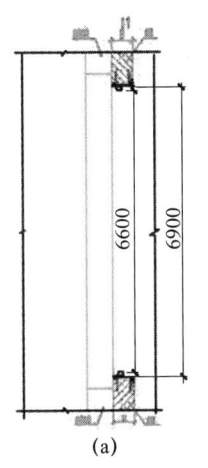
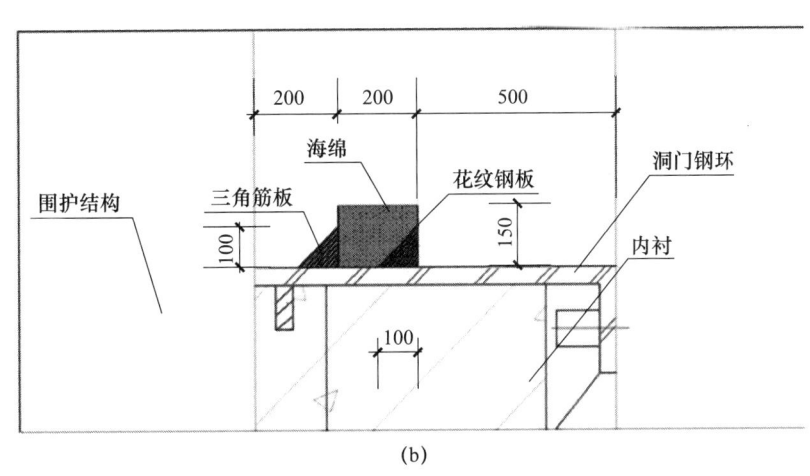

图 3-4-7 洞门缩小装置示意图(单位:mm)

在安装洞门缩小装置的同时,在洞圈内侧焊接 7 根注浆管,并将其与洞门缩小装置进行密封连接,作为盾构进洞接收后封堵洞门的注浆管路。注浆管采用 ϕ40 钢管,具体布置如图 3-4-8 所示。

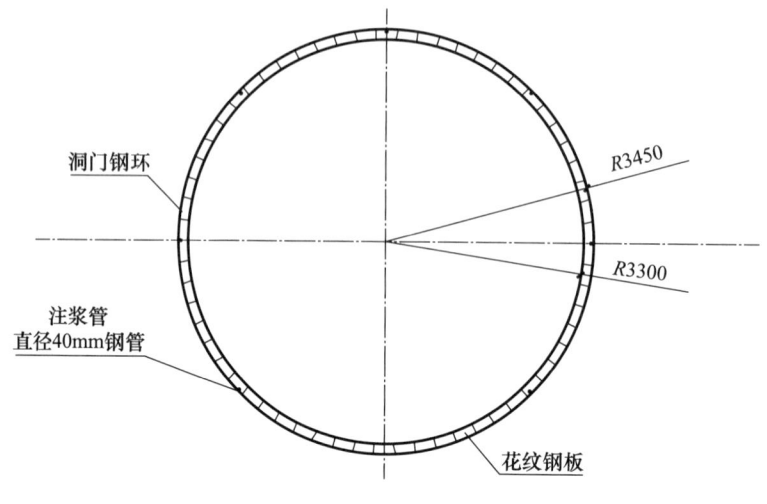

图 3-4-8　洞门预留注浆管

洞门缩小装置作用如下。

(1) 缩小盾壳与洞圈间隙,盾构进入洞圈时,弧形板可以少量变形,从而箍紧盾壳,有效防止水土流失。

(2) 可以向盾壳与弧形钢板之间的间隙内填塞海绵等。

(3) 有一个稳定的后靠使填塞进去的堵塞物不至于在压力下跑出来。弧形板加工时必须根据盾构接收前的轴线偏差值与洞门中心偏差值来计算洞圈内不同角度弧形板的径向宽度,尽量使弧形板内圆心与盾构切口面圆心重合,以便弧形板能均匀箍紧盾壳。

(六) 冻结区域掘进施工

当盾构机刀盘切口里程距离加固区 2m 的位置时,适当降低推进速度,密切关注刀盘扭矩及出渣情况,完成一环 (1.2m) 的掘进后,测量复核盾构机刀盘当前位置,根据测量数据对下一环掘进做相应调整,明确接触加固区冷冻土体需掘进的距离。盾构刀盘接触冷冻土体,提前降低掘进速度,并注意观察参数变化。

区间右线第 2305～第 2311 环在冷冻区掘进,为保证裴家营接收端墙的稳定,逐渐降低土仓压力、总推力和掘进速度、刀盘转动速度,控制注浆压力等。冷冻加固区内掘进过程保证刀盘停转时间不超过 15min。冻结加固区掘进施工参数见表 3-4-1。

表 3-4-1　冻结加固区掘进施工参数

土仓上部压力	推进速度	刀盘转速	总推力	注浆量	注浆压力
60～80kPa	10～15mm/min	1.0～1.4r/min	≤1200t	3.45～5m³/环	0.1～0.3MPa

盾构掘进第 2312～第 2315 环时控制施工进度,计划日掘进施工 2 环,掘进施工完成后及时进行二次补浆,确保注浆止水效果。此段掘进施工保证同步注浆量不低于

$3.45m^3$，注浆压力 $0.1 \sim 0.3$MPa。

盾构机刀盘进入冷冻加固区掘进施工后，掘进过程中渣土改良剂采用膨润土。渣土改良使用膨润土可减小改良剂对外圈冷冻杯壁冷冻效果的影响，避免冷冻壁失效，同时膨润土改良渣土可避免土仓内气压过大将内圈封堵的冷冻管孔洞击穿。在接收端头这种高透水性土体中膨润土较易渗入，并形成具有气密性的泥模，可有效改良渣土的喷涌。

结合现场施工情况，水泥砂浆在渗透性强的地层中效果并不理想，凝结时间长，不能快速起到隔水作用。为保证施工效果，区间隧道最后 15 环管片改用增设注浆孔管片，增加洞内注浆点，对应增设注浆孔管片背后改用单液浆与双液浆交替填充，填充空隙的同时保证快速有效形成环箍起到隔水作用。区间隧道最后 15 环管片中 8 环在刀盘推出地下连续墙后进行推进拼装，刀盘未出地下连续墙前 7 环管片壁后注双液浆洞内搅拌注入，水泥浆地面砂浆站搅拌运输至洞内注入；洞门破除完成后，刀盘出地下连续墙 8 环管片壁后注双液浆及水泥浆，采取地面搅拌形式。具体如图 3-4-9、图 3-4-10 所示。

表 3-4-2　双液浆配合比及注浆压力表

水灰比（质量比）	水泥浆：水玻璃（体积比）	注浆压力
1：0.875	1：0.35～0.5	0.2～0.4MPa

表 3-4-3　水泥浆配合比及注浆压力表

水灰比（质量比）	注浆压力
1：1	0.2～0.3MPa

(a) 操作过程

(b) 管片壁

图 3-4-9　壁后注浆

进入杯底冷冻加固区刀盘扭矩会适当增大，注意观察各项参数变化。注意观察接收端内圈冷冻孔封堵效果，出现渗漏情况立即停止掘进施工。刀盘进入冷冻加固区断面如图 3-4-10 所示。

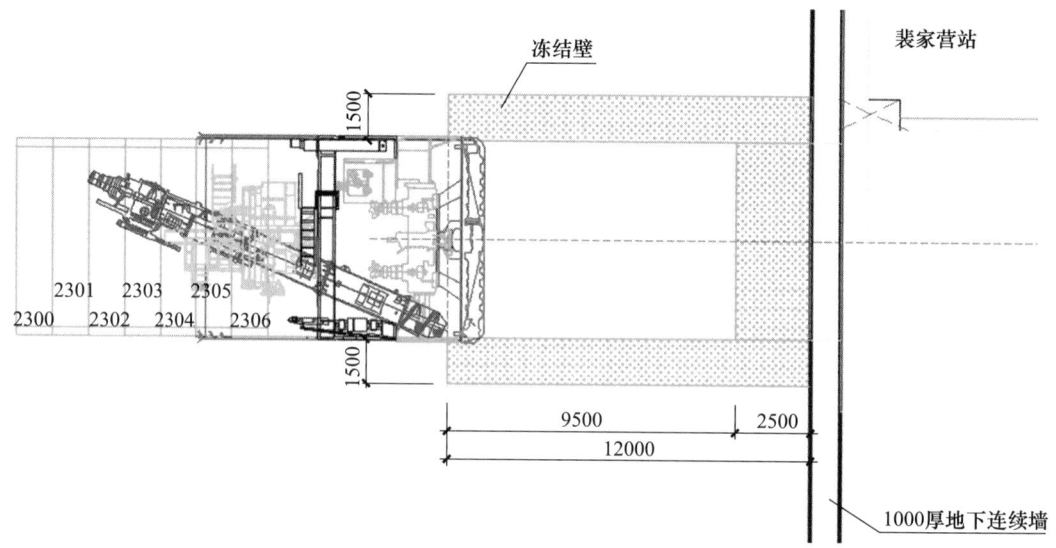

图 3-4-10 刀盘进入冷冻加固区断面图（单位：mm）

（七）洞内环箍注浆

洞内环箍注浆是盾构接收封堵后方来水的关键工序之一，在盾构机刀盘掘进施工至地下连续墙时停止掘进施工，进行洞内环箍注浆，通过环箍注浆与冷冻体外圈冻结壁形成有效封闭空间，避免洞门破除及后续盾构接收期间出现洞门渗漏水现象。根据区间里程计算，环箍注浆环号为第 2311 环、第 2312 环、第 2313 环。环箍注浆合理设置注浆压力，避免压力过大导致浆液流入盾体停机区域，包裹盾体。盾构机停机环箍注浆参数见表 3-4-4。

表 3-4-4 环箍注浆配合比表

水灰比（质量比）	水泥浆：水玻璃（体积比）	注浆压力
1：1	1：0.35～0.5	0.2～0.4MPa

环箍注浆注意事项如下。

（1）环箍注浆前利用盾体预留盾壳膨润土注入孔注入膨润土，利用膨润土包裹盾体，避免浆液将盾体包裹，避免盾构再次推进时推力过大造成管片破损及管片开裂等现象。

（2）在注入过程中应严密监视压力情况，控制注浆压力在设计范围以内。

（3）在注入过程中出现压力过高但注入效果不明显的情况时应检查注浆泵及注浆管路是否有堵管现象，并立即进行清理。

（4）在注浆过程中出现任何的停机现象时均应对注浆泵及注浆管路进行清洗，在注浆完结后应做到"工完料洁"，所有的机具均应清理干净并归于原处。环箍注浆盾构停机位置如图 3-4-11 所示。

（5）在注浆前应将同步注浆管路的所有球阀全部关闭。

（6）注浆前应查看盾尾油脂腔的压力，如果压力偏低，应适当注入盾尾油脂，以保

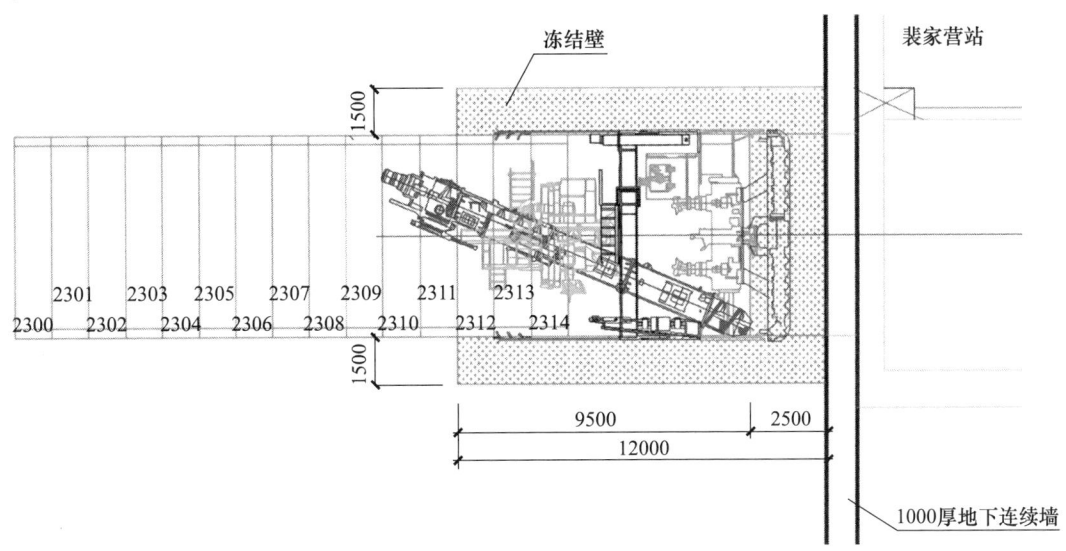

图 3-4-11 环箍注浆盾构停机位置（单位：mm）

证在注浆过程中有足够的压力避免盾尾漏浆；如果注入过程中盾尾出现漏浆现象，应停止注入 5~10min 后再重新注入。

（7）在注浆前应查看管片情况及土仓压力情况并在注浆过程中进行跟踪观察，如有异常情况应立即停止注浆，并上报。

（8）在注浆前应将注浆孔全部打开并带上注浆头，在注浆时可将注浆头全部打开放水直至浓浆流出再关闭注浆头。

（9）在注一个孔时应备足水泥及水玻璃，严禁中途停止注入。

（八）探水检测

环箍注浆完成后盾构接收前，通过在洞门范围预留的探水检测孔对端头加固效果及环箍注浆封堵效果进行检测。将每个预留孔球阀打开，检测是否有明水流出，如发现明水立即关闭阀门，洞内继续环箍注浆封堵。重点对洞门底部范围内的加固效果进行加密检测。

（九）洞门破除

刀盘到达地下连续墙后，在冻结加固区内盾尾后三环（第 2311 环、第 2312 环、第 2313 环）进行环箍注浆，待土仓内压力降为 0 并在地下连续墙预留孔检测无水后，进行第二次洞门破除。具体如图 3-4-12 所示。

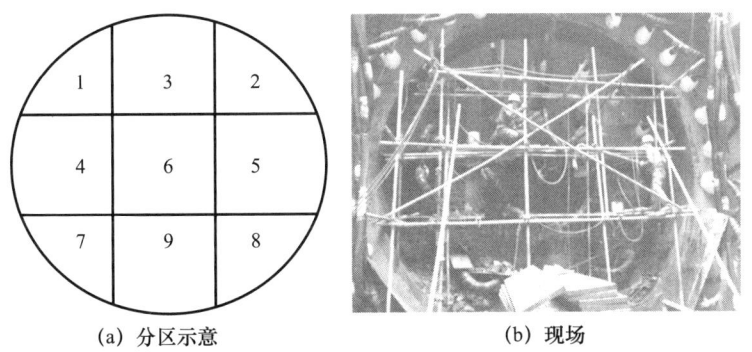

(a) 分区示意　　(b) 现场

图 3-4-12　洞门破除

为了安全破除洞门，需要合理安排施工，洞门破除由上至下，由两边向中间进行。根据施工现场情况，接受前监理单位见证，施工单位进行了 H 型钢热切割试验，热传导距离很短，不会对杯体产生影响。为保证杯体冷冻整体性，在热切割 H 型钢时，尽量快速切断，防止热传递对冷冻杯壁的破坏。

（十）盾构接收

1. 渣土清理

盾构刀盘露出接收端洞门掌子面后，便可进行土仓内渣土清理。施工人员清渣前必须先认真观察洞门圈内是否有松散的混凝土块或渣土等，清除危险物后再进行渣土清理。

2. 最后 6 环管片安装

刀盘出加固区后，需继续拼装 6 环管片，该 6 环管片安装时，由于盾构前方没有了反推力，将可能造成管片与管片之间的环缝连接不紧密，容易漏水。同时，由于注浆也受洞门密封装置密封效果影响，易产生漏浆，从而导致管片下沉。因此最后 6 环管片安装时应注意如下事项。

（1）安装管片时，伸油缸推力设定为 5MPa。管片螺栓必须进行两次紧固，第一次在管片安装时，第二次在下一环掘进时。

（2）最后 8 环管片推进时，盾构掘进参数如下。

推进速度：不大于 40mm/min。

总推力：不大于 100t。

注浆量：不低于 3.45m^3。

注浆压力：不大于 0.1MPa。

最后 6 环掘进施工，严格控制施工进度，计划日掘进施工 2 环，掘进完成后及时进行二次补浆，根据施工参数及洞门情况判断注浆效果。注浆量不低于 3.45m^3，注浆压力不大于 0.1MPa。保证同步注浆量及二次注浆量，控制注浆压力，防止浆液击穿管片的环纵缝、洞门密封帘布。

3. 洞圈间隙注浆加固

在盾尾进入车站后进行洞门圈梁注浆填充加固，加速同步注浆浆液的凝结。注浆过程中需密切关注洞门圈密封装置情况，出现漏浆先停止注浆及时进行处理，处理好后再进行注浆。浆液选用水泥-水玻璃双液浆，水玻璃采用波镁度 35°Bé 的溶液。双液浆配合比见表 3-4-5。

表 3-4-5 双液浆配合比及浆液主要性质表

水灰比（质量比）	水泥浆∶水玻璃（体积比）	凝结时间（s）
1∶1	1∶0.35～0.5	15～25

4. 翻板拉紧

盾构刀盘推出接收端洞门后，盾壳接触帘布橡胶板后，拉紧倒链，使帘布橡胶板紧压在盾壳上。待盾尾推出接收端洞门，管片外弧面接触帘布橡胶板后，再次拉紧倒链，使帘布橡胶板紧压在管片外弧面上。

5. 盾构上接收装置

盾构推出接收端洞门前，需认真检查导轨、接收架等的加固情况以及盾构刀盘底部与接收架高差等情况。确认无误后可将盾构推上接收架。盾构推进过程中必须密切关注接收架以及接收架加固与支撑的情况，一旦出现变形等异常情况，应及时停止推进并进行处理。

完成最后一环管片拼装后，盾构机借助单块管片继续向前推进至完全上接收架。为便于人员及材料运输从洞门通过，要求将盾尾推离洞门至少1.0m。

推进时根据总推力、接收架受力等情况，可考虑在接收架导轨上涂抹黄油以减小摩擦阻力。

以上施工措施和节点日期根据现场实际施工情况做调整。

6. 接收注意事项

针对冷冻加固区域盾构施工的特殊性，必须严格控制盾构掘进施工，降低接收施工风险，保证盾构进洞施工安全。

（1）盾构参数控制。

① 严格控制盾构正面平衡压力。

接收段盾构施工过程中严格控制切口平衡土压力，尽量减少平衡压力的波动。土压力设定根据实际施工过程中地面监测情况及时加以调整，进入加固区后逐步减小土仓压力。

② 严格控制盾构推进速度。

盾构接收阶段施工时，应尽量做到均衡施工，减少对周围土体的扰动，避免在途中有较长时间耽误。

③ 严格控制盾构推力。

盾构接收区域施工过程中，必须控制刀盘油压和盾构总推力不得过大，保证接收端洞门不产生变形。

④ 严格控制盾构姿态。

在确保盾构正面沉降控制良好的情况下，为使盾构均衡匀速施工，盾构姿态变化不可过大，每2~3环检查管片超前量，推进时不急纠，不猛纠。同时多注意观察管片与盾壳的间隙，采用稳坡法推进，以减少盾构施工对地面的影响。

⑤ 严格控制盾尾油脂压注。

在同步注浆量充足的前提下，盾构机的盾尾密封功能就显得特别重要，为了顺利安全地接收，必须切实做好盾尾油脂的压注工作。每班上班时确保储桶内有充足的油脂，勤检查。

（2）盾构防冻措施。

为防止盾构在穿越加固区时被冻住，采用以下措施。

① 在穿越加固区过程中，停机状态下保持刀盘至少15min转动一次。

② 安排人员24h现场值班，确保机械设备正常运转，避免因机械故障原因而停止推进。

③ 穿越加固区前对机械设备进行维护、保养，确保机械设备运行正常。

（十一）质量标准

（1）通过严格的施工控制以及检验制度确保端头冷冻加固的质量满足要求。如不合格需要继续进行积极冷冻，避免接收时发生突水、涌泥事故。

（2）对洞门环坐标进行复核，使盾体在接收时位于洞门中央。

（3）严格按照设计洞门密封相关内容施工，包括环板、翻板、橡胶帘布、螺栓等；确保密封效果满足要求。

（4）严格控制接收架施工精度和稳定性，确保盾构机接收姿态和接收方案中设定线路相符。

（5）盾构进洞前要清理干净底部渣土，确保帘布底部依靠钢丝绳翻起贴紧盾壳或管片。

（6）在距贯通面 150~200m 时进行包括联系测量的线路复测。要对洞内所有的测量控制点进行一次整体的、系统的控制测量复核，对所有控制点的坐标进行精密、准确的平差计算。现场合照如图 3-4-13 所示。

图 3-4-13 现场合照

三、效果及经济效益分析

（一）应用效果

工程名称：济南市轨道交通 R3 线一期土建工程施工五标段。

工程地点：济南市历城区工业北路轨道交通王舍人—裴家营站地铁区间。

应用实例：济南市轨道交通 R3 线王舍人站—裴家营站区间为双单洞隧道，该区间采用济南中铁重工轨道装备有限公司生产的两台土压平衡盾构机施工，区间设立中间风井一座，区间共计 4 次盾构机接收。其中裴家营站位于白泉泉域排泄区域，接收端水文地质条件复杂，粉质黏土层具有一定的渗透性，卵石、碎石含碎石粉质黏土层渗透性强。地下水以水平向径流补给为主，垂直向地下含水层复杂且存在承压水，施工安全风险高，因此裴家营站南端头井盾构接收加固区域采用水平冻结加固，加固范围为内圈冻结壁纵向厚度 2.5m，外圈冻结壁环向厚度 1.5m，外圈冻结壁有效纵向长度 12m。

裴家营站围护结构采用的是地下连续墙，地下连续墙施工时迎土面采用了玻璃纤维筋，背土面采用螺纹钢，两墙之间用工字钢搭接。通过注浆方式降低土体渗透系数，合理选择使用加强洞门密封来密封洞门；缩短冷冻接收时间来保障盾构接收的安全，洞门破除时用盾构机刀盘破除缩短破除时间。

裴家营站接收端采用冻结法加固土体施工技术，区间隧道最后 15 环管片改用增设注浆孔管片增加洞内注浆点，对应增设注浆孔管片背后改用单液浆与双液浆交替填充，填充空隙的同时保证快速有效形成环箍起到隔水作用，洞门内的工字钢采用盾构机刀盘进行破除，在12h破除完成，洞门破除（第二次）缩短至2d，盾构机在裴家营站安全接收。

（二）经济效益分析

裴家营站盾构机接收在采用冻结法加固土体施工技术后，在保障安全的前提下将盾构机接收时间节点提前6d，节约了多项措施费用，为公司创造了良好的经济效益；同时，施工工艺中对盾构机接收的各项措施进行了优化改进，相较于原有的常规接收施工，在人力物力上都得到节省，同时降低了接收时风险发生的概率。

应用该工艺技术，盾构机接收节省工期时间共计6d，节省人工费用6d×2次×60人×200元/d=144000元，节省洞门破除施工措施费用100000元。

综合考虑共计创造经济效益=节约工期×隧道作业人数×平均工资+洞门破除费用=6d×2次×60人×200元/d+100000元=24.4万元。

第五节　向阳站—临港站区间联络通道机械法施工实例

一、工程概况

（一）工程设计概况

3号线二期工程向阳站—临港站区间，为单圆盾构区间，隧道设计起止里程右线：DK27+822.203～DK31+114.916，区间全长为3292.713m；左线：DK28+016.636～DK31+114.910，在左DK30+700.000处设一5.010m的短链，区间全长为3093.264m。设置4个联络通道和1个中间风井，其中1号联络通道采用机械法施工。向阳站—临港站区间平面图如图3-5-1所示。

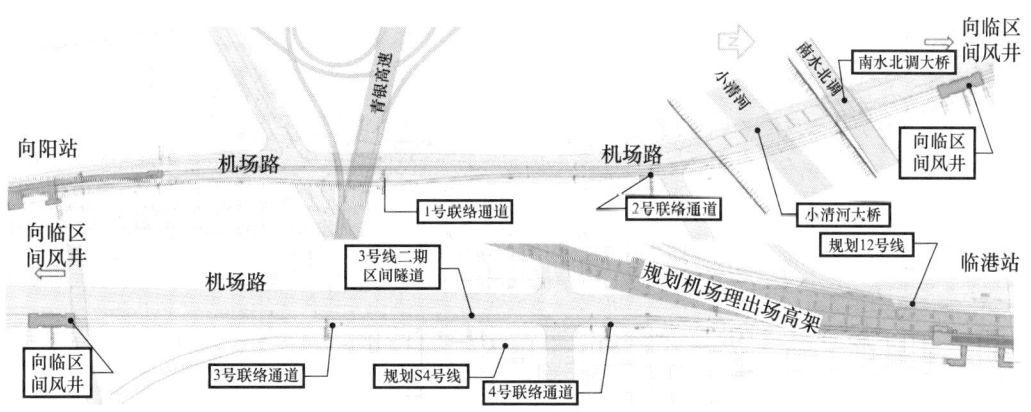

图3-5-1　向阳站—临港站区间平面图

区间在里程右DK28+422.000（左DK28+423.902）处设置1号联络通道，主隧道轨面标高右线−3.084m（左线−3.068m），联络通道隧道中心标高右线−1.124m（左线−1.108m），地面标高约20.97m，联络通道顶覆土厚度约20.5m，线间距约26.862m；主要位于$⑩_1$粉质黏土、⑬松质黏土混姜石、$⑭_1$粉质黏土层。

联络通道位于缓和曲线段，在青银高速北侧，周边主要管线为钢DN500天然气管，管顶标高18.76m，距通道水平净距约3.6m，在DN800雨水管，管顶标高19.98m，距通道水平净距约6.4m。

(二)周边环境调查

1. 地面建(构)筑物

向阳站—临港站区间1号联络通道地物主要为树林、苗圃、机场路、青银高速及10kV鸭旺线(架空)等,其中,青银高速桥桩距离联络通道最近约30.4m,10kV鸭旺线(架空)16号线杆距离联络通道最近约16.53m。向阳站—临港站区间1号联络通道周边建(构)筑物示意图如图3-5-2所示。

图3-5-2　向阳站—临港站区间1号联络通道周边建(构)筑物示意图

2. 管线情况

向阳站—临港站区间1号联络通道周边管线沿机场路敷设市政管线,主要有DN400给水(球磨铸铁,埋深约1.5m,横跨联络通道)、DN800给水(球磨铸铁,埋深约2.1m,横跨联络通道)、DN500燃气(钢管,埋深约2.5m,横跨联络通道)、DN800雨水(混凝土,埋深约1.5m,横跨联络通道)。向阳站—临港站区间1号联络通道周边示意图如图3-5-3所示。

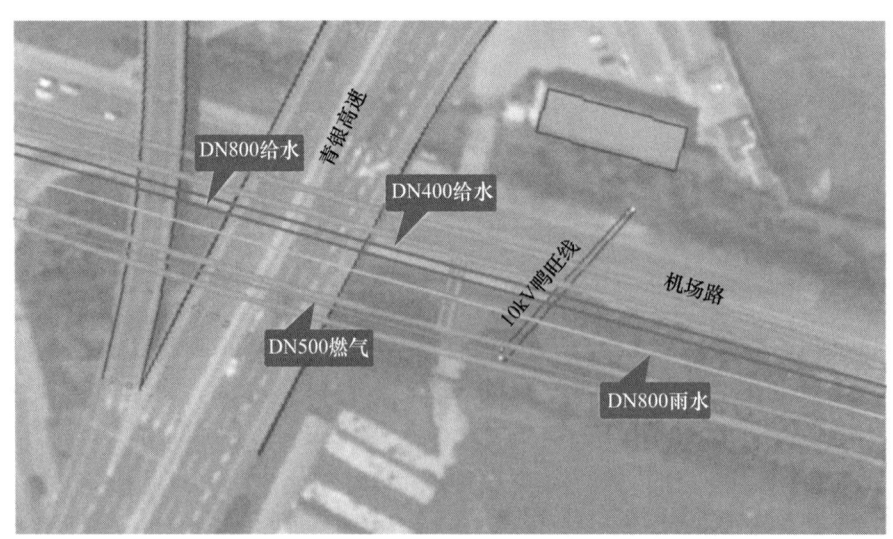

图3-5-3　向阳站—临港站区间1号联络通道周边示意图

3. 联络通道工程地质

(1) 地形地貌。

向阳站—临港站区间1号联络通道位于工程地质Ⅰ分区,位于山前冲洪积平原地貌单元。地貌成因类型为冲洪积。地形较为平坦,联络通道地面高程为20.97～21.42m,地物主要为树林、苗圃、道路等。

(2) 岩土工程性质特征。

根据《济南轨道交通3号线二期工程详勘阶段岩土工程勘察报告(Q04向阳站—临港站)》,向阳站—临港站区间1号联络通道有关的各工程地质层特征按从上到下的顺序评述如下:

①$_1$层素填土:黄褐色至灰褐色,杂色,松散、稍密,稍湿,以黏性土、粉土为主。

①$_2$层杂填土:黄褐色,杂色,松散至稍密,稍湿,以碎石土为主,局部可见建筑垃圾,混有粉质黏土。该层在沿线普遍分布。

②$_1$粉质黏土:黄褐色至褐黄色,软塑、可塑状态;该层在沿线普遍分布。

②$_3$粉土:黄褐色、褐黄色、灰黄色,稍密;该层在沿线普遍分布。

⑥$_1$粉质黏土:黑灰色、灰黑色,可塑状态,有机质含量高,有腥臭味,偶见贝壳碎屑,部分地段粉粒含量较高。该层在沿线普遍分布。

⑦$_1$粉质黏土:深灰色、灰色、黄灰色,可塑状态,部分地段呈硬塑状态,有机质含量较低,偶见贝壳碎屑,混少量姜石,粒径2～5mm。该层在沿线普遍分布。

⑦$_2$粉土:深灰色、灰色、黄灰色,稍密至中密,机质含量较低,混零星贝壳碎屑,局部混少量小径姜石,粒径2～5mm。该层在沿线局部分布。

⑨$_1$粉质黏土:褐黄色、灰黄色、黄灰色,可塑至硬塑状态,混少量小径姜石及碎石,粒径2～10mm,偶见零星贝壳碎片。该层在沿线普遍分布。

⑩$_1$粉质黏土:黄褐色至褐黄色,硬塑状态,部分地段为可塑状态,混少量小径姜石及碎石,粒径10～20mm。该层在沿线普遍分布。

⑩$_6$粉土:黄褐色至褐黄色,密实,黏粒含量较高,偶见姜石。该层在沿线普遍分布。

⑬粉质黏土混姜石:黄褐色至褐黄色,硬塑状态,局部地段为坚硬状态,含多量小径姜石(局部富集),含量10%～25%,姜石粒径因地段而异,大者10～20mm,小者1～5mm。该层在沿线普遍分布。

⑭$_1$粉质黏土:褐黄、棕黄色,硬塑状态,局部呈可塑或坚硬状态,含较多铁锰质氧化物,局部地段呈条带状分布,混少量姜石及碎石,粒径10～20mm,分布不均,局部地段粉粒含量较高。该层在沿线普遍分布。

⑭$_3$粉土:褐黄至灰黄色,密实,含少量姜石。

1号联络通道平纵面图如图3-5-4所示。

4. 水文地质

(1) 地表水。

该区间沿线穿越地表河流有小清河及南水北调干渠济南段,距离1号联络通道约700m。

(2) 地下水条件及水文地质分区。

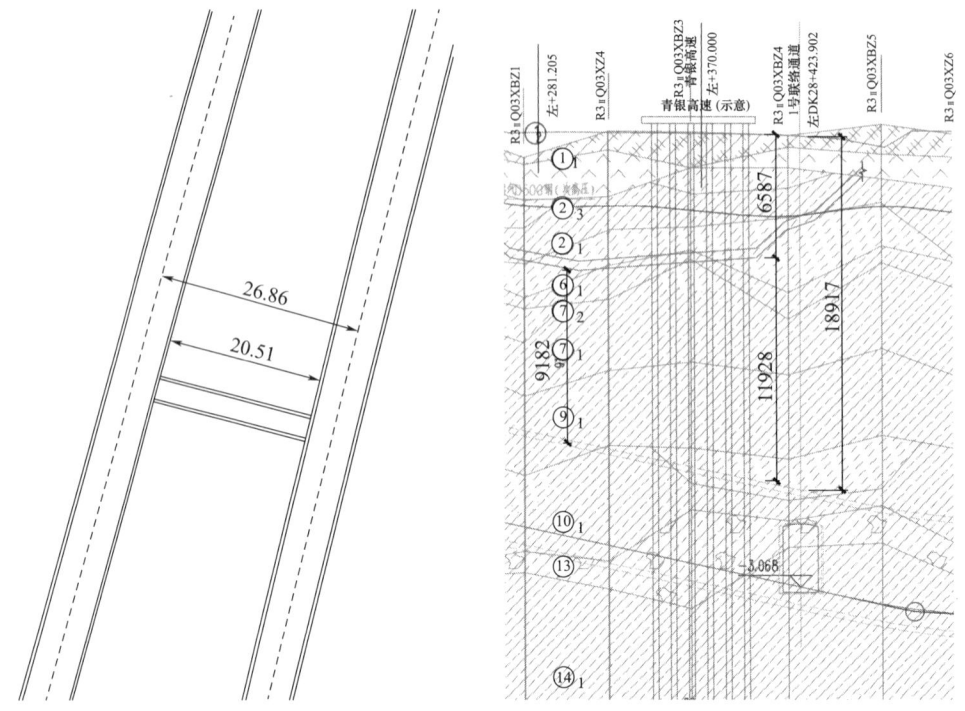

图 3-5-4　1 号联络通道平纵面图（单位：mm）

根据地下水赋存条件及其运移特征、该区间线路沿线地质特征，该区间 1 号联络通道属于山前冲洪积平原水文地质单元。地下水类型为第四系松散孔隙潜水。

该分区位于白泉出露区向小清河排泄的径流区，场地范围内局部呈河流冲积与山前冲洪积交互相，部分地段分布有卵石（或砾岩）夹层或透镜体。含水岩组主要为含碎石粉质黏土层、粉土层。黏性土层内分布有导水裂隙，具有一定的渗透性。主要补给来源为上游白泉出露区的补给、韩仓河、滩头河及小清河的侧向渗流补给、大气降水补给，以蒸发、地下水径流以及人工取水为主要排泄方式。该分区勘察期间地下水位埋深为 2.30~7.90m，地下水稳定水位高程为 15.98~16.29m。呈自南向北逐渐降低的趋势。常年最高地下水埋深可按地表考虑。

（三）设计总体方案

1. 联络通道采用机械法施工时的总体设计方案

（1）采用套筒法进出洞，确保施工过程中洞门密封。

（2）直接通过顶管机切削混凝土管片完成进出洞。

（3）通道拼装采用预制的管节。

（4）通道两端首尾处设计为钢管节，便于洞门接口施工。

（5）洞门接口为钢板结构，内部填充砂浆。

（6）待撤离顶管机后，施作洞门接口，安装防火门。

机械法联络通道施工整体效果图如图 3-5-5 所示。主隧道管片示意图如图 3-5-6 所示。

图 3-5-5 机械法联络通道施工整体效果图

图 3-5-6 主隧道管片示意图

2. 主隧道结构（洞门处）设计

联络通道处隧道管片考虑采用钢混结合特制管片，联络通道顶管机掘进位置采用混凝土管片，其他部位采用钢管片，钢管片预留注浆孔，通过注浆对进出洞门处地层进行加固。

联络通道处采用 6 块（3 环）钢混特殊管片，环宽均为 1500mm，不设楔形量，采用通缝拼装，封顶块均放置于开洞处另一侧 45°及 112.5°位置，拼装前，应采用 1.2m 调节环调整隧道里程。

主隧道联络通道处管片预留洞口始发端正视面外径为 3460mm，接收端为 3460mm，始发与接收洞门与设备刀盘单侧间隙为 85mm。

3. 小管节设计

（1）管节内径为 2760mm，厚度为 250mm，外径 3260mm，满足防火通道要求。

（2）管节间采用错缝拼装，无楔形量，环宽 900mm，并设置 300~900mm 任意环宽的调节环，通过组合调整进出洞钢环里程位置。

（3）管节分为上下两块预制，混凝土强度为 C50，抗渗等级不小于 P10。

（4）管节块与块间、环间均采用 M24 普通螺栓相连。

（5）管节接缝采用粘贴遇水膨胀橡胶密封垫及泡沫条。

（6）进出洞处钢环为增设注浆孔钢管节。

（四）工程数量

管节需求规格明细见表 3-5-1。

表 3-5-1 管节需求规格明细表

联络通道编号	所属区间	联络通道长度（m）	总环数	正环		负环	备注
				钢管节	钢筋混凝土管节	钢管节	
1号	向阳站—临港站区间	21.062	27	2	22	3	不计算调节环

注：管节需求以后期实际测量成果为准。

（五）施工平面布置

施工现场充分利用现有设施进行布置（图 3-5-7）。

（1）现场向阳站南端盾构井停放一台 25t 吊车，用于联络通道管片、材料下井及出土作业。

(2)向阳站—临港站区间联络通道蓄土采用顶板渣土坑进行临时存储,正常掘进时每环理论上可出土约 9.18m³,现场渣土坑可满足蓄土要求。

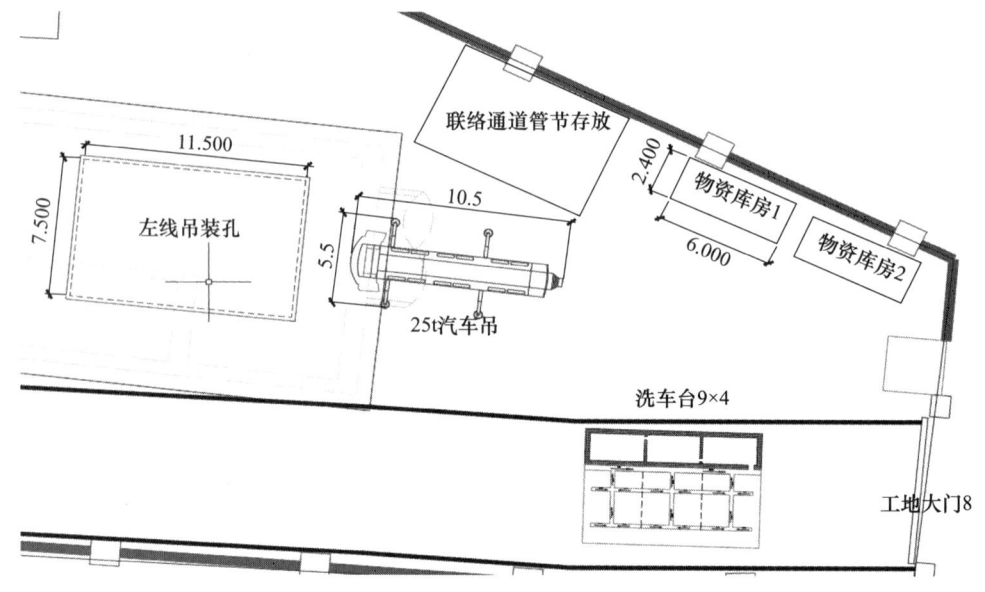

图 3-5-7　向阳站南端施工平面布置图(单位:m)

(3)车站端头加固区及硬化顶板作为管片堆放场地,满足日常生产需要。

(4)前期设备下井过程中,下井通道为车站盾构井楼梯,后期盾构设备下井完成后安装垂直式梯笼,作为上下通道。

(5)门卫室、大门及洗车装置均使用南端现有装置。

(六)临时用水、临时用电

区间临时用电、临时用水接入计划见表 3-5-2。

表 3-5-2　区间临时用电、临时用水接入计划表

区间	高压电(10kV)	低压电	用水
向阳站—向临区间风井	向阳站北侧	向阳站北侧	向阳站北侧

(七)技术保障条件

为了贯彻该工程的技术特点以及工程技术管理方针,理顺和优化工程技术管理过程,健全工程技术管理体系,使工程技术管理人员在岗位调整后能快速地进入工程技术管理工作流程,特制定了相应的技术管理程序。

(1)项目部下设工程部、物资部、安环部、计划部、财务部、办公室,各部门相互配合,保障现场施工生产。

(2)在施工前期,项目根据现场施工情况和施工设计文件,编制可实施的施工方案,通过施工单位、监理单位、专家评审通过后方可进行施工。

(3)施工过程中,各项施工作业均需编制施工技术交底和施工作业指导书、安全技术交底等施工过程技术指导性文件。

（4）施工过程中，对于各项施工质量控制编制相应的施工质量验收标准和要求。

（5）在每项工程完成后，及时通知监理单位进行现场验收，对不合格部位及时做出整改直至验收通过后方可进行下一步施工。

（6）主要施工完成后，及时进行撤场施工，并完成后期施工后，方可进行竣工验收。

二、施工方法及工艺要求

（一）工艺流程

联络通道掘进施工流程如图 3-5-8 所示。

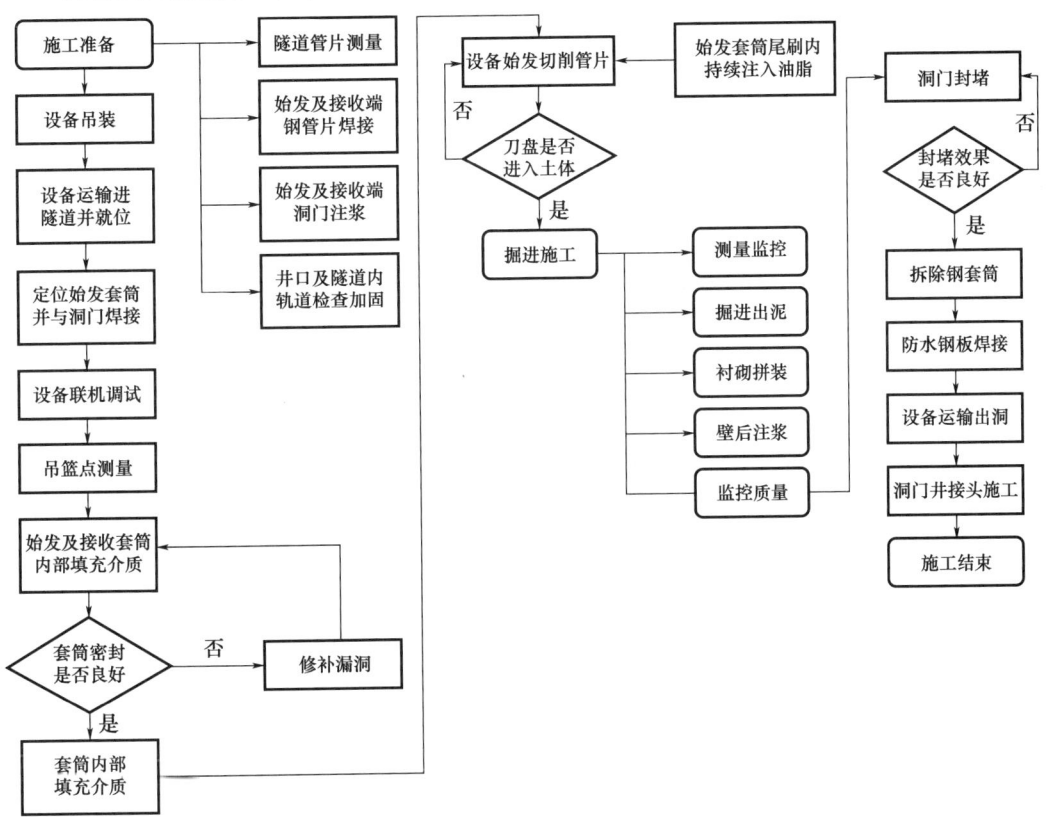

图 3-5-8 联络通道掘进施工流程

（二）进场前准备

1. 洞内布置

主隧道移交前需拆除顶管施工不用设施，预留轨枕、轨道，待设备进洞后进行通道、管路、电路、水路等的铺设。

（1）照明：受设备尺寸限制，正线隧道照明须采用电缆＋灯带。3号、5号台车运输前需要把电箱暂时拆除，完成后重新接入电箱。

（2）走道板：受设备尺寸限制，同时考虑到施工周期及隧道现状，走道板布设于双轨中间部位，须待3号、5号台车运输到位后进行铺设。同时为了保证人员行走安全，待台车全部到位后，须在单侧每50环设置1个避让平台，平台与普通走道板布设相同。

（3）水管：给水管及排水管采用DN50铁管，施工完成后拆除。

（4）电路：始发侧隧道须布设2路电路，一路为10kV高压电缆，另一路为低压电缆。照明电缆放置于掘进方向的隧道侧边，与灯带一起悬挂于隧道腰部，高压电缆须待3号台车进入隧道后再悬挂于对侧。接收侧隧道须布设一路低压动力电缆，供照明与5号台车泵站动力，5台车功率为30kW。

2. 隧道内轨道铺设

为运输设备及物料，洞内铺设两轨，电瓶车与台车共用轨道，轨枕间距根据实际情况调整，需要加密段轨枕间距控制为0.6m；钢轨规格为43kg/m，单根长度6.25m，现阶段可利用主隧道区间现有轨道。始发侧轨道须铺设至超过联络通道中心线40m，接收侧轨道须铺设至超过联络通道中心线10m。井口素混凝土已回填至轨道底部，满足施工需要。

3. 洞门钢管片处理

将主隧道管片始发及接收洞门处6块复合管片的钢结构部分焊接连为整体，采用跳焊法减少变形，分多层焊接，焊接厚度每层3~5mm。施工时需要搭设脚手架作为施工平台。

（1）焊接流程为焊接—打磨—焊接—打磨，如此循环进行，每次焊接厚度不大于5mm，打磨深度不小于1mm。

（2）背面清根采用角磨机打磨，深度为3mm。

（3）需对钢管片接缝处进行焊缝制备及清理，采用碳弧气刨与角磨机打磨。

（4）焊前检查坡口、组装间缝是否符合要求，定位焊是否牢固，焊缝周围不得有油污、锈物。

（5）焊接速度：要求等速焊接，保证焊缝厚度、宽度均匀一致，从面罩内看熔池中铁水与熔渣保持等距离（2~3mm）为宜。主隧道联络通道钢管片焊接示意如图3-5-9所示。

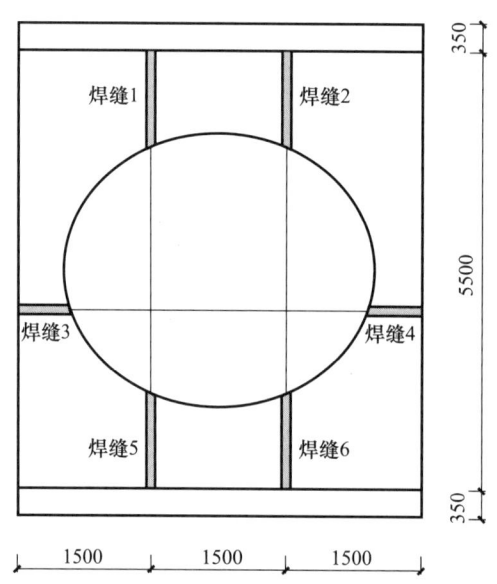

图3-5-9 主隧道联络通道钢管片焊接示意图（单位：mm）

4. 联络通道洞门注浆

区间移交后，为弥补在地层中的间隙等缺陷，提高联络通道位置管片衬砌背后土层的密实度，改良始发与接收洞门处土体，降低周边土体渗透系数，起到一定的止水效果，需对联络通道进行注浆（单液浆）。安排人员对联络通道3环及前后各1环共5环再次进行注浆，确保注浆效果。主隧道联络通道管片二次注浆点位如图3-5-10所示。

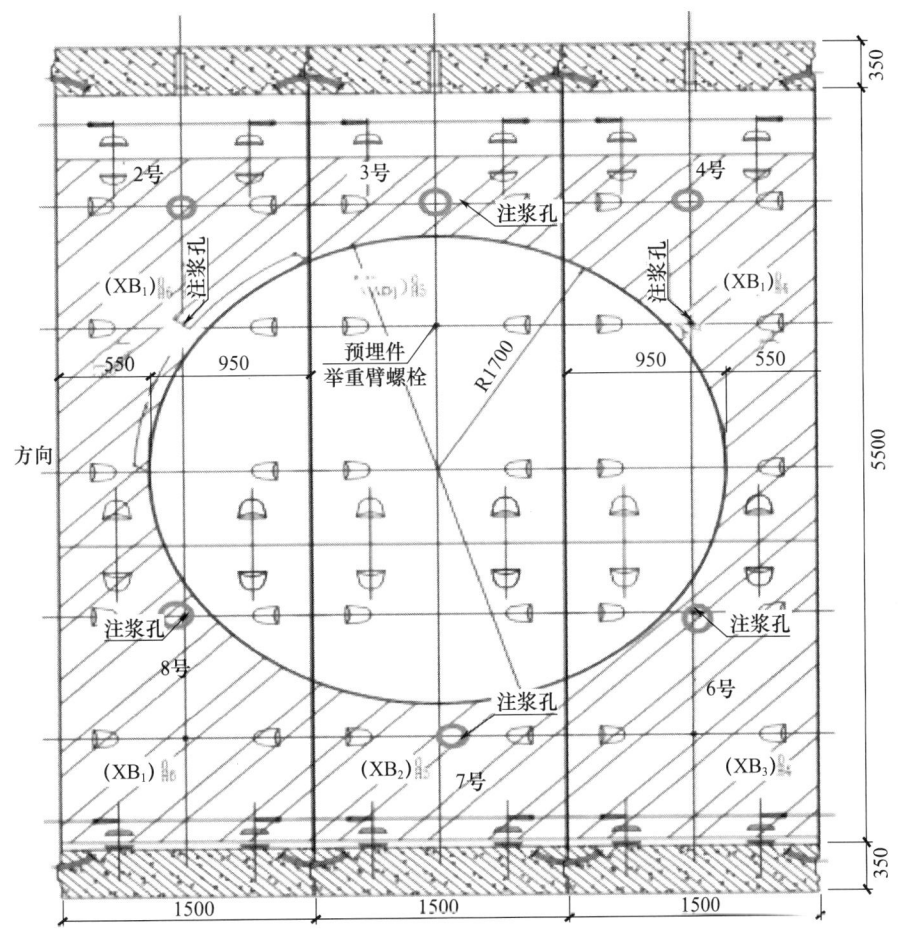

图3-5-10 主隧道联络通道管片二次注浆点位（单位：mm）

始发和接收洞门注浆工艺如下。

（1）检查注浆设备各系统是否处于正常工作状态，压力表是否正常。

（2）手电钻打通管片吊装孔底部混凝土，在吊装孔上安装连接阀，将管路与连接阀连接，然后再次检查管路连接的密封性。

（3）在浆液搅拌筒中按设计的水灰比进行水泥浆（水与水泥）拌制，严格按照设计配合比拌制，以免注浆管堵塞。设计水灰比为：水泥浆（按质量配合比）水：水泥＝1：1。

（4）采用前进式分层注浆的方式，每个注浆孔分两次注浆，每孔注入量约为$0.4m^3$。

（5）注浆标准以注浆压力与注浆量进行双重控制，注浆压力为$0.2\sim 0.5$MPa。以下情况应例外。

① 在开孔时发现注浆孔内有大量水喷出,应增加注浆量直至注浆压力达到注浆压力的上限。

② 当每孔注浆量未达到设计值而注浆压力达到规定压力的上限时,应停止注浆。

(6) 注浆结束后,对每一个注浆孔进行密封,以防渗水。

(7) 注浆结束后应立即对注浆设备及管路进行清洗。

5. 联络通道洞门中心复测

(1) 主隧道左右线贯通测量后,使用最新的控制点成果对钢环进行复测。

复测方法:

① 实测洞门最高点与最低点标高,计算高差与洞门直径是否一致(不大于±5mm)。计算中心高程,根据中心高程测得左右两侧洞门边坐标,计算左右两点距离与洞门直径是否一致(±5mm)。

② 沿洞门钢环一圈测 16 个点(坐标、标高),根据圆心拟合计算出拟合洞门中心坐标及标高,通过计划线与管片边界交点确定实际洞门中心坐标。确认与第一种方法的数据是否一致。

(2) 实测联络通道左右线洞门中心若存在偏差,或者联络通道在曲线上,顶管机需要进行锐角始发或者接收,其始发、接收角度与 90°偏差控制在 2°以内。

6. 施工监测

(1) 监测目的。

① 了解和掌握联络通道施工过程中地表沉降情况及其规律性。

② 了解联络通道施工过程中因地表沉降而引起的建筑物、地下管线下沉及倾斜情况,确保建筑物、地下管线的安全。

③ 了解联络通道施工过程中两侧隧道沉降及其收敛情况。

④ 了解联络通道施工过程中通道结构顶、底的沉降以及收敛情况。

(2) 监测项目及范围。

综合发包单位提供的资料、该工程周围环境特点,确定该监测工程设置以下 4 方面监测内容。

① 隧道结构监测(沉降、收敛)。

② 周边建筑物沉降监测。

③ 隧道管片变形监测范围应不小于联络通道两侧隧道管片各 20 环,地面及周围建(构)筑物和管线变形监测范围应不小于联络通道中心为圆心,半径为 20m。

④ 隧道管片和周边环境的监测范围不应小于联络通道埋深的 1.5 倍。

(3) 监测要求

监测点技术要求见表 3-5-3。

表 3-5-3 监测技术要求

量测项目	量测仪器和工具	测点布置	沉降报警值
地质描述情况	实际开挖地质观察	每开挖进尺	—
地表沉降	水准仪和水平尺	垂直联络通道正上方地面投影外侧 20m	+10mm、−20mm 为累计报警值;±3mm 为日变量报警值

续表

量测项目	量测仪器和工具	测点布置	沉降报警值
桥梁墩柱沉降、隆起及水平位移	水准仪、水平尺和经纬仪	根据现场情况布置	－7mm为沉降累计报警值； ＋3.5mm为隆起累计报警值； ±3.5mm为水平位移累计报警值； ±3.5mm为不均匀沉降累计报警值
管线沉降及隆起	水准仪和水平尺	根据现场情况布置	＋7mm为沉降累计报警值； ±3.5mm为隆起累计报警值
联络通道结构顶、底下沉	水准仪和水平尺	顶、底各3~6个测点	±10mm为累计报警值； ±3mm为日变量报警值
盾构隧道下沉及收敛	水准仪、水平尺和收敛计	联络通道两侧隧道管片各20环，每环2~4个测点	±10mm为沉降累计报警值； ±13mm为收敛累计报警值； ±1~2mm为日变量报警值
联络通道收敛位移	收敛计	三个断面，每断面2~3个测点	±10mm为累计报警值； ±3mm为日变量报警值

(4) 监测点布设。

① 联络通道施工期间，随着与联络通道的距离由近到远，隧道垂直位移监测点宜先密后疏布置，在联络通道中心线对应钢管片的拱底位置布设1个测点，联络通道中心线两侧10环范围内每2环布设一个测点，10环范围外每4环布设一个测点，监测点宜按环号进行编号。

② 联络通道施工期间，隧道收敛监测点应布设在联络通道两侧第一环混凝土管片上，然后在联络通道中心线两侧10环范围内每2环布设一个断面，10环范围外每4环布设一个断面，监测点宜按环号进行编号。监测频率要求见表3-5-4。

表3-5-4 监测频率要求

监测内容	监测频率			
	切削特殊衬砌及纠偏期间	正常掘进期间	注浆期间	施工结束后
管线垂直位移监测	1次/d	2次/d	1次/3d	监测频率1次/周，视变化量适当调整，变化量小可1次/2周，最后速率达到稳定标准停止监测
建筑物垂直位移监测	1次/d	2次/d	1次/3d	
地表剖面垂直位移监测	1次/d	2次/d	1次/3d	
青银高速桥墩垂直、水平位移监测	2次/d	2次/d	1次/3d	
隧道垂直位移监测	2次/d	1次/d	1次/3d	
收敛监测	2次/d	1次/d	1次/3d	

(三) 施工测量

1. 总体测量方案

联络通道作为地铁区间上行线与下行线的连接隧道，与地铁正线隧道呈T形，作业空间狭小，施工测量的施测环境较复杂，调整难度大，要求的施测精度高，必须精心施测和进行成果整理，工程测量成果必须符合相关规范的要求。

2. 测量控制标准

为保证工程测量质量，统一测量控制的操作标准，现针对机械法联络通道施工特点，遵循以下标准。

（1）控制网等级划分。

平面控制网等级及测角精度：

平面控制网按城市轨道交通精密导线网技术要求施测。

（2）高程控制网等级。

高程控制网按城市轨道交通二等水准网技术要求施测。

3. 施工限差要求

施工掘进限差要求见表 3-5-5。

表 3-5-5　施工掘进限差要求表

类型		限差
施工控制限差	最远高程点高程互差	±3mm
	最远导线点的坐标互差	±5mm
	洞门中心误差	±5mm
施工掘进限差	反力架里程及法面误差	±10mm
	顶管机趋势误差	±3mm/m
	顶管机定位误差	±10mm
	导向系统调试误差	±30mm
	姿态偏差	±50mm
	拼装管片轴线偏差	±50mm

4. 始发前测量

（1）控制测量。

以竖井联系测量的井下起始边为支导线的起始边，根据主隧道已有的布设点进行闭合导线复测。

导线采用左右角观测，圆周角闭合差应小于 $6''$，边长往返测各两个测回，平均值较差应小于 5mm，测角中误差为 $2.5''$ 以竖井传递的二等水准点为基准点进行水准复测，按照国家二等水准测量规范施测，全程闭合差$\leqslant 4\sqrt{L}$ mm（L 为全程长度，单位为 km）。

（2）洞门复测。

根据控制测量的成果，对联络通道的始发、接收洞门中心进行复测。

① 实测洞门最高点与最低点标高，计算高差与洞门直径是否一致（不大于±5mm）。计算得中心高程，根据中心高程测得左右两侧洞门边坐标，计算左右两点距离与洞门直径是否一致（不大于±5mm）。

② 沿洞门钢环一圈测 16 个点（坐标、标高），根据圆心拟合计算出拟合洞门中心坐标及标高，通过计划线与管片边界交点确定实际洞门中心坐标。确认与第一种方法的数据是否一致。洞门中心测量点位如图 3-5-11 所示。

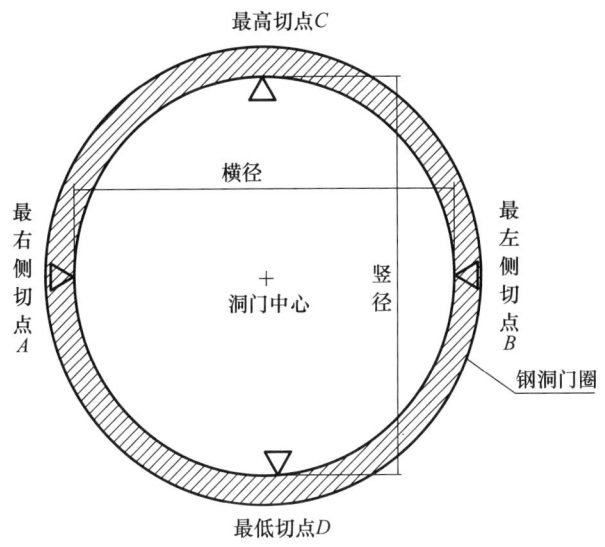

图 3-5-11 洞门中心测量点位示意图

(3) 套筒定位。

实测联络通道左右线洞门中心若存在偏差，或者联络通道在曲线上，顶管机需要进行锐角始发或者接收，其始发、接收角度与 90°的偏差控制在 2°以内。

台车到达指定位置，根据联络通道轴线与主隧道轴线角度关系对始发套筒进行复测，待复测完成后将套筒前端与洞门钢环进行焊接。

5. 始发测量

(1) 吊篮点及后视点测设。

在顶管机后靠管片上安装吊篮点，根据视线通视距离吊篮点 50m 外布设后视点。根据控制测量成果测出吊篮点及后视点的三维坐标。

(2) 人工姿态测量。

始发及接收前对顶管机姿态进行人工复测，通过顶管机零位数据报告测量参考点计算出实际轴线姿态。

(3) 导向系统调试。

该工程所使用导向系统为上海米度导向系统。采用三棱镜模式，导向系统测量姿态与盾构机人工复测姿态数据较差应小于±10mm。超限后应立即对导向系统进行重新调试。

6. 掘进测量

管片姿态测量是通过制作一根固定长度的铝合金方尺，在尺中心位置粘贴双面反射片，测量反射片的三维坐标，并通过铝合金尺与管片的相对位置推算出管片中心三维坐标，从而判定管片姿态。

7. 接收测量

接收时其刀盘与接收洞门偏差允许值为平面小于±50mm，高程±(20～30) mm。在顶管机接收前要系统地对掘进轴线进行一次全面精确的复测，并严格控制顶管机的掘进参数。

（四）顶管机组装、运输及调试

1. 顶管机

（1）顶管机概述。

拟投入用躬 7 号顶管机进行向阳站至向阳站—临港站区间风井区间 1 号联络通道的施工。

顶管机由刀盘系统、主驱动系统、盾体系统、渣土输送系统、后配套系统、推进系统、泡沫系统、密封润滑系统、循环水系统、工业空气系统、注浆系统、液压系统、动力供电系统、PLC 控制系统及数据采集、导向系统、消防系统、通信照明与监视系统组成，整机布置如图 3-5-12 所示。

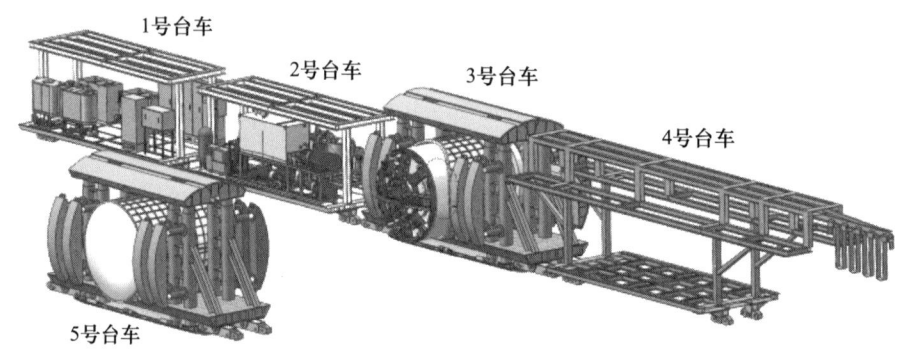

图 3-5-12　顶管机整机布置图

（2）刀盘系统。

刀盘具备开挖土体、稳定掌子面、搅拌改良渣土的作用。采用 4 主梁＋4 副梁的锥形结构形式，刀盘刀具高度分布呈圆锥形，有利于切削管节过程中顶管姿态的控制。开口在整个盘面均匀分布，中心部位设有面积足够的开口，利于土压传递及保持平衡，避免产生泥饼。

刀具布置为 1 把中心鱼尾刀、7 把双刃滚刀、2 单刃滚刀、8 把边刮刀、34 把撕裂刀、24 把切刀、8 把边刮刀、8 把保径刀，同时在刀盘圆环外弧面设置 8 把大圆环保护刀。胸板布置 2 个被动搅拌棒、3 个土压力传感器及多个预留孔洞。刀盘主梁面板上分布有 4 个泡沫注入口，刀盘主梁背部设置 4 个主动搅拌棒。

刀盘外径 3290mm，可正反旋转，开口率 38%，结构总重 10t，结构材质 Q345B。

（3）主驱动系统。

主驱动系统是设备的动力输出部分，具有低速大扭矩驱动，高低速挡切换、总线通信便于检测控制、结构紧凑的优点。

（4）盾体系统。

盾体系统对挖掘出的隧道段起着临时支护的作用，阻隔水土并承受周围土层的土压力、地下水压力。

顶管机盾体系统由前盾、中盾、推进系统等组成。

前盾规格为 $\varPhi 3280\times 1375$，中盾规格为 $\varPhi 3280\times 412$，尾盾规格为 $\varPhi 3280\times 990$，盾体结构重为 20.2t。

纠偏系统为布置 8 个调向油缸，纠偏角度 1.8°，最大伸出速度 20mm/min，最大回缩速度 40mm/min，最大推力 100t。

推进系统共布置 8 个油缸，分 4 组布置，分别为左 4 右 4，最大推力 1200t，推进行程 1450mm，最大推进速度 20mm/min。

(5) 渣土输送系统。

联络通道顶管机渣土输送系统由螺旋输送机组成，螺旋输送机将掘进时产生的渣土从土仓输送到后闸门处，渣土通过螺旋机驱动轴旋转输送至出土口。

螺旋输送机采用轴式中心驱动螺旋机，由螺旋轴、连接筒体、出渣口、驱动装置组成。在螺旋输送机筒体上设置有渣土改良口，螺旋机设置三道闸门，螺旋机前闸门位于胸板后部，通过液压油缸来实现闸门的开启和关闭。尾部安装两道连续的闸门，防止螺旋机喷涌。

螺旋机的最大通过粒径为 $\varPhi 210\times 270$，最大出渣能力 $20m^3/h$，最大扭矩 $40kN\cdot m$，设置 3 个渣土改良注入口，可接入泡沫和膨润土注入系统。

(6) 后配套系统。

① 拖车。

后配套系统包括 5 节以 H 型钢和钢板拼接而成的拖车。拖车上布置有顶管机工作必需的电气、液压、流体的元件和管路。所有设备布置在拖车的左右两侧，拖车采用外走台设计，人员行走更加安全。台车设备见表 3-5-6。

表 3-5-6　台车设备表

台车编号	设备名称（顶管机）
1	右侧布置高压开关柜、高压电缆分支箱、变压器、混合液等； 左侧布置水箱、水泵和电器柜等
2	右侧布置泡沫原液、补偿柜、主控室； 左侧布置储气罐、空压机、液压泵站
3	主机、油缸、始发套筒、支撑等
4	左侧布置配电柜、制浆机、物料吊运系统等
5	接收套筒、支撑、液压泵站等

② 管节吊运系统。

管节输送系统由小管节吊机梁运输，可以实现管节的转运，满足快速施工要求。

③ 始发台车反力结构组成。

在始发台车上，主要分布的是主机、始发套筒、支撑和油缸。顶管的反力结构也在始发台车上，由后部支撑、油缸组成。

顶管机在顶进施工工作过程中，通过顶推系统油缸使顶管机和管节一起前移，油缸撑靴顶至负环管节后端环面上，让另一端环面靠在盾尾，使管节前移，顶推系统油缸伸出行程变大，驱使顶管机向前顶进。

(7) 顶管机设备特点。

① 利用刀盘模态切削试验对切削过程进行试验验证和数值仿真，优化了机械法联络通道顶管机刀盘设计。

② 根据联络通道顶管机的功能需求和空间约束，将整机分解为几个模块进行研发，对机电、液压等系统进行集成布局设计，并进行了优化。

③ 由于后配套功能要求和主隧道空间约束，使用创新型的移动式后配套支撑平台系统、辅助系统、支撑稳定系统、管节调运系统等。

④ 通过分析顶管机后配套系统中的物料调运路径，确定顶管机出渣及设备施工物料系统的输送条件，研发出相关运输装备。

(8) 顶管机主要性能参数见表 3-5-7。

表 3-5-7　顶管机主要性能参数表

序号	项目	顶管机
1	开挖直径	3290mm
2	前盾直径	3280mm
3	中盾直径	3280mm
4	盾尾直径	3280mm
5	最大推进速度	20mm/min
6	最大推力	1200t
7	额定扭矩	1403kN·m
8	顶推系统最大工作压力	35MPa
9	刀盘开口率	38%
10	中心鱼尾刀	220mm；1把
11	14.5寸双刃滚刀	7把
12	14.5寸单刃滚刀	2把
13	撕裂刀	34把
14	保径刀	8把
15	边刮刀	8把
16	大圆环保护	耐磨复合钢板+8把保护刀
17	螺旋输送机	350mm×2750mm
18	出渣能力	20m³/h
19	渣土改良注入口	3个
20	立柱顶升油缸	4个
21	油缸行程	1450mm

2. 组装场地准备

顶管机组装场地主要考虑吊车放置区地面的承重能力，如果地面强度不够，需要进行加固，同时对竖井的结构尺寸进行复核，对四周环境、进场道路进行踏勘。吊装设备站位优选原盾构吊装站位。

3. 后配套台车下井运输

联络通道顶管机的5节台车之间差异较大。考虑到电瓶车工作能力、连接部位强度及设备通用性，5节台车分别单独由电瓶车推入隧道。

4. 顶管机组装技术要点

1号、2号台车为整体吊装，无须进行特殊组装，4号台车仅需对横梁进行组装，该方案主要针对3号、5号台车组装做说明。

(1) 主机及 3 号台车组装。

3 号台车下井前需对部分结构进行组装，整体吊装下井后，再进行剩余结构的吊装入井。具体组装流程如图 3-5-13 所示。

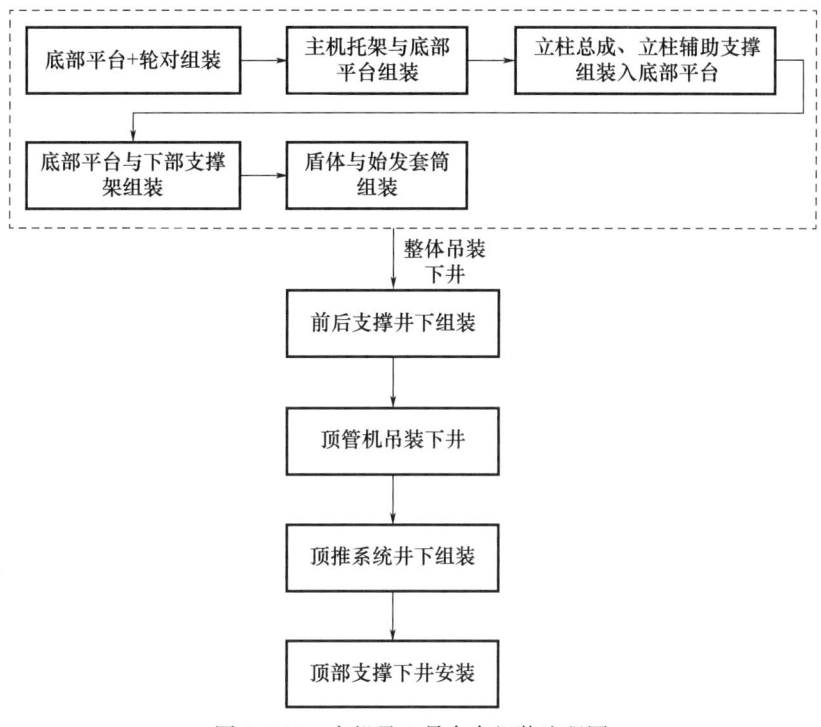

图 3-5-13　主机及 3 号台车组装流程图

(2) 5 号台车组装。

依据现场实际情况，5 号台车在下井前与 3 号台车类似，均需在地面对部分结构进行组装，下井后对剩余部分进行再次组装后由电瓶车推入隧道内指定位置。5 号台车组装流程如图 3-5-14。

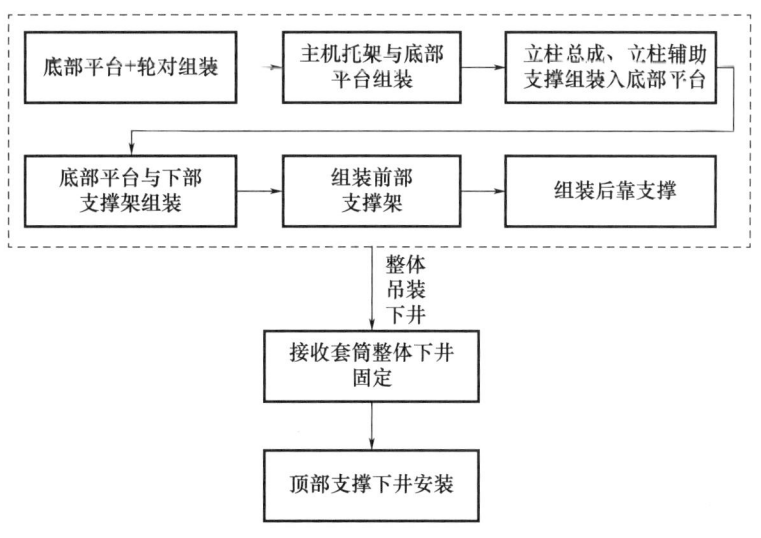

图 3-5-14　5 号台车组装流程图

(3) 主机与 3 号台车组装过程中的防倾覆。

因主机在调运至 3 号台车上进行组装的过程中,可能存在主机放置不平衡的问题,故需要在 3 号台车靠近始发套筒安装端架设加强支腿,根据现场场地情况在主机调运上 3 号台车前于台车底部设置支腿,防止可能发生的倾覆现象。在下井之前需先对隧道内运输路线的轨道进行间距调整、纠平及加固以保证运输时台车的平稳性。组装完成后运输过程中总体重心主要分布在台车底部,运输过程中采用低挡均匀速率运输,并在过程中前后安排专人观察运输轮对于轨道偏移关系,预防倾覆。

5. 吊装下井工艺流程

顶管机吊装下井前需对进场吊机进行检查,铺设钢板进行试吊起。根据设备特点,1 号、2 号台车整体吊装下井,由电瓶车将台车推入指定位置后,电瓶车出。组装 3 号台车、吊装顶管机,将 3 号台车连同顶管机一起由电瓶车推入指定位置与 1 号、2 号台车连接。在吊装 4 号台车时,需在井口组装完成 4 号台车,将 4 号台车推入指定位置与 3 号台车连接。始发端吊装完成后,将 5 号台车吊装下井后,吊装接收钢套筒进行组装,后吊装 5 号台车上部支撑,组装完成后,由电瓶车推入施工联络通道接收端。顶管机吊装下井施工步骤见表 3-5-8。

表 3-5-8　顶管机吊装下井施工步骤

吊装顺序	吊装立面图	吊装构件立体图
1 号、2 号台车吊装	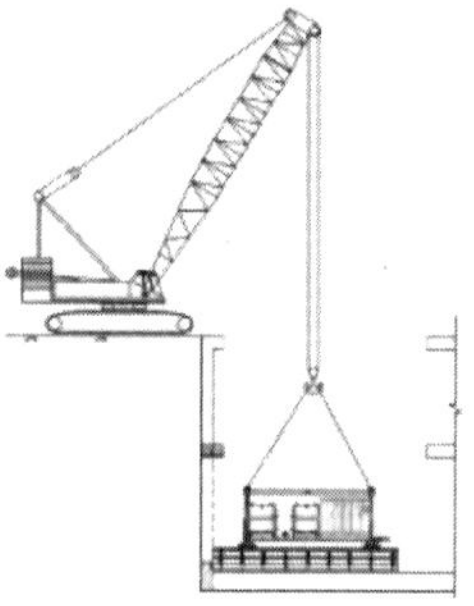	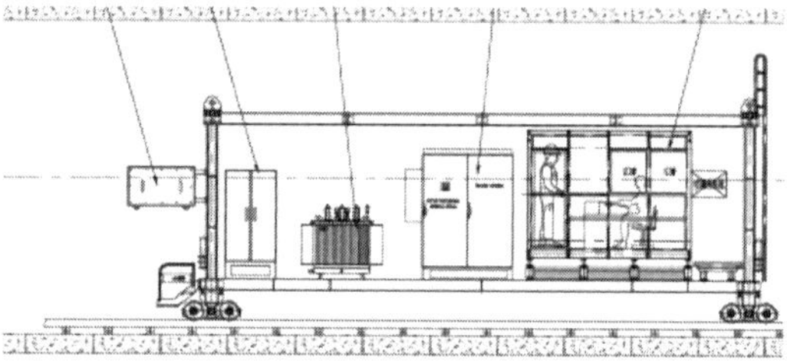
3 号台车下部吊装	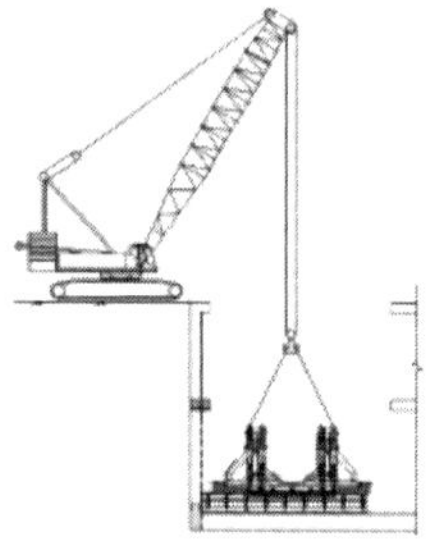	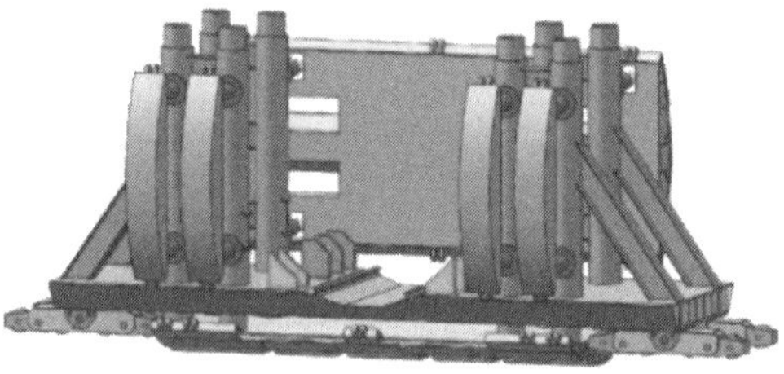
主机吊装 (在地面上手涂盾尾油脂,并将盾体推入套筒)	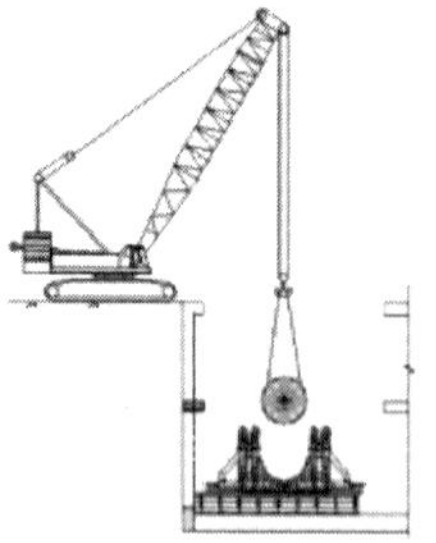	

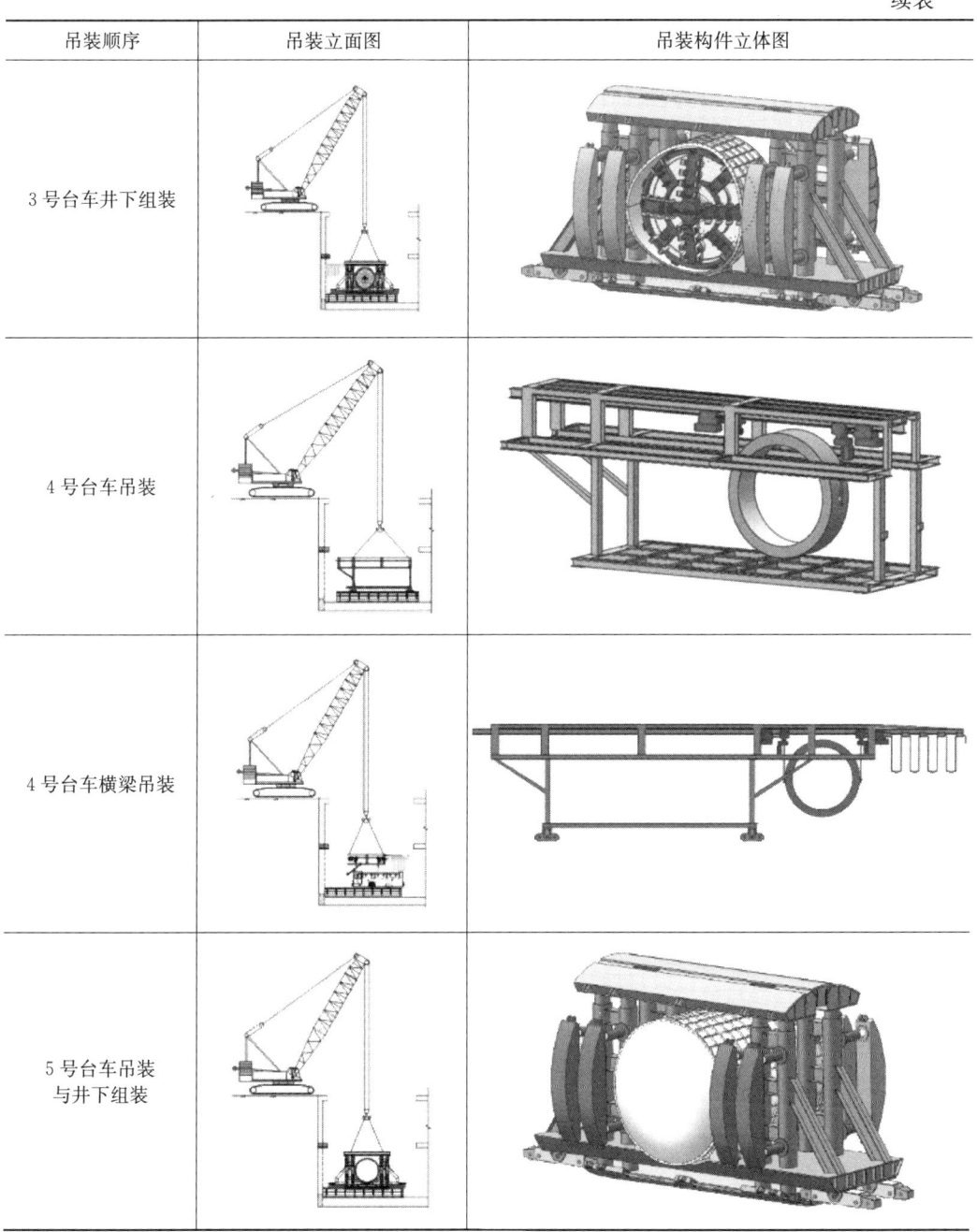

吊装顺序	吊装立面图	吊装构件立体图
3号台车井下组装		
4号台车吊装		
4号台车横梁吊装		
5号台车吊装与井下组装		

各节台车在吊装下井组装过程、拆机过程中均在轮对后放置铁鞋固定，防止台车在组装拆机过程中出现溜车现象。台车进入隧道指定位置后，采用16a工字钢在台车轮对四角处于轨道进行焊接固定。

6. 吊装出井拆卸工艺流程

联络通道施工完成后，始发端台车按照4号—3号—2号—1号的顺序依次拉出至井口吊出，其中3号台车部分组件需要在井口拆除吊出。接收端5号台车拉出至进口后，先拆除上支撑板，再拆除左右侧的月牙板，接着拆除套筒吊出主机，最后吊出5号台车，其他联络通道设备拆除顺序同理，在此不一一赘述。

7. 后配套及管线连接

所有设备就位后，连接后配套及管线，并安装铁鞋防止溜车。

主要连接的部分包括1号、2号台车与3号台车之间的液压管路、弱电线路，主机与1号、2号台车之间的液压管路、水路、泡沫管路及弱电线路，3号与4号台车之间的单梁系统、膨润土管路、油脂管路。

8. 空载调试

设备组装完毕后，即可进行空载调试。空载调试的目的是检查顶管机各系统是否能正常运转，对于不能正常运转的要找出原因。主要调试内容：配电系统、液压系统、润滑系统、冷却系统、控制系统、注浆系统以及各种仪表的校正。

（五）顶管法施工方法及操作要求

1. 套筒始发准备

（1）套筒尾刷安装。

该工程采用钢套筒始发，顶管机主机与始发套筒间存在75mm间隙，主机进洞后联络通道管节与始发套筒间存在100mm间隙，套筒内采用3道钢丝刷。

套筒钢丝刷是顶管机的一种刷形密封件，安装在始发套筒内，如图3-5-15所示。钢丝刷的正确安装是发挥顶管机套筒尾刷密封性能的基本前提，正确的油脂涂抹和施工是发挥套筒尾刷密封性能的保障，套筒钢丝刷正确的安装结合油脂的正确涂抹及施工，为满足始发套筒的密封要求打下坚实的基础。套筒钢丝刷安装的好坏直接影响套筒的质量和安全。

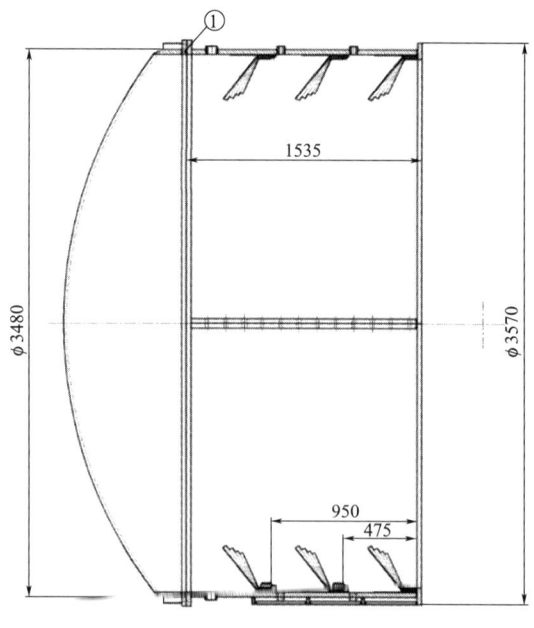

图3-5-15　始发套筒设计图

每组钢丝刷由钢板制成的保护板、压紧板和不锈钢材料的钢丝刷组成。保护板与压紧板之间夹装了钢丝刷。保护板、压紧板、钢丝刷通过销钉固定，由此构成整块钢丝刷，如图3-5-16所示。

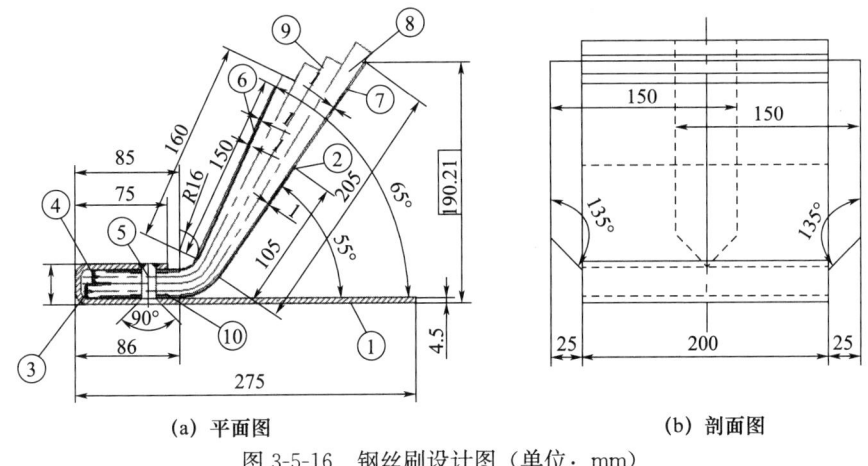

(a) 平面图　　　　　　　　　　(b) 剖面图

图 3-5-16　钢丝刷设计图（单位：mm）

注：①—压板一；②—弹簧板；③—压板二；④—圆钢；⑤—销钉；
⑥—弹簧板；⑦—弹簧板；⑧—钢丝束；⑨—布束；⑩—钢板。

(2) 导轨的安装。

依据"全封闭"的施工原则，始发与接收的临时密封均采用套筒密封，充分考虑施工误差及刀盘旋转间隙，始发套筒内径为 3460mm，接收套筒内径为 3460mm。此设计将会导致主机与套筒的相对位置不固定，其对接收过程影响不大，但严重影响始发姿态，增大施工风险，故须在始发套筒内安装导轨用于均匀套筒与主机之间的间隙，并保证刀盘正常运转。

导轨的安装须同时考虑套筒与主机之间的间隙、尾刷工作空间及刀盘工作空间。因其高度较薄，选择常用钢板即可满足需求，结合上述空间限制，能够焊接导轨的位置只有密封刷上盖板位置，通常密封刷盖板宽度为 150mm，长度为 150mm，厚度为 30mm，即导轨的尺寸为 150mm×150mm×30mm。导轨在套筒内部对称焊接，夹角 60°，水平间距为 1.68m，焊接位置如图 3-5-17 所示。

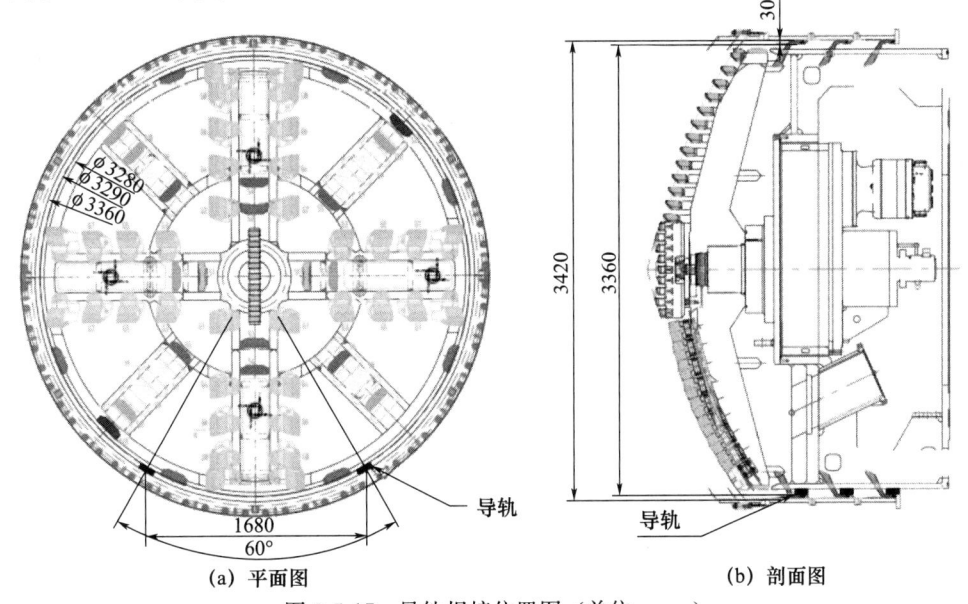

(a) 平面图　　　　　　　　　　(b) 剖面图

图 3-5-17　导轨焊接位置图（单位：mm）

2. 顶管机定位测量

(1) 始发钢套筒定位测量。

① 钢套筒定位测量。

为固定始发钢套筒,在井口组装钢套筒时对其进行精准定位,并在其左右两侧采用 2 根 20a 工字钢焊接在台车上进行加固。

钢套筒定位须根据洞门钢环实测位置与轴线方位确定,钢套筒根据联络通道轴线与主隧道轴线角度关系固定于台车上,钢套筒轴线须与联络通道轴线位于同一轴线上。

若联络通道存在偏差或者联络通道处于曲线上,可采用非 90°角始发或者接收,角度 α 控制在 88°~92°。顶管机始发角度定位如图 3-5-18 所示。

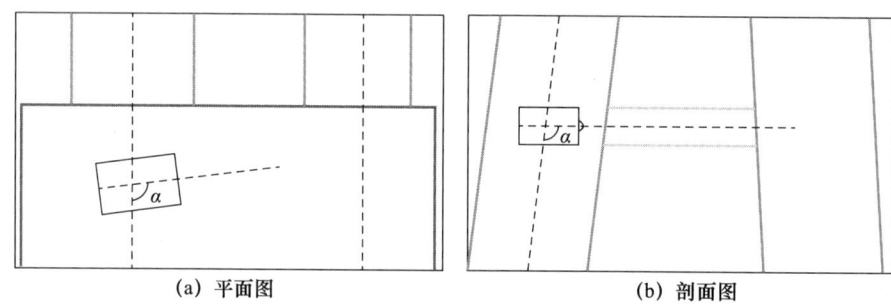

(a) 平面图　　　　　　　　　　　　(b) 剖面图

图 3-5-18　顶管机始发角度定位

② 隧道内套筒定位。

台车到达指定位置,根据联络通道轴线与主隧道轴线角度关系对始发套筒进行复测,待复测完成后对套筒前端与洞门钢环进行焊接,台车前后左右四个方向同样需要用 4 根 20a 工字钢进行支撑。

(2) 顶管机初始姿态测量。

顶管机调试完工后,根据已知的特征点与顶管机中心的几何关系,通过测量顶管机内特征点,计算出顶管机中心坐标及相应初始姿态。

3. 洞门临时密封

机械法联络通道始发与接收均采用钢套筒进行洞门临时密封,其中接收套筒为常规套筒。始发套筒参考了大盾构盾尾密封机制,通过套筒尾部内置钢丝刷(密封刷)进行密封。始发端洞门临时密封的工作原理是,钢套筒与洞门之间的密封采用套筒和洞门钢环焊接连接,套筒尾部与盾体之间设置三道钢丝刷并填充油脂密封,在盾尾完全进入套筒后,钢丝刷弹起并接触衬砌,形成套筒与衬砌之间的密封。

套筒后端主要解决密封问题,其通过法兰与套筒前端连接,将联络通道洞门密封位置延长至套筒尾端,套筒尾端仿照盾构机尾刷设计,设有盾尾油脂注入口,增强套筒的密封性。

在始发阶段,套筒包裹着顶管机往前推进,尾刷在整个过程中完全压缩,当刀盘磨穿主隧道管片,完全进入土体后,主机盾尾脱离套筒尾刷,套筒尾刷需要完全弹起,使其紧紧包裹住负环管节,起到密封效果,此后随着顶管机掘进,衬砌与套筒钢丝刷之间出现空隙,需及时注入油脂,调节空隙处的压力,注入油脂的压力应比土压略大,防止泥水外溢。

4. 密封检测

始发套筒完成密封后,需对套筒进行密封性能检测,保证始发套筒密封安全。套筒密封需做到以下几点。

(1) 套筒焊接完成后,需要对焊缝进行磁粉探伤检测并出具相关检测报告。

(2) 套筒尾部密封环内注入密封油脂,此处使用油脂需性能优良,具有较好的蠕动性和延展性,黏性较强,可抵抗至少 0.35MPa 的泥水冲击。

(3) 尾部密封为套筒防水关键,油脂从套筒下部注入,需饱满密实,不得存在孔洞或虚填部分,并时刻检查套筒顶端出气孔油脂渗出情况。

(4) 当出气孔内流出油脂时,可关闭出气孔,继续注入油脂,保证静止状态下油脂压力不低于 0.6MPa。

(5) 钢套筒需进行封闭试验,打压试验压力不小于 0.25MPa,维持 5min 压力不降即可。

5. 顶管机掘进

联络通道顶管机采用半套筒密封,切削洞门混凝土始发。

根据土压平衡工况的特点,确定并保持合理的土仓压力是关键因素。因此,土压平衡工况中掘进参数的确定是以土仓压力为基准点来考虑的,掘进控制程序也应以土仓压力的保持为目的。

出渣的控制非常重要,当出渣速度与掘进速度相匹配且出渣量与掘进行程相匹配时,才能保证稳定适当的土仓压力以及正常的掘进。通常情况下,出渣的速度由螺旋输送机的转速来衡量;掘进速度通过千斤顶油缸的顶进速度来衡量,千斤顶的平均行程即掘进行程。在土压平衡机械法隧道施工中,渣土出运采用轨道式电瓶车载一定数量的土斗,出渣量实行体积测量,体积测量是通过测定土斗数及其容量得到所出渣土的总体积数。每环理论出渣量为:$[(\pi D^2) \div 4] L = [(\pi \times 10.8^2) \div 4] \times 0.9 = 7.65 m^3/$环。式中:$D$ 为顶管机刀盘直径;L 为每环管片掘进距离,松散系数按 1.2 考虑,实际出渣量为 $9.18 m^3/$环。

理论总体积为在考虑注入膨润土及泡沫液方量后,所得出的实际土斗数,一般为 8~10 斗。

6. 姿态控制

顶管顶进最大偏差量不超过±50mm,在确认管节拼装良好并经验收合格,所有机械运转正常的情况下,即可开始顶进。

顶进过程中遇姿态出现偏差,优先通过调整顶推油缸的压力分配调整顶管机姿态,如效果不明显,通过调节顶管铰接调整强化纠偏,开启铰接后须密切关注成形管节的变形情况。如还未能有效形成纠偏趋势,需及时采取盾体与管节壁后注浆(图 3-4-9)的方式进行辅助纠偏。

7. 管节拼装

(1) 防水材料粘贴。

管节防水材料粘贴在地面完成,用粘贴剂将橡胶圈牢固粘贴在防水材料凹槽处并经充分风干,下井前橡胶圈粘贴完成后逐一检查,以不翘边,不脱落为合格。

(2) 技术要求。

① 工艺流程：管节质量检查→管节清理→材料准备→管节表面烘干→涂抹粘贴剂→晾晒→套贴止水条→敲紧→涂抹粘贴剂→晾晒→敲紧→存放→下井运输→管节安装→管节螺栓紧固。

② 管节到达工地后，必须经过质检员和监理单位的检查验收，方可进行管节粘贴的准备。每块管节都进行外观质量检验，管节表面应光洁平整，无蜂窝、露筋，无裂纹、缺角。轻微缺陷进行修饰，止水带附近不允许有缺陷，注浆孔应完整，无水泥浆等杂物。检查合格后按照管节类别分类堆放管节。

管节清理应保证止水槽部位表面无附着物，无灰尘，不允许清理时对管节造成损伤，清理后表面光滑整洁。

③ 材料准备要按技术指令合理准备粘贴施工工具及管节防水材料等，使用的材料需按要求检验合格后方可使用。

④ 粘贴时管节表面应干燥清洁。

⑤ 用刷子在管节环纵接触面、预留粘贴止水条的沟槽及止水条上涂抹粘贴剂，涂抹要均匀，不允许漏刷现象出现。

⑥ 涂完粘贴剂后晾置一段时间（一般 10~15min，随气温、湿度而异），待手指接触不粘时，再将加工好的框形止水条套入密封沟槽内。

⑦ 将止水条套入管节预留沟槽中时，统一将止水条的外边缘与管节预留沟槽的外弧边靠紧，套入止水条时先将角部固定好，再向角部两边推压。止水条拼接应采用斜切，不得采用竖切，且拼接位置距离管节角部应大于 10cm。

⑧ 用木（橡胶）锤依次敲紧止水条，使止水条在管节上，注意不要敲破止水条，粘贴后的止水条应牢固、平整、严密、位置准确，不得有鼓起、超长与缺口等现象。

⑨ 连接螺栓弹性密封垫圈按数量随管节螺栓配套下井，进行管节井下安装时套装在连接螺栓垫圈下。螺栓至少复紧两次。

⑩ 天气潮湿或雨天要注意对粘贴好的止水条进行保护，表面覆盖防水设施。

⑪ 井下积水时要对止水条涂抹缓膨剂或用塑料薄膜进行包裹，正式安装时将薄膜撕除。

⑫ 管节下井及运输时不得对贴好的防水材料造成损伤。

⑬ 根据设计要求图 3-5-19 中遇水膨胀橡胶密封垫即为止水条，粘贴尺寸为 19mm×7mm，满环粘贴。

(3) 管节进场检验。

管材进场后，逐节检查核对质量证明文件，对外观质量、橡胶圈粘贴、木衬垫粘贴质量进行逐根检查。

(4) 管节安装。

管节分块拼装，由上下两部分组成，上部150°，先拼装下部，后拼装上部。管节分块如图 3-5-20 所示。

下部管节通过单梁运输至拼装位置上，然后将上部管节运输至与下部管节同一平面位置，调整适当的角度与下部管节拼接，完成整环组装。

主千斤顶向前缓慢推进，将后面管节快速接头的公头插入上一环管节的母头内。插入过程中安排专人进行监护，防止快速接头对偏。

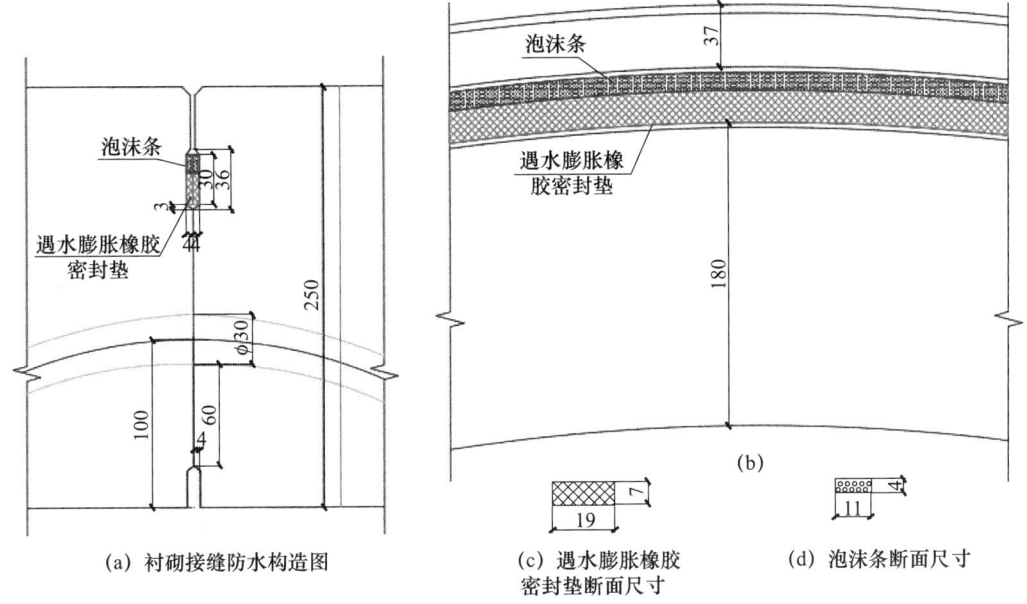

(a) 衬砌接缝防水构造图　　(c) 遇水膨胀橡胶密封垫断面尺寸　　(d) 泡沫条断面尺寸

图 3-5-19　管节防水构造图（单位：mm）

（5）安装注意事项。

① 严格进行进场管节的检查，有破损、裂缝的管节严禁使用。下井吊装管节和运送管节时应注意保护管节和止水条，以免损坏。

② 止水条及衬垫粘贴前，应将管节彻底清洁，以确保其粘贴稳定牢固。施工现场管节堆放区应有防雨设施。

③ 管节安装前应对管节安装区进行清理，清除污泥、污水等，保证安装区及管节相接面的清洁。

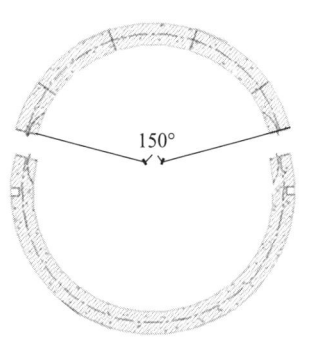

图 3-5-20　管节分块示意图

④ 在管节安装过程中，为了防止管节安装位置的推进油缸同时收缩造成的管片后退，需在油缸回缩后及时安装止退钩。

8. 渣土外运

由于机械法联络通道施工的特殊性，无法使用常规出土方式出土，在施工时，需使用出泥管将渣土输送到土斗内，再由电瓶车外运；运至井口后由吊车吊出，将渣土存放于集土池或渣土车中，再统一安排出土车出土。

9. 接收套筒安装

（1）接收套筒安装时，同样需要根据洞门钢环实测位置与轴线方位确定位置，钢套筒根据联络通道轴线与主隧道轴线角度关系固定于台车上，钢套筒轴线须与联络通道轴线位于同一轴线上。

（2）接收钢套筒设计。

接收钢套筒长 4390mm，内径 3460mm，分四段，其中前端和后端为整体环，中间段分为上下两个半圆。筒体材料用 30mm 厚的 Q235 钢板，每段筒体的外周焊接纵环向筋板保证筒体刚度，筋板厚 20mm，高 45mm，间隔约 300mm×350mm，每段结合面均焊接法兰，法兰用 30mm 厚的 Q235 板，采用 10.9 级 M20 螺栓连接，中间加 O 形密封条。

（3）套筒连接。

接收台车运送进主隧道联络通道处后，接收套筒左右及上下方向移动通过台车托架自锁液压千斤顶调节，并且在调整架上设置上下顶升的导向柱，导向柱允许调整架上下方向和左右方向的运动，通过调节使接收套筒与联络通道计划轴线基本重合。然后从套筒内部将套筒前端与特殊管片预留洞门钢环焊接成整体。钢套筒上预留了多个注浆孔，需要使用 3 个，其余全部用钢堵头堵住，顶部预留一个直径较大的厚浆注入孔，下部预留一个卸压孔，均安装对应尺寸球阀。接收套筒密封需要使用的密封条较多，需对密封条、密封胶进行检验。

（4）套筒加固。

套筒连接到位，且支撑体系加载完成后，需要在外圈对其进行加固，加固采用 20a 工字钢沿套筒轴向及环向进行支撑，支撑一端焊接于套筒外弧，另一端支撑在管节或外部支撑环，台车前后左右四个方向同样需要 20a 工字钢进行加固。

10. 接收套筒填仓

（1）安装加固好接收套筒之后，应开始填充钢套筒，钢套筒底部填充可塑性黏土，再填充膨润土进行保压。

（2）钢套筒亦可直接采用惰性砂浆或膨润土浆液按照相关比例进行填充。

（3）完成密封试验后密切关注套筒内压力变化，安排专人值守。当套筒内压力小于 0.25MPa 时，立即组织拌制浆液，补充压力至 0.30MPa 时停止。切削管片之前，做好保压注浆的准备工作，刀盘切削过程中，密切关注接收套筒压力变化，当压力小于 0.25MPa 时，立即组织补浆。保压注浆浆液配合比见表 3-5-9。膨润土配合比见表 3-5-10。接收套筒注浆口立面如图 3-5-21 所示。

表 3-5-9　保压注浆浆液配合比

材料	水（kg）	膨润土（kg）	粉煤灰（kg）	砂（kg）
设计配合比	450	280	600	500

表 3-5-10　膨润土配合比

材料	水（kg）	膨润土（kg）
设计配合比	600	100

（六）洞门止水注浆、止水效果验孔及套筒割除

1. 洞门止水注浆

洞门止水注浆的质量是顶管机安全、顺利退场的关键，也是该工程退场实施的重点。

注浆范围：选择联络通道与主隧道相交的 T 接段，始发与接收各 2 环为主要加固端。围绕联络通道隧道 T 接口部的钢管节每环设计了 12 个注浆孔，8 个吊装孔位可兼具注浆孔使用，在推进结束后开始注浆，始发端与接收端依次进行。

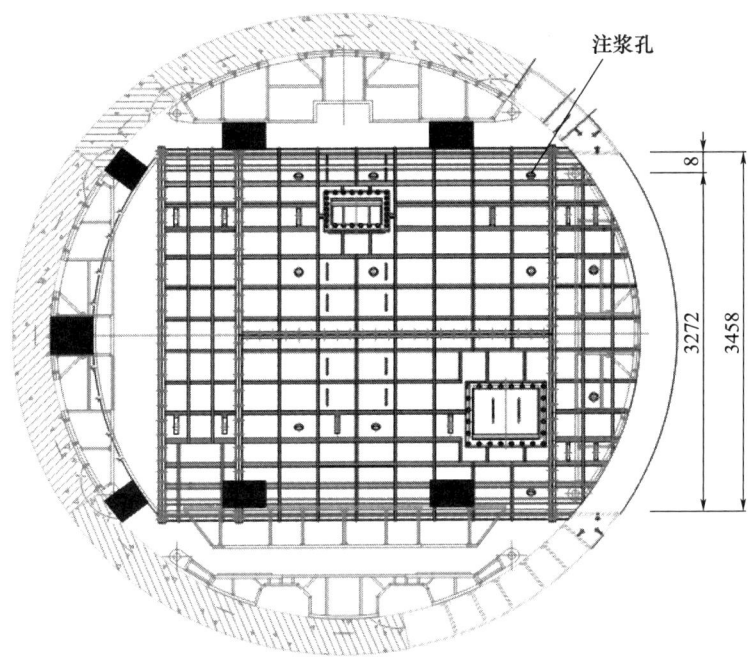

图 3-5-21　接收套筒注浆口立面示意图（单位：mm）

施工工艺：

（1）联络通道 T 接段注浆，引孔深度为管节壁后 0.1m。

（2）注浆前各注浆孔全部开孔查验壁后通畅情况，如果钢管节注浆孔与主隧道管片连接处被严重干涉或碰到其他障碍物，则对该孔做好标记，该孔注浆量以压力控制为主，同时适当提高最近的注浆孔注浆量。

（3）注浆方式为注浆压力与注浆方量双控模式。在双液浆汇聚口部安装压力表观察注浆压力，注浆压力需控制在 0.2~0.5MPa，如超过 0.5MPa 则停止注浆。为防止管节局部受压过大，所有区域注浆均采用跳点注浆的方式。

（4）注浆配合比，注入浆液分为单液浆和双液浆两种。

单液浆配合比：水灰比 1∶1，即 100kg 的水兑 100kg 的水泥。

双液浆配合比：A 液为单液浆，水灰比 1∶1；B 液为水玻璃，通常情况为水玻璃原液或水玻璃原液与水按 2∶1 的比例稀释，双液浆要求 A，B 液按体积 1∶1 同时注入，凝固时间为 40~60s。

（5）一般情况下，每个注浆孔均进行两次注浆。T 接接头每次单孔注浆量为 0.15~0.25m³，数量达到则停止注浆。

（6）注浆区域及点位。

首先对首环与尾环钢管节，采用双液浆注浆方式，每环开 20 孔，每孔注入 0.4m³ 左右（图 3-5-22）。首次注浆压力控制在 0.2~0.4MPa，二次注浆压力控制在 0.3~0.5MPa，注浆过程中如发现部分孔位压力过大，即刻停止换孔。次轮注浆，注浆压力与注浆量控制遵循上述规则。注浆孔位顺序依次为 9 号/12 号/6 号/15 号/3 号/18 号/1 号，10 号/13 号/7 号/16 号/4 号/19 号/2 号，11 号/14 号/8 号/17 号/5 号/20 号。

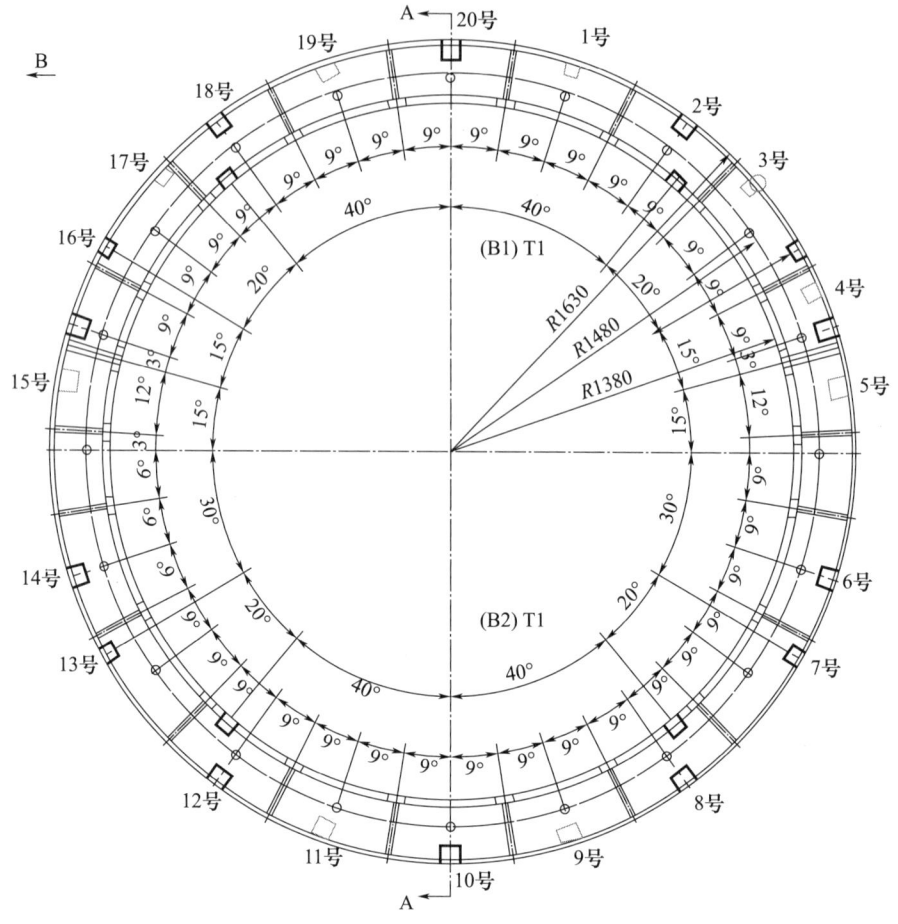

图 3-5-22 洞门钢管节注浆孔位

然后对第二环与倒数第二环混凝土管节采用双液浆注浆方式，每环开 8 孔，每孔注入 $0.6m^3$，首次注浆压力控制在 $0.2\sim0.4MPa$，二次注浆压力控制在 $0.3\sim0.5MPa$，先选择 1 号、3 号、5 号、7 号四个点位，后选择 2 号、4 号、6 号、8 号四个点位（图 3-5-23），完成首轮混凝土管节注浆。

中间混凝土管节根据沉降监测数据决定是否注浆，累计监测沉降数据大于 20mm，采用单液浆注浆方式，每环开 4 孔，每孔注 $0.4m^3$，注浆压力控制在 $0.2\sim0.4MPa$。

2. 洞门注浆效果验孔及套筒割除

洞门注浆主要效果是封闭联络通道管节与切削完的主隧道管片间的接缝空隙，形成有效止水带，故洞门注浆验孔主要验孔部位选择在始发与接收套筒与联络通道洞门连接部位。

（1）验孔工序。

① 选择联络通道钢管节全环 6 个点位，对已注浆孔位，将其球阀打开，检验浆液凝固情况。

② 套筒上面连接处开孔检验

开孔检验注意工序如下。

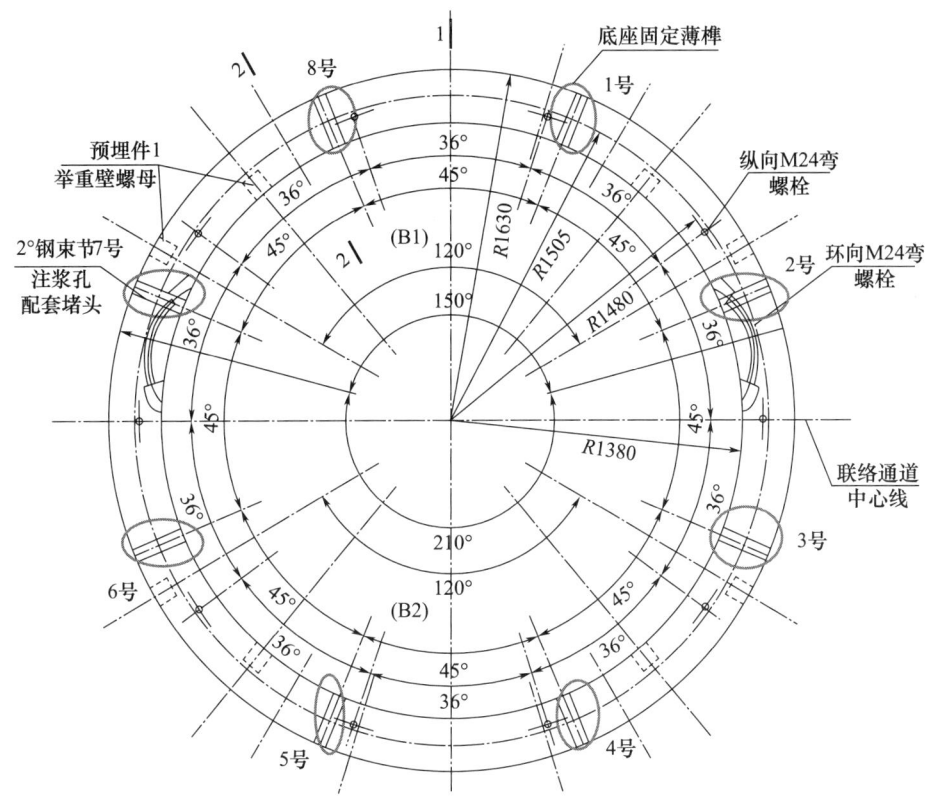

图 3-5-23 混凝土环注浆孔位

a. 开孔：选择在套筒与始发洞门连接位置开设检验孔。检验孔距为 50~100cm，开孔数应不少于 6 个。所开孔洞以观察是否有浆液、泥水或沙流出为主，不宜过大。

b. 泄压：由于注浆致使套筒内普遍存在一定的压力，因此套筒开设观察孔后，需要进行泄压，时间约为 0.5h。

c. 验孔。

ⓐ 若开孔均整体干爽，仅有少量清水渗出，则证明该观察孔对应位置注浆效果良好，以观察为主，可暂不进行处置。全部观察孔开孔情况良好，无明显流水、流（泥）沙，则认为注浆效果良好，可进行套筒割除作业。

ⓑ 若开孔洞有明显泥水或泥沙流出，则需重点观察该观察孔内泥水压力变化情况。（观察孔要求放置的目的，是用来区分泥水是从套筒里面流出，还是前方土体沿管片缝的位置流出）。

ⓒ 对放置观察孔，首先观察所流泥水的压力，如呈明显带压（或放置后压力增加）状态，则立即采用快速水泥或木楔进行封堵，同时根据现场实际泥水、泥沙流出情况，及时对相应位置的注浆孔进行应急处理（以注入聚氨酯为主），如压力较大则判断该位置注浆孔注浆效果较差，封闭观察孔，重新进行补注浆。

ⓓ 若放置观察孔，泥水或泥沙基本无压力流动，且没有明显的扩大和增长趋势，适当扩大观察孔大小，继续观察。

所有观察孔，观察 2h 以上，无带压流水流（泥）沙，则适当扩大观察孔范围，确保整体全环注浆效果良好后,进入套筒割除作业环节。

③ 割除套筒。

待所有验孔检验合格后,便可对套筒进行气焊割除作业。

(2) 应急设备及材料准备。

除其他常备应急物资外,必须配置以下物品。

联络通道内预先配备聚氨酯注浆泵两套,一备一用,聚氨酯原液0.2t。碎布,木锲若干,斧头2把,配备注浆人员4人,焊接人员4人。于4号台车上放置单液浆注浆设备一套,水泥2t,配备人员4人。应急物资清单见表3-5-11。

表3-5-11 应急物资清单

名称	数量	单位	备注
单组分油溶性聚氨酯	0.2	t	施工现场
齿轮泵	1	台	施工现场
快速水泥	10	包	施工现场
棉被	5	床	施工现场
碎布	1	袋	施工现场
木楔	30	块	施工现场
斧头	2	把	施工现场

(七) 机械法施工技术参数

1. 始发参数

根据联络通道所处位置地层分层、埋深以及土压平衡原理可以推算出推进土仓压力理论设定值大小,而在刀盘切削试验中笔者又采集获得了刀盘转速、贯入度、推力、刀盘扭矩、推进速度等重要的施工参数,这对施工过程中参数设定具有重要参考依据。一般情况下按此控制,但是在施工阶段,可以根据现场特殊情况和不同工况差异对掘进参数进行微调。

始发过程中按如下参数控制(表3-5-12)。

表3-5-12 始发切削管片参数控制表

推力	扭矩	推进速度	土仓压力	渣土改良
2000~2500kN	200~450kN·m	1~2mm/min	根据当前隧道埋深计算土压力	膨润土/泡沫/水

2. 掘进参数

联络通道掘进过程中按如下参数控制(表3-5-13)。

表3-5-13 掘进过程参数控制表

推力	扭矩	推进速度	土仓压力	渣土改良
2000~4000kN	250~600kN·m	20mm/min	根据当前隧道埋深计算土压力	膨润土/泡沫/水

3. 顶管机到达掘进控制

(1) 顶管机到达前，通过实际测量计算出刀盘开始切削混凝土管片的里程。顶管机在到达此里程时即进入到达掘进状态，以每 2h 一次的频率监测地面的沉降情况，并根据监测数据，采取补浆等措施。

(2) 削切管节前推进参数设置。

在顶管机刀盘未接触混凝土管片以前，就必须注意顶管机掘进参数的选择，防止纠偏过急以及通过正确的管节选型，保证顶管机碰壁时保持良好的接收姿态。

① 参数设置：在即将碰壁之前，速度不大于 3mm/min；推力小于 4000kN；到碰壁前 50cm 时，速度减小到 2mm/min；推力减小到 3000kN 以下；刀盘转速小于 1.0～1.5r/min。

② 姿态控制：为了防止出洞时顶管机栽头，要求顶管机机头姿态高于轴线 20～30mm，呈略抬头向上的姿势；水平姿态处于 ±20mm 以内。

③ 渣土改良：少量注入泡沫改良渣土或注入膨润土浆液，以出土顺畅为标准。

(3) 切削管片推进参数设置。

① 参数设置：推速小于 1mm/min；推力小于 2000kN；刀盘转速 1.5～2.0r/min，现场实际操作过程中应依据扭矩变化调整推力，控制扭矩小于 600kNm。

② 出洞时姿态控制：为了防止出洞时顶管机栽头，要求顶管机机头姿态高于轴线 2～3cm，呈略抬头向上姿势；水平姿态处于 ±20mm 以内。

(4) 钢套筒内掘进参数设置。

① 参数设置：推速小于 5mm/min；推力小于 2000kN，视实际推力大小，以不超过此值为原则；在钢套筒内掘进采用掘进模式，刀盘转速控制在 0.5～1.0r/min，刀盘转动前，要与钢套筒外部进行联系，确认人员及设备安全后，才能进行掘进。顶管机在钢套筒内掘进的过程中，要确保与外界联系，密切观察钢套筒的情况，一旦发现变形量超量或有渗漏，必须立即停止掘进，及时采取补救措施。

② 进套筒时姿态控制：必须以实际测量的钢套筒安装中心线为准控制顶管机姿态，要求中心线偏差控制在 2cm 之内。顶管机在进入钢套筒内之后，要注意姿态控制的适时调整。

③ 停止推进目标值：当最后一环管节拼装完成后，测量人员复核完停机里程确认无误，此时视为接收完成。为防止因施工误差、精度控制不准导致刀盘抵至套筒端部，油缸行程还剩 10cm 时，应严格控制推进速度 1mm/min，值班人员根据接收端实际复核油缸行程，判断刀盘是否抵至套筒端部。具体油缸行程应以最新实测管节里程计算为准。刀盘顶至套筒端部断面如图 3-5-24 所示。

4. 膨润土施工工艺

(1) 膨润土材料简介。

膨润土在水介质中能分散呈胶体悬浮液，这种悬浮液具有一定的黏滞性、触变性和润滑性，它和水、泥、砂等细琐屑物质的掺和物有可塑性和黏结性。膨润土在水化时，钠离子连接各层薄片，同时挤占与之接触的土颗粒之间的间隙，积聚于土壤与泥水的接触表面，形成不透水的可塑性胶体，从而形成泥膜。在富水圆砾层的顶管机掘进中使用，可提高圆砾的含泥量，补充土体的微细颗粒组分，使土体的内摩擦角变小，增加开挖土体的流动性和不透水性。

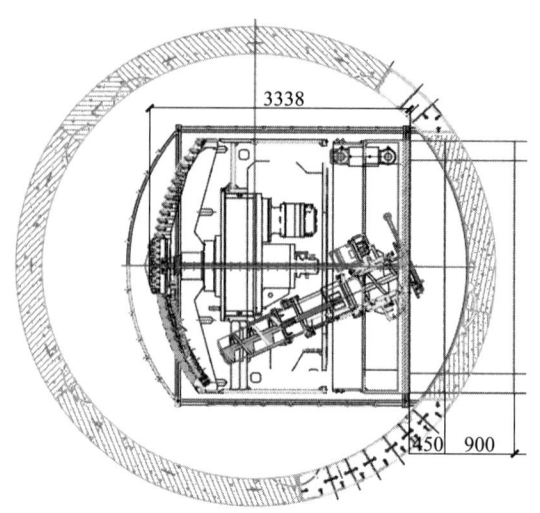

图 3-5-24 刀盘顶至套筒端部断面图（单位：mm）

(2) 施工特点。

① 降低土体的渗透系数，使其具有较好的止水性，以控制地下水流失。

② 可有效提高土体的保水性，防止渣土离析、沉淀板结。

③ 使渣土具有较好的土压平衡效果，利于稳定开挖面，控制地表沉降。

④ 使土体具有较小的内摩擦角，降低刀盘扭矩，减少对刀具和螺旋输送机的磨损。

⑤ 使切削下来的渣土顺利快速进入土仓，并利于螺旋输送机顺利排土，提高掘进速度。

(3) 膨润土浆液配合比。

根据该区间联络通道的地层地质情况，详细记录推进参数、沉降控制情况、膨润土量、浆液配合比等原始数据，综合分析并实时优化配合比。注膨润土采用台车上自带的设备进行，优选优质钠基膨润土，初期浆液配合比准备两套方案：始发、接收采用水：膨润土＝4：1，正常掘进段采用水：膨润土＝6：1。

5. 主隧道保护措施

联络通道始发掘进过程中，沿掘进方向的水平推力及反力都作用在主隧道管片上，因此会加大正线隧道管片的变形，容易造成管片破碎，危及联络通道施工的安全。

因此在处于开洞始发端的台车及接收台车上设置了集成内支撑体系，支撑体系长约7m，收缩状态下外径5.1m，在正线隧道管片开洞后应力重分配过程中，起到临时支撑的作用，可以很好地保护正线隧道管片。如图 3-5-25 所示，环形支撑体系可以紧贴管片内弧面。其后部支撑可以将掘进反力均匀地扩散至正线隧道管片上，而掘进反力引起的正线隧道管片竖向变形，又能够通过竖向支撑得到有效的控制。

6. 负环拆除

始发端负环拆除：

(1) 完成始发端与接收端洞门封堵注浆，并已开孔验收。

(2) 沿着洞门处焊缝将始发套筒割除，为保证洞口的管节不受到其影响，拆除负环管节前先对洞口的管节螺栓进行再次复紧。

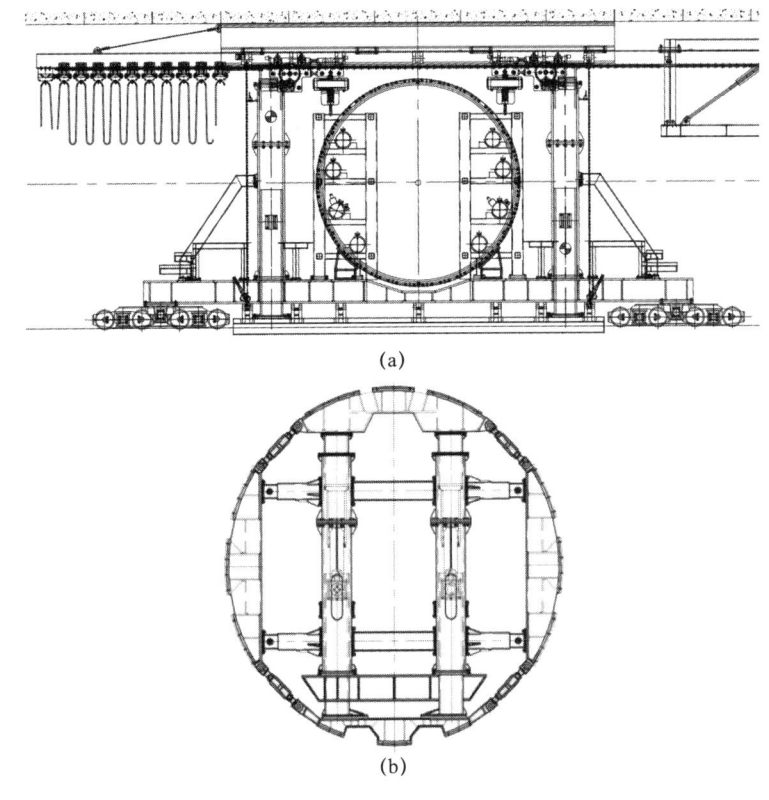

图 3-5-25　内支撑体系设计

（3）松开正环管节与负环管节之间的连接螺栓。通过支撑体系的横撑油缸与临时设置的机械千斤顶同时加力，从而使负环管节与正环管节脱离。

（4）负环管节脱离后，将套筒后端、管节、支撑体系随 3 号台车一同运送至隧道外。

（5）运输至井口后，利用吊车将其吊出井口，在地面上完成负环管节的拆除。

接收端负环拆除：

（1）完成始发端与接收端洞门封堵注浆，并已开孔验收。

（2）沿着洞门处焊缝将接收套筒割除，为保证洞口的管节不受其影响，拆除负环管节前先对洞口的管节进行拉紧固定。

（3）松开正环管节与负环管节之间的连接螺栓。通过支撑体系的横撑油缸与临时设置的机械千斤顶同时加力，从而使负环管节与正环管节脱离。

（4）负环管节脱离后，将接收套筒、管节、主机、支撑体系随 5 号台车一同运送至隧道外。

（5）运输至井口后，利用吊车将其吊出井口。

7．洞门环梁结构施工

（1）止水钢板焊接。

止水钢板采用 Q235B 级钢，水密性焊缝，遵循先上下、后左右焊接的原则。焊接采用 E43XX 型焊条、CO_2 保护气进行焊接。焊接完成后应铲平表面，并进行 100％ 磁粉探伤。焊接破坏的防腐涂层均应再次涂刷无溶剂超厚性环氧涂料 2 道。洞门止水钢板焊接如图 3-5-26 所示。

（2）防火门防线及施工。

根据图纸要求，首先计算出防火门空间尺寸相对位置关系，通过激光水平仪对钢立柱定位需要的预埋钢板进行定位，具体方法是将确定好的中线作为基准线。再借助地面标高线与防火门两侧墙的位置线找出防火门的摆角。复合好中间钢立柱的偏转角度后，通过水平仪即可确定两侧钢立柱的位置，可进行预埋钢板定位。钢立柱预埋钢板如图 3-5-27 所示。

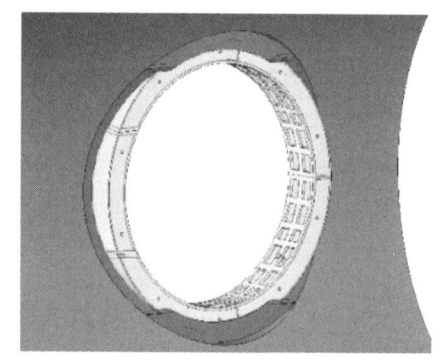

图 3-5-26　止水钢板示意图

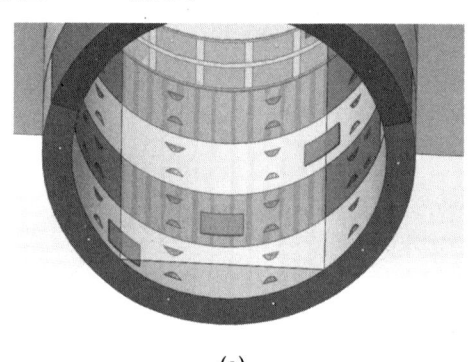
(a)

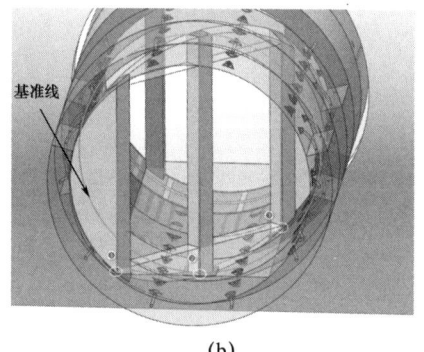
(b)

图 3-5-27　钢立柱预埋钢板

预埋钢板定位采用 M12×110mm 规格的化学锚固螺栓固定，每块板至少 3 根螺栓。固化期到了后进行现场拉拔试验，拉拔值取单根钢筋截面面积乘以钢筋应力，$\sigma=210\text{MPa}$。

（3）砌块安装与地网筋敷设。

钢结构定位焊接好后将预埋管件定位好，接下来需要进行砌块填充。地网钢筋，施工前应对地面标高进行标识弹线。焊接适当数量的桥架以支撑钢筋网。

（4）灌料。

应采用低收缩、易流动的 M15 砂浆灌注，流锥流动度初始值小于 35s，30min 流动度小于 50s，砂浆 28d 的自然干燥收缩值不大于 600×10［依据《建筑砂浆基本性能试验方法标准》JGJ/T 70—2009］。灌浆步骤应从下至上，从中间向两侧，逐步缓慢地对隔腔进行灌注。

隔腔的灌注应待其对应的排气孔持续出浆（浆体均匀无气泡）后方可封闭排气孔。封闭排气孔后需继续持压灌注，10～20s 后可封闭灌浆孔，灌浆过程中应严格控制压力，除注明外，最大灌浆压力不得超过 0.3MPa，禁止出现超压灌注的情况。

灌浆过程中应做好记录，比较实际灌注量与理论灌注量的差别，如发现异常情况应及时采取措施，避免灌注缺陷，确保灌浆密实度。

（5）绑扎钢筋。

钢筋在加工车间进行加工，要保证主筋圆弧准确、圆顺；运至工作面后进行绑扎、焊接,可临时焊接及固定钢筋;靠近模板的钢筋要绑上混凝土预制块,以保证混凝土保护层厚度,以免发生漏筋现象。防水条安装前须涂刷 2 道缓膨剂,并用钢筋及胶水固定。洞门配筋三维图如图 3-5-28 所示。

(6) 立模、浇筑混凝土。

模板采用现场制作的方式,以确保工程结构和各部位尺寸的精度。模板安装后仔细检查各构件是否牢固,固定在模板上的预埋件和预留孔洞是否有所遗漏,安装是否牢固,位置是否准确;模板的接缝要拼贴平密,避免漏浆。洞门环梁模板浇筑口所有洞门采用现浇混凝土结构施工,混凝土等级 C45,抗渗等级 P10;钢筋保护层厚度 35mm,洞门以侵入主隧道范围负偏差控制,中部最大宽度在 200~310mm,不得超过图纸要求间距。为保证板墙内混凝土填充密实,下料口必须保证有足够的数量和尺寸,一般一块独立模板至少设置一个进料口,料口尺寸建议至少 30cm×30cm;料口应设置外伸料斗,方便进料。推荐料口设置位置如图 3-5-29 所示。模板、钢筋、防水层等经检查验收达到设计、规范要求,即开始浇筑混凝土;采用商品混凝土,坍落度控制在 180~220mm,人工接驳入模或混凝土泵送。分层浇筑,插入式振捣器捣固,当振捣器无法插入模板内部振捣时可适当贴合模板。振捣应做到振捣充分,不漏振,不过振,但需要时刻检查模板加固状况,确保封顶混凝土填充密实。

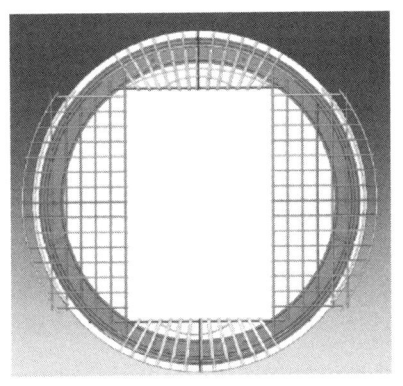
图 3-5-28 洞门钢筋二维图

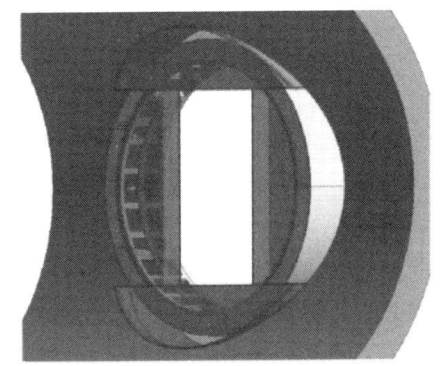
图 3-5-29 模板安装示意图

(7) 防腐施工。

所有外露钢结构均需涂环氧沥青漆二度,具体要求如下。

① 涂环氧涂料前钢板表面应做除锈处理,除锈质量达到 S3 级。

② 除锈后的钢板先涂 702 环氧富锌底漆 $20\mu m$,待固化后再涂无溶剂超厚膜型环氧涂料 $1100\mu m$。

③ 焊接破坏后的防腐涂层均应再次涂刷无溶剂超厚膜型环氧涂料二度。

(八) 检查要求

1. 套筒接缝密封处理

为有效防止套筒接缝漏泥漏沙,该施工采取以下措施。

(1) 接收套筒与主隧道复合管片钢环之间采用弧形钢板焊接处理,焊接采用 E43XX 型焊条、CO_2 保护气进行焊接。焊缝要求严密、牢固,并在焊接完成后,对焊缝进行磁粉探伤检测，出现质量缺陷时应及时进行补焊处理。

(2) 顶管机接收前，根据钢套筒上压力表数值注意钢套筒内压力控制，当压力明显下降时，利用预留的注浆孔及时向钢套筒内补充注浆，浆液以膨润土浆液为主。

(3) 当顶管机进入钢套筒，钢套筒局部接缝出现渗漏时，现场应及时堵漏，根据渗漏情况必要时采取刀盘内注入膨润土措施，进行渣土改良，封堵止水。

2. 始发、接收套筒变形破坏密封

由于该工程施工难度大，对隧道防水的要求高，为保证密封性，采取如下措施。

(1) 当套筒变形量较大时，立即采取加强措施，在变形量较大处补加加强肋板。

(2) 螺栓接缝处出现渗漏，立即对接缝处螺栓进行复紧。

(3) 焊缝处出现渗漏，立即焊接补强，无法直接焊接的，通过卸压孔排泄部分浆液后焊接。

(4) 严格控制刀盘扭矩、顶管推力。

3. 始发过程中机械及套筒自转

为防止套筒在使用过程中自转，采取如下措施。

(1) 钢套筒两侧各安装一个钢支撑。

(2) 套筒内填充介质，当扭矩过大时，向套筒内加压，增大介质与盾体的摩擦力。

4. 顶管机栽头

在顶管机推进过程中，如果发生栽头的情况，顶管机很难调整，故需避免此类事情的发生，采取如下措施。

(1) 为防止顶管机栽头，始发套筒轴线定位较计划线轴线设 0.2% 仰角，但刀盘中心应当对中洞门中心。

(2) 加强掘进参数的调整和姿态的控制，避免顶管机到达姿态不佳。

5. 始发轴线与钢套筒安装轴线偏差

由于始发要求定位精确，需减小始发轴线与钢套筒安装轴线的偏差，采取如下措施。

(1) 提前量测联络通道洞门，计算推进计划线。

(2) 始发套筒前端姿态按照推进计划轴线定位。

(3) 水平方向按照推进计划轴线确定钢套筒安装轴线，高程方向按照计划线上仰 2‰ 确定钢套筒安装轴线，并在顶管机装入套筒内前调整好钢套筒轴。

（九）工程重难点及应对措施

经过对该工程的重点、难点进行分析研究，提出相应的对策措施。具体详见表 3-5-14。施工控制要点见表 3-5-15。

表 3-5-14 工程重点、难点及其对策措施表

序号	重点、难点	原因分析	应对措施
1	机械选型（重点）	机械法施工顶推力上限受主隧道限制	根据初步核算的施工推进力和土体摩擦力，建议根据联络通道的工况采取不同的施工工法：根据 2021 年 12 月 25 日济南轨道交通集团建设投资有限公司会议纪要（济轨建投专题纪要〔2021〕18 号）和《济南城市轨道交通 3 号线二期工程向阳站—临港站区间 1 号联络通道工法调整方案专家评审意见》，3 号线二期向阳站—临港站区间 1 号联络通道采用顶管法施工

续表

序号	重点、难点	原因分析	应对措施
2	设备运输进洞（重点、难点）	设备运输进入隧道受空间狭小影响	① 施工测量洞口至联络通道处隧道管片的椭圆度、高程偏差、水平偏差。 ② 建立二维、三维模型，模拟运输过程限界。 ③ 安装限位警示在台车上、左、右部距离隧道较窄部位，安装常亮激光笔，调整激光笔沿台车纵向方向，激光笔置于台车前进方向前端，照向电瓶车方向，便于电瓶车司机观察（间隙小于 80mm 时激光将会被遮挡）
3	顶管机始发、到达吊装（重点、难点）	洞门密封效果直接影响顶管机始发及接收；顶管机在狭小空间定位较难	① 施工前编制详细的施工方案，并组织专家进行评审。 ② 根据被切削混凝土及土层性质合理选择刀具配置。 ③ 在始发套筒上设置 3 道钢丝刷，间隔中注满盾尾油脂止水，并备足优质聚氨酯作为应急注入介质。 ④ 加强掘进参数的调整和姿态的控制，避免顶管机到达姿态不佳，在姿态不佳情况下，通过盾尾注浆孔局部注浆调整姿态。 ⑤ 严格控制始发及到达的刀盘扭矩、推力、土压力参数，防止因切削管片破坏主隧道结构。 ⑥ 做好应急预案和应急响应，备有应急物资
4	隧道质量（重点、难点）	管片质量、防水材料质量、注浆、测量、推进方向、监控量测等都是质量因素	① 做好管片成品保护。 ② 严控防水材料的安装质量。 ③ 保证顶管注浆和盾尾止水。 ④ 针对测量，用专业人员和专业队保证线路轴线。 ⑤ 控制管片错台和渗漏水。控制联络通道混凝土质量
5	联络通道位于城市主干道下方（重点、难点）	区间位于城市主干道下，管线较多，对施工要求较高	① 做细前期施工调查。 ② 严格控制顶管机姿态，保证其姿态与设计轴线一致。 ③ 严格控制推进速度，不大于 2cm/min。 ④ 严格控制土舱压力及出土量，保证开挖面稳定。加强地面监测，并根据监测数据及时调整顶管机参数。 ⑤ 采用高品质盾尾油脂，减少盾尾渗漏引起的地下水土流失。 ⑥ 根据地面监测数据，及时进行二次或多次补浆，必要时对建筑物进行地面压浆加固

表 3-5-15 施工控制要点

施工控制要点	防范事项	可能的不良后果	对应技术措施
调整始发套筒姿态	套筒姿态较差，进入隧道后超出可调节范围	需要重新运输至竖井调整姿态	1. 建立完善的套筒姿态测量体系。 2. 于设备运送到联络通道处开始时控制始发套筒姿态。 3. 合理运用 3 号台车自带的智能台车系统
套筒始发及接收	检查套筒密封，提前建立平衡	密封失效导致涌水涌泥；地面沉降超限	1. 严格按照评审后的方案实施。 2. 严格工序检查制度

施工控制要点	防范事项	可能的不良后果	对应技术措施
顶管机掘进速度及出土量	速度过快，纠偏不及时，致使姿态差	速度过快，会严重扰动周围土体，并导致土层损失量加大；产生较大沉降	1. 适当降低推进速度，做到匀速、不间断。 2. 及时根据线路走向、顶管姿态、盾尾间隙、千斤顶行程差合理纠偏
	出土量不足或过高	出土量过高会致使前方土体塌陷，不足则会使前方地面隆起，后期沉降大	1. 从进洞起就要抓好推进控制，严格控制出土量。 2. 控制好顶管与成环隧道的相对位置，保持四周间隙均匀。 3. 加大盾尾油脂注入量，做好应急措施
管片拼装	防止管片拼装时的局部碎裂和带来的止水带失效	成环隧道内发生渗漏，产生沉降	1. 提高管片拼装质量，加强管片螺栓二次拧紧，保证整圆度。 2. 提高注浆质量
推进轴线控制	大幅度纠偏	土层损失量增大，并可能引发多种施工风险	提前控制顶管姿态水平，垂足方向偏差，保持姿态稳定。纠正方向采取多次、微调措施
地面监测	基准点不准确	隆起或沉降难以发现	经常联测监测点数值，及时准确读取监测数据
	地面监测系统	主要监测部位缺乏深层监测点或布点不均匀	尽量提前设置监测点，加密加大监测范围、频率

三、计算书及相关施工图纸

（一）土压力计算

土压力参数的选择与控制：根据土压平衡工况的特点，确定并保持合理的土仓压力是关键。因此，土压平衡工况中掘进参数的确定是以土仓压力为基准点来考虑的，掘进控制程序也应以土仓压力的保持为目的。

1. 土压力的分类

作用在挡土结构上的土压力，按挡土结构的位移方向、大小及土体所处的三种平衡状态，可分为静止土压力 E_0、主动土压力 E_a 和被动土压力 E_p 三种。

大部分情况下作用在挡土墙上的土压力值均介于上述三种状态下的土压力值之间。依据顶管法工艺特点，土压力按照被动土压力计算。

2. 理论土压力计算

根据太沙基理论，公式为：

$$q_v = \frac{1-e^{-2k\mu \cdot h/B_e}}{2K\mu} \cdot \gamma \cdot B_e \qquad (3\text{-}5\text{-}1)$$

$$B_e = D \cdot \left[1 + 2\tan\left(\frac{\pi}{4} - \frac{\varphi}{2}\right)\right] \qquad (3-5-2)$$

式中：K——侧向土压力系数，取 0.36；

μ——土摩擦系数，取 0.3；

h——管顶深度，取 16.9m；

γ——土层密度，取 20kN/m；

B_e——扰动土密度；

φ——土体内摩擦角，黏性土取 25；

D——顶管外径；

代入公式可求得：$q_v = 0.226$MPa。

（二）推力估算

根据《顶管工程施工规程》(DG/TJ 08-2049—2016)，我们对顶管机切削洞门混凝土推进始发进行估算。估算如下。

总顶力可按下式进行估算：

$$F = \pi D L' f + \frac{\pi}{4} D'^2 R_1 \qquad (3-5-3)$$

$$R_1 = \gamma (H + 2/3D) \tan^2 (45° + \varphi/2) \qquad (3-5-4)$$

式中：D——管道外径（m）；

L'——管道顶进长度（m）；

f——管道外壁与土的平均摩擦力（kPa），宜取 2~7kPa；

D'——顶管机直径（m）；

L——顶进距离（m）；

R_1——顶管机下部 1/3 处被动土压力（kN/m）；

γ——土层密度（kN/m³）；

H——顶管覆土层厚度（m）；

φ——土的内摩擦角（°）。

以向阳站—临港站区间 1 号联络通道为例进行计算，代入公式求得：$F = 3788.375$kN。通过估算，推进过程中，总顶推力均不超过 4000kN。

（三）顶管机扭矩计算

顶管机采用土压平衡结构与盾构机的计算原理相似。刀盘的正面、侧面均受到土体压力，从而对作业中的刀盘产生摩擦力；土压仓内充满了刀盘开挖下来的渣土；在压力的作用下会对刀盘的背面产生摩擦力；刀盘上的刀具在切削土体时受到地层抗力，从而对刀盘产生摩擦力扭矩；刀盘搅拌棒及支撑梁会受到土压仓内土体的摩擦力；密封及主轴承在刀盘旋转过程中也会产生摩擦力扭矩。因此，土压平衡盾构机刀盘扭矩的构成是：①刀盘正面与土体之间的摩擦力扭矩 T_1；②刀盘背面与压力舱内的土体摩擦力扭矩 T_2；③刀盘侧面与土体之间的摩擦力扭矩 T_3；④刀具切削土体时的地层抗力产生的扭矩 T_4；⑤刀盘搅拌阻力扭矩 T_5；⑥刀盘主密封摩擦力扭矩 T_6；⑦主轴承摩擦力扭矩 T_7。

则总的刀盘扭矩可表示为

$$T = T_1 + T_2 + T_3 + T_4 + T_5 + T_6 + T_7 \text{（单位：} kN \cdot m)$$

1. 刀盘正面与土体之间的摩擦阻力扭矩 T_1

$$T_1 = \frac{\pi D^3}{12} K f \gamma H (1-\eta) \text{（单位：} kN \cdot m) \tag{3-5-5}$$

式中：H——联络通道顶部覆土埋深（m），1号联络通道取16.9m；

K——土体的侧压力系数，取0.36；

f——土与钢的摩擦系数，取0.3；

γ——土体重力密度，取$20 kN/m^3$；

η——刀盘的开口率。

以1号联络通道为例，得：$T_1 = 3.14 \times (3.29)^3/12 \times 0.36 \times 0.3 \times 20 \times 16.9 \times (1-0.36) = 217.699$ (kN·m)

2. 刀盘背面与压力舱内的土体摩擦阻力扭矩 T_2

$$T_2 = \frac{\pi D^3}{12} K_1 K f \gamma H (1-\eta) \text{（单位：} kN \cdot m) \tag{3-5-6}$$

式中：K_1——与刀盘正面相比，刀盘背面摩擦阻力扭矩计算的调节系数，取$K_1 = 0.6$。

以1号联络通道为例，得：$T_2 = 3.14 \times (3.29)^3/12 \times 0.36 \times 0.3 \times 0.6 \times 20 \times 16.9 \times (1-0.36) = 130.619$ (kN·m)

3. 刀盘侧面与土体之间的摩擦阻力扭矩 T_3

$$T_3 = W\left(4\int_0^{\frac{\pi}{2}} Rfp'_1 + 4\int_0^{\frac{\pi}{2}} Rfp'_2\right) = f\gamma WD^2\left[\frac{(1+K)\pi H}{4} - \frac{(2+K)D}{6}\right] \text{（单位：} kN \cdot m) \tag{3-5-7}$$

式中：W——刀盘圆周侧面的宽度，根据顶管机刀盘的结构形式取0.25。

以1号联络通道为例，得：$T_3 = 0.3 \times 20 \times 0.25 \times (3.29)^2 \times [(1+0.36) \times 3.14 \times 17.19/4 - (2+0.36) \times 3.29/6] = 276.956$ (kN·m)

4. 刀具切削土体时的地层抗力产生的扭矩 T_4

$$T_4 = \int_0^{\frac{\pi}{2}} q_u = \frac{V_{max}}{n_e} r dr = \frac{1}{8} D^2 \frac{V_{max}}{n_e} q_u \text{ (kN·m)} \tag{3-5-8}$$

V_{max}为盾构机最大推进速度，取0.02m/min。

$T_4 = 0.125 \times (3.29)^2 \times 0.02/1 \times 400 = 10.82$ (kN)

根据经验及实例计算以上4项刀盘扭矩，占刀盘总扭矩的95%以上。因此，在对刀盘扭矩进行计算时，其他项扭矩可以忽略不计。

$$T = T_1 + T_2 + T_3 + T_4 + T_5 + T_6 + T_7 \text{（单位：} kN \cdot m)$$

以1号联络通道为例，得：$T = 217.699 + 130.619 + 276.956 + 10.82 = 636.094$ (kN)

根据国内外盾构机设计经验，刀盘的扭矩可按下式进行估算，即刀盘扭矩：

$$T = \alpha D^3$$

式中：D——开挖直径，取值3.29；

α——相对于刀盘直径的扭矩系数，土压平衡盾构一般取18~22。

得出：$T = (18~22) \times (3.29 \times 3.29 \times 3.29) = 641.00~783.44$ (kN·m)。

四、效果及经济效益分析

工程名称：济南市轨道交通3号二期工程二工区。

工程地点：济南市高新区机场路轨道交通向阳站—临港站盾构区间。

应用实例：向阳站—临港站区间为单圆盾构区间，起点接向阳站，向北沿机场路敷设，下穿青银高速桥、小清河及南水北调干渠后，接临港站。

（一）经济效益

联络通道普遍采用矿山法开挖，特别是在软土地层中，需通过注浆或冻结等施工工艺对开挖周边一定范围进行加固，常规冷冻法存在"工期长、风险大、造价高"等问题。机械法提升了联络通道工程建设中的安全质量水平，缩短工期，且各个地质情况适用性强，对砂层、黏土层、岩层均有较好的适用性；对"工期长、风险大、造价高"等状况均有大幅解决，节约了部分大型施工机械和人力，从而大大节约了施工成本，经济效益明显。

机械法联络通道施工费用约550万元。

（二）社会效益

该工法具有施工工期短、施工质量高、作业环境安全可控、机械化程度高等优点，还能有效降低环境影响和解决结构沉降等问题；机械法联络通道技术利用小型盾构机横向掘进，成形隧道质量过硬，能将施工工期缩短至个位数，代表了目前联络通道施工的最高水平，解决了施工中的难题，提高了施工效率，降低了施工成本，为类似工程提供借鉴，具有极高的推广应用前景。效果图如图3-5-30所示。

图3-5-30 效果图

第六节 济南东站—田园大道站区间联络通道冻结法施工实例

一、工程概况

（一）工程概述

济南东站—田园大道站区间为双单洞隧道，该区间采用济南中铁重工轨道装备有限公司生产的两台土压平衡盾构机施工。线路出济南东站后，以 $R=350\text{m}$ 曲线半径向北转入舜城大街，沿舜城大街由西向东敷设，采用盾构法施工，线间距为 11~18.6m，拱顶覆土为 9.4~11.7m。区间在右 DK46+884.739 处设置联络通道，联络通道位置隧道中心线间距为 11.0m，左右线均位于直线段。

联络通道所在位置的左线隧道轨面高程约 +12.933m（右线为 +12.942m），地面标高约为 +28.7m，联络通道上方覆土约 12.336m。联络通道由与隧道管片相连的水平通道构成。联络通道结构断面为拱顶直墙，初支开挖尺寸高 4.67m、宽 4m，初支结构厚 0.25m，采用矿山法施工，二衬结构净宽 2.9m，净高 3.0m，顶板及侧墙厚度为 300mm，底板厚度为 500mm。联络通道结构如图 3-6-1 所示。

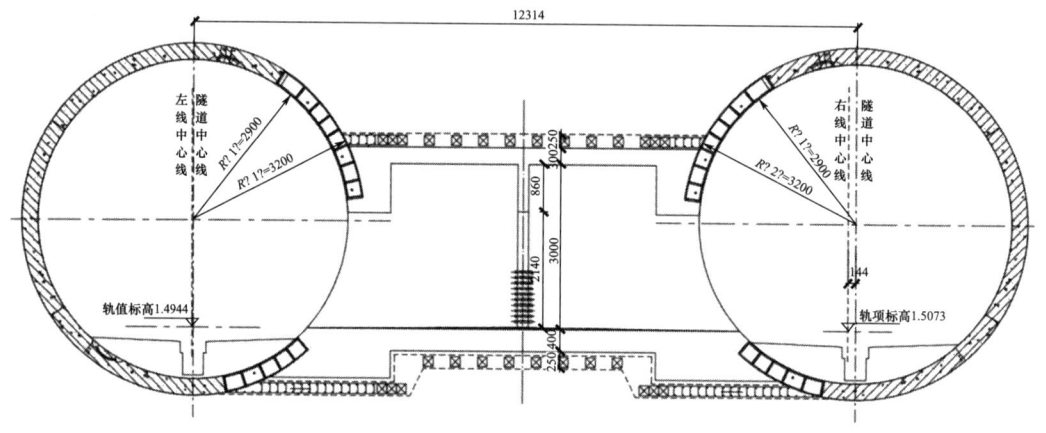

图 3-6-1　联络通道结构示意图（单位：mm）

（二）环境概述

济南东站—田园大道站区间隧道位于黄河小清河冲洪积平原地貌，地势相对平坦，地面标高 25.89~29.72m。

根据地勘报告，联络通道冻结涉及的地层主要有 ⑨$_1$ 粉质黏土、⑩$_1$ 粉质黏土、⑭$_1$ 粉质黏土层。地下水水位埋深 2.30~8.50m，水位标高 19.69~25.37m，主要接收大气降水补给、下部岩溶承压水顶托补给，以侧向径流、人工开采方式排泄。该区间区域沿线地下水类型为第四系松散层孔隙水，此次钻探深度内仅揭露第四系松散层孔隙水。根据区域水文地质资料，该区域第四系松散层孔隙水含水层水量丰富，第四系松散层孔隙水含水层以碎石、卵石、含碎石粉质黏土等为主，裂隙发育的粉质黏土具有一定的渗透性，碎石层、卵石层及含碎石粉质黏土层含水率丰富，具承压性，顶托补给上部含水层，地下水主要受大气降水补给和下部岩溶承压水顶托补给，第四系松散层孔隙水具承压特性。联络通道地质剖面如图 3-6-2 所示。

二、施工工艺

（一）施工工艺流程

联络通道冷冻施工流程：冻结站施工→冻结系统安装、冻结孔钻进→冻结器安装→盐水系统安装、保温→充 R22、化氯化钙、试运转→积极冻结→探孔→开挖构筑，同时维护冻结→封孔注浆→撤场。

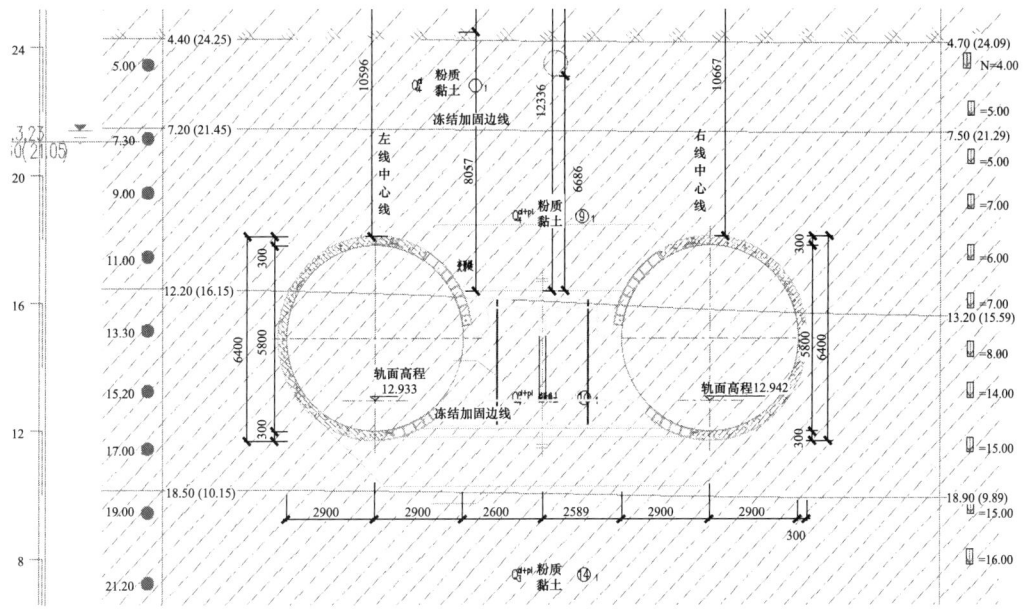

图 3-6-2 联络通道地质剖面图（单位：mm）

（二）地层加固设计

1. 冻结帷幕设计参数

（1）联络通道的冻结帷幕厚度设计为 2.0m，开挖区外围冻结孔布置圈上冻结壁与隧道管片交界面处平均温度不高于 −5℃。其他部位设计冻结壁平均温度小于或等于 −10℃。

（2）冻土强度的设计指标取为：单轴抗压强度不小于 3.6MPa，弯折抗拉强度不小于 1.8MPa，抗剪强度不小于 1.5MPa（−10℃）。为保证冻土平均温度达到设计时的计算值，冻土验收时平均温度应不高于 −10℃。

（3）进行积极冻结时，在冻结区附近 200m 范围内不得采取降水措施，在冻结区土层中不得有集中水流，在冻结壁附近隧道管片内侧铺设保温层，铺设范围至设计冻结壁外 1m，保温层采用阻燃（或难燃）的保温材料，厚度不小于 30mm，导热系数不大于 0.04W/(m·K)。

（4）联络通道积极冻结时间为 40~45d，冻结单孔流量不小于 5m³/h，积极冻结 7d 盐水温度降至 −18℃以下，积极冻结 15d 盐水温度降至 −24℃以下。开挖时去回盐水温差不大于 2℃。盐水温度降至 −28℃以下；当盐水温度和盐水流量达不到设计要求时，应适当延长积极冻结时间。联络通道主要冻结技术参数见表 3-6-1。联络通道冻结帷幕剖面如图 3-6-3 所示。

表 3-6-1 联络通道主要冻结技术参数表

序号	参数名称	单位	数量	备注
1	冻土墙设计厚度	m	2.0	—
2	冻土墙平均温度	℃	≤−10	冻结帷幕与管片交界面平均温度不大于 −5℃
3	冻土帷幕交圈时间	d	20~25	—

续表

序号	参数名称	单位	数量	备注
4	积极冻结时间	d	40~45	具体时间以现场工程监测为准
5	冻结孔个数	个	67	—
6	冻结孔成孔控制间距	m	1.2	设计有效冻土帷幕范围内,多排孔处相邻排最大间距
7	冻结孔允许偏斜	mm	150	
8	设计最低盐水温度	℃	−30~−28	冻结7d盐水温度达−18℃以下
9	维护冻结盐水温度	℃	≤−25	
10	单孔盐水流量	m^3/h	5~7	
11	冻结管规格	mm	$\Phi 89 \times 8$	《输送流体用无缝钢管》(GB/T 8163—2018)
12	测温孔	个	8	
13	卸压孔个数	个	4	—
14	冻结管总长度	m	327	
15	冷冻排管长度	m	150	—
16	冻结总需冷量	10^4 kcal/h	4.5	工况条件

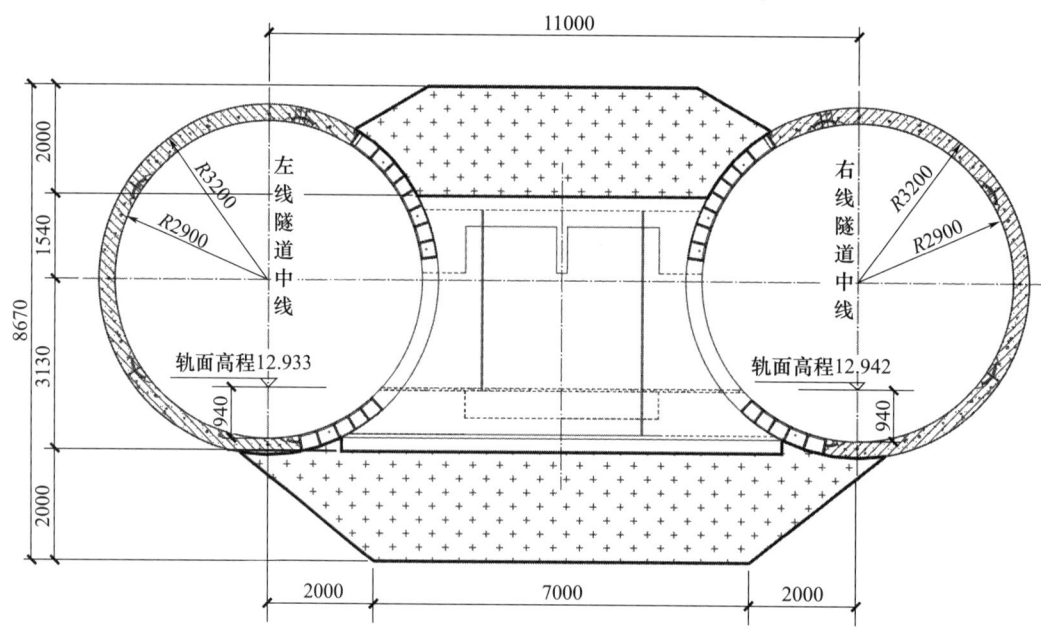

图 3-6-3 联络通道冻结帷幕剖面图（尺寸单位：mm；高程单位：mm）

2. 冻结孔、测温孔、泄压孔布置

冻结孔布置：主冻结面设置在区间右线隧道，其中，联络通道共设钻孔67个，右线设42个（含透孔4个），左线设25个；测温孔共计8个，目的主要是测量冻结帷幕范围不同部位的温度发展状况，以便综合采用相应控制措施，卸压孔4个。

测温管选用：浅孔 $\Phi 32 \times 3$ mm、深孔 $\Phi 89 \times 8$ mm，测温管长度每个2.0~4.2m，管前端焊接密封，确保管内不渗水。

泄压孔采用 $\Phi 45 \times 3$ mm 钢管，通过焊制在钢管片上进行固定，泄压孔上安装压力表及球阀各一个，最后在球阀内采用 2.0m 钻杆打入联络通道冻结体内，确保内外的连通性。

泄压孔通过在钢管片上开孔，在卸压孔上安装压力表，可以很直观地监测冻结帷幕内的压力变化情况，通过每日观测，及时判断冻结帷幕的形成，并可直接释放冻胀压力。结孔布置剖面如图 3-6-4 所示。联络通道冻结孔平面布置如图 3-6-5 所示。联络通道其他钻孔特征一览表见表 3-6-2。

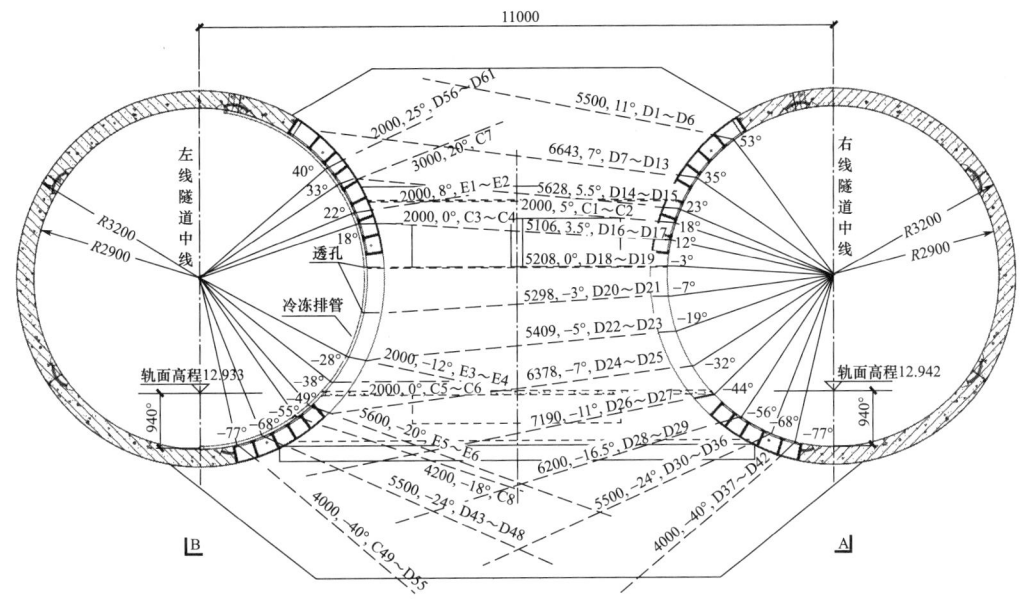

图 3-6-4　结孔布置剖面图

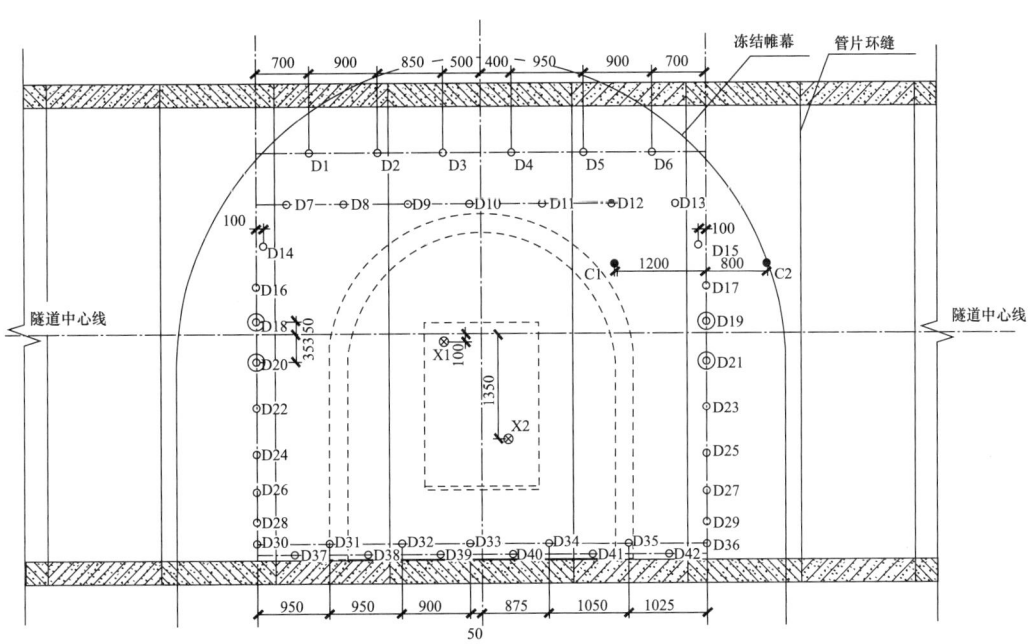

图 3-6-5　联络通道冻结孔平面布置图（单位：mm）

表 3-6-2 联络通道其他钻孔特征一览表

孔类型	钻孔编号	孔数	孔深（m）	定位角度（°）	仰角（°）	水平角（°）	总孔深（m）	规格（m）
测温孔	C1	1	2.0	18	5	与联络通道中心线平行	2.0	$\Phi 32 \times 3$
	C2	1	2.0	18	5	与联络通道中心线平行	2.0	$\Phi 32 \times 3$
	C3	1	2.0	18	0	与联络通道中心线平行	2.0	$\Phi 32 \times 3$
	C4	1	2.0	18	0	与联络通道中心线平行	2.0	$\Phi 32 \times 3$
	C5	1	2.0	−38	0	与联络通道中心线平行	2.0	$\Phi 32 \times 3$
	C6	1	2.0	−38	0	与联络通道中心线平行	2.0	$\Phi 32 \times 3$
	C7	1	3.0	33	20	与联络通道中心线平行	3.0	$\Phi 89 \times 8$
	C8	1	4.2	−55	−18	与联络通道中心线平行	4.2	$\Phi 89 \times 8$
泄压孔	X1，X2	2	3.0	—	0	与联络通道中心线平行	6.0	$\Phi 45 \times 3$
	X3，X4	2	2.0	—	0	与联络通道中心线平行	4.0	$\Phi 45 \times 3$
	12	12	—	—	—	—	29.2	—

（三）冻结孔施工

1. 冻结孔施工顺序

根据联络通道施工的孔位，采用自下而上的顺序进行施工，可防止因下层冻结孔的施工而引起上部地层扰动，减小钻孔施工时的事故发生率，同时在施工过程中，在设计许可范围内进行调整孔位放样，避免打到管片螺栓或管片接缝。钻孔施工准备→左线侧冻结孔、测温孔、泄压孔施工→右线侧冻结孔、测温孔、泄压孔施工→钻孔结束。

2. 冻结孔的定位

冻结孔施工前需对隧道中心坐标、隧道偏斜进行进一步复核，冻结透孔施工完毕后进行测斜；依据施工基准点，按冻结孔施工图进行冻结孔孔位放线，孔位布置首先要依据管片配筋图和钢管片加强筋的位置，在避开主筋、管片缝、螺栓及钢管片肋板的前提下可适当调整，冻结孔开孔误差不大于100mm。

（1）进场开始的主要准备工作：打钻平台铺设，应急物资就位，搭设打钻脚手架平台。

（2）开工前，需与盾构测量单位核实隧道实际标高、左右线隧道实际高差。按照设计的图纸，进行孔位的放样，因隧道为圆弧面，所以每个孔位在管片上的位置要通过换算成各点相对于中心线的弦长或弧长来放样。

放样注意事项：开孔口位置必须避开隧道管片接缝处、螺栓孔，并宜避开混凝土管片主筋和钢管片主受力肋板。

钻孔轴线放样：通道的方位轴线如图3-6-6所示，要先确定出隧道的 A 点和 B 点，测量 A 点和 B 点的坐标后，以 A，B 的连线作为方位线，做延长线至两侧隧道后管片上，再分别定位出 C 点和 D 点，作为施工时的定位线。

3. 定位开孔及孔口管安装

（1）混凝土管片开孔。

定位开孔及孔口管安装，应根据设计孔位图进行各孔位置放样。首先注意，当内衬结构内主筋干涉时，调整孔位，用开孔器（配金刚石钻头取芯）按设计角度开孔，开孔直径121mm，当深度达到250mm时停止钻进，安装孔口管。

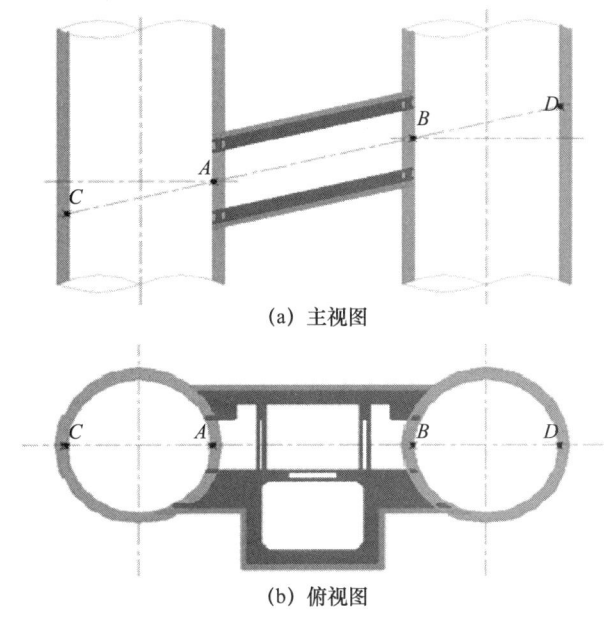

(a) 主视图

(b) 俯视图

图 3-6-6　钻孔放样示意图

孔口管的安装方法：首先将孔口处凿平，安装好4个膨胀螺栓，而后在孔口管的鱼鳞扣上缠好麻丝或棉丝等密封物，将孔口管砸进去，用膨胀螺栓连接钢板与孔口管焊接牢固。将孔口管固定牢固后，安装DN125球阀，再将球阀打开，用开孔器从球阀内开孔，开孔直径为96mm，一直将内衬及维护结构开穿，这时，如地层内的水砂流量大，应及时关闭球阀。

孔口管严格按照设计角度安装。用钻机接上金钢石钻头，从球阀内二次开孔，开孔直径为94mm，一直将混凝土管片开穿，如涌水就及时关闭闸门，然后安装孔口密封装置，施工过程中当第一个孔开通后，没有涌水涌砂，可继续开孔施工；若涌水涌砂较厉害，还应当进行注水泥浆（或双液浆）止水及地层补浆。孔口装置（防喷装置）安装：用螺栓将孔口密封装置装在球阀上，注意加好密封垫片。钻孔孔口密封装置如图3-6-7所示。

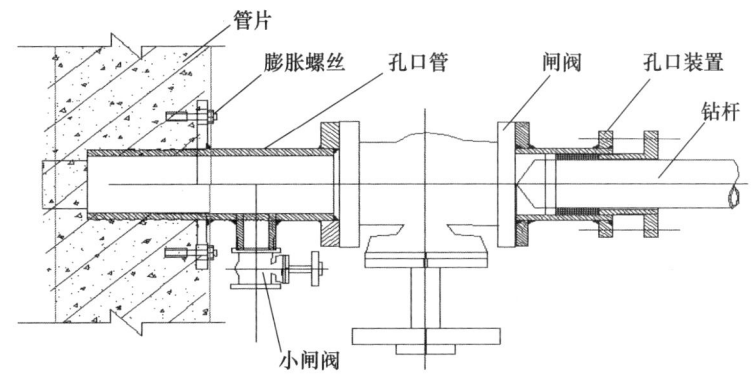

图 3-6-7　钻孔孔口密封装置图

（2）钢管片开孔。

将孔口管按设计位置及角度预埋在钢管片格仓内，将钢筋（或其他钢件）与钢管片焊接固定，不少于3个点，并用水泥浆将钢管片格栅填充密实，待水泥浆凝固后，最后安装孔口密封装置，如图3-6-8所示。当每个钻孔完成后，在孔口法兰与冻结管之间间隙用钢板焊接密封。

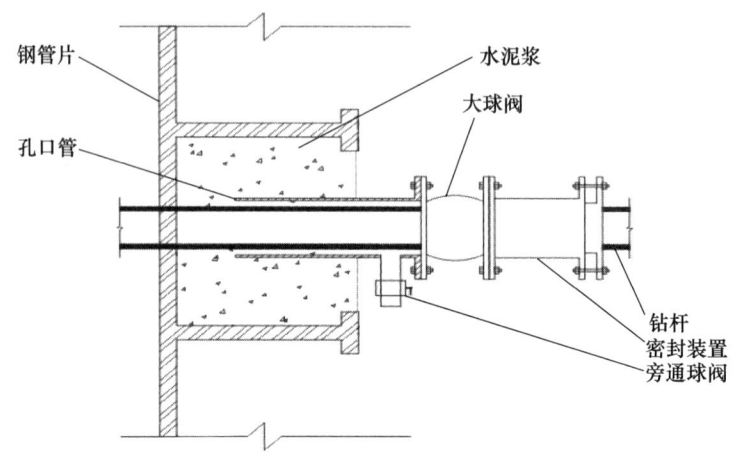

图 3-6-8　冻结孔钢管片开孔及钻孔示意图

4．冻结孔钻进

（1）钻机钻孔前进行找正，俯仰角度主要利用量角器紧贴钻机底盘，在量角器中心安装指针进行钻机找正，方位角度依据联络通道左右线进行基准点放样，钻机与基准点连线平行找正。

（2）钻孔设备拟使用 MD-120A 钻机，配用 BW250 型泥浆泵，钻具利用 $\Phi89\times8$ 冻结管做钻杆，在钻头部位安装一个特制单向阀门，采用正循环钻进工艺。

（3）每个冻结孔钻进前，先根据各孔的具体参数调整钻机，调整好后，将冻结管慢慢挺进已安装好的密封装置内，拧紧密封装置的螺栓，再将孔口管上的大球阀打开。利用安装在孔结管上的取芯钻头将剩下的管片钻通，取芯后更换三翼钻头进行正常钻进。

（4）当钻进困难时，应采取带水钻进方式。冻结管到达设计深度后冲洗单向阀，并密封冻结管端部。

（5）在钻进过程中，如发生水土流失，可根据每日的监测情况，及时通过安装在孔口管部位的旁通阀对土体进行补压浆，以单液浆为主，以控制钻孔对周边环境的影响。

（6）钻进过程中发现偏斜要及时纠偏，钻孔的偏斜应控制在150mm以内。首先施工透孔以复核对侧隧道预留口位置的偏差及钻孔施工质量，如大于100mm应按保证冻结壁设计厚度的原则对冻结孔位置或角度进行调整。

（7）冻结孔钻进深度应不小于设计深度。冻结孔施工时的土体流失量不得大于冻结孔体积，否则应及时注浆控制地层沉降。

（8）透孔施工：钻进前，先将取芯合金钻头、取芯管和锥形体与钻杆相连，按正常方法钻土体，当碰到对侧管片时，低速慢进，直至钻穿，当钻穿后，及时快速推进，将锥体挤入管片开孔处，形成止水密封，如图 3-6-9 所示，并在左线隧道内安排人员进行巡察，主要检查透孔施工时影响区域管片有无渗漏情况及钻进完成后密封效果。

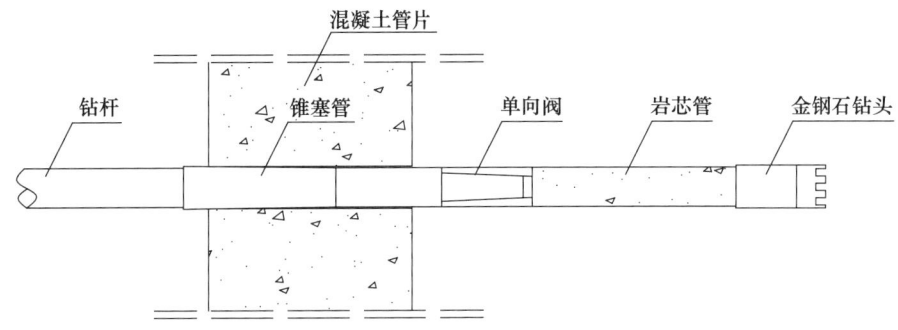

图 3-6-9 穿透孔施工止水密封图

钻孔过程中需做好过程记录，主要包含钻孔孔号、设计深度、设计角度、实际钻进角度、时间、钻孔深度、过程中出现的异常情况等内容。

5. 冻结管安装

（1）冻结管之间采用丝扣连接，接头螺纹紧固后再用手工电弧焊焊接，确保其同心度和焊接强度。冻结管长度不得小于设计长度，或冻结管碰到隧道管片为止，冻结管尾部不参与制冷循环的长度不大于 150mm。

（2）冻结管安装完成后，进行长度的复测，用灯光测斜仪测斜并绘制钻孔偏斜图。冻结孔终孔最大允许间距为 1200~1500mm，超出最大允许间距的，可进行补孔或延长冻结时间进行处理。具体如图 3-6-10 所示。

图 3-6-10 成孔测偏斜

（3）冻结管深度和偏斜合格后进行打压试漏，压力控制在 0.8MPa，前 30min 压力损失小于 0.05MPa，后 15min 压力稳定无变化者为试压合格。试压不合格的，可拔出冻结管重新钻孔，或下套管进行处理。

（4）在冻结管内下供液管，然后焊接冻结管端盖和去回路羊角。供液管及其管头安装如图 3-6-11 所示。

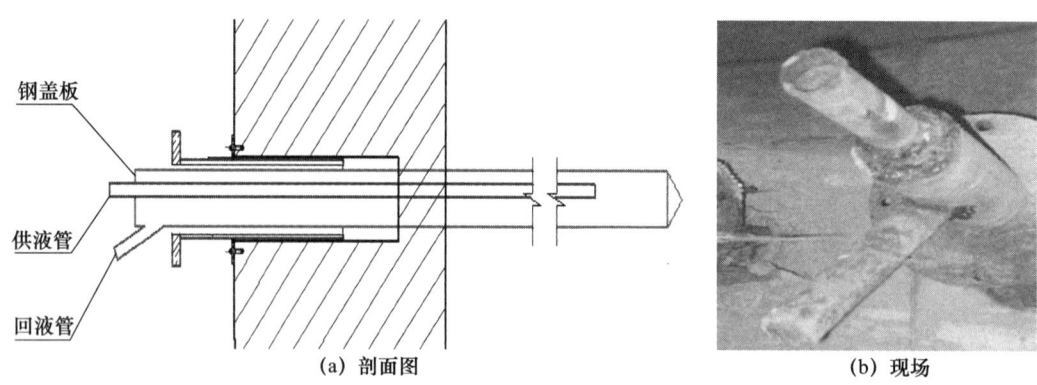

(a) 剖面图　　　　　　　　(b) 现场

图 3-6-11　供液管及其管头安装

6. 钻孔质量控制程序

为使冻结孔钻孔质量符合要求，采用如下防偏措施。

（1）准确定出开孔孔位，并在开孔对侧布设后视点，以便于施工中校验、控制钻孔方向。

（2）在施工时，应先进行透孔施工，验证隧道预留洞门的相对位置，两隧道通道中心线偏差大于 200mm 时，应及时联系设计单位修正冻结孔设计方位。

（3）在进行第一个冻结孔施工时，应分析主要地层在钻进过程中的参数变化情况，并检查地质、水文情况，若发现异常，应及时采取针对性措施。

（4）确保冻结管的加工质量，在钻进前进行配管并查看冻结管的外观质量。钻孔质量控制流程如图 3-6-12 所示。

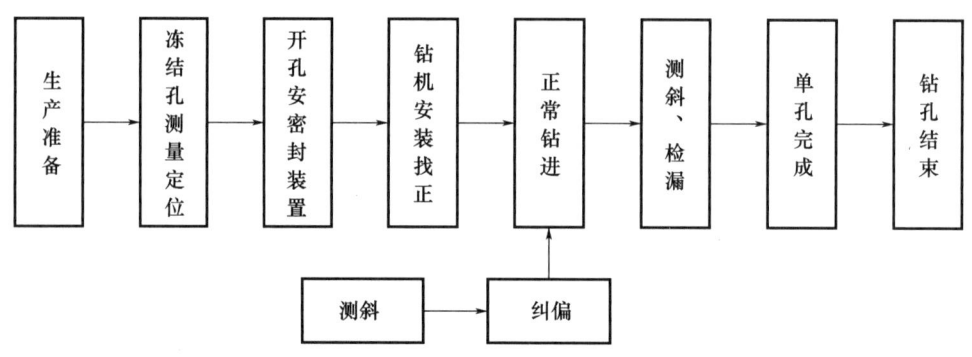

图 3-6-12　钻孔质量控制流程图

（5）施工平台搭设应牢固、稳定。

（6）管口段冻结管方位是影响整根冻结管偏斜程度的关键。在第一节冻结管施工时，由值班技术员负责校验冻结管的方位，确保偏差在允许范围内。

（7）在对接冻结管时应保证同轴度。

（8）透孔施工前要认真核对方位角，透孔施工完毕后及时封堵隧道对侧。

（9）冻结管要严格按照相关技术规程进行焊接，不得有夹渣、气孔、裂纹等。

7. 钻进过程中冻结管漏水喷砂应急处理措施

（1）采取强力水平钻机，减小供水量，加大钻具推力，强行顶入冻结管。

(2) 压紧孔口密封装置。

(3) 根据涌砂量大小及时进行地层补偿注浆,并加密监测。

(4) 必要时跳孔钻进。

(四) 冻结站安装

1. 冻结制冷系统设计

(1) 需冷量计算。

联络通道冻结管总长度为 327.035m,冷冻排管长度为 150m,同时考虑盐水系统管路冷量损失。需冷量为

$$Q = m_c \cdot \pi \cdot d \cdot k \cdot h = 4.5 \times 10^4 \text{kcal/h} \tag{3-6-1}$$

式中:m_c——盐水系统冷量损失系数,取 1.4。

d——冻结管外直径,0.089m;排管外直径,0.045m。

k——冻结管散热系数,取 280kcal/($m^2 \cdot h$)。

h——冻结管总长度,设计总长度为 327.035m,排管长度为 150m。

(2) 冻结站设备选型。

① 冻结站装机制冷量设计。

根据实际工况,冷冻机 2 台(一用一备,同时冷冻相关机械主要配件现场储备充足)。主运转采用 170WDEDD 型冷冻机组,当盐水温度为 -30℃,冷却水温度为 25℃时(较低),单台机组工况制冷量约为 10.2×10^4 kcal/h,冷冻机组电机额定功率为 136kW。

② 冻结系统辅助设备。

a. 冷冻机组配盐水循环泵 ISW150-315 型 2 台,其中 1 台备用,单台流量 200m^3/h,扬程 32m,电机功率 30kW。根据冻结孔分组情况,能够满足单孔流量的设计要求。

b. 冷却水循环泵选用 ISW100-160 型 2 台,其中 1 台备用,单台流量 100m^3/h,扬程 32m,电机功率 15kW。冷却塔选用 KST-60 型 2 台,补充新鲜水 10m^3/d。

③ 管路选择。

a. 冻结管选用 $\Phi 89 \times 8$、20 号低碳钢无缝钢管,内接箍螺纹连接,另加手工电弧焊焊接。单根长度 1~1.5m。

b. 测温孔管:深孔选用 $\Phi 89 \times 8$,无缝钢管;浅孔选用 $\Phi 32 \times 3$,无缝钢管。

c. 供液管选用 $\Phi 38 \times 3$ 聚乙烯塑料管。

d. 盐水总管和集配液圈选用 $\Phi 159 \times 4.5$ 无缝钢管或聚乙烯管。

e. 冷却水管选用 $\Phi 159 \times 4.5$ 无缝钢管。

(3) 用电负荷。

经计算,冻结站最大用电负荷为 185kW。

(4) 其他。

冷冻机油选用 N46 冷冻机油,制冷剂选用氟立昂 R22,冷媒剂选用氯化钙溶液。

2. 冻结制冷系统安装

联络通道冻结制冷系统主要包括两个子系统,一是冻结工作面,即需要冻结加固的联络通道地层及其冻结管路;二是冻结站。这两个子系统通过盐水干管连接,在正式冻结运转施工前完成。冻结站冻结系统原理如图 3-6-13 所示。冻结工作面实景如图 3-6-14 所示。

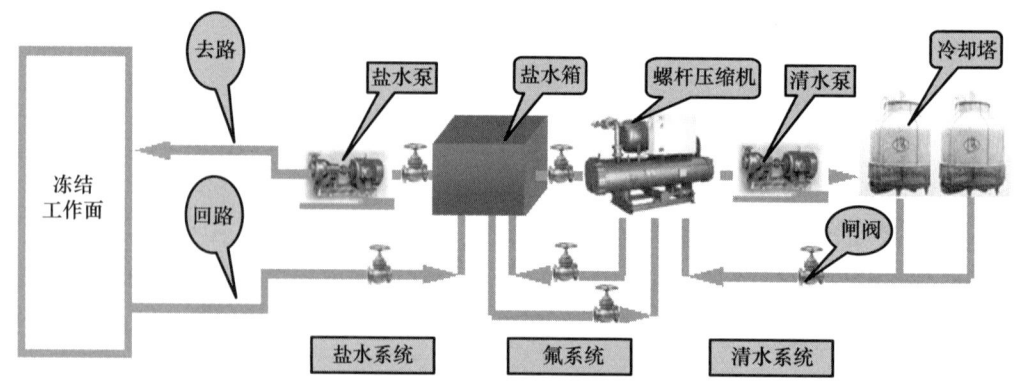

图 3-6-13　冻结站冻结系统原理图

图 3-6-14　冻结工作面实景图

3. 冻结站布置

根据现场施工环境，拟将冻结站安装在联络通道附近隧道内，站内设备主要包括冷冻机组、盐水箱、盐水泵、清水泵、冷却塔及配电控制柜等。

4. 冷冻机组的安装

螺杆式制冷压缩机组由螺杆压缩机、电动机、联轴器、气路系统（包括吸气止回式截止阀和吸气过滤器）、油路系统（包括油分离器、油冷却器、油过滤器、油泵、油压调节阀和油分配管路）、控制系统（包括操作仪表箱、控制器箱、电控柜等）和设备与系统间的连接管路等组成。

（1）就位与固定。

按照冻结站布置图，将冷冻机组就位后，将机组启动柜可靠布置在机组旁边利于方便操作的位置，同时注意与机组之间留下一定的空间，要给平时的操作维护带来方便。

（2）管路连接。

盐水管路和清水管路与机组之间采用法兰连接，合理布置安装阀门，利于日常开启与关闭操作，同时也要预留管路或设备维修空间。

(3) 机组密封检测。

冷冻机组属于内循环机械设备，一定要保证机组的密封性能可靠，否则造成机组漏氟，制冷效率下降，达不到理想的制冷效果。首先进行制冷系统的检漏和冲洗，在确保系统无渗漏后，再充氟加油，冷冻机组选用 N46 冷冻机油。

5. 清、盐水泵的安装

检查水泵和电机，确定在运输和装卸过程中没有损伤。检查工具和起重机械，并检查机器的基础。安装泵的基础平面应水平找平，放置好后再找平整台机组的水平度。泵的吸入管路和输出管路应独立设置安装支架，不允许管路质量直接由泵承受。泵叶轮与电机旋转方向应一致。泵的吸入口不宜过高，要高于清、盐水箱底 20cm 左右。在清水泵的吸入口处及盐水箱中间设置安装滤网，以防止有杂物被吸入管路内。检查泵及管路与结合处有无松动现象。盘动泵轴，检查转动是否灵活。

6. 冷却塔的安装

冷却塔基础应保持水平，要求支柱与基面垂直，各基面高差不超过±1mm。中心距允许差为±2mm。塔体拼装时，螺栓应对称紧固，不允许强行扭曲安装，拼装后不得有渗漏。冷却塔塔脚与基础预埋钢板需直接定位焊接，预埋钢板应水平、牢固。冷却塔零部件在运输、存放过程中，其上不允许压重物。

冷却塔进出水管及补充水管应单独设置管道支架，避免将管道质量传递给塔体。为避免杂物进入喷嘴、孔口，组装前应仔细清理。冷却塔安装完毕后，应清理管道、填料表面、集水盘等污垢及塔内遗留物，并进行系统清洗。

7. 管路安装

清水管路和盐水干管采用焊接，与设备及阀门连接应采用法兰连接。隧道内的盐水管用管架敷设在隧道管片上，管路采用焊接或法兰连接。在盐水管路和冷却水循环管路上要设置阀门和压力表、测温仪测试组件等。盐水管路经试漏、清洗后用保温板保温，保温板厚度为 30mm，保温层的外面用塑料薄膜包扎。集配液圈与冻结器采用高压胶管连接，每组冻结管的进出口各装一个阀门，以便控制盐水流量。

8. 保温施工

盐水管路经试漏、清洗后用保温板保温，保温板厚度为 30mm，保温层的外面用塑料薄膜包扎。冷冻机组的蒸发器及低温管路用保温板保温，盐水箱和盐水干管采用 30mm 厚的保温板保温。联络通道管片保温，由于混凝土和钢管片相对于土层要容易散热得多，为加强冻结帷幕与管片胶结，采用 PEF 保温板或橡塑板对冻结帷幕发展区域管片进行隔热保温。

9. 溶解氯化钙和机组充氟、冷冻机加油

盐水（氯化钙溶液）比重为 1.26～1.27，将系统管道内充满清水，盐水箱充至一半清水，在盐水箱内（加过滤装置）溶解氯化钙，开启盐水泵，边循环边化氯化钙，直至盐水浓度达到设计要求。

机组充氟和冷冻机加油按照设备使用说明书的要求进行。首先进行制冷系统的检漏和氮气冲洗，在确保系统无渗漏后，再抽真空，充氟加油。

（五）交圈论证

项目根据冻结帷幕发展速度判断已交圈、多个测温孔共同验证及泄压孔已出现压力上涨等情况后，收集相关资料，组织进行冻结效果专家论证，在确认已具备交圈条件后，进行后续施工准备工作。

（六）冻结施工

1. 积极冻结

设备安装完毕后进行调试和试运转。在试运转时，要随时调节压力、温度等各状态参数，使机组在有关工艺规程和设备要求的技术参数条件下运行。冻结系统运转正常后进入积极冻结。

此阶段为冻结帷幕的形成阶段，联络通道设计冻结时间为 40～45d（根据测温情况决定是否延长冻结时间），要求冻结孔单孔流量不小于 $5m^3/h$；积极冻结 7d 盐水温度降至 $-18℃$ 以下，积极冻结 15d 盐水温度降至 $-24℃$ 以下；开挖前盐水温度降至 $-28℃$ 以下，去回路温差不大于 $2℃$。如盐水温度和盐水流量达不到设计要求，应延长积极冻结时间。

在积极冻结期间需按照设计要求，完成区间左右线隧道内预应力支架的安装施工。

2. 维护冻结

在积极冻结过程中，要根据实测温度资料判断冻结帷幕是否交圈和达到设计厚度，同时要监测冻结帷幕与隧道的胶结情况，测温判断冻结帷幕交圈并达到设计厚度且与隧道完全胶结后，可进入维护冻结阶段。维护冻结温度不高于 $-25℃$，冻结时间贯穿联络通道及联络通道开挖和主体结构施工始终。

在维护冻结期间，根据前期冻结孔的偏斜数据绘制施工完成后冻结孔偏斜图，根据冻结孔偏斜数据选择孔位间偏斜角度较大的冻结孔作为冷冻帷幕交圈的监测依据，经设计单位同意后适当调整测温孔布置位置，每天监测测温孔数据。帷幕交圈时，泄压孔监测的地层冻涨压力上涨，泄压孔压力上升至一定压力后应及时泄压，并根据前期测量孔监测数据绘制温度与冷冻时间关系曲线图。

3. 冻结质量控制及保证措施

冻结质量控制施工流程：冻结站基础施工→冻结站安装、设备试压→冻结器安装、验孔试压保温→冷却水供应、充氟→试运转→开始积极冻结→冻结效果验收达标→开始开挖构筑，伴随维护冻结→结构完成冻结，结束。

冻结加固质量保证措施如下。

（1）积极冻结时，在冻结区域及 200m 范围内不应有降水作业，在冻结区域内土层中不得有集中水流。

（2）盐水管路、冻结管头部，联络通道位置钢管片周围 1m 等散热区域，应施作保温层。

（3）制冷设备按规程进行保养，对于容易损坏的部件，需备好备用零件。

（4）在每个冻结串联支路上的盐水出入口安装阀门。在冻结过程中，监测各个支路的盐水温差情况，一般各支路的温差控制在 $2℃$ 范围内。根据测量温差情况，通过阀门相应地调节各支路的盐水流量，直到各支路的温差满足控制要求。

（5）加强冻结过程中对盐水浓度的检测，要求其比重控制不小于 1.26（29.8°Bé），其结晶温度在 $-38.6℃$。一旦浓度偏小，及时补充氯化钙。

4. 冻结技术指标

要确定打开管片进行开挖还需结合测温孔资料、卸压孔压力、探孔情况等方面综合考虑，需具备一定条件，方可开挖。开挖技术指标见表 3-6-3。

表 3-6-3　开挖技术指标

项目		数值/现场情况	备注
冻结帷幕平均温度		−10℃（冻结壁与管片交界面平均温度不高于−5℃）	—
冻结帷幕厚度		≥2.0m	—
盐水温度	积极期	−30～−28℃（盐水最低温度）	用测温仪监测
	维护期	≤−25℃	
盐水去回路温差（包括各支路）	开挖前	2℃以内	—
卸压孔	交圈前	静水压力	通过压力表观测
	交圈后	剧增 0.15～0.3MPa	
探孔	开挖前	开挖区域内，深度 0.5m，不少于 2 个，探孔内无涌水涌砂现象	—

（七）预应力支架及防护门安装

1. 预应力支架安装

在左右线隧道联络通道口两侧各架设 2 榀预应力隧道支架，相邻 2 榀钢支架间距 3.00m，在联络通道两侧应力支架沿联络通道中线对称布置，预应力支架组块之间采用螺栓连接。

每榀支架有 8 个支点，由 5 个 QLD50 螺旋千斤顶提供预应力，且每个千斤顶的顶力要基本均匀。千斤顶顶实即可，且每个千斤顶的顶力不得大于 100kN。

2. 预应力支架安装要求

（1）钢板、型钢材料均为 Q235B，其有关化学成分及力学性能应符合国家的有关标准。焊条采用 E43XX 系列焊条。

（2）施工时应放样。各构件加工完后应在地面进行试组装，确认尺寸无误编号后在隧道内组装。

（3）隧道支撑防腐方法。

① 除锈：可采用喷砂除锈或酸洗除锈，除锈等级为 Sa 2.0 级。

② 刷漆：涂刷两道环氧沥青底漆和一道环氧沥青面漆，漆模厚度不小于 $100\mu m$，漆模附着力不低于 60%。

（4）隧道支撑安装时，其支架中心线应与隧道管片环向对齐，误差不宜大于 20mm。

（5）隧道支撑安装好后，应顶实千斤顶。正常状态下，每个千斤顶的压力不大于 100kN，且每个千斤顶顶力要基本均匀。

（6）支撑预应力大小应根据实测的隧道收敛变形调整，收敛变形较大时应相应调整千斤顶顶力，当隧道收敛变形达到报警值 10mm 时，千斤顶顶力达到设计最大值 100kN。

（7）每条隧道内两榀隧道支撑之间应采用角钢或钢管做纵向连接，以确保隧道支撑的稳定性。

(8) 连接件。

① 构件的连接采用 10.9 级摩擦型高强螺栓连接，连接接触面的处理采用喷砂后涂无机富锌漆；摩擦系数为 0.35。

② 螺栓、螺母、垫圈的技术条件应符合《钢结构用高强度大六角头螺栓、大六角螺母、垫圈技术条件》(GB/T 1231—2006) 的规定。

(9) 组装隧道支撑时，根据接触点和管片间缝隙差别放入适量垫片，使各个接触点受力均匀。隧道预应力支撑如图 3-6-15 所示。

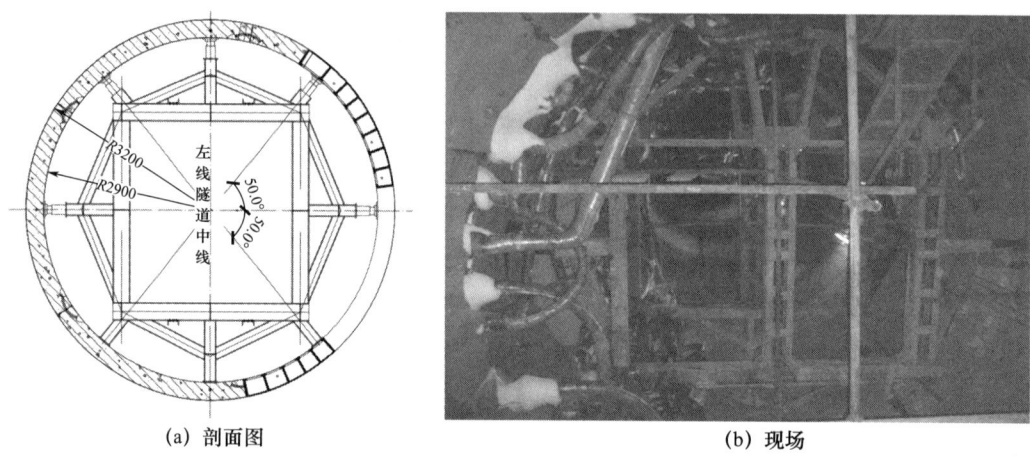

(a) 剖面图　　　　　　　　　　(b) 现场

图 3-6-15　隧道预应力支撑图（单位：mm）

3. 防护门安装

(1) 防护门焊接在联络通道钢管片上。

(2) 防护门需在开启管片前，安装调试及验收完毕。

(3) 防护门应能灵活开关，关闭后应能承受安装位置的水土压力，有效阻止联络通道或单侧泵站内水土流出，开启后不得影响正常的开挖和结构施工作业。

(4) 在防护门上应安设排气管、注浆管及控制阀门，并配备注浆泵。

(5) 防护门安装后应进行密闭性试验，在不停空压机时试验气压应能保持在压力值 0.23MPa，防护门耐压设计值为 0.3MPa，打压试验值不得超过 0.3MPa。

(6) 联络通道开挖时一旦发生透水、冒砂等险情或事故，应立即关闭防护门，并向防护门内压水或压注空气，使防护门内水压维持在设计压力。

(7) 防护门需待联络通道开挖贯通并完成初期支护后方可拆除。防护门施工如图 3-6-16 所示。

(八) 应急物资储备

开挖施工期间应急物资主要为了防止突发突泥涌水事故，故在作业面储放的物资主要为水泥、水玻璃、双液注浆泵、快干水泥、棉絮或棉纱、水泵、砂带等，以保证联络通道施工的安全。

应急抢险物资应堆放有序，并设立醒目的标识牌，抢险物资应专项专用，不得随便挪用，并设有专人看护、保管，定期检查。

图 3-6-16　防护门施工图

(九) 探孔施工

在冻结帷幕效果论证具备开挖条件后,在开挖区域进行 2 个探孔的施工,探孔深度不小于 0.5m,探孔施工区域主要为联络通道开洞区域,其中中间位置可利用已施工完成泄压孔,观察地下水情况(如有无地下水、是否有承压等);在确认无地下水或地下水压力较小等情况下,方可进行钢管片拆除作业。

(十) 条件验收

在上述工作全部准备完成并经监理工程师验收后,按照相关验收程序组织验收,并严格按照验收组意见进行整改落实,之后开始进行开挖施工。

联络通道开挖前验收内容见表 3-6-4。

表 3-6-4　联络通道开挖前验收内容

序号	验收项目	内容
1	冻结帷幕	联络通道冻结帷幕厚度、温度、强度等参数是否达到设计要求
2	盐水温度	积极冻结期与维护冻结期盐水温度及盐水去回路温度是否满足设计要求
3	泄压孔	交圈前后的泄压孔压力是否满足设计要求
4	探孔	开挖前是否按设计要求打设探孔
5	预应力支架	是否按设计要求搭设预应力支架
6	应急防护门	是否按设计要求设置应急防护门

(十一) 钢管片拆除

钢管片拆除采用 2 台 5t 千斤顶,1 个 5t 手拉葫芦、1 个 2t 手拉葫芦进行拆除(工具的使用可根据现场条件进行调整)。

根据区间钢管片设计图纸,钢管片拆除共分为 6 块 (S2,S2′,S4,S4′,S3,S3′),拆除前除拆除的 6 块螺栓不需复紧外,其余均需进行螺栓紧固,拆除顺序详见钢管片拆除顺序图(图 3-6-17,其中第三次拆除在导洞区域开挖完成后进行)。

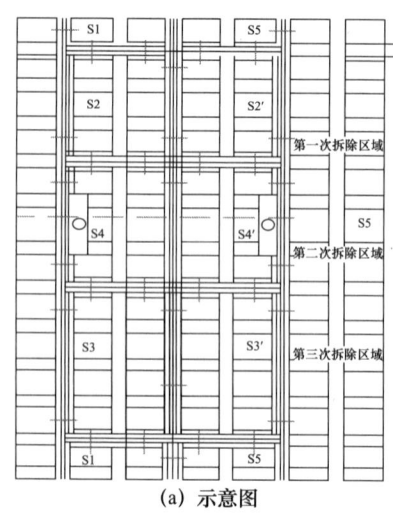 

(a) 示意图　　　　　　　　　　(b) 现场

图 3-6-17　钢管片拆除顺序图

螺栓紧固完成后，取出 S2，S2′，S4，S4′（上半部分）和周边钢管片连接螺栓，将 5t 手拉葫芦通过对侧钢管片和第一次拆除区域钢管片连接，顶部区域采用 2t 手拉葫芦进行拉结，避免钢管片拉出后出现掉落；然后采用气割沿着拆除线将 S4，S4′钢管片上下分离，缓慢拉动 5t 手拉葫芦将第一次拆除区域管片拉出，过程中及时紧固顶部 2t 手拉葫芦，直至第一次拆除区域钢管片全部拉出，再利用顶部 2t 手拉葫芦将拆除钢管片缓慢放至作业平台上；第二区域钢管片采用 5t 手拉葫芦拉出。

（十二）开挖及初期支护施工

1. 出土方式

隧道内水平运输使用小型渣土车运输的方式将渣土运至洞口，翻卸至渣土斗，采用 25t 汽车吊垂直运输至渣土坑。

出土采用人工风镐挖掘，洞内开挖土方采用手推车运输至联络通道洞口施工平台，然后转运至渣土车。

2. 导洞开挖及支护

联络通道开挖面均位于区间左线盾构隧道，开挖遵循"短开挖、强支护、早封闭、勤量测"原则进行，采用人工风镐挖掘，采用短掘短砌技术，以台阶法开挖，上台阶开挖至联络通道中线位置，上下台阶间距不大于 0.8m（开挖最大步距）；初支拱架采用钢格栅，格栅间距 0.5m/榀（洞口位置连立 3 榀），格栅之间采用 Φ22mm 钢筋连接，环向间距 1m；格栅表面焊接单层钢筋网片，网片设置在背土侧，钢筋网片采用 Φ8 钢筋焊接，间距 150mm×150mm，喷射混凝土强度等级为 C25，厚度为 250mm。

钢管片拆除完成后，首先进行导洞开挖，开挖尺寸为 1.5m×2.1m，开挖进尺 1m，然后在冻土表面铺设保温板，并根据土体稳定情况加设木背板，然后架设 3 榀 16 号工字钢拱架进行加固，确保导洞稳定。进洞段支护如图 3-6-18 所示。

3. 正常段开挖

导洞开挖完成后，按照设计尺寸进行扩挖施工，扩挖段施工长度宜为 0.8m，步距最大不超过 0.8m。挖掘过程中需不定时复核开挖中心线偏差，要求开挖断面超挖不大于 30mm，开挖中心线偏差不大于 20mm。

图 3-6-18　进洞段支护图

第一步距扩挖完成后，立即架设钢支撑支架、钢筋网片，格栅钢架接头必须等强度连接，每两片钢架节点处，相对主筋之间均加焊一根与主筋等直径的加强钢筋，采用单面焊接，搭接长度不小于 $10d$；格栅钢架纵向连接采用 $\Phi22mm$ 钢筋，连接钢筋必须与钢架主筋焊接，搭接长度大于 $10d$，环向间距 1000mm，内外双排布置。

初衬混凝土可在开挖完成后一次性喷射施工，开挖时加强初衬及型钢收敛变形监测，如收敛达到 10mm 应立即停止开挖，喷射混凝土，并在后续开挖中将型钢支架适当加密，型钢支架施工后立刻喷射混凝土。

喷射混凝土施工流程图：粗细骨料、水泥、固态速凝剂、外加剂按比例混合→搅拌机拌制→送入喷射机，压气加水→初喷，等待初凝→复喷、终凝→厚度检测→养护骨料粒径：采用骨料粒径不易过大，一般控制在 15mm 内。砂选用中粗砂，模度系数大于 2.5。石子粒径 5～15mm。

材料配合比：根据设计图纸提供的配合比进行配制，现场取样，根据实验室试验配制进行施工。

速凝剂：粉状速凝剂，初凝时间不大于 5min，终凝时间不大于 10min，28d 强度保持率大于 85%。速凝剂的掺量要严格控制，粉状速凝剂 3%～5%。

根据结构要求特点，按照从下到上的顺序进行施工，分层进行喷射，施工时要正确地控制喷射机的工作风压和保证喷嘴料流的均匀性。喷射机处的工作风压应根据适宜的喷射速度进行调整，若工作风压过高，则喷射速度过大，动能过大，使回弹增加；若工作风压过低，压实力小，影响混凝土强度，喷射机的料流要均匀一致，以保证速凝剂在混凝土中均匀分布。喷射完毕，要及时进行表面的修整，以方便防水层的施工。

4. 右线钢管片拆除

右线钢管片拆除前需将右线钢管片之间连接螺栓再次复紧，然后拆除钢管片连接螺栓，在对侧钢管片上焊接拆除吊耳，再利用 5t 手拉葫芦通过固定在左线钢管片上将右线钢管片拆除。

(十三) 防水施工

1. 塑料防水板施工技术要求

塑料防水板采用无钉孔铺设施工工艺施工，采用 1.5mm 厚 EVA 防水板，缓冲层采用 15kN/m 的短纤土工布。与防水板配套使用的材料包括塑料外贴式止水带、注浆系统、塑料圆垫片（暗钉圈）、铁垫片、水泥钉等。

(1) 基层处理。

铺设防水板的基面应无水流，否则应进行初支背后的注浆或表面刚性封堵处理，待基面上无水流后方能进入下道工序。

铺设防水板的基面应平整，铺设防水板前应对基面进行找平处理，处理方法可采用喷射混凝土或 1∶2.5 水泥砂浆抹面的方法，一般宜采用水泥砂浆抹面的处理方法。处理后的基面应满足如下条件：$D/L \leqslant 1/8$，其中，D 为相临两凸面间凹进去的最大深度；L 为相临两凸面间的最短距离。

基面应清除突出物进行找平处理或用 1∶2.5 的水泥砂浆进行覆盖处理，避免浇筑混凝土时刺破防水板。

当仰拱初衬表面水量较大时，为避免积水将铺设完成的防水板浮起，宜在仰拱初衬表面设置临时排水沟。

(2) 铺设缓冲层。

铺设防水板前应先铺设缓冲层，用水泥钉、铁垫片和与防水板相配套的塑料圆垫片将缓冲层固定在基面上，固定时钉头不得凸出垫片平面。固定点之间呈正梅花形布设，侧墙上的固定间距为 800~1000mm；顶拱上的固定间距为 500~800mm；仰拱上的防水板固定间距为 1~1.5m；仰拱与侧墙连接部位的固定间距应适当加密至 500mm 左右。所有塑料垫片均应选择基层凹坑部位固定，避免固定防水板时局部过紧。

缓冲层采用搭接法连接，搭接宽度 50mm，搭接缝可采用点粘法进行焊接或用塑料垫片固定。缓冲层铺设时应与基面密贴，不得拉得过紧或出现过大的皱褶，以免影响防水板的铺设。

(3) 铺设塑料防水板。

铺设防水板时，防水板的铺设方向以尽可能少地出现手工焊缝，并不得出现十字焊缝即不得出现四层材料搭接部位，顶、底纵梁以及仰拱防水板和底板防水板宜采用沿隧道纵向铺设的方法，具体铺设方向应根据结构形式确定。

防水板采用热风焊枪手工焊接在塑料圆垫片上，焊接应牢固可靠，避免浇筑和振捣混凝土时防水板脱落。焊接时严禁焊穿防水板。

防水板固定时应注意不得拉得过紧或出现大的鼓包，铺设好的防水板应与基面凹凸起伏一致，保持自然、平整、伏贴，以免影响二衬灌注混凝土的尺寸或使防水板脱离圆垫片。

防水板之间接缝采用热熔焊接，搭接宽度 100mm。

防水板铺设完毕后应对其表面进行全面的检查，发现破损部位及时进行补焊，补丁应剪成圆角，不得有三角形或四边形等尖角存在，补丁边缘距破损边缘的距离不得小于 70mm。补丁应满焊，并采用塑料焊条补强焊缝，不得有翘边空鼓部位，以确保单焊缝的不透水性。

所有防水板尾端均应超过预留搭接钢筋最少 400mm，也可将尾端卷起后固定，并注意后期的保护。尾端过短会导致后期接槎无法操作。

对防水层进行验收，合格后方可进行下道工序的施工。

(4) 分区系统的施工技术要求。

分区系统用于暗挖结构，采用与防水板同材质的塑料止水带，止水带宽度不小于 350mm，设置位置在变形缝部位。

采用外贴式止水带专用焊接机将塑料止水带两端热熔焊接在防水板表面，每道焊缝宽度不得小于 30mm，要求焊接部位牢固、密实、不透水。无法保证焊接质量时，应采用塑料焊条对焊缝进行补强焊接。

进入现场焊接止水带前，应取 0.5～1.0m 长度的止水带进行班前试焊，达到要求后才能够进入现场焊接。

止水带的接头采用现场热熔对接焊接，要求对接牢固、严密、可靠，对接焊接后，接头部位采用厚度为 2.0mm 的自粘层密封胶粘带进行密封加强处理，密封胶粘带应牢固粘贴在接缝四周 200mm 范围内，要求粘贴紧密、牢固、不透水。

塑料止水带施工时注意不能焊穿防水板。

(5) 注浆系统的施工技术要求。

所有矿山法结构防水层均设置注浆系统，包括拱顶注浆小钢管、防水板表面注浆底座系统。二级设防要求时，注浆系统的设置间距为 1.3～1.5m。注浆底座应与防水层热熔焊接。注浆导管应采用塑料螺纹管，并应具有足够的抗压强度，确保埋入混凝土内的部分不被压扁。

注浆底座边缘采用四点焊接在防水板表面，四点应对称设置，每个焊接点宜为 10mm×10mm。焊接应牢固，避免浇捣混凝土时底座脱离防水板。不得将底座边缘全部热熔满焊在防水板表面，以免后期浆液无法注入。

注浆系统应尽量靠近变形缝、施工缝和穿墙管等易出现渗漏水的位置设置，一般距这些特殊部位的间距 500mm 左右为宜，变形缝两侧的注浆系统环向间距宜适当加密至 2m 左右。

注浆导管与注浆底座连接应牢固、密闭，可采用铁丝将导管与底座间连接部位绑扎牢固，避免底座与导管脱离。注浆管采用 Φ42mm 钢管。

导管可以在结构内穿行一段距离后集中在两侧墙引出，引出部位可以预埋木盒，将集中引出的导管设置在木盒内（每个木盒设置 6 个导管）。此时埋入混凝土内的部分应设置在内外排钢筋之间，并且每隔 400～500mm 固定在钢筋上。开孔端应牢固地固定在钢筋上，避免浇捣混凝土时注浆管被拉入混凝土内。

注浆导管也可以与底座连接点垂直穿过内外排钢筋引出，此时需要将注浆导管牢固地固定在内外排钢筋上。

导管开孔端可直接引出结构表面，也可根据混凝土保护层的厚度，将开孔端用封口盖堵住并用封口胶带严密封口后埋入混凝土内（或单独用封口塑料胶带封口），模板拆除后将开孔端表面封口胶带和混凝土破除即可露出注浆导管。此时应采取措施避免导管开孔段移位。

二衬顶拱设置的背后回填注浆系统不能代替防水板注浆系统。

二衬结构完工后，应利用注浆系统在防水板和二衬之间进行注浆。注浆液应采用水灰比为1:3～1:2的水泥浆（添加适量膨胀剂）。注浆压力控制在0.3～0.5MPa。

（6）保护层的施工。

底板或仰拱防水板铺设完毕后应及时浇筑70mm厚的C20细石混凝土作为保护层。

（7）注意事项。

喷射混凝土基面有明水流时严禁铺设防水板。

手工焊接应由熟练工人操作，也可采用塑料焊条焊接。

钢筋的两端应设置塑料套，避免钢筋就位时刺破防水板。绑扎和焊接钢筋时应注意对防水层进行有效的保护。特别是焊接钢筋时，应在防水层和钢筋之间设置石棉橡胶遮挡板，避免火花烧穿防水层。结构钢筋安装过程中，现场应由专人看守，发现破损部位应及时做好记号，待钢筋安装完毕后，再进行全面的补焊及验收。

仰拱防水层铺设完毕后，应注意做好保护工作，避免人为破坏防水层。

振捣时的振捣棒严禁触及防水层。

当破除预留防水层部位的导洞时，应采用人工凿除，尽量避免采用风镐等机械破洞。预留防水层一旦被破坏，会直接影响防水层的后续搭接，无法保证防水板的连续性。

需要破除导洞临时喷射混凝土支撑的部位，必须在预留防水板两侧设置厚度不小于10mm的木板临时保护层，避免破洞时对防水板造成机械破坏。

2．接缝防水材料施工技术要求

接缝防水材料包括钢边橡胶止水带、镀锌钢板止水带、外贴式止水带、遇水膨胀止水胶、预埋注浆管、缓膨胀遇水膨胀橡胶止水条、聚氨酯建筑密封胶、水泥基渗透结晶防水涂料等。

（1）钢边橡胶止水带施工技术要求。

钢边橡胶止水带包括施工缝和变形缝用两种止水带，其中变形缝用钢边橡胶止水带必须为中孔型，施工缝用钢边橡胶止水带为平蹼型。止水带宽度均为350mm，变形缝处止水带橡胶厚度10mm，施工缝处止水带橡胶厚度8mm；钢板为镀锌钢板，厚度1mm。

止水带采用铁丝固定在结构钢筋上，固定间距400mm。要求固定牢固可靠，避免浇筑和振捣混凝土时固定点脱落导致止水带倒伏、扭曲影响止水效果。

水平设置的止水带均采用盆式安装方式，盆式开孔向上，保证浇捣混凝土时止水带下部的气泡顺利排出。

止水带除对接外，其他接头部位（T形、十字形等）接头均采用工厂接头，不得在现场进行接头处理。对接应采用现场热硫化接头。

止水带任意一侧混凝土的厚度均不得小于150mm。止水带的纵向中心线应与接缝对齐，两者距离误差不得大于10mm。止水带与接缝表面应垂直，误差不得大于15°。

浇筑和振捣止水带部位的混凝土时，应注意边浇筑和振捣边用手将止水带扶正。避免止水带出现扭曲或倒伏。

止水带部位的模板应安装定位准确、牢固，避免跑模、胀模等影响止水带定位的准确性。

止水带部位的混凝土必须振捣充分,保证止水带与混凝土咬合密实。振捣时严禁振捣棒触及止水带。

无法设置止水带的特殊部位,应采用"双道遇水膨胀止水胶＋注浆管"的方式进行防水处理。

(2) 镀锌钢板止水带施工技术要求。

镀锌钢板止水带厚3mm,宽度为300mm,采用Q235B钢板热镀锌处理,镀锌层厚度不小于60μm。

止水带不得采用铁丝穿孔固定,可焊接固定在结构钢筋上。要求固定牢固可靠,避免浇筑和振捣混凝土时固定点脱落导致止水带倒伏、扭曲影响止水效果。止水带应定位准确、固定牢固。特别是模板封口板应固定牢固,避免胀模影响止水带的定位精度。

止水带采用现场搭接与交叉连接均应满焊,焊接部位应牢固、严密、不透水,对接接头两侧的止水带轴线偏差不得大于5mm。

止水带均设置在结构中线位置,结构两侧厚度差均不得大于50mm。止水带的纵向轴线与施工缝表面的距离差不得大于30mm。

振捣施工缝部位的混凝土时,应注意振捣棒不得接触止水带。

止水带部位的混凝土必须振捣充分,保证止水带与混凝土咬合密实。振捣时严禁振捣棒触及止水带。

无法设置止水带的特殊部位,应采用"双道遇水膨胀止水胶＋注浆管"的方式进行防水处理。

(3) 外贴式止水带施工技术要求。

外贴式止水带宽350mm,暗挖结构变形缝迎水面全周采用塑料类。外贴式塑料止水带与塑料防水板应不透水焊接,且不得焊穿防水板。

止水带的纵向中心线与接缝对齐,误差不得大于30mm。

止水带安装完毕后,不得出现翘边、过大的空鼓等部位,以免灌注混凝土时止水带出现过大的扭曲、移位。

转角部位的止水带齿条容易出现倒伏,应采用转角预制件或采取其他防止齿条倒伏的措施。

止水带表面严禁施作混凝土保护层,应确保止水带齿条与结构现浇混凝土咬合密实;浇筑混凝土时,平面设置的止水带表面不得有泥污、堆积杂物等,否则必须清理干净,以免影响止水带与现浇混凝土咬合的密实性。

(4) 遇水膨胀止水胶。

遇水膨胀止水胶均指聚氨酯遇水膨胀止水胶,为非定型产品,采用专用注胶枪挤出后粘贴在施工缝表面,固化成形后的断面尺寸为8～10mm×18～20mm。

施工缝表面必须坚实、相对平整,不得有蜂窝、起砂等现象,否则应予以清除。

止水胶任意一侧混凝土的厚度不得小于70mm。

止水胶挤出应连续、均匀、饱满,无气泡和孔洞。

挤出成形后,固化期内应采取临时保护措施,止水胶固化前不得浇筑混凝土。

止水胶与施工缝基面应密贴,中间不得有空鼓、脱离等现象。

止水胶接头应重合搭接,搭接宽度不小于50mm。

止水胶一旦出现破损部位或提前膨胀的部位,应割除,并在割除部位重新粘贴止水胶。

(5) 缓膨胀遇水膨胀橡胶止水条。

止水条应安装在施工缝表面,确保基面平整、干净,无油污、疏松、掉砂、起皮等部位。

止水条采用专用胶黏剂粘贴在施工缝表面,粘贴应牢固,与基层地面密贴。粘贴不牢、空鼓部位用水泥钉固定。

止水条采用对接连接,对接部位应密贴,不得出现翘边现象。

已经遇水膨胀的部分应割除,并重新安装止水条。

表面包装膜在混凝土浇筑前必须撕除。

(6) 聚氨酯建筑密封胶。

暗挖结构变形缝背水面采用密封胶进行嵌缝处理时,应采用低模量聚氨酯建筑密封胶。

嵌缝前,应按照设计要求的嵌缝深度除掉变形缝内一定深度的衬垫板,并将缝内表面混凝土面用钢丝刷和高压空气清理干净,确保缝内混凝土表面干净、干燥、坚实,无油污、灰尘、起皮、砂粒等杂物。变形缝衬垫板表面无堆积杂物。

缝内变形缝衬垫板表面应设置隔离膜,隔离膜可采用0.2~0.3mm厚的PE薄膜,隔离膜应定位准确,避免覆盖接缝两侧混凝土基面。

注胶应连续、饱满、均匀、密实。与接缝两侧混凝土面密实粘贴,任何部位均不得出现空鼓、气泡、与两侧基层脱离现象。

密缝胶表面应平整,不得凸出接缝混凝土表面。

嵌缝完毕后,密封胶未固化前,应做好保护工作。

3. 洞门防水施工相关措施及技术要求

钢管片与支护层和结构层的接缝处设置兜绕成环的遇水膨胀橡胶条和预埋注浆管。喇叭口部位全部刷扩至设计尺寸,初期支护完成后,即可进行橡胶条施工。遇水膨胀橡胶条用粘贴剂沿着初期支护断面内侧直接粘到隧道管片上。粘贴前必须对管片进行清洗,止水带务必要粘牢,不能留有空隙。

遇水膨胀橡胶条固定好后,再在管片上安装环绕成圈的全断面注浆管,采用金属件固定,注浆口引出结构层外,注浆管搭接长度不小于200mm。

(十四) 钢筋工程

1. 材料要求

(1) 该工程所使用的钢筋质量必须符合国家标准现行规范及技术标准的要求。

(2) 所有进场钢筋均应有出厂质量证明书或试验报告单,每捆钢筋均有标牌。进场时应按炉罐号及直径等分批验收。

(3) 所有已进场钢筋均应在监理工程师的监督下,按规范规定进行抽样,针对钢筋的力学性能、可焊性进行试验,如发现脆断、焊接性不良或力学性能不正常,要进行化学成分分析或其他专项试验,其钢筋性能符合规范及设计要求后方可投入使用。

(4) 进场钢筋应按规格、型号、批号分开堆放,钢筋下应用方木或混凝土墩架空,避免被水淹没或被油污染，且加棚防雨；并应挂牌标识，注明钢筋的规格、型号、批号、检验状态，以便识别。

2. 钢筋焊接加工

(1) 钢筋焊接使用焊条、焊剂的牌号、性能以及使用的钢板和型钢均符合要求和有关规定。HPB300 钢筋使用焊条型号为 E43 型，HRB400 钢筋使用焊条型号为 E50 型，焊接成形时，焊接处不得有水锈、油渍等，焊接处不得有缺口、裂纹，无较大金属焊瘤，钢筋端部的扭曲、弯折予以校直或切除。钢筋加工和焊接允许偏差见表 3-6-5 和表 3-6-6。

表 3-6-5 钢筋加工允许偏差

项目	冷拉率	受力钢筋成形长度（mm）	弯起钢筋		箍筋尺寸（mm）
			弯起点位置（mm）	弯起高度（mm）	
允许偏差（mm）	不大于设计规定	+5，−10	−20，+20	0，−10	0，+5

表 3-6-6 钢筋电焊接头的机械性能与允许偏差

序号	项目		允许偏差
1	抗拉强度		符合材料性能指标
2	帮条焊沿接头中心线的纵向偏移		$0.5d$
3	接头处钢筋轴线的弯折		4°
4	接头处钢筋轴线的偏移		$0.1d$ 且不大于 3mm
5	焊缝厚度/宽度		$0.05d/0.1d$
6	焊缝长度/咬肉深度		$-0.5d/0.5d$
7	焊接表面上气孔及夹渣数量及大小	在 $2d$ 长度上	不大于 2 个
		直径	不大于 3mm

(2) 钢筋成形与安装。

钢筋的钢种、根数、直径、级别等符合设计要求，同一根钢筋上在 $35d$ 且小于 500mm 的范围内只准有一个接头，绑扎或焊接接头与钢筋弯曲处相距不应小于 10 倍主筋直径，也不宜位于最大弯矩处。

钢筋搭接采用搭接焊。在绑扎双层钢筋网时，钢筋骨架以梅花状点焊，并设足够数量及强度的限位筋，保证钢筋位置准确。钢筋网片成形后不得在其上放置重物。

焊接成形的钢筋网片或骨架稳定牢固，在安装及浇筑混凝土时不得松动或变形，钢筋与模板间设置足够数量与强度的砂浆垫块，确保钢筋的保护层达到设计要求。变形缝处主筋和分布筋均不得触及止水带和填缝板，焊接时防止火花灼伤防水板，二次衬砌背后注浆管按设计要求焊接在钢筋上，钢筋安装允许偏差见表 3-6-7。

表 3-6-7 钢筋安装允许偏差

序号	项目	允许偏差（mm）
1	顺高度方向配置两排以上受力筋的排距	−5，+5
2	受力钢筋间距	−10，+10

续表

序号	项目	允许偏差（mm）
3	箍筋间距	-10，+10
4	保护层厚度	-3，+3
5	同一截面内受拉钢筋接头面积占钢筋总截面面积的比例	不大于50%

钢筋与预埋孔：施工前须仔细核对孔洞及预埋构件。当钢筋遇预埋套管时，采取绕过的方式。

混凝土浇筑：浇筑混凝土时，尽量避免上人踩踏钢筋，并派专人跟踪检查修整钢筋。

（十五）模板施工

1. 模板布置形式

模板选用钢模或木模，模板就位前，应在模板上均匀涂刷脱模剂，按结构特征顺序安装模板，并检查模板的垂直度、水平度、标高、钢筋保护层的厚度以及结构层尺寸。校正合格后，通过提前加工好的模板支撑将模板固定，在固定过程中各部件要加固牢固。

模板拆除应按一定顺序进行，一般先拆除非承重部分，后拆除承重部分。

顶部模板采用2mm厚的铁皮弯弧成形，下部采用$\Phi48\times3$的钢管间距200mm作为支撑，钢管下采用每榀两排22号螺纹钢制作的拱形模板支架作为支撑体系，榀间距800~1000mm，纵向采用$\Phi48\times3$的焊管纵向牢固焊接固定。侧墙采用木模板，并用50mm×100mm的方木作为支撑，支腿采用16号工字钢，每榀内左右两根工字钢顶部与拱形支架焊接固定，底部采用2根$\Phi48\times3$的钢管进行连接并焊接固定。各支腿间纵向采用$\Phi48\times3$的焊管布置四道与工字钢进行焊接固定。

模板就位前，应在模板上均匀涂刷脱模剂，按结构特征顺序安装模板，并检查模板的垂直度、水平度、标高、钢筋保护层的厚度以及结构层尺寸。校正合格后，将模板固定。

模板拆除应按一定顺序进行，一般先拆除非承重部分，后拆除承重部分。

2. 模板安装

（1）采用模板架与组合模板，通道侧墙模板采用优质竹胶板，堵头板及特殊部位采用无节松木板，厚度为50mm。

（2）通道拱顶采用钢板模板，厚度为2mm，模板接缝处应架立刚拱架，拱架架立完成后应连接成整体，其允许偏差以线路中线为准横向位置为±10mm，拱架垂直度为3%。

（3）模板拼装严密，不漏浆，使用前应试拼一圈检查。

（4）端头模板采用弧形木堵头，宽250mm，长1000mm。

（5）通道洞身模板支架采用10号槽钢加工，钢拱架底部和起拱线水平采用脚手架管加顶丝加强支撑，洞身钢拱架采用脚手架钢管满堂支撑，钢管端部加顶丝连接以便微调钢管长度。

（6）模板重复使用时应随时修整。模板架预留沉落量为10~30mm。模板支撑如图3-6-19所示。

图 3-6-19　模板支撑图

3. 模板拆除

（1）待混凝土强度达到设计强度要求的 75% 后，方可进行模板拆除工作。

（2）模板的拆除顺序和方法，应按照配板设计的规定进行，遵循先支后拆，先非承重部位、后承重部位以及自上而下的原则。拆模时，严禁用大锤或撬棍硬砸硬撬。

（3）支承件和连接件应逐件拆卸，模板应逐块拆卸传递，拆除时不得损伤模板和混凝土。

（4）拆下的模板和配件均应分类堆放整齐。

（十六）浇筑混凝土

1. 混凝土浇筑流程

混凝土浇筑流程：通道底板→通道侧墙及拱顶。

联络通道浇筑混凝土采用混凝土输送泵，结构层采用商品混凝土，混凝土由吊车吊至端头井下，由三轮车运输混凝土至工作面，用人工法或混凝土输送泵将混凝土送入支好的模板内并用插入式振捣棒反复均匀振捣。每次浇筑混凝土时在现场用试模制成标准试块，用于检测混凝土强度及抗渗性，浇筑混凝土之前埋设注浆管。

由于拱顶施工空间狭小，难以进行有效的混凝土浇筑，施工中除采用混凝土泵送进行浇筑外，振捣频率需比其他区域增加一倍，浇筑过程中，需在两侧结构外预埋注浆管，用于结构施工完成后拱顶专用注浆施工。拱顶浇筑顺序为洞口→通道中部→对侧洞口，浇筑应保持连续，前一浇筑口连续反料后即将出料管移至下一浇筑口，出料管移动应在上一段混凝土初凝之前完成，同时封住此前浇筑口，浇筑过程中采用插入式振捣器，从洞口插入拱顶模板进行振捣。

结构层混凝土选用商品防水混凝土，要求混凝土强度等级为 C40，抗渗等级为 P8。因隧道内长距离运输和结构浇筑时间长，可在混凝土内加入一定量的缓凝剂。混凝土装入混凝土吊桶，由吊车吊至端头井下方三轮车内，然后运至工作面，优先选用翻斗三轮车运输，缩短运输时间，防止混凝土离析和硬化现象。

用混凝土输送泵将混凝土送入支好的模板内并用插入式振捣棒反复均匀振捣，搅拌的混凝土用试模制成标准试块，现场用于检测混凝土强度及抗渗性。

2. 底板混凝土施工

(1) 底板内部结构的插筋严格按放样的尺寸安插，不得遗漏、错位，插筋规格、数量严格按设计图纸要求，并检查预埋件数量，检查位置是否牢固。经监理单位验收合格后，方可浇筑底板混凝土。

(2) 底板混凝土（C40，P8）按设计要求控制好配合比，混凝土到现场后应做好到货记录，每批次做好抗压、抗渗试块，并进行标准养护。

(3) 混凝土开浇前全面检查准备工作情况并进行技术交底，明确混凝土浇筑部位的次序和混凝土浇筑厚度，混凝土浇筑前清除各种垃圾，施工中严格控制层差，杜绝冷缝出现。浇筑时采用插入式振捣棒振捣，均匀推进，以免造成漏振。振动时做到快插慢拔，混凝土分层灌注时，每层混凝土厚度不超过振动棒长的 1.25 倍，在振捣上一层时，插入下层中 50mm 左右，以消除两层之间的接缝，同时上层混凝土振捣应在下层混凝土初凝之前进行。使用振动棒时，振动棒距离模板不大于振捣器半径的 1/2，也不能紧靠模板振捣，避免碰撞钢筋、预埋件等。加强排水管与钢管片接合位置混凝土的振捣。

3. 侧墙混凝土施工

(1) 侧墙混凝土浇筑前，做好清仓处理。将侧墙内各种杂物、纸屑、铁丝、土石块清理干净，混凝土浇筑前对模板进行润湿处理。

(2) 混凝土浇筑方向纵向由新旧的混凝土接触面处向挡头板方向浇筑，竖向分层浇筑，层高为 50～80cm，两侧边墙对称浇筑，控制好两侧混凝土面的高差（不超过 50cm），避免侧墙模板因偏压变形而影响混凝土外观质量。

(3) 混凝土的浇筑方式，采用混凝土输送泵送入模，用插入式振捣器振捣。

(4) 严格控制混凝土浇筑速度，浇筑速度不得大于 $2.0m^3/h$。

(5) 侧墙施工完毕，按规范要求及时养护。

4. 拱顶混凝土的浇筑

拱顶混凝土浇筑前的清仓处理：将拱顶内各种杂物、纸屑、铁丝、土石块清理干净，混凝土浇筑前对模板进行润湿处理。

(1) 拱顶混凝土在浇筑中，泵送到模板充填腔内，下料要左右对称，高度基本相等，同时用铁锤敲击模板，检查混凝土是否密实，当确认密实后才可继续拔管泵送。混凝土泵送到最后，采取快速抽管堵口法封好上拱顶最上一块封板，并用挡板快速堵口，防止口部混凝土流出造成空洞。

(2) 在拱顶设导流管，混凝土灌注满后，会沿导流管溢出，防止泵送压力直接施加到模板上。

5. 混凝土施工技术要求

(1) 熟悉施工图纸，充分了解和掌握施工及设计要求，做好技术交底，落实岗位责任制。

(2) 底板施工前，将底部的软土或垃圾清除干净，以保证底板结构厚度能满足设计要求。

(3) 侧墙和拱顶施工时，严格按照施工图控制好净空尺寸，防止侵线。

(4) 主体结构混凝土选用与设计等级相适应的商品混凝土,并须具备高流态的特点,以适应结构混凝土泵送工艺需要和确保结构混凝土质量。

6. 混凝土浇筑措施

(1) 浇筑混凝土应连续进行。当必须间歇时,其间歇时间宜缩短,并应在前层混凝土凝结之前,将次层混凝土浇筑完毕。若超时应按有关防水要求留置施工缝。采用"一个坡度,薄层浇筑,循序推进,一次到顶"的灌注方法来缩小混凝土暴露面,以及加大浇筑强度以缩短浇筑时间等措施防止产生浇筑冷缝,提升结构混凝土的防裂抗渗能力。

(2) 侧墙混凝土的浇筑必须分层对称地进行,使模板对称受力均匀,避免模板变形移位,以保证结构尺寸的准确性。对于侧墙,模板安装的稳定性及可靠性见脚手架符合使用要求。侧墙下部混凝土采用超长型号的捣固棒捣固。

(3) 混凝土振捣。

① 使用插入式振动器快插慢拔,插点均匀,逐点移动,按顺序进行,不得遗漏,做到均匀振实,每点振动 20~30s,移动间距不大于振动棒作用半径的 1.5 倍(一般为 300~400mm),振捣上一层时插入下层混凝土面 50mm,以消除两层间的接缝,以混凝土表面不再显著下降,不再出现气泡,表面泛出砂浆为准。插入振捣器避免碰撞钢筋,更不得放在钢筋上,振捣机头开始转动以后才能插入混凝土中,振完后,徐徐提出,不能过快或停转后再拔出来,振捣靠近模板时,插入式振捣器机头须与模板保持 5~10cm 距离。

② 混凝土振捣均由专业振捣手负责,并防止漏振,班前对振捣区域进行责任承包,施工员为振捣手讲解注意事项,相对分条块浇筑时,振捣人员在分界处振捣过界不小于 50cm。

③ 在钢筋密集区可采用 $\Phi 32mm$ 小型捣固器,设专人捣固,确保混凝土浇筑质量。要依次捣固密实,应避免漏捣、欠捣及超捣。要注意排除混凝土因泌水在粗骨料、水平钢筋下部产生的水分和空隙,提高混凝土与钢筋的握裹力,防止因混凝土沉落而出现的裂缝,同时又减小内部裂缝,增大混凝土密实度,从而提高抗裂及抗渗性,避免产生渗漏水的路径。

④ 每节段施工缝在混凝土浇筑前必须凿毛及清洗干净。侧墙纵向水平施工缝在续浇前,应灌注与原混凝土相配的至少 5~10cm 高的水泥砂浆,防止接缝处烂根。

⑤ 混凝土养护是确保混凝土质量的一个关键环节,为确保混凝土不产生有害裂缝,应在浇筑混凝土完毕后的 12h 以内进行养护,并设专人润湿养护,浇水次数应能保持混凝土处于润湿状态。

(4) 水平施工缝。

底板表面以上不少于 300mm 处。结构施工缝应进行凿毛、清洁处理,并应满足防水设计要求。

(十七) 注浆施工

1. 注浆施工分类

根据冷冻法联络通道施工工艺,注浆施工主要分为充填注浆和融沉注浆两种工序,其中充填注浆主要为衬砌背后注浆,融沉注浆是为了控制冻土解冻后出现孔隙导致的地层沉降异常。

2. 注浆顺序

充填注浆宜采用自下而上的顺序进行，融沉注浆顺序需配合冻土解冻情况自下而上进行，确保浆液均匀地由底部向上部扩散，提高注浆效果。

3. 注浆材料和注浆设备选择

（1）注浆材料选择。

充填注浆采用水泥单液浆，浆液配合比为水泥：水＝1∶1，融沉补偿注浆浆液以单液水泥浆为主，水泥-水玻璃双液浆为辅。水泥-水玻璃双液浆配合比为水泥浆和水玻璃溶液体积比为1∶1，其中水泥浆水灰比为1∶1，水玻璃溶液采用B35～B40水玻璃和加1～2倍体积的水稀释。注浆范围为整个冻结区域。

（2）注浆压力控制。

此次充填注浆压力控制在0.2MPa以内。

融沉注浆压力不大于0.5MPa，注浆过程中需根据地面监测情况对注浆压力和注浆量等参数进行调整优化，确保注浆效果满足设计要求。

（3）注浆设备。

充填注浆和融沉注浆均采用KBY50型双液注浆机。

4. 注浆开始、结束标准

（1）充填注浆。

二衬背后注浆在混凝土浇筑完成48h后（或二衬混凝土强度达到设计强度的60%以上）进行。

充填注浆结束标准为：下层注浆时，如上层注浆孔出现连续返浆后停止下一层注浆，直至全部注浆孔均出现连续返浆情况后停止填充注浆。

（2）融沉注浆。

融沉注浆在充填注浆结束后结合地表沉降监测情况适时进行，当日地层沉降大于0.5mm或累计沉降大于3mm时开始进行融沉注浆，当地层隆起大于3mm时停止注浆；当地层沉积持续一个月变化量小于1mm/15d时，可停止融沉注浆施工。

（十八）施工保证措施

1. 冻结孔施工技术措施

采用二次开孔方法开孔并安装孔口密封装置，防止冻结孔穿透隧道管片和钻孔时孔口涌水喷砂。下冻结管，钻进或夯管时安装类似轴封的孔口止水装置。跟管钻进时，钻头部位安装逆止阀，防止泥、水通过冻结管回流。

冻结孔施工技术流程：金刚石取芯钻钻进管片250mm→埋设孔口管→固定孔口管→孔口管连接闸阀及密封装置→金刚石取芯钻钻透管片→移走钻孔机、关闭阀门。

打钻期间对冻结管与冻结管之间采取丝扣加对焊连接，应严格控制冻结管焊接质量，符合设计要求的焊缝饱满，无漏焊。

下完冻结管后，对冻结管与孔口管、冻结管的间隙和孔口附近地层进行注浆充填。

下卸压管时，在泄压管加设丝堵，以免下泄压管时出水影响施工，施工完成后将丝堵拧出。

必要时采用补孔方式以保证冻结孔的终孔间距，以便按时形成冻结壁。

如发现冻结孔施工过程中有地层沉降，及时进行补偿注浆。

防冻结管泄漏：试压不合格的冻结管必须进行处理达到密封要求后方可使用。若钻进时无水砂涌出，冻结管漏压时可逐根提出孔内管，并用泥浆泵对逐个焊缝打压，找出泄漏焊缝及原因，及时处理，并做好记录，二次下入后仍须自检。若在实际施工中地层不允许拔出冻结管，要在不合格冻结管内下入小一级套管或打补孔。具体措施如下。

（1）对于向下倾斜的冻结管，可以在楼管中下入小直径冻结管，并在小直径冻结管外侧充填清水或泥浆，小直径冻结管的内径不应小于 48mm，下小直径冻结管的冻结孔不得相邻，下小直径冻结管冻结孔数不得多于冻结孔总数的 5%，小直径冻结管下方深度和耐压必须符合设计要求。

（2）水平或向上倾斜的冻结管漏管不得采用下小直径冻结管的方法处理。

冻结期间，每天检测总去总回及各分组回路盐水温度、测温孔温度、泄压孔压力，做好记录，并报送业主项目工程师，业主项目工程师每周应至少对记录数据复核一次；技术管理部负责冻结过程中的督查指导；若其间发生冻结管损坏或盐水泄漏事故，总包单位应召集专题会议协商处理。

2. 地层冻胀和融沉防治措施

设计中在联络通道冻结壁附近未冻土中两侧各布设了 2 个卸压孔，采用 $\Phi 42 \times 2.5$ 低碳无缝钢管制作成花管形式。根据地面沉降监测，加强冻结过程中监测并及时卸压，通过释放泥水卸压消散冻胀力，有效地释放冻胀压力。卸压孔水压上升超过初始压力 0.2MPa 时应防水泄压。

采取快速冻结，以减小冻胀量，同时也有利于冻融时的土体收缩。

冻结壁解冻时有少量收缩，从而使地层产生融沉。为了消除地层融沉引起的地面沉降，在隧道和联络通道衬砌上预留注浆管，采取跟踪注浆的方法加以补偿。

实时监测施工过程中地表、管线、建筑物和隧道结构的变形，分析、预计施工对地面建筑物可能产生的最终影响，为调整、确定冻结施工参数提供可靠依据。

如地面有条件，融沉注浆时视地面沉降情况可采取地面注浆的方式，以提高控制地层沉降的效果。

3. 保证冻结壁质量的技术措施

在与冻结壁交接的隧道管片内侧敷设冷冻排管和保温层，以确保冻结壁不存在影响安全的薄弱环节。敷设范围不得小于设计冻结壁边界外 1m。保温层采用阻燃（或难燃）的软质塑料泡沫软板，导热系数不应大于 0.04，吸水率不应大于 2%，且不得浸泡在水中。保温层厚度不应小于 40mm。采用保温板材时，用胶水将保温板密贴在隧道管片上，板材之间不得有缝隙。

加强冻结过程检测和控制。通过检测和控制各个冻结孔的盐水流量和盐水温度，使冻结壁快速均匀发展。在施工过程中，密切监测冻结壁温度、支护层温度和变形、冻结壁内孔隙水压和地面及隧道变形等，并根据监测结果判断冻结壁质量是否满足设计要求。必要时可以通过调整冻结时间、冻结盐水温度和盐水流量加以控制。

为了保证施工安全，为预防冷冻机组停机，采取以下措施：选用可靠的冻结施工机械；安装足够的备用设备；加强偶然停冻时的冻结壁监测，判定短时间停冻对冻结壁发展的影响。

4. 开挖和构筑技术措施

开挖前对联络通道两侧隧道管片采用预应力支撑加固。支撑方式为：在洞口两侧的管片接缝处各设两榀支架，支撑在隧道四周，并根据隧道变形用千斤顶给各支撑点施加预应力。

在开挖工程中对冻结壁表面温度进行量测。

5. 充填注浆和融沉注浆

注浆加固应根据设计要求，采用适当的注浆工艺、注浆材料及注浆工序，注浆过程中应遵照"多点、少量、多次、均匀"的循序渐进原则，并根据隧道沉降和解冻温度场的监测，适时调整注浆量和注浆时间间隔，确保沉降稳定。注浆过程中填写的各项注浆记录表与质量抽检报告作为注浆加固质量验收依据。

（1）注浆材料。

注浆一般采用单液水泥浆和水泥-水玻璃双液浆，单液浆水泥强度等级为 P·O 42.5 级，水灰比为 0.8∶1～1∶1；双液浆水泥强度等级为 P·O 42.5 级，水玻璃为 35～40°Bé，可加 1～2 倍体积的水稀释，根据浆液凝结时间适当调整，将配好的水泥浆液和水玻璃浆液按照 1∶1 混合注入。充填注浆采用水泥单液注浆，融沉注浆采用单液浆为主，双液注浆为辅。

注浆压力：充填注浆压力不宜大于 0.3MPa，融沉注浆压力不得大于 0.5MPa。

1000L 双浆液参考配合比见表 3-6-8。

表 3-6-8　1000L 双浆液参考配合比

甲液（kg）		乙液（kg）	
水	水泥（P·O 42.5）	水玻璃（40°Bé）	水
310	390	235	315
甲液和乙液按照体积比 1∶1 混合注入			

1000L 单浆液参考配合比见表 3-6-9。

表 3-6-9　1000L 单浆液参考配合比

水（kg）	水泥（P·O 42.5）（kg）
620	780

（2）注浆管预埋。

联络通道注浆管在结构施工时进行预埋，用于后期结构充填注浆和融沉注浆，具体施工工艺如下。

在初期支护中预埋注浆孔套管，其穿透初期支护，直抵冻土表面。注意：在喷射混凝土前，注浆孔套管口塞上棉丝等物，防止喷射混凝土时，将套管堵塞。

在绑扎钢筋期间，将注浆管插入注浆孔套管中，直抵冻土表面，并与钢筋网固定，另一端抵住模板。注意：注浆管在结构层中需安装防水钢板。

在浇筑混凝土期间，注浆孔位置应在不破坏注浆管的情况下，加强振捣。

拆除模板后，将注浆孔全部找出，并凿除表面混凝土，安装连接管和阀门。

（3）充填注浆。

注浆部位：充填注浆主要填充初期支护层和冻土帷幕之间的空隙，以及拱顶部的支护层与结构层之间的空隙。

注浆时机：停止冻结后 3~5d 开始充填注浆，开始时结构混凝土强度达到设计强度的 60% 以上，到停止冻结后 1 个月结束。

注浆压力：充填注浆使用单液水泥浆，充填注浆压力不大于静水压力，不宜大于 0.3MPa。

注浆流量：注浆流量宜控制在 15L/min 左右。

注浆量：充填注浆量根据初期支护与冻土帷幕之间的空隙大小确定，当上一层注浆孔连续返浆后可停止，直至注浆到拱顶为止。

注浆顺序：注浆方式为自下而上，先打开所有阀门，注底层注浆孔，待上一层注浆孔返浓浆时，停止本层注浆，进行上一层的注浆，顶部的注浆孔在最后完成。

(4) 融沉注浆。

注浆时机：停止冷冻后根据测温情况及沉降监测情况选择融沉注浆时机，根据变形及温度场监测确定注浆时间延缩，融沉注浆以单液浆为主，双液浆为辅。

注浆工艺：选定孔位→疏通预留孔→振插注浆管→安装防喷装置→配置浆液、拌浆→注浆施工→注浆完成、清洗管路→封闭孔口→注浆管移位。

注浆压力：融沉注浆压力不得大于 0.5MPa，不高于联络通道及隧道结构设计要求允许值。

注浆流量：注浆流量宜控制在 15~20L/min。

注浆量：注浆总量一般参照冻土融化体积的 10%~20% 计算，单孔单次注浆量根据注浆压力控制，单孔单次注浆量不大于 $1m^3$。

(5) 注浆范围：冻结区域。

地层沉降大于 0.5mm/d 或累计地层沉降大于 3mm 时，应进行融沉补偿注浆；地层隆起达到 3mm 时应暂停注浆。

冻结壁已全部融化，且实测地表沉降速率连续 2 次小于 0.5mm/15d 时，可停止融沉补偿注浆。

注浆过程中应填写各项注浆记录表，作为注浆加固质量验收依据。

注浆孔末次封孔注浆采用水泥-水玻璃双浆液，逐孔依次注浆，不得遗漏。注浆完成后待浆液强度达到最终强度的 80% 以上时方可拆除注浆阀门，并割除注浆管，用丝堵封堵注浆孔，并用微膨胀水泥砂浆填平表面。

(6) 注浆安全措施。

严格控制注浆压力和注浆量不超过设计范围，结合监测数据，按照少量多次的原则，逐步控制隧道变形趋于稳定。

注浆管端部的接头丝扣应检查完好无损，阀门密封可靠，在出现孔口喷泥水时能及时关闭，并准备一些木楔，在丝扣失灵或阀门关闭不严时能堵塞孔口。

注浆时监测隧道沉降变形，保证在注浆压力作用下沉降变形量在设计允许范围内（±20mm）。

(7) 注浆设备。

主要注浆设备及用具如下：SYB50-10 型注浆泵 1 台、HJB-3 型注浆泵 1 台、搅拌机 1 台、储料桶 1 个、混合器 1 套。

三、应用效果及经济效益分析

（一）应用效果

工程名称：济南市轨道交通6号工程施工总承包土建11工区。

工程地点：济南市历城区舜城大街轨道交通济南东站—田园大道站地铁区间。

应用实例：济南东站—田园大道站区间为双单洞隧道，区间采用盾构法施工，区间在右DK46+884.739处设置联络通道，联络通道位置隧道中心线间距为11.0m，左右线均位于直线段。联络通道所在位置的左线隧道轨面高程约+12.933m（右线为+12.942m），地面标高约为+28.7m，联络通道上方覆土约12.336m。联络通道由与隧道管片相连的水平通道构成。

联络通道采用"隧道内钻孔，冻结临时加固土体，矿山法暗挖构筑"的施工方案。即在隧道内各联络通道口处，利用"水平及倾斜钻孔+冷冻排管冻结"加固地层，联络通道外围土体经过冷冻，形成强度高、封闭性好的冻土帷幕，在冻土中采用矿山法进行开挖构筑施工。地层冻结和开挖构筑施工均在区间隧道内进行，冻土开挖采用人工配合风镐进行破除，渣土在隧道内水平运输到端头井下部，通过布置在端头井的门吊垂直运输至地面，通道构筑所用材料、设备亦通过垂直及水平运输的方式运至工作面附近。选用冻结法加固土体具有冻结壁均匀性好，与隧道管片结合严密、强度高、封水性好、安全可靠的优点。联络通道施工效果如图3-6-20所示。

(a) 从内向外看　　　　　　　　(b) 从外向内看

图3-6-20　联络通道施工效果图

（二）经济效益分析

济南东站—田园大道站区间联络通道通过采用"冻结法加固土体+矿山法暗挖构筑"施工技术，顺利完成区间各项节点任务目标，工期相较于原计划时间提前8d，区间后续工作安排均得到提前，有效节省了施工资源投入。经统计，此次联络通道施工，共计节约工期8d，节省人工费用8d×30人×200元/d=48000元，节省水电费用8d×500元/d=4000元。

综合考虑共计创造经济效益=节约工期×隧道作业人数×平均工资+用电费用=8d×30人×200元/d+4000元=52000元；同时区间后续工作安排空间均得到提升，区间隧道成为济南市轨道交通6号线全线第一个完成子单位验收的项目，为集团公司打造了良好的社会形象。

第七节　老屯站—商埠区西站区间涉铁施工实例

一、工程概况

(一) 区间概况

老屯站—商埠区西站区间起讫里程为左 DK19+309.725～左 DK21+036.607，右 DK19+309.725～右 DK21+036.607，在左 DK20+465.143 设置一处短链，短链长度为 34.857m，区间左右线长度分别为 1692.025m，1726.882m，采用盾构法施工，曲线半径为 380m，431.5m。线路纵断面上，该区间呈 V 形坡，区间出商埠区西站后首先以 29‰、12‰坡度下坡，再以 5‰坡度上坡，然后以 5‰、2‰坡度下坡到达老屯站，区间埋深 11.3～22m。区间隧道主要穿越地层为 ⑩$_1$ 粉质黏土、⑭$_1$ 粉质黏土、⑲$_1$ 全风化闪长岩、⑲$_2$ 强风化闪长岩及 ⑲$_3$ 中风化闪长岩，水位埋深一般为 1.80～8.60m。

盾构区间内设置 3 个联络通道，老屯站—商埠区西站编号依次为 1 号联络通道、2 号联络通道、3 号联络通道，其中 2 号联络通道兼泵房使用，联络通道依次位于右 DK19+781.607、右 DK20+353.872、右 DK20+773.607。老屯站—商埠区西站区间平面如图 3-7-1 所示。

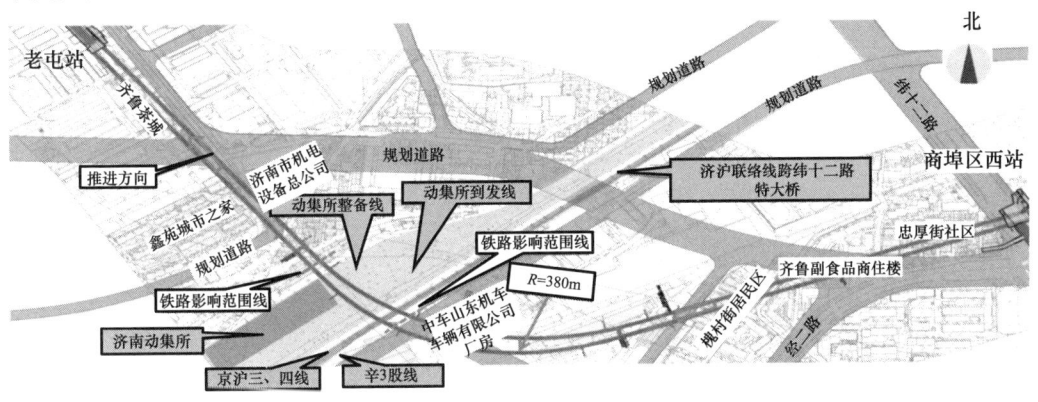

图 3-7-1　老屯站—商埠区西站区间平面示意图

(二) 涉铁段概况

老屯站—商埠区西站区间，区间由商埠区西站出发，向北依次下穿济沪联络线（高速客运线）跨纬十二路特大桥，货运取送线，京沪三、四线（普速客运线），济南站到发线、整备线，济南动集所后到达 6 号线老屯站，区间下穿铁路影响范围设计起终点里程为左 DK19+788.600～左 DK19+992.600，长 204.0m，左线管片环数为 170 环（第 674～第 843 环）；右 DK19+788.700～右 DK19+987.900，长 199.2m，右线管片环数为 167 环（第 699～第 865 环）。左右线间距为 17.2～33.28m，下穿铁路节点处隧道覆土厚度为 18.2～19.8m，最大坡度为 28.0‰，盾构隧道主要穿越地层为 ⑭$_1$ 粉质黏土层。

1. 下穿济沪联络线跨纬十二路特大桥桥桩

在右 DK19+943.600～右 DK19+953.020（平面投影范围）下穿济沪联络线跨纬十二路特大桥桥桩，隧道左线下穿 48～49 号桥墩，桥墩对应济沪联络线跨里程为 K2+

251.88～K2+284.59；隧道右线下穿 49～50 号桥墩，桥墩对应济沪联络线跨里程为 K2+284.59～K2+317.300。左右线间距为 31.30～32.20m，隧道右线中线与济沪联络线中线夹角为 73°，隧道左线中线与济沪联络线中线夹角为 68°。右线隧道结构外缘距离桥桩边最小水平距离为 9.20m，左线隧道结构外缘距离桥桩边最小水平距离为 8.80m，隧道覆土厚度为 19.8～19.9m。

下穿济沪联络线跨纬十二路特大桥盾构隧道两侧均采取隔离桩防护措施。具体如图 3-7-2 所示。

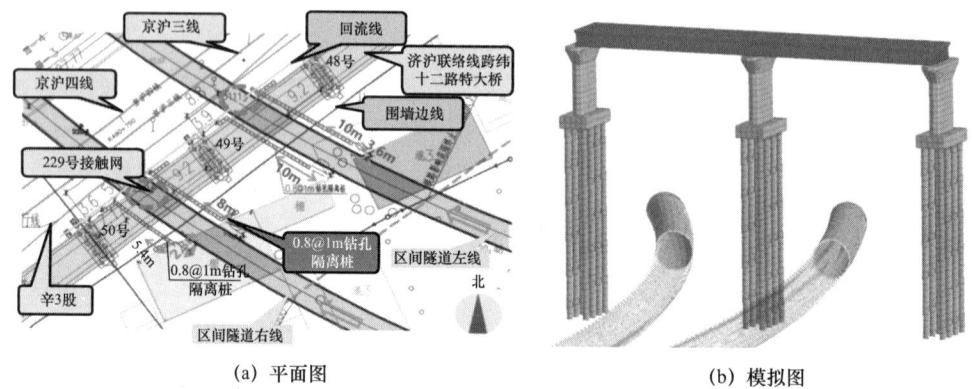

(a) 平面图　　　　　　　　　　(b) 模拟图

图 3-7-2　下穿济沪联络线跨纬十二路特大桥线路加固平面示意图与盾构隧道相对位置关系图

2. 下穿货运取送线

在右 DK19+936.270～右 DK19+938.860 下穿货运取送线，左右线间距为 30.60m，隧道右线中线与货运取送线中线夹角为 75°，隧道左线中线与货运取送线中线夹角为 70°，隧道上部覆土厚度为 18.89m。

3. 下穿京沪三、四线

区间隧道在右 DK19+925.730～右 DK19+933.520 下穿京沪三、四线，与京沪三、四线相交里程为京沪四线济南 490km+732m～490km+761m，左右线间距为 29.52～30.26m，隧道右线中线与京沪三、四线中线夹角为 76°，隧道左线中线与京沪三、四线中线夹角为 71°，隧道上部覆土厚度为 18.86～18.99m。

考虑盾构沉降曲线，以隧道左、右线与京沪三、四线中心线交点为中心，对盾构隧道影响范围内的京沪三、四线采用"3-5-3"吊轨线路加固。具体如图 3-7-3 所示。

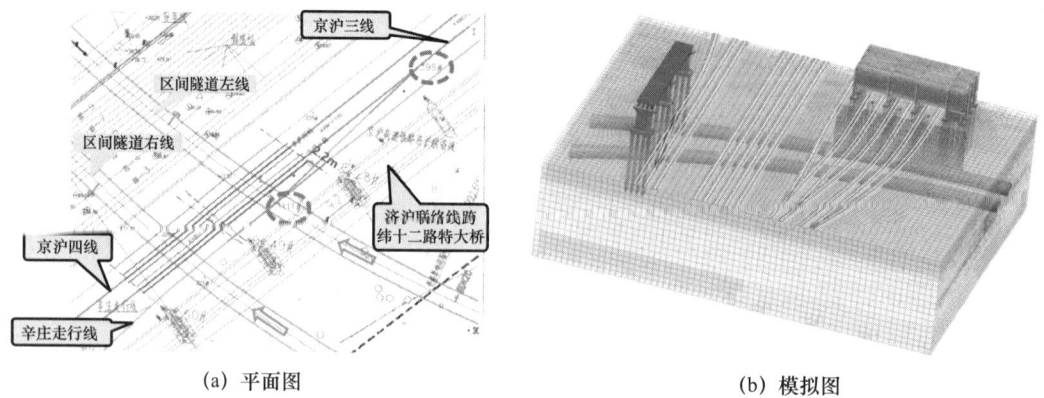

(a) 平面图　　　　　　　　　　(b) 模拟图

图 3-7-3　下穿济京沪三、四线线路加固平面示意图与盾构隧道相对位置关系图

4. 下穿济南动集所到发线及存车线

在右DK19+880.000～右DK19+907.580下穿济南动集所到发线及存车线,左右线间距为25.43～27.77m,隧道右线中线与铁路中线夹角为80°,隧道左线中线与铁路中线夹角为74°,隧道上部距济南动集所道床底部17.66～17.78m。

5. 侧穿济南动集所

在右DK19+809.650～右DK19+865.850(平面投影范围)侧穿济南动集所桩基,左右线间距为18.28～23.45m,隧道右线中线与济南动集所中线夹角为89°,隧道左线中线与济南动集所中线夹角为83°。右线隧道结构外缘距离桥桩边水平距离为9.2～10.7m,隧道结构上部覆土厚度(距济南动集所外部场坪位置)18.31～18.61m。具体如图3-7-4所示。

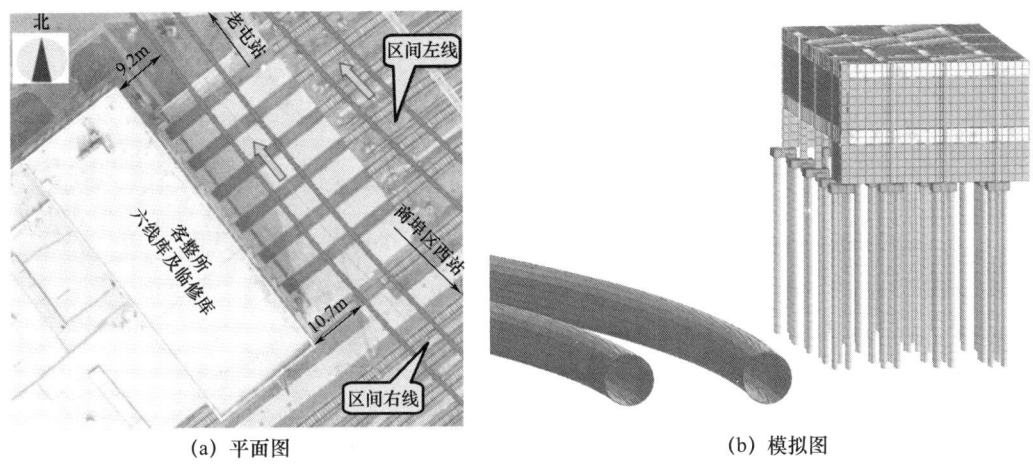

图3-7-4 侧穿济南动集所平面示意图与盾构隧道相对位置关系图

(三) 涉铁段水文地质

老屯站—商埠区西站区间场地设计范围内属于山前冲洪积平原地貌,地势东高西低,地面标高27.87～33.32m。

1. 地质条件

根据此次勘察揭露,老屯站—商埠区西站区间地质情况自上而下依次划分为①$_2$杂填土、①$_1$素填土、⑦$_1$粉质黏土、⑨$_1$粉质黏土、⑩$_1$粉质黏土、⑭$_1$粉质黏土、⑲$_1$全风化闪长岩、⑲$_2$强风化闪长岩、⑲$_3$中风化闪长岩、⑳$_3$中风化辉长岩。盾构主要穿越地层:⑭$_1$粉质黏土、⑲$_1$全风化闪长岩、⑲$_2$强风化闪长岩、⑲$_3$中风化闪长岩。其中涉铁段地层均为⑭$_1$粉质黏土。下穿铁路剖面如图3-7-5所示。

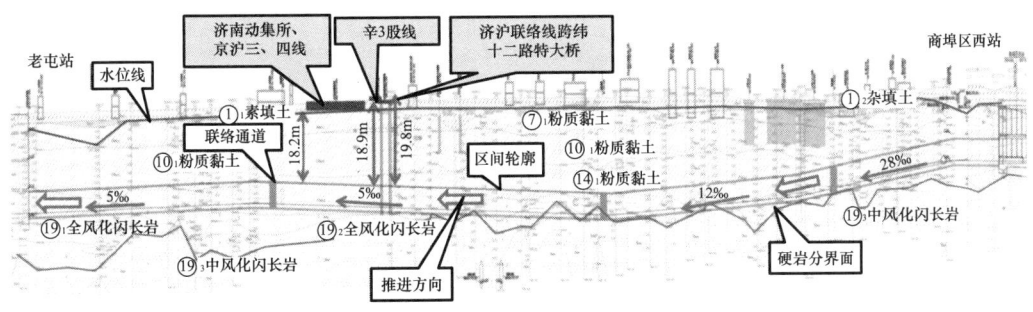

图3-7-5 下穿铁路剖面示意图

2. 水文条件

(1) 地表水。

无。

(2) 地下水。

该区间地下水主要类型为第四系松散层孔隙水及岩浆岩裂隙水。

① 潜水。

潜水位埋深 1.80～8.60m，水位标高 19.97～29.36m，主要接收大气降水补给、地下水径流补给和承压水顶托补给，以侧向径流、下渗及人工开采方式排泄。在丰水期及枯水期地下水位有所变化。

② 基岩裂隙水。

闪长岩裂隙水（四）水头埋深 2.90～3.30m，水头标高 25.45～28.08m，主要接收大气降水补给、第四系松散层孔隙水下渗补给和地下水径流补给，以侧向径流、人工开采方式排泄。该层地下水具承压性，在枯水期及丰水期水位有所变化。

(四) 影响范围、施工计划

区间右线铁路影响起始里程为 DK19+788.700～DK19+987.900，长度 199.2m，设计环数位第 699～第 865 环，共计 167 环，于 2024 年 5 月 11 日进入涉铁范围，5 月 30 日完成下穿，历时 20d，进度指标平均 8.5 环/d。

区间左线铁路影响起始里程为 DK19+788.600～DK19+992.600，长度 204m，设计环数位第 674～第 844 环，共计 171 环，于 2024 年 5 月 7 日进入涉铁范围，5 月 25 日完成下穿，历时 19d，进度指标平均 9 环/d。下穿铁路平面如图 3-7-6 所示。

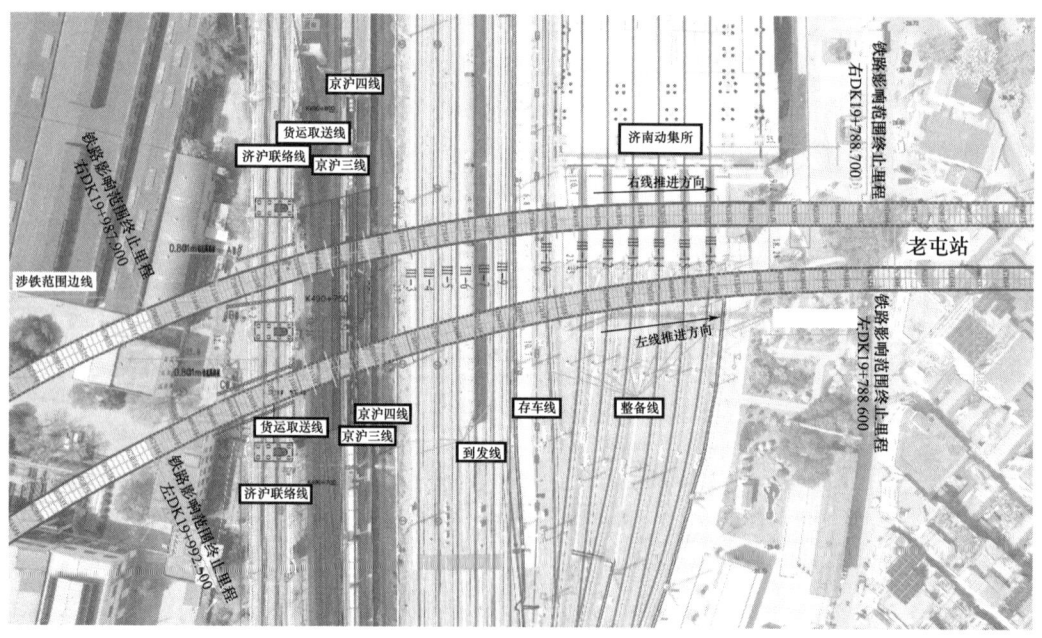

图 3-7-6 下穿铁路平面示意图

二、涉铁程序办理情况

2024 年 1 月 16 日召开方案预审会，1 月 25 日召开方案终审会，2 月 1 日至 2 月 18 日签署方案确认、审定表，2 月 18 日至 3 月 8 日与中国铁路济南局集团有限公司济南站、济南工务段、济南维管段、济南通信段、济南供电段、济南电务段、济南西工务段、京沪高铁济南维管段签署安全协议、配合协议，3 月 2 日签署营业线Ⅲ级慢行及临近营业线施工 4 月月度计划，3 月 12 日由山东济铁工程建设监理有限责任公司组织召开新开工项目安全评估会，3 月 30 日召开济沪联络线跨纬十二路特大桥隔离桩加固施工方案变更协调会。涉铁办组织于 2024 年 4 月 23 日召开老屯站—商埠区西站区间隧道下穿铁路工程施工推进协调会，涉及济南铁路局涉铁工程办公室、工务部、供电部、安监室、调度所、施工办，菏泽（高铁）安全监察大队，济南安全监察大队，济南站、济南工务段、济南维管段、济南通信段、济南供电段、济南电务段、济南西工务段、京沪高铁济南维管段、山东济铁工程建设监理有限责任公司、济南轨道交通集团建设投资有限公司、中铁工程设计咨询集团有限公司等 21 个单位部室。

（一）方案初审会

济南城市轨道交通 6 号线工程老屯站—商埠区西站区间盾构下穿济南动集所，京沪三、四线，货运取送线，济沪联络线跨纬十二路特大桥专项施工方案，等铁路设计图下发后项目部及后方公司领导精心组织编制施工方案，确定涉铁前试验段参数、试验方案，将下穿铁路过程细化为穿越前控制措施、穿越过程中控制措施、穿越后控制措施及应急处置措施四大方面。明确盾构机掘进参数、同步注浆参数、克泥效辅助参数、二次注浆、环箍注浆等主要施工技术措施及其配套设备、人员落实。

2024 年 1 月 16 日，山东济铁工程建设监理有限责任公司组织济南站、济南工务段、济南维管段、济南通信段、济南供电段、济南电务段、济南西工务段、京沪高铁济南维管段、济南轨道交通集团建设投资有限公司、中铁工程设计咨询集团有限公司、中铁六局集团有限公司在中铁上海工程局集团有限公司济南轨道交通 6 号线总承包土建 3 工区项目部会议室对老屯站—商埠区西站区间盾构下穿济南动集所，京沪三、四线，货运取送线，济沪联络线跨纬十二路特大桥专项施工方案进行了预审。

（二）方案终审会

初审会过后项目部按照会议意见积极修改并报监理单位及代建项目部审批。

2024 年 1 月 25 日，涉铁办组织集团公司机务部、工务部、电务部、供电部，济南、菏泽（高铁）安全监察大队，工程项目管理所，济南西工务段，济南维管段，京沪高铁济南维管段，项目管理机构及相关施工、设计、监测、监理等单位，对济南轨道交通 6 号线工程老屯站—商埠区西站区间盾构隧道下穿铁路工程营业线施工方案进行了终审，同意该施工方案。

（三）济沪联络线跨纬十二路特大桥桥墩加固方案变更

济沪联络线跨纬十二路特大桥 48 号、49 号、50 号桥墩隔离桩加固施工，京沪三、四线扣轨梁加固施工，货运取送线道岔钉闭加固均由中铁六局集团有限公司承建。自 2024 年 3 月 14 日进场开工以来，面对铁路运输停工命令、配合单位协调问题等，隔离桩施工过程中探挖到京沪高铁济南维管段高压电缆线，无法正常进行，严重影响线路加固施工使盾构穿越工期滞后等种种困难，项目部不等不靠，主动出击，主动协调，协同中铁六局集团有限公司与项目管理机构、设计单位、监理单位、铁路局、济南西工务段、京沪高铁济南维管段等相关部门多次协调处理方案，于4月9日在中铁上海工程局集团有限公司项目部会议室组织线路加固施工方案变更预审会，4月15日在铁道大酒店北京厅举办济南地铁6号线工程老屯站—商埠区西站区间隧道涉铁工程线路加固施工方案变更终审会，从原设计隔离桩106根减少为92根，降低施工难度，缩短工期，后续在线路加固施工过程中项目部派专人进行旁站，督促中铁六局集团有限公司满配机械人员，于4月30日完成线路加固施工。

（四）日计划、日方案、日配合单

涉及铁路两侧35m影响范围的临近营业线B类施工，营业线Ⅲ级长期慢行施工计划，月度计划于前一月上报涉铁办调度审核后同意批复，日计划每日施工前3d与配合单位签署施工配合单并将日计划上传系统进行报备。营业线Ⅲ级施工前3d需找配合单位（济南西工务段、济南工务段、济南维管段）签署日配合单。施工当日驻站联络员持配合单去济南站信号楼、济南西站行车室进行登记施工。

（五）总结

涉铁施工手续办理涉及部室多、时间周期长，需仔细研读铁路局各种规章制度，充分了解涉铁施工的每一个步骤，提前筹划，并严格执行相关要求。施工方案及施工计划编制过程中要精细化，并及时联络各相关配合方商榷修改，现场施工需严格按照方案施工，严禁超计划、超范围、超内容施工。

面对线路加固延期致使下穿开工工期滞后，6月1日汛期前完成下穿任务，在项目主要领导带领下，项目部管理思路清晰，科学组织，精心部署，分工明确，按现场施工情况合理上报月计划、日计划，主动向各部室、配合单位汇报工作进展，于2024年5月30日按期完成济南地铁6号线工程老商区间隧道涉铁工程。

三、施工前准备工作

（一）设置模拟试验段

1. 试验段概况

试验段选择在区间正式下穿前100m左线（第598～第667环），右线（第580～第647环）位置，通过前100m试验段掘进，分析和总结出该区间地质条件下盾构机各项掘进参数及地表沉降情况，制定正式下穿前掘进参数。涉铁影响区平面如图3-7-7所示。

（1）试验段线路线形。

该区间试验段里程为左DK20+092.600～左DK19+992.600，右DK20+087.900～右DK19+987.900，左线平面为半径431.5m曲线，右线平面为半径380m曲线，竖向坡度为+5‰，覆土埋深左线为19.865～20.593m，右线为20.126～20.755m。

（2）试验段地质水文。

根据地勘资料，左线第598～第667环处于中车公司（锻工车间）下方，地质依次为⑭$_1$粉质黏土、⑲$_1$全风化闪长岩、⑲$_2$强风化闪长岩；右线第580～第647环处于中车公司（机械车间）下方，地质依次为⑭₁粉质黏土、⑲₁全风化闪长岩、⑲₂强风化闪长岩。涉铁段剖面如图3-7-8所示。

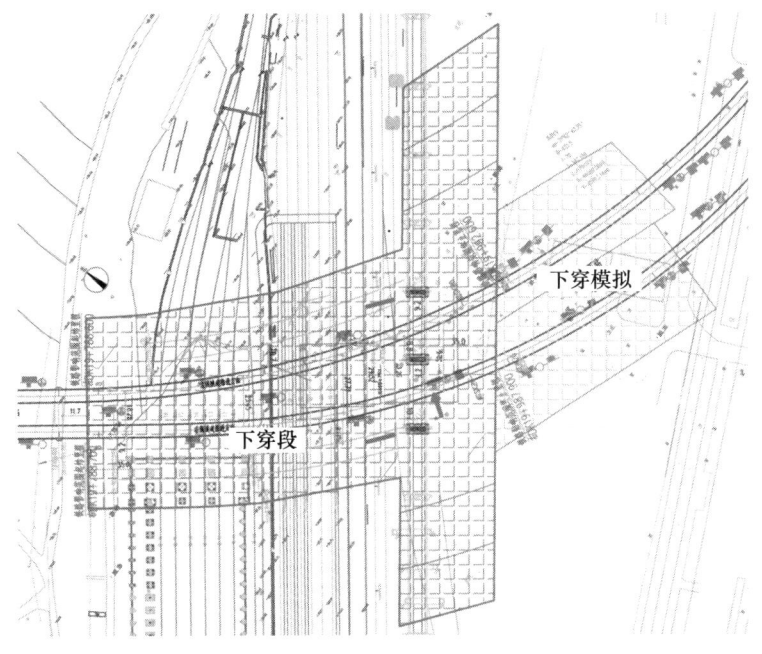

图3-7-7 涉铁影响区平面图

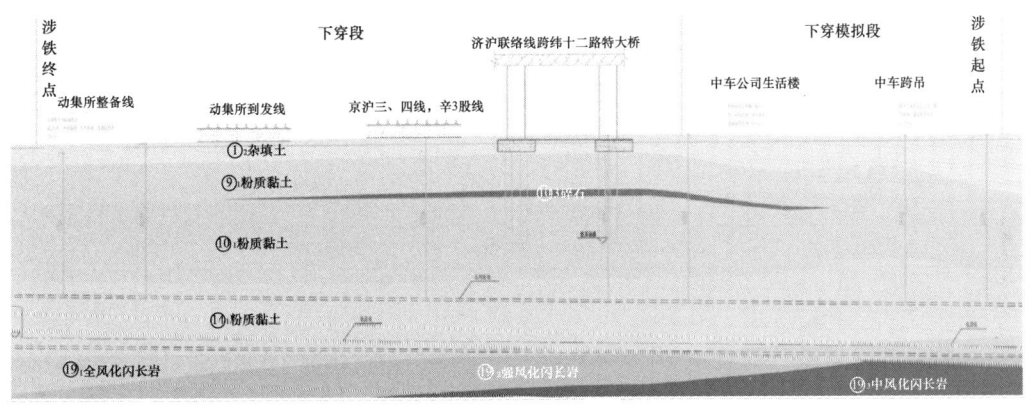

图3-7-8 涉铁段剖面图

2. 试验段盾构参数分析

左线2024年2月28日盾构进入下穿涉铁试验段范围，3月12日试验段掘进完成，历时14d，平均进度5环/d；右线2024年4月9日盾构进入下穿涉铁试验段范围，4月21日试验段掘进完成，历时13d，平均进度5环/d。

盾构试验段分以下几个阶段实施。首先在盾构机进入试验段后，以日进度3～5环的速度推进，刀盘转速及压力、推进速度、注浆压力及注浆量等，分别采用几组不同施工参数进行试掘进，通过地表沉降的测量和数据反馈，确定一组适用的施工参数。然后提高日掘进速度至5～8环，通过施工监测，根据地层条件情况，对施工参数做慎密细微的调整，以取得最佳施工参数，以满足地表沉降要求等为标准。

通过此阶段的掘进，对隧道的轴线、管片安装质量及地质变形的控制均有了各项具体的措施，进一步掌握施工参数，能根据地下隧道覆土厚度、地质条件、地面附加荷载等变化情况，适时地调整盾构掘进参数，为下穿铁路影响范围施工进度、质量管理奠定了良好的基础，并以此指导全过程施工。现对试验段掘进参数分析如下（表3-7-1、表3-7-2）。

表3-7-1　左线试验段掘进参数对比表

序号	类别	参数设定	实际施工参数	备注
1	土仓上部压力	0.19～0.21MPa	0.2MPa	—
2	推力	17000～20000kN	14000～20000kN	—
3	推进速度	30～50mm/min	42～50mm/min	—
4	出土量	63～68m³	63～68m³	—
5	同步注浆压力	0.2～0.3MPa	13～32kPa	—
6	同步注浆量	6.47～7.76m³	6.0～6.8m³	—
7	刀盘扭矩	1500～2000kN·m	1300～2200kN·m	—
8	刀盘转速	1.0～1.2r/min	1.2r/min	—

表3-7-2　右线试验段掘进参数对比表

序号	类别	参数设定	实际施工参数	备注
1	土仓上部压力	0.19～0.21MPa	0.19～0.20MPa	—
2	推力	17000～20000kN	15000～16700kN	—
3	推进速度	30～50mm/min	42～50mm/min	—
4	出土量	63～68m³	63～68m³	—
5	同步注浆压力	0.2～0.3MPa	13～30kPa	—
6	同步注浆量	6.47～7.76m³	6.0～6.8m³	—
7	刀盘扭矩	1500～2000kN·m	1500～2100kN·m	—
8	刀盘转速	1.0～1.2r/min	1.2r/min	—

3. 试验段总结

盾构到达涉铁范围前100m进行试验段掘进参数总结，并根据试验段总结参数设定涉铁段掘进参数，对盾构司机及管理人员进行参数技术交底，且掘进参数表粘贴至操作室。

（二）设备检修

老屯站—商埠区西站区间自商埠区西站始发由东向西经过380m转弯半径后由南向北到达老屯站接收，主要穿越地层为⑭₁粉质黏土、⑲₁全风化闪长岩、⑲₂强风化闪长岩、⑲₃中风化闪长岩、部分⑳₃中风化辉长岩。为典型的复合型地层，进入涉铁段前，根据盾构掘进期间参数选择合适的停机位置分别进行左右线带压开仓检查刀具磨损、刀盘结泥饼情况，根据掘进参数分析、涉铁前100m试验段决定右线在试验段掘进前第547环进行带压开仓刀具检修，进仓工作压力为243kPa，共进仓54仓，更换29把刀具，清理刀盘中心泥饼；左线选择在试验段掘进完成后第664环进行带压开仓刀具检修，进仓工作压力为230kPa，共进仓16仓，更换3把刀具，清理刀盘中心泥饼。开仓道具检修如图3-7-9所示。

  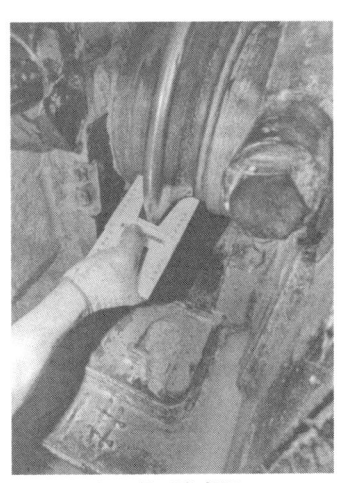

(a) 35号刀左边大开口清理完成　　(b) 22号正常磨损8mm　　(c) 16号正常磨损8mm

图 3-7-9　开仓道具检修

在停机带压开仓期间对盾构机设备进行全面的维修保养,针对盾构机密封系统、PLC 控制系统、配电系统、液压系统、注浆系统及后配套系统、龙门吊、电瓶车等设备进行全面检查、保养并储备易损零部件,确保穿越期间各设备具备良好的状态。设备检修如图 3-7-10 所示。

(a) 现场1　　(b) 现场2

(c) 现场3　　(d) 现场4

(e) 现场5

(f) 现场6

图 3-7-10 设备检修

(三) 人员准备

穿铁前成立以集团公司安质部长为组长的技术攻关小组,帮扶指导现场施工。配备盾构机操作及管理人员22人、盾构施工作业人员45人。4名盾构司机已完成济南交通轨道集团有限公司盾构司机培训,并取得职业技能等级证书。盾构经理、盾构技术负责人均已参加面试、笔试,合格上岗。后方公司成立下穿铁路攻坚技术小组,盾构下穿铁路期间进行跟踪、技术指导。

(四) 施工耗材储备

为防止施工期间因外界因素影响材料进场以及渣土外运,在施工前将渣土池清空,同时将涉铁段盾构施工所需管片、油脂油液耗材、注浆原材、克泥效材料、各类渣土改良剂等储备充足。水泥、水玻璃、磷酸、膨润土、聚氨酯及其配套设备等应急物资准备充足,储备量满足整个涉铁施工过程。盾构涉铁施工耗材统计见表3-7-3。

表 3-7-3 盾构涉铁施工耗材统计表

序号	名称	数量	单位	用量	使用环数	备注
1	盾尾油脂	20	桶	5环/桶	100	油脂、油液、改良剂等日常掘进耗材,施工前准备充足
2	HBW	10	桶	30环/桶	300	
3	EP2	7	桶	40环/桶	280	
4	泡沫	24	桶	8环/桶	192	
5	液压油	2	桶	备用	—	
6	齿轮油	2	桶	备用	—	
7	管片螺栓	9800	套	28套/环	350	
8	1.2m管片	40	环	112环	112	视施工场地情况储存
9	干混砂浆料	116	t	8t/环	14	注浆原材施工前准备充足,施工过程中及时补充,备用干混砂浆料12环
10	克泥效	31	t	0.5t/环	62	施工前准备充足,做好配合比试验以及实操演练

续表

序号	名称	数量	单位	用量	使用环数	备注
11	磷酸	2	t	应急物资	—	应急物资施工前准备充足，做好配合比试验以及实操演练
12	聚氨酯	2	t	应急物资	—	
13	水玻璃	10	m³	应急物资	—	
14	袋装水泥	20	t	应急物资	—	
15	渣土池	4390	m³	54m³/环	81	施工前清空，施工过程中及时外运

（五）应急物资准备、应急演练

老屯站—商埠区西站区间穿铁前已进行应急演练，应急物资隧道内准备钻机、注浆机、聚氨酯泵等应急注浆设备材料，地面准备起道机、捣固机、设备运输车辆、发电机、挖掘机等应急设备材料，能够有效应对突发情况。

对应急材料进行融水试验，得出适应该地层最佳配合比（如渣土改良、应急聚氨酯）。经过试验，聚氨酯配合比水性：油性＝1：1，发泡时间6s左右，水性：油性＝1：2，发泡时间9s左右；试验证明聚氨酯止水迅速，试验效果良好。

另对克泥效进行现场混合试验，经过试验，克泥效：水：水玻璃＝3：8.4：0.48，反应时间9s左右，同时对上述配合比进行设备泵送试验，效果良好。

四、涉铁段施工参数及质量管控

（一）同步注浆

涉铁期间每班不小于一次砂浆稠度检测，要求砂浆稠度在10～13cm范围内，每5环浆液取样一次，观察浆液初凝时间，并做好记录。

同步注浆采用成品干拌料进场后经砂浆搅拌站加水混合调配，经中板砂浆罐二次搅拌后运入隧道。干拌料配合比为水泥：粉煤灰：膨润土：砂：添加剂：水＝300：170：80：400：50：460，为加速同步注浆浆液初凝，降低时间效应引起的沉降，砂浆运输过程中同步注浆浆液在原配合比的基础上加入了4袋/环袋装水泥，加快初凝。根据试验段试验，效果良好。改良后同步注浆浆液初凝时间缩短至3～3.5h，能有效填充地层与管片之间的间隙，止水效果良好。同步注浆检测如图3-7-1所示。

(a) 操作过程　　　　(b) 检测

图 3-7-11　同步浆液检测

该工程所采用的济重469号/470号盾构机采用4个同步注浆点,每个注浆点都有注浆压力和注浆次数显示。盾构机后配套台车配备二次注浆系统,台车尾部常备大功率双液注浆机及注浆材料。

注浆量6~6.4m³,注浆压力0.2~0.3MPa,充盈系数为180%~190%。同步注浆采用数量和注浆压力双控,即两者均必须达到设定值,保证同步注浆浆液的饱满。同步注浆量统计折线如图3-7-12所示。

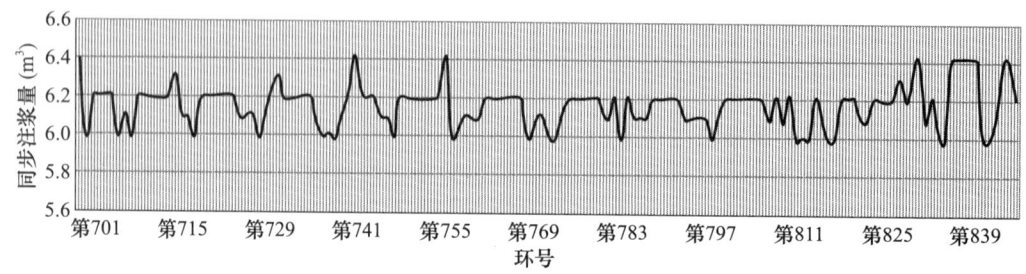

图3-7-12 同步注浆量统计折线图

(二)出土量控制措施

渣土称重系统:地面龙门吊配备渣土称重系统,记录每环渣土实际质量。

出土量体积与质量双控:计算的推进进尺设计渣土质量与称重渣土质量进行比值计算,根据差值判断是否超挖。如有超挖情况,及时对超挖环进行二次注浆。

每斗渣土车容纳体积与推进进尺双控:该工程渣土车每斗容量为18m³,经过计算每斗土推进油缸合理行程应为395mm左右,盾构司机在掘进过程中做好每斗土前后油缸行程差的记录,根据油缸行程差的记录分析盾构是否出现超挖。发现超挖及时更改掘进参数,确保后续掘进不超挖。渣土称重系统及渣土斗刻度线如图3-7-13所示。

(a) 渣土称重系统1　　(b) 渣土称重系统2　　(c) 渣土斗刻度线

图3-7-13 渣土称重系统及渣土斗刻度线

(三)克泥效辅助控制

该项目使用盾构机开挖,直径为6680mm,盾尾直径为6630mm,注入孔点位布置在前盾或中盾径向孔处,在时钟方向11点~1点区间任意一点注入均可保证盾体间隙填充密实。

为防止在盾构掘进过程中盾体上方土体沉降,通过盾壳膨润土管路注入克泥效,填充地层与盾体之间的间隙。防止因时间效应引起的地面沉降。

盾构掘进过程中在正上方点位注入克泥效,克泥效理论注入量$V=0.8m^3/环$,掘进过程中填充系数以压力及地面沉降变化控制,实际注入量控制在$0.4\sim0.6m^3/环$,注浆压力控制在$0.4\sim0.6MPa$。盾构机掘进过程中出土量控制效果良好,未发生地表下沉现象,试验效果良好。克泥效注浆现场如图3-7-14所示。

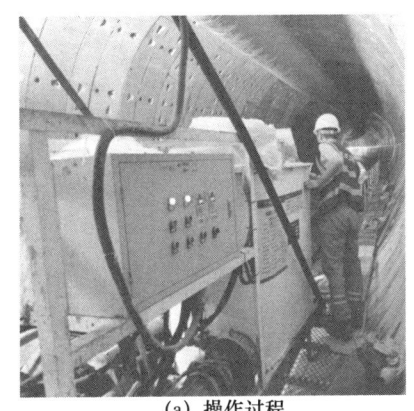

(a) 操作过程　　(b) 设备

图3-7-14　克泥效注浆现场

(四) 盾构机土仓压力、总推力、推进速度、渣土改良、刀盘转速、刀盘扭矩控制

1. 土仓压力控制

根据盾构机始发、掘进、到达专项施工方案,涉铁专项施工方案中土仓压力的计算,涉铁前试验段总结报告参数分析,下穿铁路区间段地质以⑭$_1$粉质黏土为主,埋深($18.2\sim19.8m$)以及试验段推进情况,实际采取上部土压$180\sim215kPa$的高土仓压力掘进模式。每环掘进土压要保持匀速性,波动范围在$10kPa$以内,防止忽高忽低。掘进过程中根据监控量测数据分析,地面沉降未发生预警,土仓压力稳定。土仓压力控制折线如图3-7-15所示。

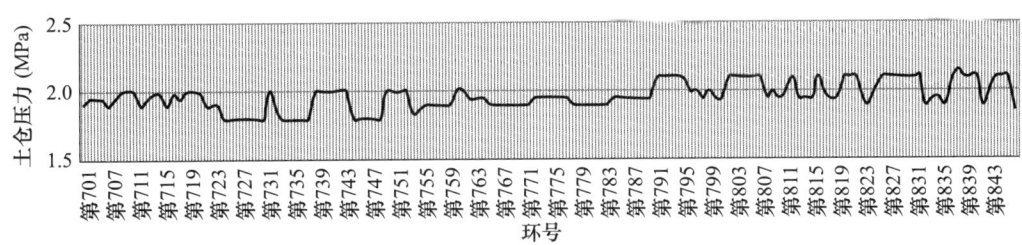

图3-7-15　土仓压力控制折线图

2. 总推力、推进速度控制

对该区间地质条件下盾构机工况以及试验段盾构机掘进参数进行分析,下穿桥墩及铁路时,应控制总推力,减小盾构前方土体的挤压力。受地层埋深影响,以千斤顶总推力不大于最大推力的60%为原则,控制在$13000\sim19000kN$,推进速度为$20\sim60mm/min$,控制油缸推进力,减小盾构推进过程中对侧边土体的剪切挤压作用,掘进中控制总推力

以保持匀速掘进，减少对地层的扰动。总推力控制折线如图 3-7-16 所示。掘进速度控制折线如图 3-7-17 所示。

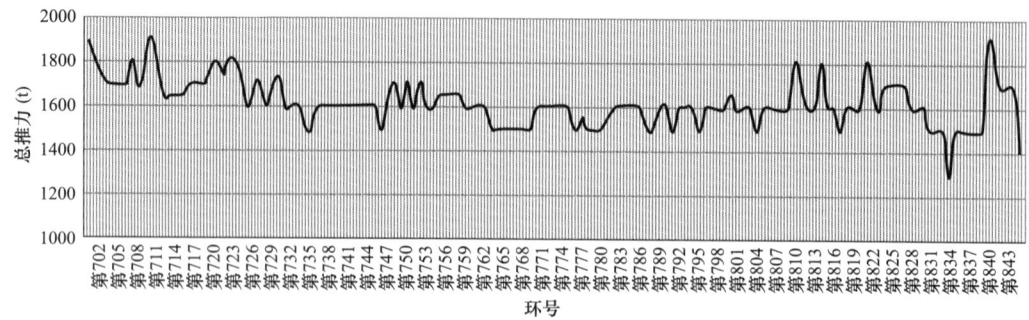

图 3-7-16 总推力控制折线图

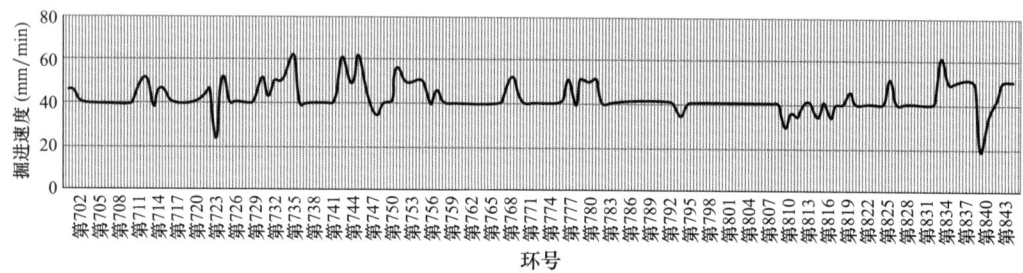

图 3-7-17 掘进速度控制折线图

由于涉铁段地层分布主要为⑭₁粉质黏土层，为保证盾构机掘进速度，在总推力增大的情况下，刀盘扭矩也会随之增大。掘进过程中通过向土仓内注入增加水、泡沫、提高刀盘转速等方式降低刀盘扭矩。

粉质黏土地层土质水平渗透系数较低，黏度较大，掘进过程中通过泡沫系统和土仓隔板预留孔向土仓内注入分散型泡沫混合溶液对土仓内渣土进行改良，使土仓内渣土黏性降低，利于分散，避免刀盘结泥饼等问题，使渣土顺利通过螺旋输送机排出，保证出土的连续性，保障连续掘进。

3. 刀盘扭矩及渣土改良控制

在涉铁段掘进过程中通过选定的参数进行掘进，刀盘转速 1.0～1.2r/min，刀盘扭矩 1200～2000kN/m，渣土改良采用分散型泡沫混合液。泡沫的发泡率在 10 倍以内，原液比 4‰，流量控制在 250L/min 以内，每环泡沫混合液总用量 50～150L，掘进过程中渣土改良效果良好，未发生喷涌现象。刀盘扭矩控制折线如图 3-7-18 所示。渣土改良效果及施工期间渣土取样如图 3-7-19 所示。

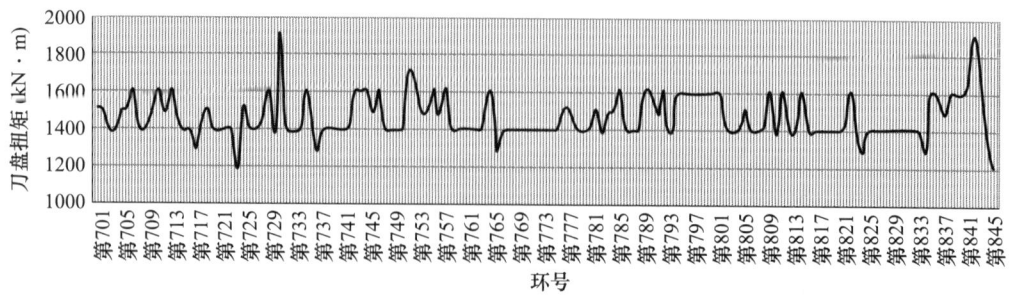

图 3-7-18 刀盘扭矩控制折线图

(a) 改良效果　　　　　　　　　　(b) 取样

图 3-7-19　渣土改良效果及施工期间渣土取样

(五) 二次注浆控制

二次注浆在管片脱出盾尾后第 6～第 10 环位置进行环箍止水注浆，用于补充管片与地层间的间隙，防止后方径向水涌入掌子面造成喷涌。二次注浆参数中浆液配合比为水：水玻璃＝3:1（质量比）；水泥浆水灰比为 1:1（质量比）；水泥浆：水玻璃浆液＝1:1（体积比），注浆压力一般为 0.3～0.4MPa。必要时混合液加入磷酸，加快凝结。盾构机掘进过程中注浆效果良好，未发生管片渗漏水、上浮等现象。二次注浆浆液制作及注入控制如图 3-7-20 所示。

(a) 操作过程　　　　　　　　　　(b) 注入控制

图 3-7-20　二次注浆浆液制作及注入控制

(六) 管片配筋及防水加强

加强管片配筋设计：对左 DK19＋788.600～左 DK19＋992.600，右 DK19＋788.700～右 DK19＋987.900 里程范围内管片配筋提高一个等级设置（管片配筋类型由 C 型提高到 D 型），以增大隧道的纵向刚度，盾构管片采用增设注浆孔特殊设计。

涉铁段防水进行加强：区间隧道下穿铁路影响范围内结构防水等级为一级，环缝及纵缝在常规三元乙丙橡胶弹性密封垫基础上增加膨润土橡胶遇水膨胀止水条。管片加强防水层粘贴如图 3-7-21 所示。

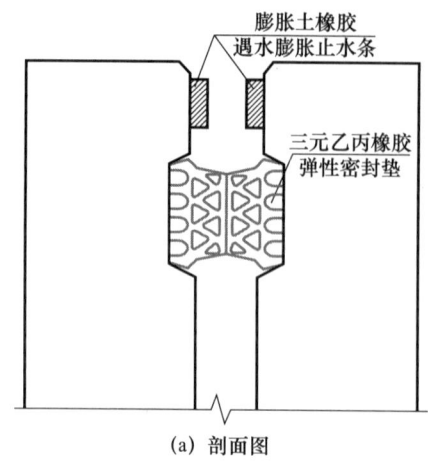

(a) 剖面图　　　　　　　　　　　(b) 现场

图 3-7-21　管片加强防水层粘贴

（七）洞内径向注浆（应急措施）

涉铁段盾构管片采用增设注浆孔特殊设计，设计范围内管片增设注浆孔（由普通地段全环 6 个注浆孔增设至全环 16 个注浆孔），根据涉铁专项设计图纸要求，施工过程中如沉降监测数据预警，采用洞内增设注浆孔的方式进行洞内 360°深孔注浆，注浆范围为管片外扩 3m，以减少盾构施工对路基和桥桩的影响，确保铁路运营安全。

注浆管采用 $\Phi 32mm$ 厚 3.5mm 的小导管，注浆管长 3.5m，注浆管纵向设置间距为 1.2m，注浆浆液采用水泥浆。水泥浆水灰比为 1∶1（质量比）。注浆量计算取值：地层孔隙率为 40%，浆液充填系数取 0.8，浆液耗散系数取 1.1。

注浆过程应实现监测数据动态反馈，实时调整，既要防止注浆压力不足（注浆量少起不到防沉降效果），也要防止注浆压力过高、注浆量过大引起地层隆起，危及行车安全。

持续监测地层沉降稳定后，采用双液浆注浆对注浆孔进行封堵，确保封孔安全。双液浆注浆配合比为水泥浆∶水玻璃＝1∶1。径向注浆孔设计情况及材料准备如图 3-7-22 所示。

（八）小结

在下穿济沪联络线（高速客运线）跨纬十二路特大桥，货运取送线，京沪三、四线（普速客运线），济南站到发线、整备线，济南动集所涉铁段盾构施工过程中，对地面土体产生扰动，地面沉降控制措施主要分为五个阶段。

第一阶段：发生在盾构到达该断面之前，主要表现为地下水位降低产生固结沉降，主要措施为对济沪联络线跨纬十二路特大桥 48 号、49 号、50 号桥墩采用隔离桩加固方式，京沪三、四线采用"3-5-3"吊轨线路加固方式，货运取送线采用道岔钉闭封锁加固措施进行超前加固，控制盾构施工前期刀盘到达前对地层扰动引起的沉降。

第二阶段：盾构通过该断面前，若盾构控制土压（泥水压）不足或过大，则开挖面正前方土体弹塑性变形引起地层沉降或隆起。主要控制措施为盾构掘进过程中刀盘到达

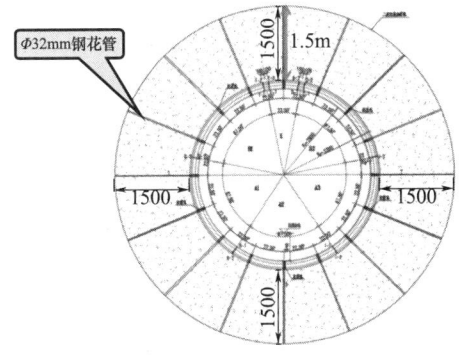
(a) 洞内增设预留注浆孔布置（全环布置）示意图

(b) 材料准备

(c) 操作过程1

(d) 操作过程2

(e) 现场

图 3-7-22　径向注浆孔设计情况及材料准备

掌子面控制土压平衡，根据地层埋深控制土仓压力实现土压平衡，通过土斗刻度、每斗推进行程量、龙门吊称重系统来控制每环出土量，防止因超挖欠挖引起的地面沉降或隆起现象。

第三阶段：发生在盾构通过该断面时，由于盾壳与周围土体填充不饱满或盾壳与土体摩擦等原因而发生地层沉降或隆起。主要控制措施为采用克泥效工法通过盾体径向孔向盾壳外注入克泥效保证盾体间隙填充密实，防止在盾构开挖过程中因时间效应引起盾体上方土体沉降。

第四阶段：盾构通过该断面后产生的弹塑性变形；若衬砌背后与洞体的空隙填充不及时，造成地层应力释放，则土体的弹塑性变形引起地层沉降；若衬砌背后的填充注浆压力过高，则附加土压引发地层隆起。主要措施为管片壁后同步注浆，通过注浆量、注浆压力来控制变形沉降。

第五阶段：由于盾构掘进造成的地层扰动、松弛等，盾构通过后因时间效应引起后续沉降，主要在软弱黏性土地层中施工表现最为明显。主要措施为盾构推进过程中在盾尾后第6~第10环通过二次注浆、深孔注浆双重控制来实现对盾构通过后因对土体的扰动而产生的变形沉降。

五、监控量测

（一）监测范围及内容

1. 监测范围

根据隧道位置及覆土厚度、既有铁路与隧道的位置关系，确定监测范围，各区域监测范围对应京沪四线的里程为 K490+688.76～K490+805.05，总计 116.30m。其中包含：

（1）济南动集所整备线区域沿线路方向 109.71m（对应 7 股道）。

（2）济南动集所到发线区域沿线路方向 111.44m（对应 5 股道）。

（3）济南动集所存车线区域沿线路方向 114.19m（对应 1 股道）。

（4）京沪三、四线沿线路方向 116.29m（对应 2 股道）。

（5）辛 3 股沿线路方向 116.40m（对应 1 股道）。

（6）济沪联络线跨纬十二路特大桥高架桥 45～54 号共计 10 个桥墩。

（7）影响范围内的 226～229 号、隔 16～隔 23、库 46～库 54、车 15、车 17、接触网支柱、高柱信号机、灯桥。

（8）济南动集所临修库。

2. 监测内容

（1）对济南动集所整备线、存车线及到发线（除南侧Ⅲ-3 股外）区域铁路路基进行竖向位移监测。

（2）对济南动集所到发线（Ⅲ-3 股），京沪三、四线及辛 3 股对应范围内的铁路路基、轨道进行水平及竖向位移监测。

（3）对济沪联络线跨纬十二路特大桥高架桥桥墩进行水平、竖向位移及倾斜监测。

（4）对影响范围内除济沪联络线跨纬十二路特大桥外的接触网支柱进行竖向及倾斜监测。

（5）对济南动集所维修库房进行竖向位移监测。

（6）对济南动集所灯桥及场内高柱信号机进行竖向及倾斜监测。

（7）在盾构穿越区段路基段两侧进行水位和土体深层位移监测。

3. 监测周期

监测周期包含防护桩基施工期、区间隧道下穿铁路影响范围施工期和盾构机超出铁路影响范围后一个月，直至当年汛期结束。在汛期结束前最后一个月，达到下列停测标准时，监测单位可提出停测申请。

（1）普速铁路：根据监测数据分析，变形趋于稳定，竣工一个月后变形速率不大于 1.0mm/月。

（2）高速铁路：根据监测数据分析，变形趋于稳定，竣工一个月后变形速率不大于 0.5mm/月。

（二）监测控制标准

1. 监测等级

根据《邻近铁路营业线施工安全监测技术规程》（TB 10314—2021）等相关规定，

针对济南动集所，京沪三、四线，济沪联络线跨纬十二路特大桥及辛3股主要影响区的监测对象，监测等级按照一等实施，监测点间距为3～5m，其余影响区的监测对象的监测等级按照二等实施，监测点间距为10m。

2.监测方法

采用全站仪自动化监测系统，对监测范围内的路基、轨道、桥墩进行水平及竖向位移监测；对接触网支柱、灯桥进行竖向及倾斜监测。

因考虑济南动集所压车情况，对济南动集所（除Ⅲ-3股以外）的路基采静力水准进行竖向位移（沉降）监测。

3.监测控制指标

为确保监测对象的安全，以监测对象变形量设定控制值、报警值及预警值判断铁路运营设备设施的安全状态。根据《邻近铁路营业线施工安全监测技术规程》（TB 10314—2021）、《建筑基坑工程监测技术标准》（GB 50497—2019）相关规定及设计文件要求制定该工程的监测控制指标，见表3-7-4～表3-7-8。

表3-7-4 济南动集所整备线、到发线及存车线，京沪三、四线及辛3股监测控制值表

监测项目		控制标准		
		累计量预警值	累计量报警值	控制值
普速铁路（有砟路基）	路基竖向位移（mm）	±6	±8	±10
	路基水平位移（mm）	±4.2	±5.6	±7
	轨道竖向位移（mm）	+1.8 −4.8	+2.4 −6.4	+3 −8
	轨道水平位移（mm）	±4.2	±5.6	±7
	灯桥、接触网支柱竖向位移（mm）	±3	±4	±5
	高信、灯桥、接触网支柱倾斜（‰）	0.3	0.4	0.5

表3-7-5 济沪联络线跨纬十二路特大桥监测控制值表

监测项目		控制标准		
		累计量预警值	累计量报警值	控制值
高速铁路（有砟轨道）	桥墩竖向位移（mm）	±1.8	±2.4	±3
	桥墩顶部、底部横线路水平位移（mm）	±1.8	±2.4	±3
	顶部、底部顺线路水平位移（mm）	±1.8	±2.4	±3
	墩台倾斜率（‰）	0.09	0.12	0.15

表3-7-6 济南动集所临修库结构监测控制值表

监测项目	控制标准		
	累计量预警值	累计量报警值	控制值
竖向位移（mm）	±6	±8	±10
差异竖向位移（L）	0.0006	0.0008	0.001

表 3-7-7　深层水平位移及地下水位监测控制值表

监测项目	控制标准		
	累计量预警值	累计量报警值	控制值
深层水平位移（mm）	18	24	30

表 3-7-8　地下水位监测控制值表

监测项目		控制标准		
		累计量预警值	累计量报警值	控制值
地下水位	变形速率（mm/d）	300	400	500
	累计值（mm）	600	800	1000

注：勘察期水位为 27.47～28.28m，控制值水位标高以水位观测管在工程开始施工前 1 周逐日连续观测水位并取得稳定初始值为标准。

4. 监测频率

该工程根据监测对象结合施工进度调整监测频次，并及时统计分析、上报监测数据。静力水准自动化沉降监测系统在施工期间设置数据采样间隔为 15min/次，施工完成后一月内采样间隔为 30min/次。全站仪自动化监测系统监测频次见表 3-7-9。

表 3-7-9　全站仪自动化监测系统监测频次表

施工进度	监测项目	监测频次
防护桩基施工前	路基、轨道、桥墩竖向、水平位移及倾斜监测，灯桥、接触网支柱竖向位移监测及倾斜监测	3d 内连续有效采集初始数据不少于 10 次
防护桩基施工期间	路基、轨道、桥墩竖向、水平位移及倾斜监测，灯桥、接触网支柱竖向位移监测及倾斜监测	主要影响区 8 次/d，其余影响区 4 次/d
盾构下穿施工进入铁路影响区范围内	路基、轨道、桥墩竖向、水平位移及倾斜监测，灯桥、接触网支柱竖向位移及倾斜监测，临修库竖向位移监测	主要影响区 1 次/2h，其余影响区 4 次/d
盾构下穿施工出铁路影响区后的一个月内	路基、轨道、桥墩竖向、水平位移及倾斜监测，灯桥、接触网支柱竖向位移监测及倾斜监测，临修库竖向位移监测	主要影响区 4 次/d，其余影响区 2 次/d
盾构下穿施工出铁路影响区一个月后至当年汛期结束	路基及接触网支柱竖向位移监测	1 次/4d

注：深层水平位移和地下水位监测，采用自动传感器时，监测频次应不低于表 3-7-9 的铁路监测频次要求。

当出现下列情况之一时，需提高监测频率或对个别点进行实时监测，并应及时向铁路运输企业报告监测结果。

（1）监测数据达到预警、报警值。

（2）监测数据持续变化较大。

（3）临近施工出现异常情况。

（4）结构裂缝变大或出现明显新增裂缝。

(5) 暴雨等自然灾害引起的其他变形异常情况。

(6) 其他影响铁路运营设备设施使用安全的异常情况。

5. 监测实施

济南城市轨道交通 6 号线工程老屯站—商埠区西站区间下穿济南动集所，京沪三、四线，辛 3 股，济沪联络线跨纬十二路特大桥铁路变形监测项目部在整个监测过程中，按监测方案和现场施工要求在济沪联络线桥墩、路基、轨道以及接触网支柱上安装监测点进行监测数据采集。在隔离桩施工与盾构穿越铁路影响区施工期间，按照监测方案要求的监测内容进行沉降监测，并及时对监测数据进行处理和分析，每天上报监测数据给各方，及时反映了上跨桥施工对铁路路基及轨道沉降变化的影响，圆满完成了隔离桩施工与盾构穿越铁路影响区施工期间的各项监测工作。接下来持续做好盾构施工出铁路影响区一个月至当年汛期结束期间的各项监测工作。现场观测墩照片如图 3-7-23 所示。

图 3-7-23　现场观测墩

（三）监测点点位布置图

根据施工影响范围及设计要求进行监测基准网及监测点的布设。

1. 监测控制网

监测控制网由后视（基准）点和测站点组成，采用固定观测墩、全站仪自由设站法进行位移观测。

测站点：为了提高监测数据的准确性和监测的连续性，在中车厂围墙内设置 4 处固定观测墩，在济南动集所内设置 1 处固定观测墩，保证测站点状态稳定。

后视（基准）点：在观测墩的后视方向布设 3 个棱镜作为后视点，后视点的位置要选择在远离施工影响区，距离观测墩 50～300m 为宜，通视良好的区域（具体位置根据现场条件选择合适地点）。

2. 监测点布设

(1) 济南动集所整备线、存车线及到发线（除Ⅲ-3股外）。

① 在主要影响区范围内的路基上，布设竖向位移监测点，点间距3～5m，共计14个监测断面，每个监测断面有路基监测点7个。

② 在主要影响区外的其他影响区路基上，布设竖向位移监测点，点间距10～15m，共计4个监测断面，每个监测断面有路基监测点7个。

③ 对监测范围内的所有接触网支柱进行竖向位移和倾斜监测。

(2) 京沪三、四线及到发线（Ⅲ-3股）。

① 在主要影响区范围内的路基和轨道上，布设水平和竖向位移监测点，点间距3～5m，共计16个监测断面，每个监测断面有轨道监测点3个、路基监测点3个，对应线路总长96.3m。

② 在主要影响区外的其他影响区路基和轨道上，布设位移监测点，点间距10～15m，共计4个监测断面，每个监测断面有轨道监测点3个、路基监测点3个。

③ 对监测范围内的所有接触网支柱进行竖向位移和倾斜监测。

(3) 辛3股。

① 在主要影响区范围内的路基和轨道上，布设水平和竖向位移监测点，点间距3～5m，共计16个监测断面，每个监测断面有轨道监测点1个、路基监测点1个，对应线路总长100m。

② 在主要影响区外的其他影响区路基和轨道上，布设位移监测点，点间距10～15m，共计4个监测断面，每个监测断面有轨道监测点1个、路基监测点1个。

(4) 济沪联络线跨纬十二路特大桥。

① 在主要及一般影响区范围内的桥墩（46～53号墩）上，布设水平和竖向位移监测点，在每个桥墩同一侧上部和下部各布设2个位移监测点，按照一等监测等级进行监测。

② 在轻微影响区内的桥墩（45和54号墩）上，布设水平和竖向位移监测点，在每个桥墩同一侧上部和下部各布设2个位移监测点，按照二等监测等级进行监测。

(5) 济南动集所临修库。

在济南动集所临修库靠近地铁侧的承重柱上布设竖向位移监测点，共计8个监测点。

总计布设390个监测点，其中，济沪联络线桥墩监测点40个，路基监测点209个，轨道监测点79个，接触网支柱监测点54个，临修库监测点8个。另外，在盾构穿越区段路基两侧增设水位观测孔和土体深层位移监测装置，土体深层位移观测点位于盾构隧道两侧，每侧布设3处，总计6处，深度低于盾构隧道结构底以下5m，水位观测井位于盾构隧道两侧，打入盾构隧道结构底以下3m，每侧布设1处，总计2处。现场监测点照片如图3-7-24所示。

（四）监测数据分析

1. 济沪联络线桥墩监测数据分析

济沪联络线桥墩最大累计沉降点是Q50，其沉降量为－0.95mm（小于监测预警值±1.8mm）；济沪联络线桥墩X方向的最大位移点是Q51－1，其变化量为－0.97mm

(a) 监测点1　　　　　　　　　　(b) 监测点2

图 3-7-24　现场监测点

（小于监测预警值±1.8mm），济沪联络线桥墩 Y 方向的最大位移点是 Q49-2，其变化量为 0.96mm（小于监测预警值±1.8mm）；在 2024 年 5 月 7 日至 2024 年 5 月 29 日观测期间，10 个桥墩的最大平均沉降点是 Q53，平均沉降速度为 0.04500mm/d。

2. 路基监测数据分析

铁路路基的最大累计沉降点是 L7-14，其沉降量为 -1.93mm（小于监测预警值±6mm），铁路路基 X 方向的最大位移点是 L6-05，其位移量为 1.84mm（小于监测预警值±4.2mm），铁路路基 Y 方向的最大位移点是 L4-06，其位移量为 1.92mm（小于监测预警值±4.2mm）；在 2024 年 5 月 7 日至 2024 年 5 月 29 日观测期间，209 个监测点的最大平均沉降点为 L4-09，平均沉降速度为 -0.09108mm/d。

3. 轨道监测数据分析

铁路轨道的最大累计沉降点是 G1-11，其沉降量为 -1.98mm（小于监测预警值 +1.8mm、-4.8mm），铁路轨道 X 方向的最大位移点是 G3-14，其变化量为 -1.83mm（小于监测预警值±4.2mm），铁路轨道 Y 方向的最大位移点是 G4-04，其变化量为 1.95mm（小于监测预警值±4.2mm）；在 2024 年 5 月 7 日至 2024 年 5 月 29 日观测期间，79 个监测点的最大平均沉降点为 G4-17，平均沉降速度为 -0.09025mm/d。

4. 接触网监测数据分析

接触网支柱最大累计沉降点是 JCW228，其沉降量为 -1.07mm（小于监测预警值±3mm），接触网支柱 X 方向的最大倾斜是 JCW228，其变化量为 0.13%（小于监测预警值 0.3%），接触网支柱 Y 方向的最大倾斜是隔 17，其变化量为 -0.12%（小于监测预警值 0.3%）；在 2024 年 5 月 7 日至 2024 年 5 月 29 日观测期间，54 个接触网支柱的最大平均沉降点为隔 17，平均沉降速度为 -0.04643mm/d。

（五）总结

自 2024 年 5 月 7 日盾构下穿施工进入铁路影响区至 2024 年 5 月 29 日穿出铁路影响区，根据各个监测点的累计竖向及水平位移量分析，济南城市轨道交通 6 号线工程老屯站—商埠区西站区间下穿济南动集所，京沪三、四线，辛 3 股，济沪联络线跨纬十二路特大桥铁路变形监测工程各监测点变化量没有扩大的趋势，桥墩、路基、轨道及接触网支柱状态稳定，盾构施工对铁路线的影响在允许范围之内。

从各监测点竖向位移的每日变化量及累计变化量来分析，各监测点的变形速率及累计变化量均未达到预警值，位移变化表现出离散的特征，各监测点状态稳定。

根据以上的分析，可以判定济南城市轨道交通6号线工程老屯站—商埠区西站区间下穿济南动集所，京沪三、四线，辛3股，济沪联络线跨纬十二路特大桥工程盾构施工，对铁路影响较小，线路桥墩、路基、轨道及接触网支柱处于稳定状态，铁路运营安全。

六、总结及结论

老屯站—商埠区西站区间左右线采用两台济重470号、469号盾构机，下穿济沪联络线（高速客运线）跨纬十二路特大桥，货运取送线，京沪三、四线（普速客运线），济南站到发线、整备线，济南动集所既有铁路段主要穿越地层为⑭$_1$粉质黏土。左右线间距为17.2～33.28m，下穿铁路节点处隧道覆土厚度为18.2～19.8m，最大坡度为28.0‰，曲线半径为380m，根据施工期间监测及工后沉降监测数据分析，桥墩、轨道、路基沉降均可控制在允许范围内，施工参数可靠、安全，参数见表3-7-10。

表3-7-10 施工参数总结表

序号	项目	单位	参数设定值	备注
1	掘进速度	mm/min	20～60	—
2	土仓压力	kPa	180～215	—
3	总推力	kN	13000～19000	—
4	刀盘转速	r/min	1.0～1.2	—
5	刀盘扭矩	kN·m	1200～1900	—
6	出土量	m³/环	49.4～50.4	—
7	同步注浆量	m³/环	5.14～6.4	注浆压力0.2～0.3MPa
8	平均盾尾油脂用量	环/桶	约7	根据掘进情况合理调整
9	二次注浆	m³/环	0.5～1.1	根据出土量及沉降数据调整，注浆压力0.25～0.35MPa
10	克泥效	m³/环	0.4～0.6	注浆压力0.4～0.6MPa
11	泡沫液	升/环	60～100	视掘进参数调整改良剂用量

老屯站—商埠区西站区间盾构区间双线总长度3418.905m，盾构机运行线路由商埠区西站出发，向北依次下穿济沪联络线跨纬十二路特大桥高速客运线上下行双股道，货运取送线单股道（含道岔），京沪三、四线普速客运线上下行双股道，到发线、存车线六股道，济南动集所整备线七股道，到达老屯站完成接收，成为济南首个连续穿越18股道综合型铁路线，长度200.4m的盾构工程。

自项目开工以来，在济南轨道交通集团建设投资有限公司6号线项目部、中铁（上海）投资集团有限公司总包部的高效组织领导下，中铁上海工程局集团有限公司济南城市轨道交通6号线土建3工区充分发挥了技术先行、科学组织的优势。积极与铁路局、监理单位、设计单位、监测单位等紧密合作，制订了严谨的施工方案和应急预案。通过对线路既有设备进行实地踏勘,组织专家对铁路加固和盾构穿越方案进行论证,优化掘进参数、注浆压力与注浆量等关键指标,采用克泥效工法,避免了盾构机锥形盾体本身导致的土体损失,确保了盾构穿越前后铁路及隧道的稳定与安全。同时,及时收集掘进参数、出渣量、变形监测等信息,分析数据并动态调整掘进参数和注浆量,最终获得了铁路各个监测项目零沉降的优秀成绩,成为企业对外展示自身实力的样板名片。

第四章 研究成果

第一节 高压旋喷止水帷幕关键技术研究

高压旋喷止水帷幕是深基坑、地下工程与水利工程中常用的垂直防渗技术。由于常规的高压旋喷止水帷幕水泥掺量大，且现行设计规范在材料设计中未考虑含水率对止水帷幕性能的影响，不仅导致工程成本高，且材料设计的可靠性低，室内试验材料设计对高压旋喷止水帷幕工程的指导性差。采用工业固废研发经济、可靠的高压旋喷止水帷幕固化材料，并科学开展室内材料设计试验，对有效降低高压旋喷止水帷幕工程成本、确保工程质量具有重要的社会、经济意义和工程价值。

本书结合高压旋喷止水帷幕施工工艺，提出了高压旋喷止水帷幕材料设计方法；通过室内试验，进行了复合固化剂材料配合比的设计，研发了环保型复合固化剂；评价了材料的施工性能、力学性能、抗渗性能与长期耐久性能；结合变角速度高压旋喷现场试验，进行了环保型复合固化剂的工程应用，验证了相关材料与工程技术的可行性；采用数值模拟方法，优化了变角速度高压旋喷止水帷幕结构设计参数。研究获得的主要成果和结论如下。

（1）提出了考虑含水率的高压旋喷止水帷幕材料设计方法。基于室内试验，提出了最优初始含水率为45%、临界高初始含水率为55%与最优水泥掺量为15%的材料设计室内试验参数取值。

（2）烧结法赤泥-粉煤灰掺和料与GM激发剂为复合固化剂配方优化。基于室内试验结果，提出了复合固化剂在最优初始含水率与高初始含水率条件下的优化配合比，各材料质量比为水泥∶烧结法赤泥∶粉煤灰∶GM激发剂＝714∶198∶40∶48与694∶194∶38∶74。

（3）材料性能试验结果表明，复合固化剂具有良好的早强特性、抗渗性能、泥浆稳定性与高含水率条件适用性，适用于施工期临时防渗工程。

（4）提出了基于泥浆流动度与初始含水率的高压旋喷止水帷幕施工质量控制方法。现场试验结果表明：泥浆流动度与初始含水率的施工质量控制效果较好，复合固化剂高压旋喷桩成桩质量良好，可代替水泥作为固化剂使用。

（5）变角速度高压旋喷止水帷幕数值模拟结果表明：复合固化剂止水帷幕满足深基坑临时支护的抗裂要求，帷幕厚度与支护结构对基坑涌水量的影响较小，在保证基坑支护安全的前提下，可选取较小的帷幕厚度。

一、绪论

（一）研究目的及意义

止水帷幕是水利工程、地下工程与基坑工程中常用的垂直防渗技术，根据施工工艺的不同可分为地下防渗墙、搅拌桩与高压旋喷止水帷幕等。其中高压旋喷止水帷幕因施工快速、适用性强等优势而被广泛应用于土石坝、垃圾填埋场、深基坑与江河堤防等防渗工程中。

高压旋喷止水帷幕的主要原理是利用高压射流技术，在地基中钻孔并喷射水泥浆液，通过注浆管的旋转提升，使注浆材料与被搅动的土颗粒混合，通过水泥的凝结硬化作用而形成地下连续止水体。由于高压旋喷止水帷幕采用高压射流技术进行土体冲切，所以与其他施工工艺下的止水帷幕相比，高压旋喷止水帷幕水泥掺量较大。此外，我国现行的高压旋喷止水帷幕材料设计规范在材料设计中未考虑含水率对材料性能的影响，材料设计的可靠性较低，对高压旋喷止水帷幕工程的指导性差。以上问题不仅导致高压旋喷止水帷幕工程成本过高，工程质量可靠性差，同时也造成了严重的资源浪费，限制了高压旋喷止水帷幕的推广与应用。

我国是冶金工业大国，生产过程中排放的各类固体废弃物不仅占用了大量土地资源，也造成了严重的环境污染。近年来，为解决工业固体废弃物处理问题，许多学者开展了相关研究，利用固废材料与水泥制备复合固化剂是其中的研究热点。已有研究表明，多种固废材料具有潜在活性，与水泥复配后可有效改善固化剂的各项性能，同时大幅降低材料成本。因此采用固废材料，研发经济、可靠的固化材料是解决高压旋喷止水帷幕工程成本问题的有效途径。

本书的研究成果对有效降低高压旋喷止水帷幕工程成本、确保工程质量、实现固废材料的环保利用具有重要的社会、经济意义和工程价值。

(二) 国内外研究现状

1. 高压旋喷止水帷幕简介

(1) 高压旋喷止水帷幕的发展。

高压旋喷止水帷幕起源于日本，20世纪60年代，日本NIT公司结合高压射流技术研发了单管法高压喷射注浆施工工艺。20世纪70年代中期，日本相继研发了二重管法（JPG法）和三重管法（CJG法）。

我国高压旋喷止水帷幕技术起步较晚。20世纪70年代，我国从日本引进该技术，随后在三峡水利枢纽工程中，高压旋喷止水帷幕得到了广泛应用。目前高压旋喷法已经成为我国应用最为广泛的止水帷幕施工方法，主要应用于土石坝、垃圾填埋场、深基坑止水帷幕与江河堤防等防渗工程当中。

(2) 高压旋喷止水帷幕的施工工艺与工程应用。

依据喷嘴结构与喷注工艺的不同，高压旋喷止水帷幕可分为单管法、两管法、三管法与多重管法，不同的高压旋喷施工工艺在注浆介质、喷射压力、水泥掺量、固结体直径等方面具有较大差异。高压旋喷止水帷幕几类施工方法的主要施工参数见表4-1-1。

表 4-1-1 高压旋喷法主要施工参数

施工方法	单管法	双管法	三管法	多重管法
注浆介质	浆液	气、浆液	水、气、浆液	水、浆液、砾石等
喷射压力（MPa）	15～20	18～25	水 18～25、气 0.5～1、浆液 2～5	水 40

续表

施工方法	单管法	双管法	三管法	多重管法
喷射量（L/min）	60～70	60～70	80～150	—
旋转速度（r/min）	15～20	5～15	5～15	10～20
提升速度（cm/min）	15～25	5～20	5～20	5～20
固结体直径（cm）	30～80	60～150	80～160	200～400

针对高压旋喷止水帷幕的施工设备、施工工艺与工程应用，国内外学者开展了大量研究。在高压旋喷施工设备与施工工艺方面，李保健研究了旋喷的旋转速度与提升速度对固结体直径的影响，提出了不同土质条件下的注浆管提升速度。张云结合搅拌桩与高压旋喷桩施工工艺，研发了搅喷桩止水帷幕，降低了工程造价，提高了止水帷幕的均匀性与防渗效果。姚占勇等采用自动化控制技术，研发了变角速度高压旋喷止水帷幕施工技术，实现了各类异形桩的施工，大幅降低了高压旋喷止水帷幕的工程成本。

在高压旋喷止水帷幕的工程应用方面，刘宏运等采用竖向止水帷幕与封底帷幕组合的止水结构，取得了良好的止水效果。常明云等针对砂卵石地层中的高压旋喷注浆技术进行了研究，改进了施工设备与施工参数。张金夫等针对隧道高压水复杂地质条件，结合水平高压旋喷与高压注浆堵水技术，成功地进行了隧道止水帷幕的施工。胡奇凡等通过现场试验，验证了超高压旋喷注浆法在细颗粒地层与粗颗粒地层中的适用性。

目前我国高压旋喷止水帷幕的施工工艺已较为完善，在水利工程、地基加固、隧道防渗与基坑支护等工程中的应用技术趋于成熟，高压旋喷智能化施工技术也开始起步，但施工过程中质量控制方法的相关研究较为欠缺。

（3）高压旋喷止水帷幕的成桩机理与固结体结构特性。

在高压旋喷止水帷幕施工过程中，存在着较为复杂的高压射流冲切与强制搅拌作用。首先土体在高压射流的作用下发生破坏，与水泥浆液混合为泥浆。随着注浆管的旋转与提升，土颗粒在射流力、离心力与重力的共同作用下呈规律性排列。在固结体中心部位主要以水泥浆液为主，细粒土主要集中于固结体内部，并与水泥浆液混合较为均匀，粗粒土在离心力的作用下集中于固结体的外侧与边缘部分。此外，在高压射流的冲切力作用下，固结体外围还会形成具有较高密实度的压密层。在高压旋喷施工完成后，浆液由于渗透作用继续向外渗透扩散，形成渗透固化层，因此，高压旋喷止水帷幕固结体为环状的固结体结构。高压旋喷止水帷幕成桩横断面结构如图4-1-1所示。

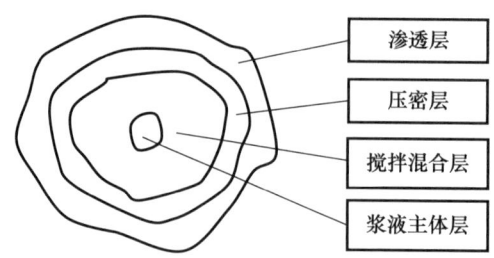

图 4-1-1　高压旋喷止水帷幕成桩横断面结构示意图

2. 高压旋喷止水帷幕材料设计研究现状

（1）材料设计方法。

目前高压旋喷止水帷幕材料设计的主要依据是《水泥土配合比设计规程》（JGJ/T 233—2011）。水泥土材料设计中采用水泥掺入比与水泥浆水灰比作为主要控制参数，并给出了较为宽泛的取值范围。但在高压旋喷止水帷幕工程中，高压水射流、地基含水率分布与施工质量控制等因素均会导致止水帷幕固结体含水率的差异，采用水灰比作为材料设计的控制参数难以考虑到工程中含水率的变化。

高压旋喷止水帷幕一般用于地下水位较高的地层，过高的含水率导致帷幕性能衰减。近年来，由于止水帷幕性能衰减而导致工程补漏、返工，甚至发生安全事故的现象层出不穷。在许多高压旋喷止水帷幕工程中采用提高水泥掺量的方式来保证工程质量，但其提高幅度的理论依据不足，主要依赖于工程经验，这也是高压旋喷止水帷幕水泥掺量大的重要原因之一，因此，现行的材料设计规程对高压旋喷止水帷幕的材料设计与实际工程指导的作用非常有限，不仅导致高压旋喷止水帷幕水泥掺量大、工程成本高，还埋下了严重的安全隐患。

（2）水泥土研究现状。

早在20世纪70年代，国内外许多学者已经开始对水泥土的基本物理特性进行研究。近年来随着水泥土应用的不断推广与发展，水泥土的基本物理特性、微观结构与固化机理等相关方面的研究取得了一定的成果。

① 水泥土基本物理特性。

水泥土的基本物理特性主要包括力学性能与抗渗性能，松散的土颗粒经水泥的固化后，其力学性能明显提高，渗透系数也显著降低，水泥土的28d无侧限抗压强度可达 $0.5 \sim 4.0 \text{MPa}$，渗透系数可降低至 $10^{-8} \sim 10^{-6} \text{cm/s}$。水泥土是一种变形适应能力较强的半刚性材料，随着水泥掺量的提高，水泥土逐渐向刚性材料转化。水泥土在受压破坏过程中可分为压密、线弹性、弹塑性、破坏与残余强度五个阶段。

② 水泥土性能的主要影响因素。

水泥土力学性能与抗渗性能的主要影响因素有养护龄期、土质、外加剂、掺和料、水泥掺量与含水率等。

养护龄期对水泥土力学性能与抗渗性能的影响主要与水泥的水化程度有关。养护龄期较短时，水泥的水化速度较快，水泥土的力学性能与抗渗性能快速增长，而在养护龄期超过 $28 \sim 40 \text{d}$ 时，水泥土中的水泥水化作用减缓，水泥土性能虽继续增长，但增长幅度减小，90d时水泥土的固化作用基本完成。

不同土质水泥土的性能具有较大差异，在高压旋喷止水帷幕中典型土质有黏土、粉质黏土、粉土与砂土等。研究表明，相同水泥掺量下，砂土水泥土无侧限抗压强度高于粉质黏土水泥土，黏土质水泥土的渗透系数远低于砂土水泥土，粉质黏土与粉土水泥土介于两者之间。

外加剂与掺和料常用于改善水泥土的性能，如早期强度、抗渗性、长期强度等。目前水泥土中常用的外掺剂有石膏、石灰等，常用的掺和料有粉煤灰、水玻璃等。

水泥掺量与含水率是水泥土性能的主要影响因素，许多学者对水泥掺量与含水率对水泥土性能的影响规律进行了研究。

刘鑫等认为水泥土的抗剪强度随水泥掺量提高而增大，水泥经济掺量为15%，黏聚力随含水率增大而呈线性降低，而摩擦角几乎保持不变。Uddin认为在水泥掺量较低时水泥土强度增长较快，水泥掺量较高时，随着水泥掺量提高，水泥土的强度增长幅度减小。侯永峰等通过水泥土渗透试验发现，水泥土渗透系数随水泥掺量的提高逐渐降低，且逐渐趋近于一定值。宋新江认为当水泥掺量超过8%时，水泥土的渗透系数不再显著降低，考虑到室内试验与现场试验的差异，水泥掺量应取12%。Kamruzzaman等和Horpibulsuk等认为水泥掺量较低时，水泥土处于惰性区，随着水泥掺量的提高，水泥掺量对水泥土无侧限抗压强度的影响逐渐增大。

陈艳丽等试验研究了含水率对水泥土无侧限抗压强度的影响，提出采用含水比（含水率与土液限的比值）作为水泥土配合比设计控制参数。Consoli认为含水率通过影响孔隙比来影响水泥土的无侧限抗压强度。汤怡新等认为水泥土强度与含水率的平方呈反比。储诚富等采用似水灰比进行水泥土无侧限抗压强度的预测。Horpibulsuk等通过室内试验分析了水灰比对水泥土强度的影响规律，建立了基于水灰比的强度预测模型。Nilo等认为水泥土的力学强度随水泥掺量的提高线性增大，随含水率的增大逐渐降低。

3. 固废材料在水泥土中的应用研究现状

我国工业固废物排放量大、种类多，主要工业固体废弃物包括赤泥、脱硫石膏、粉煤灰与镍渣等。针对固废材料在水泥土中的应用，许多学者开展了大量研究。

蒙强等认为采用粉煤灰作为水泥土掺和料时，粉煤灰与水泥的比例不宜超过1:1。董玉萍等试验研究了粉煤灰掺和料对水泥土变形性能的影响。崔靖俞等通过渗透试验发现，粉煤灰可显著提高水泥土的长期抗渗性能。张明飞等认为粉煤灰替代部分水泥后，水泥土的性能差异不大，粉煤灰最佳掺入比为30%。

脱硫石膏主要成分为硫酸盐，对于水泥具有早强与缓凝的双重作用，在水泥土中主要被作为激发剂应用。黄雨等通过石膏水泥土的微观结构分析发现，石膏对水泥土的水化反应程度与物理微观结构具有很大影响。梁仕华等对比分析了五种外掺剂对水泥土的改性效果，结果表明，脱硫石膏固化效果最好，28d强度比单掺水泥提高2.5倍，最优掺量为5%。霍曼琳等进行了石膏外加剂改良高压旋喷桩的现场试验。Papageorgiou等采用脱硫石膏激发水泥，认为脱硫石膏的掺量不宜高于10%，否则会引起水泥性能的衰减。Tzouvalas等认为脱硫石膏具有良好的缓凝作用，但会影响材料的抗压强度。

米栋云试验研究了赤泥改性水泥土的无侧限抗压强度与渗透系数。陈金辉通过微观试验分析发现，镍渣可以改善水泥土的孔隙特性，但反应速率较慢，60d后作用明显。陈峰指出镍渣在水泥土中早期活性低，最优掺量为20%。柯开展通过镍渣水泥土无侧限抗压强度试验发现，镍渣水泥土的早期强度下降明显，28d后水泥土强度下降幅度逐渐减小。

各类固废材料之间也具有良好的协同反应，几种不同的固废材料经处理后可与水泥复配为新型的复合固化剂，许多学者开展了相关研究。王贤昆等采用脱硫石膏与粉煤灰对水泥土进行复合改性。莫奕新等试验研究了脱硫石膏与粉煤灰水泥土的抗渗性能。沈建生等、孙佳瑛等采用脱硫石膏与钢渣制备了无熟料水泥基固化剂。Telesca

等采用脱硫石膏、氢氧化钙与粉煤灰配制了新型胶凝材料,分析了其水化过程中的物相组成。Poon等将石膏粉煤灰用于危险固废的固化处理,有效抑制了重金属的渗透扩散。

4. 存在的主要问题

在高压旋喷止水帷幕材料设计方面,高压旋喷止水帷幕材料设计控制参数的相关研究主要集中于含水率对水泥土性能的影响规律上,未提出切实有效的高压旋喷止水帷幕配合比设计方法。

固废材料在水泥土中的应用方面,粉煤灰与石膏作为掺和料与添加剂在水泥土中应用较为广泛,赤泥、镍渣等在水泥土中的应用较少。相关研究主要集中于水泥土力学性能上,对于固废水泥土的施工性能与抗渗性能研究较少。

因此,提出高压旋喷止水帷幕材料设计方法,研发低成本的环保型复合固化剂,在保证工程质量的前提下,解决高压旋喷止水帷幕成本过高的问题,是下一步研究的重点。

(三) 研究内容与技术路线

1. 研究内容

本书采用固废材料,重点研发了环保型高压旋喷止水帷幕固化剂。通过室内试验与现场试验,评价了材料的施工性能、力学性能、抗渗性能与长期耐久性能,并进行了工程应用;通过数值模拟方法,初步优化了变角速度高压旋喷止水帷幕的结构设计参数。主要研究内容包括以下几个方面。

(1) 高压旋喷止水帷幕固化剂配合比设计。

结合复合固化剂材料特性与高压旋喷止水帷幕施工工艺,提出考虑含水率的高压旋喷止水帷幕材料设计方法;通过室内试验,分析固化剂掺量与含水率对水泥土性能的影响规律,优化材料设计试验参数;通过正交试验分析固废种类、水泥替代量、固废掺和料之间的比例,激发剂类型及其掺量对复合固化剂性能的影响,初步优化复合固化剂配合比;通过补充试验进一步缩小配合比范围,提出复合固化剂的优化配合比。

(2) 高压旋喷止水帷幕固化剂性能分析。

通过室内试验,分析复合固化剂的施工性能、力学性能、抗渗性能、长期耐久性能等工程特性。

(3) 高压旋喷止水帷幕固化剂工程应用。

结合复合固化剂材料特性,优化施工工艺与设备参数,提出现场施工质量控制方法;通过现场试验,评价复合固化剂止水帷幕的成桩质量、力学性能与抗渗性能,验证复合固化剂在高压旋喷止水帷幕工程中的应用效果。

(4) 变角速度高压旋喷止水帷幕结构设计与优化。

依托高压旋喷止水帷幕工程,通过数值模拟,分析帷幕材料参数、帷幕厚度与帷幕深度对帷幕应力、位移状态与基坑涌水量的影响,优化高压旋喷止水帷幕结构设计关键参数,为复合固化剂与变角速度高压旋喷止水帷幕的工程应用提供指导。

2. 技术路线

根据研究内容,形成图 4-1-2 所示的技术路线。

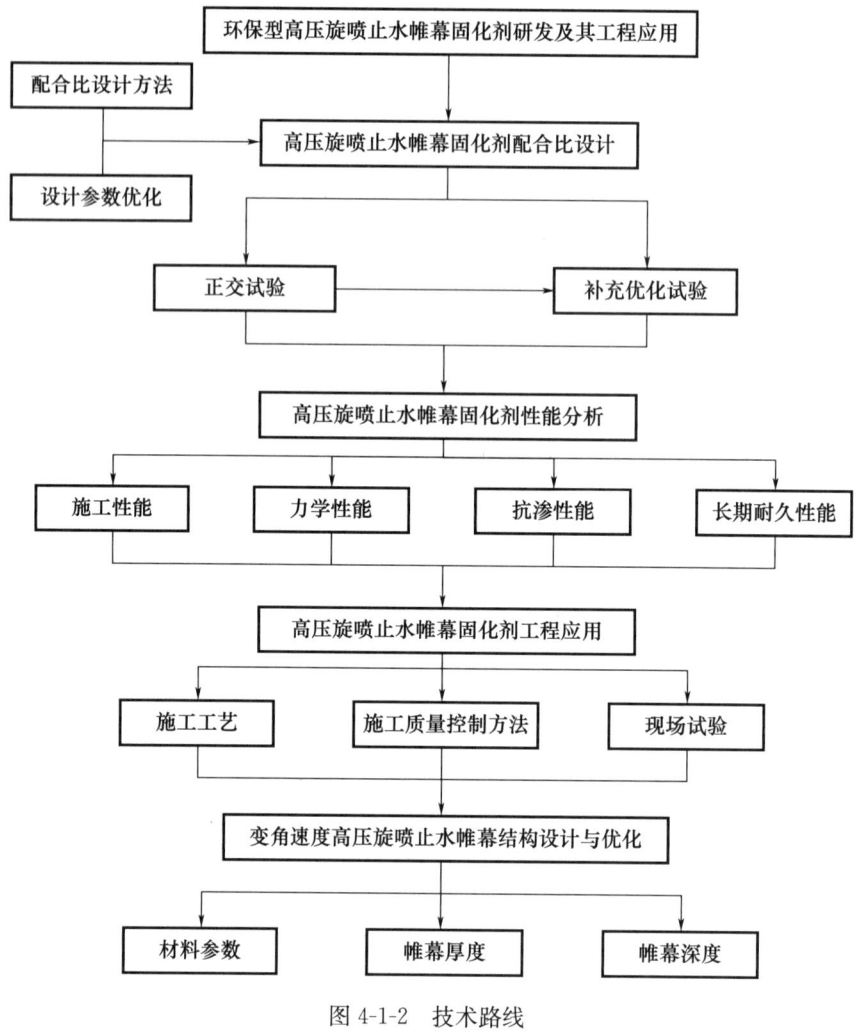

图 4-1-2　技术路线

二、高压旋喷防渗帷幕成墙施工装备研发

随着城市建设的迅猛发展，深基坑及综合管廊支护防渗工程越来越多。目前市场上广泛采用旋喷桩以搭接的方式形成防渗墙，这种防渗墙具有成墙厚度大、钻孔间距较小，水泥用量多，造价较高，施工效率低的缺点。传统摆喷工艺虽然能做出较宽的单幅墙段，但因其靠近喷射孔处所形成的墙体太薄，抗变形能力弱、可靠性差，特别是对变形较为敏感的基坑防渗墙工程，会因墙身破裂而发生漏水事故。另外，从传统旋喷桩的工艺特点来看，对于均质土层，基于射流理论，只要射流压力、流量和喷射转速、提升速度等参数设置合理，均可形成较理想的凝结体。但是对于黄河冲积黏性土粉土、粉细砂互层地基来说，由于黏性土与粉土、粉细砂的性质完全不同，采用同一的工艺参数施工，在许多防渗墙工程中发生了严重的漏水工程质量事故。通过检测发现，在粉细砂或粉土中，喷入的水泥浆严重流失，这种现象已成为旋喷桩防渗墙的质量通病，造成重大经济损失、工期拖延，已经困扰工程界多年。

为了解决上述问题，课题组组织技术攻关，分别研发了变角速度高压旋喷技术、双压大角度摆喷防渗墙施工技术以及伺服调速双压旋喷施工技术等，并在工程中进行了推广应用。

（一）变角速度高压旋喷技术

1. 变角速度技术与装备原理

传统高压旋喷技术的旋喷管采用固定的角速度在平面 360°范围内匀速旋转，在注浆管均速提升条件下，通过高压射流切割搅拌土体形成圆柱形凝结体。基于射流理论，射流对土质结构均匀土层的作用半径与射流的作用时间呈正比关系，对固定方向土体的射流作用时间越长，喷射半径越大；反之，喷射半径就越小。当射流压力、流量、喷管提升速度不变时，将 360°的匀速旋转调整为变角速度旋转，可以通过不同方向旋转角速度的控制实现不同部位喷射时间的控制，以达到不同方向喷射半径的变化，实现不同形态断面，如椭圆形、矩形、十字形等不同异形断面桩体的喷射。以矩形断面桩体为例，旋喷时在垂直于墙体轴线的方向和平行于防渗墙轴线的方向采用不同的旋转速度，通过控制 2 个方向的旋转角速度比，即可以形成不同尺度的近似矩形断面的扁平桩体，从而降低墙体厚度，加大钻孔间距。

变角速度旋喷防渗墙施工是基于变角速度动力头实现的，该动力头由传动减速装置、大惯量伺服电机、PLC 程序控制器和位于动力头上的位置传感器组成，能驱动旋喷管在 360°平面范围内做任意变角速度旋转运动。可通过触摸屏选择工作模式，以及对不同的工作模式下的变角速度参数进行设定，使水泥土固结体形成扁平板、十字等不同形状。

变喷防渗墙的单幅断面形状，可根据工程要求设计成矩形（板墙状）、椭圆形、十字形等异形形状，如图 4-1-3 所示。图中的 a, b 型可广泛用于深基坑支护工程的防渗墙、支护桩间止水、边坡挡水、挡土，地铁工程的土层加固或防水，水库大坝、海堤、江河堤防、坝体坝基防渗加固，构筑地下水库截渗坝等工程；c 型模式因十字形水泥土桩的比表面积大，可用于建筑、路基等软土地基的加固；d 型可在中间圆桩部位插入工字钢等型钢用于 SMW 工法。

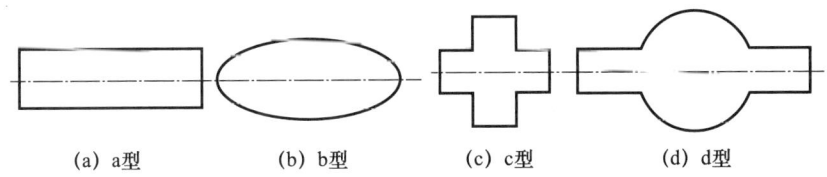

(a) a型　　　(b) b型　　　(c) c型　　　(d) d型

图 4-1-3　通过 PLC 程序控制器可设定的变喷防渗墙断面形式

装备采用可实现 0～3000r/min 的大惯量伺服电机。矩形断面角速度变化按 2 级控制，在防渗墙轴线方向左右 20°范围内采用较低角速度 ω_1，在其他方向采用较大角速度 ω_2（图 4-1-4），图 4-1-5 所示 4 个位置传感器用于角速度变化的位置控制。通过控制角速度之比 n（$n=\omega_2/\omega_1$）实现矩形长宽比控制，角速度之比 n 越大，矩形断面长宽比越大，在一定防渗墙控制厚度条件下的施工效率就越高。但考虑电机与传动系统的可靠性，n 值也不宜过大。通过室内试验，最大角速度之比 n 为 20。角速度之比 n 超过 20，电机负荷变化过大且传动系统运行不稳定。

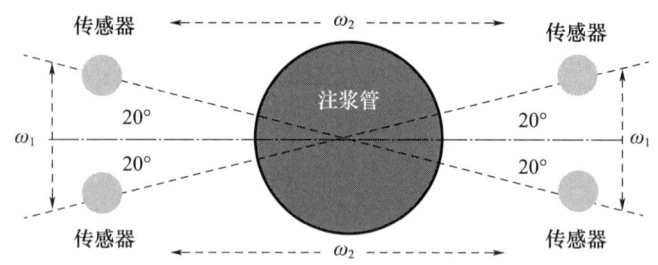

图 4-1-4　矩形断面角速度控制示意图

2. 高压喷射水泥土防渗墙的施工方法

高压喷射水泥土防渗墙的施工方法基于成墙装置进行实施,成墙装置包括有能做变角速度旋摆运动的变角速度旋摆动力头(5),变角速度旋摆动力头的顶部设有提升机构(6),变角速度旋摆动力头的下面或上面设有回转接头(3),回转接头的侧面设有单通道、双通道或三通道的输送管(4),回转接头连接喷射管(1),喷射管的末端设有喷射孔(2);输送管向喷射孔输送高压水、气和水泥浆;变角速度旋摆动力头可在360°范围内变角速度旋喷或在180°范围内变角速度摆喷。

变角速度旋摆动力头由齿轮箱(5-1)、动力装置(5-2)和PLC控制器(5-3)组成;齿轮箱为减速齿轮箱,动力装置为三相异步交流变频电动机,PLC控制器为变频器。

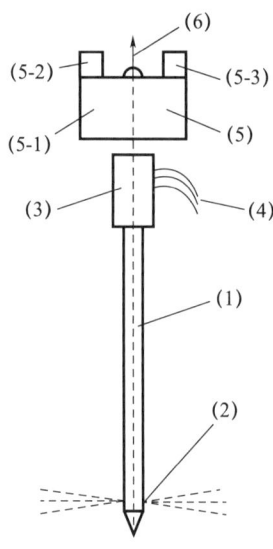

图 4-1-5　成墙装置整体结构示意附图

(1)喷射管;(2)喷射孔;(3)回转接头;(4)输送管;(5)变角速度旋摆动力头;
(6)提升机构;(5-1)齿轮箱;(5-2)动力装置;(5-3)PLC控制器

三相异步交流变频电动机的输出端连接于减速齿轮箱,减速齿轮箱的输出端连接于喷射管;变频器控制三相异步交流变频电动机转速进而控制喷射管的转速。通过角度传感器的位置信号,控制电动机在150～2800r/min范围内变速。可通过设定不同的角速度参数选择不同的工作模式,喷射断面形状不同的凝结体。角速度之比 n 过小,不利于异形桩的异形断面生成,但过大的角速度之比 n 对装备稳定、耐久性会形成不利影响。

搅浆设备常选用搅灌机、搅拌机、灰浆搅拌机、泥浆搅拌机、储浆箱等。一般储浆箱的容积不小于 500L，箱内应设置低速搅拌装置，防止浆液沉淀。变喷防渗墙的施工设备，除了变角速度动力头及传感器外，对其他设备机具的配置要求与普通三管法或两管法施工相同。

施工方法包括如下步骤。

（1）根据防渗墙或防渗帷幕确定施工路线进行定位、放线，并根据喷射工艺、半径定出喷射孔距。

（2）采用钻机预钻孔，其钻孔径、钻孔深和钻孔垂直度均应满足设计要求。

（3）高喷台车就位，将喷射管下入钻机预钻的孔内；启动高压水泵、空气压缩机和水泥浆泵，检视介质喷射正常后，再依次启动变角速度旋摆动力头和提升机构。

（4）变角速度旋摆动力头在 360°范围内变角速度旋喷或在 180°范围内变角速度摆喷，使传统的定速旋摆运动改变为变角速度旋摆运动，且在上述角度范围内能达到有级或无级的变角速度。

（5）喷射管在提升机构定速的驱动下，提升至设计帷幕高度，即完成一段墙体的施工；按两序孔的顺序施工，完成全部防渗墙或帷幕的施工。

高压喷射水泥土防渗墙施工方法的优点在于以下两个方面。

（1）彻底解决了摆、定喷靠近喷射孔处板墙太薄、抗变形能力弱的问题，扩展了传统工艺的应用。通过变角速度旋摆动力头的变角速度，能够较精确地在一定范围内调整成墙的厚度和形状，所形成的水泥固结体形状具有图 4-1-3 所示的形状特征。

（2）可利用原有的高压旋喷设备，改装变角速度旋摆动力头即可实现本专利技术，省投资、推广基础好，可用于基坑支护防渗帷幕工程和水利的防渗墙工程。目前国内深基坑支护防渗帷幕工程量大面广，同时水利的防渗墙工程也不少，具有较大的推广应用前景。与传统的套接旋喷桩防渗墙相比，单位体积工程造价可降低 40% 左右。经济效益和社会效益巨大，符合国家节能减排政策。

（二）双压大角度摆喷防渗墙施工技术

双压大角度摆喷防渗墙施工技术是将两个高压水喷嘴及单个中压水泥浆喷嘴置于喷射杆同一侧，当驱动喷射杆做不小于 180°的摆喷时，在地基土中形成半圆或拱形的水泥土墙段。

1. 双压大角度摆喷防渗墙施工技术喷射设备机具与装备原理

双压大角度摆喷防渗墙施工技术喷射设备机具研制研究方案如下：

（1）双压大角度摆喷防渗墙施工选用传统的高塔架台车，应对动力头或转盘进行技术改造，使其具有旋摆功能，通过控制系统设置的工作模式，实现 180°（或任一角度）摆喷。旋摆动力头或转盘由传动减速装置、大贯量伺服电机、PLC 程序控制器和位于动力头上的角度传感器组成，能驱动旋喷管在 360°平面范围内做任意角度的摆喷运动。可通过触摸屏选择工作模式，以及对不同工作模式下的参数进行设定，使水泥土固结体满足设计尺寸和形状要求。

（2）双压喷射施工应采用三管法施工，所有喷嘴都设置在同一方向。采用双压三管法施工时，高压水气喷嘴间的垂直距离宜为 10～15cm。水泥浆喷嘴距离高压水喷嘴的垂直距离应不少于 30cm。

(3) 当防渗墙深度在 20m 以内时，宜采用钻喷一体工艺；防渗墙深度在 20m 以上时，应采用预钻孔法施工，钻机应能满足在施工地层中钻进成孔的要求。

双压大角度摆喷防渗墙施工原理基于三管双压喷射工艺：30MPa 以上的高水压和 0.7MPa 的气压同轴喷射，大流量水气切割、升场置换的作用，会使槽内黏土形成较大比重的稠泥浆，在这个过程中达到了成槽效果；当进入粉土或粉细砂土层时，在上述压力下粉土、粉细砂被过度扰动，抗剪强度降低，喷射半径加大，但在喷射位置不会形成空腔，粉土、粉细砂与水的混合泥浆也会迅速回淤沉淀。经上述过程，不管是黏土还是粉土、粉细砂，均在泥浆槽中形成了剪切强度差不多的泥浆。然后由另一条管路，采用约 15MPa 的中高压力将水泥浆以喷射方式注入槽内，这个过程伴随着置换和掺搅两种作用，与传统摆喷相比，防渗墙的最小厚度可达到 250mm 以上。该方法大大减少了水泥浆在粉土、粉细砂层中的流失，解决了在粉土、粉砂土层中无法形成帷幕的质量通病，保证了防渗墙固结体强度。

以上过程不管是黏土还是粉土、粉细砂，在高压水气作用下都形成了状态差不多的浓稠泥浆。然后以中等压力喷射水泥浆，这个压力不构成过度扰动，起到有效的置换和掺搅作用。

2. 双压大角度摆喷防渗墙施工新技术的特点

双压大角度摆喷防渗墙施工新工艺解决了以下两个问题：一是将对称布置的喷嘴改为单侧布置，其钻头及喷嘴结构示意图如图 4-1-6 所示，以此可大大增强射流对土的冲切破坏作用，可明显地增大射流的作用半径；由半圆形的水泥土凝结体相搭接组成的连续防渗墙，最小厚度能够满足 20cm 的防渗要求，其结果是显著地降低了水泥消耗和施工成本。二是解决了黄河冲积土层中的成墙质量问题。试验证明在粉土和粉细砂土层中喷射压力不宜大于 15MPa，那么这个压力对于黏性土来说又太小，黄河冲积互层地基各土层的厚度和水平分布无规律，即使逐孔勘察，要求操作人员识别各土层厚度埋深并准确调整喷射参数在实际操作中也是极其困难的。新技术具有以下特点。

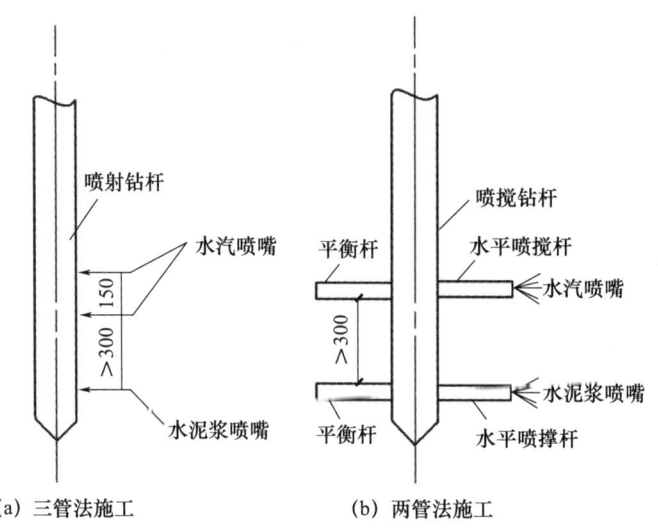

(a) 三管法施工　　(b) 两管法施工

图 4-1-6　双压大角度摆喷钻头及喷嘴结构示意图（单位：mm）

（1）采用了双压喷射技术，解决了黄河冲积黏性土和粉土、粉细砂互层地基中成墙质量通病问题，明显减少了水泥浆的流失，提高了墙体固结强度。

（2）采用了大角度摆喷技术，能够形成180°的扇形水泥凝结体，解决了传统摆喷靠近喷射孔处墙体太薄、可靠性差的问题。

（3）大角度摆喷基于多个高压喷嘴朝一个方向喷射，能使单幅防渗墙长度加大、厚度减小，能增加钻孔之间的距离，可显著降低工程造价和水泥消耗。

（4）与传统的旋喷桩所用设备基本相同，差别在于采用了专用动力头，对传统旋喷桩设备的改造相对简便，一次投资不大，容易大面积推广。

（5）应用范围广泛。该项技术适用于处理粉质黏土、粉土、砂土、填土、黏土和碎石土等地基，可用于深基坑支护工程的防渗墙，边坡挡水、挡土，基坑底部防止管涌与隆起的加固，地铁工程的土层加固或防水、水库大坝、海堤、江河堤防、坝体坝基防渗加固，构筑地下水库截渗坝等工程。

图4-1-7和图4-1-8是组成双压大角度摆喷防渗墙单幅截面搭的构造形式。当采用预钻孔法摆喷时，可形成近似半圆形的单幅墙段；当采用钻喷一体法摆喷并设置水平搅喷杆时，可形成拱形的单幅墙段。

双压大角度摆喷防渗墙施工新工艺采用了单侧多喷嘴、180°摆喷角和双压力喷射工艺，使形成半圆形的水泥固结体，相互搭接形成水泥土防渗墙。从而一举纠正了传统摆喷和旋喷防渗墙的缺点，该工艺喷射半径加大，能显著地减少喷孔数量，并减小了成墙厚度，可较大幅度地节省约水泥、降低工程造价。与传统摆喷相比，防渗墙的最小厚度可达到250mm。当不增加喷射半径时，可大大提高喷射杆的提升速度，提高单机施工效率。

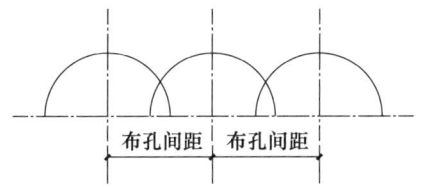

图4-1-7 双压大角度摆喷近似半圆形
防渗墙截面形式

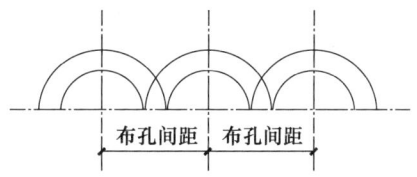

图4-1-8 双压大角度摆喷拱形
防渗墙截面形式

（三）伺服调速双压旋喷射施工技术

目前现有技术中已经公开的变角速度旋喷防渗帷幕采用单泵系统（一台高压水泵）其旋喷管的提升速度限定在10～20cm/min，施工效率低下；如果采用双泵高压旋喷技术，即同时采用高压水泵和高压泥浆泵作业，能达到提高喷射效率的效果。

伺服调速双压旋喷防渗帷幕的施工装置，如图4-1-9所示，主要包括双高压旋喷设备、PLC控制系统（13），其中双高压旋喷设备主要由旋喷管（1）、回转接头（2）、提升机构（4）、高压水泵（5）、高压水泥浆泵（6）、空气压缩机（7），组成旋喷管的下部自下而上设有两排对称分布的高压水泥浆喷射孔（1-2）和高压水喷射孔（1-1），高压水喷射孔内可喷射出高压水和压缩空气，高压水泥浆喷射孔内可以喷射出高压水泥浆和压缩空气，回转接头和提升机构之间设有可在360°范围内变角速度旋喷的变角速度动力头（3），变角速度动力头由齿轮箱（3-1）和动力装置（3-2）组成；齿轮箱为减速齿轮箱，动力装置为大贯量伺服电动机，电动机的输出端连接于减速齿轮箱，减速齿轮箱的输出端连接于旋喷管，PLC 控制系统控制电动机转速进而控制旋喷管的转速。

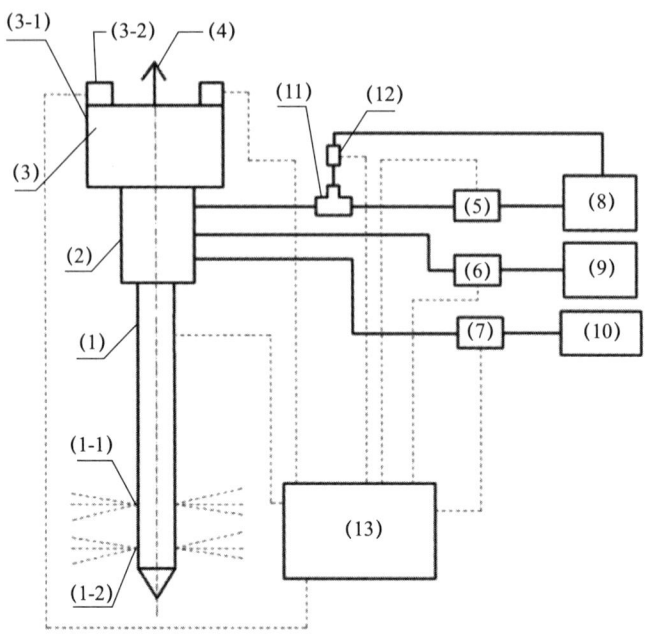

图 4-1-9　伺服调速双压旋喷防渗帷幕施工装置结构示意图
(1) 旋喷管；(1-1) 高压水喷射孔；(1-2) 高压水泥浆喷射孔；(2) 回转接头；(3) 变角速度动力头；
(3-1) 齿轮箱；(3-2) 动力装置；(4) 提升机构；(5) 高压水泵；(6) 高压水泥浆泵；(7) 空气压缩机；
(8) 供水水箱；(9) 水泥储存装置；(10) 进气装置；(11) 三通管；(12) 电磁阀；(13) 控制系统

另外，在回转接头的侧面上设有高压水进水口、高压泥浆进水口以及压缩空气进气口，并且在高压水进水口与高压水泵出水口之间连接的输水管道上设围有三通管（11），三通管的进水口与高压水泵出水口相连，第一出水口与回转接头的高压水进水口相连，第二出水口连接有一电磁阀（12），即图 4-1-10 中（1），电磁阀的出水口连接有节流管接头，即图 4-1-10 中的（2），节流管接头通过图 4-1-10 中的连接螺母（4）与排水管（3）相连，排水管另一端和图 4-1-9 中为高压水泵供水的水箱（8）相连。

电磁阀采用常闭式开关电磁阀，节流管接头（2）内设有节流孔（2-1），三者的连接结构示意图如图 4-1-10 所示，通过电磁阀设置的节流管接头，从而在供水管路中形成一定的背压，以降低高压水泵和电机因负荷变化幅度过大而产生的冲击，在变角速度动力头上设有角度传感器见图 4-1-9（3-3）。此外，还包括 PLC 控制系统，见图 4-1-9（13），PLC 控制系统信号输入端与角度传感器相连，信号输出端与高压水泵、高压水泥泵、空气压缩机、电磁阀、动力装置齿轮箱相连，PLC 控制系统可根据角度传感器测得的旋喷管的旋转角度，通过 PLC 控制系统控制变角速度动力头，控制旋喷管在不同角度高压射流的时间长短，能够较精确地在一定范内调整成墙的厚度和形状，PLC 控制系统根据角度传感器测得的旋喷管的旋转角度来控制电磁阀的开启和关闭，从而在不同的角度范围内调节高压水的流量和压力，通过变角速度动力头和高压水调节装置的配合，从而达到在加快施工效率的同时，又不会因为高压水和高压水泥浆介质的双重旋喷导致成墙过厚，此外，图 4-1-10 中节流管接头（2）的设置在供水管路中形成一定的背压，降低了高压水泵（5）和电机因负荷变化幅度过大而发生的冲击。

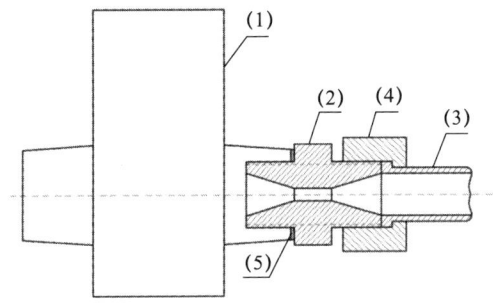

图 4-1-10　电磁阀、节流管接头以及排水管连接关系示意图
（1）电磁阀；（2）节流管接头；（3）排水管；（4）连接螺母；（5）高压水泵

伺服调速双压旋喷防渗帷幕施工方法基于双变量双泵旋喷防渗帷幕成墙装置进行实施，施工方法包括以下步骤。

（1）根据防渗帷幕确定施工路线进行定位、放线。

（2）采用常规钻机预钻孔，孔径、孔深和钻孔垂直度均应满足设计要求。

（3）台车就位，依次启动高压水泵、高压水泥浆泵和空气压缩机，检视介质喷射正常后，将旋喷管下入钻孔，再依次启动变角速度动力头和提升机构。

（4）变角速度动力头驱动旋喷管在 360°范围内变角速度旋喷，并在上述角度范围内借助 PLC 控制系统，根据所要成墙的形状和厚度控制电磁阀实现变压力、变流量运行。

（5）旋喷管在提升机构的驱动下，提升至设计帷幕高度，即完成一段帷幕的施工。按两序孔的顺序施工，完成全部防渗帷幕的施工。

（四）小结

本部分介绍了旋喷防渗帷幕成墙施工装备，并对相应的施工方法进行了介绍，得到了以下结论。

（1）基于高压旋喷的作用半径与射流作用时间正相关原理研发的变角速度旋喷技术，可以实现异形桩的喷射。采用 360°范围内旋喷角速度的 2 级变速，可喷射出近似矩形断面的旋喷桩体；在试验设备条件下，2 级变速的最大角速度比 $n=20$。与传统的定角速度高压旋喷技术相比，变角速度旋喷能有效减小防渗墙的成墙厚度，可节省大量的水泥；旋喷桩布孔间距提高 1 倍以上，可降低工程造价 50% 左右，施工工效提高约 1 倍。与摆喷相比，成墙厚度均匀，墙体抗变形能力强，防渗效果可靠。

（2）双压大角度摆喷防渗墙施工新工艺解决了以下两个问题：将对称布置的喷嘴改为单侧布置，基于多个高压喷嘴朝一个方向喷射，大大增强射流对土的冲切破坏，明显地增大射流的作用半径，可加大钻孔之间的布置距离，能减少 20%～30% 的布孔数量；优化了防渗墙厚度、降低了水泥消耗，采用 180°喷嘴可省近 50% 的水泥；彻底解决了黄河冲积黏性土和粉细砂互层土层中的成墙质量通病问题。

（3）伺服调速双压旋喷技术与变角速度（单泵）旋喷防渗帷幕相比，只增加了一台高压泥浆泵设备的折旧费，而水电、水泥的成本并不增加，可提高 1 倍的施工效率，达到一台设备顶两台设备的效果,加快了施工进度,与传统的旋喷桩防渗帷幕施工技术相比,可提高4倍的施工效率(达到了一台设备顶四台设备的效果),并大幅度降低工程造价,同时可节约近50%的水泥。

三、高压旋喷止水帷幕结构设计与优化

复合固化剂具有良好的早强特性与抗渗性能,可代替水泥作为高压旋喷止水帷幕的固化材料,但复合固化剂在高压旋喷止水帷幕中应用较少,同时变角速度高压旋喷技术实现了止水帷幕厚度的自由控制,需要对其结构设计进行优化。本部分采用Abaqus数值模拟软件,针对复合固化剂深基坑止水帷幕的止水效果与支护作用进行了有限元数值模拟分析,对止水帷幕材料参数、变角速度度高压旋喷止水帷幕的厚度与深度等关键结构设计参数进行了分析与优化。

(一)Abaqus软件与流固耦合理论基础

Abaqus是由美国的Hibbitt Karlsson&Sorensen公司开发研制的数值模拟软件,适用于许多领域的数值仿真,具有强大的数值仿真建模与求解模块,被广泛用于土木工程中结构力学与流体力学问题的计算求解。在止水帷幕数值模拟中,主要涉及帷幕应力应变状态、位移与渗流分析,Abaqus中的静态应力-位移与质量扩散分析模块可有效地解决以上问题。

流固耦合是基坑数值模拟中常用的理论,其主要原理是考虑渗流场与应力场的相互作用,土体不仅受到重力与基坑开挖引起的应力作用,同时基坑渗流导致的孔压变化也会引起土体位移与变形,反之土体变化也会影响渗流的流速、孔压等。在深基坑开挖过程中,由于止水帷幕的施工、坑内降水与基坑开挖等工序不仅牵扯到帷幕与土体所受应力的变化,同时还涉及基坑渗流的变化,因此流固耦合理论对于提高深基坑数值模拟中的应力、位移与渗流计算精度具有重要意义。

(二)模型建立

1. 依托工程实例概况

本书依托济南第一机床厂基坑支护工程建立数值模拟模型。该工程位于济南第一机床厂,北侧为刘长山路,南侧为白马山路,西侧为规划道路,东侧为王冠花园小区。基坑开挖深度为8~10m,济南机床一厂基坑工程如图4-1-11所示。

拟建区域为丘陵地貌,场地地形不平坦,西高东低,地面标高一般在43.06~44.78m,最大高差1.72m。场地地下水为第四系松散层孔隙潜水,补给来源主要为大气降水,地下水位线较高,埋深为1~3m。拟建场地及其附近区域范围内不存在活动断裂。在勘察钻孔深度范围内,场地与支护有关地层自上至下可分为杂填土、黄土状粉质黏土、粉质黏土、黏土。土体厚度与具体性能参数见表4-1-2。

由于基坑工程范围有限,且周围道路较多,在南西北侧很难进行坑内放坡,因此基坑设计方案为外侧设置高压旋喷止水帷幕,止水帷幕内侧设置混凝土支护桩,基坑内上部垂直开挖,下部坑内放坡,放坡坡度为1:1~1:0.5。济南机床一厂基坑工程典型设计断面如图4-1-12所示。

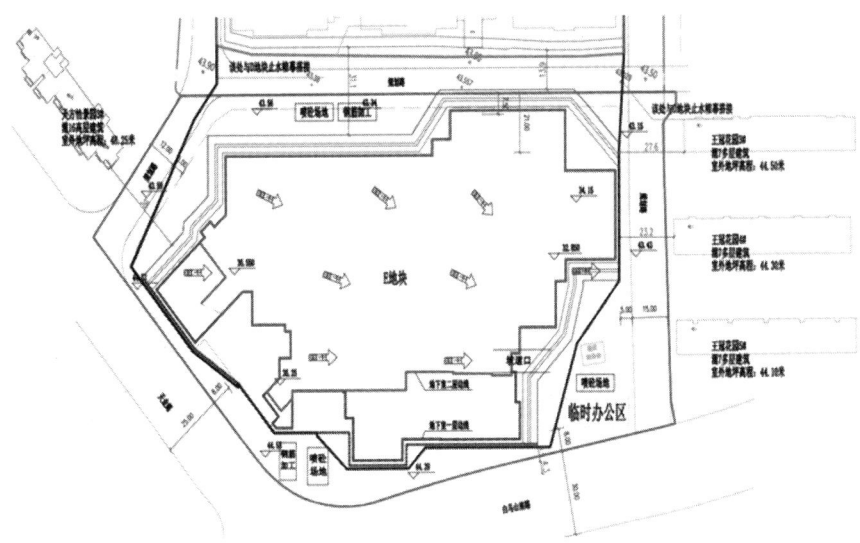

图 4-1-11　济南第一机床厂基坑工程示意图

表 4-1-2　济南第一机床厂基坑工程地质条件

高程（m）	土质	密度（kg/m³）	内摩擦角（°）	黏聚力（kPa）	渗透系数（cm/s）
41.49~44.78	杂填土	1760	15.0	5.0	4×10^{-4}
39.49~41.49	黄土状粉质黏土	1625	17.9	14.8	6×10^{-5}
37.52~39.49	粉质黏土①	1900	16.8	28.4	2×10^{-5}
32.72~37.52	粉质黏土②	1870	16.5	27.2	2.5×10^{-5}
25.51~37.52	黏土	1913	16.7	26.7	3×10^{-6}

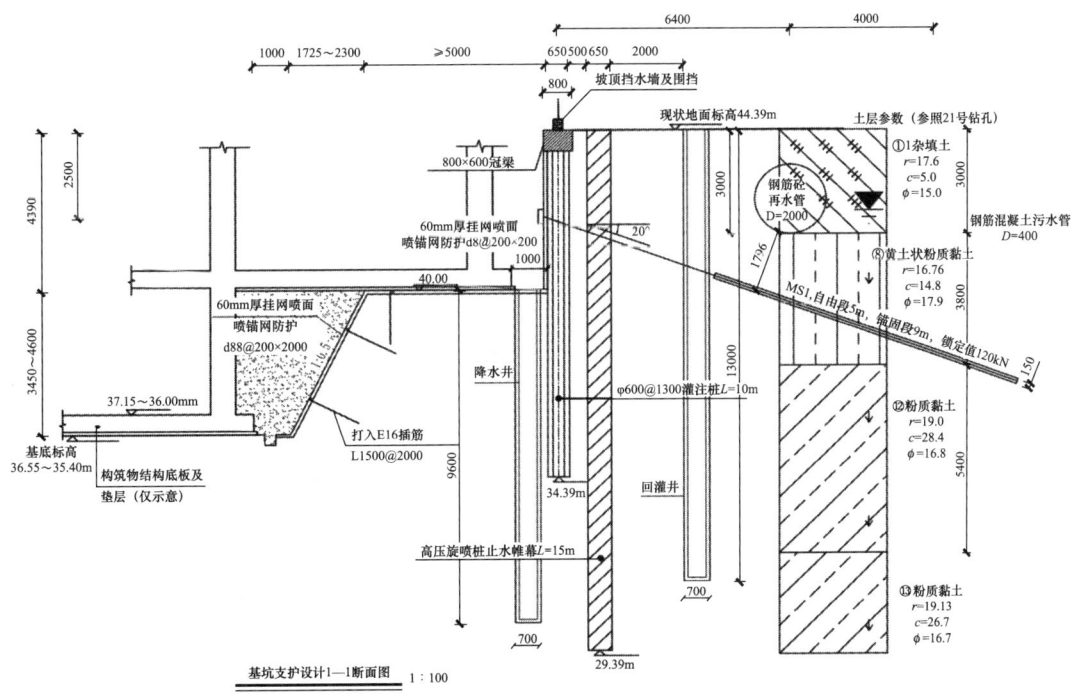

图 4-1-12　济南第一机床厂基坑工程典型设计断面（单位：mm）

2. 建模要点

由于基坑工程中基坑形状复杂且工程量巨大，若采用三维模型建模，耗费大量计算资源与时间，因此一般简化为二维对称简化模型。本书数值模拟建模要点如下。

(1) 基坑开挖与降水的模拟。

基坑开挖的主要施工流程如下：①基坑外围进行井点降水；②止水帷幕与混凝土支护桩施工；③基坑内集水井持续降水；④降水稳定后基坑分步开挖；⑤基坑开挖完成后，施工坑底防护，并进行刚性扩大基础的施工，随后取消坑内降水。

基坑开挖过程的模拟采用生死单元法，通过 Abaqus 软件中相互作用模块定义某些单元在一些分析步中取消激活，从而实现基坑开挖的模拟。而井点降水由于孔径很小，若采用生死单元法模拟，在二维模型中会破坏降水井周围土体单元的连续性，导致计算失准。因此本书井点降水的模拟采用以线代井法，既能达到基坑降水效果，又能保证土体单元连续。

本书在进行数值模拟建模时需要考虑止水帷幕的临时支护作用，为单独分析帷幕受到的应力位移状态，验证止水帷幕的支护作用，取消了基坑混凝土支护桩的设置。基坑的止水帷幕施工过程对于基坑渗流与帷幕应力位移变化无影响，因此在建模时跳过止水帷幕施工过程。

基坑渗流-应力耦合数值仿真几何模型如图 4-1-13 所示。选取基坑北侧断面作为济南机床一厂城市更新项目基坑工程的代表设计方案。建立模型深度为 20m，由于考虑到此基坑工程无地下水补给，因此尽量取较长的地基长度，以免地基长度过短而引起渗流计算的准确性，地基长度为 100m，帷幕深度为 15m，位置为地基模型 12.5m 处。地基土层从上往下分为四层，其土质与厚度分别为杂填土 3m、黄土状粉质黏土 4m，粉质黏土①5m，粉质黏土②5.5m，黏土 2.5m，水位线为地基深度 2m 处。

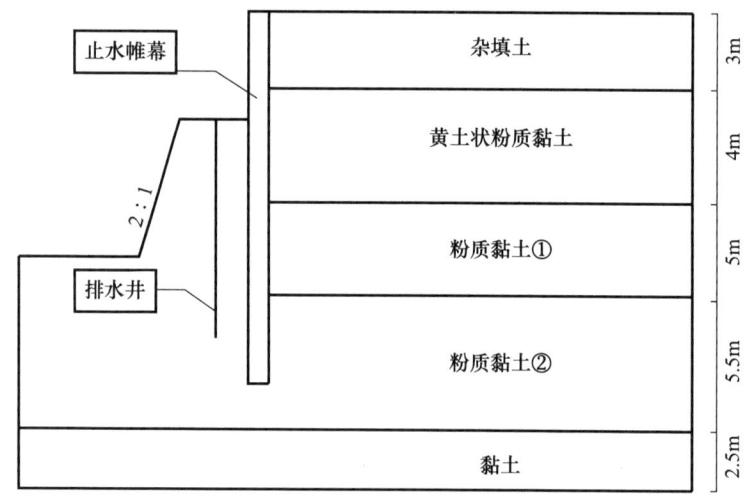

图 4-1-13 数值模拟建模简图

(2) 材料参数、分析步、荷载与边界条件。

模型中土体参数按照表 4.1 中的参数选取。止水帷幕采用刚性本构模型，主要参数为密度、杨氏模量与渗透系数。

本书在数值模拟模型中共设置七个分析步骤，分别为地应力平衡、基坑降水、第一层开挖、第二层开挖、第三层开挖、开挖完成后稳定渗流、取消坑内降水井后稳定渗流，以便于分析基坑降水与基坑开挖对基坑渗流量和帷幕应力位移的影响。

荷载为在地应力平衡分析步中施加重力。位移边界条件为模型底边设置完全约束，在模型左右两边设置水平方向的约束，基坑、帷幕与模型上边界为自由边界。孔压边界条件为在地应力分析步中设置模型水位线孔压为零，基坑降水分析步中设置每步开挖出的基坑内临空面设置为自由排水边界。桩土切向接触采用"罚接触"，摩擦系数为 0.5，法向接触为"硬接触"。

（3）网格划分与单元选择。

有限元分析中网格划分的质量是影响计算精度、计算规模与计算收敛性的重要因素。本书对在网格划分中对止水帷幕及其附近土体进行了详细划分，而对基坑内与地基较远处的划分较为粗略，这样既可以保证计算精度，又能提高计算效率。Abaqus 中对于二维的渗流-应力耦合计算需采用 CEP4P 单元类型，模型网格划分情况如图 4-1-14 所示。

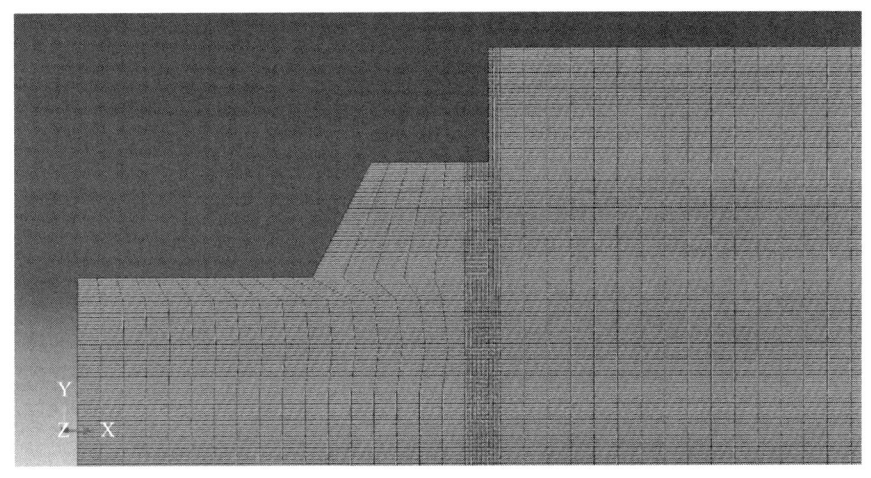

图 4-1-14　模型网格划分情况

3. 计算工况

本书数值模拟的主要目的是验证止水帷幕单独支护的可行性，分析单独支护过程中帷幕的位移、拉应力与基坑涌水量。

止水帷幕结构设计参数主要包括帷幕材料参数、帷幕厚度与帷幕深度。帷幕材料参数主要有刚度、渗透系数等，对于止水帷幕的受力与抗渗性能影响较大的情况，选取 10%，15%，20% 与 25% 四种常用掺量下复合固化剂与水泥固化剂固化土的性能参数进行计算分析。

帷幕厚度主要影响支护结构的稳定性与耐久性，在基坑施工过程中帷幕如果厚度过小，可能会发生开裂导致帷幕防渗失效，选取高压旋喷止水帷幕典型固结体直径 30cm，40cm 与 50cm 三种帷幕的厚度进行分析。

帷幕深度主要影响基坑的止水效果，依据帷幕厚度的不同可分为悬挂式帷幕与落底式帷幕，选取较浅的悬挂式帷幕（12m）、较深的悬挂式帷幕（15m）与落底式帷幕

（20m）进行计算分析。计算工况见表 4-1-3。

表 4-1-3　计算工况

试验目的	固化剂掺量（%）	帷幕厚度（cm）	帷幕深度（m）
帷幕材料参数的影响分析	10	50	15
	15		
	20		
	25		
帷幕厚度的影响	15	30	15
		40	
		50	
帷幕深度的影响	15	50	12
			15
			20

（三）计算结果与分析

1. 基坑开挖过程分析

（1）孔压分析。

分别提取地应力平衡、基坑降水孔压分布，基坑开挖完成与基坑取消降水后的孔压分布如图 4-1-15 所示。由图 4-1-15 可以看出，基坑降水后，在基坑内部降水井附近孔压明显下降，而基坑外由于止水帷幕的作用，其水头压力大部分由止水帷幕承担，孔压分布变化较小，而地基深度为 15～20m 处由于没有止水帷幕的挡水作用，其孔压等势线出现了弯曲，这表明在帷幕以下有流速较大的渗流产生。

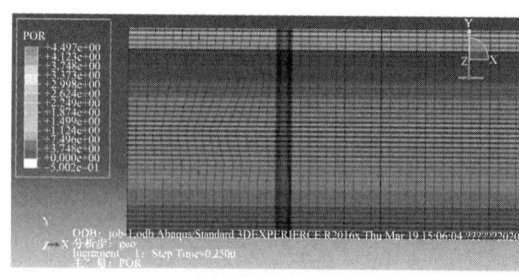　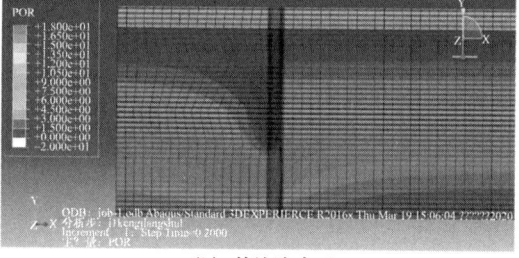

(a) 基坑降水前　　　　　　　　　　　　(b) 基坑降水后

图 4-1-15　基坑降水前、后孔压分布

由图 4-1-16 可以看出，在基坑开挖完成后，当基坑内排水井继续排水时，基坑内部孔压基本稳定，通过帷幕与帷幕底部渗流进入基坑内的地下水大部分被排水井排出。与未开挖时相比，开挖完成后的地基孔压出现了向下的弯曲，这表明基坑外地基中的地下水已有部分通过帷幕而被排水井排出，地基中由于没有地下水源的补给，其孔压逐渐降低，同时基坑开挖与降水对坑外地基的地下水位影响范围较小，为 5～8m。当基坑取消坑内排水后，止水帷幕的阻水效果依然明显，止水帷幕两侧具有较高的水力梯度，有效减少了坑壁渗水。而随着时间的延长，基坑内外逐渐建立起了水力联系，坑内渗流量增大。

第四章 研究成果

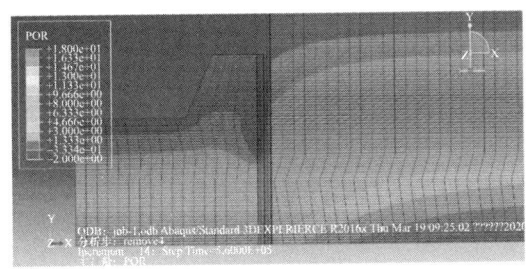
(a) 基坑取消降水前

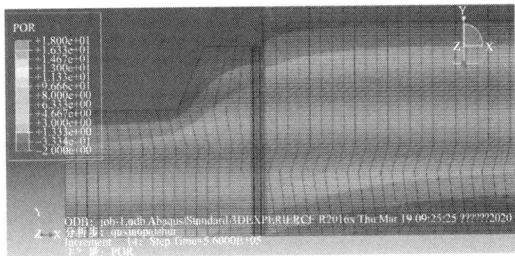
(b) 基坑取消降水后

图 4-1-16 基坑取消降水前后孔压分布

（2）流速分析。

提取了基坑降水、第一层开挖后、开挖完成后与取消降水后的流速矢量图进行基坑开挖过程中渗流问题的进一步分析，各步骤的流速矢量图如图 4-1-17 所示。流速是反映渗流特性的重要指标，一般流速越大、符号越密集，代表其渗流量越大。由基坑开挖过程中的流速矢量图可以看出，当基坑开始排水后，基坑内排水井区域出现了明显的排水现象，而止水帷幕内部流速很小。

随着基坑的开挖，基坑内部土体压力逐渐减小，其渗流速度也明显提高，在基坑第一层开挖完成后，基坑内部流速矢量图明显变得更加密集。在基坑开挖完成后，坑内边坡中的水并未完全排出，大部分由坑内排水井排出基坑，同时也有部分孔隙水由坡脚流入基坑内。当基坑取消降水后，帷幕中流速没有明显变化，但在帷幕底部有着明显的帷幕绕流现象，在有基坑内排水井条件下，大部分从帷幕底部流入基坑内的地下水由排水井排出，而取消排水井后，基坑内流速明显提高。

(a) 基坑内降水　　　　　　　　　　(b) 第一层开挖

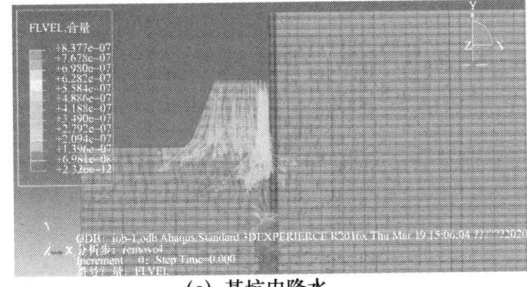
(c) 基坑内降水

(d) 第二层开挖

图 4-1-17 基坑开挖过程中的流速矢量图

(3) 水平位移分析。

基坑侧壁与坑内边坡的水平位移反映了基坑侧壁承受土压力与渗流压力而产生的变形情况,是监控基坑支护稳定性的重要指标。基坑开挖过程中的水平位移云图如图 4-1-18 所示。由基坑位移云图可以看出,随着基坑开挖的进行,帷幕由于土压力与渗流压力的作用逐渐向坑内产生位移,在基坑开挖完成后,其位移量达到最大。

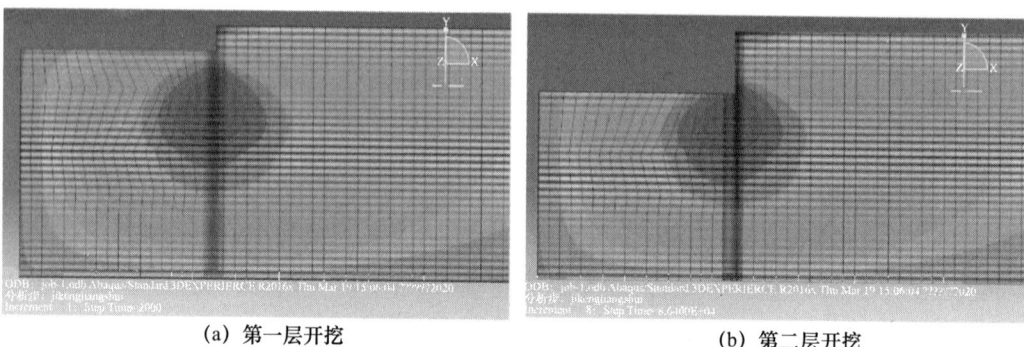

(a) 第一层开挖　　　　　　　　　(b) 第二层开挖

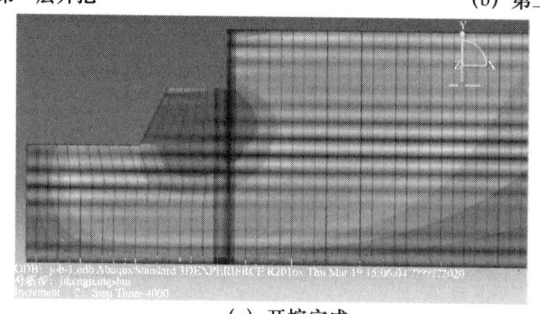

(c) 开挖完成

图 4-1-18　基坑开挖过程中的水平位移云图

在基坑开挖过程中,随着基坑内的土体逐渐减少,止水帷幕两侧的土压力与孔隙压力差值逐渐增大,因此基坑开挖完成后为帷幕受力的最不利状态。由于本书主要考察帷幕的支护与抗渗能力,因此提取了基坑开挖完成后的帷幕位移与边坡位移、应力和基坑涌水量进行进一步分析。

2. 帷幕材料参数影响分析

止水帷幕的材料参数对于止水帷幕在基坑开挖过程中的受力状态与基坑渗流特性具有显著影响。选取 10%,15%,20% 与 25% 四种固化剂掺量下的复合固化剂与水泥固化土室内试验材料参数进行计算。不同掺量下复合固化剂与水泥固化土性能参数见表 4-1-4,其中杨氏模量通过单轴受压应力-应变曲线获取,渗透系数通过渗透试验测定。

表 4-1-4　止水帷幕参数选取

固化材料	固化剂掺量(%)	杨氏模量(MPa)	渗透系数(m/s)
水泥	10	124	6×10^{-8}
	15	241	8×10^{-9}
	20	360	5×10^{-9}
	25	554	2.5×10^{-9}

续表

固化材料	固化剂掺量（%）	杨氏模量（MPa）	渗透系数（m/s）
复合固化剂	10	66	3×10^{-8}
	15	122	7×10^{-9}
	20	211	4×10^{-9}
	25	308	2×10^{-9}

（1）止水帷幕与基坑边坡位移分析。

不同固化剂掺量下止水帷幕与基坑内边坡水平位移如图 4-1-19 所示。影响止水帷幕水平位移的主要因素为止水帷幕的刚度，不同固化剂掺量下止水帷幕的刚度具有较大差异。由图 4-1-19 可以看出，随着止水帷幕刚度的提高，止水帷幕的水平位移明显减小。最大位移位于止水帷幕深 3~5m 处，止水帷幕位移曲线呈凸肚形，最大位移点随着帷幕刚度的提高而逐渐向下移动，复合固化剂的止水帷幕位移略高于水泥止水帷幕。基坑内边坡位移与止水帷幕位移具有良好的对应关系。《建筑地基基础设计规范》（GB 50007—2011）中规定深基坑支护结构水平位移不得大于基坑深度的 0.25%，帷幕的最大水平位移为 30~40mm，不满足要求，止水帷幕不宜单独作为支护结构，需与其他支护结构联合应用。

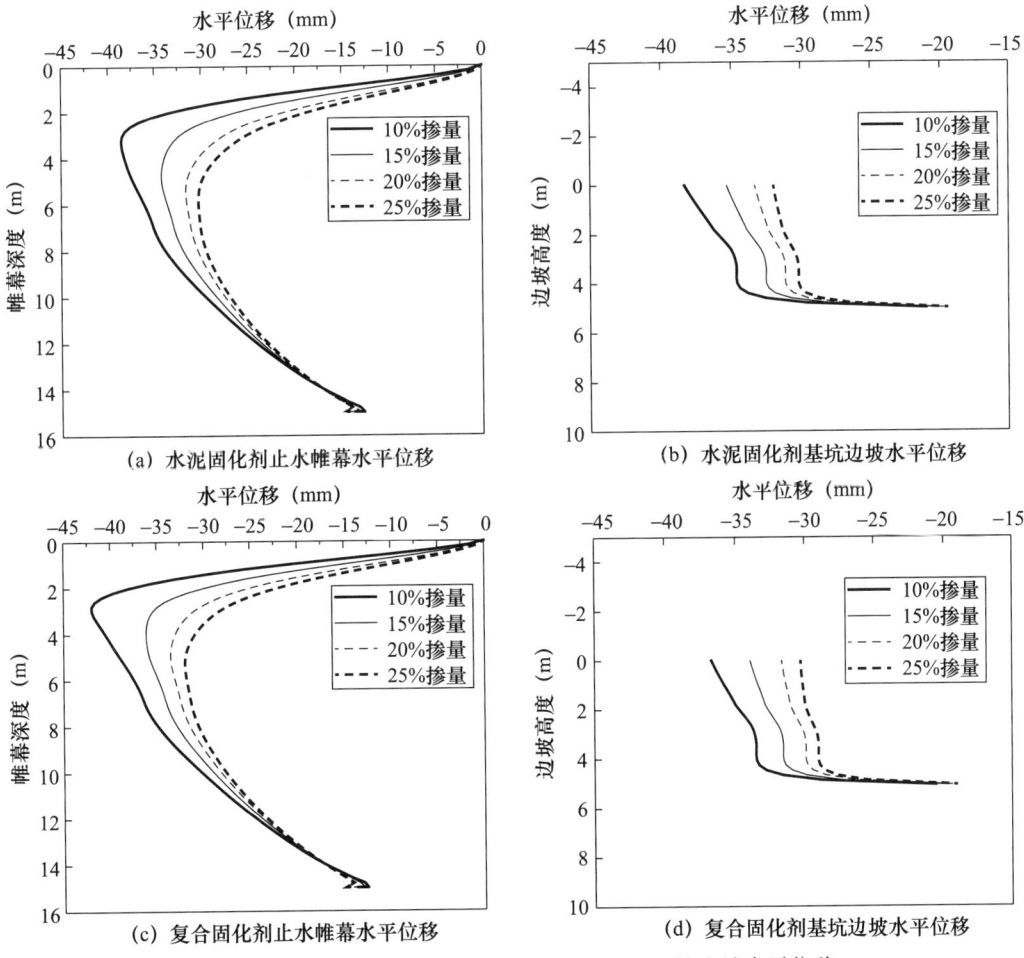

图 4-1-19 不同固化剂掺量下止水帷幕与基坑的边坡水平位移

（2）止水帷幕受力状态分析。

不同固化剂掺量下止水帷幕应力如图4-1-20所示。可以看出，止水帷幕所受应力主要为拉应力，随着固化剂掺量的提高，止水帷幕拉应力逐渐增大。最大拉应力位置集中于0～2m范围内，这主要是因为在止水帷幕上部的锚固结构出现了应力集中现象，最大拉应力为500～600kPa。随着止水帷幕深度的增加，止水帷幕中的拉应力逐渐减小，复合固化剂止水帷幕的拉应力小于水泥固化剂止水帷幕，除应力集中区域止水帷幕平均拉应力分别在120～250kPa与90～230kPa范围内，依据前期抗折强度试验结果可知，止水帷幕满足开裂要求，但锚固部位需做进一步加固处理。

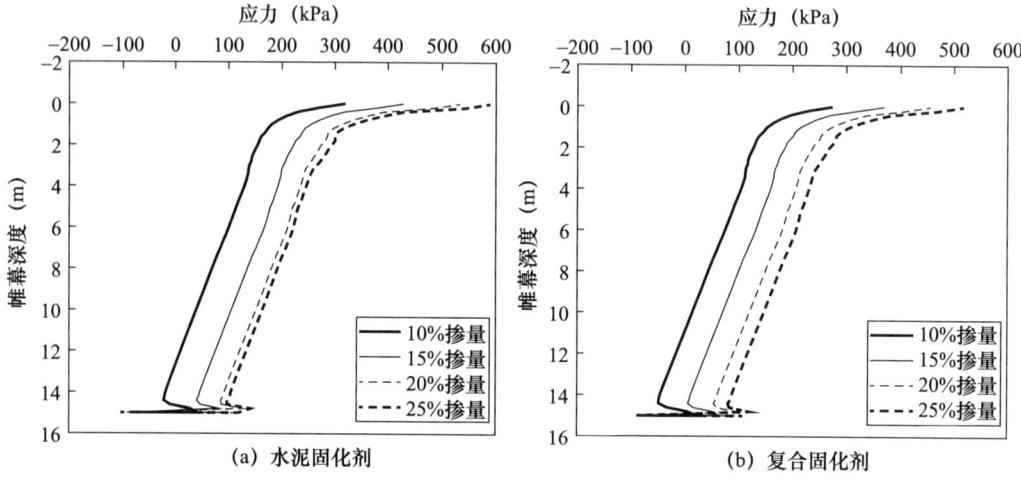

图4-1-20 不同固化剂掺量下止水帷幕应力

（3）基坑涌水量分析。

不同固化剂掺量下基坑涌水量如图4-1-21所示。可以看出，基坑内部的排水井设置与止水帷幕固化剂掺量均对基坑涌水量具有较大影响，随着固化剂掺量的提高，涌水量逐渐减小，在固化剂掺量由10%提高至15%时降低幅度较大。基坑取消降水后，坑内涌水量明显迅速提高。复合固化剂与水泥止水帷幕的抗渗效果非常接近。

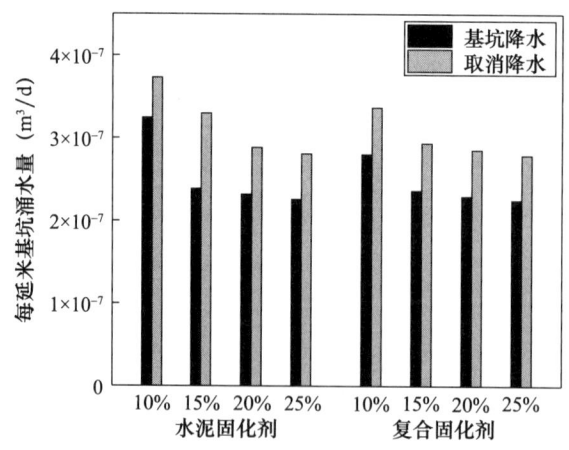

图4-1-21 不同固化剂掺量下基坑涌水量

3. 帷幕厚度影响分析

（1）帷幕与基坑边坡位移分析。

不同帷幕厚度下帷幕与基坑边坡位移如图 4-1-22 所示。可以看出，随着帷幕厚度的增大，帷幕与基坑边坡的水平位移逐渐减小，40cm 与 50cm 厚的止水帷幕水平位移曲线呈凸肚形，而 30cm 厚的止水帷幕出现了较大的弯曲变形。

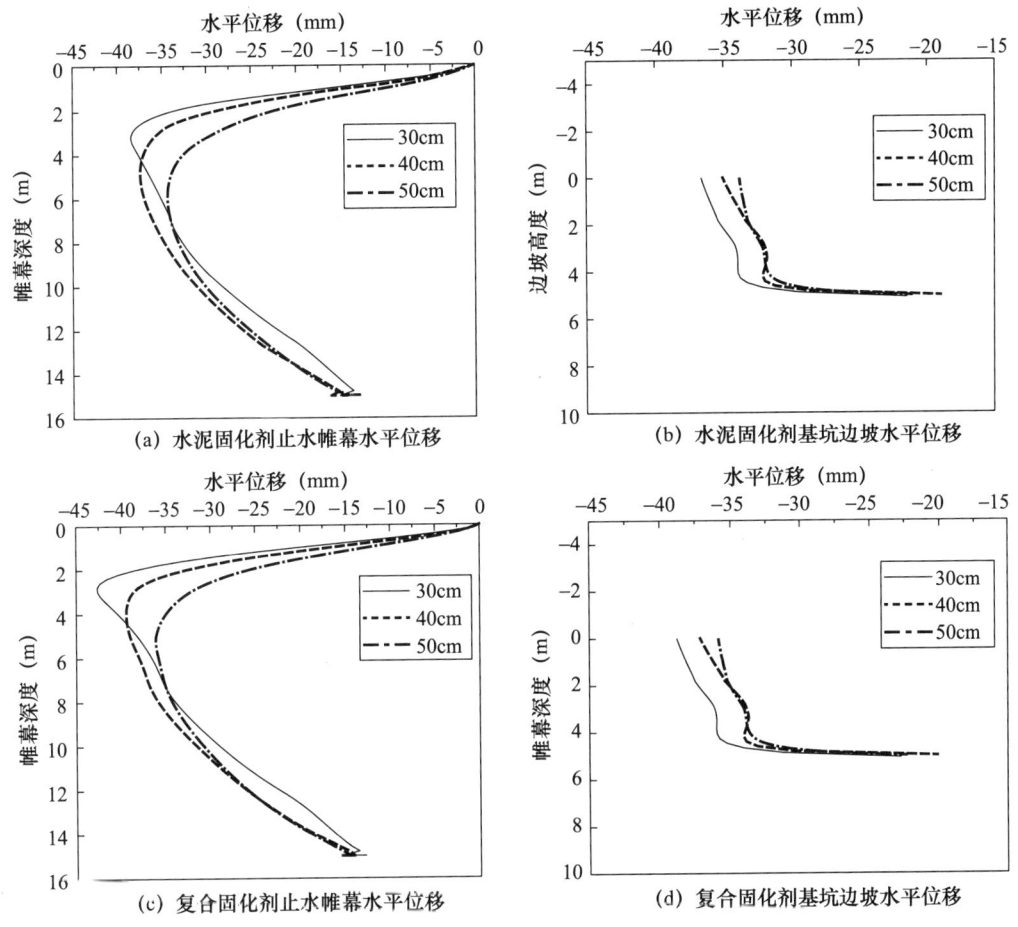

图 4-1-22 不同帷幕厚度下帷幕与基坑边坡位移

（2）帷幕受力状态分析。

不同帷幕厚度下帷幕应力曲线如图 4-1-23 所示。可以看出，帷幕应力与位移曲线具有良好的对应关系，30cm 厚的帷幕应力曲线出现了较大的变化，最大 2.2m 深度处的拉应力明显增大，锚固处呈受压状态。

（3）基坑涌水量分析。

不同帷幕厚度下基坑涌水量如图 4-1-24 所示。可以看出，帷幕厚度对基坑涌水量影响较小。因此，在满足基坑支护性能的前提下，帷幕可选取较小的厚度。

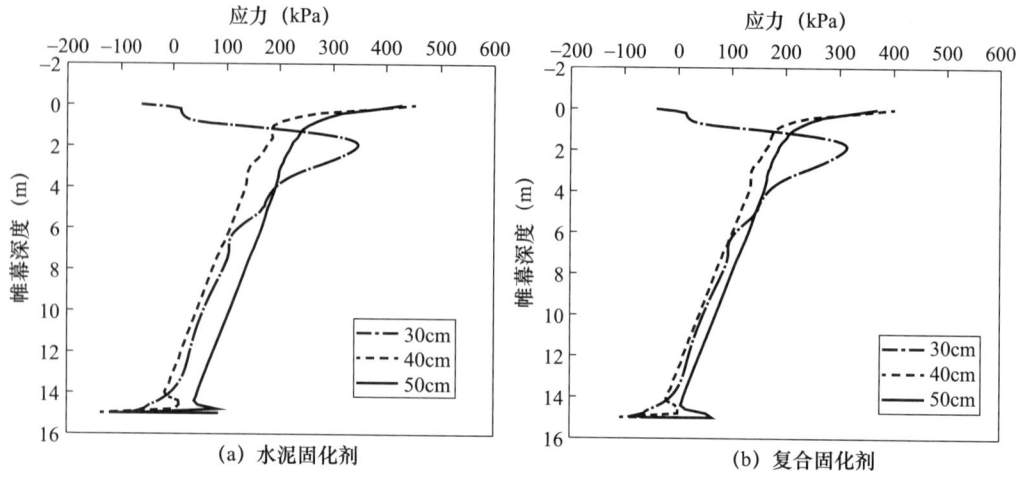

图 4-1-23 不同帷幕厚度下帷幕应力

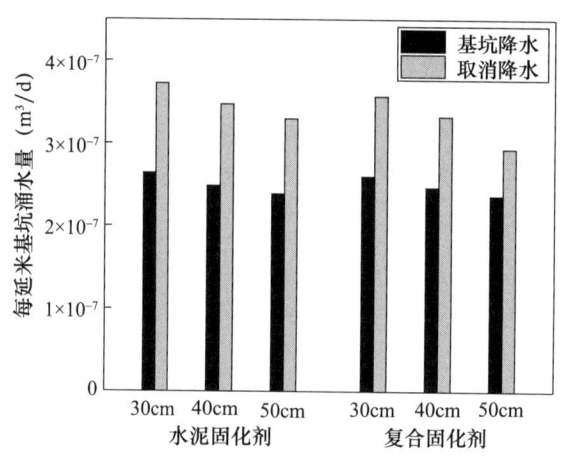

图 4-1-24 不同帷幕厚度的基坑涌水量

4. 帷幕深度影响分析

(1) 帷幕与基坑边坡位移分析。

不同帷幕深度下帷幕与基坑边坡位移如图 4-1-25 所示。可以看出,帷幕深度对帷幕与基坑边坡位移影响较大,随着帷幕深度的增大,位移量逐渐增大,这主要是因为帷幕越深,其长细比越大,因此其受力后的位移变形较大。

(2) 帷幕受力状态分析。

不同帷幕深度下帷幕应力如图 4-1-26 所示。整体上随着帷幕深度的增大,帷幕所受拉应力增大,但影响幅度较小。

(3) 基坑涌水量分析。

不同帷幕深度下基坑涌水量如图 4-1-27 所示。帷幕深度是影响基坑止水效果的关键因素,随着帷幕深度的增加,基坑的涌水量不断降低,当帷幕深度由 12m 提高至 15m 时,基坑涌水量明显下降。帷幕深度为 20m 时为落底式止水帷幕,其止水效果与帷幕深度为 15m 时的悬挂式止水帷幕差别较小，因此在深基坑止水工程中可设置深度较深的悬挂式止水帷幕。

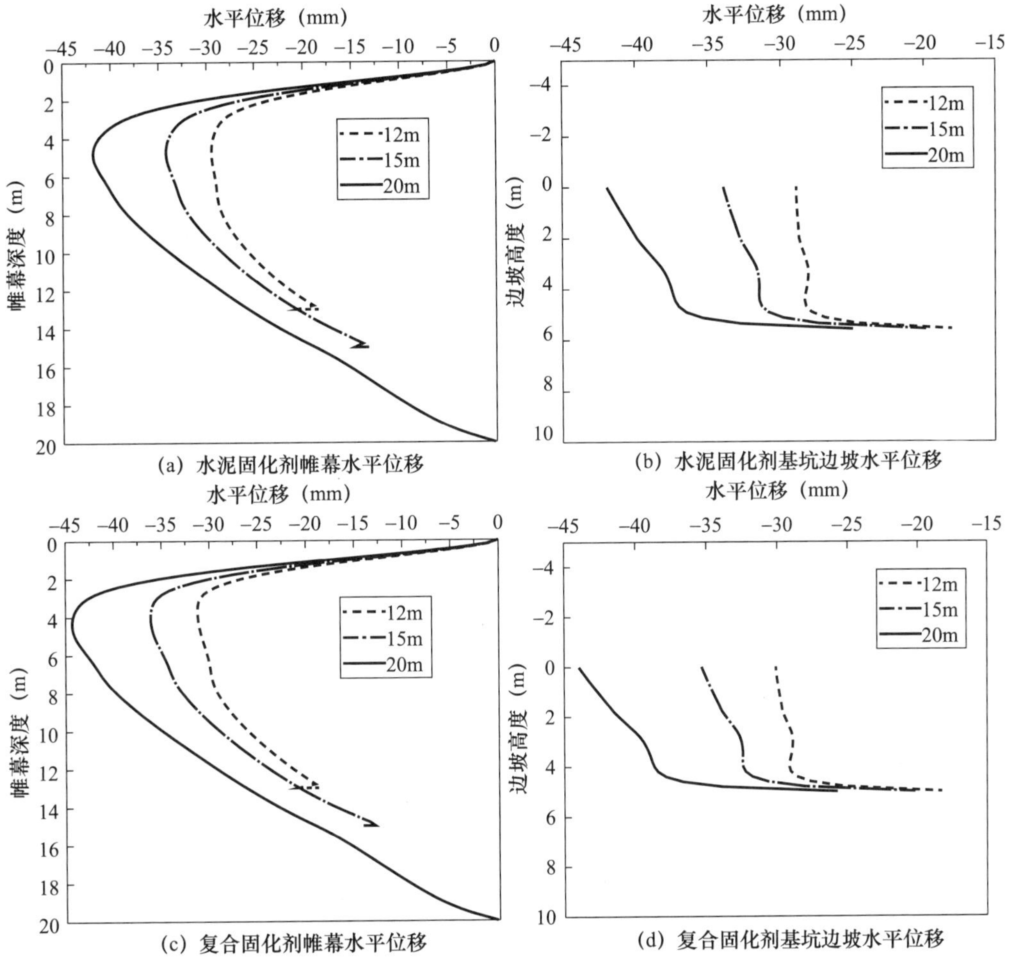

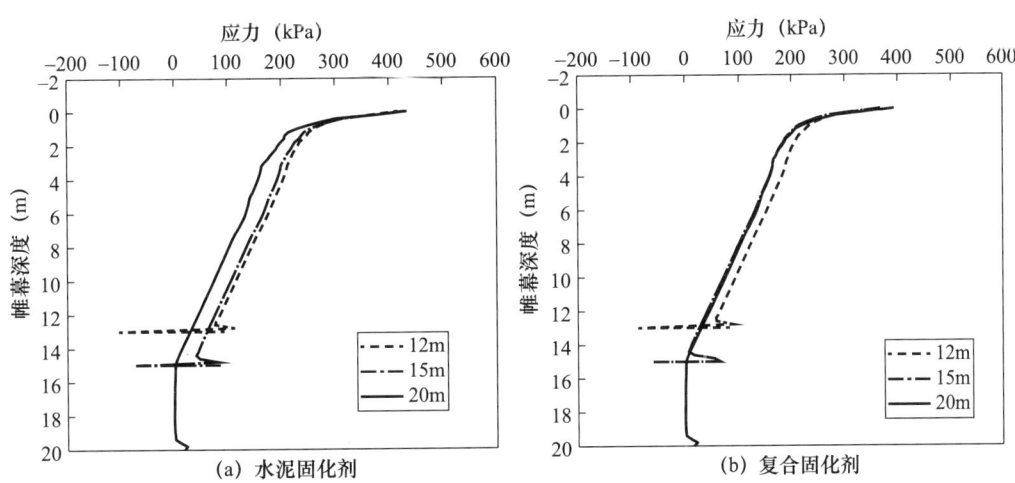

图 4-1-25　不同帷幕深度下帷幕与基坑边坡位移

图 4-1-26　不同帷幕深度下帷幕应力

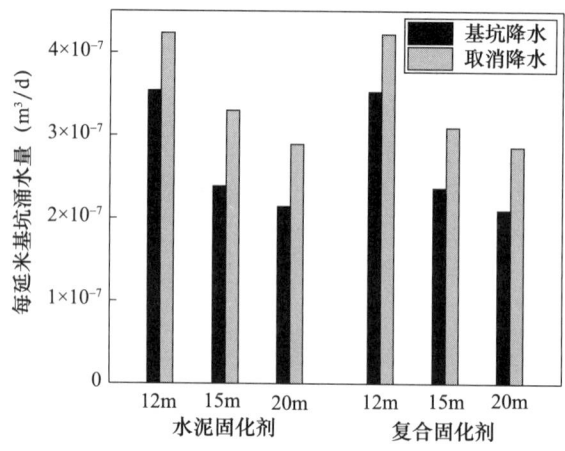

图 4-1-27 不同帷幕深度下基坑涌水量

(四) 高压旋喷止水帷幕深基坑支护结构形式

由于高压旋喷止水帷幕在深基坑工程中单独作为支护结构难以满足基坑位移的要求，因此采用挡土墙、排桩板墙、锚杆、土钉墙等支护结构与止水帷幕联合应用。其中止水帷幕主要起到止水作用，支护结构可以有效控制基坑位移。本书以灌注桩挡墙-止水帷幕基坑支护结构为例，进一步分析止水帷幕在基坑支护中的应力、位移与涌水量。模型建立采用小结 4.3 中优化的 30cm 厚的止水帷幕，帷幕深度为 15m，灌注桩设置于帷幕内侧，厚度为 0.5m，模量取 2000MPa。数值模拟分析结果如图 4-1-28～图 4-1-30 所示。

可以看出，通过灌注桩与止水帷幕的联合支护，基坑的水平位移得到了有效控制，最大位移为 22mm，满足相关规范的要求。帷幕位移仍呈凸肚形，但最大位移深度为 8m 处。由图 4-1-29 可以看出，帷幕应力大幅减小，除上部锚固部分的应力集中区域外，帷幕中主要以受压为主，避免了帷幕开裂。由图 4-1-30 可以看出，灌注桩的设置对基坑涌水量基本没有影响，因此，在保证基坑支护安全的前提下，可以进一步减小帷幕厚度。

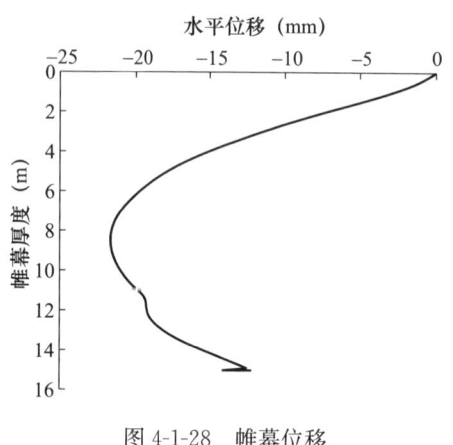

图 4-1-28 帷幕位移

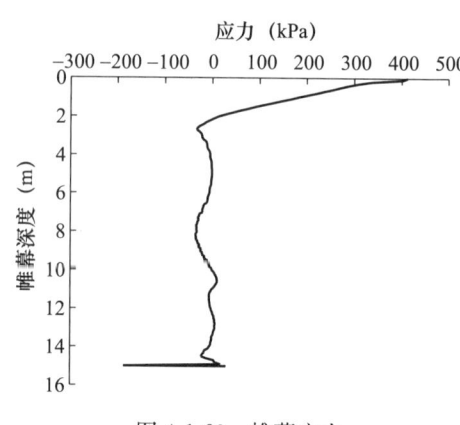

图 4-1-29 帷幕应力

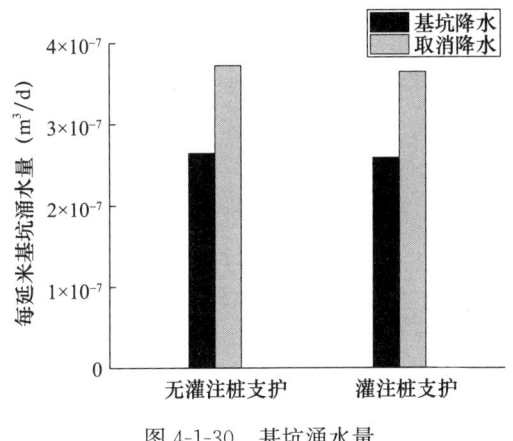

图 4-1-30 基坑涌水量

（五）小结

本部分采用 Abaqus 数值模拟软件，对深基坑施工过程进行了模拟，分析了帷幕参数、帷幕厚度与帷幕深度对基坑开挖过程中帷幕位移、应力状态与基坑涌水量的影响。主要研究结论如下。

（1）帷幕刚度是影响帷幕位移与应力状态的主要因素。随着刚度的增大，帷幕位移逐渐减小，应力逐渐增大。最大位移位于帷幕深度 3~5m 处，帷幕位移曲线呈凸肚形，帷幕的最大水平位移为 30~40mm。

（2）除应力集中区域外，帷幕平均拉应力分别在 90~250kPa 范围内，满足开裂要求，但锚固部位需进一步加固处理。随着固化剂掺量的提高，涌水量逐渐减小，在固化剂掺量由 10％提高至 15％时降低幅度较大，继续提高掺量后，基坑涌水量变化不大，因此帷幕固化剂掺量应取 15％。

（3）帷幕厚度对帷幕位移与应力状态具有较大影响，但对于基坑涌水量影响很小。随着帷幕厚度的增大，帷幕位移量逐渐增大、应力逐渐减小。帷幕深度是影响基坑止水效果与帷幕位移的关键因素，15m 的悬挂式止水帷幕与 20m 的落底式止水帷幕的止水效果差别较小，因此在深基坑止水工程中可选择深度较深的悬挂式止水帷幕。

（4）通过灌注桩与止水帷幕的联合支护，基坑的水平位移得到了有效控制，帷幕应力大幅降低，灌注桩的设置对基坑涌水量基本没有影响，可以进一步减小帷幕厚度。

四、高压旋喷止水帷幕关键技术与工程应用研究

我国于 20 世纪 70 年代引进高压喷射注浆施工技术，主要用于水利工程防渗、软弱地基处理加固等。该项技术自引入我国数十年来，从机具设备到工艺流程一直没有重大改进和变化。该技术采用钻机造孔，把带有喷嘴的注浆管置于钻孔内预定的位置，通过高压泵使水泥浆液或水以 20MPa 以上的压力喷射、冲击切割土体，同时注浆管以一定速度旋转向上提升，使水泥浆液与土颗粒强制掺搅混合，水泥土浆液凝固后形成有一定强度的凝结体。目前国内外高压喷射注浆工艺均分为旋喷、摆喷和定喷，按喷射方式不

同分为单管法、双管法和三管法。

从传统旋喷桩的工艺特点来看，基于射流理论，在射流压力、流量和转速、提升速度一定的情况下，较均质土层中能形成较理想的固结体，但是对于黄河冲积黏性土与粉细砂（粉土）互层地基来说，由于黏性土与粉细砂、粉土的性质完全不同，采用传统工艺参数施工，在许多防渗墙工程中发生了严重的漏水工程质量事故，在地基加固工程中也多发生旋喷桩体无强度的情况。通过检测发现，在粉细砂或粉土中，喷入的水泥浆严重流失，这种现象成为高压喷射注浆施工技术的质量通病，造成重大经济损失、工期拖延，已经困扰工程界多年，是急需解决的问题。另外，水泥在高压旋喷止水帷幕工程中的应用技术已经较为成熟，而复合固化剂由于掺加了各类固废材料，与水泥的性能具有较大差异。复合固化剂在高压旋喷止水帷幕工程中的适用性需进一步研究。

基于上述问题，本部分依托黄河冲积黏性土与粉细砂（粉土）互层地基实际防渗墙工程，首先分析典型工程旋喷工艺技术在粉细砂土层中不固结成桩的原因，并进行高压旋喷喷射机理研究，得出黏性土与粉细砂（粉土）互层地基防渗墙关键施工技术和工艺，在此基础上，继续开展了复合固化剂的工程应用。结合高压旋喷施工技术，优化了复合固化剂在高压旋喷施工中的设备参数与施工参数，提出了现场施工质量控制方法。通过现场试验，验证了复合固化剂止水帷幕的工程应用效果。

（一）防渗墙工程质量事故案例分析

1. 某综合管廊工程一

拟建济南某市政道路综合管廊工程，其中基坑支护深度为 10.5～13.5m，设计采用钢筋混凝土排桩加内支撑支护，支护桩设计桩径 700m，桩长 17.5～19m；防渗墙设计为水泥土旋喷桩，桩径 850mm，搭接 250mm，深度与支护桩等长。综合管廊现场情况如图 4-1-31 所示。

图 4-1-31 综合管廊现场情况

施工场地为黄河小清河冲积平原，黏性土与粉土、粉细砂互层，各土层在水平和垂直分布上不均匀。

采用高压水泥浆＋高压水＋空气的三管双高压施工工艺，施工深度为 25m，取芯深度为26m，在13m处开始出现水泥，存在部分小的水泥块，水泥土不凝固，在17～19m处为粉砂层，水泥含量明显偏少，且不凝固。钻探取芯情况如图4-1-32所示。

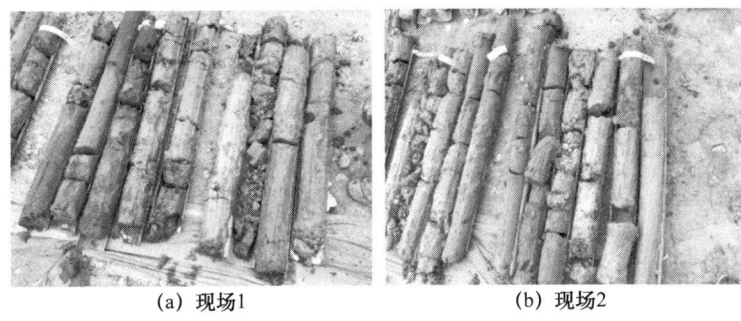

(a) 现场1　　　　　(b) 现场2

图 4-1-32　三管法现场钻探取芯情况

采用水泥浆＋水泥浆＋空气的双管双高压旋喷施工方法，高压旋喷钻进深度为25m，取芯深度27.5m。在14m左右出现水泥，但在16m处水泥含量明显减少，粉砂占大部分。17m后在芯样外侧几乎看不到水泥，掰开发现有斑点状水泥分布，含量极少，但较前述施工工艺的成桩效果为好。钻探取芯情况如图4-1-33所示。

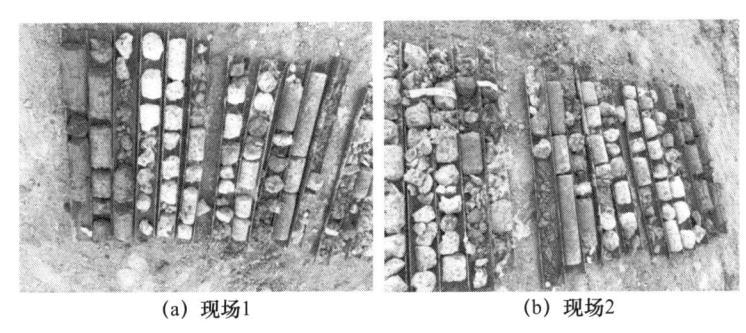

(a) 现场1　　　　　(b) 现场2

图 4-1-33　双管法现场钻探取芯情况

由图4-1-33可知，高压旋喷钻进深度25m，实际桩长12m，取芯深度26m。13～16m取出芯水泥有强度，但不完整。17m处芯样完整，18～21m处出现部分水泥强度不够的情况。

2. 某综合管廊工程二

市民中心站东侧为徐家鑫苑裙楼，框架-剪力墙结构，地上2层无地下室，独立基础，埋深2.1m，距离主体基坑约17.9m，东侧出入口拟建基坑的支护结构距离裙楼4.3m，西侧为济阳区市民中心，西侧出入口拟建基坑的支护结构距离市民中心服务大楼15.2m。距离市民中心地下人防结构6.3m，为钢筋混凝土结构。市民中心站平面如图4-1-34所示。

车站分三个区域，A区为车站主体区域，主站台平均开挖深度为11m，基坑最深深度约为12.8m，基坑采用Φ800mm@1200mm钻孔灌注桩＋Φ800mm@1200mm旋喷桩桩间止水帷幕围护结构。桩基采用水下C35混凝土浇筑；旋喷桩止水帷幕围护结构采用Φ800mm@1200mm高压旋喷桩桩间止水，水泥为P·O 42.5。基坑支撑采用800mm×

图 4-1-34 市民中心站平面示意图

800mm 钢筋混凝土对撑，冠梁截面 1000mm×800mm；桩顶冠梁及联系梁采用 C30 钢筋混凝土。围护桩及桩间止水大样如图 4-1-35 所示。

开工前经过专家论证并结合地质报告，采用双管法施工工艺。现场采用的注浆压力为 30MPa，提升速度为 13cm/min，旋转速度为 12r/min，水灰比为 0.9，与规范和设计相比（设计注浆压力大于 20MPa，提升速度为 20~25cm/min，旋转速度为 20~25r/min），现场采用的参数相对保守，每根桩均有旁站记录。施工参数和现场实施方面基本无问题。

基坑支护完成后，由南侧区间段向主车站段开挖，如图 4-1-36 所示。开挖时槽底有少量水渗出，但经过明排并设置盲沟基本能保证槽底无水作业。开挖至主站台时，在距基坑底 1.0m 范围内出现漏水现象，并有流砂流入，从开挖断面可以看出，主要原因是市民中心站的槽底为粉细砂，现场漏水位置和流砂位置也在此处范围内，表明此处位置的桩未成形（地面下 11.0~12.0m），进一步导致东西两侧桩间漏水，出水时伴随流砂。现场基坑开挖情况如图 4-1-36 所示。

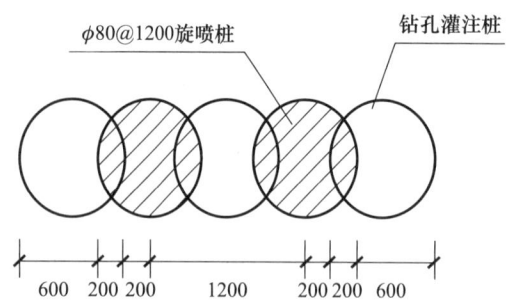

图 4-1-35 围护桩及桩间止水大样图（单位：mm）

图 4-1-36 现场基坑开挖情况

（二）喷射机理研究

实践证明，在黄河冲积黏性土与粉细砂互层地基中高压旋喷时，在粉土或粉细砂土层得不到固结体的情况非常明显、普遍，导致旋喷桩无强度、防渗墙漏水的工程质量事故，已经成为高压旋喷的质量通病，严重制约了该项工艺技术的推广应用。

目前高压旋喷施工的一般做法和有关规程规范的规定，无论采用两管法还是三管法,其喷射压力都比较高,在高压力下能够保证对土层的有效切割,但是水位以下的粉土和粉细砂土层,在高压射流冲击之下将会迅速液化,其抗剪强度非常低,被液化的粉细砂土层不能抵抗高压力的冲击,而使水泥浆液扩散流失到本该形成固结体的范围以外,设计加固范围以内却找不到水泥固结体,所以才导致加固失败。对于山东地区的黄河冲积地层,其特点是黏性土和粉土、粉细砂都是互层组合的。从土层的性质来说,这是两种截然不同的性质。大多数施工单位都采用一种固定不变的喷射压力及工艺参数,从孔底一直喷到孔口。这是导致工程失败的主要原因。

针对这一问题,应该对黏性土和粉细砂互层地基的喷射机理及成墙、成桩,分两个阶段进行研究攻关。一是确定在粉土或粉细砂土层当中应该采取的合理喷射参数和工艺。二是如何解决在黏性土和粉细砂互层地基中的成墙、成桩问题,也就是成墙、成桩时如何兼顾两种不同性质的土层。结合黄河大道工程,在现场做了喷射试验。

沿线地下水位起伏不大,区内地层概述如下:冲积平原地貌单元,地形平坦。第四系覆盖层厚,地表多为耕地,该段地下水位埋深较浅,一般在 5.2~5.5m。地层岩性以粉质黏土、粉土等为主。

具体各土层厚度和分层情况如下:第一层为填土,厚 0.7m;第二层为粉土,厚 0.7~1.6m;第三层为粉砂,厚 1.6~5.0m;第四层为粉土,厚 5.0~6.4m;第五层为粉砂,厚 6.4~8.5m;第六层为粉土,厚 8.5~9.7m;第七层为粉土,厚 9.7~12m。

现场试验共做了五根旋喷试桩,试验深度均为 8.0m。采用两管法,分别按 35MPa,25MPa 各做一根;20MPa 做两根;15MPa 做一根。均在成桩 3d 以后钻孔取芯,检测成形的效果。不同喷射压力试桩钻探取芯的情况如图 4-1-37~图 4-1-39 所示。

经现场钻孔勘察取土发现,在 8m 深度内有两层比较厚的粉砂层。按传统的工艺标准和参数在粉砂或粉土中旋喷施工,以 35MPa 喷射压力喷射,所钻取的土样呈松散状态且没有强度,未见水泥踪迹,固结体基本不能成形,这是导致防渗帷幕发生漏水的根本原因。按 25MPa 喷射压力喷射,在粉土和粉砂层中所钻取的土样与前述相同,呈松散状态且没有强度,固结体基本不能成形,但在黏土层中有水泥浆块结核,呈块状;按 15MPa 喷射压力喷射的一个孔,在粉土和粉砂层及黏土中均可钻取到柱状固结体,且比较连续,强度比较高。单段芯样长度达 30cm。

(a) 情况1　　　　　　(b) 情况2

图 4-1-37　35MPa 喷射压力试桩钻探取芯的情况

图 4-1-38　25MPa 喷射压力试桩钻探取芯的情况

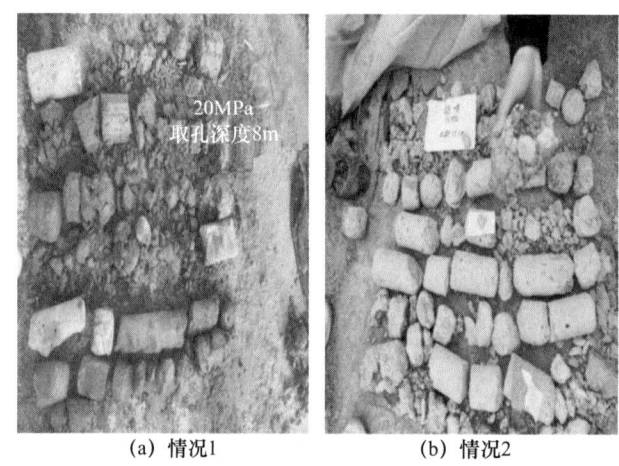

图 4-1-39　15MPa 喷射压力试桩钻探取芯的情况

综上所述，当喷射压力大于 20MPa 时，在粉土和粉砂层中，不能形成固结体。当喷射压力小于或等于 20MPa 时，在粉土和粉砂层中能形成固结体。但黏性土水泥浆液的掺搅不行。对粉土和粉砂层采取降压的措施有效，主喷射压力不宜大于 15MPa，但对黏土层效果不好。

在粉土和粉细砂土层中喷射压力不宜大于 15MPa，那么这个压力对于黏性土来说又太小。黄河冲积黏性土和粉细砂互层地基中各土层的厚度和水平分布无规律，即使一孔一勘察，在对不同土层变动喷射压力，要求操作人员对单孔旋喷根据各土层厚度、埋深准确调整喷射参数在实际中也是极困难的。在确定旋喷参数时，不能兼顾两种不同土层的性质，是没有工程意义的。课题组考虑采取喷灌结合的施工方法加以解决。

（1）成墙、成桩原理：采用三管法施工，按 30MPa 以上的水压力和 0.7MPa 的气压同轴喷射，这样在黏性土中能保证成槽的效果，大流量清水的切割升场置换作用使槽内（稠）泥浆的比重减小；当进入粉土或粉细砂土层中时，在上述压力下其影响半径加大，被过度扰动的粉土、粉细砂会迅速回淤沉淀，但不会形成空腔。然后采用喷射的方式（压力不宜超过 15MPa）将纯水泥浆灌入，由于灌入的水泥浆带有一定的压力，能把水泥浆掺搅进去并防止水泥浆在粉细砂层中流失。这个过程伴随着置换和掺搅两种作用,使水泥的流失量降低,固结体强度提高。

(2)按上述原理在现场再做两个喷射试验孔,施工方法采用变角速度三管法旋喷。具体水压力35MPa;气压0.7MPa,水泥浆压分别为8MPa和12MPa。试验深度8.0m,成墙3d后钻芯,12MPa水泥浆压力的取芯结果如图4-1-40和图4-1-41所示。

图4-1-40 变角速度旋喷12MPa 水泥浆压力的取芯情况

图4-1-41 8MPa水泥浆压力的成墙取芯情况

高压旋喷在黄河冲积黏性土与粉细砂互层地基中的喷射机理研究解决了以下三个问题。

(1)在粉土、粉细砂土层中浆液喷射压力超过20MPa是不适用的,当喷射压力不超过20MPa时可以在有效喷射半径范围内获得较好的水泥土固结体。

(2)采取统一(高压水)压力预先成槽的方法,兼顾了不同地层性质,使施工过程变得简便、施工质量可靠。解决了传统施工工艺方法的质量通病,扩展了其适用范围。

(3)采用喷灌结合的施工方法,大大降低了水泥的流失量,使固结体强度明显提高,为有效地降低水泥掺量提供了一定余地。

(三)高压旋喷止水帷幕固化剂工程应用

1. 工程简介

滨州市某大型翻车机工程位于滨州市邹平市石羊村。现场地貌为低海拔的平原地貌,地形平坦,平均地面标高为15.2m。场地地下水位较高,地下水埋深为2~3m。拟建场地主要地层分布为厚层粉质黏土,厚度约为30m,中间有粉土夹层,下部为黏土层。现场地下水位如图4-1-42所示。现场粉质黏土主要性能参数见表4-1-5。

图4-1-42 现场地下水位

表4-1-5 现场粉质黏土主要性能参数

土粒相对比重	天然含水率(%)	饱和含水率(%)	塑限(%)	液限(%)	塑性指数	渗透系数(cm/s)
2.76	28~39	39.51	20.12	34.14	14.02	4.69×10^{-5}

2. 变角速度高压旋喷技术

复合固化剂现场试验采用变角速度高压旋喷技术,其主要原理是采用自动化控制技术，通过变角速度动力头控制高压旋喷注浆时的喷嘴在不同方向的旋转速度，在帷幕纵向方向旋转速度较慢，在横向方向旋转速度较快，从而实现矩形、椭圆形等异形止水帷幕的施工，满足不同厚度与形状帷幕的设计要求。变角速度高压旋喷技术不仅能够提高施工效率，还能大量减少水泥用量，工程成本可降低40%～50%。变角速度高压旋喷注浆设备如图4-1-43所示。

变角速度高压旋喷止水帷幕的主要施工流程有钻孔、配制浆液、下管旋喷与浆液回灌。

（1）钻孔。

首先依据放线点位，采用钻机钻取注浆孔，要求钻孔垂直度不超过1%，平面位置偏差不超过50mm。

（2）配制浆液。

按照设计水灰比配制水泥浆液，施工时一般通过测试浆液比重大致控制水灰比，设计水灰比一般取0.7～1.2，浆液

图4-1-43　变角速度高压旋喷注浆设备

比重在1.4～1.6范围内。水泥浆液配制如图4-1-44所示。

（3）下管旋喷。

将注浆管下放至钻孔内预定深度，喷射水、气、浆液等注浆材料，随后缓慢旋转与提升注浆管，通过变角速度高压旋喷控制器控制旋转速度与提升速度，从而达到控制帷幕形状与水泥掺量的目的。在喷射过程中，需设置返浆池存储返浆浆液，为保证固结体的均匀性，需进行多次喷射。下管旋喷如图4-1-45所示。

图4-1-44　水泥浆液配制

图4-1-45　下管旋喷

（4）浆液回灌。

待注浆管提升至地面时停止旋喷，在注浆孔周围布置水泥浆回灌区域，减小泥浆渗透与离析作用对固结体均匀性的影响。此种方法难以把握泥浆含水率的变化情况，水泥掺量也难以准确测定。浆液回灌如图4-1-46所示。

（四）施工工艺与参数优化

1. 喷嘴组合的选取

在复合固化剂中，粉煤灰与GM激发剂细度较小，因而对复合固化剂的浆液特性影

响不大。而烧结法赤泥由于含有大量坚硬颗粒，且吸水性很强，对于固化剂配制的浆液性能具有较大影响。三管法中水泥浆液的喷嘴直径较小，若采用复合固化剂可能导致堵塞，因此现场试验中采用喷嘴直径较大的两管法施工。对于三管法来说，将烧结法赤泥进一步磨细处理后也可应用。两管法喷嘴如图 4-1-47 所示。

图 4-1-46　浆液回灌　　　　　　　图 4-1-47　两管法喷嘴

2. 施工参数的选取

基于室内试验结果，复合固化剂的现场试验设计掺量为 15%，采用注浆管提升速度控制固化剂掺量。复合固化剂浆液稠度较大，需对注浆压力、浆液流量等参数进行微调。复合固化剂高压旋喷现场试验采用的施工参数见表 4-1-6。

表 4-1-6　现场试验施工参数

参数	气压（MPa）	浆压（MPa）	浆量（L/min）	提升速度（cm/min）
取值	0.7	36	60	10~15

3. 施工质量控制方法

固化剂浆液配制质量、混合泥浆的含水率与固化剂掺量是控制高压旋喷止水帷幕施工质量的主要指标。固化剂浆液配制质量可通过测定固化剂浆液的比重控制浆液水灰比。由复合固化剂的泥浆流动试验结果可知，含水率、固化剂掺量与复合固化剂的泥浆流动度具有良好的线性关系，因此可测定高压旋喷止水帷幕施工完成后的泥浆流动度，通过复合固化剂的混合泥浆含水率-流动度曲线进行含水率估算。然后采用烘干法测定泥浆的实际含水率，通过固化剂掺量-流动度曲线进行固化剂掺量控制。现场泥浆含水率-流动度曲线如图 4-1-48 所示。

（五）现场试验

1. 试验方案

单桩试验即采用高压旋喷法制作单根高压旋喷桩，通过对单桩的开挖与取芯检测，可评价其成桩效果，通过室内试验评价其力学性能与抗渗性能。本书采用两种配合比下的复合固化剂进行了高压旋喷单桩试验，并与纯水泥单桩进行了对比，同时还对施工完成后的混合泥浆进行了取样，测定了其含水率，并带回实验室后在标准环境养护 7d 与 28d 后测试了其无侧限抗压强度与渗透系数。试验用复合固化剂配合比见表 4-1-7。现场

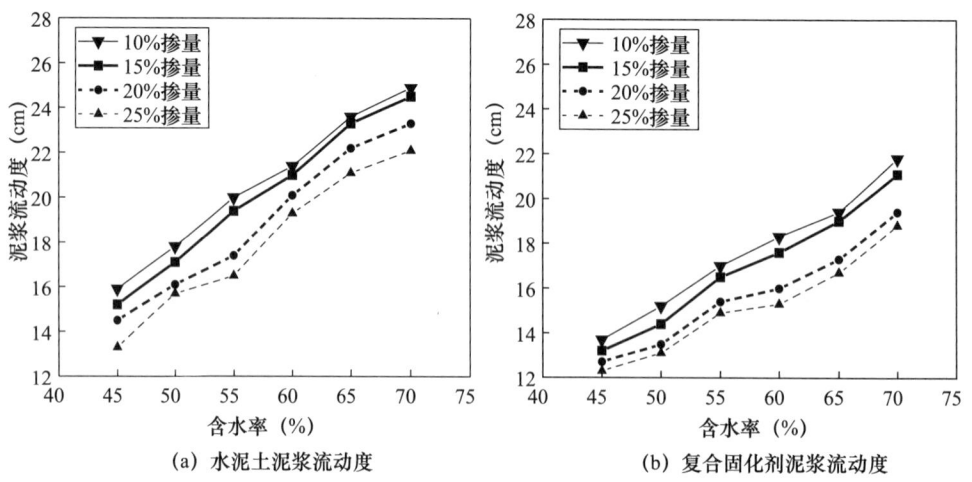

(a) 水泥土泥浆流动度　　　　　(b) 复合固化剂泥浆流动度

图 4-1-48　现场泥浆含水率-流动度曲线

试验检测项目见表 4-1-8。

表 4-1-7　复合固化剂现场试验配合比

固化剂种类	水泥	烧结法赤泥	粉煤灰	GM 激发剂
复合固化剂 1	714	198	40	48
复合固化剂 2	694	194	38	74
水泥	1000	—	—	—

表 4-1-8　现场试验检测项目

检测项目	说明
固化剂浆液比重	用于施工水灰比控制，分别采用比重预测与含水率实测
混合泥浆流动度	用于施工含水率与固化剂掺量控制
混合泥浆含水率	采用烘干法测试，用于固化剂掺量估算
混合泥浆养护强度	分别测试养护 7d 与 28d 强度
混合泥浆养护渗透系数	分别测试养护 7d 与 28d 渗透系数
单桩开挖	成桩质量评价
单桩无侧限抗压强度	施工完成 28d 后取芯检测
单桩渗透系数	施工完成 28d 后取芯检测

2. 结果分析

（1）现场含水率控制。

固化剂浆液比重与混合泥浆流动度测试结果见表 4-1-9 与表 4-1-10。可以看出，以比重预测水泥浆液水灰比的结果是比较准确的。混合泥浆的实测含水率比设计含水率高 5%～7%。分析其原因，现场水位较高，外围集水井降水后地基土含水率分布不均匀，深层地基含水率较高，施工过程中含水率较高的泥浆上涌，从而造成了实际含水率偏高的现象。

表 4-1-9　固化剂浆液比重测试结果

浆液比重	测试 1	测试 2	测试 3	预测水灰比	实测水灰比
复合固化剂 1	1.47	1.44	1.45	1.1	1.1
复合固化剂 2	1.41	1.45	1.42	1.0	1.1
水泥	1.51	1.47	1.51	1.0	1.0

表 4-1-10　混合泥浆流动度测试结果

流动度（cm）	测试 1	测试 2	测试 3	预测含水率（%）	实测含水率（%）
复合固化剂 1	17.8	18.1	17.5	60	65.8
复合固化剂 2	17.5	17.4	17.9	60	67.2
水泥	22.9	21.2	21.7	60	65.4

（2）现场固化剂掺量控制。

通过实测含水率与混合泥浆流动度预估固化剂掺量，见表 4-1-11。可以看出，复合固化剂和水泥高压旋喷桩预估的固化剂掺量与设计固化剂掺量误差分别为 1%～3% 与 5%，复合固化剂预测较为准确，水泥误差较大。这主要是由复合固化剂与水泥泥浆的稳定性差异导致的，水泥泥浆稳定性差，水泥随离析作用多集中于上部，同时实测含水率高于预测含水率，导致固化剂预估掺量偏大。而复合固化剂泥浆稳定性较好，因此固化剂掺量预估效果较好。在现场预估固化剂掺量时应注意考察地基土含水率分布的均匀性。

表 4-1-11　现场固化剂掺量预估结果

固化剂	设计固化剂掺量（%）	预估固化剂掺量（%）
复合固化剂 1	15	18
复合固化剂 2	15	16
水泥	15	20

（3）泥浆取样测试结果。

在泥浆取样后分别制作了无侧限抗压强度试件与渗透试验试件，养护龄期为 7d 与 28d 的测试结果见表 4-1-12。可以看出，采用泥浆流动度与实测含水率的施工质量控制方法能够有效地控制高压旋喷止水帷幕的施工质量。泥浆取样制备固化土的试验结果与 65% 初始含水率下室内试验结果较为接近。与复合固化剂 1 相比，复合固化剂 2 对于高含水率地基土固化效果更好，水泥固化剂早期强度较低，后期强度高于两种复合固化剂，三种固化剂固化土的 28d 渗透系数非常接近。

表 4-1-12　取样泥浆试件测试结果

养护龄期	无侧限抗压强度（MPa）		渗透系数（cm/s）	
	7d	28d	7d	28d
复合固化剂 1	1.28	1.62	5.56×10^{-6}	2.17×10^{-6}
复合固化剂 2	1.35	1.88	4.29×10^{-6}	1.25×10^{-6}
水泥	1.11	2.05	6.66×10^{-6}	2.22×10^{-6}

（4）单桩开挖检查。

单桩试验完成 28d 后对单桩进行了开挖检查。可以看出，桩体表面均匀性较差，存在大量水泥聚集区域与水泥掺量不足区域。这是由于桩体外层主要为挤压层与渗透层，水泥掺量较小，质地不均匀，不能作为防渗主体层位。因此高压旋喷止水帷幕桩体间需要进行搭接，以内部区域作为防渗主体。单桩开挖检查如图 4-1-49 所示。桩体外观检查如图 4-1-50 所示。

图 4-1-49　单桩开挖检查

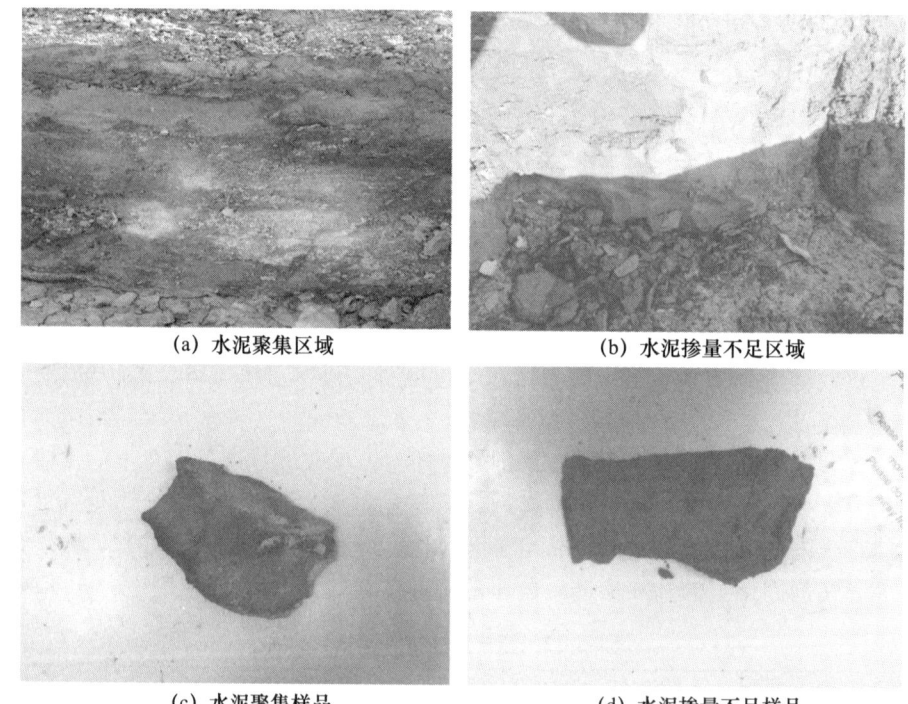

(a) 水泥聚集区域　　　　　　　(b) 水泥掺量不足区域

(c) 水泥聚集样品　　　　　　　(d) 水泥掺量不足样品

图 4-1-50　桩体外观检查

由图 4-1-51 单桩取芯检测可以看出，复合固化剂成桩质量良好，桩体取芯完整，均匀性良好。水泥固化剂单桩存在离析分层现象，桩体纵向均匀性较差。水泥固化剂止水帷幕施工时泥浆的稳定性较差，由于泥浆的离析分层作用，水泥主要集中于桩体上部，而桩体底部由于水泥掺量不足，固结体抗渗性较差，需要较长的处理深度才能达到理想的防渗效果。复合固化剂泥浆稳定性良好，桩体具有较好的均匀性，可有效保证帷幕底部的施工质量。

 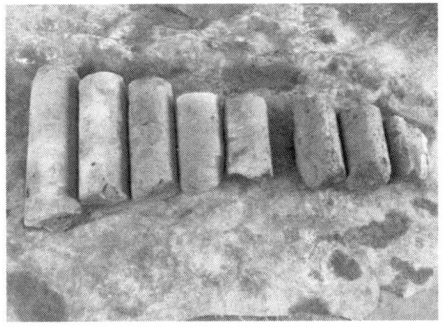

(a) 水泥土单桩芯样　　　　　　　(b) 复合固化剂单桩芯样

图 4-1-51　单桩取芯检测

(5) 单桩取芯检测结果。

对芯样进行了含水率、无侧限抗压强度与渗透系数室内试验，试验结果见表 4-1-13。与施工完成时的初始含水率相比，高压旋喷单桩芯样的含水率大幅度降低，复合固化剂单桩芯样含水率为 50% 左右，降低了 15%，水泥土芯样含水率为 46.7%，降低了 23%。复合固化剂与水泥土含水率变化的差异主要是由于复合固化剂具有较好的泥浆稳定性与保水性。高压旋喷注浆施工完成后，桩体内含水率较高，通过渗透作用向周围土体扩散，复合固化剂中的固废掺和料延缓了桩体水分扩散过程，同时 GM 激发剂的早强作用促进了固化土的早期凝结硬化，进一步保留了桩体内的水分。

表 4-1-13　单桩取芯试验结果

芯样	含水率（%）	无侧限抗压强度（MPa）	渗透系数（cm/s）
复合固化剂 1	51.1	1.45	3.87×10^{-6}
复合固化剂 2	52.5	1.68	2.67×10^{-6}
水泥	46.7	1.79	3.68×10^{-6}

现场单桩芯样的力学性能与抗渗性能低于室内试验结果，无侧限抗压强度降低 15%~20%，渗透系数提高 2~5 倍，这主要是由于现场试验于冬季进行，气温较低，影响了固化剂的水化反应。复合固化剂试验单桩具有良好的力学性能与抗渗性能，其无侧限抗压强度略低于水泥土单桩，抗渗性能与水泥土单桩较为接近，因此复合固化剂对变角速度高压旋喷止水帷幕具有良好的适用性，可代替水泥作为固化剂使用。

(六) 小结

本部分结合变角速度高压旋喷施工技术，进行了复合固化剂工程应用研究，验证了复合固化剂在高压旋喷止水帷幕工程中应用的可行性。主要研究结论与成果如下。

(1) 在粉土、粉细砂土层中浆液喷射压力超过 20MPa 是不适用的。采取统一（高压水）压力预先成槽的方法，兼顾了不同地层性质，使施工过程变得简便、施工质量可靠。采用喷灌结合的施工方法，大大降低了水泥的流失量，使固结体强度明显提高，为有效地降低水泥掺量提供了一定余地。

(2) 提出了采用浆液比重、泥浆流动度与实测含水率作为高压旋喷止水帷幕主要控制指标的现场施工质量控制方法。现场试验结果表明，通过泥浆流动度与实测含水率预估泥浆初始含水率与固化剂掺量具有较高的准确性。

（3）复合固化剂对变角速度高压旋喷止水帷幕具有良好的适用性。复合固化剂成桩质量良好，桩体取芯完整，均匀性良好，其无侧限抗压强度略低于水泥土单桩，抗渗性能与水泥土单桩较为接近，可代替水泥作为固化剂使用。

（七）结论与展望

1. 主要研究结论

本部分通过室内试验、现场试验与数值模拟方法，对高压旋喷止水帷幕材料设计方法、复合固化剂的配合比设计及其性能分析、复合固化剂的工程应用与变角速度高压旋喷止水帷幕的结构设计进行了研究。研究获得的主要结论如下。

（1）以初始含水率作为材料设计控制参数，可以全面考虑高压旋喷止水帷幕施工过程中的含水率变化，在高压旋喷止水帷幕材料设计中，最优初始含水率与高初始含水率取值分别为45%与55%。

（2）烧结法赤泥-粉煤灰掺和料与GM激发剂为复合固化剂的优化配方，复合固化剂在最优初始含水率与高初始含水率条件下，优化配合比为水泥：烧结法赤泥：粉煤灰：GM激发剂＝714：198：40：48与694：194：38：74，材料成本约为水泥的78%。

（3）复合固化剂具有良好的早强特性、抗渗性能、泥浆稳定性与高含水率条件适用性，适用于施工期临时防渗工程。

（4）采用泥浆流动度与初始含水率为指标的施工质量控制效果较好，在控制施工质量时应注意考察地基含水率分布；复合固化剂高压旋喷桩成桩质量良好，可代替水泥作为固化剂使用。

（5）复合固化剂止水帷幕帷幕材料满足深基坑临时支护的抗裂要求，帷幕厚度与支护结构对基坑涌水量影响较小，在保证基坑支护安全的前提下，可选取较小的帷幕厚度。

2. 展望

由于技术条件的限制，本研究尚有许多不足之处，有待进一步的完善，个人认为应该从以下3方面入手。

（1）基于微观试验，进一步分析复合固化剂强度形成与抗渗机理，为复合固化剂配合比设计提供理论指导。

（2）进一步完善高压旋喷止水帷幕配合比设计方法，提出切实有效的材料设计规程。

（3）补充室内试验，完善基于泥浆流动度的复合固化剂固化土性能预估模型，完善高压旋喷止水帷幕施工质量控制方法。

第二节　水泥多合混合料及其应用技术的开发

一、研究背景

（一）概述

目前我国的市政管道工程沟槽回填材料一般为素土、灰土、黄砂以及石粉和石屑、水泥、级配碎（砾）石的拌和物等，绝大多数采用夯实或碾压方法，这种回填方式长期以来一直存在着一个问题,即管道腋角处由于夯实机械没有足够的工作面而难以碾压密实或夯实,回填材料密实度达不到设计要求,空隙率较大。由于地表水的浸入和地下水的活动以及管道或地下构筑物内的水向外渗漏,回填材料与管道或构筑物之间产生接触冲刷,回填土中的细粒土随地下水的活动而发生移动。随着地下细粒土的推移和流失,土被掏空,地下会产生空洞,管道在空间中会发生位移,导致地面发生塌陷,对人的生命安全造成影响。管道渗漏如图 4-2-1 所示。管道塌陷如图 4-2-2 所示。

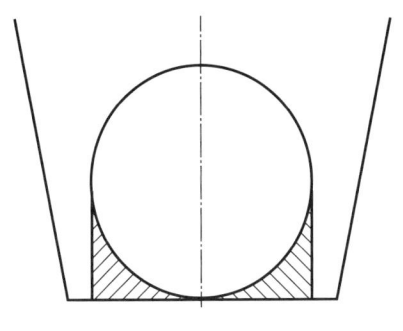

图 4-2-1 管道渗漏

图 4-2-2 管道塌陷

由于素土是柔性回填材料,土管刚度比小,且土的最佳含水率不易控制,对管材的保护作用不强,在碾压的过程中就会有相当一部分管材被压坏,这不仅浪费了原材料,还要耗时耗力对破坏的管材进行修复或更换。浪费人力、物力,也极大地浪费了资源,对工程的进度影响较大。图 4-2-3 为某市管道回填作业中挖出的破碎管材。

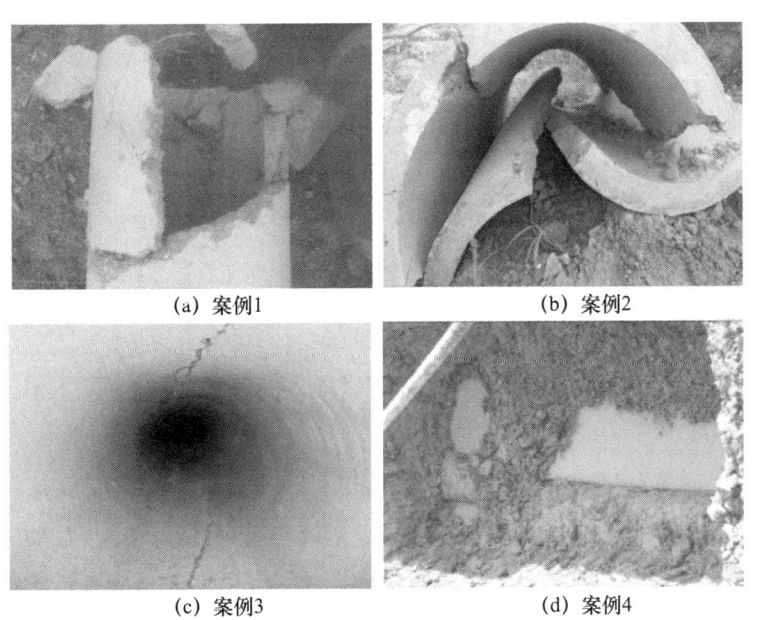

图 4-2-3 压碎的管材

鉴于以上情况,该项目开发了水泥多合混合料,采用少量水泥、石屑(建筑垃圾或其他废料)以及当地原土作为回填材料,加水拌和后浇筑至沟槽内,达到相应龄期后,形成一定的强度,使土的弹性模量、刚度、承载力大大提高,并能与回填管道形成整体,形成了一圈环形套拱,土管刚度比也大有提高,与管道共同受力,使管道产生的变形减小。

案例1:

2012年8月,某市多地出现地面塌陷,疑因连日降雨所致。该市多地均出现地面塌陷情况。据了解,该市连日降雨不断,很可能是雨量过大造成路面下土壤流失,才导致塌陷。该市天坑实例如图4-2-4所示。

(a) 现场1　　　　　　　　　　(b) 现场2

图4-2-4　某市天坑实例

案例2:

2012年4月,某市人行道塌陷现热水坑,女子坠入遭烫伤。据悉,杨女士在人行道行走,忽然路面塌陷,出现一个热水坑,杨女士跌入其中,全身99%面积被烫伤,内脏严重烫伤。据查,是因热力管线渗水致使路面塌陷继而导致事故发生。热水坑事故如图4-2-5所示。

(a) 事故现场1　　　　　　　　　(b) 事故现场2

图4-2-5　热水坑事故

(二)问题的提出

传统回填工艺暴露出来的问题非常多,地表水的浸入和地下水的活动以及管道或地下构筑物内的水向外渗漏,导致回填材料与管道或构筑物之间产生接触冲刷,回填土中的细粒土随地下水的活动而发生移动。随着地下细粒土的推移和流失,土被掏空,地下会产生空洞,管道在空间中会产生位移,导致地面发生塌陷。一些大城市的天坑问题陆续"走"上了电视台,伤人事件不断发生,给人民的生活带来不便,也给人民的生命财产安全带来威协。很有必要针对这一问题进行深入研究,给人们营造一个安全的生活环境。

可以借鉴混凝土的原理,开发经济、安全、节约资源的水泥多合混合料,具有混凝土的特性,拌和后具有良好的流动性和和易性,填入沟槽后可以将任何的空隙、空洞填充密实，与回填管道形成整体，形成一圈环形套拱，土管刚度比也有较大提高，与管道共同受力，管道产生的变形减小，在水泥的胶结作用下，不会出现由于地表水的浸入和地下水的活动以及管道或地下构筑物内的水向外渗漏的现象，也就不会导致回填土中的细粒土随地下水的活动而发生移动，土被掏空，进而使地下产生空洞，导致管道在空间中产生位移致使地面发生塌陷等现象。这种具有流动性的回填材料还完全解决了腋角不密实的问题，因振捣回填可减小工作面，减少土方开挖和回填工作量，更为施工带来了极大的方便，缩短了工期，减少了资源浪费。水泥多合混合料回填效果模型如图4-2-6所示。

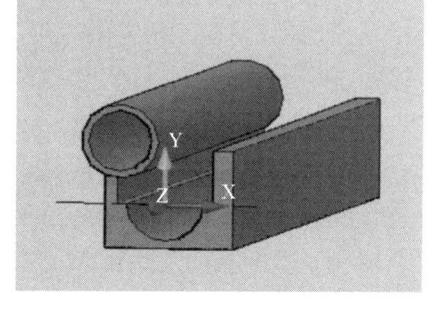

图4-2-6 水泥多合混合料回填效果模型

（三）创新点

开发了以水泥为胶结料，碎石或建筑垃圾为骨料，土、粉煤灰或沥青拌和站回收的粉尘等其他建筑废料作为填充料，加水拌和形成具有一定流动性的回填材料，拌和后浇筑至沟槽内，达到相应龄期后，形成一定的强度，使土的弹性模量、刚度、承载力明显提高，并能与回填管道形成整体，形成了一圈环形套拱，土管刚度比也大有提高，与管道共同受力，使管道产生的变形减小，解决了腋角不易回填密实及因地下水的流动导致回填土中的细粒土产生移动发生地面塌陷等质量通病。本课题的创新点在于：

第一，将回填材料以水化硬化的成形方式推出，混合料在拌制完成后具有流动性，能够在回填到沟槽之中后在振捣的作用下均匀地流动到管道腋角处，使管道能够稳固地坐落于回填材料之中，有效地避免了管道日后的扰动。

第二，采用这种水化硬化搅拌方式，使水泥颗粒在足够的水中充分水化硬化、产生强度。且土颗粒能够和水泥水化产生的氢氧化钙发生二次固化反应，产生更多的凝胶物质，使回填材料固化后强度更高。

第三，该种水泥多合混合料硬化后具有较高的强度，且由于其未硬化前具有一定的塑性，将其包裹在管道的外侧，相当于管道的保护层，和管道同属一体，能够帮助管道抵御外界的作用力，增大了管道的承载力，对其起到保护的作用。

（四）技术要求

（1）土的选择一定要符合规定的要求，根据土的性质确定掺水率。

（2）拌和时应先将干料拌匀，再加水搅拌，搅拌至混合料成流动态，且颜色均一。拌和时间应控制在加水后30min。

（3）回填时间控制在拌和结束6~7h内。

（4）回填完成后应用防水布覆盖养护。

（五）技术指标

（1）在拌制过程中该水泥多合混合料的原材料须符合规定的要求。

（2）含水率应根据土的性质（主要是液塑限指标）确定。

（3）水泥用量不得低于5%。

(4) 坍落度不得大于 2mm。

(5) 不得有严重的泌水现象。

(6) 1d 抗压强度不得低于 400kPa，7d 抗压强度不得低于 1500kPa，28d 抗压强度不得低于 1700kPa。

(7) 回填后 1d 轻型触探值达到 250kPa 后方可进行上一层的回填。

(8) 利用沥青拌和站尾尘时，水泥用量宜控制在 5%～25%，流动度控制在 160～230mm，不得有严重的泌水现象；7d 无侧限抗压强度控制在 1.0～5.0MPa。

（六）课题研究的主要内容

(1) 所用原材料的特性对水泥多合混合料抗压强度的影响，如石屑的含泥量，土的液限、塑限，土的有机质含量。

(2) 不同水泥掺量对水泥多合混合料抗压强度的影响。

(3) 不同种类土对水泥多合混合料的影响。

(4) 水泥多合混合料抗压强度随龄期的变化规律及与同样材料击实试件的强度比较。

(5) 水泥多合混合料不同养护条件对抗压强度的影响。

(6) 水泥多合混合料回弹模量随龄期的变化规律及与相同材料击实成形试件的比较。

(7) 不同性质的土对应的掺水率以及强度的增长情况。

(8) 室外模拟试验回填后的密实效果验证。

(9) 室外模拟试验回填后其轻型触探值随龄期的变化规律。

(10) 室外模拟试验回填与水泥石屑碾压法回填的轻型触探值的比较。

(11) 室外模拟试验回填后腋角处与胸腔处的压实度。

（七）该项目研究的目的和意义

该项目开发了适用于给水排水管道工程回填施工的水泥多合混合料，采用少量水泥、石屑（建筑垃圾或其他废料）以及当地原土作为回填材料，加水拌和后浇筑至沟槽内，达到相应龄期后，形成一定的强度，使土的弹性模量、刚度、承载力大大提高，并能与回填管道形成整体，形成了一圈环形套拱，土管刚度比也大有提高，与管道共同受力，使管道产生的变形减小。在水泥的胶结作用下，避免了因地表水、地下水以及管道或地下构筑物内的水对土壤的冲刷而产生空洞或塌陷等现象。这种具有流动性的回填材料解决了腋角不易处理密实的问题，且回填过程不需要碾压和夯实，为施工带来了极大的方便，缩短了工期，减少了资源的浪费。该项目开发了水泥多合混合料，充分利用建筑垃圾或其他废料以及当地原土作为回填材料，节约了资源，降低了施工成本，为市政领域开辟了一条崭新的回填之路。

与传统回填相比，能够节约大量的资金，经市场调查，仅济南，每年各种材料、管径的管材消耗量约为 1114676m，其中约有一半为混凝土管，其次还有 HDPE 管材、玻璃钢夹砂管、塑钢缠绕管和碳素波纹管，保守估计按平均管径为 700mm，沟槽回填管两边各预留 10cm 来计算，每年济南管材沟槽回填量约为 50 万 m^3。全国仅省会城市、直辖市、自治区大型城市等的回填量就约为 1700 万 m^3，加上二线中小城市回填量超过 1 亿 m^3，那么在材料、施工、每年维修等方面，全国节省下来的资金就能达到几十亿甚至上百亿元,有着广大的市场推广前景。

(八) 已应用和推广的情况

该材料在济南高新区凤凰南路道路及小汉峪整治工程中用于电力沟回填,效果良好,大大缩短了施工时间,且节约了人力资源成本,并在施工后通过检测,完全达到回填标准,因此该材料在市政领域有着广阔的推广前景及推广价值。

(九) 结论与展望

水泥多合混合料是在延续了几十年来的传统回填方式之后在回填领域所进行的转型改变,将机械夯实转变为材料的振捣密实,在回填方式上大大简化了程序和工序,显著缩短了施工工期,节约了人力、机械、电力等资源,将沟槽回填以混凝土浇筑的方式完成,并且更好地保证了密实度,回填无死角,胸腔与腋角一样密实,并形成管道的坚实保护层,延长其使用寿命,在地下水流的作用下不易破坏,该种水泥多合混合料在材料工艺上都有所突破和创新,开辟了全新的领域,当然随着使用者的逐渐增多,也会使其不断提高,更加完善,将其打造成人人了解、人人认可,能够为市政领域造福的大宗材料,有非常广阔的推广前景。

二、水泥多合土回填材料开发

(一) 概述

水泥土是用水泥浆或水泥粉,选取适当的配合比,用专门搅拌设备与土体(或骨料)充分搅拌,使水泥与土在水的作用下形成连续的、具有整体性、坚硬的混合物,提高了混合物的强度和耐久性。而该项目所制备的水泥多合混合料与水泥土的结构极为相似,仅仅多添加了骨料,所以水泥水化、土颗粒反应机理与之基本相同。水泥土适用于处理各种软黏土,泥质土,含泥量较低的砂砾土、碎石土。能用来制备水泥土的土类很广泛,除了有机土、高塑性的黏土和反应不良的砂质土外,其余均可。我国对水泥土的应用大多数为浅层、薄层软土采用换填法处理,对于中等至深厚层软土,采用水泥土搅拌法(包括湿法和干法),搅拌后形成柱状水泥土增强体,可提高地基土的强度,减少路基沉降,增强路基(堤)的稳定性。

水泥多合混合料对原状土的加固原理主要是团粒化、硬凝、原状土改良、碳酸化、结晶等五大作用。影响水泥土强度的主要因素是水泥土的水泥含量、含水率、龄期及养护条件等。

近年来,水泥土可以用作沥青混凝土和水泥混凝土路面下的基层材料,以及大坝和路堤的边坡加固,沟槽、水库、浅湖的衬垫,大体积水泥土筑堤,地基稳定,路面基层,边坡加固,防渗里衬等工程材料。该项目首次将水泥多合混合料(水泥土的衍生物)引入回填领域,拌制成具有较高流动性的状态,用于沟槽、管道的回填,有效地解决了回填不密实的问题,并使施工方案大为简化,明显提高了施工效率,取得了良好的效果。

(二) 水泥多合混合料室内试验

1. 原材料

水泥多合混合料主要原材料为水泥、土以及石屑。关于粉煤灰、建筑垃圾、沥青拌和站收尘等代替石屑再利用的情况,也进行了研究。

(1) 土的要求(包括粒径、液塑限、有机质)。可以选用黏土或砂土,塑性指数在 15~20,有机质含量不宜超过 5%。关于软土中有机质成分影响水泥土强度比较一致的看法是,有机质使土体具有较高的水溶性和塑性,较高的膨胀性和低渗透性,并使土具有酸性,所有这些因素都阻碍水泥的水化反应,因此对于有机质含量过高的软土,单纯用水泥加固效果较差。有人将地基土中有机质含量对水泥土强度的影响做了深入的研究,指出有机质中的富里酸不仅分解水泥水化产物,同时还延缓水泥水化进程,对水泥土的结构性直接构成威胁,因此一定要严格控制土中有机质的含量。使用时应烘干并将大粒径土块碾碎,过 2mm 筛。规范指出,有机质含量超过 2% 的土必须先用石灰进行处理,焖料一夜后再用水泥稳定。硫酸盐含量超过 0.25% 的土不宜使用。

(2) 水泥。水泥采用 P·O 42.5 普通硅酸盐水泥或复合硅酸盐水泥,水泥不得结块,保存期间要注意防潮,在使用中如果水泥已超过 3 个月或发生结团现象应先过筛,并要对其强度进行检验后方可使用。

(3) 石屑(粒径、含泥量)。石屑要求洁净无尘土,若含泥量较高,则需根据实际含泥量适当降低土的掺量;石屑颗粒的粒径不宜过大,4.75mm 以上颗粒不得超过 30%。大致级配情况见表 4-2-1。

表 4-2-1 石屑级配要求

筛孔尺寸(mm)	筛余量(%)
4.75	35~40
2.36~4.75	45~55
0.075~2.36	2~17
0.075~2.36	<3

(4) 粉煤灰。可采用三级及以上粉煤灰。

(5) 建筑垃圾。试验中所用建筑垃圾包括废弃红砖、花砖、砌块以及沥青拌和站的回收尘土。对于砖类及砌块,要先将其用颚式破碎机进行破碎,形成规定粒径的骨料颗粒,可以单独使用也可以混合使用,破碎后要进行筛分,调整级配。破碎的红砖颗粒和花砖颗粒如图 4-2-7 所示。

(a) 红砖颗粒

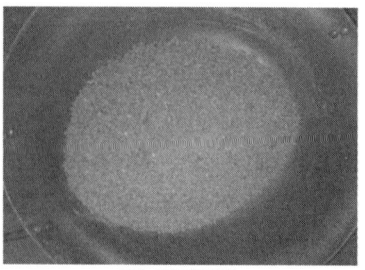
(b) 花砖颗粒

图 4-2-7 破碎的红砖颗粒和花砖颗粒

2. 水泥多合混合料产生强度的机理

（1）首先混合料中掺有水泥，水泥的水化作用会生成 $Ca(OH)_2$ 和水化硅酸钙凝胶（水泥石），还有少量的水化铁酸钙、水化铝酸钙等物质，其中有一部分凝胶颗粒与周围具有一定活性的土颗粒发生反应，促进土体进一步胶结。此过程在 24h 内基本完成，生成的水化硅酸钙和水化铝酸钙将土颗粒包裹并连结成网络结构，水泥土部分强度增大。

（2）水泥和土会发生硬凝反应，硬凝物质是硅、铝化合物，它们又和 $Ca(OH)_2$ 在常温下发生反应，生成物同样具有硬凝性质，很多黏土矿物具有这种硬凝特性。在水泥多合混合料中水泥水化已生成一定量的水化硅酸钙凝胶及 $Ca(OH)_2$。当 $Ca(OH)_2$ 进入土中后，孔隙水的 pH 值瞬间上升，升高的 pH 值会激发土颗粒表面的硅和铝，使它们参与反应逐渐生成新的固化产物。

$$3Ca^{2+}+2Si^{4+}+14OH^- \longrightarrow 3CaO·2SiO_2·3H_2O+4H_2O \tag{4-2-1}$$

$$4Ca^{2+}+4Al^{3+}+20OH^-+3H_2O \longrightarrow 3CaO·2Al_2O_3·Ca(OH)_2·12H_2O \tag{4-2-2}$$

以上两个反应是水泥土中后期强度增长的主要原因。这步反应生成不溶于水的稳定的硅酸钙或铝酸钙结晶化合物，即微晶凝胶，它在水中逐渐硬化，生成 $CaO·SiO_2·(n+1)H_2O$。另外，土中含有一定数量的 SiO_2，SiO_2 与水反应后形成硅酸胶体，会把周围没有发生任何反应的土颗粒黏聚到一起，形成大颗粒的土团。另外，水泥水化生成的 $Ca(OH)_2$ 电离出 Ca^{2+}，与周围土体中吸附的 Na^+、K^+ 发生等量吸附交换，导致双电层厚度变小，因此土颗粒之间会结合得更加紧密，同时也会加大水泥颗粒和土颗粒之间的黏结强度，形成水泥土的链条状结构，并且封闭了团粒之间的空隙，再加上石屑颗粒作为刚性骨架，形成稳定的、能够抵抗外力作用的结构。

（3）碳酸化作用的存在也会为水泥多合混合料的强度增长做出贡献，由于水泥水化产生 $Ca(OH)_2$，它会和空气中的水、二氧化碳发生反应生成 $CaCO_3$，$CaCO_3$ 的强度较高，但由于 $Ca(OH)_2$ 数量有限，所以碳酸化反应的数量并不多。水泥与土的固结反应如图 4-2-8 所示。

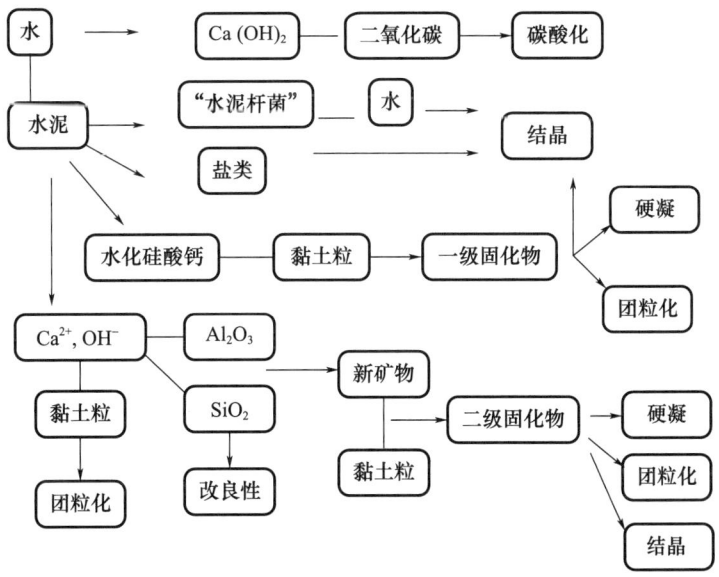

图 4-2-8 水泥与土的固结反应示意图

3. 材料配合比、养护条件以及成形工艺对水泥多合混合料性能的影响

(1) 不同水泥掺量对水泥多合混合料无侧限抗压强度的影响。

在水泥多合混合料中,水泥无疑是最关键的组分,是水泥在水的作用下发生水化硬化反应形成坚硬的水泥石,即水化硅酸钙凝胶,同时是水泥发生水化反应而产生的$Ca(OH)_2$,继而电离出钙离子,并与土这一组分发生离子置换反应,使个各组分之间能够更紧密地结合在一起,混合料产生了强度。在混合料中其强度随水泥掺量的增加而增大。不同水泥掺量下原材料配合比见表4-2-2。

表 4-2-2 不同水泥掺量下原材料配合比

序号	水泥 (g)	石屑 (g)	土 (g)	水 (g)
1	0	3350	1650	900
2	150	3350	1500	900
3	250	3350	1400	900
4	350	3350	1300	900
5	500	3350	1150	900

水泥多合混合料中水泥是对强度起主导作用的材料,如图4-2-9所示,该组试验选取了5种不同的水泥掺量,即0,3%,5%,7%和10%,在自然条件下进行室内养护(温度30℃,湿度26%,无风)。5组试件的无侧限抗压强度均随龄期的增长而增长。水泥掺量为0%的试件其1d、3d、7d无侧限抗压强度均为零,只有到了28d时水分全部蒸发混合料失水干燥后才产生了一定的土体强度,如图4-2-9所示,28d无侧限抗压强度为416kPa。其余几组28d无侧限抗压强度分别为710kPa、1700kPa、3444kPa和6567kPa。

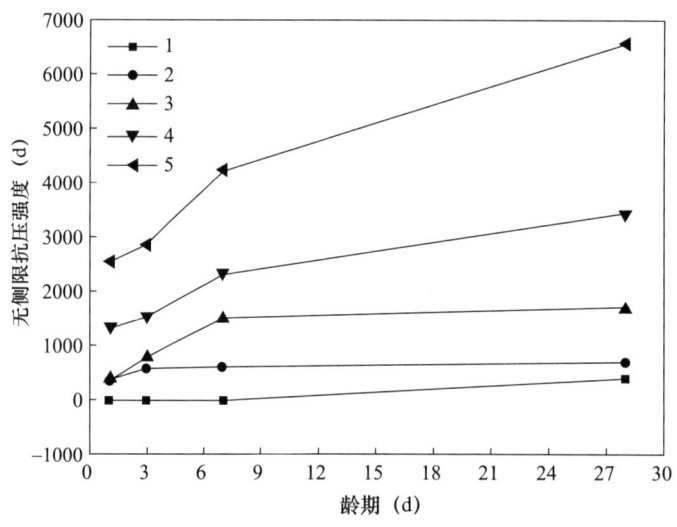

图 4-2-9 不同水泥掺量对水泥多合混合料无侧限抗压强度的影响

为了配合施工需要,保证工程的顺利实施,回填混合料要尽快产生强度,从图4-2-9中可以看出,几种水泥掺量下试件1d无侧限抗压强度分别为0kPa,360kPa,400kPa,1344kPa和2542kPa。

综上所述,建议水泥掺量在5%左右,根据现场实际情况可以酌情调整,但要保证

回填层上可以继续进行下一步作业,所以1d无侧限抗压强度不低于400kPa,28d无侧限抗压强度不低于1700kPa。

(2) 不同土样对水泥多合混合料无侧限抗压强度的影响。

自然界中的土有很多种类,如按照土颗粒的尺寸将土分为巨粒土、粗粒土、细粒土和特殊土。粗粒土又分为漂石和卵石;粗粒土分为砾类土和砂类土;细粒土分为粉质土、黏质土和有机质土(有机质含量在5%~10%);特殊土则分为黄土、膨胀土、红黏土、盐渍土和冻土。在以上土的分类中,主要选择细粒土中的黏质土作为水泥多合混合料中的土组分。因为相比于粉质土,黏质土的活性矿物质含量更高,如Al_2O_3、Fe_2O_3等,且易于与其他组分黏结成一个整体;而粉质土中的细砂和粉砂含量较高,不能起到胶结作用。另外,该部分的土根据液塑限及有机质含量分为以下几个种类,如图4-2-10所示。

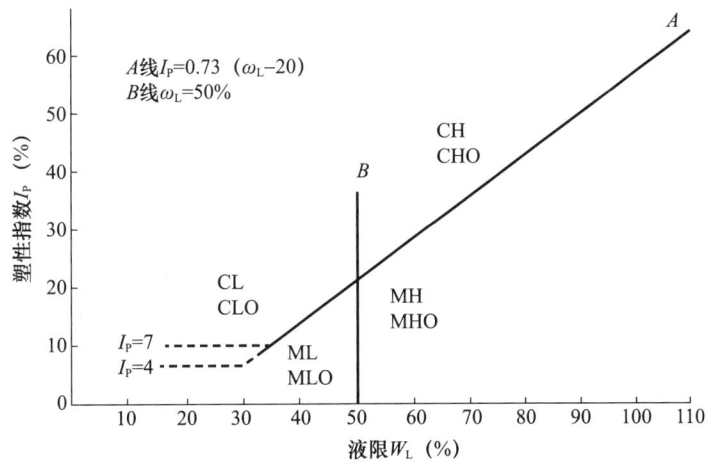

图 4-2-10 土的塑性图

在土的塑性图中,为了保证水泥多合混合料中尽量不掺入有机质,且同时保证其强度及和易性,在试验中主要选择A线以上B线以左部分的CL型土,即低液限黏土。这种土在拌和时不需要引入较多的水分即可拌匀,不会在水泥多合混合料凝结硬化后由于水分的流失留下过多的孔洞而降低其强度。因此在施工时应尽量选用低液限黏土。依照此范围,实验室选取了五种土样分别进行了无侧限抗压强度试验。五种土样的性质见表4-2-3。

表 4-2-3 五种土样的性质

序号	液限(%)	塑限(%)	塑性指数	有机质含量(%)
1	28.2	18.2	10.0	0.62
2	31.2	17.1	14.1	1.21
3	34.4	16.8	17.6	4.27
4	33.3	16.8	16.8	5.76
5	35.3	16.6	18.7	0.69

自然界中存在的土,由于土质的不同,其和水泥的反应情况有差别,如随着有机质含量的增高,水泥水化硬化的速度减缓,且会导致其强度的相应降低。水泥多合混合料的需水量会随着土塑性指数的增大而增大,因此在水泥多合混合料的后期养护过程中会

由于失水而留下比较多的孔洞，导致强度降低。该试验选取塑性指数在 10～18.7 范围内的 5 组试样进行研究。

如图 4-2-11 所示，5 组试样的无侧限抗压强度基本随着土样塑性指数的减小而增大；除 1 号和 2 号略有偏差，1 号、2 号土样的塑性指数最低，分别为 10.0 和 14.1，因此无侧限抗压强度较高，1d 无侧限抗压强度为 668kPa 和 680kPa，28d 无侧限抗压强度达到 2781kPa 和 2293kPa。5 号试件塑性指数为 18.7，但其早期无侧限抗压强度还是比较高的，在 7d 之前无侧限抗压强度增长较快，1d 无侧限抗压强度 668kPa，7d 无侧限抗压强度 1600kPa。但 28d 无侧限抗压强度仅为 1730kPa。分析其原因，由于该土取样后成黏团状，且内部干燥僵硬，无侧限抗压强度很高，无法捣碎，只有待其表面干燥后用颚式破碎机将其破碎成小土块，再进行试验，所以在进行水泥多合混合料搅拌的时间段里土块不能够完全润湿，溶解于拌和水中，最多只是表面润湿，部分溶解，所以在水泥多合混合料成形为试块时，大部分的土碎块是当作骨料使用的，一小部分作为胶凝材料使用，而到后期，7～28d 的时间较长，作为胶凝材料使用的这一小部分土进一步干燥失水，不能起到连接黏聚的作用，所以水泥多合混合料强度发生了突降。4 号土为有机质土，其强度发展几乎始终处于最低端，可见有机物对其强度的影响是很明显的，所以不建议采用有机质土制备水泥多合混合料。

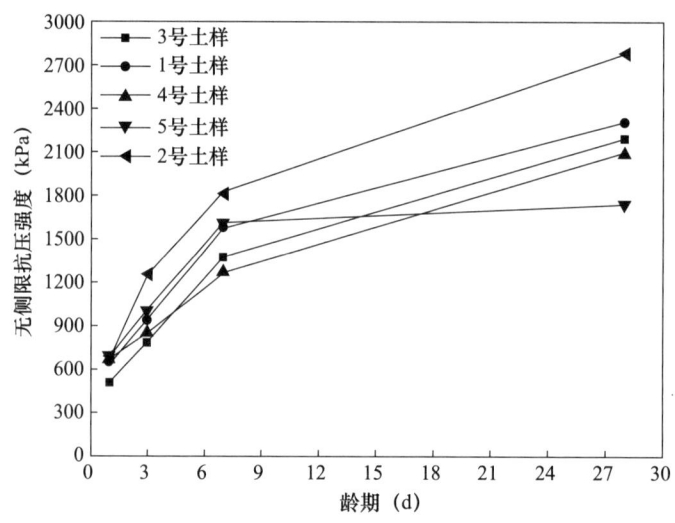

图 4-2-11 不同土样对水泥多合混合料强度的影响

综上所述，水泥多合混合料的强度基本上是随着所使用土质塑性指数的增大而降低的（除有机质土以外），建议在实际拌和中选取塑性指数在 10～20 范围内的土拌制水泥多合混合料，土的有机质含量不得超过 5%。

(3) 不同掺水率对水泥多合混合料无侧限抗压强度的影响。

水泥多合混合料是一种初始拌和后具有一定流动性且和易性较好的黏稠拌和物，其稠度与拌和掺水量直接相关，且采用不同的土其掺水率也大为不同，在施工中应先对使用的原材料土质做检测，并在实验室确定最佳掺水率，以便指导施工。在现场施工中为了追求施工简便，拌和物流动性好，有的施工队伍会多掺水，这样就会使拌和和振捣变得更容易，但是同时也会使拌和物的后续强度大打折扣；如果为了得到较高的强度而少掺水，则会给拌和带来很大的困难，回填后也不易振捣密实，留下过多孔洞，同样带来负面效果。为了既能施工方便又不明显折损混合料的强度，需要在两者之间找到一个合适的掺水率。该试验选取了塑性指数10~18.7的5组试样，其中4号土由于有机质含量超过5%，属于有机质土，不适合用于该混合料，所以不参与掺水量的比较（但其强度值用于参考比较的对象），其余4组的掺水量比较试验如下。

① 1号土样的掺水率与拌和稠度及无侧限抗压强度的关系。

1号土样来自济南西客站片区某填土场，经测试液限为28.2%，塑限为18.2%，塑性指数为10.0。土样外观为黄色，略呈粉状，有结块，易破碎。实验室针对液塑限分别选取了四个掺水率（表4-2-4），图4-2-12为1号土样的掺水率与拌和性能及强度的关系。

表4-2-4　不同掺水率下水泥多合混合料原材料配合比（1号土）

序号	水泥（g）	石屑（g）	土（g）	水（g）
1	250	3350	1400	500
2	250	3350	1400	550
3	250	3350	1400	600
4	250	3350	1400	650

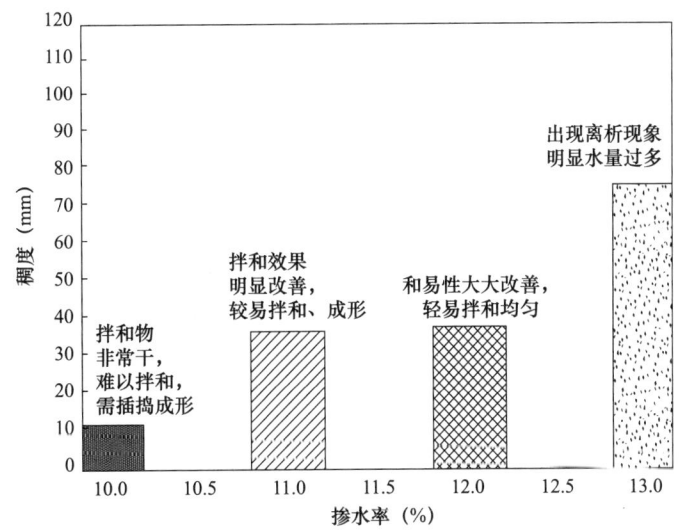

图4-2-12　不同掺水率对水泥多合混合料稠度的影响

为了测定水泥多合混合料的无侧限抗压强度与拌和掺水量之间的关系，在确定土样后（试验选取的是1号土样，外观黄色粉状，塑性指数为10.0，有机质含量为0.62%），试验选取了四个不同的掺水率，即10%、11%、12%和13%，虽然每个等级只相差1%，但对水泥多合混合料的和易性、流动性及稠度的影响还是比较明显的。

为进行稠度试验，采用SC-145型砂浆稠度仪（图4-2-13）对新拌水泥多合混合料进行了稠度测试，测试结果如图4-2-12所示；掺水率为10%时，稠度仅为12mm，水泥多合混合料水分严重不足，拌和很困难，黏稠度很大，在入模成形时需采用捣棒插捣并振捣刮平。当掺水率增加到11%时，和易性大大改善，较易拌和均匀，成形时只需轻轻振捣便可流平。掺水率为12%时情况与11%时相似。当掺水率为13%时，发现混合料骤然发生离析,掺水量明显多于需水量,混合料特别稀,经过砂浆稠度仪的测试发现,稠度值为77mm,成形时只需浇入试模即可自流平,但会发生一定程度的泌水现象(图4-2-14)。所以在工程应用中一定要先取土样进行检验,根据土的液塑限确定水泥多合混合料的掺水量,以免为了追求良好的拌和性能而掺水过多,造成离析泌水现象,且影响后期的强度和耐久性。

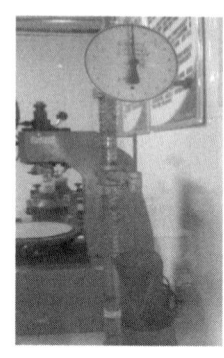

图4-2-13　砂浆稠度仪　　　　图4-2-14　掺水率为13%的试样发生泌水现象

综上所述,建议对于塑性指数在10.0左右的土掺水率选择11%~12%。可根据现场实际情况进行适当调整。拌和使用前必须在实验室进行试配。

② 2号土样的掺水率与拌和稠度及无侧限抗压强度的关系。

2号土样取自济南西客站片区另一土场,外观呈黄色,液限31.2%、塑限17.1%,塑性指数14.1,根据实际拌和需水量情况选取12%、14%、16%和18%四个掺水率,具体配合比见表4-2-5。

表4-2-5　不同掺水率下水泥多合混合料原材料配合比(2号土)

序号	水泥(g)	石屑(g)	土(g)	水(g)
1	250	3350	1400	600
2	250	3350	1400	700
3	250	3350	1400	800
4	250	3350	1400	900

图4-2-15所示为混合料稠度与掺水率的关系,对于2号土,选择了10%、11%、12%和13%四个掺水率;10%时过于干燥,成形困难,需要插捣压实;11%时稠度有所增大,但仍不易拌和成形。当掺水率为12%时,稠度为54mm,此时为该土的最佳掺水率,和易性达到最佳状态,拌和成形都很顺利,轻微振动即可流平振实。当掺水率为13%时明显水量过大,流动性虽好但泌水较明显,对后期强度不利。

图4-2-16所示为不同掺水率下水泥多合混合料无侧限抗压强度随龄期的增长趋势,掺水率为10%的试件无侧限抗压强度很高,1d无侧限抗压强度为1106kPa,随着龄期的增长,3d时已接近2000kPa,7d时达到2382kPa,28d时达到3652kPa。掺水率为11%的试件1d无侧限抗压强度为900kPa,低于掺水率为10%的试件,3d之内无侧限抗压强度稳定增长,当达到7d时,无侧限抗压强度增长缓慢,与掺水率为13%的试件相同,分析其原因应该是所压试件成形时留下了过多的孔洞,或产生一定的缺陷导致强

度不足。掺水率为12%和13%的试件由于水量充足，不存在浆不足的问题，所以强度稳步增长，12%和13%的试件1d无侧限抗压强度为654kPa和492kPa，3d无侧限抗压强度达到1142kPa和964kPa，28d无侧限抗压强度为2850kPa和2602kPa。

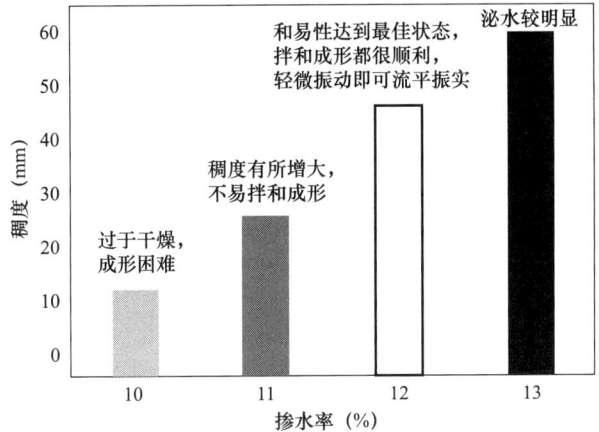

图4-2-15　水泥多合混合料稠度与掺水率的关系

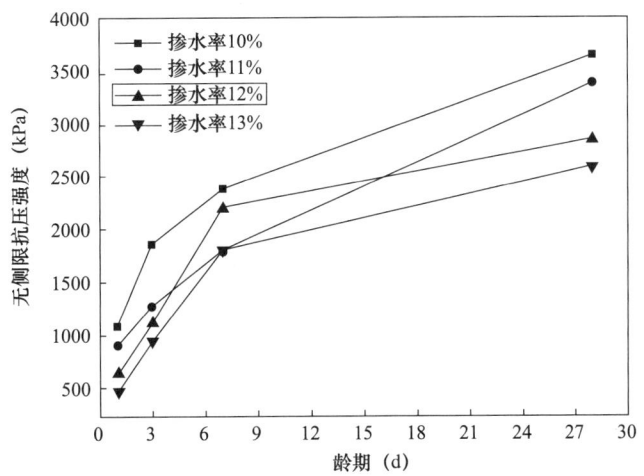

图4-2-16　水泥多合混合料无侧限抗压强度与掺水率的关系曲线

综上所述，对于塑性指数在14左右的土建议掺水率为12%左右，根据现场实际情况可进行适当的调整。拌和使用前必须在实验室进行试配。

③ 3号土样的掺水率与拌和稠度及无侧限抗压强度的关系。

3号土样取自济南腊山河西路与经十路交口处的挖掘土，呈褐色，较黏，液限为34.4%，塑限为16.8%，塑性指数为17.6，根据实际拌和黏稠度情况选取了10%、11%、12%和13%四个掺水率。具体配合比见表4-2-6。水泥多合混合料稠度与掺水率的关系如图4-2-17所示。

表4-2-6　不同掺水率下水泥多合混合料原材料配合比（3号土）

序号	水泥（g）	石屑（g）	土（g）	水（g）
1	250	3350	1400	500
2	250	3350	1400	550

续表

序号	水泥（g）	石屑（g）	土（g）	水（g）
3	250	3350	1400	600
4	250	3350	1400	650

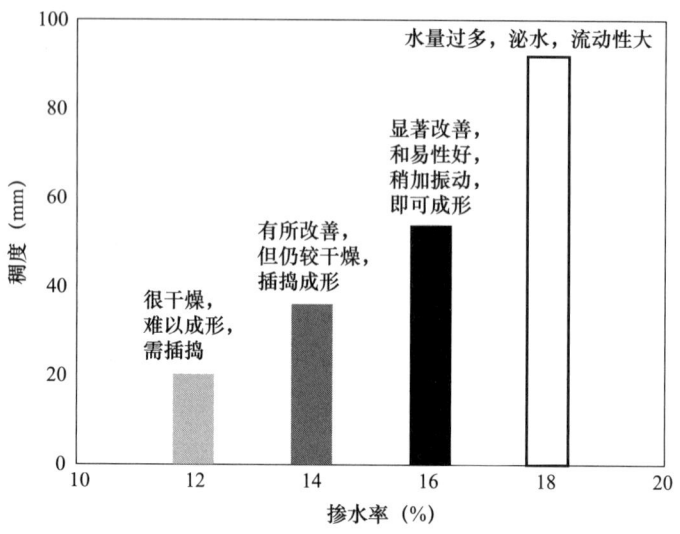

图 4-2-17　水泥多合混合料稠度与掺水率的关系

不同的掺水率下拌和情况如图 4-2-18 所示。掺水率为 10％时，混合料极其干燥，拌和非常困难，干料沾上少许水后易结团，且不易散开，则导致拌和不均匀，用砂浆稠度仪测试其稠度仅为 16mm。入模成形难度很大，需用捣棒插捣压实方可成形，且成形试件由于浆不足包裹着土的石屑颗粒外露，存在较多较大的孔洞，因此影响了水泥多合混合料的强度及耐久性。

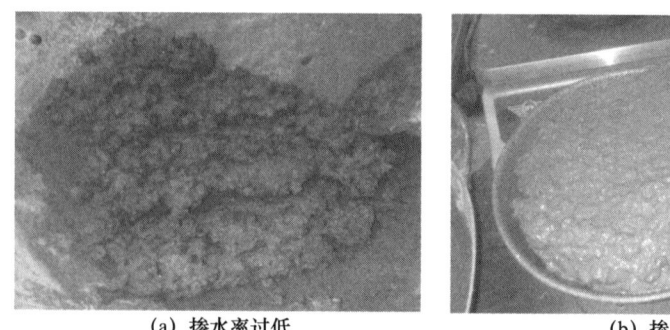

(a) 掺水率过低　　　　　　　(b) 掺水率过高

图 4-2-18　掺水率低及过高的水泥多合混合料拌和情况

增加 1％的水，稠度略有改善，为 30mm，但拌和和成形仍存在较大困难。当掺水率为 12％时，混合料和易性达到最佳状态，此值也为掺水率的临界值，即用最少的水达到最佳的拌和状态，也是取得最高强度的最佳点。因此在现场施工时最主要的是找到这一最佳掺水率。

在此基础上又掺加了 1％的水，即掺水率达到 13％时，水泥多合混合料流动度明显大大增加，且有泌水现象，此种情况会导致凝结硬化后失水留下过多孔洞，而造成强度的损失，也为可能发生的水损害埋下隐患。综上所述，对于3号土，最佳掺水率为12%。

图4-2-19所示为不同掺水率下水泥多合混合料试件强度随龄期的增长趋势，强度严格随龄期的增长而增加，随着掺水率的增加而降低，四者的1d强度分别为1296kPa、826kPa、502kPa和302kPa，3d时强度分别达到2496kPa、1552kPa、1102kPa和562kPa，当达到28d时，掺水率为12%的试件强度已达到5100kPa，最佳掺水率下试件强度为2490kPa，该强度足以满足回填需求。掺水率为18%的试件则为1596kPa。

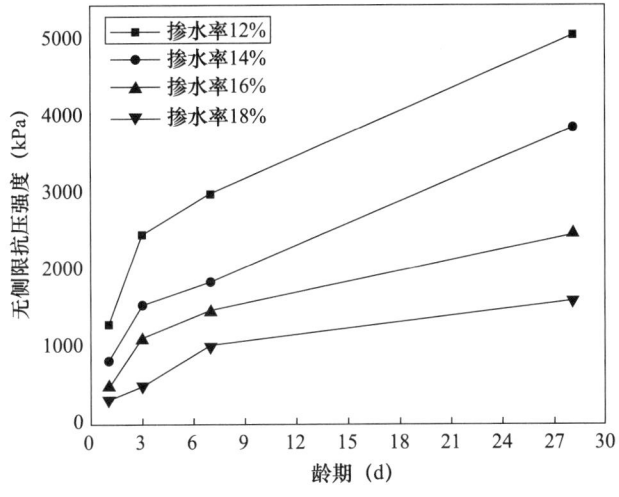

图4-2-19 水泥多合混合料无侧限抗压强度与掺水率的关系曲线

以1号土为例，图4-2-20所示为不同掺水率下水泥多合混合料凝结硬化后各龄期无侧限抗压强度，从图中可以看出，当掺水率达到临界状态时，水泥多合混合料的和易性、流动度对掺水量变得十分敏感，掺水率为10%的试件1d无侧限抗压强度为650kPa，28d高达4277kPa。而在此基础上掺水率增加1个百分点时1d强度为406kPa，28d时为3588kPa，四个龄期内分别降低了37.5%，9.1%、1.8%和16%，可见掺水率的大小对早期强度的影响比较大，中间龄期的影响最小，后期随着龄期增长到28d，下降趋势又变大。且图中显示，掺水率越大，强度下降越明显，当掺水率为13%时，掺水率每增加1个百分点各龄期的强度下降百分率分别为67%、60.5%、58.9%和63.5%。

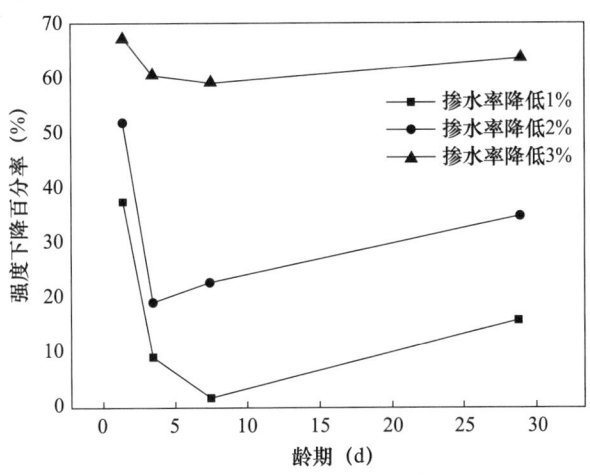

图4-2-20 水泥多合混合料掺水率与强度下降百分率的关系曲线

从以上数据得出结论,在实际施工中切记不要加水过多,否则会使后期强度及其他方面性能(如抗冻性、抗渗性等)严重降低。对于塑性指数在17左右的土,建议掺水率为16%,根据现场实际情况可进行适当调整,拌和使用前必须在实验室进行试配。

④ 4号土样的掺水率与拌和稠度及强度的关系。

4号土样取自济南经十东路附近一片土场,褐色,不是很黏,较松散,用手即可捏碎。其液限为33.3%,塑限为16.8%,塑性指数16.8,有机质含量为5.76%,对其进行拌和选取了13%、14%、15%和16%四个含水率,具体配合比情况见表4-2-7。4号土掺水率与稠度的关系如图4-2-21所示。

表4-2-7 不同掺水率下水泥多合混合料原材料配合比(4号土)

序号	水泥(g)	石屑(g)	土(g)	水(g)
1	250	3350	1400	650
2	250	3350	1400	700
3	250	3350	1400	750
4	250	3350	1400	800

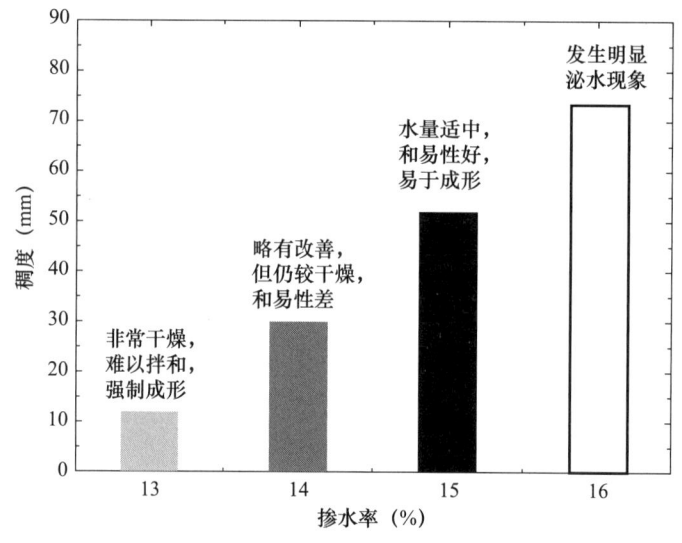

图4-2-21 4号土掺水率与稠度的关系

由图4-2-21中可以看出,当掺水率为13%时和易性极差,拌和起来很困难,所掺水量不足以将拌和料全部润湿,因此入模后很难成形,需用力插捣并不断振实。当掺水率为14%时,情况有明显改善,可以拌和,但仍然较困难,和易性还是较差。当掺水率为15%时,和易性发生了急剧的改变,其稠度值约为52,拌和容易,浆料将骨料包裹得很好,入模后稍加振捣即可抹平成形,此种状态有利于施工。当掺水率增加到16%时,则发生了明显的泌水现象,所掺水量超过了土体及水泥的需求量,直接从拌和料中流出,因此此时的掺水率是过大的。

以上四个样品在后期的强度测试表现情况如图4-2-22所示。

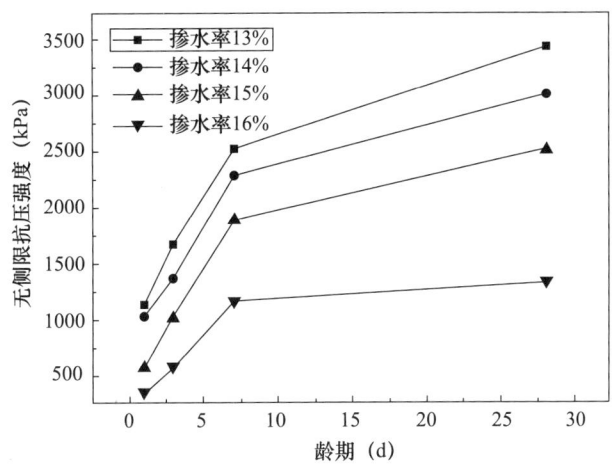

图 4-2-22　4 号土的各龄期强度发展曲线

和混凝土规律相同，用水量越少其强度越高，掺水率为 13% 的样品 1d 强度即达到了 1135kPa，3d 达到 1680kPa，28d 达到了 3428kPa；掺水率增加一个百分点则其强度随之下降，例如，掺水率为 14% 时，1d 强度为 1025kPa，3d 为 1378kPa，28d 为 3012kPa，当达到最佳和易性时，1d 强度为 562kPa，此强度完全可以满足施工需求，3d 达到 1021kPa，28d 可达到 2503kPa；当掺水率为 16% 时，由于用水量过大，导致拌和物成形后产生过多空隙，造成内部松散，因此强度会明显下降。所以若施工中采用 4 号土样，建议掺水率控制在 15%，并要求在实验室对每次取来的土进行试验。

⑤ 5 号土样的掺水率与拌和稠度及强度的关系。

5 号土取自济南二环西路地下沟槽挖出的土体，黄色，很黏，液限 35.3%，塑限 16.6%，塑性指数 18.7，有机质含量 0.69%。根据实际拌和情况，选取 10%、13%、16% 和 19% 四个掺水率，其具体情况见表 4-2-28。5 号土掺水率与稠度关系如图 4-2-23 所示。

表 4-2-8　不同掺水率下水泥多合混合料原材料配合比（5 号土）

序号	水泥（g）	石屑（g）	土（g）	水（g）
1	250	3350	1400	500
2	250	3350	1400	650
3	250	3350	1400	800
4	250	3350	1400	950

如图 4-2-23 所示，当掺水率为 10% 时，水泥多合混合料极其干燥，稠度值为 19mm，肉眼观察几乎看不到锥体的下落，所以成形时必须插捣密实，成形很困难。当掺水率为 13% 时，略有好转，稠度值为 32mm，但仍难以拌和成形，直到掺水率达到 16%，有了较明显改善，比较容易拌和，且能够轻微振捣成形、抹平。而掺水率达到 19% 时水量明显加大，稠度值为 98mm，有明显泌水现象。因此对于此类土，最佳掺水率宜为 16%。

在以上几种掺水率下水泥多合混合料的强度变化如图 4-2-24 所示。

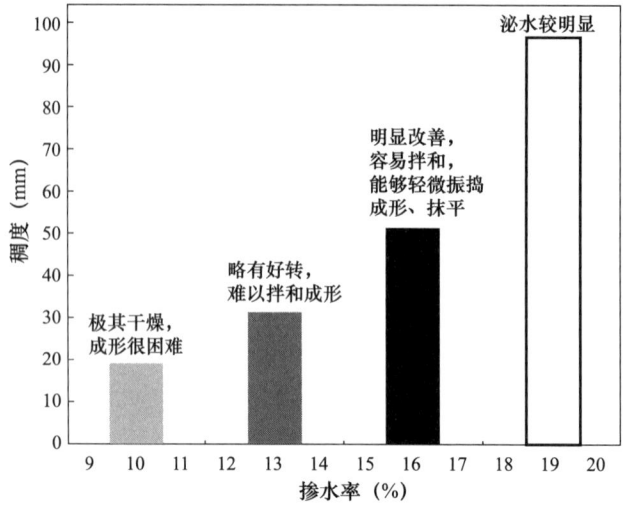

图 4-2-23　5 号土掺水率与稠度关系图

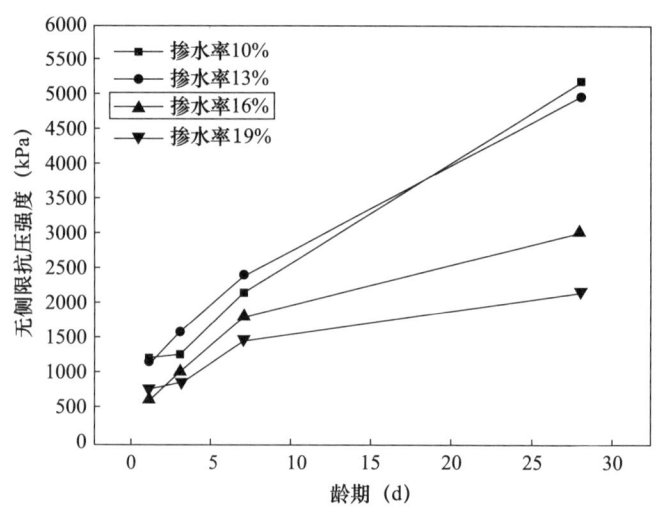

图 4-2-24　不同掺水率对水泥多合混合料强度的影响

图 4-2-24 中数据显示，水泥多合混合料的强度大体上仍是随掺水率的增大而减小的，只有当 3d 和 7d 时掺水率为 13% 的试件强度略超过 10% 的试件强度。这和上几组相类似，是因为掺水率极低的时候水泥多合混合料在成形时难以密实，留下的空隙较多，所以对强度的影响比较大。由图 4-2-24 可知，掺水率为 10% 时的试件四个龄期的强度分别为 1190kPa、1248kPa、2140kPa 和 5213kPa。掺水率为 13% 时的强度分别为 1126kPa、1574kPa、2400kPa 和 4962kPa。掺水率为 16% 时强度分别为 618kPa、1004kPa、1810kPa 和 3015kPa。掺水率为 19% 时强度分别为 758kPa、868kPa、1486kPa 和 2189kPa。

综上所述，对与塑性指数在 18 左右的土，建议掺水率为 16%，根据现场实际拌和情况可进行适当调整。拌和使用前必须在实验室进行试配。

小结：土的塑性指数不同则需水量不同，根据试验总结得出以下结论，见表 4-2-9。

表 4-2-9　水泥多合混合料掺水率建议表

土的塑性指数	建议水泥多合混合料掺水率（%）
10	11～12
14	12
17	16
18	16～17

在实际施工中，由于所选土质各有不同，要求务必先进行室内试验以确定施工中的最佳掺水率。

4. 不同材料组成对水泥多合混合料强度的影响

全国各地矿产资源分布不均，每个地方都有其独特的丰富资源，在施工时为了结合当地材料实际供应情况及经济状况，并考虑节能环保、废物再利用，试验选取了 8 种材料，采用不同的组成拌和成水泥多合混合料，共 8 组，具体材料配合比情况见表 4-2-10。

表 4-2-10　不同材料组成形成水泥多合混合料

序号	水泥	土	石屑	石粉	粉煤灰	红砖	花砖	沥青尘
1	√	√	√	—	—	—	—	—
2	√	√	—	√	—	—	—	—
3	√	√	—	—	—	—	—	—
4	√	—	—	—	√	—	—	—
5	√	√	—	—	—	√	—	—
6	√	√	—	—	—	—	√	—
7	√	—	—	—	—	—	—	√
8	—	√	√	—	—	—	—	—

以上 8 种不同的材料组成形成的水泥多合混合料强度的发展趋势见表 4-2-11～表 4-2-18。

表 4-2-11　第 1 组的强度发展趋势表（水泥＋土＋石屑）

配合比	水泥	土	石屑	水	
	50	280	670	130	
龄期（d）	1	3	7	28	56
强度（kPa）	492	982	1352	2286	2853

表 4-2-12　第 2 组的强度发展趋势表（水泥＋土＋石粉）

配合比	水泥	土	石粉	水	
	50	280	670	130	
龄期（d）	1	3	7	28	56
强度（kPa）	426	751	1000	1786	2080

表 4-2-13 第 3 组的强度发展趋势表（水泥＋土）

配合比	水泥	土	水		
	50	950	500		
龄期（d）	1	3	7	28	56
强度（kPa）	276	425	578	956	1410

表 4-2-14 第 4 组的强度发展趋势表（水泥＋粉煤灰）

配合比	水泥	粉煤灰	水		
	50	950	500		
龄期（d）	1	3	7	28	56
强度（kPa）	0	186	805	3210	4850

注：从表中数据可知，粉煤灰-水泥组合，虽然早期强度很低，但后期强度远远超过其他组材料，所以在对工期要求较宽松的工程中完全可以采用粉煤灰。

表 4-2-15 第 5 组的强度发展趋势表（水泥＋土＋破碎红砖）

配合比	水泥	土	红砖	水	
	50	280	670	230	
龄期（d）	1	3	7	28	56
强度（kPa）	338	599	903	1656	2280

表 4-2-16 第 6 组的强度发展趋势表（水泥＋土＋破碎花砖）

配合比	水泥	土	花砖	水	
	50	280	670	230	
龄期（d）	1	3	7	28	56
强度（kPa）	398	625	1295	1896	2564

表 4-2-17 第 7 组的强度发展趋势表（水泥＋沥青尘）

配合比	水泥	沥青尘	水		
	50	950	500		
龄期（d）	1	3	7	28	56
强度（kPa）	0	0	243	450	684

表 4-2-18 第 8 组的强度发展趋势表（土＋石屑）

配合比	水泥	石屑	水		
	50	950	130		
龄期（d）	1	3	7	28	56
强度（kPa）	0	0	0	416	623

5. 不同养护条件对水泥多合混合料无侧限抗压强度的影响（温度、湿度）

对于无机结合料，养护条件对其强度的发展至关重要；在施工中，既要使水泥多合混合料尽快产生强度（24h 内要产生强度），又要保证后期强度的稳步增长，所以对于养护条件对其强度的影响,从以下几点进行考虑。

(1) 土的湿度:湿土是没有强度的,只有在水蒸发后土体干燥的情况下才会产生相应的硬度和强度;由于水泥多合混合料中土组分所占比例较高,拌和均匀的土颗粒会吸附大量的拌和水,形成水膜,此种状态下拌和物即处于流动状态,此时的土是湿土,起胶结作用。为了使土体尽快干燥,同时也为了加快水泥的水化硬化速度,应该提高养护温度,使土颗粒吸附的水分在24h内蒸发干,此时间段内水泥恰好完成了大部分的水化反应,产生了早期强度。所以在1d左右的时间段内在适当的养护条件下温度越高水泥多合混合料的强度产生得越早。但如果长时间的高温干燥养护会导致水泥多合混合料失水严重产生过多孔隙,而降低其强度。

(2) 水泥的早期水化反应:水泥加水拌和后,24h内释放的水化热为全部水化热的70%左右,即水泥会在24h内完成大部分的水化反应,水化反应是与养护温度成正比的,所以养护温度越高,水泥多合混合料的强度增长越快。

(3) 水泥的后期水化硬化:1d之后,水泥颗粒需要水分继续进行水化硬化,这段时间则要防止高温暴晒等情况,最好在一定湿度条件下养护,如此才会使其强度稳步增长。

所以若想使水泥多合混合料早期强度迅速上涨,应在24h内采取高温养护,24h后仍要保湿养护,既要使水泥水化硬化加速,又不能使土体过分干燥而导致水泥水化所需水分不足,以供应水泥继续水化反应所需水量。

基于以上几点考虑,取两种养护条件,分别选取了30℃空气中干燥养护和包裹于保鲜膜中养护两种情况,其强度变化规律如图4-2-25、图4-2-26所示。

图4-2-25中曲线显示,在30℃空气中干燥养护时,1d强度为400kPa,且28d以前强度随龄期的增长而增长,28d时其强度达到了峰值2585kPa,但在56d的时候强度出现了倒缩现象,分析其原因,是因为养护温度较高,湿度较低,试件中的水分大量蒸发出来,导致内部形成了诸多孔洞,加上土组分过分失水变得有些松散所致。

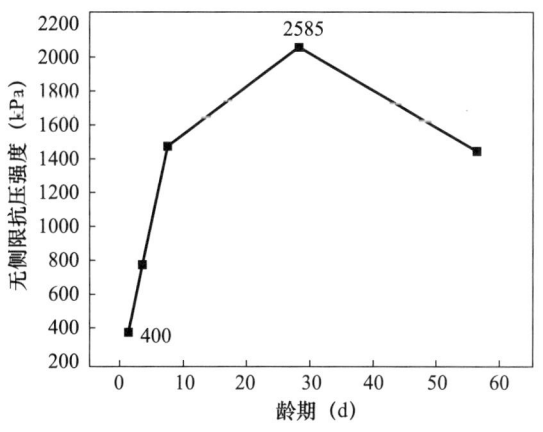

图4-2-25 持续30℃空气中干燥养护水泥多合
混合料强度随龄期的变化曲线

图4-2-26为水泥多合混合料成形后在30℃下包裹于保鲜膜中保证其湿度不变养护时的强度增长曲线,由于试件养护是在1d脱模后,所以其1d强度基本相同,在后期的

发展中我们可以看到，保湿养护的试件强度明显高于空气中养护的试件，这可能是因为试件内部还有充足的自由水没有发生水化反应，又无法蒸发出来，营造了一种充分湿润的养护条件，随着龄期的发展未水化水泥颗粒进一步水化硬化，强度上升较快。56d时强度仍在一直增长，每个龄期的强度值均高于干燥养护的试件，充分说明养护条件对于水泥多合混合料强度的增长影响很大。

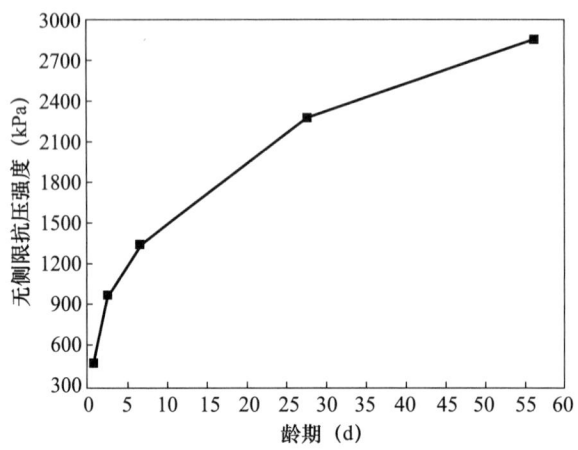

图 4-2-26　30℃包裹于保鲜膜中养护水泥多合混合料强度随龄期变化曲线

小结：在实际施工过程中，该回填材料的养护环境更加接近于包裹在保鲜膜中养护这种情况，因为它在回填进沟槽之后会被覆盖上土或道路基层面层等，这样水泥多合混合回填料在初步水化硬化后就会在地下保持其湿度，在这种湿度下既能够有助于其强度的发展，又不会导致湿度过大土颗粒松散。课题组经过现场试验证明，在实际回填当中，水泥多合混合料确实能够长期保持一个很高的强度值，可见地下相对较密闭的环境正适合这种水泥多合混合料强度的发展。在自然界中有炎热的天气或连续的雨季，但对埋在地下的这种回填材料影响不会很大。

6. 回弹模量、无侧限抗压强度的对比

水泥多合混合料拌和成形、击实成形与灰土击实试件回弹模量、无侧限抗压强度的对比（表 4-2-19）如下。

（1）回弹模量是指路基、路面及筑路材料在荷载作用下产生的应力与其相应的回弹应变的比值，土基回弹模量表示土基在弹性变形阶段内，在垂直荷载作用下，抵抗竖向变形的能力，如果垂直荷载为定值，土基回弹模量值越大，表示在固定荷载下产生的垂直位移越小；因此，路面设计中采用回弹模量作为土基无侧限抗压强度的指标。图 4-2-27 为水泥多合混合料水化拌和成形试件、水泥多合混合料击实成形以及 3∶7 灰土击实成形试件的不同龄期回弹模量对比曲线图。

表 4-2-19　三种材料的配合比情况

配合比	水泥（g）	石灰（g）	石屑（g）	土（g）	水（g）
拌和成形	250	—	3350	1400	800

续表

配合比	水泥（g）	石灰（g）	石屑（g）	土（g）	水（g）
击实成形（轻型） 干密度1.98g/cm³，含水率10.1%	250	—	3350	1400	505
3∶7灰土击实（轻型） 干密度1.61g/cm³，含水率16.4%	—	1500	—	3500	—

如图4-2-27所示，三种试件的回弹模量都随着龄期的增长而增大，三种试件在固定荷载下产生的应变是随着龄期增长而减小的，其中3∶7灰土击实成形试件的回弹模量最小，表示其在固定荷载下会产生较大的变形，路用性能相对较差。而水泥多合混合料的回弹模量则相对较高，图中显示早期时段，水泥多合混合料拌和成形试件的回弹模量高于击实成形试件，1d，3d，7d回弹模量分别为357MPa，582MPa，823MPa，而到了28d其回弹模量被击实成形试件超越，28d时拌和法试件值为1036MPa，击实法试件值为1135MPa。

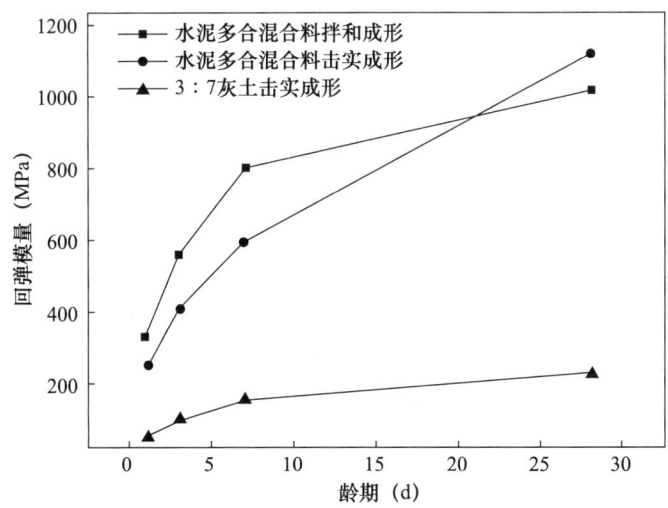

图4-2-27 三种试件回弹模量对比曲线

由此可知，拌和成形的水泥多合混合料试件早期的回弹模量较高，后期增长则相对击实成形试件缓慢。

（2）测定无侧限抗压强度是检验材料强度最普遍最直接的方法，传统回填多采用夯填法、碾压法，对于水泥多合混合料采用拌和成形和击实成形两种方法制备的试件，通过测试其无侧限抗压强度来对比水泥多合混合料这种材料两种成形方法对强度发展的影响。另外，在传统回填中还经常用到灰土，所以在对比试验中亦选取3∶7灰土击实成形试件同时做对比（三种试件均采用2号土）。

如图4-2-28所示，3种试件的无侧限抗压强度均随龄期的增长而增大，其中击实成形的水泥多合混合料强度最高，拌和法成形的试件强度较之偏低，3∶7灰土击实成形试件强度最低。击实成形的水泥多合混合料试件1d强度略低于拌和成形的水泥多合混合料，两者分别为495kPa和400kPa，之后的龄期中击实成形的试件强度均高于拌和成形的试件,7d 时分别为 1360kPa 和 1600kPa,28d 时分别为 1730kPa 和 2200kPa。灰土试件的 28d 无侧限抗压强度为 1600kPa。在回填工程中,其强度满足需求。

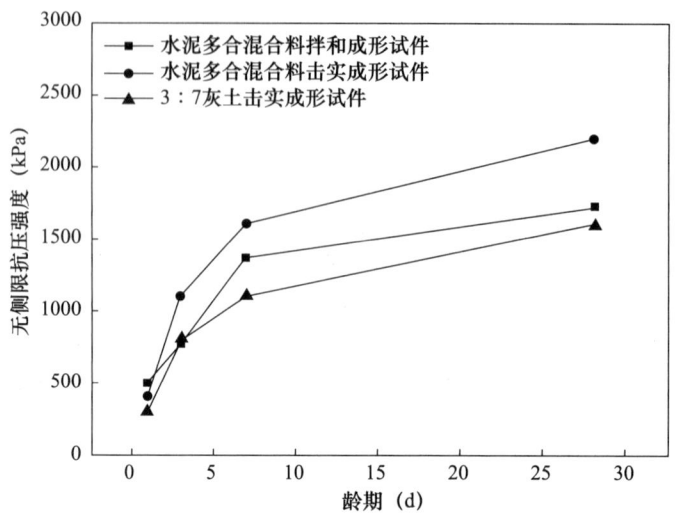

图 4-2-28　几组试件的无侧限抗压强度对比曲线

综上所述,虽然拌和成形试件强度低于击实成形试件,但用于沟槽回填能够满足规范要求。

7. 小结

根据以上试验数据的规律得出以下结论。

(1) 拌制水泥多合混合料时采用普通硅酸盐水泥或复合硅酸盐水泥均可,为达到所需强度值且不造成原材料的浪费,建议水泥掺量为总水泥多合混合料干质量的 5%。根据实际情况可酌情调整,但要保证水泥多合混合料 1d 无侧限抗压强度不得低于 400kPa,28d 无侧限抗压强度不得低于 1500kPa。

(2) 土应选择塑性指数不超过 20 的黏土,否则会因土中含水率过大而导致在重荷载下出现沉降或翻浆现象。

(3) 对于固定地区或已选定土质的情况,应根据所选土质的塑性指数及实验室具体试验数据确定最佳掺水率。可参考本报告 2.3.3 处结论。

(4) 混凝料配合比可根据使用地区资源储量加以选择,该试验选用水泥+石屑+土为基础的配合比;各项指标符合要求。从环保的角度出发建议使用建筑垃圾、再生骨料作为骨料;当采用粉煤灰作为主要材料时,可制备成无骨料的流动浆体,用以填充形状不规则的孔道,虽然其强度产生得缓慢,但强度后期较高,三等灰仍可达到 4MPa 左右。

(5) 水泥多合混合料作为管道回填材料,其养护环境在地下,潮湿,这种养护条件对其强度发展很有利。不可将回填的水泥多合混合料暴露于大气下暴晒。击实、拌和两种成形工艺各有优缺点;击实法强度高,密实度大,但管底腋角处无法击实,松散有较大间隙;拌和法强度、压实度不如击实法高,但回填均匀密实,工期短,强度同样能够符合要求。建议半管以下采用拌和法,半管以上采用击实法。

（三）水泥多合混合料室外试验性能

为了更加贴近现实地摸索水泥多合混合料的回填效果，课题组设计了室外模拟试验，并与传统回填材料和夯填法进行对比，来展示该种材料和工艺的优劣。试验过程如下。

1. 水泥多合混合料振捣回填法

（1）沟槽开挖。沟槽开挖现场如图 4-2-29 所示。

（2）下管。

为了使管材在沟槽中能够固定，采用砖砌管架。由于后期要观察管底的回填效果，为了便于将管材取出，在管壁上缠一层塑料薄膜。

（3）拌制水泥多合混合料。由于试验材料用量较大，采用大型机械拌和。拌制水泥多合混合料现场如图 4-2-30 所示。

图 4-2-29 沟槽开挖现场

(a) 现场　　　　　(b) 人工拌和　　　　　(c) 机械拌和

图 4-2-30 拌制水泥多合混合料现场

（4）回填、振捣、抹平。现场情况如图 4-2-31 所示。

 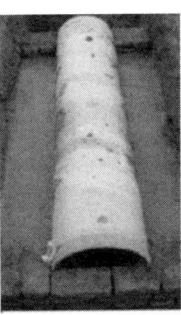 

(a) 回填　　　　　(b) 抹平　　　　　(c) 1d凝结后管底效果

图 4-2-31 现场情况

2. 水泥石屑夯填法

其前面的程序与水泥多合混合料振捣回填法相同，只是材料不同，为5%水泥石屑，采用打夯机将回填材料夯实，夯实后将管材取出，观察其管底效果（图4-2-32）。

从图4-2-32中可以看出，夯填法的表面虽然很平整，但其管材下方仍然无法夯实，仍有松散的水泥石屑，久而久之在外力的作用下管材就会在槽的空隙中发生扰动，如遇强水流渗入，还会导致回填材料流失，有可能酿成严重的后果。该试验尚且是小规模的，打夯次数也较多，且空间有限，容易夯实，若换成实际施工中的大沟槽，夯实效果可能更差。

(a) 夯实后　　(b) 管底效果1　　(c) 管底效果2

图4-2-32　管底效果

3. 对室外回填试验进行N10轻型动力触探检测

为确定回填后的回填材料层的地基承载力，采用N10轻型动力触探仪对其承载力进行检测。轻型动力触探通过轻型动力触探仪能简单方便地确定地基承载力。轻型动力触探试验既不像荷载试验需要消耗较大的人力物力，也不像室内土工试验需要较长的试验周期，现场施工应注意，当基槽开挖到位并经有关单位验收合格以后，应立即浇筑混凝土垫层，避免基槽积水，尤其是雨期施工，应充分做好排水措施，确保地基承载力的发挥。现场试验段轻型动力触探数据见表4-2-20。

表4-2-20　现场试验段轻型动力触探数据

龄期（d）	1	3	7	28
锤击数（次）	54	85	100	>100
承载力（kPa）	412	660	780	—
现场取样无侧限抗压强度（kPa）	667	834	1260	2089

如图4-2-33所示，回填区域的地基承载力随着龄期的增长而增长，1d时锤击数为54次，对应的承载力为412kPa，3d时增长到85次，对应的承载力为660kPa，7d时已达到轻型动力触探仪的检测上限值，对应的承载力约为780kPa，当达到28d时，锤击次数远远超过100次，用该种方法已不能测得具体数值。由于试验条件限制无法进行现

场原位测试，但根据现场取样成形相应龄期试件无侧限抗压强度的数据进行推测，28d时承载力应至少在1600kPa以上。现场承载力测试如图4-2-34所示。

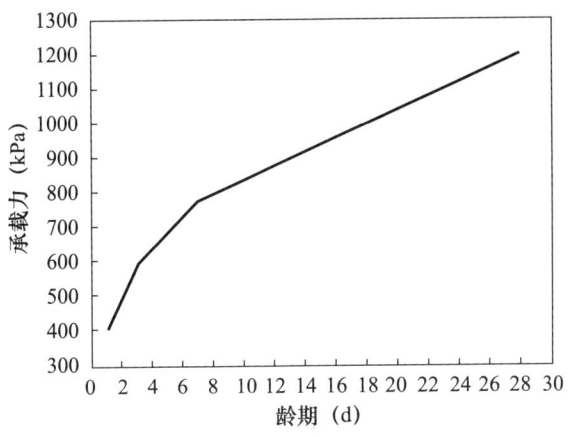

图4-2-33　水泥多合混合料现场回填
承载力随龄期的变化

夯填法的轻型动力触探情况：夯实面强度较大，1d时即超过了轻型动力触探仪的量程，所以推测其承载力至少在1500kPa以上。

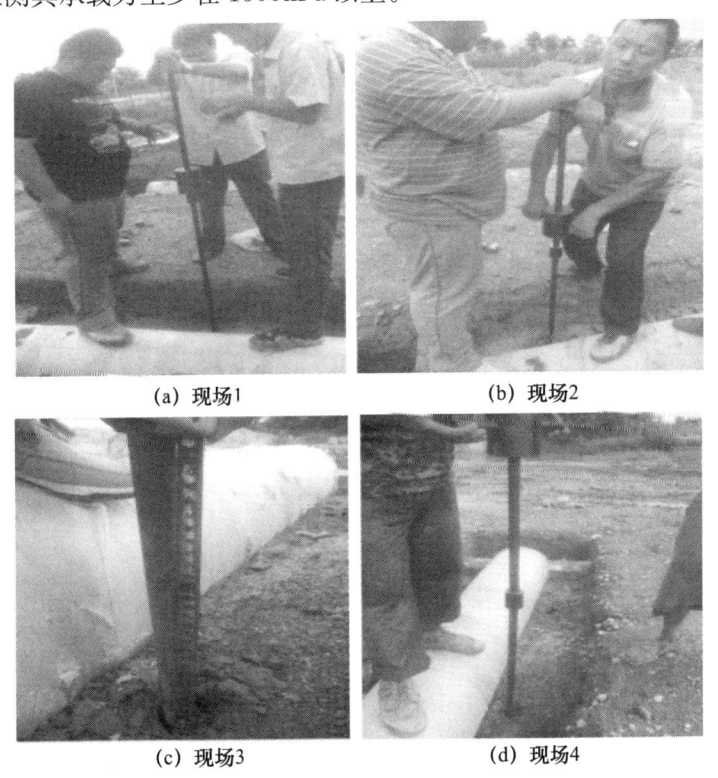

图4-2-34　现场承载力测试

4. 管底、腋角处回填密实效果

水泥多合混合料回填工艺最大的特点之一就是能够保证回填料能够振捣密实，使回填料遍及回填管道的周边任意部分，不留死角，保证胸腔和腋角密实度基本相同。这样就能够保证回填完毕后，管道不会因为填充不密实留下的孔隙而发生扰动，甚至在地表车辆行人的荷载下产生空洞或垮塌。课题组的现场试验效果及检测机构出具的试验数据显示，回填均匀密实，回填料遍及回填空间的任意部分，保证了管道胸腔和腋角处的密实度基本相同。图 4-2-25 为实际回填试验取出管道后显露出来的底部情况，分别对胸腔处和腋角处进行了干密度测试。胸腔处干密度为 1820kg/m³，腋角处为 1750kg/m³，该水泥多合混合料的最大干密度为 1980kg/m³，即压实度为 92% 和 88%。这说明水泥多合混合料拌和成形在回填中具有均一性，在振捣的情况下能够流动到任意处，不会留下死角，不会形成过多的孔洞，基本能够保证回填处稳定、均匀、密实。

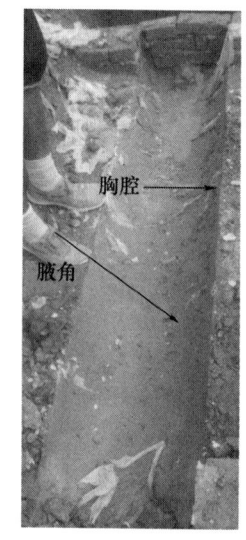

图 4-2-35　回填管道底部效果图

（四）水泥多合混合料新技术各项要求

1. 原材料准备

（1）土：塑性指数在 10～20，黏土，要烘干碾压，最大粒径不得超过 9.5mm。

（2）水泥：42.5 普通硅酸盐水泥或复合硅酸盐水泥，经检验合格，掺量建议为 5%，可根据实际情况酌情调整，但必须保证 1d 无侧限抗压强度不低于 400kPa，28d 无侧限抗压强度不低于 1.5MPa。

（3）石屑：级配参照本章前文要求，要准确测定石屑含泥量，以便调整配合比中的土含量。石屑应采用花岗岩、大理石等天然岩石，不可用风化砂代替。

（4）水：参照混凝土用水规范。

2. 水泥多合混合料性能要求

（1）拌制好的水泥多合混合料要求具有良好的和易性，能够振捣流平，不离析，不明显泌水。

（2）拌制好的水泥多合混合料 1d 无侧限抗压强度不得低于 400kPa（或承载力不低于 350kN），28d 无侧限抗压强度不得低于 1.5MPa；要求水泥掺量不低于 5%。可采用 EDTA 法滴定检测。

（3）拌和物的容重不得低于 2600kg/m³。

3. 操作要求

（1）选好原材料后，对于土一定要烘干碾压，使其以土颗粒状参与反应，否则不易将其拌和均匀。若无条件烘干，要准确测定其含水率，以便得到准确的水泥多合混合料掺水率，避免加水过多或过少。

（2）应将拌和时间和回填时间控制好，因为水泥的凝结时间是固定的，必须在其初凝前回填完毕，否则将会大大影响振捣效果。另外，如果是现场室外拌和，要考虑气温的影响，气温较高时，水泥多合混合料在露天拌和过程中会持续失水，这样会加速和易性的损失，使拌和和回填时间缩短，因此要尤其注意这个问题。

(3) 现场拌和如有条件可采用厂拌法,无条件时可采用现场大型机械搅拌,要求较准确地控制各原材料的掺量。

(4) 慢行道或绿化带管道回填可采用全管法回填,快车道或荷载重的车道采用半管法回填,上部用碾压法。

(5) 回填后应在水泥多合混合料初凝前将表面抹平。24h 内不得承受荷载。

(6) 回填振捣抹平后应及时封盖养护,避免失水,试验表明在保持湿度的条件下养护,水泥多合混合料的强度会稳定增长。养护初期若遇到高温暴晒,后期强度会出现倒缩。

(五) 水泥多合混合料实体工程验证

水泥多合混合料作为回填材料已经在一些工程中得到实际应用,如济南高新区凤凰南路道路及小汉峪整治工程,具体工程为综合管廊的回填,由于管廊高度较大,约为 6m,且周边开挖基坑采用泥浆护壁,工作面较窄,人工夯填存在一定的塌方风险,且工作量极大,会导致工期很长,因此为避免这些问题,采用水泥多合混合料回填再加以振捣抹平的施工方案。回填沟槽情况如图 4-2-36 所示。

(a) 角度1

(b) 角度2

图 4-2-36 回填沟槽情况

由于现场工作区域和设备的局限,采用装载机钩机联合拌和法在现场空场地上进行拌和,且在用料量的控制上只能估算(按照料的规格进行估算)。图 4-2-37 所示为拌和情况。

拌和后采用挖掘机将拌好的料均匀分层撒入回填沟,若有回填不均匀的地方,用挖掘机料斗下部反复拍打再抹平即可。分层回填及抹平后效果如图 4-2-38 所示。

按照上述步骤一直回填到顶面,在回填完毕后应设指示牌,防止回填料在未硬化前有人或重物踏入发生危险(该工程在施工现场一直有人看管所以未设)。在回填 24h 后我们委托济南鲁桥工程检测有限公司进行了承载力试验,结果是合格的。

图 4-2-37 水泥多合混合料的现场拌和情况

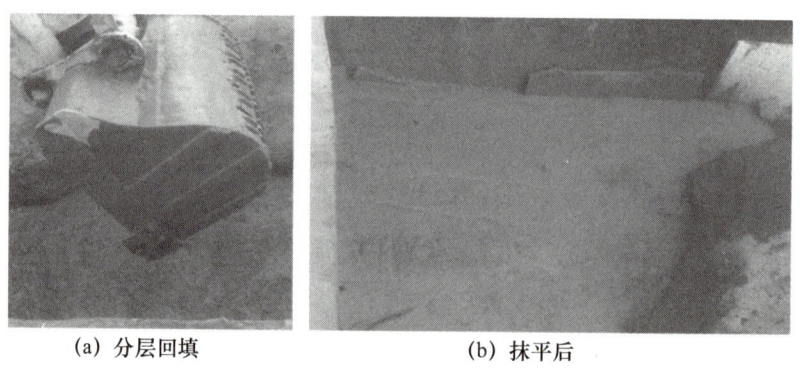

图 4-2-38 分层回填及抹平后效果

（六）水泥多合混合料新技术经济效益分析

1. 材料费

水泥多合混合料的组成材料为水泥、黏土、石屑（或建筑垃圾等），都是极普通的建筑材料，取材方便，成本较低，且资源丰富，随处可见，因此材料费不是很高，若采用建筑垃圾则更低。

2. 其他费用

在生产过程中会产生一些其他费用，如土的加工（运输、干燥、破碎），水泥多合混合料的搅拌，以及水泥多合混合料向施工现场的运输，生产及施工过程中的机械费、人工费。

3. 与传统回填相比较

传统回填材料有灰土、碎石、中粗砂、水泥石屑，有些特殊的部位还会采用水稳甚至混凝土来回填，从强度的角度来考虑，水泥多合混合料能够满足大多数回填工程对强度的要求，所以总的来说，采用水泥多合混合料不会明显提高材料方面的成本。另外，采用水泥多合混合料回填，由于其具有流动性，可振实振平，无须碾压，对于回填位置比较特殊、无法采用人工或机械夯实的地方，采用水泥多合混合料进行回填非常适宜，在保证了回填效果的同时确保了工程的安全，且采用当地原土作为原材料，还能节省一部分杂土外运的费用，值得推广。

（七）水泥多合混合料新技术社会效益分析

1. 减少工作量

沟槽断面减小至最小，使用空隙填充方法；少量挖掘；减小管道弃土存放面积；减少弃土运输工作量；减少弃土处理工作量；减少所需自流回填工作量；减少水泥用量；减少人工；节约燃油、时间、管理人员、费用。

2. 循环利用：利用废弃材料和副产品

节约垃圾填埋场地，减少进口材料的使用，减少内运/外运，减少燃料、时间、管理人员，减少废料，降低费用。

3. 再利用：利用原土

减少废渣处理，减少使用进口材料，减少材料的外运/内运，节约成本，缩短施工时间，减少管理人员。

三、沥青拌和站回收粉研究结果

（一）概述

沥青拌和站在生产活动中每年回收较大量的废粉，其主要是石粉和少量黏土质成分，其粒径大部分在 0.075mm 以下，与水泥颗粒大小相近。这部分回收的粉尘不仅占用土地，如果处理不当，还容易造成大气污染、水体污染、土壤污染等二次环境污染，是困扰路桥施工企业的一大难题。

为了解决长期困扰沥青拌和站回收粉尘处理的难题，课题组针对粉尘的开发利用开展科研攻关，对回收粉尘加以综合利用，实现回收粉尘资源化。石粉是热拌沥青水泥多合混合料再生产过程中所产生的，主要是在风力和吸力共同作用下将粗骨料表面的粉尘和细骨料中的微粒粉尘吸出并经过两次除尘操作而最终产生的，石粉中的主要成分为碳酸钙，石粉如图 4-2-39 所示。

通过哈尔滨工业大学团队的研究报告可以看出，课题组采用的石粉激光粒度分析如图 4-2-40 所示，石粉的粒径分布范围为 $0.205 \sim 329.6 \mu m$，中粒径 D_{50} 为 $20.03 \mu m$；该石粉粒径主要集中在 $3.894 \sim 141.5 \mu m$（区间含量在 1% 以上），粒径分布较为均匀。石粉的 D_{10}、D_{50}、D_{90} 分别为 2.359%、20.03%、87.70%。

（二）创新点

开发了以水泥为胶结料，沥青拌和站回收粉尘为填充料，加水拌和形成具有一定流动性的回填材料，拌和后浇筑至沟槽内，达到相应龄期后，形成一定的强度，有效地利用了沥青拌和站回收的粉尘，解决了大量回收粉尘堆积难以利用的难题。

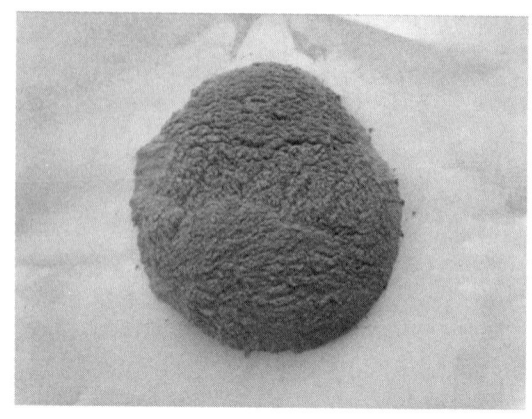

图 4-2-39 石粉

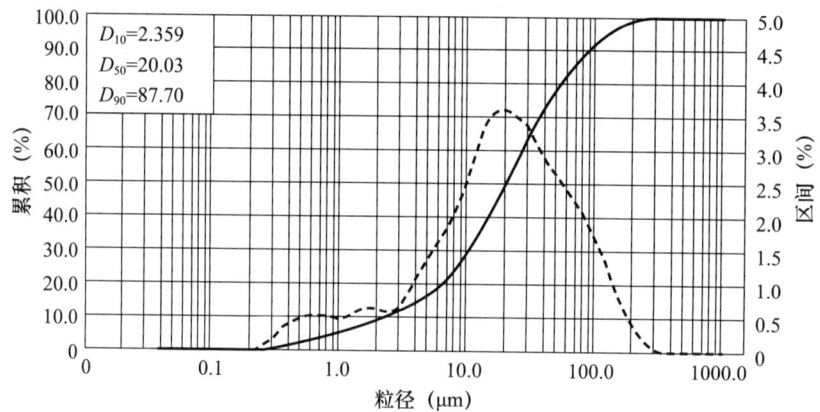

图 4-2-40 石粉粒度分析

（三）材料组成

(1) 沥青拌和站尾尘。

(2) 水泥，选用 42.5 级普通硅酸盐水泥。

(3) 水。

(4) 外加剂（适用时），如膨胀剂、减水剂等。

（四）技术指标

利用沥青拌和站尾尘时，水泥用量宜控制在 5%～25%，流动度控制在 160～230mm，不得有严重的泌水现象；7d 无侧限抗压强度控制在 1.0～5.0MPa。

（五）研究内容及结论

1. 不同用水量对水泥多合混合料流动性的影响

不同用水量对水泥多合混合料流动性的影响见表 4-2-21。

表 4-2-21　不同用水量对水泥多合混合料流动性的影响

序号	水泥掺量（%）	用水量（g）	水固比	流动度（mm）
1	5	1575	0.50	165
2	5	1638	0.52	180
3	10	1020	0.31	100
4	10	1080	0.33	110
5	10	1110	0.34	169
6	10	1139	0.35	190
7	10	1290	0.39	210

2. 不同水泥掺量对水泥多合混合料无侧限抗压强度的影响

不同水泥掺量对水泥多合混合料无侧限抗压强度的影响见表 4-2-22。

表 4-2-22　不同水泥掺量对水泥多合混合料无侧限抗压强度的影响

序号	水泥（g）	沥青拌和站尾尘（g）	外掺土用量（g）	用水量（g）
1	150	3000	0	1059
2	300	3000	0	1110
3	450	3000	0	1158
4	300	3000	150	1158
5	600	3000	0	1209
6	450	3000	150	1209

3d 及 7d 无侧限抗压强度如图 4-2-41 所示。

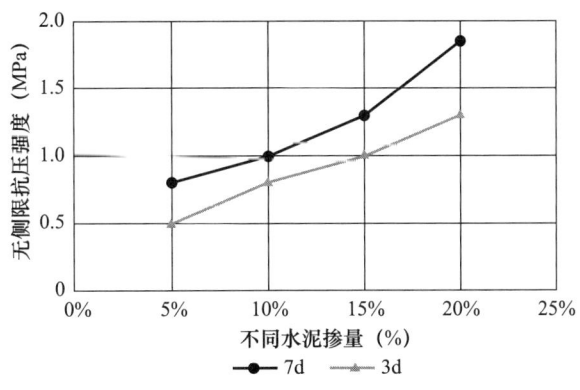

图 4-2-41　3d 及 7d 无侧限抗压强度

3. 结论

（1）水泥多合混合料的流动性与用水量成正相关关系，应根据施工现场情况选择适合的用水量。

（2）提高水泥掺量可以提高水泥多合混合料强度，水泥掺量宜控制在 5%～25%。

（3）水泥掺量相同时，适当的外掺土会改善水泥多合混合料流动性及强度。

第三节　沥青拌和站粉尘在盾构同步注浆及防喷涌技术中的应用

一、石粉在同步压注砂浆中的应用研究

(一) 概述

1. 项目背景

改革开放 40 多年来，我国的城市化进程在不断推进，城市土地开发力度逐年增大，城市可利用土地空间越来越小，城市地面交通堵塞的情况也日益加重。为解决上述问题，地下交通建设在今天的中国变得十分重要，包括地下铁路建设、公路隧道建设、水下隧道建设等。截至 2019 年年底，我国的城市轨道交通已经超过 6700km，位居世界第一，经预测，城市轨道交通在 2019 年之后的 10 年内必将迎来蓬勃发展的 10 年，如图 4-3-1 所示。

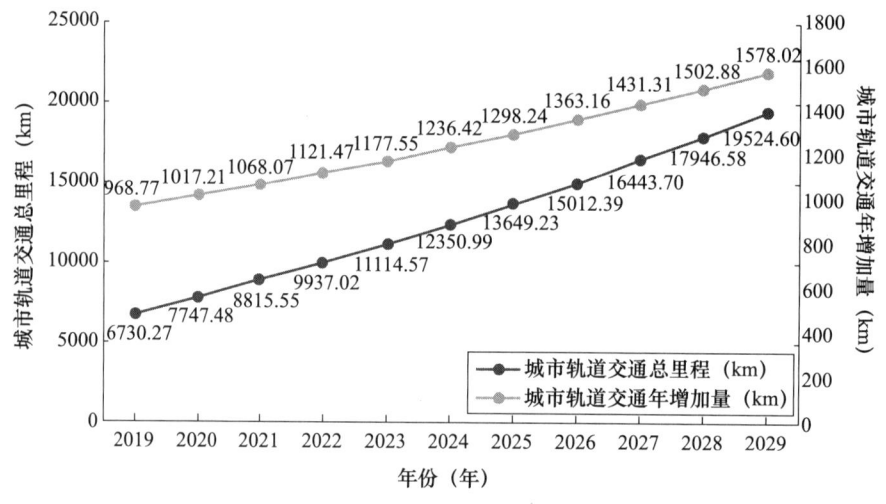

图 4-3-1　2019 年以后 10 年城市轨道交通里程数预测图

在城市轨道交通建设中，地铁建设占据主要位置，而地铁建设必然涉及隧道施工，而隧道施工最常用的方法是盾构施工。相对于其他方法而言，盾构施工有以下优点。

(1) 盾构施工大部分施工工序均在地下开展，施工文明程度高，基本不会影响到地面上的交通情况，噪声污染较小，基本不会影响到地面上人们的正常活动，而且具有对地下管线的影响较小等优点。

(2) 盾构施工对地上周围环境的要求不高，例如盾构隧道可穿越道路进行。

(3) 盾构施工的各工序机械化程度高，节约了人力资源，效率高，而且易于管理。

(4) 盾构施工安全性较高，可安全地进行隧道开挖及管片衬砌拼装。

(5) 盾构施工过程受天气影响较小。

(6) 施工过程中土方量较小。

（7）盾构施工适用条件较为广泛，在砂土层、黏土层等复杂地层中均适用；在富水地层等复杂地层中进行隧道施工时，盾构法具有一定的经济性和技术优势。

盾构施工离不开盾构机，图 4-3-2 所示为土压平衡式盾构机从刀盘至盾尾的二维结构图。土压平衡式盾构机的工作原理是：盾前刀盘向前推进开挖土体，被挖出的泥土被运送到后方，盾构机同步向前推进，其中刚开挖的土体因为没有进行管片衬砌拼装，故只能通过盾构壳体提供暂时的支撑保护作用，来承受周围土层的土压力和水压力。盾尾处的管片衬砌拼装是十分重要的工序，管片衬砌拼装从隧道的底部开始，一般管片衬砌都会使用高强混凝土预制，并且每个管片衬砌的抗渗等级较高，在每一个管片衬砌安装完成之后都会由人工进行紧固处理，严格把控管片衬砌的施工质量，这样才能使管片衬砌起到应有的防水抗渗作用。

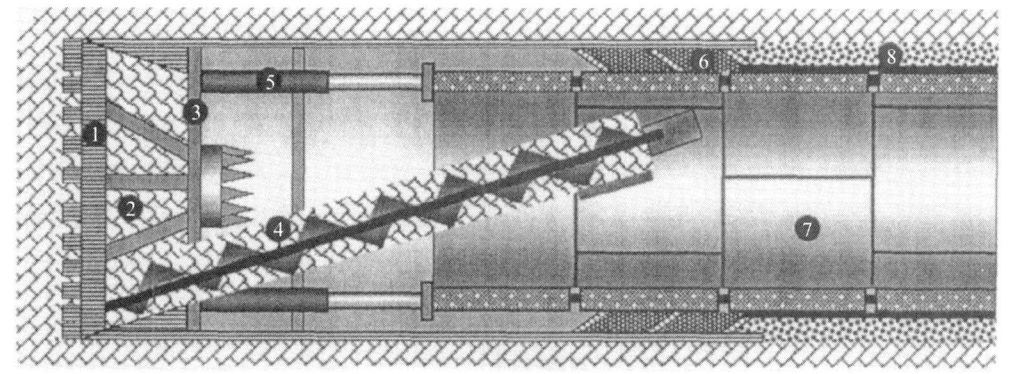

图 4-3-2　土压平衡式盾构机二维结构图
①—刀盘；②—土舱；③—主轴承；④—螺旋排土器；⑤—推力架；⑥—盾尾；
⑦—管片衬砌；⑧—盾构壁后注浆体

但是问题也接踵而至，盾构机刀盘直径大于盾尾的直径，导致管片衬砌的外直径小于开挖土体隧道的直径，这样在盾尾就会形成一个空隙，如图 4-3-2 中⑧处的空隙所示，该空隙会导致周围土体与管片衬砌之间处于悬空状态，如果处理不当，将导致周围土体产生沉降变形，而且这一部分沉降在盾构施工总地层沉降中占比十分可观，尤其当盾构施工现场周围存在比较密集的建（构）筑物时，盾尾空隙造成的沉降会更大，如果不对盾尾空隙采取相应措施则会影响到周围建（构）筑物和道路交通的正常使用。目前工程上通过在盾尾处进行盾构壁后压注水泥砂浆来解决这一问题，简称盾构壁后注浆，这是盾构施工必备的关键工序。

在本研究的盾构壁后注浆体中加入了一种工业废料——沥青拌和站回收粉尘，简称石粉。这种石粉是在高速公路施工期间，在热拌沥青混合料的拌和过程中因为机械设备的特性和原材料的差异而不可避免地产生的。我国高速公路发展比较晚，20 世纪 80 年代我国大陆地区才建设起第一条高速公路，但是从 20 世纪末开始，我国高速公路建设进入了高速发展阶段。截至 2018 年年底，我国高速公路总里程超 14 万 km，位居世界第一。我国每年在高速公路施工期间产生的石粉量十分可观，如果不加以利用，其加工、装卸、运输、贮藏等成本会十分可观，况且石粉产生后直接废弃显然是一种污染环境的行为，而盾构同步注浆体的强度要求不高，可加入较多的非活性掺和料，这为大量消纳废弃石粉提供了可能性。

2. 主要研究内容

研究内容为盾构壁后注浆体中加入了工业废料——沥青拌和站回收粉尘。

(1) 查阅了相关文献和资料，阐述了盾构壁后注浆体的研究背景、作用和分类，同时对近几年我国盾构壁后注浆体配合比优化研究和物理力学性能研究进行了综述，指出了本书研究的盾构壁后注浆体的优越性能。

(2) 准备试验材料并研究材料的粒度组成，该课题所用的材料包括 32.5R 火山灰质硅酸盐水泥、砂、膨润土、石粉、促凝剂（包括快硬硫铝酸盐水泥和水玻璃）、水。通过激光粒度分析仪测定并分析石粉和膨润土的粒度组成。

(3) 研究盾构壁后注浆体中砂的级配设计，以最小空隙率作为级配原则，以最大密实度理论计算三个级配的砂各自所占比例，三个级配砂分别为 1.18～2.36mm、0.3～1.18mm、0.075～0.3mm。

(4) 设计正交试验，采用四因素三水平正交试验，四因素分别为水胶比、水泥/胶结料总量、膨润土/胶结料总量、胶结料总量，胶结料总量包括水泥、石粉、膨润土三者的总量；以搅拌 $1m^3$ 盾构壁后注浆体为标准计算注浆体的配合比（各材料组分单位为 kg/m^3），正交试验以搅拌 1L 注浆体为标准计算各材料组分的用量（各材料组分单位为 g/L）；正交试验指标为四项，分别为稠度、泌水率、早期强度（3d 强度）、28d 强度。

(5) 通过正交试验得出结果，先进行单指标的极差分析，得到每个试验指标的影响因素的主次顺序和每个试验指标所对应的较优方案，同时得到每个试验指标关于各因素各水平的变化规律趋势图；对各试验指标的单指标极差分析结果进行综合平衡分析，得出最终的较优配合比方案。

(6) 利用 SPSS 软件对正交试验结果进行多元线性回归分析，探究各试验指标与各因素之间的线性相关关系。

(7) 以较优配合比方案的某一组砂浆配合比为基础配合比，探究不同快硬硫铝酸盐水泥掺量对盾构壁后注浆体的凝结时间和 1d、2d、3d 强度的影响，同时探究外掺不同含量水玻璃对盾构壁后注浆体的凝结时间和 1d、2d、3d 强度的影响。

3. 研究目的意义

针对盾构施工中出现的盾尾空隙，一般采取盾构壁后注浆的方法来减小地层沉降，对于盾构壁后注浆体材料来说，可以研究的方向非常丰富。本书研究的是盾构施工中一种压注水泥砂浆的制备及其性能，本书研究的盾构砂浆不是传统的水泥砂浆，传统的水泥砂浆的效果并不令人满意，虽然传统的水泥砂浆保水性较好、泌水率较低，不会出现离析分层现象，但是传统的水泥砂浆比较黏稠，稠度指标不能达到要求，流动性不能满足泵送施工的需求，而且传统的水泥砂浆强度较高，对于盾构壁后注浆体来说强度过于富余。当然，盾构壁后注浆体也不可能采用普通的水泥浆，因为普迪的水泥浆易受地下水侵蚀，早期强度很低，凝结时间较长，泌水率较高，体积收缩大，易开裂，而且在泵送过程中容易分层离析，最终不能满足工程需求，尤其是一些大型隧道工程的需求。对于本研究的盾构壁后注浆体来说，保水性和流动性尤为重要，因为盾构壁后注浆体是直接与周围土体接触的，所以其强度只需支撑起土体，承受周围的土压力和水压力即可，故本书研究的盾构壁后注浆体的强度要求并不高。

本书所制备的盾构壁后注浆体中不仅仅只有水泥、砂和水,还掺入了膨润土和石粉,用这两种材料来代替部分水泥,掺入膨润土对改善盾构壁后注浆体的保水性和保证盾构壁后注浆体的稠度有着十分重要的作用,掺入石粉更是变废为宝,将工业废品重新应用到工程当中去,充分响应了国家的号召,这对于节约资源、保护环境和建设环境友好型社会有着十分重要的意义。在盾构壁后注浆体中还会添加促凝剂,目的是控制盾构壁后注浆体的凝结时间和早期强度。

综上所述,本书研究的盾构壁后注浆体应具有以下特点。

（1）盾构壁后注浆体具有良好的填充性能,能够较为密实地填充盾尾空隙。

（2）盾构壁后注浆体保水性较好,泌水率低,结石率高。

（3）盾构壁后注浆体的稠度较好,流动性较好,离析情况少,泵送性能较好。

（4）盾构壁后注浆体的凝结时间可通过促凝剂控制。

（5）盾构壁后注浆体早期强度可随着快硬硫铝酸盐水泥的掺入或外掺水玻璃而提高。

（6）盾构壁后注浆体充分利用了石粉,变废为宝,对环境友好。

（7）盾构壁后注浆体的材料易获取且经济。

（8）盾构壁后注浆体经济便宜,具有一定的经济性等。

4. 研究主要依据

（1）济南城建集团有限公司与哈尔滨工业大学（威海）所签署的技术开发（委托）合同。

（2）《建筑地基基础工程施工规范》（GB 51004—2015）。

（3）《盾构法隧道施工及验收规程》（GB 50446—2017）。

（4）《城市轨道交通岩土工程勘察规范》（GB 50307—2012）。

（二）原材料性能试验研究

该项目研究的盾构壁后注浆体是由水泥、石粉、钠基膨润土、黄砂和水组成的多相复合材料。其中,盾构壁后注浆体的材料组成及盾构壁后注浆体的配合比影响着盾构壁后注浆体的性能。在对盾构壁后注浆体进行研究之前,首先对原材料进行了性能分析。

1. 水泥

水泥作为一种水硬性胶凝材料,能够给予盾构壁后注浆体一定的强度。在盾构壁后注浆体中掺入适量的水泥,既能提高盾构壁后注浆体的强度,又能在一定程度上加快盾构壁后注浆体的凝结硬化。由于盾构壁后注浆体的强度只需能够支撑周围土层即可,其28d强度不低于2.5MPa,这远远低于传统的水泥砂浆的标准,故在注浆材料中水泥占粉料的比值一般不高于50%,而且水泥含量偏低有利于减小盾构壁后注浆体的徐变。一般情况下,盾构壁后注浆体所用水泥的强度等级一般为32.5,32.5R,42.5或者42.5R。

该课题采用的是32.5R火山灰质硅酸盐水泥。火山灰质硅酸盐水泥的保水性良好,用在盾构壁后注浆体中有利于减小盾构壁后注浆体的泌水率;同时火山灰质硅酸盐水泥在水化后形成的水泥石结构较密实,进而抗渗性能较好,而盾构壁后注浆体直接与周围土层接触,不可避免与地下水接触,抗渗性能对盾构壁后注浆体来说也很重要。

2. 膨润土

膨润土的主要矿物为蒙脱石，其理论化学式为 $Al_2[Si_4O_{10}](OH)_2 \cdot nH_2O$。常见的膨润土类型有钠基膨润土和钙基膨润土等，该课题研究的盾构壁后注浆体采用的是Ⅱ级钠基膨润土，呈灰黄色细腻粉末，如图 4-3-3 所示。一般情况下，钠基膨润土的性能比钙基膨润土要好，钠基膨润土具有很强的吸附性，可以吸附注浆材料中的水分，增强盾构壁后注浆体的保水性。减小盾构壁后注浆体的泌水率，增强盾构壁后注浆体的稳定性。

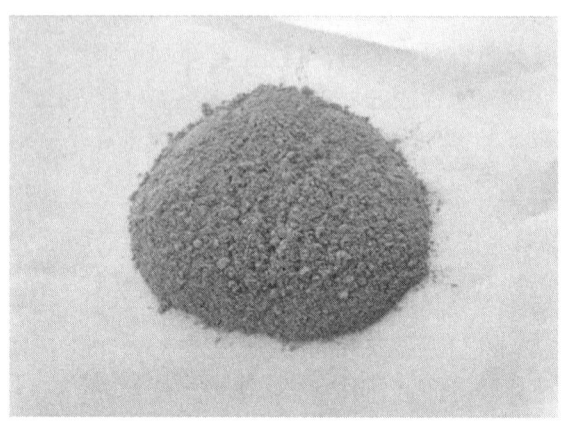

图 4-3-3 Ⅱ级钠基膨润土

对该课题使用的Ⅱ级钠基膨润土进行激光粒度分析，得到的粒度曲线如图 4-3-4 所示。由于激光粒度分析仪的介质是水，所以激光粒度分析仪测出来的是遇水膨胀后的膨润土粒径分布，Ⅱ级钠基膨润土的粒径分布范围为 $0.28 \sim 194.30 \mu m$，中粒径为 $10.72 \mu m$；该Ⅱ钠基级膨润土的粒径主要分布在 $0.646 \sim 92.750 \mu m$（区间含量在1%以上），整体粒径分布均匀。

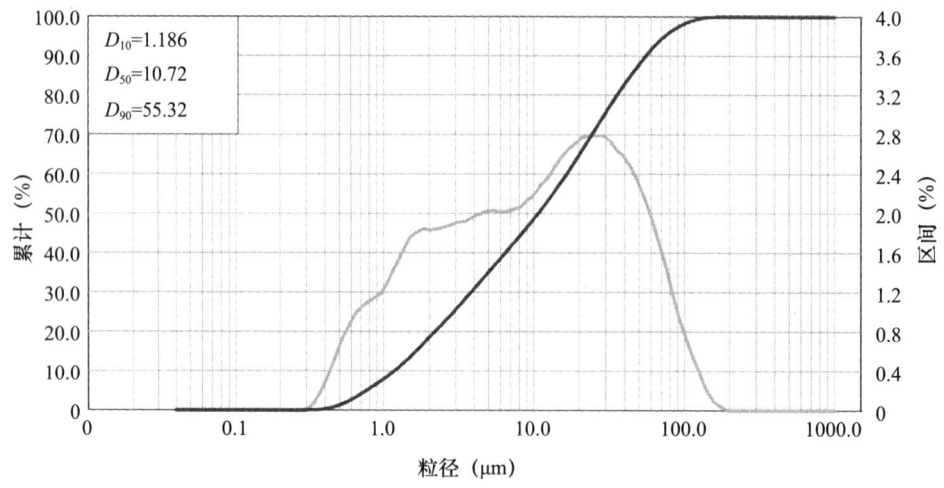

图 4-3-4 Ⅱ级钠基膨润土粒度分析

D_{10}、D_{50}、D_{90} 分别指粒径小于 $10\mu m$、$50\mu m$、$90\mu m$ 的颗粒所占的百分比，Ⅱ级钠基膨润土的 D_{10}、D_{50}、D_{90} 分别为 1.186%、10.72%、55.32%。

3. 石粉

该课题采用的石粉是热拌沥青混合料再生产过程中所产生的，主要是在风力和吸力共同作用下将粗骨料表面的粉尘和细骨料中的微粒粉尘吸出并经过两次除尘操作而最终产生的，石粉中的主要成分为碳酸钙，石粉如图 4-3-5 所示。

图 4-3-5 石粉

对该课题采用的石粉进行激光粒度分析，如图 4-3-6 所示，石粉的粒径分布范围为 $0.205\sim329.6\mu m$，中粒径 D_{50} 为 $20.03\mu m$；该石粉粒径主要集中在 $3.894\sim141.5\mu m$（区间含量在 1% 以上），粒径分布较为均匀。石粉的 D_{10}、D_{50}、D_{90} 分别为 2.359%、20.03%、87.70%。

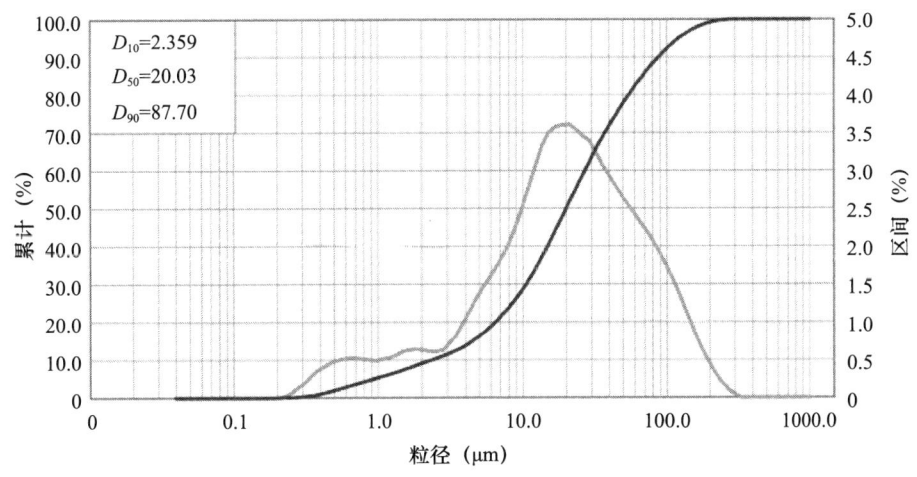

图 4-3-6 石粉粒度分析

4. 砂

盾构壁后注浆体中的砂主要起到骨架作用，使砂浆内部更加密实，影响着盾构壁后注浆体的强度，同时盾构壁后注浆体中的砂也可以对盾构壁后注浆体的和易性产生一定的影响，起到润滑的作用。

该课题采用的砂为普通河砂，所有的砂必须过粒径为 2.36mm 的筛子，含水率不能高于5%，含泥率不能高于5%。该课题采用三级级配的砂，粒径分别是0.075～0.3mm、0.3～1.18mm、1.18～2.36mm。为提高盾构壁后注浆体的密实度和性能，我们对三种粒径按照最小配制。

以最小空隙率作为配置盾构壁后注浆体用砂的级配原则，旨在得到空隙率较小、堆积较为紧密的盾构壁后注浆体用砂。运用富勒公式和泰波公式来进行砂的级配设计，可以得到密实度大、空隙率小的混合料，其中富勒公式如下。

$$P_X = 100(d/D)^{\frac{1}{2}} \qquad (4-3-1)$$

式中：P_X——某粒径为d的骨料的通过百分率（%）；

d——某骨料的任意粒径（mm）；

D——某骨料的最大粒径（mm）。

泰波公式则是富勒公式的延伸，引入泰波公式系数n，并且随着n的不同取值可以得出不同的级配曲线，泰波公式如下。

$$P_X = 100(d/D)^n \qquad (4-3-2)$$

式中：n——泰波公式系数。

一般情况下认为n在0.30～0.50的骨料具有良好的密实性，而且n越大说明骨料中较细部分的含量越少。黄星浩、张欣等采用不同的n值得到不同级配分布的砂子，并用这些砂子制备砂浆，研究这些砂浆的流变性、收缩性、保水性等性能，最终发现当$n \geqslant 0.45$时，砂浆的流变性能变差、保水性变差、泌水率增加、收缩变大，但是随着n的不断变大，砂浆的抗压强度相差并不大；对于该课题的盾构壁后注浆体用砂，我们取n为0.35，得出不同级配砂子所占的比例，见表4-3-1。

表4-3-1 各级配砂质量百分数

盾构壁后注浆体用砂级配分组（mm）	质量百分数（%）
1.180～2.360	30.73
0.300～1.180	42.62
0.075～0.300	26.64

5. 水

盾构壁后注浆体中的水主要给予盾构壁后注浆体必要的流动性，同时与水泥进行水化反应，赋予盾构壁后注浆体一定的强度。由于盾构壁后注浆体的稠度较低，要求其流动性和可泵性较好，所以盾构壁后注浆体中应该含有较多的水分，故盾构壁后注浆体的水胶比也较大。实际上，盾构壁后注浆体的很多性能都与用水量有着直接的关系，用水量过多可能会导致盾构壁后注浆体保水性变差、强度降低等；用水量过少可能会导致盾构壁后注浆体的流动性和泵送性能变差。

该课题中盾构壁后注浆体用水水质符合《混凝土用水标准》（JGJ 63—2006）中的要求。该课题用水为威海市环翠区自来水。

6. 小结

本部分首先介绍了盾构壁后注浆体各材料组分的作用，水泥主要是作为胶凝材料，为盾构壁后注浆体提供强度，能在一定程度上加快盾构壁后注浆体的凝结硬化；膨润土具有较强的吸附性，能够吸附大量的水分，增强盾构壁后注浆体的保水性和稳定性；石粉作为一种工业废料，掺入盾构壁后注浆体中代替部分水泥，具有一定的经济效应，同时也起到了保护环境的作用；砂子在盾构壁后注浆体中起到骨架作用，还能起到润滑和增强盾构壁后注浆体流动性的作用；水则是拌和盾构壁后注浆体的重要原料，同时水的用量对盾构壁后注浆体的流动性、保水性和强度等方面均有较大的影响。盾构壁后注浆体的配合比和制备对其性能来说十分重要，其中盾构壁后注浆体的材料组成及盾构壁后注浆体的配合比影响着盾构壁后注浆体的性能。

（三）盾构壁后注浆体研究方案

1. 正交试验设计

在该课题研究的盾构壁后注浆体中掺入了工业废料石粉来代替传统的粉煤灰，而对于传统的掺入粉煤灰的盾构壁后注浆体，学者们已经进行了充分的研究并得出了许多经验配合比，但是该课题研究的盾构壁后注浆体配合比不能采用已有的经验配合比，目前对于盾构壁后注浆体的配合比计算也没有明确的理论计算公式，故本部分对盾构壁后注浆体的较优配合比方案进行了正交试验设计，希望能对实际工程实践起到一定的参考作用。

该课题采用的是四因素三水平正交试验，采用 $L_9(3^4)$ 正交表，四因素分别是水胶比、水泥/胶结料总量、膨润土/胶结料总量、胶结料总量，试验指标分别为稠度、泌水率、28d 强度、3d 强度，其中稠度指标采用砂浆稠度仪来进行测量，泌水率采用静置法测量，28d 强度和 3d 强度采用万能材料试验机来进行测量。

（1）正交试验设计简介。

在日常生产和试验过程中，通常须考虑多个因素，每个因素须要考虑多个水平，一般不少于两个，例如，一个科学试验需要考虑 4 个因素 3 个水平，若采用全面试验，则需做 $3^4=81$ 次试验，试验数量如此庞大，并且无论是随着因素数的增加还是随着水平数的增加，全面试验的试验组数都呈爆炸性增长。试验组数如此惊人的全面试验，往往会耗费大量的人力、物力和财力，且对于全面试验结果的分析还需要一个漫长的过程，任务十分繁重。若采用正交试验则可大大减少试验次数，而且对于试验结果的分析也可在很大程度上得以简化。

正交试验设计简称正交设计，正交表在正交设计中十分重要，正交表是根据正交原理制作而成的，一般将正交表记为 $L_n(r^m)$，以 $L_9(3^4)$ 正交表为例，见表 4-3-2，该表表示四因素三水平正交表，在该正交试验中需要考虑 4 个因素，每个因素考虑 3 个水平，一共需要做 9 组试验。

表 4-3-2　四因素三水平正交表

试验号	列号（因素数）			
	1	2	3	4
1	1	1	1	1
2	1	2	2	2
3	1	3	3	3
4	2	1	2	3
5	2	2	3	1

续表

试验号	列号（因素数）			
	1	2	3	4
6	2	3	1	2
7	3	1	3	2
8	3	2	1	3
9	3	3	2	1

以 $L_9(3^4)$ 正交表为例，各个因素均有 3 个水平，我们称之为等水平正交表，等水平正交表在日常生产和试验过程中比较常用，它具有以下特点。

① 表中任意列各因素的各个水平出现次数相同，例如在表 $L_9(3^4)$ 中第 1 列代表因素 1，各出现了 3 次水平 1、3 次水平 2 和 3 次水平 3，其他列同理。

② 在表的任意两列中，如果把同一横行所对应的两个数字看成一组有序数对，则该两列中所有的有序数对出现的次数相同，例如在 $L_9(3^4)$ 中共有 9 个有序数对，各出现一次，它们分别为 (1, 1)，(2, 2)，(3, 3)，(2, 3)，(3, 1)，(1, 2)，(3, 2)，(1, 3)，(2, 1)。

正交设计不仅能够大大减少试验次数，节约试验过程中的人力、物力和财力，简便化试验后的数据处理分析，同时还具有以下优点。

① 试验点在试验范围内均匀分布，具有极强的代表性，能够很好地代表全面试验，减少试验次数；同时还能弥补简单比较试验的试验点分布不均衡的不足。

② 通过正交试验最终是为了得出较优方案，但这个较优方案不拘泥于正交表所列的试验方案。

③ 通过正交试验还能得出试验指标关于各因素各水平的变化趋势图，以及各试验指标对应的因素重要程度排序和各试验指标对应的较优方案。

（2）正交试验方案设计。

正交试验方案设计十分重要，一般来说分为正交试验设计和数据处理分析。课题的正交试验方案设计可以分为以下六个部分。

① 试验目的的明确，试验指标的选取。

② 试验因素和水平的选取。

③ 正交表的选取和表头设计。

④ 试验方案的明确。

⑤ 开始正交试验，得出试验结果。

⑥ 对正交试验结果进行处理和分析。

该课题研究的盾构壁后注浆体因为采用石粉来代替传统注浆体中的粉煤灰，所以不能采用已经得出的经验配合比，需要通过正交试验来得出较优的配合比方案。该课题进行的正交试验采用稠度、泌水率、3d 强度、28d 强度这 4 个试验指标来评价正交试验的结果。

该课题正交试验考虑 4 个因素、3 个水平，因素水平见表 4-3-3，4 个因素 3 个水平正交表见表 4-3-4，4 个因素分别是水胶比、水泥/胶结料总量、膨润土/胶结料总量、胶结料总量。该课题的盾构壁后注浆体配合比计算采用单位体积法，即以配制 $1m^3$ 盾构壁后注浆体为标准计算盾构壁后注浆体各组分的用量，见表 4-3-5、表 4-3-6。已知水泥密度为 $2900kg/m^3$，石粉密度为 $3000kg/m^3$，膨润土密度为 $2500kg/m^3$，砂子密度为 $2600kg/m^3$，水的密度为 $1000kg/m^3$。正交试验采用胶结料总量、水胶比、水泥/胶结料总量、膨润土/胶结料总量这 4 个因素，具体的计算公式如下。

$$M_{水} = X_1 X_4 \quad (4\text{-}3\text{-}3)$$

式中：$M_{水}$——水的用量（kg/m^3）；
X_1——水胶比；
X_4——胶结料总量（kg/m^3）。

$$M_{水泥} = X_2 X_4 \quad (4\text{-}3\text{-}4)$$

式中：$M_{水泥}$——水泥的用量（kg/m^3）；
X_2——水泥/胶结料总量。

$$M_{膨} = X_3 X_4 \quad (4\text{-}3\text{-}5)$$

式中：$M_{膨}$——膨润土的用量（kg/m^3）；
X_3——膨润土/胶结料总量。

$$M_{石粉} = (1 - X_2 - X_3) X_4 \quad (4\text{-}3\text{-}6)$$

式中：$M_{石粉}$——石粉的用量（kg/m^3）。

$$M_{砂} = \rho_{砂} \left(1 - \frac{M_{水}}{\rho_{水}} - \frac{M_{水泥}}{\rho_{水泥}} - \frac{M_{石粉}}{\rho_{石粉}} - \frac{M_{膨}}{\rho_{膨}} \right) \quad (4\text{-}3\text{-}7)$$

式中：$M_{砂}$——砂的总用量（kg/m^3）；
$\rho_{砂}$，$\rho_{水}$，$\rho_{水泥}$，$\rho_{石粉}$，$\rho_{膨}$——砂、水、水泥、石粉、膨润土的密度（kg/m^3）。

表 4-3-3 该课题正交试验因素水平表

因素	水胶比	水泥占胶结料总量的比值	膨润土占胶结料总量的比值	胶结料总量（kg/m^3）
水平 1	0.6	0.30	0.04	650
水平 2	0.7	0.35	0.06	700
水平 3	0.8	0.40	0.08	750

表 4-3-4 该课题正交试验四因素三水平正交表

试验号	因素			
	水胶比	水泥占胶结料总量的比值	膨润土占胶结料总量的比值	胶结料总量（kg/m^3）
1	1 (0.6)	1 (0.30)	1 (0.04)	1 (650)
2	1 (0.6)	2 (0.35)	2 (0.06)	2 (700)
3	1 (0.6)	3 (0.40)	3 (0.08)	3 (750)
4	2 (0.7)	1 (0.30)	2 (0.06)	3 (750)
5	2 (0.7)	2 (0.35)	3 (0.08)	1 (650)
6	2 (0.7)	3 (0.40)	1 (0.04)	2 (700)

续表

试验号	因素			
	水胶比	水泥占胶结料总量的比值	膨润土占胶结料总量的比值	胶结料总量（kg/m³）
7	3（0.8）	1（0.30）	3（0.08）	2（700）
8	3（0.8）	2（0.35）	1（0.04）	3（750）
9	3（0.8）	3（0.40）	2（0.06）	1（650）

表 4-3-5　正交试验各试验组配合比　　　　　　　　　　　单位：kg/m³

试验号	水泥	石粉	膨润土	水	砂总量
1	195.0	429.0	26	390	971.0
2	245.0	413.0	42	420	847.0
3	300.0	390.0	60	450	723.1
4	225.0	480.0	45	525	524.3
5	227.5	370.5	52	455	802.2
6	280.0	392.0	28	490	668.4
7	210.0	434.0	56	560	479.6
8	262.5	457.5	30	600	332.9
9	260.0	351.0	39	520	636.3

表 4-3-6　正交试验各试验组用砂配合比

试验号	砂总量（kg/m³）	1.18～2.36（mm）	0.3～1.18（mm）	0.075～0.3（mm）
1	971.0	298.4	413.8	258.7
2	847.0	260.3	361.0	225.6
3	723.1	222.2	308.2	192.6
4	524.3	161.1	223.4	139.7
5	802.2	246.5	341.9	213.7
6	668.4	205.4	284.9	178.1
7	479.6	147.4	204.4	127.8
8	332.9	102.3	141.9	88.7
9	636.3	195.5	271.2	169.5

2. 正交试验指标测量

该课题对正交试验方案进行了设计，试验指标有稠度、泌水率、28d 强度、3d 强度，进行正式正交试验并测量这些试验指标，本部分主要对正交试验结果进行单指标极差分析、多指标综合平衡分析和多元线性回归分析。

（1）稠度。

该课题中的稠度采用砂浆稠度仪来测量，如图 4-3-7 所示，首先在砂浆稠度仪的锥形筒内盛入盾构壁后注浆体，盾构壁后注浆体上表面距离锥形筒边缘 1cm 左右，用捣棒从中间向四周捣插 25 次，然后敲击锥形筒 5 下，使筒内盾构壁后注浆体表面平整，接着将沉入锥体的尖角轻轻接触盾构壁后注浆体表面并固定沉入椎体,旋转刻度盘上的螺栓,使控制刻度盘读数的刻度盘齿条下端接触沉入锥体的杆端上部并读出刻度盘的初始读数;最后拧松螺栓,让沉入锥体向下滑落沉入盾构壁后注浆体 10s,立即拧紧控制沉入锥体的螺栓让其停止下沉,旋转刻度盘上的螺栓,控制齿条向下运动直至与沉入锥体杆端上部再次接触,读出此时刻度盘的读数,两次刻度盘读数的差值就是该盾构壁后注浆体的稠度,单位为 mm。

(2) 沁水率。

图 4-3-7 砂浆稠度仪

该课题中的沁水率采用如下方法测量:量取 100mL 盾构壁后注浆体放入烧杯中,并立即用保鲜膜将烧杯上口密封住,将烧杯放在阴凉处,目的是防止烧杯内的水分蒸发影响沁水率的测量,将烧杯中的盾构壁后注浆体静置 3h,然后揭开保鲜膜,用滴管将盾构壁后注浆体表面的水分吸出来,用量筒来量取吸取出来的水分的体积,用吸取出来的水分的体积除以原先量取的盾构壁后注浆体体积,即为该盾构壁后注浆体的沁水率。

$$p=\frac{V_{水}}{V_{初}}\times100\%$$ (4-3-8)

式中:p——沁水率(%);

$V_{水}$——沁出的水的体积(mL);

$V_{初}$——初始盾构壁后注浆体的体积(mL)。

沁水率试验及测量如图 4-3-8、图 4-3-9 所示。

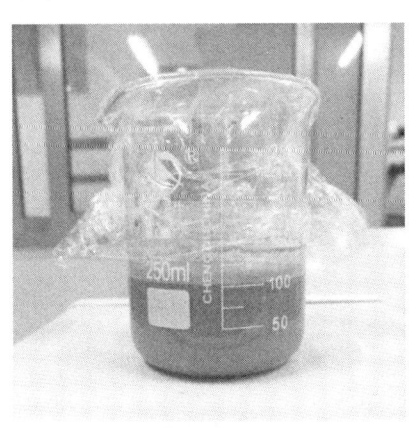

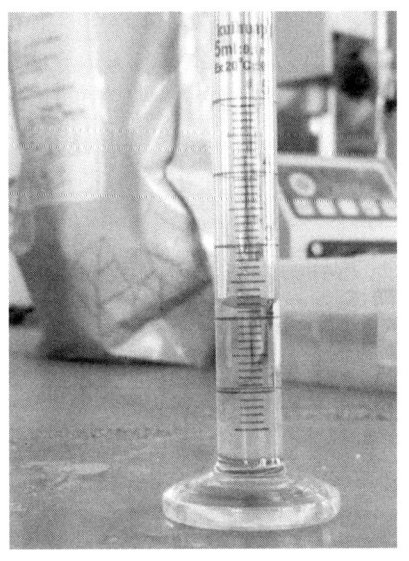

图 4-3-8 沁水率试验　　　　　图 4-3-9 沁水率测量

（3）抗压强度。

该课题中的抗压强度采用万能材料试验机来进行测量，万能材料试验机如图 4-3-10 所示，万能材料试验机应变速率采用 1mm/min。该课题的盾构壁后注浆体试块采用三联模具成形，每个隔槽的尺寸为 40mm×40mm×160mm，三联模具采用振实台成形，1d 后拆除模具，采用常温洒水养护，抗压强度的计算公式如下。

$$f = \frac{F_{\max}}{A} \tag{4-3-9}$$

式中：f——注浆体抗压强度（MPa）；

$F_{\max}$——最大破坏荷载（N）；

A——承压面面积（mm^2）。

3. 正交试验结果的综合平衡分析

对正交试验结果进行综合平衡分析的前提是对每个试验指标进行单指标分析。极差分析法与方差分析法都可以用于正交试验结果的单指标分析。极差分析法有数据处理过程简易、数据处理结果直观明了等优点，成为最常用的方法。极差分析法主要分为两步，第一步是通过 Excel 计算并得出极差分析表，极差分析表中包含 K 值、k 值和极差 R 值；第二步是根据 k 值画出试验指标关于每个试验因素的趋势图，得出相应的变化规律。

K 值为某一列上（某因素）所有水平数 i 所对应的试验结果之和，故某一列上（某因素）有几个水平就有几个 K 值，例如该课题的每一列上就有 3 个 K 值；k 值则是 K 值除以某一列上（某因素）各水平出现次数的值；R 值则为该列上最大的 K 值与最小的 K 值的差

图 4-3-10　万能材料试验机

值，称为极差。通过某因素 K 值的大小就可以判断该因素的较优水平，各因素的较优水平汇总在一起即试验指标所对应的较优方案。某个因素的 R 值如果越大则说明该因素对试验指标来说越重要，因此，R 值的大小决定着影响试验指标的各个因素的程度高底顺序，即因素主次顺序。

（1）稠度极差分析。

从表 4-3-7 中可以看到各因素主次顺序为水胶比＞胶结料总量＞水泥/胶结料总量＞膨润土/胶结料总量。对于盾构壁后注浆体来说，稠度要求适中，如果盾构壁后注浆体太稀会导致泌水严重，保水性变差，同时盾构壁后注浆体的后期收缩也会变大；如果盾构壁后注浆体较稠则会导致流动性较差，虽然保水性较好，收缩变形也很小，但是不易于现场施工泵送。故对于稠度来说，优方案是水胶比取 0.6，水泥/胶结料总量取 0.30，膨润土/胶结料总量取 0.04，胶结料总量取 650kg/m^3。

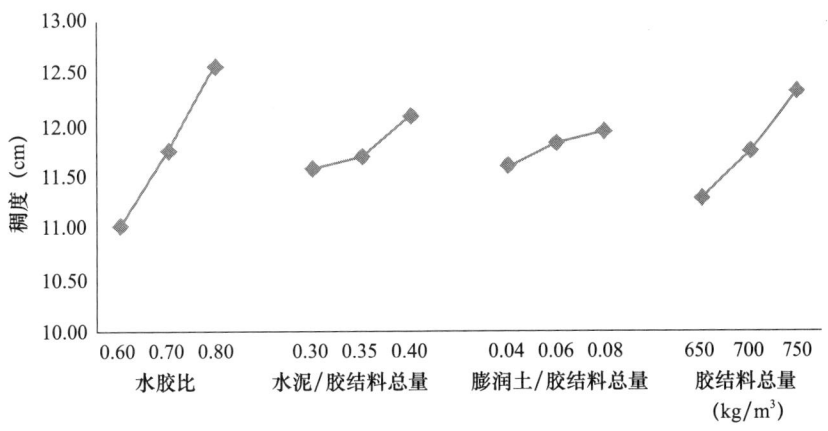

图 4-3-11 稠度趋势图

从图 4-3-11 中可以看出，随着 4 个因素水平的不断提高，稠度都呈现出上升的趋势。从趋势图中可以明显看出，稠度随水胶比的整体变化幅度最大，其次是胶结料总量、水泥/胶结料总量、膨润土/胶结料总量。

表 4-3-7 稠度极差分析表

试验号	A 水胶比	B 水泥/胶 材料总量	C 膨润土/胶 结料总量	D 胶结料总量 （kg/m³）	稠度 （cm）
1	1（0.6）	1（0.30）	1（0.04）	1（650）	10.1
2	1	2（0.35）	2（0.06）	2（700）	10.9
3	1	3（0.40）	3（0.08）	3（750）	12.0
4	2（0.7）	1	2	3	12.1
5	2	2	3	1	11.3
6	2	3	1	2	11.8
7	3（0.8）	1	3	2	12.5
8	3	2	1	3	12.8
9	3	3	2	1	12.4
K_1	33.00	34.70	34.70	33.80	—
K_2	35.20	35.00	35.40	35.20	—
K_3	37.70	36.20	35.80	36.90	—
k_1	11.00	11.57	11.57	11.27	—
k_2	11.73	11.67	11.80	11.73	—
k_3	12.57	12.07	11.93	12.30	—
R	1.57	0.50	0.36	1.03	—

（2）泌水率极差分析。

从表 4-3-8 中可以看到，各因素的主次顺序为水胶比＞胶结料总量＞膨润土/胶结料总量＞水泥/胶结料总量。对于盾构壁后注浆体来说，泌水率越小越好，因为泌水率越小说明盾构壁后注浆体的保水性能越好，在施工和运输的过程中不容易发生严重的离析和分层现象。对于泌水率来说,优方案为水胶比取 0.6,水泥/胶结料总量取 0.40,膨润土/胶结料总量取 0.06,胶结料总量取 650kg/m³。

表 4-3-8　泌水率极差分析表

试验号	A 水胶比	B 水泥/胶结料总量	C 膨润土/胶结料总量	D 胶结料总量（kg/m³）	泌水率（%）
1	1（0.6）	1（0.30）	1（0.04）	1（650）	2.5
2	1	2（0.35）	2（0.06）	2（700）	2.1
3	1	3（0.40）	3（0.08）	3（750）	2.5
4	2（0.7）	1	2	3	4.5
5	2	2	3	1	2.6
6	2	3	1	2	3.5
7	3（0.8）	1	3	2	6.5
8	3	2	1	3	10.2
9	3	3	2	1	4.9
K_1	7.10	13.50	16.20	10.00	—
K_2	10.60	14.90	11.50	12.10	—
K_3	21.60	10.90	11.60	17.20	—
k_1	2.37	4.50	5.40	3.33	—
k_2	3.53	4.97	3.83	4.03	—
k_3	7.20	3.63	3.87	5.73	—
R	4.83	1.24	1.57	1.40	—

从图 4-3-12 中可以看出,随着水胶比的增大,泌水率呈现出幅度较大的增长趋势;随着胶结料总量的增加,泌水率也呈现出增大的趋势,但是增大的幅度没有水胶比的大。相反,随着水泥/胶结料总量和膨润土/胶结料总量这两个因素的增大,泌水率在整体上呈现出减小的趋势。

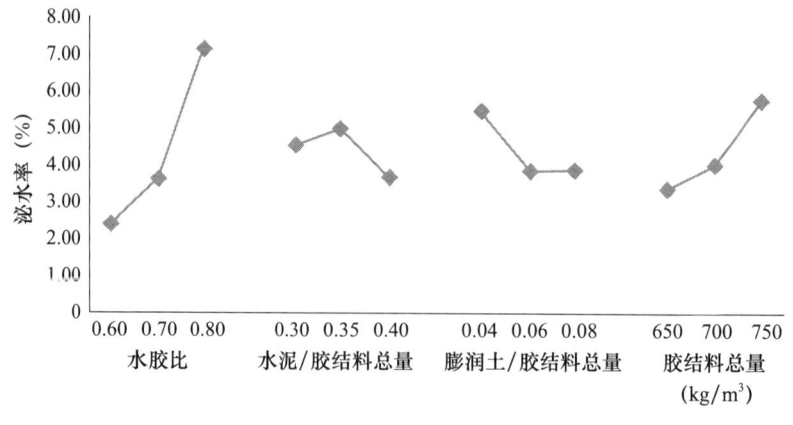

图 4-3-12　泌水率趋势图

(3) 28d 强度极差分析。

从表 4-3-9 中可以看到，各因素的主次顺序为水胶比＞膨润土/胶结料总量＞水泥/胶结料总量＞胶结料总量。对于盾构壁后注浆体来说，28d 强度越大越好，因为盾构壁后注浆体需要具有一定的强度，这样填充到盾尾空隙中之后可以与管片衬砌和围岩更好地成为一个整体，保证管片衬砌受力均匀，保证结构的稳定性。对于 28d 强度来说，较优方案为水胶比取 0.6，水泥/胶结料总量取 0.40，膨润土/胶结料总量取 0.04，胶结料总量取 750kg/m³。

表 4-3-9 28d 强度极差分析表

试验号	A 水胶比	B 水泥/胶结料总量	C 膨润土/胶结料总量	D 胶结料总量 （kg/m³）	28d 强度 （MPa）
1	1 (0.6)	1 (0.30)	1 (0.04)	1 (650)	3.76
2	1	2 (0.35)	2 (0.06)	2 (700)	3.05
3	1	3 (0.40)	3 (0.08)	3 (750)	5.48
4	2 (0.7)	1	2	3	2.36
5	2	2	3	1	2.67
6	2	3	1	2	3.84
7	3 (0.8)	1	3	2	1.60
8	3	2	1	3	2.50
9	3	3	2	1	1.33
K_1	12.29	7.72	10.10	7.76	—
K_2	8.87	8.22	6.74	8.49	—
K_3	5.43	10.65	9.75	10.34	—
k_1	4.10	2.57	3.37	2.59	
k_2	2.96	2.74	2.25	2.83	
k_3	1.81	3.55	3.25	3.45	
R	2.29	0.98	1.12	0.86	—

从图 4-3-13 中可以看出，随着水胶比的增大，28d 强度呈现出幅度较大的下降趋势；随着水泥/胶结料总量和胶结料总量这两个因素的水平的提升，28d 强度呈现出幅度不大的增加趋势；随着膨润土/胶结料总量的水平的增加，28d 强度呈现出先减小后增大的趋势。28d 强度极差分析见表 4-3-9。

(4) 3d 强度极差分析。

从表 4-3-10 中可以看到，各因素的主次顺序为水胶比＞水泥/胶结料总量＞胶结料总量＞膨润土/胶结料总量。对于盾构壁后注浆体来说，3d 强度越大越好。对于 3d 强度来说，优方案为水胶比取 0.6，水泥/胶结料总量取 0.40，膨润土/胶结料总量取 0.08，胶结料总量取 650kg/m³。

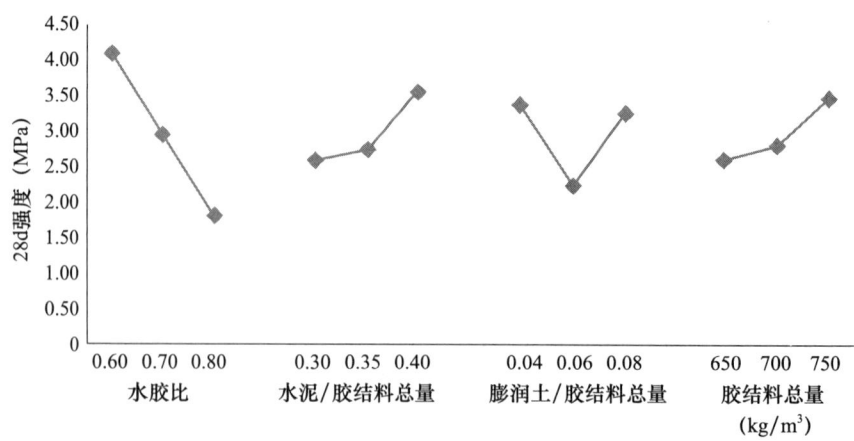

图 4-3-13　28d 强度趋势图

表 4-3-10　3d 强度极差分析表

试验号	A 水胶比	B 水泥/胶结料总量	C 膨润土/胶结料总量	D 胶结料总量 （kg/m³）	3d 强度 （MPa）
1	1（0.6）	1（0.30）	1（0.04）	1（650）	1.06
2	1	2（0.35）	2（0.06）	2（700）	0.77
3	1	3（0.40）	3（0.08）	3（750）	1.26
4	2（0.7）	1	2	3	0.32
5	2	2	3	1	0.72
6	2	3	1	2	0.67
7	3（0.8）	1	3	2	0.38
8	3	2	1	3	0.54
9	3	3	2	1	1.00
K_1	3.09	1.76	2.27	2.78	—
K_2	1.71	2.03	2.09	1.82	—
K_3	1.92	2.93	2.36	2.12	—
k_1	1.03	0.59	0.76	0.93	—
k_2	0.57	0.68	0.70	0.61	—
k_3	0.64	0.98	0.79	0.71	—
R	0.46	0.39	0.09	0.32	—

从图 4-3-14 中可以看出，随着水胶比的增大，3d 强度在整体上呈现出幅度较大的下降趋势；随着水泥/胶结料总量的增大，3d 强度呈现出幅度较大的增大趋势；随着膨润土/胶结料总量的增大，3d 强度呈现出先减小后增大的趋势，但是整体变化比较平缓；随着胶结料总量的增加，3d 强度的变化趋势则是先减小后增大。

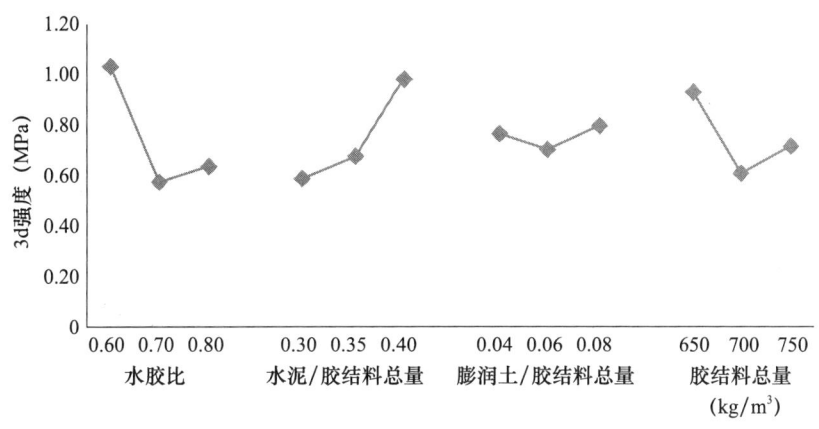

图 4-3-14 3d 强度趋势图

（5）综合平衡分析。

对于单指标正交试验来说，最终的较优配合比方案即单指标极差分析的结果，但是该课题研究的正交试验为多指标正交试验，而且各个试验指标对应的优方案和因素主次顺序不同，为确定最终的较优配合比方案，需根据各指标的极差分析结果进行综合平衡分析，并遵循以下四个原则。

① 某因素对于不同的试验指标来说，其重要程度不一样，可能对某个指标来说是最重要的因素，但是对于另一个指标来说不是最重要的，此时该因素较优水平应首先选取作为主要因素时的优水平。

② 若各试验指标受某因素的影响程度相差不多，则选取次数出现较多的较优水平。

③ 当因素各水平差别较小时，可根据实际情况，依据低耗高效的原则选取合适的水平。

④ 若各试验指标之间存在重要程度高低关系，则在选择因素较优水平时应该先满足相对重要的试验指标。

对该课题的正交试验结果进行综合平衡分析之后，得出以下结论。

① 水胶比在 0.65 附近较优，越靠近 0.60 越稠，越靠近 0.70 越稀。

② 水泥/胶结料总量在 0.35~0.40 为较优范围，越靠近 0.40 越优。

③ 膨润土/胶结料总量在 0.07~0.08 为较优范围，越接近 0.08 越优。

④ 胶结料总量在 650~700kg/m³ 为较优范围，越接近 700kg/m³ 越优。

4. 正交试验结果的多元线性回归分析

多元线性回归旨在探究应变量与多个自变量之间的线性相关关系，得出线性回归方程或线性回归模型。某个指标一般受多个因素影响，考虑多个自变量组合来预估因变量相较于用一个自变量来预估更为可信，因而采用多元线性回归来分析盾构壁后注浆体各试验指标的变化规律具有一定优越性。

采用 SPSS 软件进行多元线性回归分析具有简单、易懂、易操作的优点。SPSS 软件会对线性回归方程进行如下统计检验。

① 拟合优度检验，R^2 表示回归方程（回归模型）的拟合程度，是一种评价回归方

程对样本数据代表程度的一个重要系数；R^2 越接近 1，表示该回归方程的拟合程度越高；反之，R^2 越接近 0，表示回归方程拟合程度越低。

② 德宾-沃森统计量（$D\text{-}W$ 值）是检验自变量自相关程度的一个指标，越接近 2，表示自变量自相关的程度越低。对回归模型还应进行多重共线性诊断，若自变量之间有高度相关关系，则会导致回归结果作废，一般认为共线性统计中的方差膨胀因子 $VIF<5$，表示自变量之间不存在多重共线性。

③ 回归方程和回归系数的显著性检验，回归方程的显著性检验是为了检验应变量与所有自变量之间的线性关系显著与否，一般通过 F 检验来进行，而回归系数的显著性检验主要是为了检验每个自变量对应变量的影响显著与否，一般采用 t 检验。

④ 回归方程的残差分析，SPSS 软件可以由残差序列直接得出标准化残差序列，该序列应该服从标准正态分布，而且残差序列互相独立。

（1）稠度多元线性回归分析。

回归模型中的 R^2 越大，越接近于 1.0，表示该方程对试验样本数据的拟合程度和代表程度越高，$R^2>0.95$ 表示稠度指标的变化有 95% 以上的成分可以用正交试验的 4 个因素来解释。$D\text{-}W$ 值越接近 2，表示自变量自相关的程度越低，该稠度回归模型的 $D\text{-}W$ 值为 2.458，表示自变量自相关的程度基本可以接受（表 4-3-11）。共线性统计中的 $VIF<5$，表示自变量之间不具有高度相关关系。由表 4-3-12 可以看出，显著性系数小于 5%，表示该回归模型显著。表 4-3-13 给出了相应的回归系数和回归系数的显著性检验系数等。从图 4-3-15 和图 4-3-16 可以看出，各点散落在直线附近或者直线上，认为该稠度回归模型的残差基本服从正态分布，但并不理想。

通过 SPSS 软件可以得出稠度的多元线性回归方程为：

$$Y_1 = 7.833X_1 + 5.000X_2 + 9.167X_3 + 0.010X_4 - 3.250 \quad (p<10\%)$$

其中，Y_1——稠度，X_1——水胶比，X_2——水泥/胶结料总量，X_3——膨润土/胶结料总量；X_4——胶结料总量。相关系数 $R=0.995$。

表 4-3-11 稠度回归模型[②]

模型	R	R^2	调整后 R^2	标准估算的误差	$D\text{-}W$
1	0.995[①]	0.990	0.980	0.1225	2.458

注：① 预测变量为（常量）、胶结料总量、膨润土/胶结料总量、水泥/胶结料总量、水胶比。
② 因变量为稠度。

表 4-3-12 变异系数分析[①]

模型		平方和	自由度	均方	F	显著性
1	回归	5.860	4	1.465	97.667	0.000[②]
	残差	0.060	4	0.015	—	—
	总计	5.920	8	—	—	—

注：① 应变量为稠度。
② 预测变量为（常量）、胶结料总量、膨润土/胶结料总量、水泥/胶结料总量、水胶比。

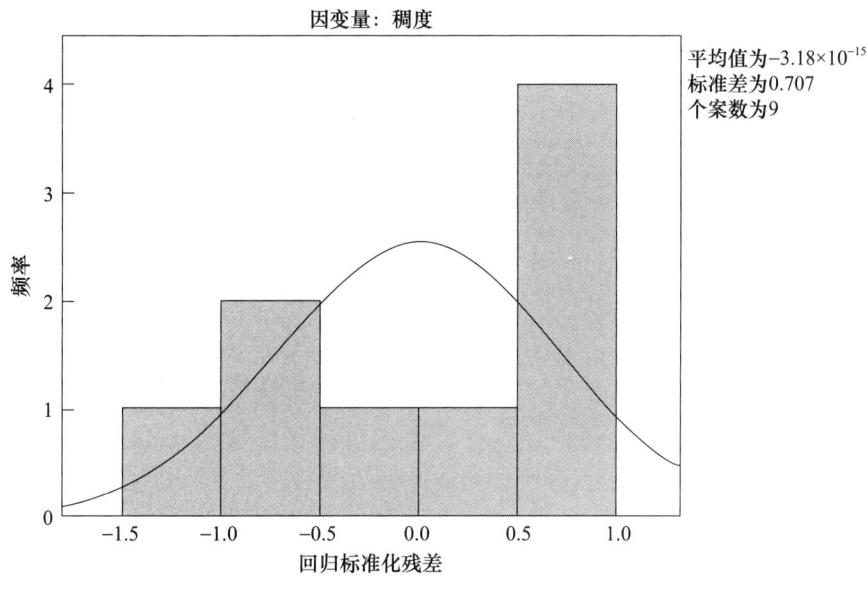

图 4-3-15 稠度直方图

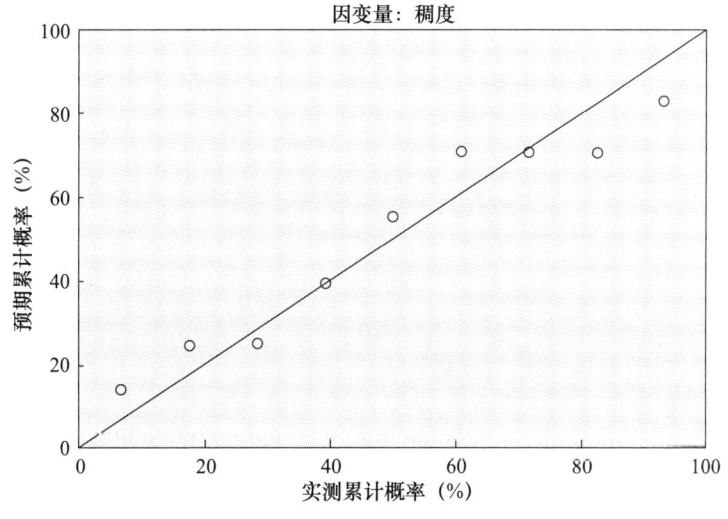

图 4-3-16 稠度标准化残差 P-P 图

表 4-3-13 稠度系数[①]

模型		未标准化系数		标准化系数	t	显著性	共线性统计	
		B	标准误差	Beta			容差	VIF
1	（常量）	−3.250	0.871	—	−3.730	0.020	—	—
	X_1	7.833	0.500	0.789	15.667	0.000	1.000	1.000
	X_2	5.000	1.000	0.252	5.000	0.007	1.000	1.000
	X_3	9.167	2.500	0.185	3.667	0.021	1.000	1.000
	X_4	0.010	0.001	0.520	10.333	0.000	1.000	1.000

注：因变量为稠度。

(2) 沁水率多元线性回归分析。

对泌水率指标进行多元线性回归分析,结果见表 4-3-14～表 4-3-16。泌水率直方图和标准化残差 P-P 图如图 4-3-17、图 4-3-18 所示。

表 4-3-14　泌水率回归模型[②]

模型	R	R^2	调整后 R^2	标准估算的误差	D-W
1	0.939[①]	0.881	0.762	1.2772	2.419

注：①预测变量为（常量）、胶结料总量、膨润土/胶结料总量、水泥/胶结料总量、水胶比。
②因变量为泌水率。

表 4-3-15　变异系数分析[①]

模型		平方和	自由度	均方	F	显著性
1	回归	48.335	4	12.084	7.408	0.039[②]
	残差	6.525	4	1.631	—	—
	总计	54.860	8	—	—	—

注：①应变量为泌水率。②预测变量为（常量）、胶结料总量、膨润土/胶结料总量、水泥/胶结料总量、水胶比。

表 4-3-16　泌水率系数*

模型		未标准化系数		标准化系数	t	显著性	共线性统计	
		B	标准误差	$Beta$			容差	VIF
1	（常量）	−24.017	9.086	—	−2.643	0.057	—	—
	X_1	24.167	5.214	0.799	4.635	0.010	1.000	1.000
	X_2	−8.667	10.428	−0.143	−0.831	0.453	1.000	1.000
	X_3	−38.333	26.071	−0.254	−1.470	0.215	1.000	1.000
	X_4	0.024	0.010	0.397	2.301	0.083	1.000	1.000

注：因变量为泌水率。

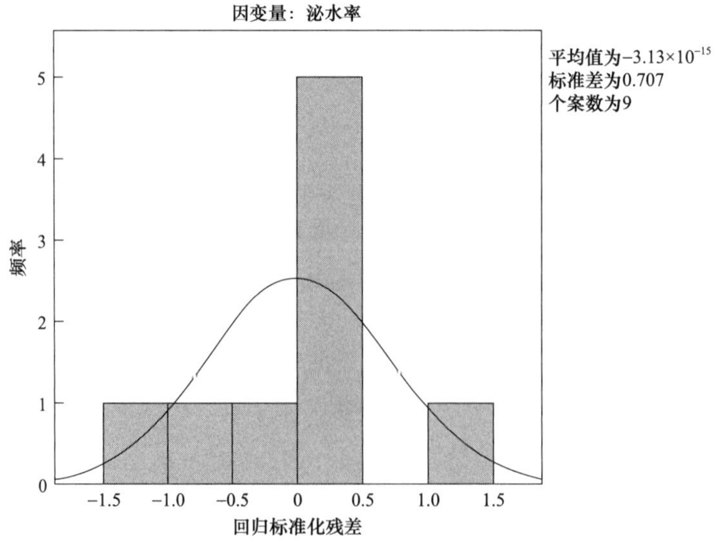

图 4-3-17　泌水率直方图

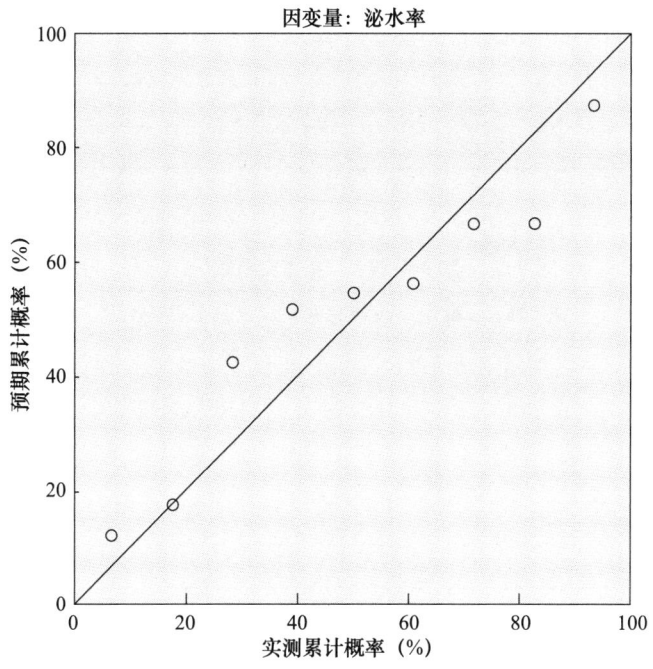

图 4-3-18　泌水率标准化残差 P-P 图

由表 4-3-14 可知，该泌水率回归模型的 R^2 为 0.881，调整后 R^2 为 0.762，表示该多元线性回归方程对试验样本数据的拟合程度和代表程度较高，表示泌水率指标的变化有 75% 以上的成分可以用正交试验的 4 个因素来解释。该泌水率回归模型的 D-W 值为 2.419，表示自变量自相关的程度基本可以接受。该泌水率回归模型的共线性统计中 VIF<5，表示自变量之间不具有高度相关关系。由表 4-3-15 可以得出，回归方程的显著性系数小于 5%，表示该回归模型显著。表 4-3-16 给出了相应的回归系数和回归系数的显著性检验系数等。从图 4-3-17 和图 4-3-18 可以看出，各点散落在直线附近或者直线上，该泌水率回归模型的残差基本服从正态分布。

通过 SPSS 软件可以得出泌水率的多元线性回归方程为：

$$Y_2 = 24.167 X_1 + 0.024 X_4 - 24.017 \quad (p<10\%)$$

相关系数 $R=0.939$，其中 Y_2 为泌水率，X_1 为水胶比，X_4 为胶结料总量。

（3）28d 强度多元线性回归分析。

对 28d 强度指标进行多元线性回归分析，结果见表 4-3-17～表 4-3-19。28d 强度直方图和标准化残差 P-P 图如图 4-3-19、图 4-3-20 所示。

表 4-3-17　28d 强度回归模型[②]

模型	R	R^2	调整后 R^2	标准估算的误差	D-W
1	0.897[①]	0.804	0.609	0.795	2.838

注：①预测变量（常量）为胶结料总量、膨润土/胶结料总量、水泥/胶结料总量、水胶比。
②因变量为 28d 强度。

表 4-3-18 变异系数分析①

模型		平方和	自由度	均方	F	显著性
1	回归	10.404	4	2.601	4.111	0.100②
	残差	2.531	4	0.633	—	—
	总计	12.935	8	—	—	—

注：①应变量为 28d 强度。
②预测变量为（常量）、胶结料总量、膨润土/胶结料总量、水泥/胶结料总量、水胶比。

表 4-3-19 28d 强度系数*

模型		未标准化系数		标准化系数	t	显著性	共线性统计	
		B	标准误差	Beta			容差	VIF
1	（常量）	1.694	5.659	—	0.299	0.780	—	—
	X_1	−11.433	3.247	−0.779	−3.521	0.024	1.000	1.000
	X_2	9.767	6.495	0.333	1.504	0.207	1.000	1.000
	X_3	−2.917	16.237	−0.040	−0.180	0.866	1.000	1.000
	X_4	0.009	0.006	0.293	1.324	0.256	1.000	1.000

注：因变量为 28d 强度。

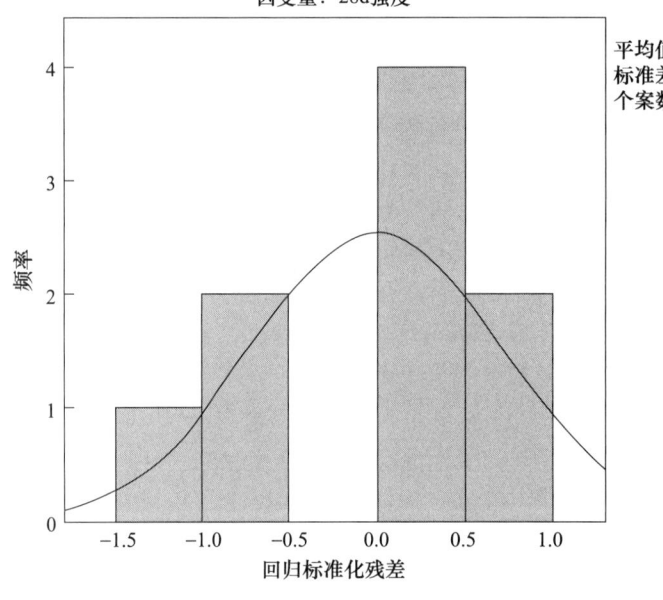

图 4-3-19 28d 强度直方图

由表 4-3-17 可知，该 28d 强度回归模型的 R^2 为 0.804，调整后 R^2 为 0.609，表示该多元线性回归方程对试验样本数据的拟合程度和代表程度较高，表示 28d 强度指标的变化有 60% 以上的成分可以用正交试验的 4 个因素来解释。28d 强度回归模型的 D-W 值为 2.838，自变量自相关的程度基本可以接受。该回归模型的共线性统计中 VIF<5，表示自变量之间不具有高度相关关系。由表 4-3-18 可以看出，该回归方程的显著性系数在 10% 左右，虽然大于 5%，但是该回归模型的显著性仍可以接受。表 4-3-19 给出了相

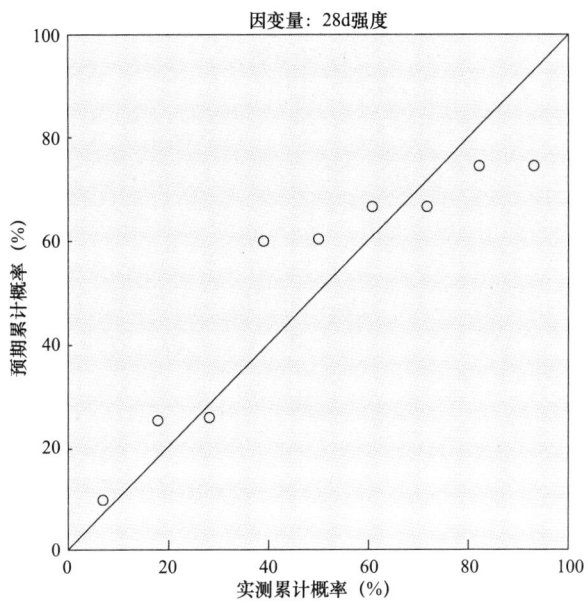

图 4-3-20　28d 强度标准化残差 P-P 图

应的回归系数和回归系数的显著性检验系数等。从图 4-3-19 和图 4-3-20 可以看出，各点散落在直线附近或者直线上，该 28d 强度回归模型的残差基本服从正态分布。

通过 SPSS 软件可以得出 28d 强度的多元线性回归方程为：

$$Y_3 = -11.433 X_1 \quad (p<10\%)$$

相关系数 $R=0.897$，其中 Y_3 为 28d 强度，X_1 为水胶比。

通过 SPSS 软件进行逐步多元线性回归分析，得到 28d 强度的回归方程为：

$$Y_3 = -11.433 X_1 + 10.958 \quad (p<10\%)$$

相关系数 $R=0.779$。

(4) 3d 强度多元线性回归分析。

对 3d 强度指标进行多元线性回归分析，结果见表 4-3-20～表 4-3-21。3d 强度直方图和标准化残差 P-P 图如图 4-3-21、图 4-3-22 所示。

表 4-3-20　3d 强度回归模型[②]

模型	R	R^2	调整后 R^2	标准估算的误差	D-W
1	0.818[①]	0.669	0.339	0.25591	1.962

注：①预测变量为（常量）、胶结料总量、膨润土/胶结料总量、水泥/胶结料总量、水胶比。②因变量为 3d 强度。

表 4-3-21　变异系数分析[*]

模型		平方和	自由度	均方	F	显著性
1	回归	0.530	4	0.133	2.024	0.256[②]
	残差	0.262	4	0.065	—	—
	总计	0.792	8	—	—	—

注：①应变量为 3d 强度。②预测变量为（常量）、胶结料总量、膨润土/胶结料总量、水泥/胶结料总量、水胶比。

表 4-3-22 3d 强度系数*

模型		未标准化系数		标准化系数	t	显著性	共线性统计	
		B	标准误差	$Beta$			容差	VIF
1	（常量）	2.242	1.821	—	1.231	0.286	—	—
	X_1	−1.950	1.045	−0.537	−1.867	0.135	1.000	1.000
	X_2	3.900	2.089	0.537	1.867	0.135	1.000	1.000
	X_3	0.750	5.224	0.041	0.144	0.893	1.000	1.000
	X_4	−0.002	0.002	−0.303	−1.053	0.352	1.000	1.000

注：因变量为 3d 强度。

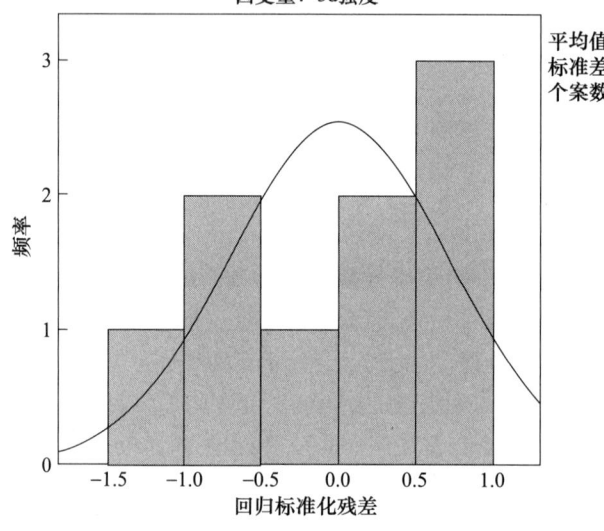

图 4-3-21 3d 强度直方图

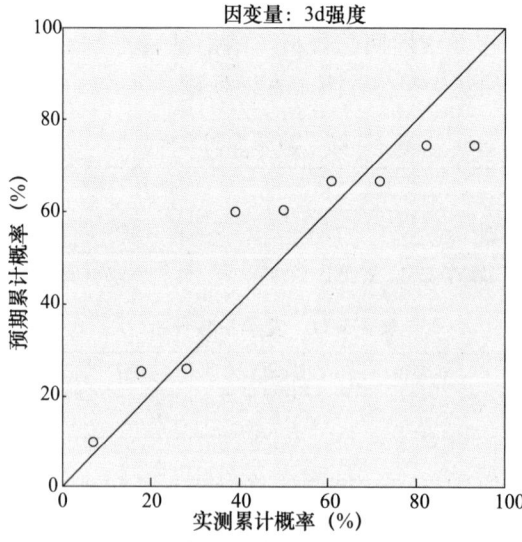

图 4-3-22 3d 强度标准化残差 $P\text{-}P$ 图

第四章 研究成果

由表 4-3-20 可知,该 3d 强度回归模型的 R^2 为 0.669,调整后 R^2 为 0.339,表示该多元线性回归方程对试验样本数据的拟合程度和代表程度一般,表示 3d 强度指标的变化有 33% 以上的成分可以用正交试验的 4 个因素来解释。3d 强度回归模型的 D-W 值为 1.962,自变量自相关的程度基本可以接受。该回归模型的共线性统计中 $VIF<5$,表示自变量之间不具有高度相关关系。由表 4-3-21 可以看出该回归方程的显著性系数在 25%,明显大于 5%,该回归模型的显著性水平较低,即用多元线性回归模型来拟合 3d 强度和正交试验的 4 个因素不太合适。表 4-3-22 给出了相应的回归系数和回归系数的显著性检验系数等。从图 4-3-21 和图 4-3-22 可以看出,各点散落在直线附近或者直线上,认为该 3d 强度回归模型的残差基本服从正态分布,但并不理想。

通过 SPSS 软件可以得出 3d 强度的多元线性回归方程为:

$$Y_4 = -1.950X_1 + 3.900X_2 \quad (p<15\%)$$

其中,Y_4 为 3d 强度,X_1 为水胶比,X_2 为水泥/胶结料总量。相关系数 0.582,相关性一般。

5. 小结

本部分首先列出了正交试验结果,包括 9 组正交试验的稠度、泌水率、28d 强度、3d 强度。其次,对正交试验的 4 个试验指标分别进行了极差分析,得出各个试验指标关于正交试验各因素各水平的趋势图,同时也得出了各因素对试验指标的主次顺序和各个试验指标所对应的优方案。

(1) 对稠度而言,各因素主次顺序为水胶比>胶结料总量>水泥/胶结料总量>膨润土/胶结料总量。较优方案为水胶比取 0.6,水泥/胶结料总量取 0.30,膨润土/胶结料总量取 0.04,胶结料总量取 650kg/m³。

(2) 对泌水率而言,各因素主次顺序为水胶比>胶结料总量>膨润土/胶结料总量>水泥/胶结料总量。较优方案为水胶比取 0.6,水泥/胶结料总量取 0.40,膨润土/胶结料总量取 0.06,胶结料总量取 650kg/m³。

(3) 对 28d 强度而言,各因素主次顺序为水胶比>膨润土/胶结料总量>水泥/胶结料总量>胶结料总量。较优方案为水胶比取 0.6,水泥/胶结料总量取 0.40,膨润土/胶结料总量取 0.04,胶结料总量取 750kg/m³。

(4) 对 3d 强度而言,各因素主次顺序为水胶比>水泥/胶结料总量>胶结料总量>膨润土/胶结料总量。较优方案为水胶比取 0.6,水泥/胶结料总量取 0.40,膨润土/胶结料总量取 0.08,胶结料总量取 650kg/m³。

接着,针对各试验指标的极差分析结果,运用正交试验结果分析中的综合平衡法,得出最终的盾构壁后注浆体较优方案如下。

(1) 水胶比在 0.65 附近较优,越靠近 0.60 越稠,越靠近 0.70 越稀。
(2) 水泥/胶结料总量 0.35~0.40 为较优范围,越靠近 0.40 越优。
(3) 膨润土/胶结料总量在 0.07~0.08 为较优范围,越接近 0.08 越优。
(4) 胶结料总量在 650~700kg/m³ 为较优范围,越接近 700kg/m³ 越优。

最后,利用 SPSS 软件对正交试验结果进行多元线性回归分析,探究各试验指标关于各因素的线性相关关系,得出各试验指标关于正交试验各因素的多元线性回归方程,最终得出:稠度和泌水率的多元线性回归方程的显著性水平较高;28d 强度的多元线性回归方程的显著性可以接受；3d 强度的多元线性回归方程的显著性水平较低。

(四) 快凝注浆料凝结时间的调整

上一部分中得出了盾构壁后注浆体的较优配合比方案，本部分主要探究促凝材料对盾构壁后注浆体性能的影响，需要一个基础方案为研究对象，我们取上一部分得出的较优方案之一为基础方案，即水胶比为 0.66，水泥/胶结料总量为 0.40，膨润土/胶结料总量为 0.08，胶结料总量为 700kg/m³；盾构壁后注浆体各材料的具体含量见表 4-3-23、表 4-3-24。本部分所涉及的促凝材料包括快硬硫铝酸盐水泥和水玻璃。

表 4-3-23　注浆体基础方案配合比（以 1L 砂浆量计）　　　单位：kg/m³

材料组成	水泥	石粉	膨润土	水	砂总量
用量	280	364	56	462	739

表 4-3-24　注浆体基础方案各级配砂用量

砂级配	1.18~2.36mm	0.3~1.18mm	0.075~0.3mm
用量（kg/m³）	227.1	315.0	196.9

1. 快硬硫铝酸盐水泥对盾构壁后注浆体性能的影响

快硬硫铝酸盐水泥（以下简称快硬水泥）是一种具有快硬早强作用的水硬性胶凝材料，考虑在盾构壁后注浆体中用快硬水泥来代替普通水泥，将快硬水泥视为注浆体的促凝材料，探究其对注浆体凝结时间和早期强度的影响，快硬水泥和普通水泥的具体用量见表 4-3-24，两者的总用量应符合 280g/L。

表 4-3-25　快硬水泥和普通水泥的用量

快硬水泥掺量（%）	10	20	30	40
普用水泥用量（g/L）	252	224	196	168
快硬水泥用量（g/L）	28	56	84	112

（1）快硬水泥的掺入对凝结时间的影响。

首先为探究该课题使用的快硬水泥的快硬工作性能，将快硬水泥与该课题所用的普通水泥按一定比例混合，利用维卡仪测量水泥净浆的初凝和终凝时间，以这两个指标来衡量快硬水泥的快硬工作性能。表 4-3-26 展示了快硬水泥和普通水泥以一定比例混合后的混合水泥净浆的凝结时间。

表 4-3-26　混合水泥净浆的凝结时间

快硬水泥掺量（%）	水泥净浆初凝时间（min）	水泥净浆终凝时间（min）
10	38	52
20	28	37
30	22	35

从表 4-3-26 可以看出，水泥净浆的初凝时间和终凝时间随着快硬水泥的掺入明显缩短了，而且随掺量的逐渐增加，水泥净浆的初凝时间和终凝时间呈现出幅度减小的递减趋势，当快硬水泥的掺量为 10% 和 20% 时，其快硬效果较为显著，明显缩短了水泥净

浆的初凝和终凝时间，当快硬水泥的掺量为 30% 时，水泥净浆的凝结时间与掺量为 20% 相比相差较小。

对于掺有快硬水泥的盾构壁后注浆体的凝结时间，本部分采用如下方法进行：首先以拌制 0.5L 盾构壁后注浆体为基础将盾构壁后注浆体所需各组分材料备齐，将粉料放置在量杯中充分搅拌混合并加入水充分搅拌 3~5min，然后轻轻拍打量杯底部 5~10 次，使砂浆表面平整，静置等待盾构壁后注浆体凝固；将盛有盾构壁后注浆体的量杯缓缓向左倾斜 45°，静置 10~20s，然后将其缓缓恢复原位，观察此过程中盾构壁后注浆体的流动情况，同理将量杯向右倾斜并重复上述过程，若整个过程中盾构壁后注浆体不再流动，则视为盾构壁后注浆体已经凝结，盾构壁后注浆体的凝结时间从加水搅拌注浆体时算起。试验过程如图 4-3-23、图 4-3-24 所示。

图 4-3-23　注浆体　　　　　　　图 4-3-24　注浆体凝结

表 4-3-27 展示了不同快硬水泥掺量下盾构壁后注浆体的凝结时间。从表 4-3-27 中可以看出，随着快硬水泥掺量的增加，盾构壁后注浆体的凝结时间逐渐缩短，当掺量为 10% 时，盾构壁后注浆体的凝结时间为 52min，凝结时间还较长，但是当掺量为 20% 时，盾构壁后注浆体的凝结时间骤缩到 27min，缩短了 25min，凝结时间的缩短幅度较大；相比之下，当掺量从 20% 到 30%、从 30% 到 40%，其凝结时间的缩短幅度分别为 12min 和 3min，降低幅度逐渐减小，说明快硬水泥的掺入对盾构壁后注浆体凝结时间的影响随着掺量的逐渐增加而逐渐不显著。当快硬水泥掺量为 10%~40% 时，凝结时间在 12~52min 不等，这为工程实际提供了一定的参考作用，故可以根据具体工程实践确定快硬水泥的具体掺量并进一步测量注浆体的凝结时间。

表 4-3-27　不同快硬水泥掺量下盾构壁后注浆体的凝结时间

快硬水泥掺量（%）	盾构壁后注浆体凝结时间（min）
10	52
20	27
30	15
40	12

(2) 快硬水泥的掺入对早期强度的影响。

对掺入快硬水泥的盾构壁后注浆体进行了早期强度试验,结果见表 4-3-28,早期强度分别为 1d 强度、2d 强度和 3d 强度,它们随着快硬水泥掺量的增大而产生的变化趋势如图 4-3-25~图 4-3-27 所示。

1d 强度线性拟合方程为 $y=1.09x+0.255$,$R^2=0.7151$。

2d 强度线性拟合方程为 $y=1.91x+0.77$,$R^2=0.973$。

3d 强度线性拟合方程为 $y=0.29x+1.47$,$R^2=0.0454$。

表 4-3-28 不同快硬水泥掺量的注浆体早期强度

快硬水泥掺量(%)	10	20	30	40
1d 强度(MPa)	0.28	0.59	0.60	0.64
2d 强度(MPa)	1.00	1.10	1.33	1.56
3d 强度(MPa)	1.43	1.73	1.36	1.65

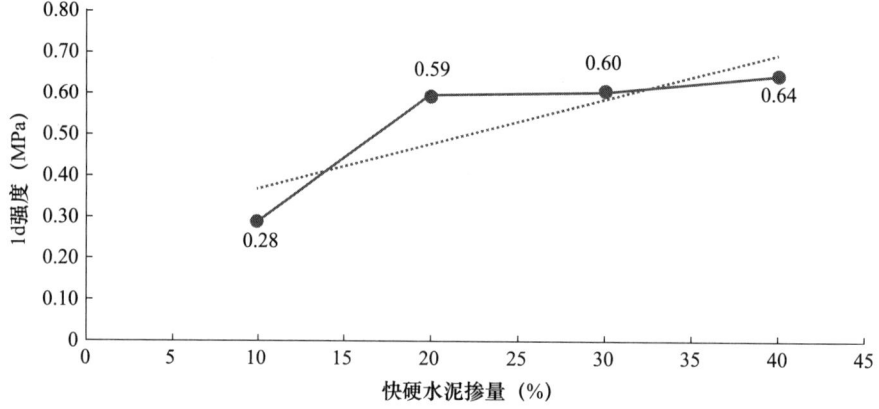

图 4-3-25 1d 强度变化趋势

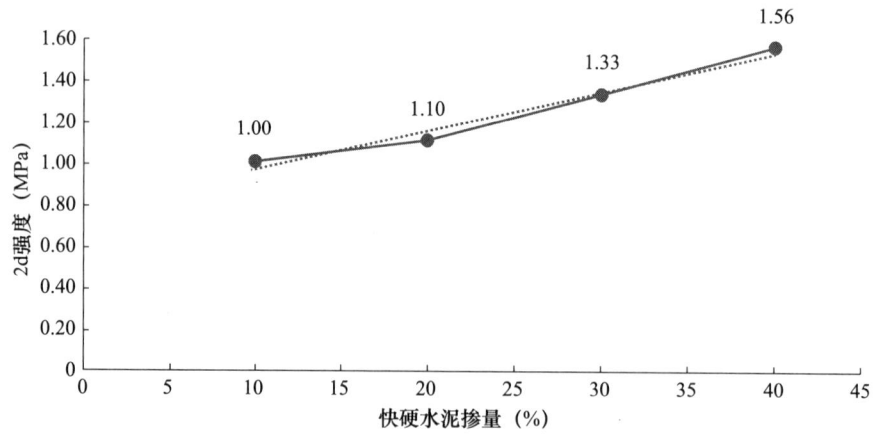

图 4-3-26 2d 强度变化趋势

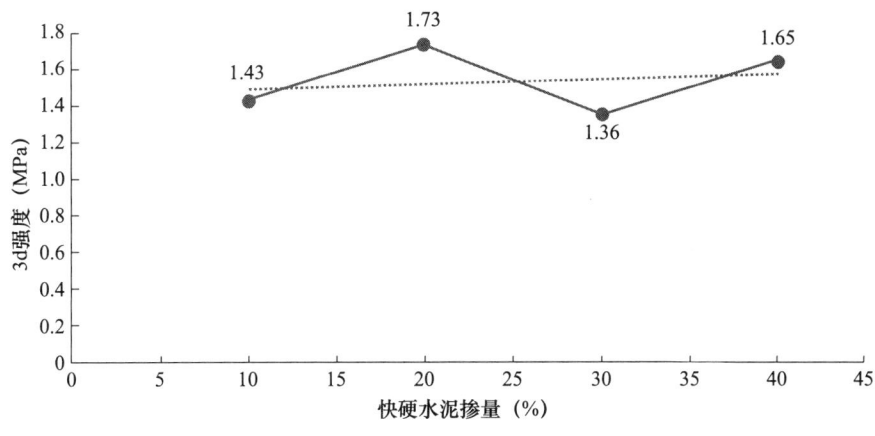

图 4-3-27　3d 强度变化趋势

从图 4-3-25 中可以看出，随着快硬水泥掺量的增加，1d 强度呈现出上升的趋势，而且上升的幅度有减小的趋势；从图 4-3-26 可以看出，2d 强度随着快硬水泥掺量的增加呈现出变化均匀的增大趋势；从图 4-3-27 可以看出，3d 强度随着快硬水泥掺量的增加呈现出先增后减再增的趋势，但是总体上呈现出非常平缓的上升趋势。从三个早期强度的线性拟合方程可以看出，2d 强度直线斜率最大，1d 强度次之，但两者相差不大，3d 强度的斜率最小。从拟合方程的 R^2 可知，2d 强度的线性拟合程度最高，1d 强度的线性拟合程度较高，而 3d 强度的线性拟合程度很低，此时用直线方程来拟合其变化规律不太合适。

2. 水玻璃对盾构壁后注浆体性能的影响

水玻璃是一种由氧化钠或者氧化钾和二氧化硅结合成的可溶于水的透明的玻璃状溶液，常说的水玻璃主要成分分子式为 $Na_2O \cdot nSiO_2$，其中的 n 为水玻璃模数，代表着氧化钠和二氧化硅的分子比，一般情况下水玻璃模数在 2.6~3.0，而且水玻璃模数越大，说明二氧化硅分子的量越大，会导致其黏度越大，越难溶于水。水玻璃虽然是透明的，但是并不是无色的，品质较好的水玻璃呈现出略微的淡黄色。一般来说工业上常用的水玻璃密度为 1.3~1.4g/cm³，其波美度（°B′e）为 33.5~41.5，波美度（°B′e）是用来衡量水玻璃浓度的，其计算公式如下。

$$°B'e = 145 - \frac{145}{\rho} \quad (4\text{-}3\text{-}10)$$

式中：°B′e——水玻璃波美度；

ρ——水玻璃密度（g/cm³）。

水玻璃可以作为水泥的促凝剂，在水泥基注浆体中得到了充分的应用，若在盾构壁后注浆体中掺入水玻璃可以加速盾构壁后注浆体的凝结，而且凝结时间可以随着水玻璃掺量的不同而得到控制。掺入水玻璃的盾构壁后注浆体早期的强度也会随着凝结时间的缩短而产生的一定的影响。

（1）水玻璃的掺入对凝结时间的影响。

首先为探究水玻璃的凝结效果，本章以水胶比为 0.66 的纯水泥浆为研究对象，水泥用量 200g，水用量 132g，0.66 为本部分研究的盾构壁后注浆体基础配合比对应的水胶比，通过外掺不同质量的水玻璃来探究其凝结效果，虽然在水泥浆中加入了水玻璃之后，搅拌水泥浆的阻力变大，水泥浆也因此变得黏稠且失去部分流动性，但是仍然以第四章第二节中的凝结时间判定方法来判定其凝结时间，最终结果见表 4-3-28，显然，外掺水玻璃之后，纯水泥浆的凝结时间会呈现出幅度变小的递减趋势。

表 4-3-29　纯水泥浆的凝结时间

水玻璃掺量（g/L）	凝结时间（min）
3	60
6	50
9	37
12	30

虽然在盾构壁后注浆体中掺入水玻璃搅拌之后，盾构壁后注浆体逐渐变得黏稠并丧失部分流动性，但是对于掺入水玻璃的盾构壁后注浆体的凝结时间而言，本部分采用的制备和测试方法如 4.2.1 所述，在搅拌完 0.5L 基础配合比盾构壁后注浆体之后，外掺水玻璃继续搅拌 3～5min，然后进行相应的凝结时间试验研究，最终试验结果见表 4-3-30。如同纯水泥浆，掺有水玻璃的盾构壁后注浆体的凝结时间也随着水玻璃掺量的增加而呈现出幅度逐渐变小的递减趋势，而且与纯水泥浆的凝结时间相差不大。纯水泥浆的成分只有水泥和水，盾构壁后注浆体的粉料包含水泥、石粉和膨润土，而且水泥的占比为 40%，远低于纯水泥浆的 100%，但是最终两者凝结时间相差较小，说明水玻璃对于两者凝结时间的调节作用差别不大。

表 4-3-30　不同水玻璃掺量的注浆体凝结时间

水玻璃掺量（g/L）	注浆体凝结时间（min）
10.5	75
21.0	45
31.5	34
42.0	28

就本部分快硬水泥的掺量和水玻璃的用量而言，水玻璃对于盾构壁后注浆体凝结时间的调节还是稍逊于快硬水泥，但是两者加入后盾构壁后注浆体的凝结时间的变化规律都呈现出幅度逐渐减小的递减趋势。

（2）水玻璃的掺入对早期强度的影响。

水玻璃可以较为显著地加快盾构壁后注浆体的凝结，而且外掺水玻璃之后，盾构壁后注浆体变得黏稠，这势必会影响到盾构壁后注浆体的早期强度。本部分对外掺水玻璃的盾构壁后注浆体同样进行了 1d 强度、2d 强度和 3d 强度试验，其试验结果见表 4-3-31，其早期强度随着水玻璃掺量增加而产生的变化趋势如图 4-3-28、图 4-3-29 和图 4-3-30 所示。

表 4-3-31　不同水玻璃掺量下盾构壁后注浆体早期强度

水玻璃掺量（g/L）	10.5	21.0	31.5	42.0
1d 强度（MPa）	0.19	0.34	0.48	0.61
2d 强度（MPa）	1.00	1.50	1.75	2.28
3d 强度（MPa）	1.49	1.82	2.44	2.70

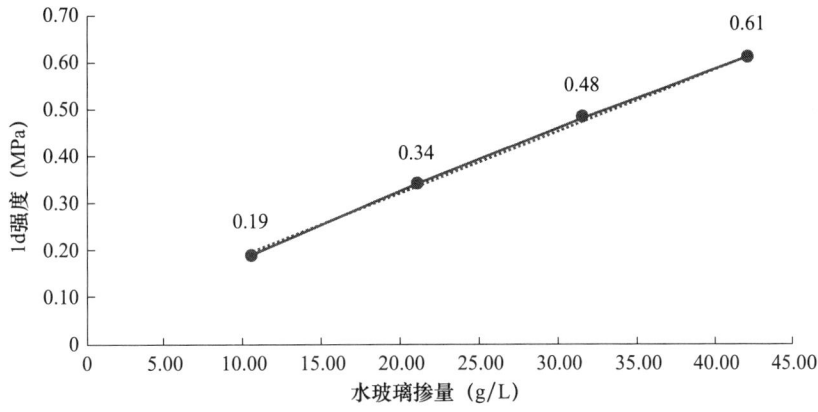

图 4-3-28　1d 强度变化趋势

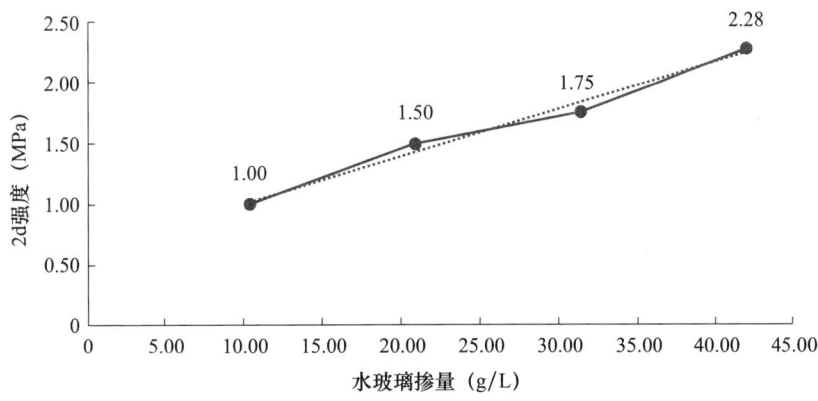

图 4-3-29　2d 强度变化趋势

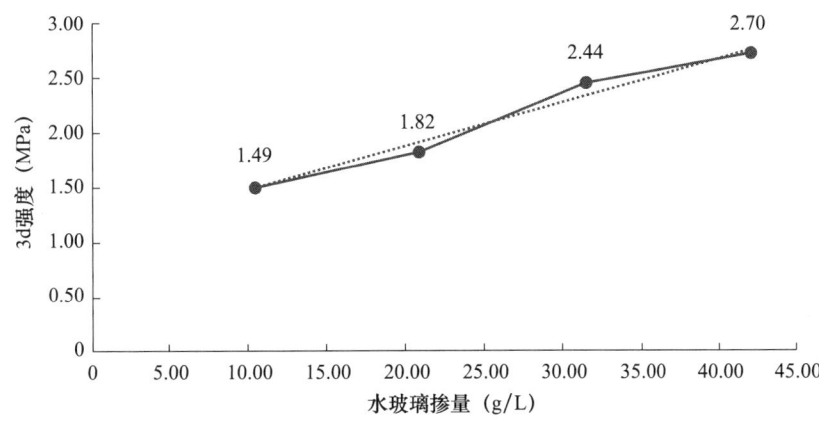

图 4-3-30　3d 强度变化趋势

1d 强度线性拟合方程为 $y=0.0133x+0.055$, $R^2=0.999$。

2d 强度线性拟合方程为 $y=0.039x+0.61$, $R^2=0.9832$。

3d 强度线性拟合方程为 $y=0.0405x+1.05$, $R^2=0.9759$。

从图中可以看出,三个早期强度随着水玻璃掺量的增加均呈现出均匀变化的增长趋势,而且 R^2 非常接近1,说明三个早期强度的变化趋势曲线用直线方程来拟合具有极强的代表性;三个曲线的斜率分别为 0.0133、0.039 和 0.0405,这说明 3d 强度的整体变化幅度要大于 2d 强度,2d 强度的整体变化幅度大于 1d 强度。

水泥与水玻璃的凝结固化反应主要分为水泥的水化反应和水泥水化反应产物 $Ca(OH)_2$ 与水玻璃的反应。其中水泥的水化反应会生成活性很强的 $Ca(OH)_2$;$Ca(OH)_2$ 与水玻璃反应生成具有一定强度的水化硅酸钙凝胶体。水泥水化反应生成的 $Ca(OH)_2$ 很快达到饱和,水玻璃的掺入则使饱和的 $Ca(OH)_2$ 逐渐与之反应,在一定程度上促进了水泥的水化,两者的相辅相成使得盾构壁后注浆体的凝结时间变短,早强度变高;而事实上水泥与水玻璃的反应要远快于水泥本身的水化反应,故盾构壁后注浆体的早期强度主要由水化硅酸钙凝胶体提供,凝胶体中的硅主要由水玻璃提供。

3. 小结

本部分研究了两种促凝材料(快硬水泥和水玻璃)对盾构壁后注浆体的凝结时间和早期强度的影响。对于每种促凝材料,首先研究促凝材料本身的促凝效果,其次研究不同掺量下促凝材料对盾构壁后注浆体凝结时间的影响,在测量盾构壁后注浆体凝结时间时采用"倾斜法"进行,在测量盾构壁后注浆体早期强度时考虑了 1d 强度、2d 强度和 3d 强度,并探究三个早期强度关于促凝材料掺量的变化曲线和线性拟合方程。

快硬水泥可以显著缩短盾构壁后注浆体的凝结时间,而且随着含量的增大,其凝结时间呈现出幅度减小的递减趋势,当快硬水泥的掺量为 20% 和 30% 时,盾构壁后注浆体的促凝效果较好;不同掺量下快硬水泥对 1d 强度和 2d 强度的影响较大,对 3d 强度的影响较小。

水玻璃的掺入也使盾构壁后注浆体凝结时间的变化较为显著,如同快硬水泥一般,水玻璃的掺入使盾构壁后注浆体的凝结时间呈现出幅度减小的递减趋势。水玻璃的不同掺量对早期强度的影响较为显著,三个早期强度关于水玻璃掺量的曲线都能用线性回归方程显著地拟合出来且代表性较强,而且三个早期强度的线性拟合方程斜率呈递增趋势,即 3d 强度的斜率最大,1d 强度的斜率最小。

(五)结论

本部分通过查阅相关文献,结合已有盾构壁后注浆体的材料和配合比,首先,确定了采用水泥、石粉、膨润土、砂子和水作为盾构壁后注浆体的原材料,设计四因素三水平正交试验并运用综合平衡法来确定盾构壁后注浆体的较优配合比方案,为具体工程实践提供参考。其次,利用 SPSS 软件对正交试验的结果进行了多元线性回归分析,探究各试验指标关于各因素之间的线性相关关系。本部分还考虑了两种促凝材料——快硬水泥和水玻璃,探究这两种促凝材料对盾构壁后注浆体凝结时间和早期强度的影响。本部分得出的主要结论如下。

(1)确定盾构壁后注浆体的材料,并运用泰波公式对注浆用砂进行级配设计,取泰波公式系数为 0.35,砂分为三个级配,分别是 1.18~2.36mm、0.3~1.18mm、

0.075~0.3mm，三个级配的质量百分数分别为 30.73%、42.62%、26.64%。采用单位体积法计算盾构壁后注浆体配合比，确定了正交试验的四个试验指标和相应的测量方法，试验指标分别是稠度、泌水率、28d 强度和 3d 强度。

（2）通过对正交试验结果的单指标极差分析得出对应于各个指标的因素主次顺序、优方案和趋势图。对稠度，各因素主次顺序为水胶比＞胶结料总量＞水泥/胶结料总量＞膨润土/胶结料总量；在水胶比为 0.60~0.65、总胶结料用量 650~750kg/m³。水泥/胶结料总量为 30%~40%、膨润土/胶结料总量为 4% 时，均能取得较好的效果。

（3）通过 SPSS 软件对正交试验结果进行多元线性回归分析，结果表明：稠度和泌水率的多元线性回归方程显著性水平较高，即应变量与所有自变量之间的线性关系显著；28d 强度的多元线性回归方程的显著性可以接受；3d 强度的多元线性回归方程显著性水平较低。

（4）快硬水泥可以显著缩短盾构壁后注浆体的凝结时间，而且随着含量的增大，其凝结时间呈现出幅度减小的递减趋势，当快硬水泥的掺量为 20% 和 30% 时，盾构壁后注浆体的促凝效果较好；不同掺量的快硬水泥对 1d 强度和 2d 强度的影响较大，对 3d 强度的影响较小。水玻璃较为显著地缩短了盾构壁后注浆体的凝结时间，凝结时间也呈现出幅度减小的递减趋势。水玻璃的不同掺量对早期强度的影响较为显著，三个早期强度随水玻璃掺量的变化趋势都能很好地用线性方程拟合出来，而且 3d 强度的线性拟合方程斜率最大，1d 强度的斜率最小。

二、石粉在"盾固泥"中的应用研究

（一）概述

1. 项目背景

近些年地铁建设工程蓬勃发展，促进了隧道工程的发展。相比常见的道路工程，隧道工程往往要更难更复杂，而隧道又是重要的交通设施，这要求与隧道工程相配套的技术必须不断改进、完善。

而在城市地下交通建设过程中，普遍采用盾构施工的方式进行作业。在施工过程中如果有充满地下水的洞穴或因粒径缺失而导致的富水地层出现在作业面前方，那么承压水将会涌入作业面内，给施工带来严重影响。解决方法是在探知洞穴存在后，以高压注浆的方式向洞穴内或粒径缺失地层内注入泥浆。地下水在外压作用下被驱赶到周边地层，泥浆应在短时间内稠化，并产生一定的强度，以此保证施工安全进行，这种泥浆被称作"盾固泥"。

2. 主要研究内容

（1）研究内容。

通过试验选择合适的材料来制备新型"盾固泥"，"盾固泥"采用双液浆的制备思路。"盾固泥"分为 A 液与 B 液，其中 A 液是"盾固泥"的主体，B 液起到促进 A 液稠化并产生一定强度的作用。试验分别对 A 液与 B 液进行研究，并测出在各种材料的不同配合比下新型"盾固泥"的物理性质、工程性质，从而得出适用于不同环境的最佳材料组成及最优配合比。

(2) 目的意义。

研究的目的在于通过试验对不同配合比下的泥浆性质进行测量，明确各种材料用量对盾构法施工中所用泥浆性质的影响。

研究的意义在于通过对比不同配合比下的泥浆性质，可以找到不同施工环境下的最优配合比，使得改良泥浆可以适用于不同的地层，提高工作效率。

石粉是石材产业所产生的工业固体废弃物。石粉细度一般达不到水泥掺和料的细度，且不具备反应活性，在其他建材行业应用极为有限。而盾构施工中所需的泥浆料作为施工的辅助性材料，属于一次性消耗材料，对其强度没有要求，具备在"盾固泥"和"盾涌泥"中应用的可能性。通过研究石粉在泥浆中的使用，可以大量消耗工业废物，降低泥浆料成本。

(二) 原材料试验性能研究

这里所述的原材料包括膨润土、石粉、增稠剂和增黏剂、无水乙醇、水。原材料的性能对"盾固泥"和"盾涌泥"有直接影响，所以在对上述两种泥浆进行研究之前，首先对原材料进行性能分析。

1. 膨润土

膨润土是一种黏土，其主要矿物成分是蒙脱石，通常含有高岭石、伊利石、沸石等，其中蒙脱石的含量与类型决定了膨润土的物理化学性质。由于蒙脱石的层间阳离子种类并不单一，因此膨润土被分为钠基膨润土和钙基膨润土等种类。膨润土在工农业生产中有着较多的应用，也被称作"万用土"。

由于蒙脱石的静电引力比较大，因此可以把水分子吸到晶层间，同时让晶体膨胀。水被蒙脱石的静电引力吸引至晶层间后，和可交换性阳离子产生水化反应，通过在阳离子周围聚集水分子的方式，增大阳离子的直径，即增大了蒙脱石的层间距。蒙脱石遇水后，由于渗透作用的存在，水会涌入蒙脱石层间，伴随着蒙脱石的晶层间距变大，进入其内的水分子会越来越多。此时，吸附于蒙脱石的晶间的阳离子扩散于晶层面上，构成了双电层，使得晶层面上形成多余的负电荷，此时两个晶层面由于都带负电荷，所以发生排斥，形成了双电层斥力，加速增大了蒙脱石的层间距。蒙脱石晶体结构如图 4-3-31 所示。

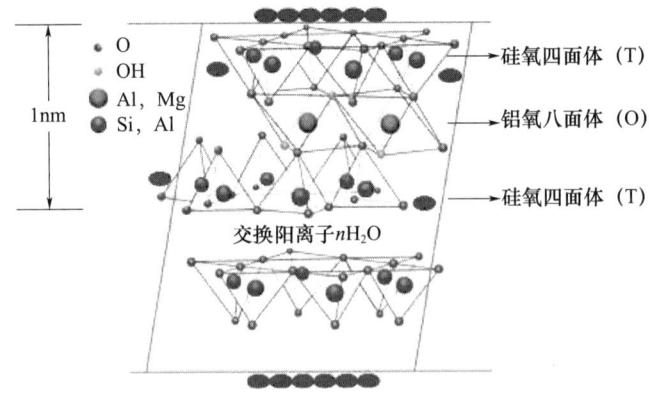

图 4-3-31 蒙脱石晶体结构

通过粒径分析试验，本部分对两种膨润土进行了粒径分析。

通过对一级膨润土和二级膨润土进行粒径分析试验，可以看出一级膨润土和二级膨润土在粒径上的差别，通过分析两种膨润土的粒径大小，可以了解它们的性能差距，从而选出合适的膨润土作为原料。

由于试验要求膨润土具有良好的黏性，因此在选择膨润土时应该选择具有更高黏性的膨润土，而一般来讲，粒径越小的膨润土其细度越大，其吸水能力越强，黏性越高，即性能越强，因此要选出粒径尽可能小的膨润土，使得膨润土在与水接触后形成的泥浆的性能越强。

试验采用的膨润土为一级膨润土，其中位径、表面积平均径和体积平均径均比二级膨润土要小，其比表面积大于二级膨润土的比表面积，通过粒径分布图可以看出，一级膨润土中粒径小于 $10\mu m$ 的颗粒的占比大于二级膨润土中相应颗粒的占比，因此认为一级膨润土吸水能力要强于二级膨润土，故试验采用一级膨润土而放弃使用二级膨润土。

一级膨润土粒径分析如图 4-3-32 所示。

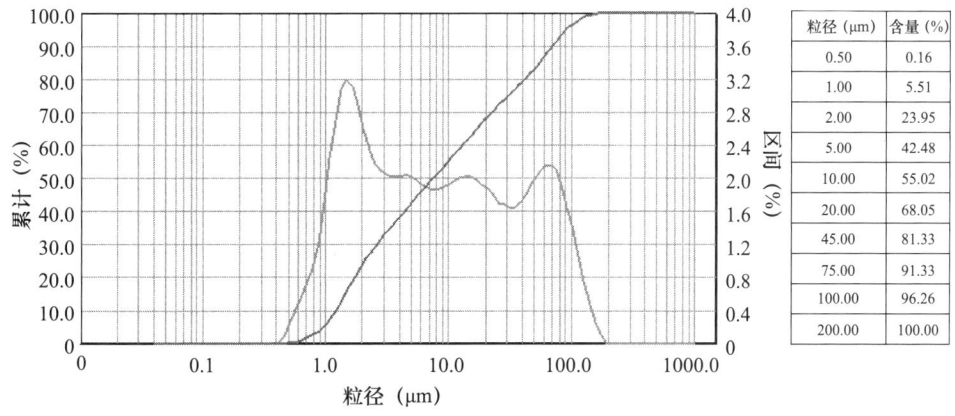

图 4-3-32　一级膨润土粒径分析

二级膨润土粒径分析如图 4-3-33 所示。

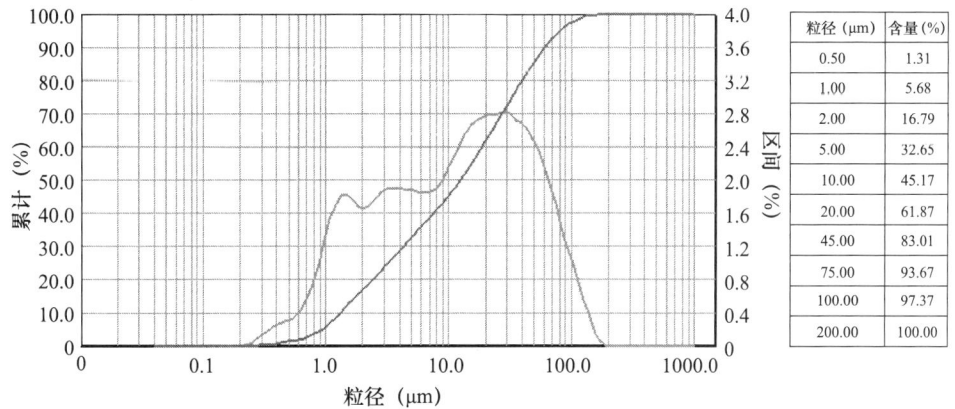

图 4-3-33　二级膨润土粒径分析

由粒径分析图可知，一级膨润土中粒径在 $10\mu m$ 以内的颗粒的占比超过了 50%，而二级膨润土中粒径在 $10\mu m$ 以内的颗粒的占比不足 50%，且一级膨润土中粒径在 1～

5μm 的颗粒的占比较二级膨润土中 1~5μm 的颗粒的占比要高。一级膨润土的中位径为 7.546μm，二级膨润土的中位径为 12.48μm。综合判断采用一级膨润土较好。

2. 石粉

在石材加工的过程中，会产生出一些废弃的石粉，主要化学成分有二氧化硅、氧化钙等，其矿物组成主要有石英、长石等。这些废弃石粉就是试验中所用的石粉。

石粉粒径分析如图 4-3-34 所示。

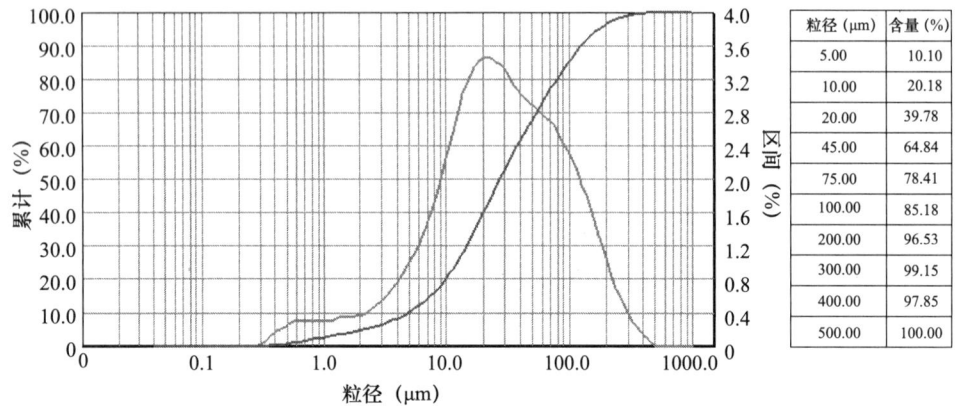

图 4-3-34 石粉粒径分析

由粒径分析图可知，石粉中粒径在 20μm 以内的颗粒的占比不足 40%，小于一级膨润土与二级膨润土中粒径在 20μm 以内的颗粒的占比。石粉的中位径为 27.36μm，大于一级膨润土与二级膨润土的中位径。

3. 增稠剂和增黏剂

"盾固泥"试验中所用到的增稠剂有羧甲基纤维素（CMC）、羟丙基甲基纤维素（HPMC）、低分子量聚丙烯酸钠、中分子量聚丙烯酸钠、高分子量聚丙烯酸钠、聚丙烯酰胺、黄原胶、瓜尔豆胶，这些增稠剂呈固体粉末状或固体颗粒状，都能在不同程度上增大泥浆黏度。

4. 无水乙醇

由于采用水作为溶剂制作"盾固泥"B 液时存在液体黏度较大的问题，因此试验中采用无水乙醇制备悬浮液作为"盾固泥"B 液，利用所制备的悬浮液较好的流动性来满足泵送要求。所用无水乙醇中乙醇的质量分数不小于 99.7%。

5. 水

试验中采用水来制备"盾固泥"A 液，所用的水应达到施工用水的标准。

6. 小结

本部分通过对一级膨润土、二级膨润土、石粉等材料进行粒径分析，明确了这些材料的中位径等与粒径有关的信息，并根据这些信息确定试验采用一级膨润土、石粉等材料作为泥浆的主要组成成分。除膨润土、石粉等主要材料外，试验中还要用到增稠剂、增黏剂、无水乙醇、水等其他材料。

（三）"盾固泥"制备方案

对两种泥浆均采用控制变量法进行分析，通过试验测出泥浆在不同的材料配合比下的黏度、密度等指标，观察泥浆在不同的材料配合比下的状态，明确用水量、石粉与膨润土的比例等因素对泥浆性能的影响。通过对试验数据的分析，得出两种泥浆的原料配合比，以及两种泥浆各自合适的材料配合比。

1. "盾固泥"试验

（1）"盾固泥"A液试验。

在进行"盾固泥"A液试验的过程中，由于发现膨润土与石粉不同比例情况下分别对应一个合适的用水量范围，因此可以分别设置膨润土与石粉比例不同的三组试验，每组试验中分别设置三组用水量不同的试验，共设置九组试验。因此在每组试验中将用水量设置为变量，用控制变量法进行试验，并分析膨润土与石粉比例不同时各自试验组中的数据，以及在保证用水量和膨润土用量均相同时以石粉为变量，用控制变量法进行试验，最终可以得到用水量和膨润土用量相同的情况下一定范围内石粉越多流动性越好的结论。

由于在试验过程中发现"盾固泥"A液存在泌水现象，因此针对"盾固泥"A液设计泌水率试验，通过控制变量法测量泥浆在石粉与膨润土的比例不同或用水量不同时的泌水率，并采用比重计通过控制变量法测量"盾固泥"A液密度。

（2）"盾固泥"B液原料选择。

在确定"盾固泥"A液合适的配合比后，选择一组较好的配合比制成"盾固泥"A液，并掺入不同的"盾固泥"B液，测量掺和后的黏度等数值，并进行对比，选出合适的"盾固泥"B液原料。

（3）盾固泥B液试验。

在确定"盾固泥"B液合适的原料后，分别设置膨润土与石粉比例不同的三组试验，用控制变量法分别对A液、B液掺和后的泥浆以B液相对掺量为变量进行试验，每组试验中分别设置三个"盾固泥"B液相对掺入量不同的试验，共设置九个试验。此时用水量根据"盾固泥"A液试验数据选择，每组分别选取一个合适的固定用水量，使得"盾固泥"A液有较好的流动性而不至于太稀。在完成全部测量后分析"盾固泥"B液掺入量对"盾固泥"A液、B液掺和后泥浆性能的影响，同时对比膨润土与石粉比例不同对于掺入"盾固泥"B液后的泥浆性能的影响。

（4）"盾固泥"性能测试。

通过控制变量法完成"盾固泥"B液全部试验后，分析试验数据，根据黏度等指标选取合适的"盾固泥"A液配合比及"盾固泥"B液掺入量，配置合适的"盾固泥"A液、B液混合后泥浆，即完整的"盾固泥"泥浆，再测试其稠度、密度等指标，并结合"盾固泥"B液试验所得黏度等数据综合考量其性能。

2. 小结

本部分通过分析两种泥浆各自的材料组成、工程性质以及前期试验时遇到的问题，明确了测量两种泥浆各自指标的基本思路，确定了两种泥浆各自的试验方案。

对于"盾固泥"而言，首先要通过控制变量法测出A液在用水量等因素变化时黏度、密度、泌水率的变化，然后选择合适的增稠剂掺入A液中并测量黏度指标，以黏度为依据选择合适的增稠剂，在选择好增稠剂后同样用控制变量法测出加入B液后的"盾固泥"在增稠剂相对掺量等因素变化时黏度、密度的变化。

（四）"盾固泥"的试验研究及结果讨论

1. "盾固泥" A 液试验

（1）"盾固泥" A 液制备过程。

对于 A 液而言，首先需要在配置 A 组分粉料的时候将膨润土与石粉等固体粉料充分研磨，并在研磨好粉料的基础上将粉料充分搅拌均匀。研磨充分并搅拌均匀的 A 组分粉料与水掺和时，应采用将粉料缓慢倒入水中并边倒入边充分搅拌的方式，倒入过程中的速度可以不完全一致，试验中经过多次尝试认为，倒入速度先慢后快效果较好，在水中粉料较少时，速度可以稍慢，利用搅拌工具将粉料全部溶于水中，防止出现大块凝结等现象，等到粉料足够多时，泥浆呈现出从液态变为固态的趋势时，应将全部粉料以更快的速度倒入并加大搅拌力度，防止出现因为部分膨润土提前与剩余的水结合，导致黏度异常增大使得搅拌工作不能正常进行等现象。将全部粉料以更快的速度倒入会使石粉发挥出类似于减水剂的作用，避免出现部分先倒入的膨润土与水结合形成黏度极大的固态泥浆的情况，而在泥浆出现变为固态的趋势之前则不需要担心这一问题，因此可以以相对较慢的速度倒入。将 A 组分粉料倒入水中的过程中可能会出现粉料不能完全溶解从而形成固体泥浆的现象，此时应该加大搅拌力度，因为石粉与膨润土的混合粉料接触水时，膨润土会与水结合形成高黏度泥浆，而石粉在混合过程中有着类似于减水剂的作用，充分搅拌会使泥浆逐渐变稀，这一点通过试验数据可以证明。

试验中需要将 A 组分固体粉料与水掺入水中形成液态泥浆，这是因为工程要求 A 液有一定的流动性，有液体般流动的能力，然后才能进行泵送，而在能够泵送的基础上，试验中要尽可能找出使得配置的 A 液更加浓稠、水分更少的方案，结合试验中发现的石粉能够发挥出类似于减水剂般的作用的现象，可以考虑加大石粉在固体粉料中的比例，在合理范围内可以有效减少 A 液配置时水的用量。即在膨润土用量相同的试验中，在合理范围内，掺入越多石粉，水的用量就越少，但在实际中应考虑成本问题以及石粉过多或水过少而出现的拌和困难等问题。在搅拌过程中，如果石粉掺量足够多，那么随着搅拌的进行，有可能会出现搅拌时间越长泥浆液体越稀的现象，在实际工程中应综合考虑泵送能力以及后续掺入 B 液后的黏度来选择合理的搅拌时长，在能够泵送的基础上应该尽可能使 A 液更加浓稠，即在 A 液达到泵送标准时就可以停止搅拌以防止其变得过稀，做到合理控制黏度与流动性。

（2）"盾固泥" A 液黏度分析。

通过对不同配合比的尝试，得出 A 液石粉与膨润土用量之比的合适范围为 3∶2～4∶1，并得出各自对应的适宜用水量。"盾固泥" A 液黏度的测试数据见表 4-3-32。

表 4-3-32　"盾固泥" A 液黏度测试数据（转子：3 号；转速：30r/min）

石粉与膨润土用量之比（质量比）	泥水比（质量比）	黏度 μ（mPa·s）
4∶1	1∶0.8	1378
4∶1	1∶1.0	1089
4∶1	1∶1.2	858
7∶3	1∶1.4	1658

续表

石粉与膨润土用量之比（质量比）	泥水比（质量比）	黏度 μ（mPa·s）
7∶3	1∶1.6	1253
7∶3	1∶1.8	1070
3∶2	1∶2.2	1831
3∶2	1∶2.4	1234
3∶2	1∶2.6	1166

A 液中石粉与膨润土用量之比为 4∶1 时"盾固泥"的黏度变化曲线如图 4-3-35 所示。

经过多次尝试发现，采用 3 号转子、30r/min 转速进行测量最合适。针对石粉与膨润土用量之比为 8∶2 的情况进行分析，可以得出在一定范围内水固比越大，即水的相对用量越多，黏度越小的结论。

A 液中石粉与膨润土用量之比为 7∶3 时"盾固泥"的黏度变化曲线如图 4-3-36 所示。

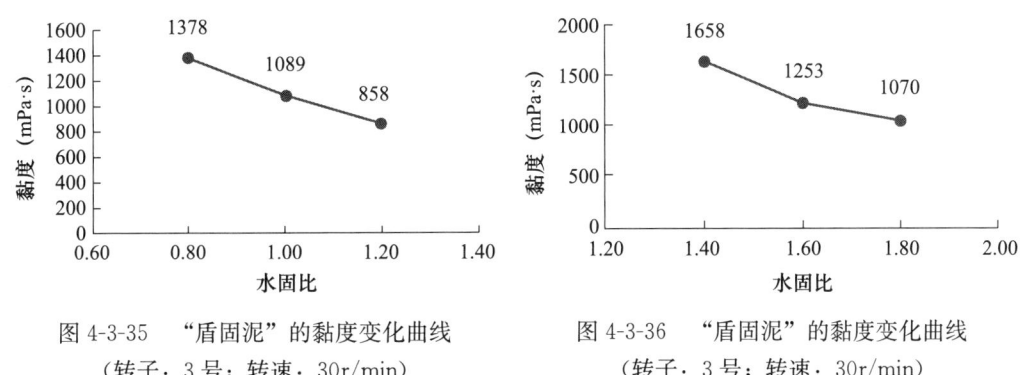

图 4-3-35　"盾固泥"的黏度变化曲线
（转子：3 号；转速：30r/min）

图 4-3-36　"盾固泥"的黏度变化曲线
（转子：3 号；转速：30r/min）

经过多次尝试发现，采用 3 号转子、30r/min 转速进行测量最合适。针对石粉与膨润土用量之比为 7∶3 的情况进行分析，同样可以得出在一定范围内水固比越大，即水的相对用量越多，黏度越小的结论。

A 液中石粉与膨润土用量之比为 3∶2 时"盾固泥"的黏度变化曲线如图 4-3-37 所示。

经过多次尝试发现，采用 3 号转子、30r/min 转速进行测量最合适。针对石粉与膨润土用量之比为 6∶4 的情况进行分析，同样可以得出在一定范围内水固比越大，即水的相对用量越多，黏度越小的结论。

通过测试数据可知，石粉用量为 40g 时，经充分搅拌仍不能使泥浆形成具有一定流动性的液态泥浆，其黏度极大，因此认为不符合实际要求，不进行黏度分析；石粉用量为 65g 时，经过充分搅拌后泥浆具有一定流动性，但其自然流下时呈扁平状，不能成股流下，可近似认为此石粉用量是使泥浆初具流动性的临界点。最后，用控制变量法，以石粉用量为变量分析石粉所发挥的类似减水剂的作用。

A 液中掺入 60g 膨润土、360g 水时"盾固泥"黏度与石粉用量关系曲线如图 4-3-38 所示。

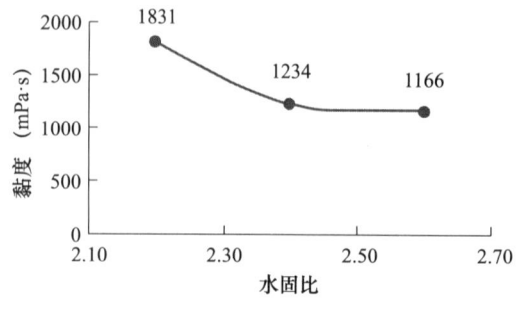

图 4-3-37 "盾固泥"的黏度变化曲线
（转子：3 号；转速：30r/min）

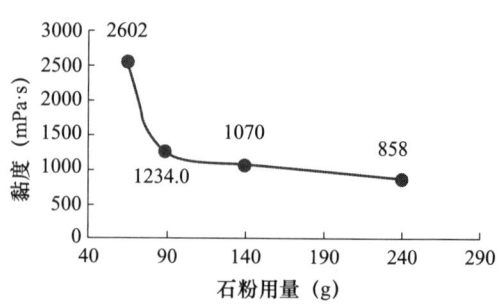

图 4-3-38 "盾固泥"黏度与石粉用量
关系曲线（转子：3 号；转速：30r/min）

经过多次尝试发现，采用 3 号转子、30r/min 转速进行测量最合适。由图 4-3-38 可以看出，其他组成成分不变时，在一定范围内石粉用量越多，泥浆黏度越小。

（3）"盾固泥" A 液密度分析。

在一定范围内，"盾固泥" A 液的密度会随着用水量增大而减小，在用水量和固体粉料总用量不变的情况下，其密度会随着膨润土与石粉的比例增大而增大。

由"盾固泥" A 液黏度试验可知，石粉与膨润土用量之比为 4:1 较为合适，因此在测量密度时将石粉与膨润土用量之比设定为 4:1，"盾固泥" A 液密度的测试数据见表 4-3-33。

表 4-3-33 "盾固泥" A 液密度测试数据

石粉用量（g）	膨润土用量（g）	用水量（g）	密度 ρ（g/cm³）
240	60	300	1.435
240	60	330	1.400
240	60	360	1.370
230	70	300	1.455
250	50	300	1.420

A 液中掺入 240g 石粉、60g 膨润土时测得的泥浆密度与用水量关系曲线如图 4-3-39 所示。

由图 4-3-39 可以看出，在一定范围内用水量越大，泥浆密度越小。

A 液中掺入 300g 固体粉料、300g 水时测得的泥浆密度与固体粉料中膨润土和石粉的比例关系曲线如图 4-3-40 所示。

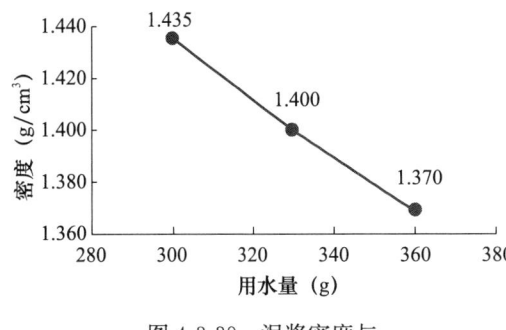

图 4-3-39　泥浆密度与
用水量关系曲线

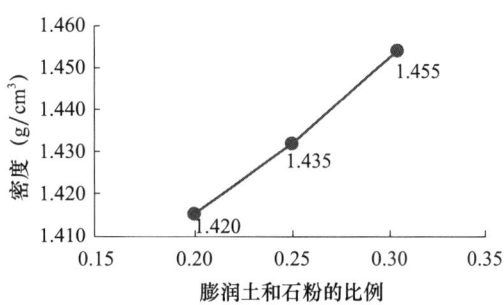

图 4-3-40　泥浆密度与膨润土和
石粉的比例关系曲线

由图 4-3-40 可以看出，在一定范围内膨润土和石粉的比例越大，泥浆密度越大。

（4）"盾固泥" A 液泌水率分析。

在一定范围内，"盾固泥" A 液的泌水率会随着用水量的增大而增大，在用水量和固体粉料总用量不变的情况下，其泌水率会随着膨润土与石粉的比例增大而减小。

由"盾固泥" A 液黏度试验可知，石粉与膨润土用量之比为 4∶1 较为合适，因此在测量密度时将石粉与膨润土用量之比设定为 8∶2，"盾固泥" A 液泌水率的测试数据见表 4-3-34。

表 4-3-34　"盾固泥" A 液泌水率测试数据

石粉用量（g）	膨润土用量（g）	用水量（g）	泌水率（%）
240	60	300	4.0
240	60	330	5.4
240	60	360	6.1
230	70	300	3.4
250	50	300	7.1

A 液中掺入 240g 石粉、60g 膨润土时测得的泥浆泌水率与用水量关系曲线如图 4-3-41 所示。

由图 4-3-41 可以看出，在一定范围内用水量越大，泥浆泌水率越大。

A 液中掺入 300g 固体粉料、300g 水时测得的泥浆泌水率与固体粉料中膨润土和石粉的比例关系曲线如图 4-3-42 所示。

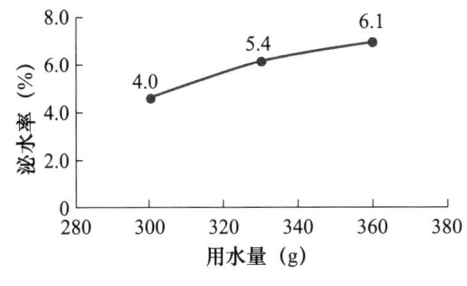

图 4-3-41　泥浆泌水率与
用水量关系曲线

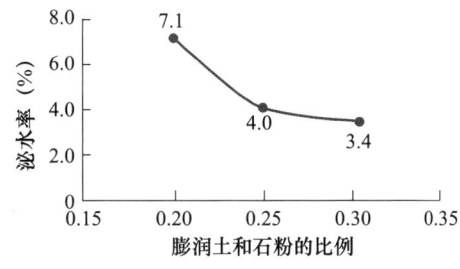

图 4-3-42　泥浆泌水率与膨润土和
石粉的比例关系曲线

由图 4-3-42 可以看出，在一定范围内膨润土和石粉的比例越大，泥浆泌水率越小。

2. "盾固泥"B 液试验

(1) "盾固泥"B 液原料。

对于 B 液而言，同样有着流动性要求，即能够达到泵送的要求，但是 B 液又必须在和 A 液掺和后形成黏度较高的固态泥浆，且该泥浆要求具有良好的触变性，在经受扰动后能够恢复原有的流动性。

因此 B 液要有能够增黏增稠的能力，且增黏增稠的过程最好是物理变化而非化学变化，否则难以达到触变性要求，也即 B 液要有类似于胶水般的作用，但是同时也要满足能够泵送的要求，而类似于胶水的高黏度液体泵送时有着一定困难，因此在试验中考虑采用除水之外的液体，比如无水乙醇。

采用无水乙醇与 B 组分粉料混合形成悬浮液，因为 B 组分粉料不溶于无水乙醇，因此不会增大 B 液黏度，能够达到泵送要求；同时又使得 B 液本身不具有水分，相当于减少了 A 液与 B 液掺和后泥浆中的水分，增强了泥浆性能；而且采用无水乙醇后仅用少量无水乙醇就可以制得 B 液，而采用水必须考虑 B 组分粉料在水中的溶解度，最终只能获得 B 组分粉料比重较小的 B 液，掺入 A 液后增黏增稠效果不明显，因此采用无水乙醇来代替水可谓一举三得。

需要注意的是，因为 B 液配置完成后是一种悬浮液，因此在泵送之前需要通过搅拌等操作来使沉淀在底部的粉料均匀分布在液体中，然后尽快泵送，同时因为 B 液以无水乙醇代替了水，而无水乙醇具有易挥发等特性，需要注意防止无水乙醇挥发。

在选择 B 液配料的试验中，尝试了 CMC、HPMC、聚丙烯酸钠、聚丙烯酰胺、黄原胶、瓜尔豆胶等可能有增稠增黏效果的粉料，经过对比试验数据以及观察浆体增黏增稠效果，并根据 B 液中粉料品类在不影响工作性能的前提下尽量少的原则，最终确定 B 液的粉料部分只使用 HPMC，将其掺入无水乙醇中形成 B 液。

试验通过逐一将不同的增稠剂掺入泥浆中测量泥浆黏度来判断增稠剂的性能。通过分析不同的增稠剂加入泥浆后的泥浆黏度得知，在相对掺量相同的情况下，加入 HPMC 后的泥浆黏度最大。

A 液中掺入石粉 140g、膨润土 60g、水 360g 时掺入 B 液后泥浆黏度与 CMC 关系曲线一如图 4-3-43 所示。

经过多次尝试发现，采用 4 号转子、12r/min 转速进行测量最合适。由图 4-3-43 可以看出，在一定范围内 CMC 用量越多，泥浆黏度越大。

A 液中掺入石粉 140g、膨润土 60g、水 360g 时掺入 B 液后泥浆黏度与 CMC 关系曲线二如图 4-3-44 所示。

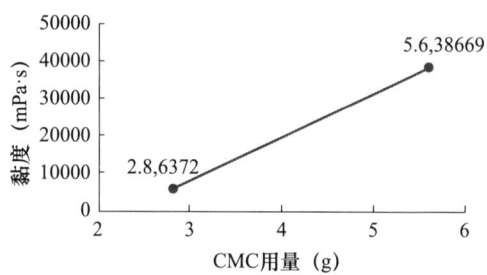

图 4-3-43　泥浆黏度与 CMC 关系曲线一
（转子：4 号；转速：12r/min）

经过多次尝试发现，采用 4 号转子、0.3r/min 转速进行测量最合适。由图 4-3-44 可以看出，在一定范围内 CMC 用量越多，泥浆黏度越大。

A 液中掺入石粉 140g、膨润土 60g、水 360g 时掺入 B 液后泥浆黏度与 HPMC 关系曲线如图 4-3-45 所示。

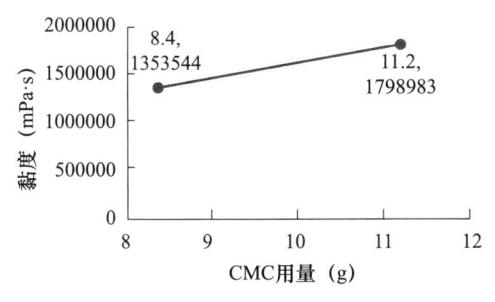

图 4-3-44　泥浆黏度与 CMC 关系曲线二
（转子：4 号　转速：0.3r/min）

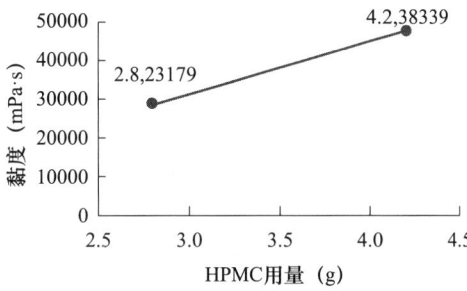

图 4-3-45　泥浆黏度与 HPMC 关系曲线
（转子：4 号；转速：0.3r/min）

经过多次尝试发现，采用 4 号转子、0.3r/min 转速进行测量最合适。由图 4-3-45 可以看出，在一定范围内 HPMC 用量越多，泥浆黏度越大。

通过对比试验发现，HPMC 增黏性能优于 CMC。

A 液中掺入石粉 140g、膨润土 60g、水 360g，B 液中分别掺入两种增稠剂（均为 5.6g，每次试验只掺入一种增稠剂）和无水乙醇后在 4 号转子、不同转速下测得的泥浆黏度见表 4-3-34（表 4-3-34 中第五行至第七行数据超出适宜范围，实际结果更大）。

表 4-3-35　分别掺入两种增稠剂后测得的泥浆黏度（转子：4 号）

增稠剂（均取 5.6g）	转速（r/min）	黏度 μ（mPa·s）
CMC	12.0	38669
CMC	6.0	60199
CMC	3.0	93752
CMC	1.5	140419
HPMC	12.0	46249
HPMC	6.0	92174
HPMC	3.0	194535
HPMC	0.3	1031272

在进行与聚丙烯酸钠、聚丙烯酰胺、吸水树脂有关的试验时，因中低分子量聚丙烯酸钠和聚丙烯酰胺粒径较大，在无水乙醇中易沉淀，不易形成分布均匀的悬浮液，因此不采用，只采用高分子量聚丙烯酸钠和吸水树脂，而将 5.6g 聚丙烯酸钠（高分子量）掺入含石粉 140g、膨润土 60g、水 360g 的 A 液后，泥浆中存在较多微小气泡，且黏度较低，聚丙烯酸钠、聚丙烯酰胺、吸水树脂均不同程度存在这一情况，因此只测出聚丙烯酸钠（高分子量）的黏度并最终放弃这三种增稠剂。

A 液中掺入石粉 140g、膨润土 60g、水 360g，B 液中只掺入聚丙烯酸钠（高分子量）和无水乙醇后在不同转子、转速下测得的泥浆黏度见表 4-3-36。

表 4-3-36 掺入聚丙烯酸钠（高分子量）后测得的泥浆黏度

增稠剂（取 5.6g）	转子	转速（r/min）	黏度 μ（mPa·s）
聚丙烯酸钠（高分子量）	4 号	60	1185
聚丙烯酸钠（高分子量）	3 号	30	2226

对掺入黄原胶、瓜尔豆胶等增黏剂的泥浆进行黏度试验，测得的黏度均远小于掺入 HPMC 的泥浆，因此通过试验结果得出黄原胶、瓜尔豆胶的增黏效果都没有 HPMC 好的结论。因此在之后的试验中不予考虑，不再使用这些材料进行试验。

综上所述，CMC、聚丙烯酸钠（高分子量）、聚丙烯酰胺、吸水树脂、黄原胶、瓜尔豆胶等增稠剂、增黏剂的增黏效果均没有 HPMC 好，且聚丙烯酰胺、吸水树脂等粒径较大的材料在无水乙醇中难以形成悬浮液，因此 B 液只采用 HPMC 与无水乙醇，将二者混合形成悬浮液作为 B 液，在制备过程中应注意悬浮液中的固体粉末材料容易在底部沉淀，要时刻使这些固体粉末材料在无水乙醇中保持悬浮状态。

A 液中掺入石粉 140g、膨润土 60g、水 360g，B 液中分别掺入黄原胶、瓜尔豆胶（均为 5.6g，每次试验只掺入一种增黏剂）和无水乙醇后在不同转子转速下测得的泥浆黏度见表 4-3-37。

表 4-3-37 分别掺入黄原胶、瓜尔豆胶后测得的泥浆黏度

增稠剂（均取 5.6g）	转子	转速（r/min）	黏度 μ（mPa·s）
黄原胶	4 号	30	14369
黄原胶	4 号	12	20433
黄原胶	4 号	6	34620
黄原胶	4 号	3	63283
瓜尔豆胶	4 号	60	653
瓜尔豆胶	3 号	30	1744

（2）"盾固泥"掺入 B 液后的黏度分析。

在确定了 A 液合适的配合比以及 B 液合适的配料后，因为 B 液中固体粉料成分单一，且 A 液合适的配合比范围较小，因此采用控制变量法，即选择出三组合适的 A 液配合比，在每组配合比下设置三个 B 液掺入试验，且每个配合比下试验中 B 液的掺量逐渐增加，一共进行九个试验，并测出这九个试验制备的泥浆的黏度，从而确定出 A 液不同配合比以及 B 液不同掺量对于最终形成的泥浆的影响。

第一组情况为：A 液石粉与膨润土的质量比为 6:4，泥水比为 1:2.6，B 液无水乙醇与 HPMC 的质量比为 5:1。

第一组 A 液、B 液掺和后测得的泥浆黏度见表 4-3-38。

表 4-3-38 第一组 A 液、B 液掺和后测得的泥浆黏度（转子：4 号）

B 液与 A 液质量比	转速（r/min）	黏度 μ（mPa·s）
0.05	1.5	227893
0.06	1.5	290045
0.07	0.3	1149438

第二组情况为：A液石粉与膨润土的质量比为7∶3，泥水比为1∶1.8，B液无水乙醇与HPMC的质量比为6∶1。

第二组A液、B液掺和后测得的泥浆黏度见表4-3-39。

表4-3-39 第二组A液、B液掺和后测得的泥浆黏度（转子：4号）

B液与A液质量比	转速（r/min）	黏度μ（mPa·s）
0.05	1.5	165740
0.06	0.3	250912
0.07	0.3	1031272

第三组情况为：A液石粉与膨润土的质量比为8∶2，泥水比为1∶0.9，B液无水乙醇与HPMC的质量比为16∶3。

第三组A液、B液掺和后测得的泥浆黏度见表4-3-40。

表4-3-40 第三组A液、B液掺和后测得的泥浆黏度（转子：4号）

B液与A液质量比	转速（r/min）	黏度μ（mPa·s）
0.03	1.5	200269
0.03	0.3	483409
0.04	1.5	354500
0.04	0.3	1127954
0.05	0.3	1632874

由试验数据可知，在A液中石粉占比相对其他组较大，水占比相对其他组较小的情况下，在不增加HPMC用量的基础上，泥浆黏度相对较大，性能也更好，同时泥浆中水分较少也有利于充分发挥泥浆性能，因此认为第三组配合比较为适宜。

第三组A液、B液掺和后测得的泥浆黏度和B液与A液质量比关系曲线如图4-3-46所示。

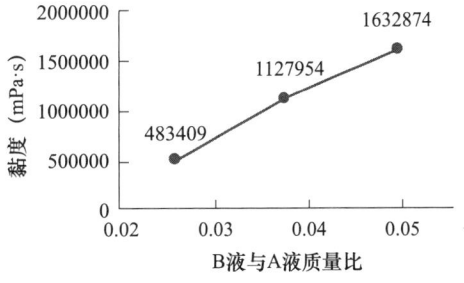

图4-3-46 泥浆黏度和B液与A液质量比关系曲线（转子：4号；转速：0.3r/min）

经过多次尝试发现，采用4号转子、0.3r/min转速进行测量最合适。由图4-3-46可以看出，在一定范围内B液与A液质量比越大，泥浆黏度越大，且该组泥浆的黏度明显大于第一组泥浆和第二组泥浆的黏度。

在试验过程中，设备的调试与使用也需要注意，由于泥浆有触变性，从而导致在不同转子或不同转速下测得的结果不同，且差异明显，当使用同一转子时，转速越快，其结果相对越小，因此在测试时要选择合适量程，即选择合适转子、转速来准确判断泥浆黏度，以保证测量结果位于该转子、转速下量程的10%～90%。

（3）"盾固泥"掺入B液后的密度分析。

通过试验发现，"盾固泥"加入适量B液后密度变小，即在忽略泥浆质量变化的前提下，泥浆体积会变大。在一定范围内，加入B液中的HPMC越多，泥浆密度越小，即在不考虑泥浆质量变化的前提下,在一定范围内随着加入的 HPMC 越来越多,泥浆体积会越来越大,因此要控制"盾固泥"中 HPMC 的含量,防止因 HPMC 过多而出现泥浆密度过小的情况,但同时也要考虑泥浆的黏度要求,不能因"盾固泥"中 HPMC 的含量过少而导致泥浆黏度过小,否则将无法满足工程要求。

往含有 240g 石粉、60g 膨润土、300g 水的 A 液中掺入无水乙醇掺量固定的 B 液后测得的泥浆密度见表 4-3-41。

表 4-3-41　往 A 液中掺入 B 液后测得的泥浆密度

B 液中无水乙醇的用量(g)	B 液中 HPMC 的用量(g)	密度 ρ (g/cm^3)
18	2.0	1.325
18	3.0	1.240
18	4.0	1.165

往含有 240g 石粉、60g 膨润土、300g 水的 A 液中掺入无水乙醇掺量固定的 B 液后测得的泥浆密度与 B 液中 HPMC 的用量关系曲线如图 4-3-47 所示。

由图 4-3-47 可以看出,在一定范围内 B 液中 HPMC 的用量越多,泥浆密度越小。

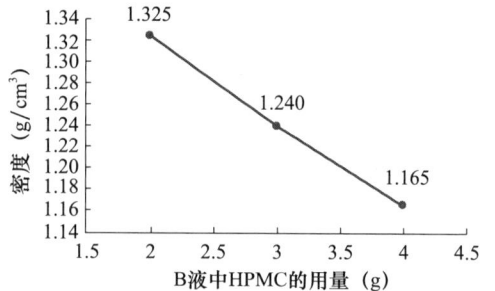

图 4-3-47　泥浆密度与 B 液中 HPMC 的用量关系曲线

3. 小结

在其他组成不变的情况下,"盾固泥" A 液中石粉的应用能够增大浆体流动性、降低黏度,对泵送施工是有利的。

为了促使"盾固泥"在较短的时间内稠化,采用双液浆的方案,其中 B 液能够有效促进 A 液的快速稠化。B 液的有效成分为增稠剂。用水作为载体时,增稠剂不易分散,浆体黏度大,如果用大量的水将增大 B 液的量和混合浆体中水的总量,使浆体稠化时间延长。利用无水乙醇作为载体制备悬浮液作为"盾固泥" B 液能够有效降低"盾固泥" B 液黏度,单位体积 B 液中有效成分的质量提高,并使"盾固泥" B 液能够满足泵送要求。

本部分系统研究了"盾固泥"中膨润土与石粉比例、泥水比、增稠剂掺量对泥浆特性的影响,由试验数据可知,"盾固泥" A 液中石粉与膨润土的最佳比例为 8∶2,"盾固泥" A 液的最佳泥水比为 1∶1.0~1∶0.8,在"盾固泥"满足 A 液石粉与膨润土的比例为 8∶2、泥水比为 1∶1.0~1∶0.8、B 液中无水乙醇与 HPMC 的质量比为 16∶3 的情况下,"盾固泥" B 液与 A 液的质量比为 0.03~0.05 较为适宜。

三、石粉在"盾涌泥"中的应用研究

(一) 概述

1. 课题背景

当地下水已经浸没盾构机的盾盘时,需要用泥浆对地下水进行封堵,泥浆沉入盾盘前方的空间底部，起到封堵作用，避免前方压力水从出渣口涌入作业空间内，这种泥浆在本书中被称作"盾涌泥"。

2. 研究内容

通过试验研究制备出一种与挖掘出的土体混合后可以将底部积水挤压至上部的泥浆，即"盾涌泥"，并通过试验测出不同配合比对该泥浆性质的影响，从而得出不同需求下材料的最优配合比。

在已知"盾涌泥"采用膨润土、石粉为部分原料的基础上，根据"盾固泥"B液原料选择试验所得结果以及"盾固泥"B液试验所得数据选取合适的增黏剂，形成膨润土、石粉、水、增黏剂四者组合而成的"盾涌泥"，并设计试验测出黏度、密度等指标，同时观察试验所得泥浆状态并记录。

由于膨润土与石粉比例影响到用水量，即不能对膨润土、石粉、水进行自由组合，因此不采用正交试验，只采用控制变量法进行试验，可以分别设置膨润土与石粉比例不同的三组试验，每组试验中分别设置三个增黏剂添加量不同的试验，共设置九个试验，此时由于试验部分原料膨润土、石粉与"盾固泥"试验所用膨润土、石粉相同，因此用水量根据"盾固泥"A液试验数据选择，每组分别选取一个合适的固定用水量，使得"盾涌泥"在不添加增黏剂的情况下有较好的流动性而不至于太稀。确定好用水量后在每组试验中将增黏剂用量设置为变量用控制变量法进行试验，分析膨润土与石粉比例相同时黏度、密度等指标与增黏剂用量的关系，并对比分析膨润土与石粉比例不同时各自试验组中的数据，同时综合考虑每次试验所得样品在水中的状态，判断其状态是否符合在水中不溶解，轻微搅动下不分散的要求，最后确定一个合适的增黏剂添加量或添加量范围。

（二）原材料性能试验研究

"盾涌泥"试验中所用到的增黏剂为聚丙烯酰胺，试验中采用阳离子聚丙烯酰胺，为白色固体颗粒，可以提高泥浆黏度。

其余材料与"盾固泥"相同，不再赘述。

（三）"盾涌泥"制备及性能研究

1. "盾涌泥"制备过程

"盾涌泥"的制备过程与"盾固泥"的制备过程类似，首先是要制备未加入增黏剂的"盾涌泥"，即把石粉、膨润土、水三者以合适的比例掺和在一起形成流动性较好的泥浆，然后将增黏剂加入该流动性较好的泥浆中，充分搅拌形成黏性较好且具备一定流动性的泥浆。未加入增黏剂的泥浆实际上和"盾固泥"A液基本相同，两者的区别在于前者需要通过加入聚丙烯酰胺等增黏剂来形成与"盾固泥"性质不同的泥浆，且加入增黏剂后仍要求具有一定的流动性，区别于"盾固泥"降低流动性、增大黏度的要求。

在制备未加入增黏剂的"盾涌泥"时，在加入聚丙烯酰胺后，泥浆先呈现出膨胀的趋势，经过一段时间的搅拌，泥浆会变粗糙，并稍有收缩的趋势，继续搅拌，泥浆会变光滑，并开始膨胀直至不能继续膨胀为止，此时泥浆变得比较光滑但仍存在较多小气泡，且具备一定黏度。因此在加入聚丙烯酰胺之后应充分搅拌，防止泥浆变为粗糙状态而不能达到流动性要求。

试验所用聚丙烯酰胺粒径较大，因此直接将其放入无水乙醇中后不能做到长时间悬浮于无水乙醇中，通过增大聚丙烯酰胺的细度，可以使其延长在无水乙醇中的悬浮时间，在使其能够与无水乙醇形成悬浮液后，便可以考虑采用将聚丙烯酰胺与无水乙醇混合的方式输送聚丙烯酰胺。

制备完成的"盾涌泥"的流动性根据其配置时所用材料的配合比不同而存在差异，流动性最好时能够呈扁平状流下，由于黏度要求的存在而无法做到成股流下。

制备完成的"盾涌泥"的密度在一定范围内会随着增黏剂用量的增大而减小，因此增黏剂用量不宜过大，否则会致使泥浆密度过小而不能沉于水底，不能起到防水的作用。

"盾涌泥"能承受一定程度的扰动，在水中能够保持较长时间不分散。制备"盾涌泥"时应注意放入材料的先后顺序。

2. "盾涌泥"试验数据分析

(1) "盾涌泥"密度分析。

"盾涌泥"在搅拌制备过程中会出现先膨胀，再收缩并变得粗糙，再膨胀的现象，从而使得最终制备得到的泥浆的体积相对于未加入增黏剂的"盾涌泥"泥浆的体积要大，而质量除制备过程中损失的一小部分外并无太多损失，可以看作质量无变化，因此密度会变小。如果增黏剂用量过多甚至会使得泥浆密度小于1，即放入水中后不能沉底，只能悬浮于水中，无法达到防水的效果，此时讨论其性能已无意义。因此必须控制聚丙烯酰胺用量，使得泥浆密度不会过小，保证其在水中能够沉底，起到防止渗水的作用。

由"盾固泥"A液试验可知，石粉与膨润土用量之比在6:4～8:2时较为合适，因此在测量密度时将石粉与膨润土用量之比分别设定为8:2，7:3，6:4，在石粉与膨润土用量之比相同时，掺入质量分别相当于石粉、膨润土、水三者质量之和的0.5%、1.0%、1.5%的聚丙烯酰胺，测得的泥浆密度见表4-3-42。

表4-3-42 掺入聚丙烯酰胺后测得的泥浆密度

石粉与膨润土用量之比（质量比）	泥水比（质量比）	聚丙烯酰胺用量（g）	密度 ρ (g/cm³)
8:2	1:1.2	3.3	1.230
8:2	1:1.2	6.6	1.120
8:2	1:1.2	9.9	1.070
7:3	1:1.8	2.8	1.160
7:3	1:1.8	5.6	1.065
7:3	1:1.8	8.4	1.000
6:4	1:2.6	2.7	1.120
6:4	1:2.6	5.4	1.000
6:4	1:2.6	8.1	0.985

随着聚丙烯酰胺用量的增大，泥浆密度减小，泥浆黏度过小则无法达到在水中沉底的要求，因此聚丙烯酰胺用量要适当，以保证泥浆密度不会过小。

石粉与膨润土用量之比为 8：2、泥水比为 1：1.2 时测得的泥浆密度与聚丙烯酰胺用量关系曲线如图 4-3-48 所示。在一定范围内聚丙烯酰胺用量越大，泥浆密度越小。

石粉与膨润土用量之比为 7：3、泥水比为 1：1.8 时测得的泥浆密度与聚丙烯酰胺用量关系曲线如图 4-3-49 所示。在一定范围内聚丙烯酰胺用量越大，泥浆密度越小。

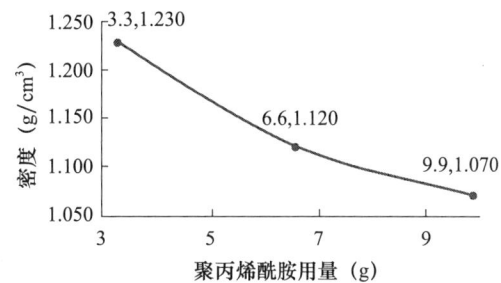

图 4-3-48　泥浆密度与聚丙烯酰胺用量关系曲线

石粉与膨润土用量之比为 6：4、泥水比为 1：2.6 时测得的泥浆密度与聚丙烯酰胺用量关系曲线如图 4-3-50 所示。在一定范围内聚丙烯酰胺用量越大，泥浆密度越小。

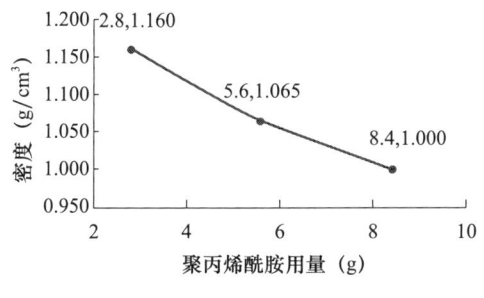

图 4-3-49　泥浆密度与聚丙烯酰胺用量关系曲线

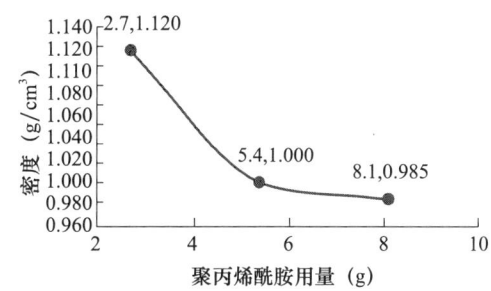

图 4-3-50　泥浆密度与聚丙烯酰胺用量关系曲线

（2）"盾涌泥"黏度分析。

在一定范围内，"盾涌泥"的黏度随着聚丙烯酰胺用量的增大而增大，在满足流动性和密度要求的情况下，黏度应尽可能大。

由"盾固泥"A 液试验可知，石粉与膨润土用量之比在 6：4～8：2 时较为合适，因此在测量黏度时将石粉与膨润土用量之比分别设定为 8：2，7：3，6：4，在石粉与膨润土用量之比相同时，掺入质量分别相当于石粉、膨润土、水三者质量之和的 0.5%，1.0%，1.5% 的聚丙烯酰胺，测得的泥浆黏度见表 4-3-43。

表 4-3-43　掺入聚丙烯酰胺后测得的泥浆黏度（转子：4 号；转速：30r/min）

石粉与膨润土用量之比（质量比）	泥水比（质量比）	聚丙烯酰胺用量（g）	黏度 μ （mPa·s）
8：2	1：1.2	3.3	4050
8：2	1：1.2	6.6	7185
8：2	1：1.2	9.9	8487
7：3	1：1.8	2.8	2507
7：3	1：1.8	5.6	3134
7：3	1：1.8	8.4	5111

续表

石粉与膨润土用量之比（质量比）	泥水比（质量比）	聚丙烯酰胺用量（g）	黏度 μ（mPa·s）
6:4	1:2.6	2.7	2459
6:4	1:2.6	5.4	3231
6:4	1:2.6	8.1	3906

可以看出，随着聚丙烯酰胺用量的增大，泥浆黏度增大，在满足泥浆在水中必须沉底的要求以及泥浆自身的流动性要求后，聚丙烯酰胺用量可以适当增大，以保证泥浆黏度不会过小。

通过对比石粉与膨润土用量之比不同的试验可以看出，当石粉与膨润土用量之比较大时，即固体粉料中石粉相对较多时，泥水比较小，相对用水量更小，掺入相同比例的聚丙烯酰胺后泥浆的黏度更大，此时泥浆的性能较好，因此采用8:2作为石粉与膨润土用量之比较为适宜。

在满足泥浆的流动性要求的基础上，要控制用水量大小，在不影响流动性的前提下尽可能少用水，这样可以使泥浆的黏度更高，致密性更好，发挥出更加优良的性能。

当石粉与膨润土用量之比较大时，用水量较小，因此在满足工程实际情况的基础上要使石粉与膨润土用量之比尽可能大。

石粉与膨润土用量之比为8:2、泥水比为1:1.2时测得的泥浆黏度与聚丙烯酰胺用量关系曲线如图4-3-51所示。

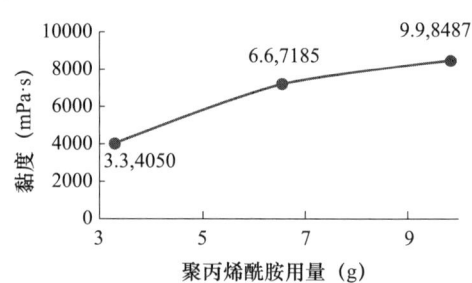

图4-3-51 泥浆黏度与聚丙烯酰胺用量关系曲线

由图4-3-51可以看出，在一定范围内聚丙烯酰胺用量越大，泥浆黏度越大，且当石粉与膨润土用量之比为8:2时，其黏度较高。

石粉与膨润土用量之比为7:3、泥水比为1:1.8时测得的泥浆黏度与聚丙烯酰胺用量关系曲线如图4-3-52所示。

由图4-3-52可以看出，在一定范围内聚丙烯酰胺用量越大，泥浆黏度越大，但低于石粉与膨润土用量之比为8:2时的泥浆黏度。

石粉与膨润土用量之比为6:4、泥水比为1:2.6时测得的泥浆黏度与聚丙烯酰胺用量关系曲线如图4-3-53所示。

由图4-3-53可以看出，在一定范围内聚丙烯酰胺用量越大，泥浆黏度越大，但低于石粉与膨润土用量之比为8:2时的泥浆黏度。

3."盾涌泥"在水中的状态

当"盾涌泥"密度过小时，泥浆会悬浮在水中，不能达到沉底的要求，因此要控制聚丙烯酰胺的用量，防止聚丙烯酰胺用量过多造成泥浆不能沉底的后果。在工程实际中，不仅要求泥浆能够在水中沉底，同时也要求经过一定程度的扰动后泥浆不出现严重分散的现象，即要求泥浆具有良好的防水性能和较大黏度，但这些要求都必须在满足泥浆能够顺利到达指定位置，即拥有良好流动性这一最基本的要求后才能考虑，因此在制备"盾涌泥"时首先要考虑的是良好的流动性，在满足流动性要求后再考虑泥浆的黏度和防水性能。由"盾固泥"A液试验可知，石粉与膨润土之比在 6∶4～8∶2 时较为合适，因此在观察泥浆状态时将石粉与膨润土用量之比分别设定为 8∶2、7∶3、6∶4。

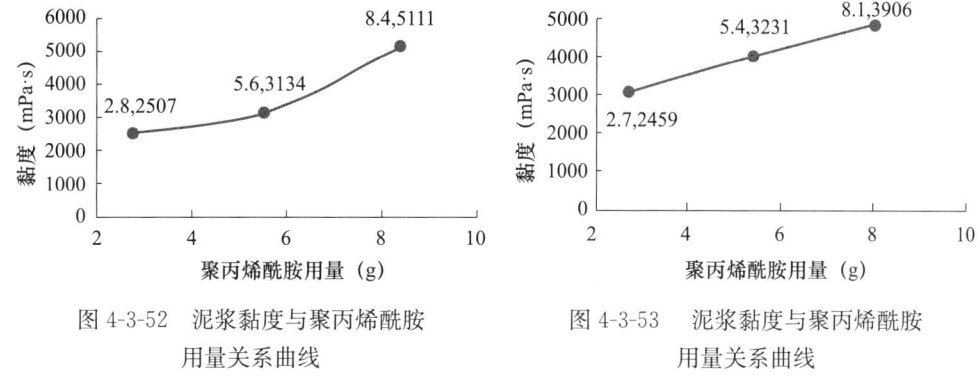

图 4-3-52　泥浆黏度与聚丙烯酰胺　　　图 4-3-53　泥浆黏度与聚丙烯酰胺
　　　　　用量关系曲线　　　　　　　　　　　　　　用量关系曲线

石粉与膨润土用量之比为 8∶2、泥水比为 1∶1.2 时，掺入质量相当于石粉、膨润土、水三者质量之和的 0.5% 的聚丙烯酰胺得到的第一组泥浆在水中的状态如图 4-3-54 所示。

石粉与膨润土用量之比为 8∶2、泥水比为 1∶1.2 时，掺入质量相当于石粉、膨润土、水三者质量之和的 1.0% 的聚丙烯酰胺得到的第二组泥浆在水中的状态如图 4-3-55 所示。

石粉与膨润土用量之比为 8∶2、泥水比为 1∶1.2 时，掺入质量相当于石粉、膨润土、水三者质量之和的 1.5% 的聚丙烯酰胺得到的第三组泥浆在水中的状态如图 4-3-56 所示。

图 4-3-54　第一组泥浆　　　图 4-3-55　第二组泥浆　　　图 4-3-56　第三组泥浆
　　　在水中的状态　　　　　　　　在水中的状态　　　　　　　　在水中的状态

石粉与膨润土用量之比为 7∶3、泥水比为 1∶1.8 时，掺入质量相当于石粉、膨润土、水三者质量之和的 0.5% 的聚丙烯酰胺得到的第四组泥浆在水中的状态如图 4-3-57 所示。

石粉与膨润土用量之比为 7∶3、泥水比为 1∶1.8 时，掺入质量相当于石粉、膨润土、水三者质量之和的 1.0% 的聚丙烯酰胺得到的第五组泥浆在水中的状态如图 4-3-58 所示。

图 4-3-57　第四组泥浆在水中的状态

图 4-3-58　第五组泥浆在水中的状态

石粉与膨润土用量之比为 7∶3、泥水比为 1∶1.8 时，掺入质量相当于石粉、膨润土、水三者质量之和的 1.5% 的聚丙烯酰胺得到的第六组泥浆在水中的状态如图 4-3-59 所示。

石粉与膨润土用量之比为 6∶4、泥水比为 1∶2.6 时，掺入质量相当于石粉、膨润土、水三者质量之和的 0.5% 的聚丙烯酰胺得到的第七组泥浆在水中的状态如图 4-3-60 所示。

图 4-3-59　第六组泥浆在水中的状态

图 4-3-60　第七组泥浆在水中的状态

石粉与膨润土用量之比为 6∶4、泥水比为 1∶2.6 时，掺入质量相当于石粉、膨润土、水三者质量之和的 1.0% 的聚丙烯酰胺得到的第八组泥浆在水中的状态如图 4-3-61 所示。

石粉与膨润土用量之比为6:4、泥水比为1:2.6时，掺入质量相当于石粉、膨润土、水三者质量之和的1.5%的聚丙烯酰胺得到的第九组泥浆在水中的状态如图4-3-62所示。

图 4-3-61　第八组泥浆在水中的状态　　　　图 4-3-62　第九组泥浆在水中的状态

可以看出，当泥浆密度过小时，泥浆在水中不会沉底，泥浆会悬浮于水中，无法承担防水的工作，因此必须避免掺入过多聚丙烯酰胺，但同时也不能使聚丙烯酰胺掺量过小，否则在水中受到轻微扰动后便会分散。

由试验数据可知，"盾涌泥"中石粉与膨润土用量的最佳比例为8:2，"盾涌泥"的最佳泥水比为1:1.2，在"盾涌泥"满足石粉与膨润土用量的比例为8:2、泥水比为1:1.2的情况下，"盾涌泥"中聚丙烯酰胺的掺量与石粉、膨润土、水三者总重的比例在1.0%~1.5%时较为适宜。

（四）结论

（1）石粉可以用于"盾涌泥"制备，加入石粉后泥浆流动性增强、黏度降低，加入石粉不仅能提高泥浆性能，还能充分利用工业废弃物，减少污染物排放。

（2）"盾涌泥"中石粉与膨润土用量的最佳比例为8:2，"盾涌泥"的最佳泥水比为1:1.2，在"盾涌泥"满足石粉与膨润土用量的比例为8:2、泥水比为1:1.2的情况下，"盾涌泥"中聚丙烯酰胺的掺量与石粉、膨润土、水三者总重的比例在1.0%~1.5%时较为适宜。研究中也发现了制备过程中存在的问题和需要注意的事项，提供了制备泥浆的经验。

第四节　泉域地层地铁冻结法关键技术研究

一、泉域地层地铁冻结法联络通道施工工艺

（一）济南地区地质特点及冻结法适用性

济南区内地形南高北低，水系纵横交错，泉水分布广泛，素有"泉城"的美誉。济

南地区南倚泰山隆起，北临齐河广饶大断裂。其地质构造总体上是一个以古生代地层为主的北倾单斜构造。市区地基土层均属第四系，其具体地质年代和成因属于中更新世-全新世不同沉积环境形成的产物。以济南轨道交通 2 号线为例，地铁施工范围涉及的主要土层为以下几种。

(1) 下古生界寒武系、奥陶系：主要地层为碳酸盐岩（灰岩、白云质灰岩），厚度近 1000m，发育有上、中、下统。

(2) 燕山期侵入岩（$\delta 53$）：主要岩性为闪长岩、辉长岩，厚度近 50～200m 不等。

(3) 新生界第四系（Q_{2+3}，Q_4）：更新统及全新统均有分布，主要地层岩性为山前冲洪积粉质黏土、黏土、卵石等。

济南地区联络通道施工涉及的主要地层为粉质黏土、卵石、闪长岩、碎石土等地层。

冻结法广泛适用于各类含水地层，具有加固体强度高、加固均匀、冻结效果可检测等优点。但其冻胀及融沉等特性成为应用冻结法施工时必须考虑的问题。根据济南轨道交通 1 号线、3 号线及 2 号线部分冻结法联络通道施工经验，济南地区地层冻胀量和融沉量普遍较小，相应地对地表沉降及隧道管片变形影响较小。如济南 1 号线玉符河站—王府庄站区间 2 号联络通道及泵站位于⑧粉质黏土层、⑩卵石层中，实测最大地表沉降量 5.1mm，周边管线沉降 3.7mm。3 号线王舍人站—裴家营站区间 1 号联络通道位于碎石土层中，实测地表最大沉降量 4.7mm；2 号联络通道位于某砖混结构物正下方，地层为$⑩_1$粉质黏土和$⑭_1$粉质黏土，采用冻结法施工，最终结构物最大沉降点变形量为-4.3mm，未发生明显不均匀沉降。未对周边地表环境及隧道管片造成较大影响。

冻结壁发展速度：经统计，济南地区粉质黏土层常规盐水冻结条件下平均发展速率为 23～28mm/d，砾石土平均发展速率可达 30mm/d。采用液氮冻结时冻土平均发展速率可达 20～25cm/d（根据 1 号线大杨庄站盾构接收冻结法加固冻结壁发展速度）。

泉水的影响：济南地区泉水分布广泛，靠近泉眼区域可能存在较多的地下水流。根据施工经验，地下水流速超过 5m/d 时会对冻结效果造成明显影响。因此在泉水补给区应进行地下水流速试验，以便评判冻结法的适用性。

(二) 施工工艺流程

冻结法联络通道施工工艺流程如图 4-4-1 所示。一般分三个阶段：第一个阶段，进行钻孔施工同时进行冷冻站安装；第二个阶段，积极冻结，冻结管内循环低温盐水使联络通道开挖范围外地层冻结厚度达到设计要求；第三个阶段，开挖构筑；第四个阶段，融沉注浆。整个冻结施工过程中进行工程监测，对地表环境及隧道管片变形进行监测。

(三) 钻孔施工

1. 施工准备

(1) 校核联络通道轴线并准确设置定位点。

钻孔施工前应对联络通道轴线进行准确定位，并将设计冻结孔的水平钻孔角度平行于联络通道轴线。

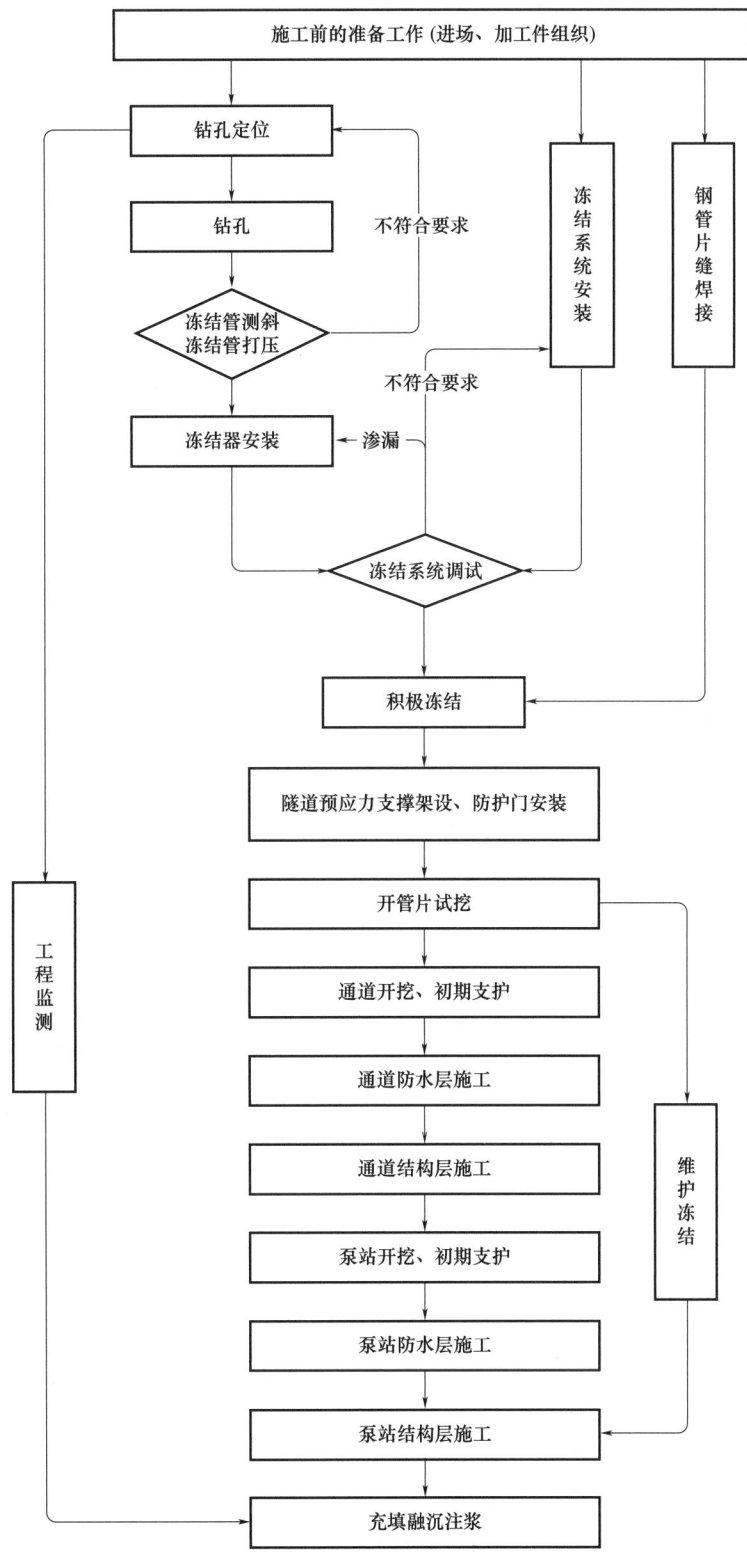

图 4-4-1 冻结法联络通道施工工艺流程

（2）隧道管片预注浆。

钻孔施工前对联络通道前后各 10 环隧道管片处进行注浆，特别是联络通道布置冻结孔位置的管片处。壁后注浆能够减小冻结孔开孔时的涌水涌砂风险。钢管片上布置注浆孔较少，因此采用图 4-4-2 所示的方式埋设注浆孔进行管片加密注浆。具体方法为：在钢管片格仓内放置一根 $\Phi50mm\times3mm$ 的无缝钢管，钢管外壁上设置一道止水钢板，钢管一端连接球阀，另外一端顶住格仓底部肋板，并在该端管内填充长度 10cm 左右的双快水泥。采用三根 $\Phi10mm$ 钢筋将钢管与钢管片焊接固定。然后在该格仓内充填双快水泥或者硫铝酸盐微膨胀水泥。最后将该格仓口采用钢板进行满焊封闭。安装完成后打开阀门采用取芯钻机在钢管内对钢管片底部钢板进行取芯，开透地层后关闭球阀，连接注浆管进行注浆。该方式可以有效避免注浆管脱落、注浆管开孔时冒水冒砂等风险。

2. 开孔工艺

① 在混凝土管片上冻结孔开孔采用二次开孔工艺。第一次开孔采用 $\Phi121mm$ 的钻头，不得开透管片，预留 5cm 左右待孔口安装固定完成并安装球阀及防喷涌装置后再进行第二次开孔。如图 4-4-3 所示，孔口管上加工鱼鳞扣，并缠上麻丝，进入管片长度不小于 30cm。在孔口管上焊接四块钢肋板，并通过膨胀螺栓将孔口管与管片固定，膨胀螺栓与钢肋板之间焊缝连接。

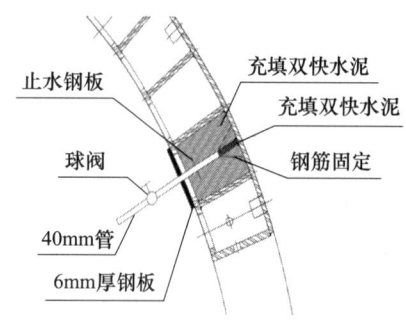

图 4-4-2 管片壁后注浆管设置

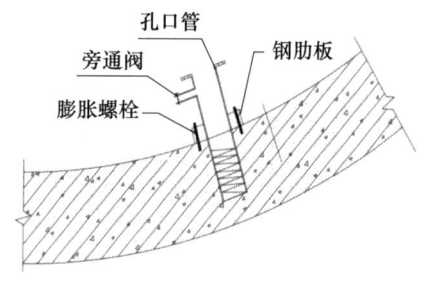

图 4-4-3 混凝土管片孔口管安装

② 对于承压水地层，钢管片上开孔的工序较为复杂，控制不当容易导致涌水涌砂事故发生。

首先在孔口管安装之前应检查钻孔格仓的密封性。如图 4-4-4 所示，将孔口管根据设计角度固定在钢管片格仓里，格仓内充填硫铝酸盐微膨胀水泥，格仓内表面满焊一块厚度 6mm 的钢板，并将钢板与孔口管之间的环缝满焊。

在二次开孔之前，将孔口管内填满双快水泥，起到固定钻头及增加过水通道长度的作用，有利于减小二次开孔过程中涌水涌砂风险。传统二次开孔方法是安装好球阀后采用开孔钻机，钻杆前端连接取芯钻头进行开孔，但该工程实践中发现该方案存在较大隐患。特别是当钻头顶面与钢管片底部钢板平面不平行

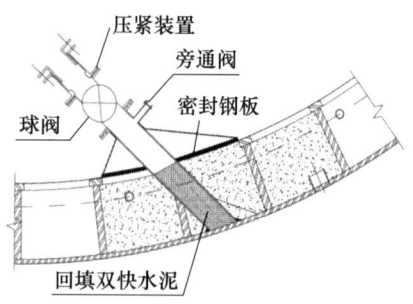

图 4-4-4 钢管片上孔口管安装

时，钻头一侧先开透管片，此时若管片壁后注浆层较薄，地下水夹带泥砂容易从暴露在地层一侧的钻头与钢管片缝隙进入孔口管内。水钻扭矩较小，容易因砂粒卡钻，导致拔钻过程中涌水涌砂。因此该工程改用钻机在钻杆上安装优质 $\Phi 94mm$ 复合片取芯钻头（石油小球片），安装球阀和压紧装置后直接对钢管片底部钢板取芯。该方法有效避免了水钻卡钻及开孔过程中涌水涌砂风险。并且采用复合片取芯钻头取芯更为高效，采用水钻取芯每孔约 30min，而钻机＋复合片取芯钻头取芯约 8min 即可完成，显著提高了施工效率。

为减小开孔过程中的涌水涌砂风险，每个孔钻孔完成后均采用水泥-水玻璃双浆液进行封孔注浆，浆液沿管片壁后扩散一定范围，增大了相邻冻结孔开孔时的注浆层厚度。

3. 钻孔施工工艺

济南地区地层具有明显的上软下硬特点，土质变化明显。钻孔施工时应根据不同地层特点选取合理的施工工艺。

目前国内冻结法施工时冻结孔一般采用 $\Phi 89mm \times 8mm$ 的低碳无缝钢管，采用MD-80/120 水平钻机钻孔，对于粉质黏土地层、闪长岩地层，可采用跟管钻进工艺进行施工。对于闪长岩，特别是⑲₃中风化闪长岩，强度平均值为 15.8MPa，应采用优质合金钢钻头进行钻孔。

对于卵石地层，直接跟管钻进施工往往因扭矩过大而导致断管。根据地勘资料，济南地区卵石地层一般承压水头较小。卵石层一般粒径为 3～7cm，最大粒径约 18cm，级配较差。对于这类地层，可采用主动钻杆导孔，再进行跟管钻进。钻头采用 $\Phi 91$ 中八角合金钢钻头或复合片取芯钻头。因地层较为密实，钻孔过程中钻头将卵石打碎后岩屑在钻杆周围易导致钻杆摩擦力增大、扭矩过大使得钻进困难甚至断管，因此通过加大循环水量、打开孔口管旁通阀使岩屑能被顺利冲出。钻进过程中应采用低速挡慢钻，严格控制钻孔扭矩。

钻孔施工应对成孔质量进行验收，包括冻结孔耐压试验及冻结孔测斜，满足设计要求后方可进行开机冻结。

为防止涌水涌砂，钻孔施工采用跟管法钻进，钻机选用 MD-120A 钻机。冻结管之间采用内接丝＋焊接连接方式。对于下部圆砾层冻结孔，为有效减小冻结管钻进过程中的扭矩，采用优质纳基膨润土作为钻孔循环液。砂砾地层承压水压力较大，因极易发生水土流失，钻孔过程中尽量采用保压钻进方式。砂砾地层保压钻进过程中砂粒对盘根的磨损非常严重，设计冻结孔长度较长时，每节钻杆钻进后都需重新将紧固螺栓压紧，盘根盒加工时虽进行了加长，但其磨损速度较快，一旦盘根全部磨损，将导致大量水土流失。现场对密封装置进行改进，在压紧装置中增加骨架轴封，对孔口管与冻结管环向空隙的砂粒进行阻挡，减小了盘根的磨损量，起到了很好的保压钻进作用。

钻孔结束后通过孔口管旁通阀进行注浆，待浆液凝固后拆除球阀及压紧装置，并在孔口管和冻结管之间满焊钢环，确保孔口管和冻结管之间密封良好。孔口管安装及密封装置如图 4-4-5 所示。

4. 透孔施工

承压水地层透孔施工风险大，若控制不当，容易导致接收端大量水土流失，甚至酿

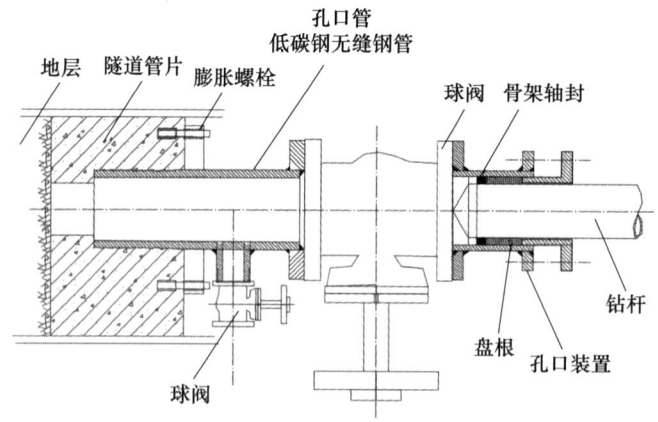

图 4-4-5 孔口管安装及密封装置

成事故。因此必须采取可靠措施确保透孔施工安全。特别是当透孔位于钢管片上时，在钻杆穿透对侧钢管片时更容易发生水土流失。国内已发生多起透孔施工不当而导致事故的案例。该工程施工过程中对透孔施工风险采取以下工艺措施加以控制。

（1）设置止水锥头。

透孔第一节管进行特殊加工，将冻结管车成两端截面同 108mm×10mm 冻结管，长度各 50cm，中间设置一段锥形台，锥形台直径大的一端的直径应大于钻头口径 3mm 左右，锥形台长度约 15cm。其目的为当钻头及岩芯管穿过对侧管片后，锥形台能够锥入对侧管片孔口。具体如图 4-4-6 所示。实践证明该装置能有效起到止水作用。冻结管的接头不宜设置在锥头附近，否则在冻结过程中容易断管。

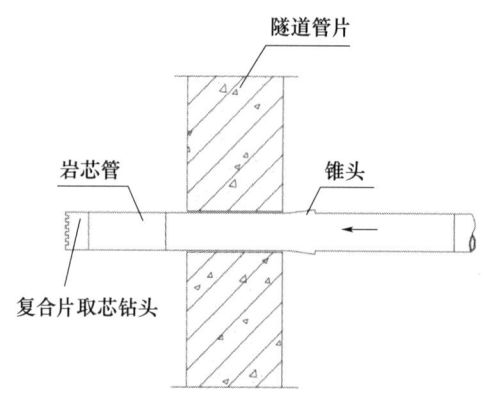

图 4-4-6 止水锥头示意图

（2）合理配管。

自钻头钻透对侧管片至止水锥头顶住对侧管片期间不能停钻加尺，否则会因停顿时间较长导致大量水土流失，因此需合理配管。钻机的最大有效行程为 L，理想工况下，当钻头碰到对侧管片时恰巧需要加尺，加尺长度（L_1）不应小于钻头长度（a）、岩芯管长度（b）、止水锥底部至岩芯管之间的冻结管长度（c）之和。同时需要满足以下条件：

$$L > L_1 > a + b + c \tag{4-4-1}$$

该工程止水锥头至钻头长度（$a+b+c$）为 1.8m，透孔长度 19.3m，当钻头到达管片位置时配管 $2\times8+1.5\times2+1.05=20.05$（m），压紧装置外露 0.3m，钻机最大有效行程 $L=2.5$m，最后配 $L_1=2$m 钻杆焊接一次，直接钻进至止水环到达管片位置。

(3) 透孔接收端格仓充填。

当透孔施工钻至对侧管片时，钢管片因钻头摩擦发热并有摩擦声，此时初步判断出孔位置，向钢管片底部钢板上泼水打湿，出孔点处会因发热而发干，从而确定出孔位置，暂停钻进。

情况一：当出孔位置在管片拼接缝处时，不得使冻结孔钻穿管片，否则会破坏管片缝处的防水胶条，导致渗漏水很难控制。应更换透孔位置重新打设。

情况二：出孔位置远离管片缝，此时应根据冻结孔出孔位置和角度准确判断冻结孔穿出过程中钢格仓的肋板是否阻碍冻结管穿出。用气割枪将阻碍冻结管穿出的钢肋板割除。然后用双快水泥将格仓充填管片厚度的 2/3。待双快水泥凝固后将冻结管钻出管片。该工艺增加了冻结孔穿出管片时过水通道的长度，实践中钻出过程中有少量涌水，但当止水锥顶住管片后能完全止水或仅有少量渗水流出。此时埋设引流管将剩余 1/3 格仓填满，通过注胶或对侧孔口管旁通注浆的方式即可将渗水止住。最终用钢板将透孔穿出所占格仓满焊封闭。

5. 钻孔施工过程中的应急措施

对高承压水地层应做好充分的应急准备，该工程采取了以下措施。

(1) 确保两侧隧道通信畅通。可采用光纤将网络布设至两侧联络通道工作面处，实现工作面 WiFi 覆盖，同时备用一路电话线，确保网络中断时能够紧急通信沟通。一旦发生意外情况，确保第一时间实现与外界沟通。

(2) 配备足够的应急设备、物资。常用应急设备包括双液注浆泵、聚氨酯齿轮泵、水泵等；应急物资包括水泥、水玻璃、聚氨酯、麻丝、双快水泥、水不漏、木楔、注浆阀门等。

(3) 确保应急通道畅通。

(4) 对钻孔施工风险源进行梳理，并逐一采取预防和应对措施。重点是对风险源进行识别，对钻孔施工的每一步进行梳理，尽可能从工艺角度出发进行预防。同时加强现场人员交底和管理，确保每一项措施落到实处。

（四）冻结系统

目前我国地铁联络通道施工通常采用的方法有矿山法、冻结法以及机械法等，其中冻结法被广泛应用于涌水涌砂地层的联络通道工程施工中。冻结法施工中的一项关键工作是盐水系统方案设计，低温盐水作为冷媒，吸收地层内的热量并通过制冷循环将热量散入大气中，其在冻结管内的循环状态对冻结效果产生直接影响。工程实践中经常存在冻结管内积气现象而导致氯化钙溶液循环不畅，若不能及时发现并处理，会导致局部冻结壁薄弱而诱发涌水涌砂风险。因此设计一套合理的冻结管路循环系统对确保冻结效果至关重要。

1. 常规联络通道冻结系统参数选取

冻结系统应满足联络通道冻结所需冷量的要求，同时应计算盐水系统的流量和扬程，以满足单孔盐水流量要求。

以济南轨道交通 2 号线某联络通道为例，对联络通道所需冷量和盐水泵选型进行计算。该联络通道设计冻结孔 450m，因现场施工需要，冷冻站布置在车站负一层平台，联络通道至冷冻站管路长度约 2000m，采用 $\Phi159\times8$ 的 PE 盐水干管。在 5～8 月施工，气温较高，采用 7cm 厚聚苯乙烯保温材料对盐水干管保温层进行了加厚。

（1）冷冻站冷量验算。

冻结管吸热能力为

$$Q_g=qA=1172\times3.14\times0.089\times450=147387\ (kJ/h) \tag{4-4-2}$$

式中：Q_g——冻结管总吸热能力（kJ/h）；

q——冻结管吸热系数 [kJ/（m²·h）]，20 号低碳钢可取 1047～1172kJ/（m²·h）；

A——冻结管总表面面积（m²）。

PE 盐水管路导热系数 0.14W/（m·K），厚度 8mm，聚苯乙烯保温管导热系数 0.042W/（m·K），厚度 70mm，环境温度 20℃，盐水温度 -30℃，最大热量散失量（忽略了 PE 管的阻热）为：

$$\Phi=\wedge A\Delta TL/\Delta=0.042\times3.14\times0.159\times[20-(-30)]\times \\ 2000/0.07=29956\ (kcal/h)=125394kJ/h \tag{4-4-3}$$

式中：$\wedge$——保温管导热系数；

A——盐水干管表面面积（m²）；

ΔT——盐水与外界气温差（℃）；

L——盐水干管长度；

Δ——盐水干管保温层厚度（mm）。

总需冷量为：$Q_z=147387+125394=272781$（kJ/h）。选取一台制冷能力 360000kJ/h 的螺杆冷冻机组，并备用一台相同型号的机组。

流量需求为：

$$W=\frac{Q_z}{\Delta t\cdot\gamma\cdot c}=\frac{147387+125394}{2\times1265\times0.655\times4.186}=39.32\ (m^3/h) \tag{4-4-4}$$

式中：W——盐水循环计算总流量（m³/h）；

Q_z——计算制冷能力（kJ/h）；

γ——盐水密度（kg/m³）；

c——盐水比热 [kJ/（kg·℃）]；

Δt——去回路盐水温差（℃），一般取 $\Delta t=1\sim2℃$。

共分 13 个分组，每个分组盐水平均盐水流量 39.32/13=3.02m³/h，大于设计要求不小于单组 3m³/h 需求。

（2）盐水泵扬程计算。

① 盐水干管水头损失 h_1 计算。

流速：

$$\omega_1=39.32/(3.14\times0.075^2\times3600)=0.618\ (m/s) \tag{4-4-5}$$

干管内径：$d_1=0.15m$

盐水密度：$\gamma=1265kg/m^3$

盐水动力黏度系数：$\mu=1.4\times10^{-3}kg\cdot s/m^2$

$$R_{e1} = \frac{\omega_1 \cdot d_1 \cdot \gamma}{\mu \cdot g} = \frac{0.618 \times 0.15 \times 1265}{1.4 \times 10^{-3} \times 9.8} = 8547 \quad (4\text{-}4\text{-}6)$$

紊流：$\lambda_1 = \dfrac{0.3164}{\sqrt[4]{R_{e1}}} = 0.033$

$$h_1 = \lambda_1 \cdot \frac{L_1}{d_1} \cdot \frac{\omega_1}{2g} = 0.033 \times \frac{2000}{0.15} \times \frac{0.618}{2 \times 9.8} = 13.9 \ (\text{m}) \quad (4\text{-}4\text{-}7)$$

② 供液管水头损失 h_2 计算（单组管路长度 40m，胶皮管长度 20m）。

流速：$\omega_1 = 3.03/(3.14 \times 0.02^2 \times 3600) = 0.67 \text{m/s}$

干管内径：$d_1 = 0.02\text{m}$

盐水密度：$\gamma = 1265 \text{kg/m}^3$

盐水动力黏度系数：$\mu = 1.4 \times 10^{-3} \text{kg} \cdot \text{s/m}^2$

$$R_{e2} = \frac{\omega_2 \cdot d_2 \cdot \gamma}{\mu \cdot g} = \frac{0.67 \times 0.02 \times 1265}{1.4 \times 10^{-3} \times 9.8} = 1235 \quad (4\text{-}4\text{-}8)$$

层流：$\lambda_1 = \dfrac{64}{R_{e2}} = 0.052$

$$h_2 = \lambda_2 \cdot \frac{L_2}{d_2} \cdot \frac{\omega_2}{2g} = 0.052 \times \frac{60}{0.02} \times \frac{0.67}{2 \times 9.8} = 5.3 \ (\text{m}) \quad (4\text{-}4\text{-}9)$$

③ 冻结管环形空间压头损失 $h_3 = 5.3\text{m}$。

④ $h_4 = 0.2 \times (13.8 + 3.6 + 3.6) = 4.2 \ (\text{m})$

⑤ 盐水泵的压头损失：$h_5 = 5\text{m}$

⑥ 回路盐水管高于盐水泵的高度：$h_6 = 1.5\text{m}$

⑦ 蒸发器内的压头损失 $h_7 = 5\text{m}$

$$H_c = 1.15 \times (h_1 + h_2 + h_3 + h_4) + h_5 + h_6 + h_7 = 46.23 \ (\text{m}) \quad (4\text{-}4\text{-}10)$$

盐水泵电动机功率：

$$N = 1.25 \times \frac{W \cdot H_c \cdot \gamma}{102 \times 3600 \times \eta_1 \times \eta_2} = 9.4 \ (\text{kW}) \quad (4\text{-}4\text{-}11)$$

水泵选型（根据盐水循环计算总流量、盐水泵扬程和电机功率确定），选择扬程 60m，流量 50m³/h 的卧式离心泵，电机功率 22.5kW。

2. 长距离盐水循环系统设计计算

以某联络通道为例，进行冻结盐水循环系统的设计，并通过实测数据分析冻结系统运行状态。该联络通道线间距 25.413m，位于 ⑫₂ 含砾中砂和 ⑫₄ 圆砾层中，覆土厚度 35.79m。设计冻结壁厚度 3m，采用双排孔布置方式。左线顶部 21 个冻结孔，侧墙 22 个冻结孔，底部 23 个冻结孔；右线顶部 20 个冻结孔，侧墙 20 个冻结孔，底部 22 个冻结孔。冻结孔总数量为 128 个。左右线顶底部冻结孔在联络通道中部搭接，侧墙左线冻结孔布置于内圈，终孔位于右线隧道管片处，侧墙右线冻结孔布置于外圈，终孔位于左线隧道管片处。冻结管直径 Φ89×8，冻结管延米数为 1771.80m。根据总体工筹，将冷冻站布置在车站负四层，通过盐水干管将盐水从冷冻站输送至联络通道工作面处，自冷冻站至冷冻工作面管路长度达 600m。冷冻站盐水箱液面高出联络通道处隧道中心线约 14m。

(1) 管路分组与流量计算。

盐水箱内的低温盐水经盐水泵升压进入去路干管，经干管输送至工作面，并在工作面通过配液器将盐水分组输送到各个冻结管分组内,分组内冻结管串联,各分组之间并联。最后盐水汇集到回路干管并回流至冷冻机组后进入盐水箱,形成盐水循环系统。

盐水循环系统设计应首先确定管路分组、分组盐水流量和总流量。各分组的冻结管总长度宜相近;冻结孔单孔盐水流量应根据冻结管散热要求、去回路盐水温差和冻结管直径确定。冻结管内盐水流动状态宜处于层流与紊流之间。冻结管路分组应尽量使相邻冻结孔在不同的分组中,这样可以避免某一组循环效果差而导致整个区域冻结壁薄弱。

该工程左右线冻结孔数量分别为 66 个和 62 个。左右线冻结孔基本对称,冻结孔延长米数相近。侧墙冻结孔长度均在 20m 左右,顶底部长度 6~15m,侧墙每 3 个冻结孔分为一组,顶底部 4~6 个冻结孔分为一组,每组冻结孔长度 60~70m,左右线冻结孔均分为 14 组。参考《旁通道冻结法技术规程》(DG/TJ 08-902—2016),冻结孔串联长度为 40~80m 时,单组流量 5~8m³/h 为宜。该工程单组流量不小于 5m³/h,则总循环流量不小于 140m³/h。

(2) 管路内压头损失及耐压值验算。

长距离盐水循环系统应控制干管上的压头损失并验算管路耐压值。干管上压头损失过大时,盐水泵需提供的压力较高,功率过大,浪费电能;同时也容易使得管路内压力较高,超过管路耐压值。

可按式(4-2-12)计算盐水干管和分组管路上的压头损失 h。

$$h = \lambda \cdot \frac{L}{d} \cdot \frac{\omega^2}{2g} \tag{4-4-12}$$

其中:$\lambda = \frac{0.3164}{\sqrt[4]{R_e}}$(紊流),$\lambda = \frac{64}{R_e}$(层流),$R_e = \frac{\omega d \gamma}{\mu g}$

式中:d——盐水管的直径(m);

L——盐水管的长度(m);

g——重力加速度,取 9.81m/s²;

ω——盐水流速(m/s);

λ——盐水流动阻力系数;

R_e——雷诺数;

μ——盐水动力黏度系数(Pa·s);

γ——盐水密度(kg/m³)。

造成长距离盐水输送压头损失的主要因素有管路直径和长度、盐水比重和流量、干管上的弯头和阀门等,其中管路直径是可调节的最主要因素。PE 盐水管的常用尺寸有 160mm、180mm、200mm、225mm、250mm 等,壁厚为 8mm。根据式(4-4-12)进行计算,结果见表 4-4-1。

表 4-4-1 盐水干管直径与盐水压头损失

干管外径(mm)	160	180	200	220	250
干管压头损失 h_1(m)	69.0	37.2	21.6	13.2	6.9
工作面压头损失 h_2(m)	7.7	7.7	7.7	7.7	7.7
冷冻站压头损失 h_3(m)	2	2	2	2	2
总压头损失 h(m)	78.7	46.9	31.3	22.9	16.6

从表 4-4-1 可知，随着盐水干管直径的增大，干管上的压头损失减小。

耐压值验算：市政冻结工程一般 PE 盐水管路运转过程中最大压力宜不大于 0.5MPa，工作面处最大压力宜不大于 0.4～0.45MPa。假设工作面最大允许压力为 $P_{\max}$，冷冻站高于工作面的高度为 h_0。则应满足式（4-4-13）的要求。

$$\rho g h_0 + \rho g \left(\frac{h_1}{2} + h_2 + h_3\right) \leqslant P_{\max} \tag{4-4-13}$$

根据表 1 计算结果，考虑冷冻站高于工作面约 14m，盐水比重为 1.265。按工作面压力最大 0.4MPa 进行计算，根据式（4-4-13）计算得 $h_1 \leqslant 17.1$m。考虑到经济性，该工程盐水干管选择 220mm×8mm 的 PE 管。

当由于冷冻站与工作面之间高差较大、干管管路长等原因，根据式（4-4-13）计算的 h_1 较小时，也可在回水干管上增加管道泵，能有效减小工作面处的循环水压力。但当两个泵距离较远时，应注意盐水泵与管道泵之间的协同，否则容易因管道泵断电或烧坏而使得管路内压力突然增大超过管路耐压值，造成盐水漏失。

长距离盐水干管应充分考虑盐水降温过程中的收缩，在管路中设置足够的软接头或其他可伸缩装置。

（3）透孔数量计算。

根据盐水干管直径与左右线分组情况，按透孔内盐水流速与干管流速相近原则，计算所需透孔数量。该工程左右线分组数量相同，透孔输送盐水截面积取干管截面积的一半即可。经验算，透孔数量需 6 个，其中 3 个进水、3 个回水。

（4）盐水泵选择。

根据管路上水头总损失，确定盐水泵扬程，并根据流量和扬程进行盐水泵的选型。由于目前市面上没有专用的盐水泵，只好采用清水泵代替。冷冻用盐水比重一般为 1.25～1.27，根据流量和扬程确定水泵型号后，电机功率需加大约 1/4，否则水泵电机可能超负荷运转。

3. 冻结法联络通道施工参数计算软件

为方便冻结法联络通道施工相关参数的计算，通过 VB 软件编程，编制了联络通道施工参数计算软件。包含三个模块：盐水泵功率和扬程计算模块（图 4-4-7）、冻结管配

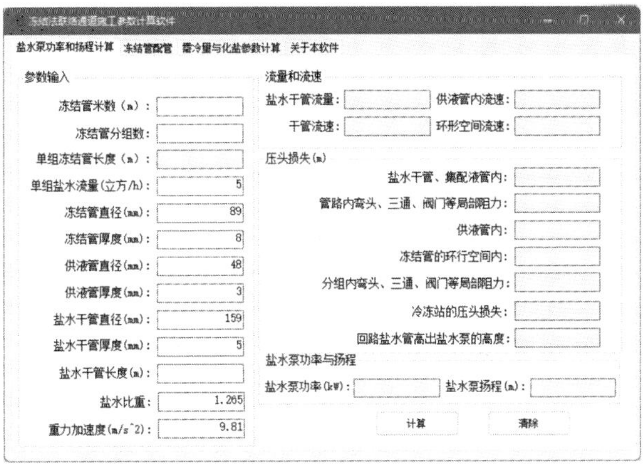

图 4-4-7 盐水泵功率和扬程计算模块界面

管模块（图 4-4-8）、需冷量与化盐参数计算模块（图 4-4-9）。在软件中输入相应参数便可方便地获得对应结果。

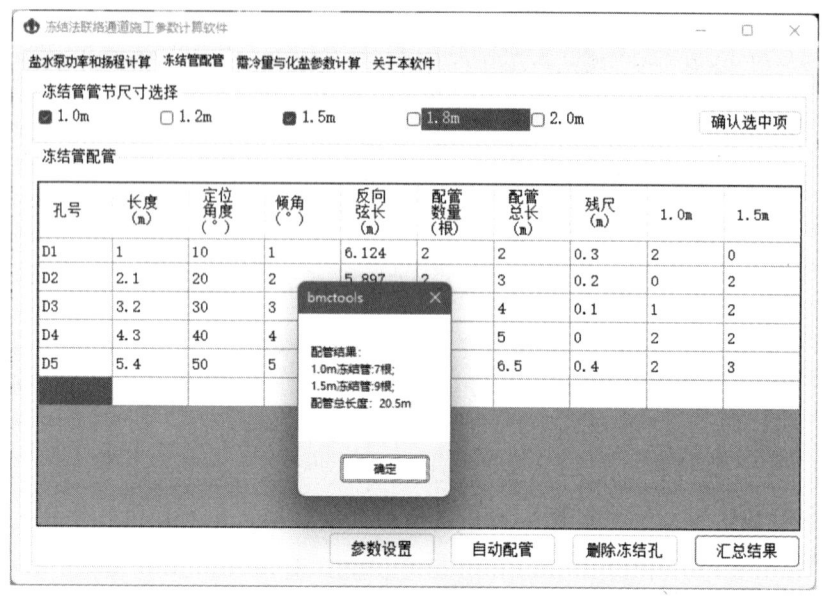

图 4-4-8　冻结管配管模块界面

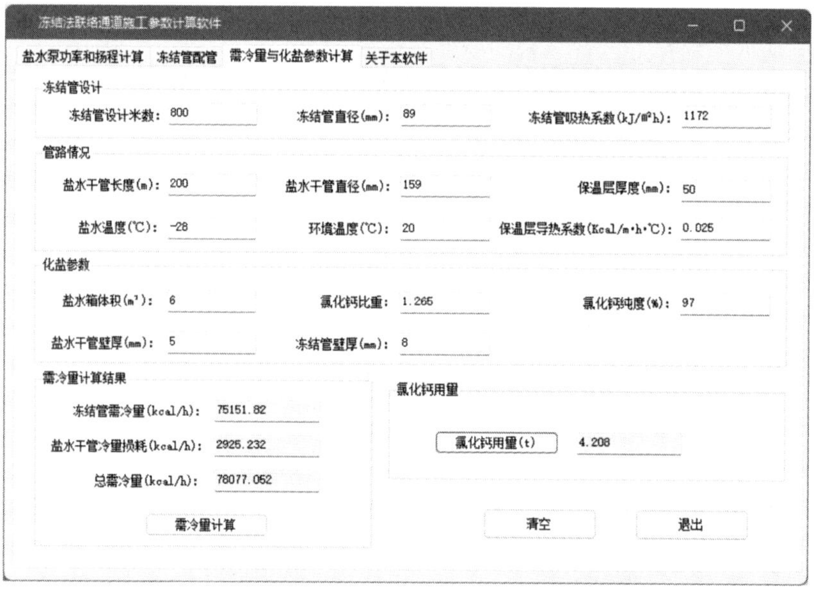

图 4-4-9　需冷量与化盐参数计算模块界面

4. 冻结管内积气原因分析及处理

上倾角的冻结孔容易发生积气现象。图 4-4-10 为冻结管内积气示意图，当管内积气时，首先气体在供液管上部开口端与冻结孔的环向空隙处聚集，h_1 为气体柱的高度，P_2 为供液管与冻结管间环形空间积气柱底部标高处的压力，P_1 为与 P_2 同一标高处供液管内的液体压力，根据流体力学，当管内积气时，应满足以下公式才能驱动管内液体流动。

$$P_1-P_2>\rho gh_1 \quad (4\text{-}4\text{-}14)$$

式中：ρ——液体的密度；

g——重力加速度。

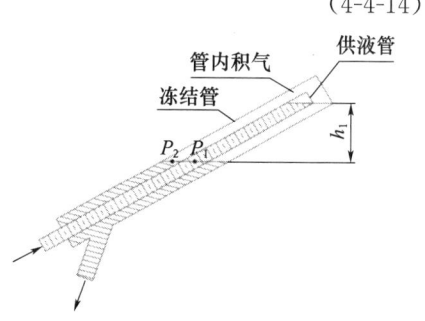

图 4-4-10 冻结管内积气示意图

根据式（4-4-14），积气越多，h_1 越大，液体流动需要的各分组内的进回水压差越大。发生冻结管内憋气的原因是进回水压差不足以克服管内积气导致的压头损失。

考虑如图 4-4-10 所示的极端情况，P_1 为进水端，P_2 为回水端。假设分组管内存气体段高度分别为 h_1，h_2 和 h_3，高差 $\Delta h=h_{P2}-h_{P1}$，则有：

$$P_1-P_2>\rho g(h_1+h_2+h_3+\Delta h) \quad (4\text{-}4\text{-}15)$$

由此分析，可得如下结论。

（1）冻结管积气造成冻结管内的盐水循环时的压头损失。

（2）冻结管向上倾斜角度越大，冻结管长度越大，越容易积气。

（3）上倾角的冻结孔每个分组内串联冻结孔数量越多，越容易积气。

为避免上倾角冻结管内积气现象，注意以下几点：①在设计盐水循环系统时，应保证冻结管路的进回水压差不过小；②设计时在保证冻结壁扩展范围的情况下，尽可能调整冻结孔布置方式，减小上倾角冻结孔的开孔和终孔之间的高差；③在冻结管分组时，上倾角冻结孔每组串联的冻结孔数量相较于下倾角的冻结孔应适当减少；④分组连接时，上部冻结孔的回水阀门位置宜布置在配液管的上部；⑤进回水配液管在运转过程中应通过设置在顶部的放气阀及时放气。

实际工程中未必会出现图 4-4-11 所示的极端情况，在形成此工况前，当流速较快时，积气可能部分随水流冲走，但其揭示的规律能指导我们采取措施尽量避免积气导致的管路不循环现象的发生。

一般冻结管路积气导致管路循环不畅时，冻结管管头处结霜会融化，但有时不容易快速发现并处理。可在回水配液管上的分组阀门处埋设测温探头，借助测温系统实时监测各分组的温度变化情况，一旦发现回水温度异常回升立即采取措施进行处理，对冻结效果起到良好的保障作用。

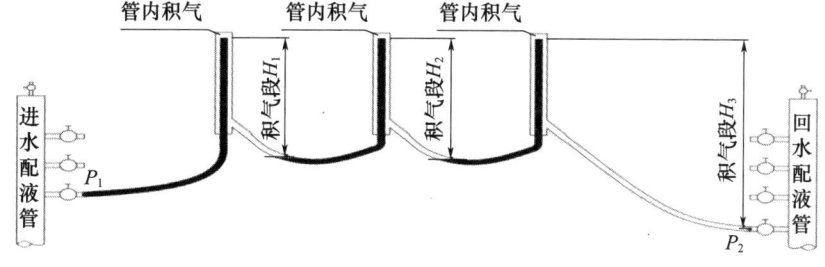

图 4-4-11 分组管内积气示意图

（五）积极冻结

积极冻结是冻结法施工的重要环节。积极冻结期间冻结孔周围土层逐渐冻结，形成冻土柱，相邻冻土柱逐渐扩展并交接，冻土体围成一个与外围土体相隔绝的腔体。当冻结壁交圈后，内部腔体内水受冻胀挤压，压力上涨，即可作为冻结壁交圈的依据。

积极冻结期间应注意以下几点。

（1）观察冻结管管头结霜情况，并测量每组冻结管路盐水流量和每组盐水进回水温差。当流量达不到设计要求值时，进回水温差较大，应采取措施加大盐水流量。

（2）每天定时对测温孔温度进行测量并记录，对温度变化异常点及时寻找原因并处理。

（3）观察泄压孔压力变化情况，一般泄压孔压力在冻结第 23～28d 开始上涨，当压力达到 0.35～0.4MPa 时应及时泄压，否则可能导致隧道管片受损。

（4）密切观察盐水液位，并设置液位报警器。防止冻结管断裂导致盐水泄漏进入地层，导致地层无法结冰。

（六）开挖构筑

在具备以下条件后方可进行拉管片开挖。

（1）冻结壁厚度和平均温度达到设计要求。

（2）积极冻结时间、盐水温度、盐水流量等冻结运转参数达到设计值，冷冻设备及电源完好，冻结系统运转正常。

（3）编制试挖报告并经上级主管部门和监理单位等批复确认。

联络通道开挖期间应密切关注测温孔温度变化及隧道管片保温效果。保证设备运转正常，一旦发生停电事故立即开启备用电源。

联络通道开挖应采取短段掘砌的作业方法，随挖随支，严格控制冻结壁温度和变形。

初期支护形式：目前冻结法联络通道施工初期支护一般为钢格栅＋喷射混凝土形式（a）和钢支架＋木背板＋喷射混凝土形式（b）。若采用形式 a，冻结壁暴露 24h 内进行喷浆支护。若采用形式 b，型钢支架＋木背板支护后可起到冻结壁保温作用，可在通道挖通后进行喷浆。

联络通道处于封闭空间内，顶部混凝土不易浇筑密实。顶部混凝土一般采用小型地泵放置在联络通道附近隧道内，并应在联络通道喇叭口处的管片上设置排气口，如图 4-4-12 所示。混凝土宜选用自密实混凝土。预先计算混凝土需求量，用以判断浇筑的混凝土是否密实。

（七）融沉注浆

联络通道结构施工完成 3～5d 内应进行充填注浆，用于充填初期支护与周围土体之间的空隙，减少后期沉降，并可封闭施工缝处的过水通道，避免冻结壁融化后涌水涌砂。后期根据冻结壁融冻速率及地表和管线监测数据进行融沉注浆。注浆压力应控制在 0.5MPa 以内，遵循"少量、多次、多点、均匀"的原则。一般注浆期为停冻后三个月内。冻结壁已全部融化，且实测地层相对周边非冻区沉降持续一个月不大于 0.5mm/15d 时，可停止融沉补偿注浆。

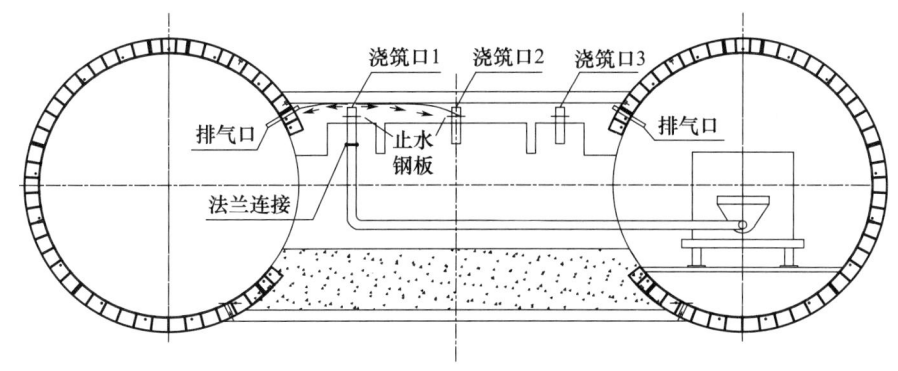

图 4-4-12 联络通道混凝土浇筑示意图

（八）总结

通过济南地区已施工的多个联络通道的工程实践，叙述了济南地区冻结法联络通道工程施工的技术重点。济南地区土层冻胀、融沉率一般较小，有利于冻结法施工技术在市区建（构）筑物密集地区的应用。同时，应用中应针对地区特点合理选取钻孔施工工艺，计算制冷量和盐水管路流量，以保证制冷效果；施工中加强质量控制，特别是拱顶混凝土浇筑环节，确保浇筑密实。

二、富水地层联络通道冻结法施工温度场分布规律研究

目前地铁联络通道常用的施工方法有水泥系加固法、冻结法、机械法等，其中冻结法适用范围最广。冻结法具有封水效果好、适用范围广、加固体均匀及环境污染少等优点，在长三角、珠三角以及其他具有富水软弱地层的城市轨道交通联络通道、端头加固、出入口暗挖等工程中得到了广泛应用。

国内许多学者对冻结壁温度场分布进行了实测和研究。胡向东等针对隧道管片散热对联络通道冻结效果的影响进行了实测分析；杨平等对冻结温度场、解冻温度场、冻结壁变形等进行了全程监测，对冻结壁的形成及解冻全过程进行了分析；张松针对联络通道冷排管布置形式对冻结壁的影响进行了数值模拟分析，提出了冷排管布置的优化建议；董新平等通过数值模拟等手段对冻土帷幕薄弱部位及其成因进行了分析。上述学者采用实测和数值模拟方法，从不同角度研究了冻结壁温度场的分布规律。

联络通道的温度场分布决定了冻结壁的扩展范围，分析联络通道温度场分布规律及影响因素，对评估冻结壁安全性、分析冻结壁薄弱环节具有重要意义。

以济南轨道交通 3 号线二期滩稻区间联络通道冻结法施工工程实测测温孔温度、盐水温度以及交圈时间等数据为依据，结合数值模拟方法，研究富水地层联络通道温度场的形成规律、分布规律及影响因素。

（一）工程概况与冻结施工情况

济南地铁 3 号线二期滩稻区间联络通道线间距 12.314m，联络通道范围内的地层主要为⑩$_1$粉质黏土、⑭$_1$粉质黏土，联络通道上覆土厚度 17.156m，地下水位埋深为 1.1～3.7m。设计采用冻结法施工，冻结壁设计厚度 2.0m，冻土帷幕平均温度 −10℃，

最低盐水温度－28～－30℃；共设计 61 个冻结孔，9 个测温孔，4 个泄压孔；冻结管为 Φ89mm×8mm 低碳钢无缝钢管，设计冻结管总长度 374.153m。冻结孔布置如图 4-4-13～图 4-4-15 所示。

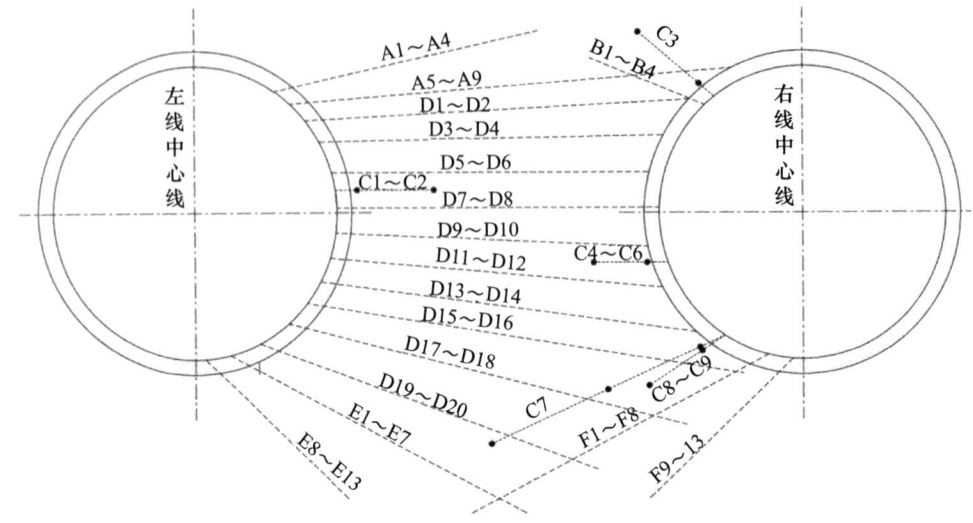

图 4-4-13 联络通道冻结孔布置

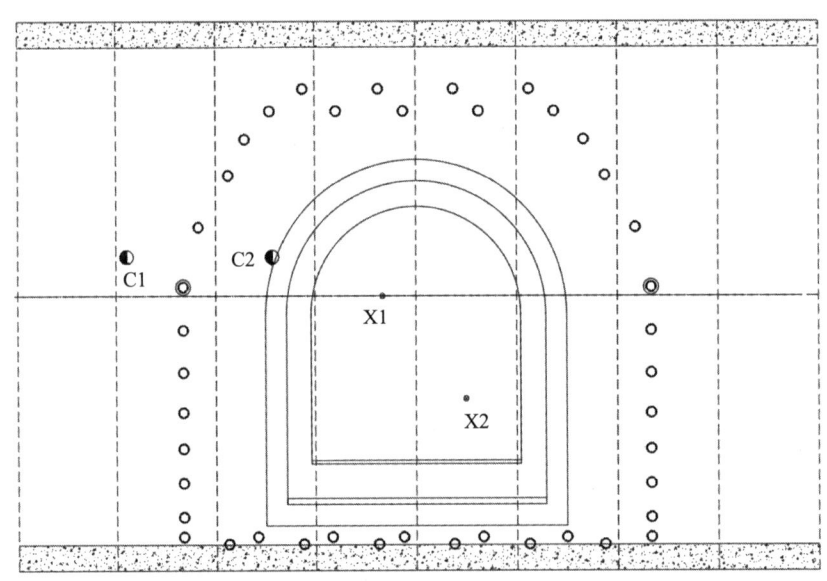

图 4-4-14 主面布孔

在项目实施过程中，采用实时监测系统对联络通道盐水进回水温度、测温孔温度进行全程监测和记录。该联络通道于 2022 年 6 月 26 日开始积极冻结，2022 年 6 月 28 日盐水进水温度降至－18.35℃，至 6 月 30 日盐水进水温度降至－24.68℃，最低进水温度－31.06℃，最后将盐水进水温度调控在－30～－28℃范围内，整个冻结过程盐水温度下降平稳。盐水温度随时间的变化曲线如图 4-4-16 所示。

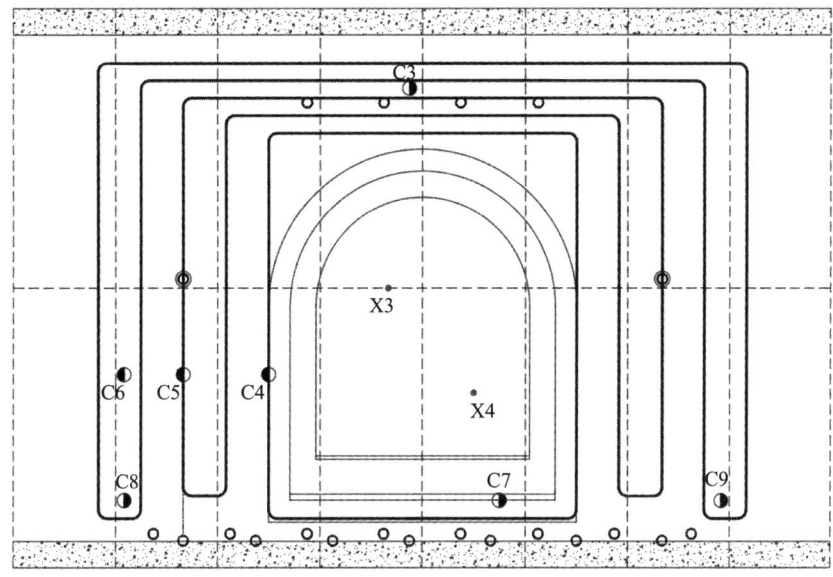

图 4-4-15 辅面布孔

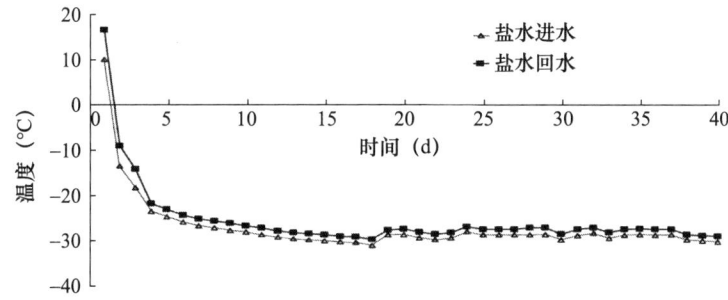

图 4-4-16 盐水温度随时间的变化曲线

泄压孔压力于 2022 年 7 月 7 日（积极冻结第 12d）开始上涨，初始压力约为 0.1MPa，压力上涨 8d，至 0.35MPa 时开始泄压，最终泄压孔内无带压力泥水流出，说明冻结第 12d 冻结壁即已开始交圈。

（二）联络通道温度场数值模拟

1. 模型建立及参数取值

为分析温度场的分布情况及主要影响因素，建立有限元分析模型。模型尺寸为 40m×40m×35m（长×宽×高），其中冻结管采用实体网格单元进行模拟，依据实测成孔位置和角度建模，隧道及冻结管有限元模型如图 4-4-17 所示。

实测原始地温约为 16.5℃。冻土、未冻土、管片及冻结管材的热物理参数

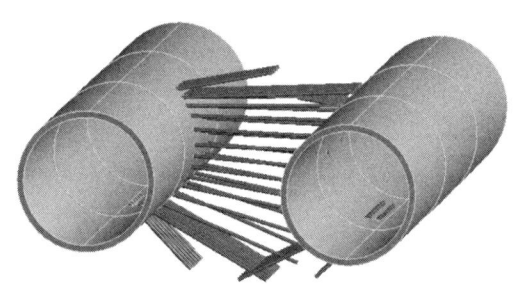

图 4-4-17 隧道及冻结管有限元模型

见表 4-4-2。考虑地层冻结过程中的相变潜热，其取值为 $1.6 \times 10^5 \, \text{kJ/m}^3$，相变温度区间为 $[-1, 0]$℃。

表 4-4-2 材料热物理参数取值表

材质	体积质量 (kg/m³)	导热系数 [W/(m·K)]	比热容 [kJ/(kg·K)]
未冻土	2000	1.20	1.75
冻土	2000	1.50	1.33
混凝土管片	2500	1.74	0.97
冻结管	7850	60.50	0.43

隧道管片与周围大气对流换热可用式（4-4-16）表示。

$$q_n = h_c (T_b - T_s) \tag{4-4-16}$$

式中：q_n 为交界面处热流通量；h_c 为对流热交换系数，混凝土管片对流热交换系数 h_{c1} 可取为 $4.74 \, \text{W}/(\text{m}^2 \cdot \text{K})$，在冻结区域范围内隧道管片外表面铺设一层 5cm 厚的聚乙烯保温板，设保温层处管片对流换热系数 h_{c2} 为 $2.00 \, \text{W}/(\text{m}^2 \cdot \text{K})$；实测原始地温 T_b 为 16.5℃；隧道内环境温度 T_s 为 16.5℃。

将图 4-4-16 积极冻结过程中实测盐水温度施加于冻结管上。

2. 模拟结果与实测数据对比

数值模拟分析过程中在设计测温孔位置布设监测点，以 C1 深孔点（2m）为例，C1 深孔点实测数据与数值模拟结果对比如图 4-4-18 所示。由图 4-4-18 可知，现场实测结果与数值模拟结果的吻合度较高。

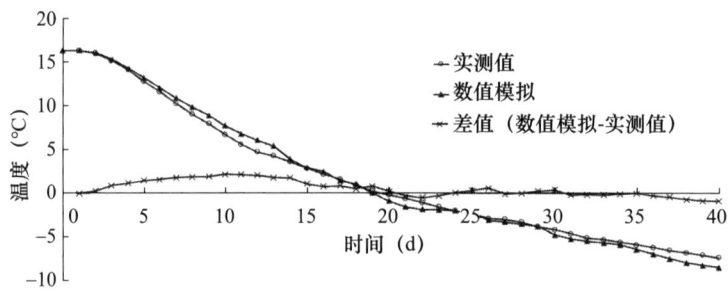

图 4-4-18 C1 深孔点实测数据与数值模拟结果对比

根据模拟分析结果，积极冻结第 11d 时的冻结壁发展情况及监测点布置如图 4-4-19 所示，此时冻结壁仅有图 4-4-19 中 P 点附近的一小块区域内冻结壁尚未交圈。模拟结果显示第 12d 起冻结壁已经交圈，这与实测泄压孔压力开始上涨的时间吻合，可见数值模拟所取参数值合理，其结果能反映真实温度场发展情况。

3. 联络通道温度场分布特征及发展规律

从联络通道的测温孔温度监测数据可知，开机后 1~3d 盐水温度较高，测温孔温度下降较缓慢；4~12d 温度近乎以同一速率快速下降。此时，冻结孔内盐水温度与周围土层温度梯度较大，热交换剧烈，随后温度下降速率整体呈现逐渐减小的趋势，这是因为在冻结管内盐水温度稳定的情况下，随着冻结壁的扩展，冻结管周围地层温度场的梯

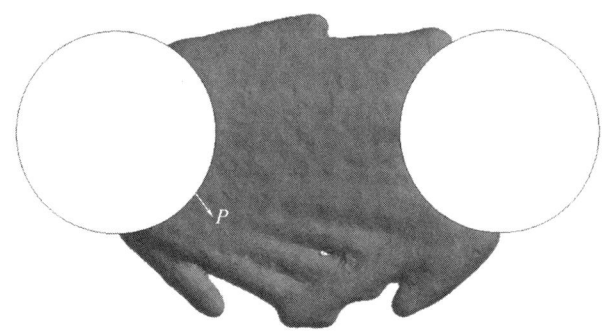

图 4-4-19 冻结第 11d 时冻结壁发展情况及监测点布置

度必然逐渐减小并趋于稳定。部分测温曲线呈现台阶状下降,主要是受到了地层水化热或盐水温度波动的影响。

在进行数值模拟计算时,在 D8 与 D10 冻结管之间设计冻结壁外边缘位置沿联络通道纵向均匀布置 11 个测点,并绘制冻结 40d 时的温度曲线,如图 4-4-20 所示。

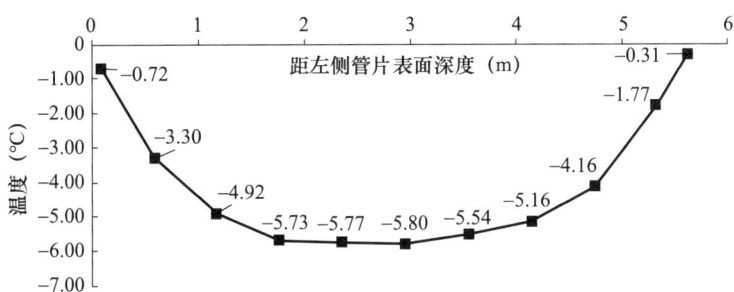

图 4-4-20 联络通道设计边界处纵向温度分布曲线

从图 4-4-20 中的曲线可知,各测点最低温度为 $-5.80℃$,远离两侧隧道;最高温度为 $-0.31℃$,靠近辅面隧道管片。联络通道冻结温度场分布特征为靠近两侧隧道位置温度较高,远离两侧隧道位置温度较低,呈梭形分布。这是因为两侧隧道管片导热系数大,且与外界空气接触,散热量大,对其周围的土体温度有显著影响,这说明在联络通道施工时,靠近两侧隧道管片处为冻结壁相对薄弱部位,可采取加强保温和设置冷排管等措施保证其冻结效果。

4. 温度场发展影响因素分析

不同地区原始地温及土体热物理性质参数的差异会对联络通道冻结壁形成时间以及温度场分布造成影响,在冻结设计参数选取时应考虑这些因素的影响。影响温度场发展的主要参数有原始地温、导热系数、比热容等,通过对比上述参数的不同来分析各因素对温度场发展的影响。

(1) 原始地温。

因原始地温受气候和埋深等因素影响,在不同工程条件下原始地温可能存在较大差异,分别选取 16.5℃,20.0℃,25.0℃ 进行数值模拟分析。结果显示 C1 深孔点在不同原始地温条件下温度下降曲线形态近似,但温度达到 0℃ 所用时间分别为 19d,22d,26d。在模拟过程中隐含了供冷充足的假设条件,在高地温工况下,温度下降至 0℃ 前日平均降温速率要高于低地温工况,这是由于在高地温工况下地层温度与冻结管内盐水温度差值大,热交换更为剧烈。在实际工况下,制冷系统供冷量不同会导致盐水降温曲线存在差异,在高地温工况下,积极冻结开始阶段需冷量更大。不同原始地温下 C1 深孔点温度变化曲线如图 4-4-21 所示。

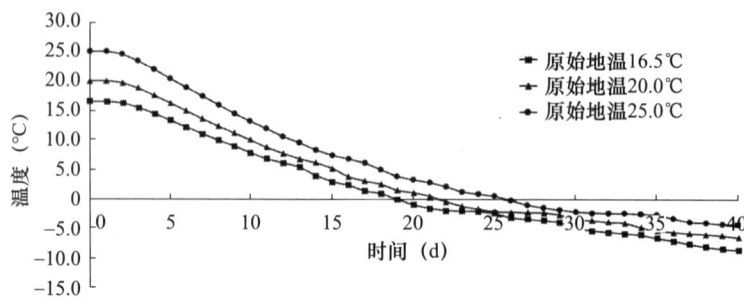

图 4-4-21 不同原始地温下 C1 深孔点温度变化曲线

(2) 导热系数。

土体的导热系数与材料颗粒组成、孔隙率和含水率等因素密切相关,一般砂卵石地层的导热系数大于黏性土层。对土体的导热系数分别选取原模拟参数及其 0.80 倍和 1.25 倍进行对比分析,不同导热系数下 C1 深孔点温度变化曲线如图 4-4-22 所示。在原导热系数下,温度下降至 0℃所用时间为 19d;在 0.80 倍和 1.25 倍导热系数情况下,温度下降至 0℃所用时间分别为 23d 和 16d。可见,随着导热系数的增大,冻结壁扩展速度在提高。

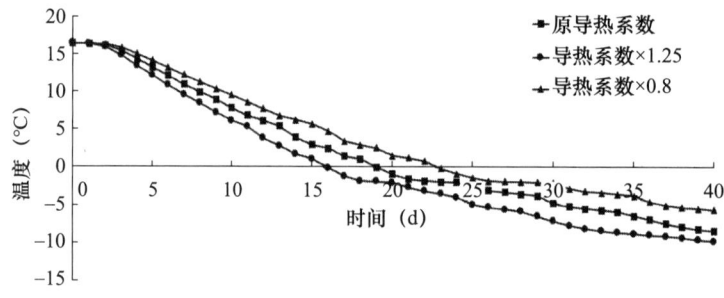

图 4-4-22 不同导热系数下 C1 深孔点温度变化曲线

(3) 比热容。

对土体的比热容分别选取原模拟参数及其 0.80 倍和 41.5 倍进行对比分析,在不同比热容下 C1 深孔点温度变化曲线如图 4-4-23 所示。由图 4-4-23 可知,比热容越大,冻结壁的扩展速度越慢,这是因为比热容越大,土体降低单位温度放热量越大,在其他条件不变的情况下温度下降速度越慢。

(三) 结语

(1) 三维数值计算方法能较好地反映联络通道温度场的扩展规律,可用于指导在联络通道设计和施工过程中相关冻结参数的确定。

(2) 联络通道冻结体呈梭形分布,靠近隧道管片处的冻结壁为相对薄弱环节,施工

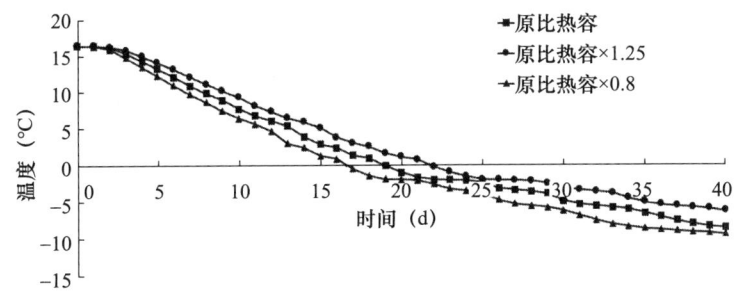

图 4-4-23　不同比热容下 C1 深孔点温度变化曲线

时应采取措施保证其冻结效果。

（3）原始地温、导热系数及比热容均对冻结温度场的发展产生显著影响，在进行联络通道温度场模拟时，应准确选取相关参数，确保模拟结果的准确性。

（4）本书为简化计算，采用实测盐水温度直接施加到冻结管上进行温度场模拟，未考虑盐水流量大小、冷冻设备制冷量是否充足、冻结管布置以及管路分组情况等对温度场形成过程的影响，实际上这些因素对冻结壁的形成同样产生重要影响，在施工过程中应当重视这些参数选取的合理性。

三、城市富水地层冻结联络通道冻胀、融沉数值建模精细化研究

（一）概述

1. 地层冻融的物理本质

地层冻融是一个非常复杂的物理力学问题，在冻融过程中，水热状态的变化会引起土中应力、应变的变化，同时，冻结后的施工又引起周围土体应力场、位移场的复杂变化。因此地层冻融属于温度场、应力场、位移场以及水分场的四场耦合问题。

2. 地层冻融的过程

地层冻结是土中水冻结并将固体颗粒胶结成整体的过程，可以划分为以下五个阶段，如图 4-4-24 所示。

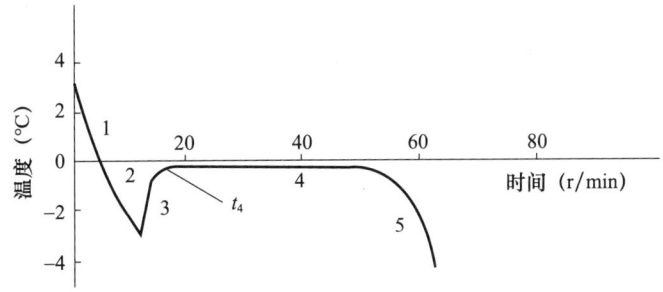

图 4-4-24　水在土中结冰的过程

注：1—冷却段；2—过冷段；3—温度突升段；4—稳定冻结段；5—温度下降段

（1）冷却段：温度从初始状态降低到冰点。

（2）过冷段：温度继续降低，降至冰点以下，此时自由水仍未结冰，呈过冷现象。

（3）温度突升段：部分孔隙水结冰，释放潜热，温度上升。

(4) 稳定冻结段：温度升至冰点并稳定，冻土伴随孔隙水结冰逐渐形成。

(5) 温度下降段：随着冻结继续进行，冻土迅速向四周扩散、温度继续降低、强度迅速增大，吸收冷量，温度继续降低。冻土融化是指冻土温度升高，土中的冰体融化成水，同时胶结的固体颗粒分散的过程。按照土体温度随时间的变化，冻土融化过程大致可分为两个阶段，如图 4-4-25 所示。

(6) 融化过程阶段：冻土中液态水含量增高，温度不断升高。

(7) 融后阶段：土中冰晶完全融化后，土体温度逐渐与外界温度达到平衡。

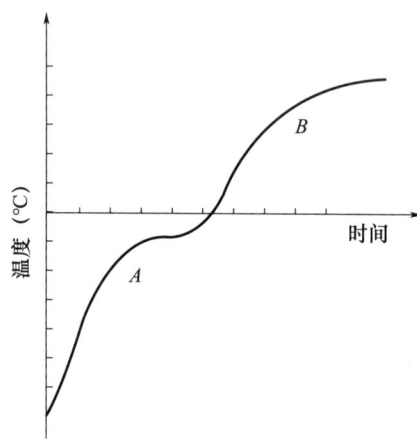

图 4-4-25　冻土中冰融化过程曲线

3. 影响冻融温度场的主要因素

(1) 土的冰点。

在标准大气压下，自由水结冰的温度为 0℃，孔隙水在土体中能够稳定冻结时的温度习惯上称为土的冰点，部分孔隙水存在于矿物颗粒表面力场中，这部分水尤其是薄膜水的结冰温度更低，土体孔隙水由于与矿物颗粒表面的相互作用和与水中盐分的相互影响，其结冰过程有独有的特征。由于孔隙水的结冰，土颗粒开始凝结，土体析冰并伴随体积变大。一般情况下，由于土体中含有大量溶质、土颗粒之间存在较强的表面能以及土体受到地压的影响等，土的冰点在 0℃以下，具体应通过试验测得。

土的冰点在没有外荷载且含水率一定的情况下可由下式确定。

$$\theta_f = -\exp\left(\frac{\ln c - \ln w_0}{d}\right) \tag{4-4-17}$$

式中：θ_f——地层中土体的结冰冰点（℃）；

c、d——由试验确定的关于相关地层土质的常数；

w_0——土中含水率（%）。

土体冰点与土颗粒大小有很大关系，含水率一定的条件下，越大的土颗粒冰点越高。黏土在含水率达到液限值时的冰点较砂土略低，黏土为 $-0.3 \sim -0.1$℃而砂土为 $-0.2 \sim 0$℃。根据文献相关研究结果，承压土冻结温度的计算公式为：

$$t_d = t_s + \eta p \tag{4-4-18}$$

式中：t_d——无外荷载时含盐湿土的结冰温度（℃）；一般情况下，取 $t_s = -6 \sim 0$℃；

η——有载荷作用时不含盐湿土冻结冰温度随荷外载的平均变化率，取 -0.075MPa；

p——湿土的外载荷（以压为正）(MPa)，取土的竖向地压为：

$$p_v = \gamma H \tag{4-4-19}$$

式中：p_v——竖向地压（MPa）；

γ——土体的湿容重，通常可取 $19.4 \sim 25.0 \text{kN/m}^3$；

H——土体的埋深（m）。

按上述常见参数取值范围，一般情况下 $t_d = 0 \sim -8℃$。土体冰点受土中含盐浓度的影响，而盐浓度与含水率也有很大关系，因此土体含水率越小，含盐浓度越高，土体冰点也相应越低。含水率越大，土中盐被稀释，冰点温度越高。试验表明，结冰温度随土的含水率不同而不同，在一定范围内，一般规律是土的冻结温度随含水率的减小而降低。

（2）未冻水含量。

当土体冻结特别是细分散土冻结时，在土的结冰温度以下，只是其中的一部分水变成了冰，而远非土中全部水都结成了冰。产生结冰水的数量取决于负温度值和矿物颗粒表面阳离子的种类以及比表面积等。土体温度下降与土中未冻水含量有着密切关系，未冻水决定了土体相变时释放潜热的大小。黏土中的未冻水含量远大于砂土，因此黏土相对砂土不易冻结。土中未冻水含量大小受土性、土体温度以及外荷载大小的影响，继而影响土体相变潜热的释放，决定了土体的力学特征。土体未冻水含量与冻结负温度值的数学关系式如下。

$$W_u = a\theta^b \tag{4-4-20}$$

式中：W_u——未冻水在外荷载为 0 的条件下的含量（%）；

θ——土体温度（℃），一般取绝对值；

a、b——由试验测得的决定土性的常数。

4. 冻土热物理性质

冻土是含有矿物颗粒、未冻水、冰和气体的混合体。土的热物理性质在很大程度上受土中水所处相态的影响。水的导热系数约为冰的 1/4，热容量却是冰的 2 倍，因此冻土与未冻土热物理性质差异大小与土中含冰量大小成正相关。我们一般用导热系数、导温系数、比热、热容量和相变潜热等指标来描述冻土的热物理性质。

（1）导热系数。

导热系数（λ）是沿单位温度梯度 1℃/m 的热流方向上，单位时间内通过单位面积的热量，单位为 W/(m·℃)，是反映冻土传热难易的指标。冻土导热系数的影响因素有土体种类、土中含水率以及温度。种类相同的土体，含水率越小，导热系数越小。工程中采用平均导热系数，冻土与未冻的导热系数范围为 $0.9 \sim 3.9 \text{W}/(\text{m·℃})$。试验研究表明，导热系数基本不受土体外荷载影响，因此在研究深部冻结工程温度场、应力场时可以借鉴同类土在浅部的热物理参数。岩土体的导热系数在未冻结状态和冻结状态下不同，导热系数一般通过试验获得。温度对导热系数等热力学参数的影响不大，因此在本书分析中只考虑未冻土和冻土两种状态。

（2）导温系数。

冻土导温系数在非稳定导热过程中可以用来表示温度变化的快慢，其表达式如下。

$$\alpha = \frac{\lambda}{C\gamma} \tag{4-4-21}$$

式中：α——导温系数（冻土）（m^2/h）；
γ——容重（冻土）（kg/m^3）；
C——比热（冻土）[$J/(kg \cdot ℃)$]。

含水率同样也影响冻土的导温系数，在一定范围内，含水率越大，导温系数越大。

（3）比热。

比热通常是指单位质量的土体，在温度变化为1℃时放出或吸收的热量，一般按下式计算。

$$C_{du} = \frac{C_{su} + WC_w}{1+W} \qquad (4-4-22)$$

$$C_{df} = \frac{C_{sf} + (W-W_u)C_i + W_u C_w}{1+W} \qquad (4-4-23)$$

式中：C_{du}，C_{df}，C_{su}，C_{sf}，C_w，C_i——分别为融土、冻土、融土骨架、冻土骨架、水和冰的质量比热 [$J/(kg \cdot ℃)$]；

W，W_u——土中的总含水率和未冻水含量，一般 C_w 和 C_i 可分别取为 4182J/(kg·℃) 和 2090J/(kg·℃)。对于不同土体，骨架比热变化不大，可取 C_{su}=850J/(kg·℃)，C_{sf}=778J/(kg·℃)。

（4）热容量。

热容量通常是指冻结过程中土体下降至冰点温度时 $1m^3$ 土体所放出的总热量。表达式为：

$$Q = Q_1 + Q_2 + Q_3 + Q_4$$

式中：Q_1——每立方米土体下降至冰点温度时释放的热量：

$$Q_1 = WC_w \gamma_w (t_0 - t_b) \qquad (4-4-24)$$

W——含水率大小（%）；

C_w——比热（水）[$J/(kg \cdot ℃)$]；

γ_w——比重（水）（kN/m^3）。

Q_2——土中水结冰时放出的潜热量。

$$Q_2 = W\gamma_w q \qquad (4-4-25)$$

q——单位质量水的潜热，通常为 336kJ/kg；

Q_3——水结冰以后，温度继续下降至冻土的设计温度期间放出的热量。

$$Q_3 = WC_b \gamma_b (t_b - t) \qquad (4-4-26)$$

C_b——潜热（冰）[$kJ/(kg \cdot ℃)$]；

γ_b——冰的比重（kN/m^3）；

t——冻土的设计平均温度（℃）；

Q_4——土颗粒温度下降到所需温度时放出的热量：

$$Q_4 = (1-W) C_t \gamma_t (t_0 - t) \qquad (4-4-27)$$

（5）相变潜热。

土体中的液体由液态转变为固态的过程中释放出来的热量称为相变潜热。相变潜热与未冻水含量有关，可用下式表达。

第四章 研究成果

$$\Psi = L\rho_d(W - W_u) \quad (4\text{-}4\text{-}28)$$

式中：ψ——土体相变潜热（kJ/m^3）；

L——水的结冰潜热，$L = 334.56 kJ/kg$；

W——土中的总含水率（%）；

W_u——未冻水含量（%）；

ρ_d——土的干密度（kg/m^3），按下式计算。

$$\rho_d = \rho/(1+W) \quad (4\text{-}4\text{-}29)$$

式中：ρ——土的密度（kg/m^3）。

本书近以认为冻土形成后土体未冻水含量为零，即 $W_u = 0\%$，则有

$$\Psi = \frac{L\rho W}{1+W} \quad (4\text{-}4\text{-}30)$$

（二）浅覆土条件下的温度场理论

冻结温度场是有内热源、具有移动边界、含相变的不稳定导热问题。根据热传导理论，不稳定冻结温度场，可用如下的导热微分方程表示。

$$\frac{\partial t_n}{\partial \tau} = \frac{\lambda_n}{c_n \rho_n}\left(\frac{\partial^2 t_n}{\partial x^2} + \frac{\partial^2 t_n}{\partial y^2}\right) + \frac{\psi}{c_n \rho_n} \quad (4\text{-}4\text{-}31)$$

初始条件：

$$t(x, y, 0) = t_0(x, y)$$

在土层内部无穷远处的温度边界条件为：

$$t(\pm\infty, \pm\infty, 0) = t_{0\infty}$$

在上部土体与空气交界面 ξ_w 上为对流散热边界，应满足"第三类边界条件"，即

$$\lambda_n \frac{\partial t(\zeta_w, \tau)}{\partial N} = \beta[t(\zeta_w, \tau) - t_a(\tau)] \quad (4\text{-}4\text{-}32)$$

式中：$t_a(\tau)$——τ 时刻交界面附近的空气温度（℃）；

N——开挖边界垂直方向。

在冻结锋面上，永远为冻结温度 t_d，在冻结锋面两侧，有热平衡方程：

$$\lambda_2 \frac{\partial t_2}{\partial N} - \lambda_1 \frac{\partial t_1}{\partial N} = \psi \frac{d\zeta}{d\tau} \quad (4\text{-}4\text{-}33)$$

在冻结管外表面，有

$$t(x, y, 0) = t_f(x, y)$$

式中：t——土层温度（℃）；

τ——冻结时间（s）；

λ_n——土的导热系数[$W/(m·℃)$]；

C_n——土的比热[$J/(kg·℃)$]；

ρ_n——土的密度（kg/m^3）；

N——冻结锋面边界垂直方向；

ζ——冻结壁边界位置；

t_0——初始温度（℃）；

ψ——单位容积岩土冻结时放出的潜热（J/m³）；

r_0——冻结管的外直径（m）；

t_d——土的结冰温度（℃）；

t_c——冻结管外壁温度（℃）。

（三）冻结温度场的数值计算

1. 有限元软件 ANSYS 的简介

ANSYS 是国际上著名的线性、非线性静动力分析软件之一，在国内外深受工程界和学术界的青睐，是进行数值模拟计算的重要软件。如今，ANSYS 的模拟功能已经十分强大，它仍随着各学科理论的进步与发展不断改进和完善，商用 ANSYS 共有 112 个组件，各组件是针对不同的学科问题编制的计算模块，这些组件能够解决结构的线性静力、动力问题，非线性静力、动力问题，线性各非线性的稳态、瞬态温度场问题，磁场、电场、流体、渗流分析以及耦合场等多门学科的工程问题，自 ANSYS 推出以来，它已在机械、土建、航空、水利、动力及核能等诸多工程领域的数值分析中发挥了巨大的作用。

ANSYS 之所以如此受欢迎，是因为它具有独特的优越性。

（1）单元种类有代表性，在程序的单元库中，单元种类齐全。

（2）材料类型丰富，ANSYS 考虑了线弹性、非线弹性、弹塑性、黏塑性、超弹性、热弹塑性和蠕变等各种不同的材料模型。

（3）非线性方程求解精度高且十分灵活，能进行几何非线性和材料非线性分析，能合理地处理各种未知量的约束关系及各种载荷。

（4）程序界面十分友好。

另外，对于本书所讨论的冻结孔温度场问题，ANSYS 具有以下突出特点。

（1）对于冻土及未冻土可以赋予不同的材料属性值，如密度、比热、导热系数。

（2）土体结冰释放的潜热可以在软件中通过赋予材料的焓值来实现。

（3）在后处理中，恰当地设定代表输出数据的变量，可直接在 ANSYS 中进行加减乘除、积分、微分等数学运算，并可以绘出两变量之间的函数曲线，同时可以获得某点温度随时间的变化曲线。

2. 工程概况

该数值计算研究对象为郑州市南四环至郑州南站城郊铁路工程一期工程土建施工第 08 标段主要包含项目，其中机场站—终点盾构井（含）区间里程 K61+362.999 处设置联络通道一个，即 6 号联络通道，6 号联络通道隧道中心线间距 16.5m。6 号联络通道采用直墙圆拱型构造，结构宽 4.5m，高 4.85m，初衬为 I16 工字钢＋喷射混凝土，永久结构为钢筋混凝土。

6 号联络通道冻结管路复杂，在现有旁通道冻结开挖的文献中，大部分文献均采用简化建模的方式，将多数的冻结管转化为水平冻结管简化计算，相关有限元研究较少，按照实际模型计算的研究较少，简化模型无法体现出真实施工过程中的冷量扩展和冻结壁的发展规律。

在此前提下,该研究依据实际施工情况进行建模,做到模拟与设计、施工条件完全相同,研究旁通道的冻结冷量的扩展及冻结壁的发展规律,对浅覆土条件下人工冻土的冻结温度场、应力场进行分析研究,并研究冻结温度场对上部捷运通道的影响,避免因为人工冻结产生的冻胀对上部捷运通道乃至地面的构筑物造成破坏。

3. 模型基本假定和简化

利用三维有限元模型对 6 号联络通道的温度场变化进行模拟,从数值分析角度探求冻结加固土体的温度场发展规律。在这个过程中,温度场的发展受土性、土的含水率、冻结时间、盐水温度、冻结管布置方法、冻结管直径、地表与空气热对流、冻结管间距、原始地温等因素影响,用数值模拟来分析所有因素非常复杂,也没有必要。针对该课题工程实际,在旁通道冻结的三维有限元模拟过程中做出如下假设。

(1) 假设土中水分全部冻结,未冻水含量为零。

(2) 将冻结加固体视为单质均匀弹性体,忽略各土层特性的差异,认为选取冻结区域土层均质、连续且各向同性。

(3) 模型中在冻结孔上施加随温度变化的荷载,来模拟冻结过程中冻结管外表面温度,不考虑冻结管内外复杂的热交换过程及冻结管轴向热传递。

(4) 土体冻结时,潜热集中在冻结界面连续释放。

(5) 考虑结构砌筑过程中水化热的影响,但此仅以选取实测边界温度来实现。

(6) 为方便建模,只建立一半模型来计算。

(7) 冻结孔与实际施工情况相同,不做简化。

4. 有限元模型

先建立三维实体模型,根据实际 CAD 图纸进行建模,对二维平面模型进行建模,建立完全的三维模型。6 号联络通道冻结孔透视图如图 4-4-26 所示。左右线冻结孔测温孔开孔位置分别如图 4-4-27、图 4-4-28 所示。三维模型如图 4-4-29 所示。

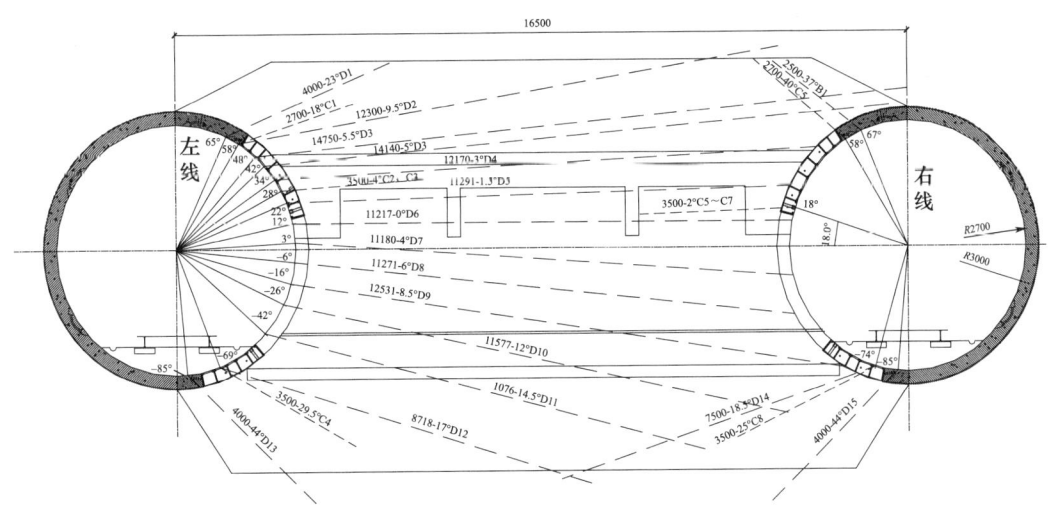

图 4-4-26　6 号联络通道冻结孔透视图(尺寸单位:mm)

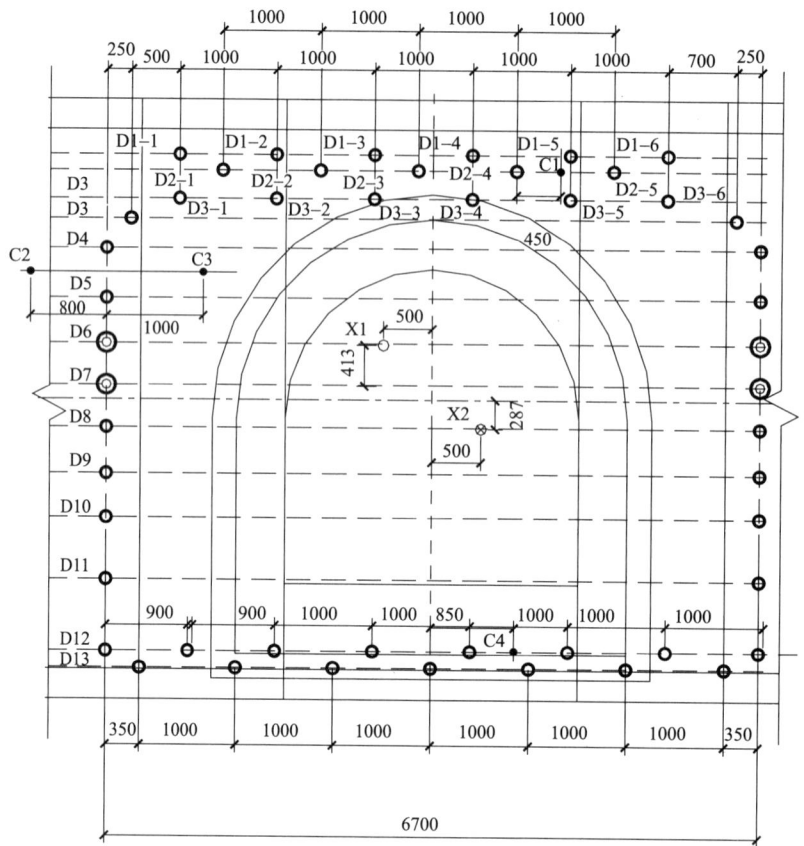

图 4-4-27 左线冻结孔测温孔开孔位置图（单位：mm）

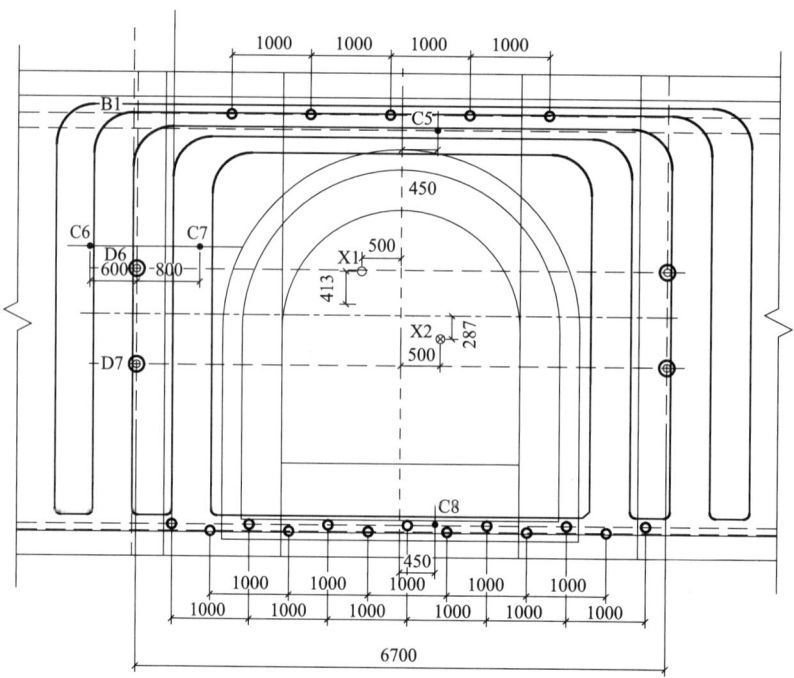

图 4-4-28 右线线冻结孔测温孔开孔位置图（单位：mm）

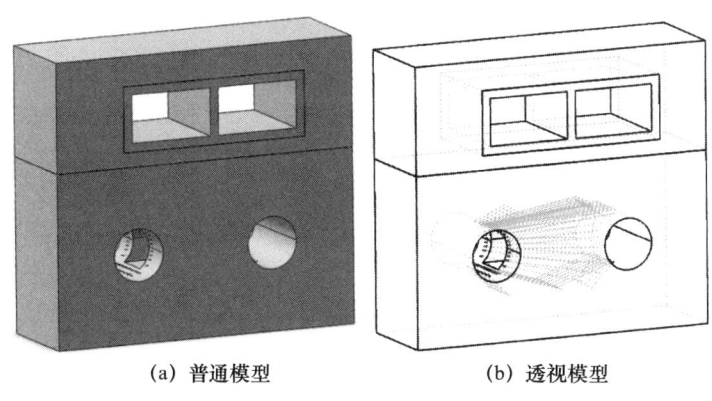

(a) 普通模型　　　　　　(b) 透视模型

图 4-4-29　三维模型图

根据实际图纸及工况，对旁通道及上部捷运通道进行建模，拟计算下部旁通道开挖对上部捷运通道温度及应力场的影响。

由于结构的不规则性较高，划分网格时采用切割实体单元，不规则处自由划分，设置核心区域单元的长度为 0.2 个单位，外围土体长度为 0.6 个单位。

进行网格划分以后，整体结构共划分了实体单元 4246573 个，节点 985773 个，其整体网格图如图 4-4-30 所示，对每个分项结构进行网格划分与建模，技术难度较大，建模精确度与实际施工结构相同，达到了计算接近实际，提高计算精度的要求。

除整体结构外，对内部的细节构件进行了分别建模，如图 4-4-31 所示，图 4-44-31 为旁通道衬砌网格图。衬砌采用实体单元，共划分实体单元 124057 个，节点 32166 个。

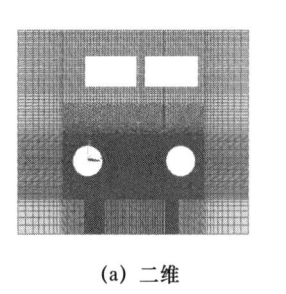 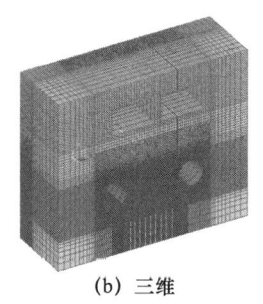 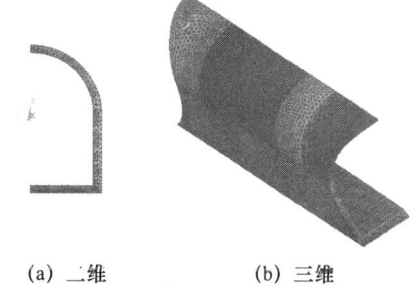

(a) 二维　　　　(b) 三维　　　　　　　　(a) 二维　　　　(b) 三维

图 4-4-30　整体网格图　　　　　　图 4-4-31　衬砌网格图

图 4-4-32 为旁通道开挖部分网格图，开挖部分采用实体单元，共划分实体单元 193233 个，节点 40472 个。

图 4-4-33 为地铁隧道原有衬砌网格图。衬砌采用实体单元，共划分实体单元 258167 个，节点 67396 个。

图 4-4-34 为捷运通道与隧道位置图。捷运通道采用实体单元，共划分实体单元 586809 个，节点 138972 个。

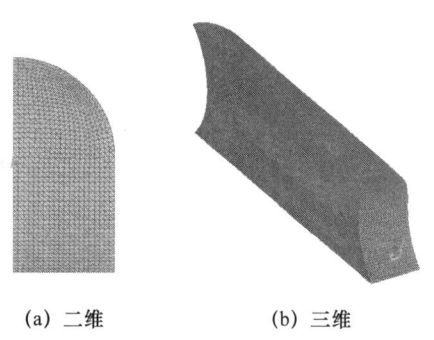

(a) 二维　　　　(b) 三维

图 4-4-32　旁通道开挖部分网格图

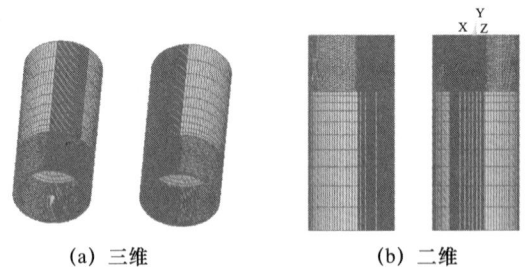

(a) 三维　　　　　　　(b) 二维

图 4-4-33　地铁隧道原有衬砌网格图

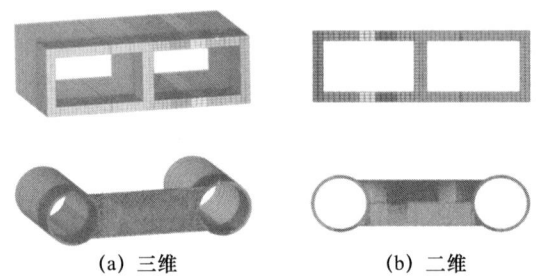

(a) 三维　　　　　　　(b) 二维

图 4-4-34　捷运通道与隧道位置图

图 4-4-35 为冻结管位置图，冻结管划分位置与角度与实际施工完全相同。

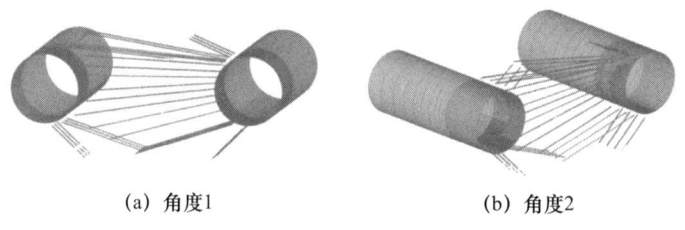

(a) 角度1　　　　　　　(b) 角度2

图 4-4-35　冻结管位置图

图 4-4-36 为去除附属结构后周围土体结构图，周围土体网格划分采用实体单元，共划分实体单元 3659764 个，节点 876595 个。

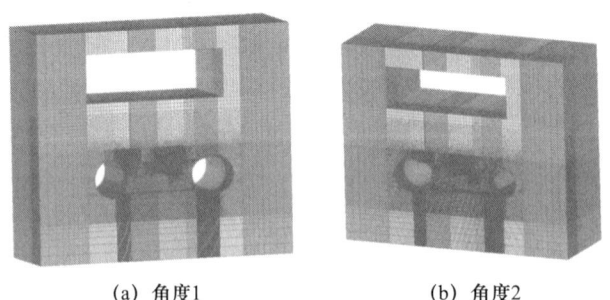

(a) 角度1　　　　　　　(b) 角度2

图 4-4-36　周围土体结构图

单元选择，SOLID 70 具有三个方向的热传导能力。该单元有 8 个节点且每个节点上只有一个温度自由度，可以用于三维静态或瞬态的热分析。该单元能实现匀速热流的传递。假如模型包括实体传递结构单元，那么也可以进行结构分析，此单元能够用等效的结构单元代替，该单元存在一个选项，即允许完成流体流经多孔介质的非线性静态分析。选择了该选项后，单元的热参数将被转换成相类似的流体流动参数，例如温度自由度将变为等效的压力自由度。

5. 模型的边界条件

浅覆土地下冻结工程受到地表表面的影响较大，土体与空气接触时为第三类边界条件，经过土体表面的热流量与土体表面温度 T_b 和 T_a 之差成正比，即

$$-\lambda \frac{\partial T}{\partial n} = \beta (T_b - T_a) \tag{4-4-34}$$

式中：β——对流换热系数。

查阅相关地温测量与计算资料，设定地表边界温度呈现日变化的周期性变化，裸地地表温度变化趋势与空气温度变化趋势相同，用以模拟地表温度边界日变化。

6. 荷载与计算参数

（1）荷载。

施加实际冻结管外表面温度。

（2）导热系数。

冻土导热系数受含水率和温度变化影响，并与土体矿物成分和结构有关。工程中常采用平均导热系数，冻土与未冻土的导热系数范围为 0.9~3.9W/（m·℃）。

土体在冻结状态和未冻状态下的导热系数有很大差异，一般要通过室内试验测得。

（3）比热。

冻土与融土的比热分别按以下公式计算。

$$C_{du} = \frac{C_{su} + WC_w}{1+W} \tag{4-4-35}$$

$$C_{df} = \frac{C_{sf} + (W - W_u) C_i + W_u C_w}{1+W} \tag{4-4-36}$$

式中：C_{du}，C_{df}——融土和冻土的比热 [kJ/（kg·℃）]；

C_{su}，C_{sf}——融土骨架和冻土骨架的比热 [kJ/（kg·℃）]；

C_w，W_u——水和冰的比热 [kJ/（kg·℃）]。

冻土性质一定时，其未冻水含量 W_u 实际上和土的总含水率无关，主要是受负温控制，在实际冻结区域里，土中仅含强结合水，且其含量接近土的最大吸水度，因人工冻结所形成的冻土通常平均温度较低，本书计算中近似认为 $W_u = 0$。

（4）相变潜热。

ANSYS 计算中介质的相变可用焓值的变化来模拟。假定土体冻结前后能达到的最高、最低温度分别为 T，T_0，且在温度区间 [$T-$，$T+$] 内产生相变。同时，假定土体比热、密度在冻结过程中保持不变，相变区间越小，计算收敛得越慢，计算过程中取相变区间为 1.5。

7. 数值计算方案

6 号联络通道主要开挖土层为⑥细砂层、⑥$_1$ 粉土层。联络通道净宽设计为 2.79m，净高 3.15m，中心线间距 16.5m。左右线隧道地质剖面图如图 4-4-37 所示。

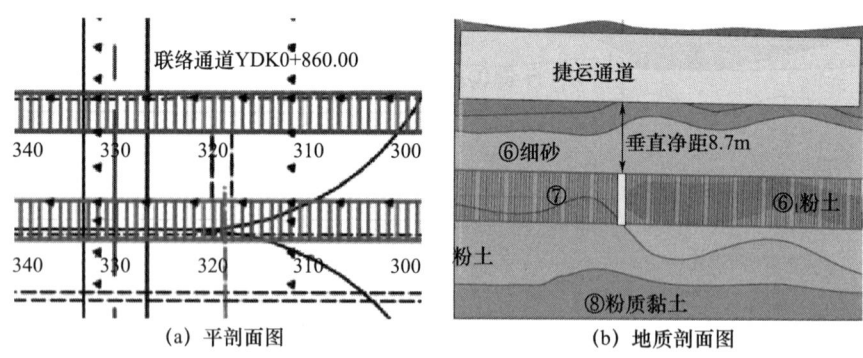

(a) 平剖面图 (b) 地质剖面图

图 4-4-37 6 号联络通道平剖面图和地质剖面图

6 号联络通道埋深约 19.6m（该埋深为隧道顶部至地面的高度），联络通道正上方为机场捷运通道，相对净距约为 8.7m（该埋深为隧道顶部至捷运通道结构底部的高度），地下水稳定水位埋深约 8.2m。地面上方为机场二期正在修建的机场跑道。地面建筑情况及捷运通道现场结构施工如图 4-4-38 所示。工程地质情况见表 4-4-3。土层主要物理学指标见表 4-4-4。

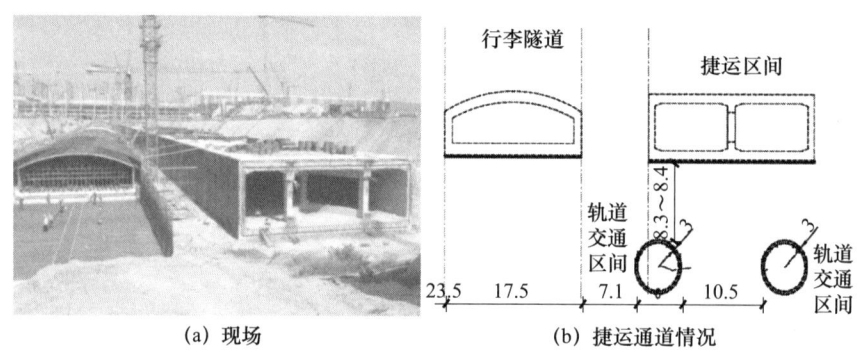

(a) 现场 (b) 捷运通道情况

图 4-4-38 地面建筑情况及捷运通道现场结构施工图（单位：mm）

表 4-4-3 工程地质情况表

序号	区间名称	位置	覆土厚度	所处地质
6 号	终点盾构井—机场站	左右线中心里程 K61+362.999（左线第 307、第 308 环）（右线第 307、第 308 环）	19.6m（捷运通道结构底部与隧道顶部垂直净距 8.7m）	⑥细砂层；⑥₁粉土层

表 4-4-4 土层主要物理学指标

土层编号	静止土压力系数 (K_0)	天然密度 (kN/m³)	比重	孔隙比	含水率 (%)	地基的基本承载力 σ_0 (kPa)	黏聚力 C (kPa)	摩擦角 Φ (°)	标贯（击）
⑥₄细砂	0.35	20.2	—	—	—	230	—	—	32
⑥细砂	0.43	—	—	—	—	230	—	30	—
⑥₁粉土	0.43	20.5	2.69	0.563	20.6	180	14.9	21.1	—

8. 计算结果分析

该工程从 2015 年 11 月 4 日到 2016 年 12 月 18 日积极冻结期间，加开挖时间，共计冻结 70d，计算不同时间点下冻结温度场云图。内圈冻结开始后，低温盐水在冻结管中流动并与外部地层进行复杂的热交换，冷量传递到土层中，随着供冷持续进行，冻结管周围环状冻土不断向外扩展，结冰区的等温线与中心冻结管的距离逐渐变大。

图 4-4-39 为 5d，10d，20d，30d，40d，50d，60d，70d 冻结温度发展云图，冷量随时间在冻结管往外扩展。

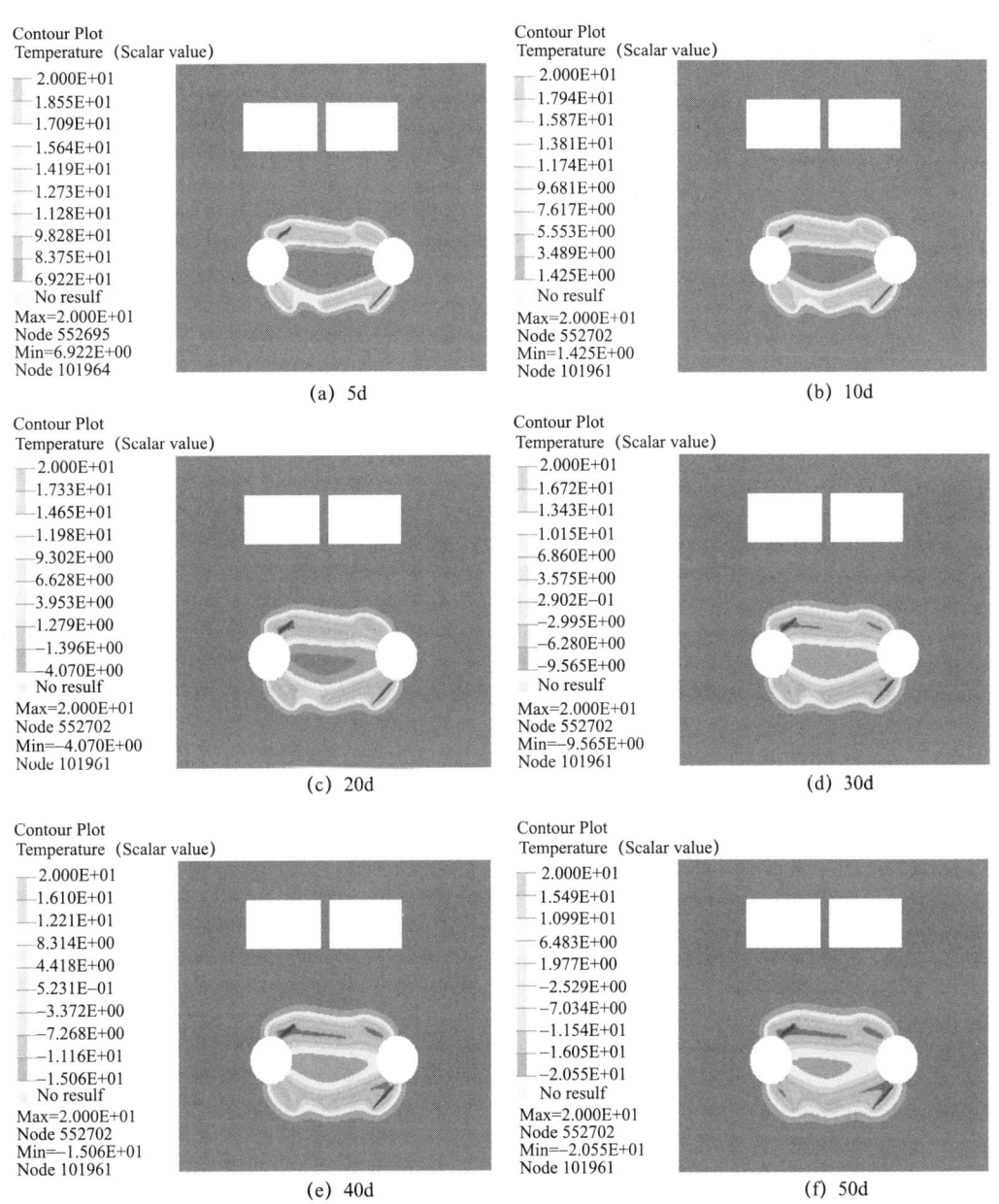

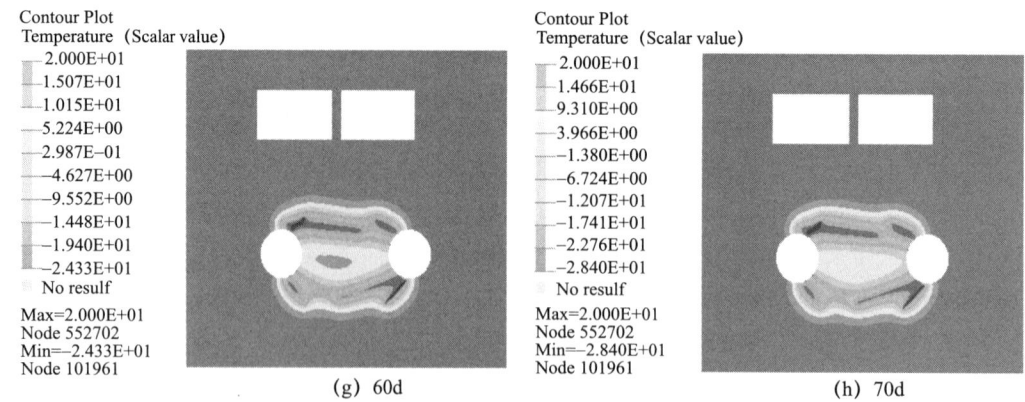

图 4-4-39 不同时期温度扩展云图

岩土冻结过程中，孔隙水开始发生结冰相变的面称为冻结锋面，是冻土与未冻土的分界面。冻结前地层有均一的初始温度。冻结初期，低温盐水与冻结管周围的地层产生剧烈的热交换，在每个冻结管周围很快形成圆柱形的冻结岩土柱。由于相邻冻结管间的影响，轴面比主面冻结更快，冻土柱由圆柱形变为椭圆形，再进一步扩展，直至相交圈，在井筒周围形成封闭的冻土墙-冻结壁。交圈后，原冻结管的冻结锋面连成向内扩展的内冻结锋面和向外扩展的外冻结锋面，且内外冻结锋面很快趋于平滑，当界面上的冻结壁厚度等于冻结管的间距时，内外冻结锋面就基本上变成以开挖通道为中心的圆柱面。

在交圈初期，冻结锋面向内发展速度较交圈前慢，但随内侧未冻土范围热量减小，冻结锋面向井心推进速度加快，而冻结锋面向井外的扩展速度较慢，扩展至距冻结管布置圈 2～3m 处，扩展速度十分缓慢，来自未冻土区热量与来自冻结管的冷量趋于平衡，温度场趋于稳定，冻结壁渐成以井筒为中心的圆筒体。

查看冻结壁发展，如图 4-4-40 所示，分别为 21d，28d，35d，42d 冻结壁扩展云图，显示了旁通道中心线剖面的冻结壁扩展规律。

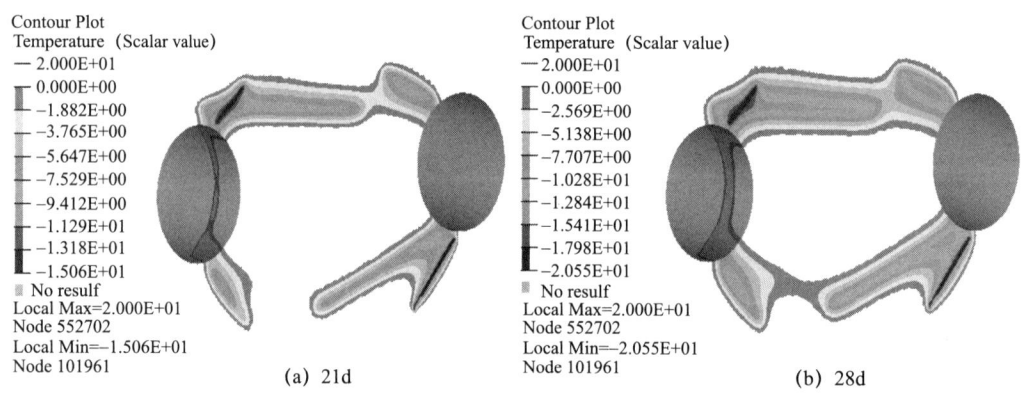

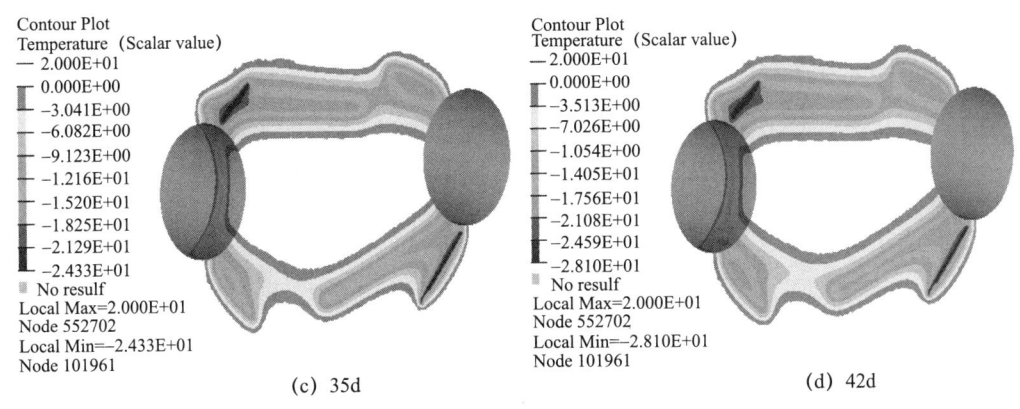

图 4-4-40 不同时期冻结壁扩展云图

查看下部冻结对上部捷运通道温度的影响,在计算中提取捷运通道底板混凝土的温度曲线,如图 4-4-41 所示,表示捷运通道在底板横向范围内的降温曲线,可以看到,在接近捷运通道的中心位置上降温幅度最大,但对整体温度的影响不大,底板降温约 0.034℃。

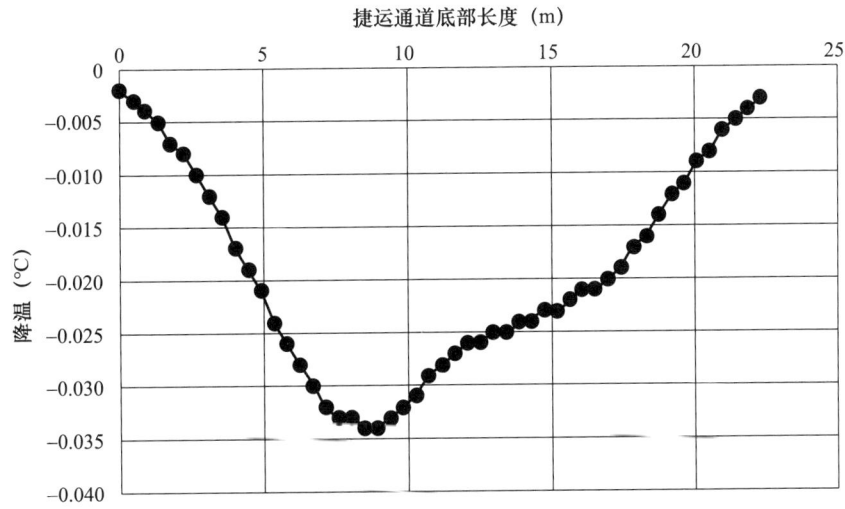

图 4-4-41 捷运通道底部温度下降曲线

查看捷运通道至地面温度曲线,曲线如图 4-4-42 所示,得出由捷运通道顶端至地面温度曲线图,据图可知,温度最大影响范围约为 10m,其中负温土层约为 3m,设计的冻结壁厚度和现场测试得出的冻结壁厚度的吻合度较高。

9. 计算测温孔温度曲线与实际结果的对比

测温孔位置如图 4-4-43 所示,共布置了八个测温孔,测温孔 C1、C2、C3、C4 布置在左线通道,测温孔 C5、C6、C7、C8 布置在右线通道。

计算过程中,在测温孔位置布设温度传感器,计算结束后提取各个时步的温度,与提取的实际测温孔温度曲线进行对比分析。测温孔孔深为 0.5m 和 3.5m 处提取温度曲线如图 4-4-44 和图 4-4-45 所示。

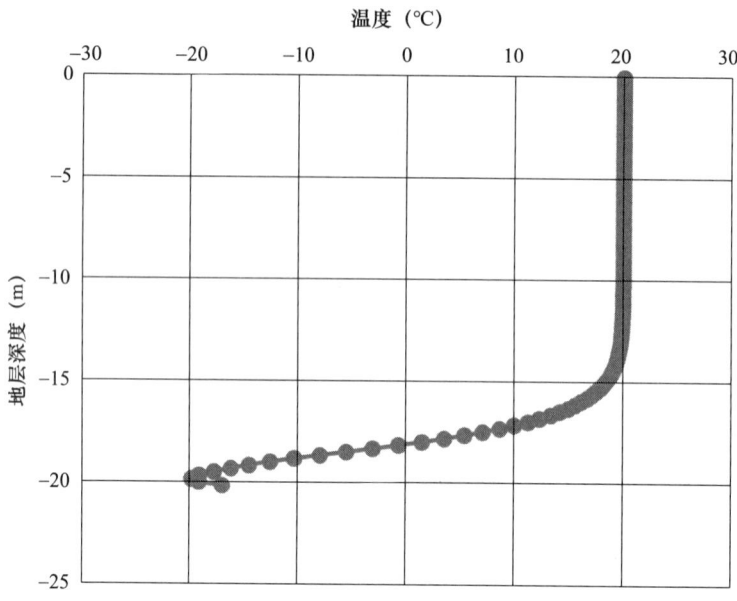

图 4-4-42 捷运通道底部至地面温度曲线

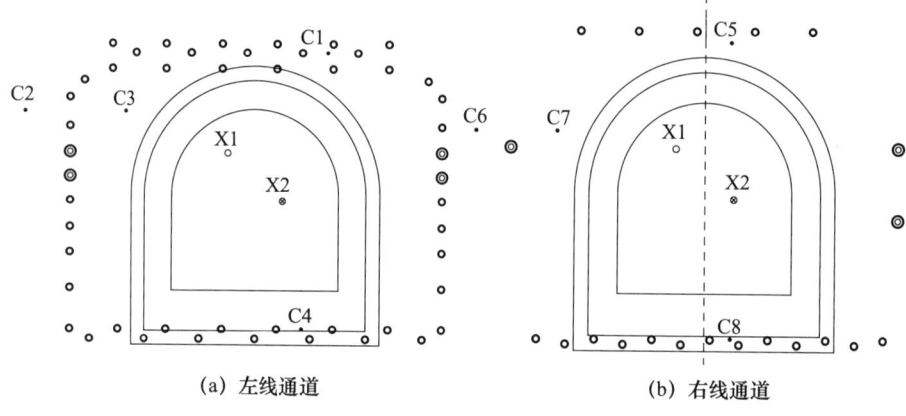

图 4-4-43 测温孔位置

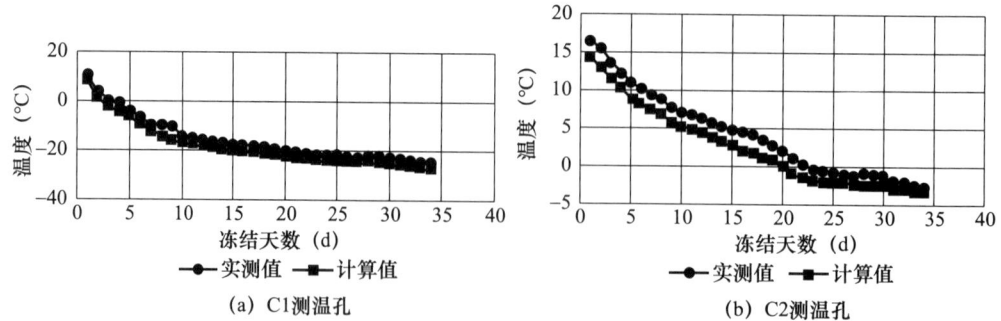

(c) C3测温孔

(d) C4测温孔

(e) C5测温孔

(f) C6测温孔

(g) C7测温孔

(h) C8测温孔

图 4-4-44　测温孔孔深为 0.5m 处提取温度曲线

(a) C1测温孔

(b) C2测温孔

(c) C3测温孔

(d) C4测温孔

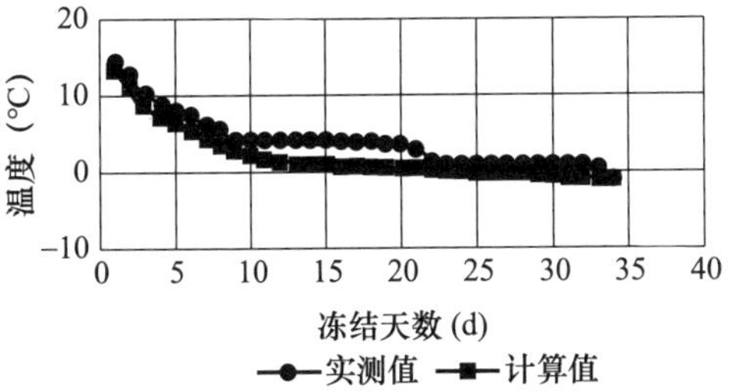

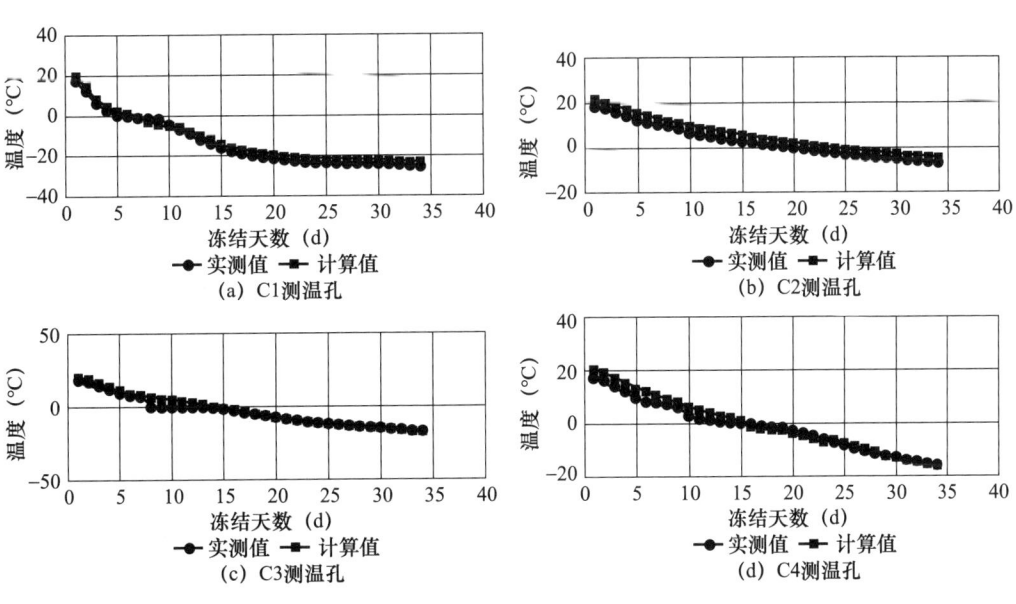

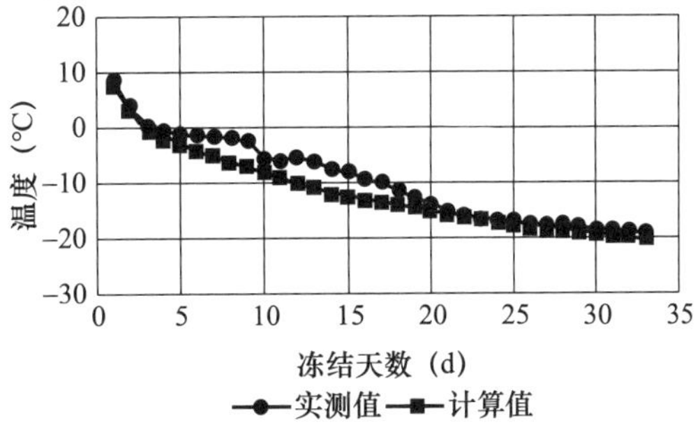

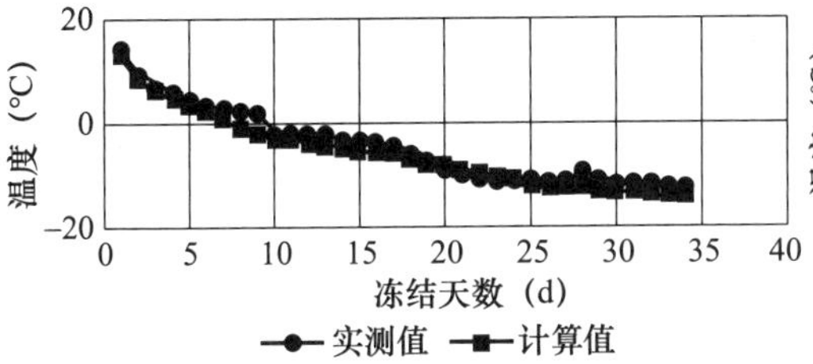

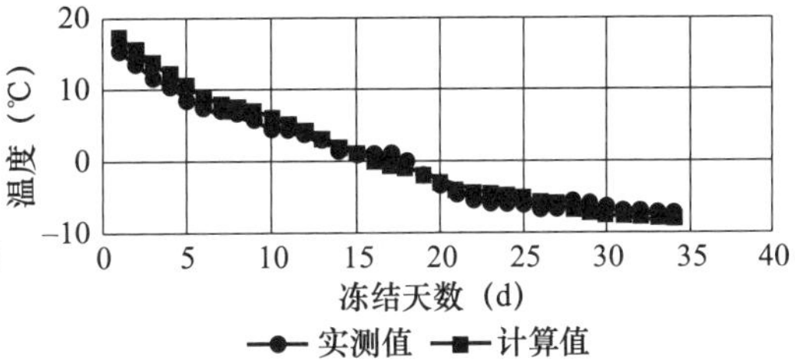

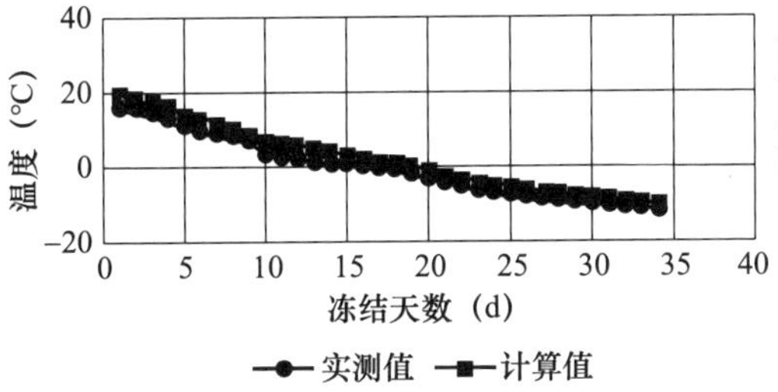

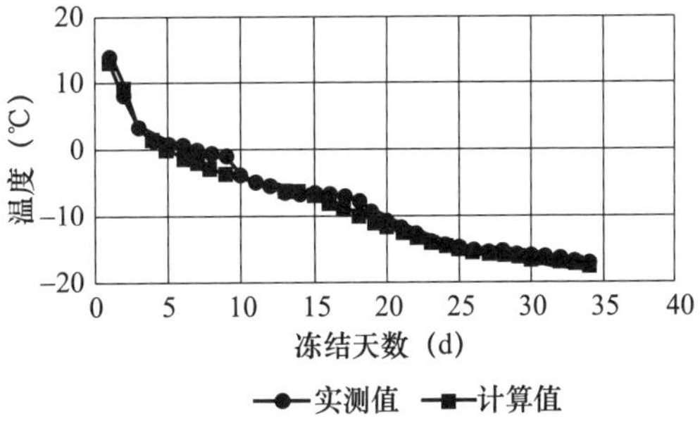

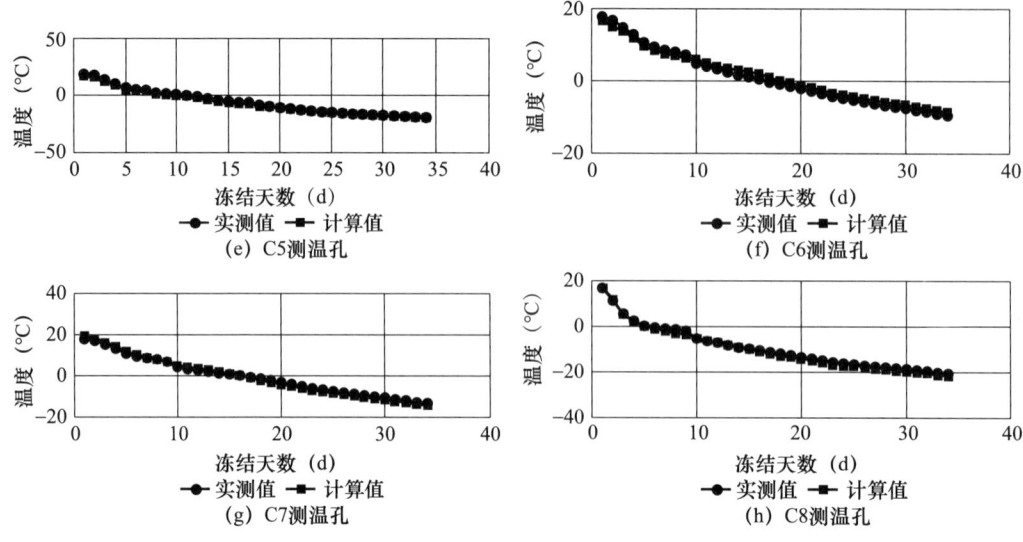

图 4-4-45 测温孔孔深为 3.5m 处提取温度曲线

由图 4-4-44 和图 4-4-45 可知，测温孔实测值与计算值拟合较好，在冻结孔周围的内部测温孔温度计算值拟合与实测值基本相同，而靠外部的测温孔因为底层原因及冷量传递不均匀等原因造成温度计算值与实测值略有偏差，但总体规律显现上与实测值相同，说明计算的冻结壁温度发展规律与实际施工条件有着较好的拟合，计算的温度发展规律可以看作实际施工的温度发展规律。

10. 小结

由以上分析可得，计算得出的温度扩展速度与实际测量温度扩展速度相差不大，温度扩展规律相同，在捷运通道、地铁右线隧道管片处测量温度与计算值相近，可以得出，此次计算在模型的建立、网格单元的划分、计算参数选择上做到了尽可能接近实际，计算结果有代表性，与实际结果较为接近，计算分析较好地模拟了 6 号联络通道温度场扩展规律，计算结果可以为现场设计施工冻结中出现的问题的分析提供帮助，同时为下一步冻胀、融沉研究奠定了基础。

（四）冻结过程中冻胀的数值计算

1. ANSYS 耦合场分析的定义

耦合场分析是指考虑了两个或多个工程物理场之间相互作用的分析。例如压电分析，考虑结构和电场间的相互作用，求解由施加位移造成的电压分布或相反过程。其他耦合场分析的例子有热-应力分析、热-电分析、流体-结构分析。

需要进行耦合场分析的工程应用有压力容器（热-应力分析）、流体流动的压缩（流体结构分析）、感应加热（磁-热分析）、超声波换能器（压电分析）、磁体成形（磁-结构分析），以及微电机械系统（MEMS）等。

耦合场分析的过程依赖于所耦合的物理场，耦合方法可分为两类：间接耦合和直接耦合。

（1）间接耦合方法。

间接耦合方法包括两个或多个按一定顺序排列的分析，每一种属于不同物理场的分析。通过将前一个分析的结果作为载荷施加到后一个分析中的方式进行耦合。典型的例子是热-应力间接耦合分析,热分析中得到节点温度作为"体载荷"施加到随后的应力分析中去。

(2) 直接耦合方法。

直接耦合方法一般只涉及一次分析,利用包括所有必要自由度的耦合场类型单元。通过计算包含所需物理量的单元矩阵或载荷向量的方式进行耦合。

采用 ANSYS 计算人工冻结冻胀力时,需开展地层冻结温度场、应力场的间接耦合分析,即采用间接耦合法进行分析,本部分在前文温度场模型的基础上,建立三维有限元模型进行浅覆土地层冻结过程中的冻胀分析。

2. 间接耦合的步骤

进行间接耦合场分析可使用物理环境法。对于间接耦合方法,使用不同的数据库和结果文件。每个数据库包含合适的实体模型、单元、载荷等。可以把一个结果文件读入另一个数据库中。但单元和节点编号在数据库和结果文件中必须是一致的。

对于间接耦合的计算方法,整个模型使用一个数据库,数据库中必须包含所有物理分析所需的节点和单元,对于每个单元或实体模型,必须定义一套属性编号,包括单元类型号、材料编号、实常数编号及单元坐标系编号,所有这些编号在所有物理分析中是不变的。但在每个物理环境中,每个编号对应的实际的属性是不同的,例如实常数和单元类型。模型中的某一区域在某一个物理环境中,可以是无效的。

其中,单元类型需要从热力学单元转换为结构单元,以达到进行结构计算的目的,其中单元对应的转换关系见表 4-4-5。

表 4-4-5 物理环境中兼容的单元类型

	结构	热	电磁	静电	流体	电流传导
单元类型	SOLID 45	SOLID 70	SOLID 97	SOLID 122	SOLID 142	SOLID 5
			SOLID 117			SOLID 69
	SOLID 92	SOLID 87	SOLID 98	SOLID 123	—	SOLID 98
	SOLID 95	SOLID 90	SOLID 117	SOLID 122		SOLID 5
						SOLID 69
	PLANE 42	PLANE 55	PLANE 13	PLANE 121	FLUID 141	PLANE 67
			PLANE 53			
	PLANE 2	PLANE 35	—	—	—	—
	PLANE 82	PLANE 77	PLANE 53	PLANE 121	—	PLANE 67
	SHELL 63	SHELL 57	—	—	—	SHELL 157
	LINK 1	LINK 32	—	—	—	LINK 68
	LINK 8	LINK 33	—	—	—	—

需要注意的是,如果网格包含退化的单元形状,相应的单元类型必须允许相同的退化形状。例如,网格包括 FLUID 142 金字塔单元,就与 SOLID 70 单元不兼容。SOLID 70 单元不能退化为金字塔形状。

故在网格划分中只能出现四面体和六面体单元,否则退化的金字塔单元无法转化为 SOLID 185 单元,会导致出现计算错误,在前处理中必须注意此问题,前处理网格单元约 424 万个，划分网格时对网格的控制及处理要求较高。

根据此次计算情况，将 SOLID 70 单元转化为 SOLID 185 单元，用于此次结构计算。SOLID 185 是三维 8 个节点的固体结构单元，SOLID 185 单元用于构造三维固体结构，单元通过 8 个节点来定义，每个节点有 3 个沿着 X、Y、Z 方向平移的自由度。单元具有超弹性、应力钢化、蠕变、大变形和大应变能力，还可采用混合模式模拟几乎不可压缩弹塑材料和完全不可压缩超弹性材料。

3. 基本假设

有限元模型除了上文温度场的基本假定之外，还做以下假定。

（1）不考虑土体冻结过程中的排水和水分迁移。

（2）不考虑未冻土及冻土的常规温度变形（热胀冷缩）。

4. 冻胀模型的边界条件、荷载与计算参数

（1）应力场边界。

浅覆土大断面分期分区冻结应力场边界条件如下。①模型的底部端面：竖向位移边界（$U_Y=0$）。②两侧竖向侧边界：（$U_X=0$）。③前后位移边界（$U_Z=0$）。

（2）模型的应力场荷载。

温度场计算完成后，首先施加重力场与相应边界条件，计算重力场下应力，消除重力场产生的沉降位移，然后导入一系列时间点上的节点温度荷载，将前期计算的节点温度荷载导入结构计算中进行耦合，将温度场荷载施加在结构单元中。

（3）弹性模量及泊松比。

土体在冻结过程中温度降低，尤其进入负温阶段后，土体中的水分结为冰，随着冻土温度的逐渐降低，强度变化显著，呈上升趋势，冻土弹性模量发生变化。土体的弹性模量和泊松比选取上述冻土试验报告。冻土的弹性模量根据郑州冻土试验报告中测得的应力、应变曲线求得。

（4）土的冻胀变形系数。

微观上，冻胀主要由土体孔隙中的水结冰膨胀产生，通过冻结壁向外发展传递到地表上。土体冻胀变形系数是影响力学场计算结果最为关键的因素。计算时假定土中未冻水含量为 0，求解土体在原位冻胀过程中的体积冻胀系数，进而计算其热应变系数。ANSYS 有限元程序模拟冻胀、融沉是通过设定非线性的负的线膨胀变形系数来实现对地层冻结过程中冻胀变形及冻胀力的模拟的。饱和土体在冻结过程中体积膨胀是由水冻结膨胀引起的，将土体中水相变膨胀产生的体积折算成整个土体单元的体积膨胀，其计算公式如下。

$$\alpha=\left(1+\frac{0.09\rho_\mathrm{d}\cdot w}{1000+\rho_\mathrm{d}\cdot w}\right)-1 \tag{4-4-37}$$

式中：α——体体膨胀变形系数；

ρ_d——土干密度（g/mm³）；

w——土含水率（%）。

冻土力学参数按照《土工试验方法标准》（GB/T 50123—2019）和《非金属固体材料导热系数的测定 热线法》（GB/T 10297—2015）测定土壤导热系数，采用 TC-32 导热系数仪测定土壤比热。按照《土工试验方法标准》（GB/T 50123—2019），采用 QL-

30 热参数分析仪测定土壤比热。按照《土工试验方法标准》(GB/T 50123—2019),采用 XT5201FST 冻土冻结温度测定仪测定土壤的结冰温度试验。

土壤热物理性能试验结果见表 4-4-6、表 4-4-7。

表 4-4-6 土壤导热、比热及结冰温度试验结果

岩性	导热系数 λ [W/(m·K)]			比热 (kJ/kg·K)		
	20℃	−5℃	−10℃	20℃	−5℃	−10℃
1号粉砂	1.43	1.73	1.85	1.323	0.972	0.941
2号细砂	1.71	1.86	1.98	1.202	0.962	0.896
3号细砂	1.68	1.82	1.95	1.211	0.966	0.902

表 4-4-7 冻土单轴抗压强度、弹性模量、泊松比试验结果

编号	土层性质	温度 (℃)	单轴抗压强度 (MPa)	弹性模量 (MPa)	泊松比
1号	粉砂	−5	2.99	62.21	0.47
		−10	5.01	106.62	0.45
		−15	6.46	193.97	0.40
2号	细砂	−5	2.70	62.59	0.37
		−10	4.60	156.07	0.40
		−15	6.46	238.95	0.41
3号	细砂	−5	4.33	103.80	0.36
		−10	5.97	246.56	0.38
		−15	8.40	413.70	0.44

5. 冻胀计算结果

冻胀计算重点位置有三个,第一个是地表冻胀,地表冻胀过大容易造成地表建筑物、构筑物损坏,影响功能使用;第二个是查看捷运通道冻胀情况,避免因为冻胀给捷运通道造成损坏;第三是查看地铁线路所受冻胀影响,避免地铁管片出现较大的冻胀变形。

经计算可得,冻结期间旁通道周围土层最大冻胀为 2.3mm。冻胀位移云图如图 4-4-46 所示。

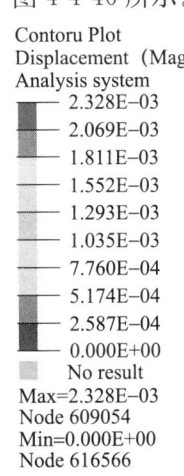
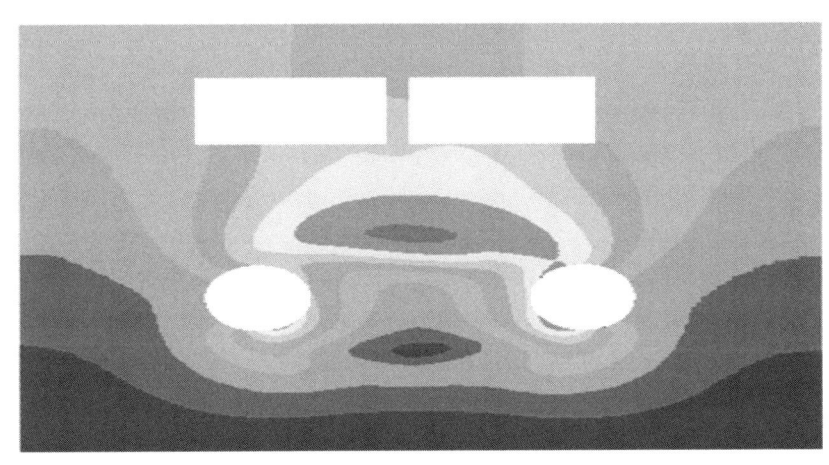

图 4-4-46 冻胀位移云图

捷运通道最大冻胀为 1.6mm，未超过设计要求的地表沉降最大值。捷运通道冻胀云图如图 4-4-47 所示。

图 4-4-47　捷运通道冻胀云图

最大主应力由图 4-4-48 可知发生在通道底部，最大主应力为 4.96MPa。

图 4-4-48　捷运通道最大主应力云图

最小主应力由图 4-4-49 可知发生在通道底部，最小主应力数值为 2.10MPa。

图 4-4-49　捷运通道最小主应力云图

剪应力由图 4-4-50 可知发生在通道拐角部分，最大剪应力为 0.7MPa。

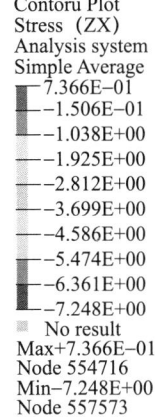

图 4-4-50　捷运通道剪应力云图

查看冻胀对地铁管线的影响，主要分析地铁管片的冻胀位移及所受的冻胀应力，其中左线管片冻胀位移如图 4-4-51 所示，最大值为 2.1mm。

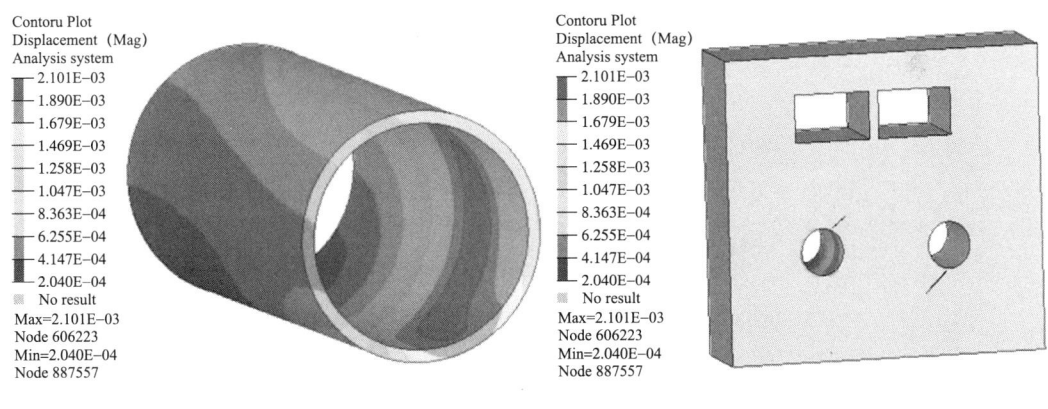

(a) 管片情况　　　　　　　　　　　　　　(b) 位移情况

图 4-4-51　地铁左线管片冻胀位移云图

查看左线在冻胀条件下产生的应力，最大主应力为 3.66MPa，最小主应力为 2.29MPa，剪应力为 4.42MPa。

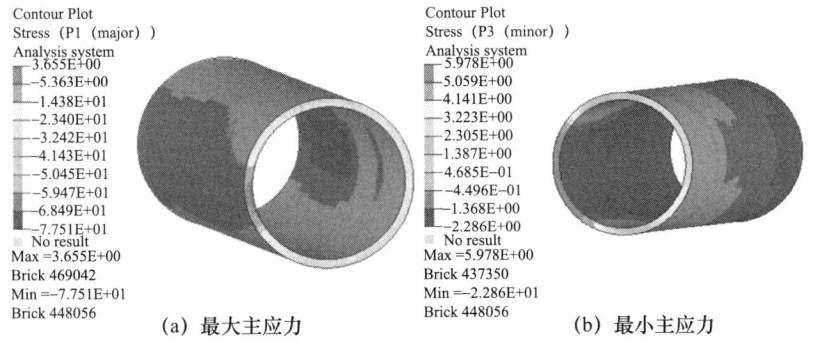

(a) 最大主应力　　　　　　　　　　　　(b) 最小主应力

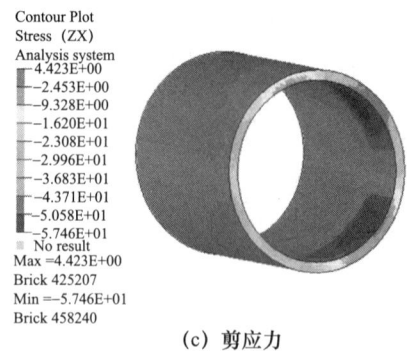

(c) 剪应力

图 4-4-52　地铁左线管片最大主应力、最小主应力、剪应力云图

地铁右线产生的冻胀位移是 2.3mm，位移发生位置主要在旁通道冻结管周围位置，如图 4-4-53 所示。

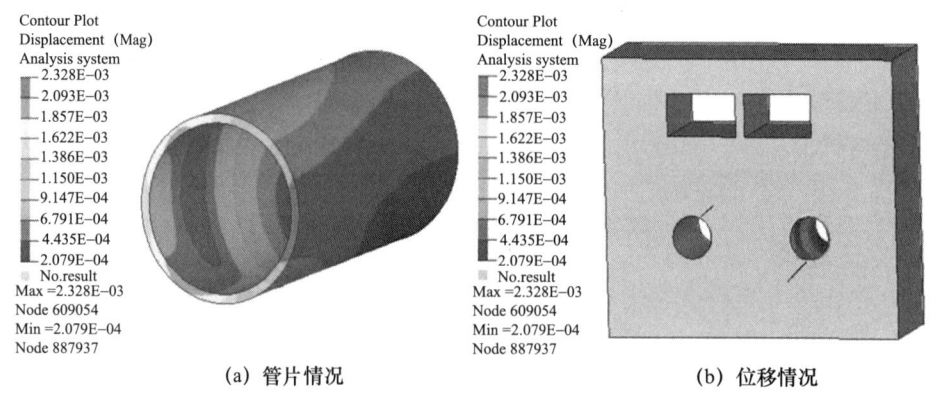

(a) 管片情况　　　　　　　　　　　　(b) 位移情况

图 4-4-53　地铁右线管片位移云图

查看地铁右线在冻胀条件下产生的应力，最大主应力为 4.48MPa，最小主应力为 2.61MPa，剪应力为 1.83MPa。

通过数据对比可知，2015 年 11 月 4 日至 2015 年 12 月 18 日积极冻结期间，管片位移变化最大值 2.91mm，计算值为左线冻胀 2.1mm，右线冻胀 2.3mm，且数据波动不大，在联络通道钻孔和冻结期间，各监测点变化量较小，对周边环境影响不大。

6. 小结

经计算可得，冻结期间旁通道周围土层最大冻胀为 2.3mm。

捷运通道最大冻胀为 1.6mm，未超过设计要求的地表沉降最大值，最大主应力发生在通道底部，最大主应力数值为 1.57MPa，最小主应力发生在通道底部，最小主应力为 2.10MPa，剪应力发生在通道拐角部分，最大剪应力为 0.7MPa。

地铁左线管片冻胀位移最大值为 2.1mm，最大主应力为 3.66MPa，最小主应力为 2.29MPa，剪应力为 4.42MPa。地铁右线产生的冻胀位移是 2.3mm，位移发生位置主要在旁通道冻结管周围位置，最大主应力为 4.48MPa，最小主应力为 2.61MPa，剪应力为 1.83MPa。

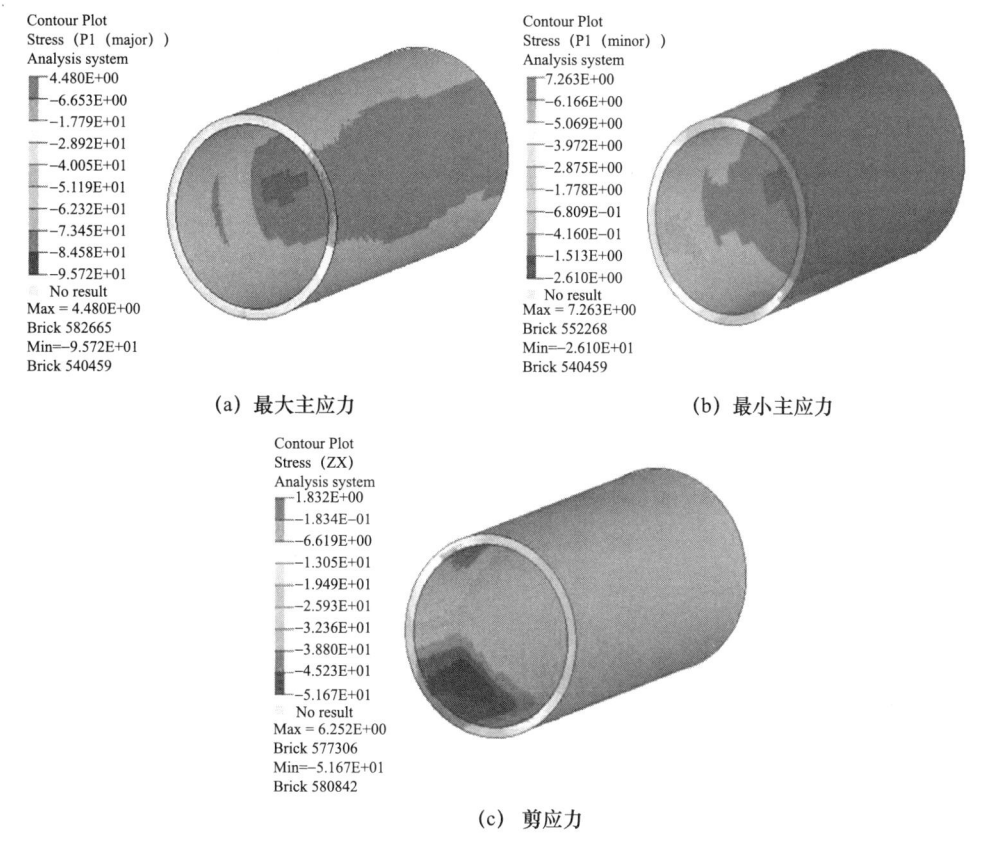

图 4-4-54　地铁右线管片最大主应力、最小主应力、剪应力云图

通过计算数据与实测数据的对比可知，实测值与计算值数据相差较小，数据波动不大，在联络通道钻孔和冻结期间，各监测点变化量较小，对周边环境影响不大。

7. 技术优化措施

（1）人工冻土的含水率对冻胀影响较大，含水率过大，将引起过度的冻胀，含水率过小将影响冻土帷幕的正常形成。冻结前进行试验确定最优含水率，对含水率低于最优含水率的土体采取补水措施，对含水率过大的土体采取排水措施。

（2）水分迁移是引起过度冻胀的主要原因，通过阻断水分补给的通道，从内部减小水分迁移的动力，可通过对冻结区域外一定范围内土体进行注浆处理，减少冻结区域与外部水力的联系。

（3）加载或加大上部结构约束可有效减小冻胀影响。通过对有载作用下的冻胀率公式进行分析发现，有载条件下的冻胀率低于无载条件下的冻胀率，对于浅覆土冻结工程而言，如上部条件允许，冻结开始前在冻结区域上方加载可有效地抑制冻胀，另外通过加强结构本身抵抗变形的能力也可有效抑制冻胀，比如在前期结构设计中考虑受冻胀区域结构采用高强度混凝土等。在实际操作中，加载是一种简单、经济的方法。

（五）冻结完成后融沉的数值计算

1. 融沉计算

融沉主要是由冻土融化时疏水固结引起的，滞后于冻土的融化，冻土融化时的沉降量与冻土厚度、融沉土的特性有关，根据施工经验和土工试验，冻土融化后，其地层标高可能略低于原始地层的标高。在一般情况下，冻结壁融化的速度较慢，地层沉降更缓慢，因此，只要进行正常的环境监测和跟踪注浆处理，就不会对周围建筑物和管线等的安全构成威胁。

将温度场计算结果导入融沉计算中，计算得出 6 号旁通道融沉计算结果，提取融沉结果，汇总整理。

2. 计算得出的融沉结果

整体结构融沉结果如图 4-4-55 所示，可以得出最大融沉位移为 48.5mm，最大融沉发生在冻胀最大处，即旁通道冻结管中间偏上位置。位移云图深度方向剖面图与透视图如图 4-4-56 所示。

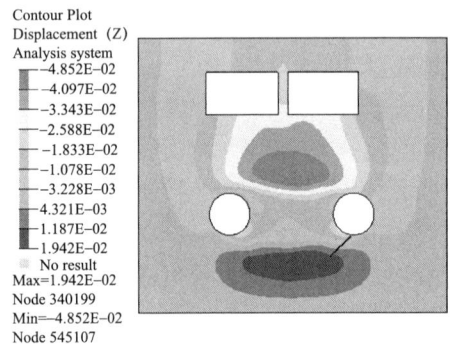

图 4-4-55 融沉位移云图

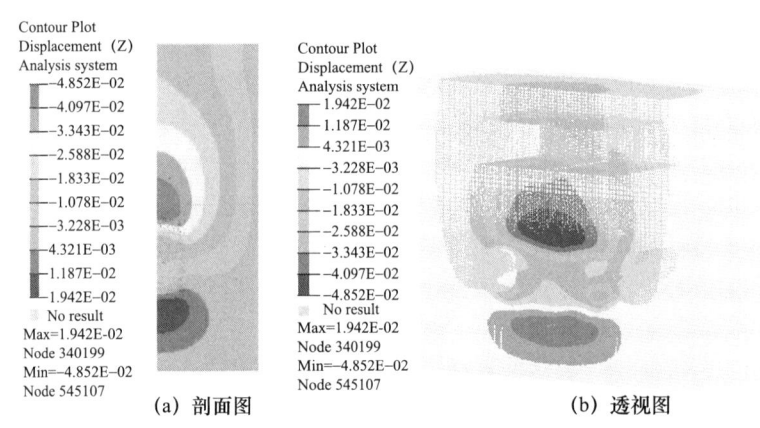

(a) 剖面图　　　　　　　　　　(b) 透视图

图 4-4-56 位移云图深度方向剖面图与透视图

查看捷运通道融沉位移，分析融沉对捷运通道的影响，捷运通道下部土层融沉最大位移是 33.6mm，在冻结壁化冻过程中，为了避免融沉对上部结构和捷运通道产生影响，需对融沉位移较大位置进行注浆，故捷运通道下部土层产生的最大位移远远小于 33.6mm。

若不采取注浆的方式，可以得出地面最大沉降为 17mm，最大沉降位置为捷运通道上部中心位置，若采取注浆方式，可以降低地面融沉。地面融沉变形如图 4-4-57 所示。

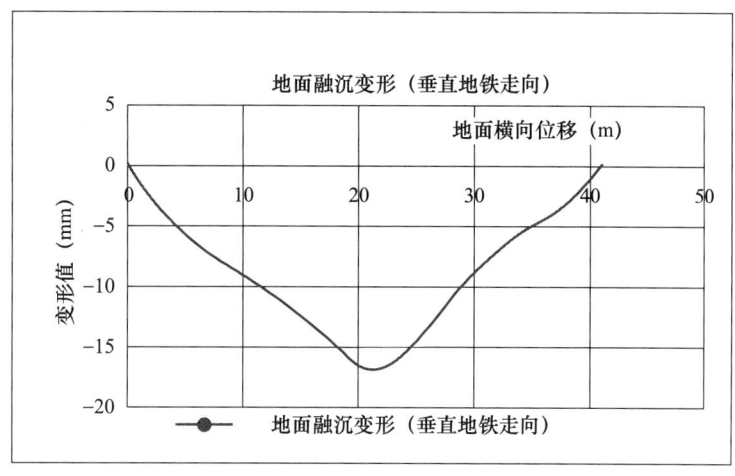

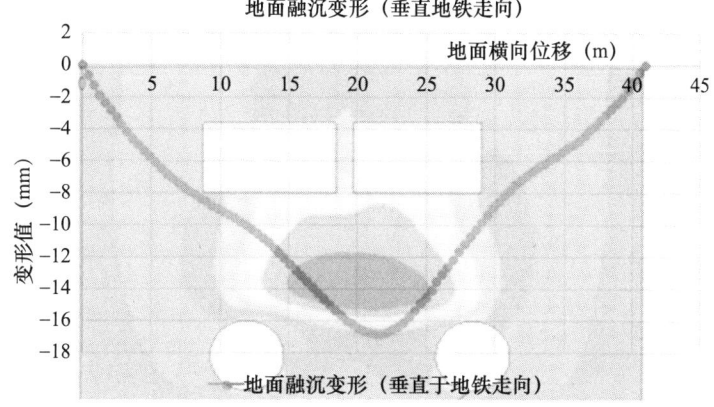

图 4-4-57 地面融沉变形图

查看不注浆、放任冻结融沉时捷运通道的位移变形云图，可得出捷运通道最大位移变形为 33.7mm，变形最大处为捷运通道底部中间位置。捷运通道最大位移图如图 4-4-58 所示。

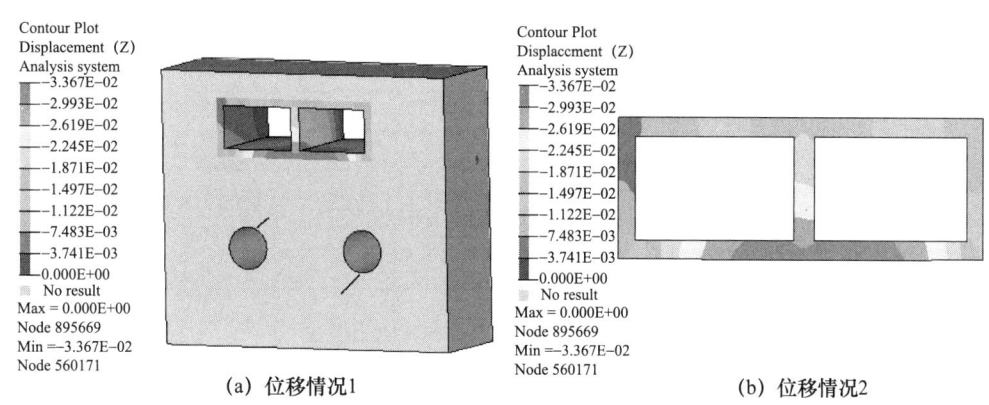

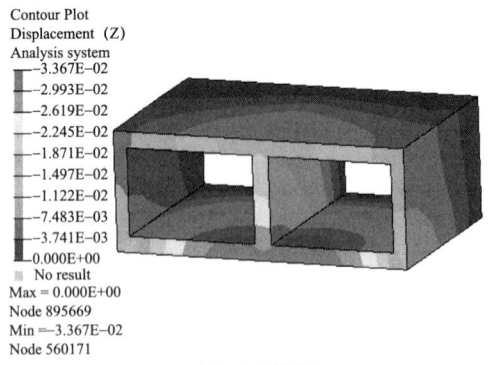

(c) 位移情况3

图 4-4-58 捷运通道最大位移图

提取捷运通道模板底部沉降曲线，查看捷运通道底部沉降量。捷运通道底部融沉曲线如图 4-4-59 所示。计算地表至下部融沉曲线如图 4-4-60 所示。

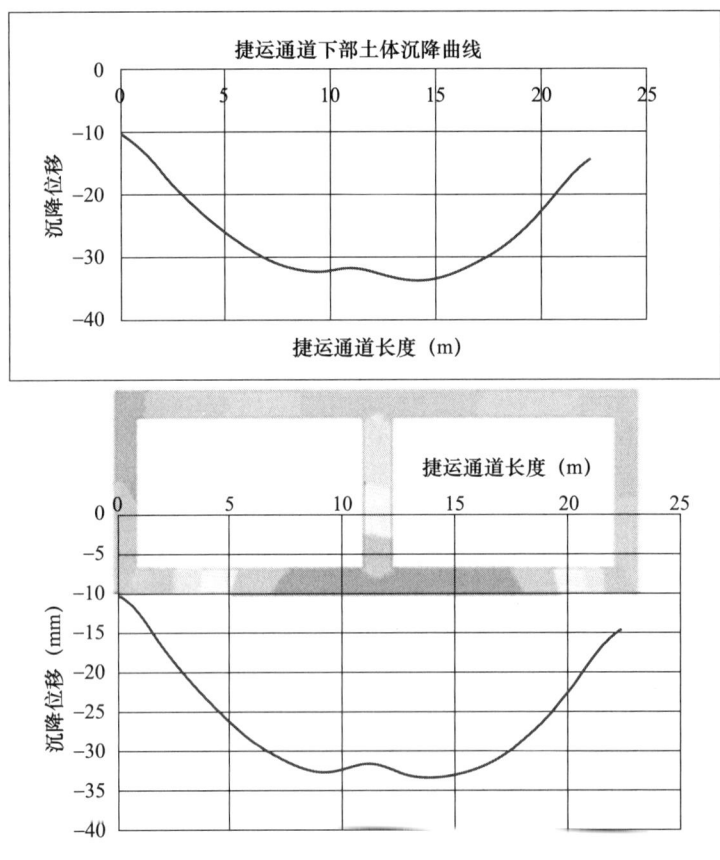

图 4-4-59 捷运通道底部融沉曲线

查看捷运通道在未注浆情况下产生的应力云图，图 4-4-61 为最大主应力云图，可见最大主应力发生在捷运通道的拐角处，最大主应力为 9.9MPa。

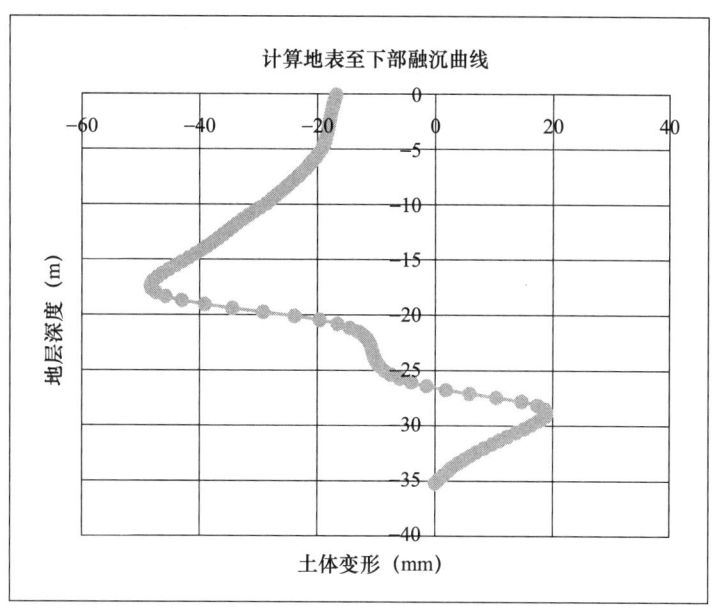

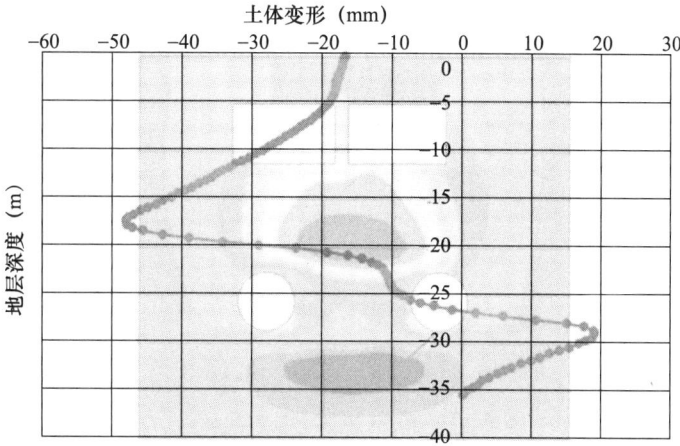

图 4-4-60　计算地表至下部融沉曲线

图 4-4-61　捷运通道最大主应力云图

图 4-4-62 为最小主应力云图,可见捷运通道因为下部和两侧沉降的影响,大部分呈现受拉状态,最小主应力为 0.4MPa。

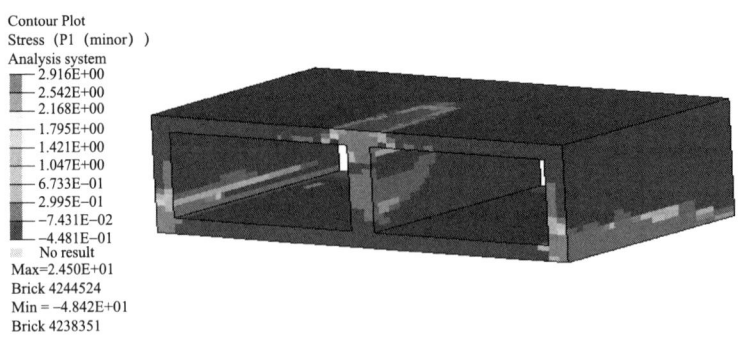

图 4-4-62　捷运通道最小主应力云图

图 4-4-63 为剪应力云图,可见捷运通道因为受不均匀沉降的影响,所受剪应力为 2.9MPa。

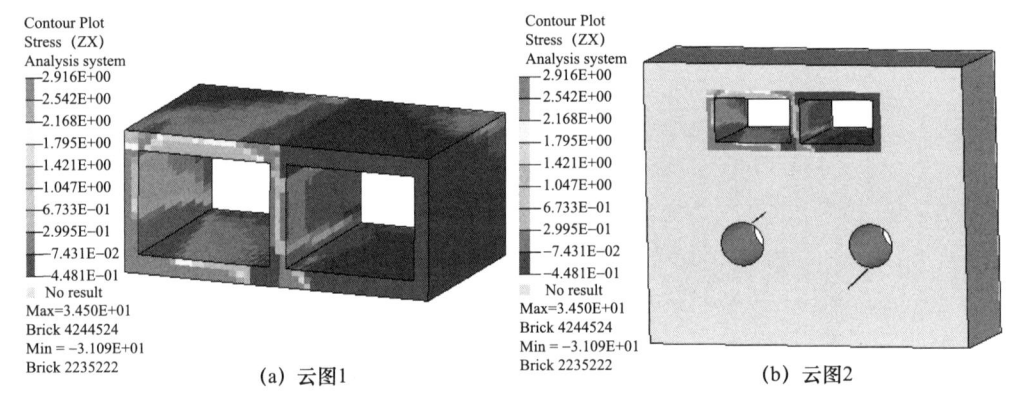

图 4-4-63　捷运通道剪应力云图

联络通道主体结构施工完毕后,冻结停止,冻土融化。为避免后期融沉过大,对盾构隧道及周边环境产生影响,需进行充填注浆和融沉注浆。充填注浆可以及时充填通道拱顶混凝土不易浇筑密实的部位。

融沉注浆应在充填注浆完成后,根据监测反馈信息,组织注浆及控制注浆量。具体方式为在冻结帷幕两侧同时注浆,对整个冻结区域全部进行压密注浆。注浆以少量多次为原则,反复注浆,直至达到控制要求。

冻结过程中盾构隧道受冻胀压力的作用,会发生隧道断面变形,从而影响隧道的椭圆度。为减小冻胀变形,冻结前,在隧道内安装预应力支架,即在上下行线隧道的联络通道洞口两侧安装两榀预应力钢支架。施工过程中根据隧道变形监测情况和千斤顶轴力计监测情况,调整各个支点的预应力大小,达到控制隧道变形的目的。

3. 减小融沉影响的措施

(1) 通过热盐水循环强制解冻跟踪注浆,减小和缩短融沉的影响范围和时间。

(2) 根据测温和地面监测情况及时对隧道内、通道和地面进行适当的填充注浆。

(3) 通过注浆等方法改良冻结土体。

(4) 通过在冻结范围边缘注射聚酯等保温材料来控制冻结范围。

4. 小结

整体结构最大融沉位移为 48.5mm，最大融沉发生在冻胀最大处，即旁通道冻结管中间偏上位置。捷运通道下部土层融沉最大位移是 33.6mm，在冻结壁化冻过程中，为了避免融沉对上部结构和捷运通道产生影响，需对融沉位移较大位置进行注浆，故捷运通道下部土层产生的最大位移远远小于 33.6mm。

若不采取注浆的方式，可以得出地面最大沉降为 17mm，最大沉降位置为捷运通道上部中心位置，若采取注浆方式，可以降低地面融沉。捷运通道最大位移变形为 33.7mm，变形最大处为捷运通道底部中间位置。捷运通道最大主应力发生在捷运通道的拐角处，最大主应力为 9.9MPa。捷运通道最小主应力为 0.4MPa，捷运通道所受剪应力为 2.9MPa。

（六）总结

此次计算在模型的建立、网格单元的划分、计算参数选择上做到了尽可能接近实际，计算结果有代表性，与实际结果较为接近。

温度场方面较好地模拟了 6 号联络通道温度场扩展规律，得出的温度扩展速度与实际测量的温度扩展速度相差不大，在捷运通道、地铁右线隧道管片处测量温度与计算值相近。

冻胀方面计算可得，冻结期间旁通道周围土层最大冻胀为 2.3mm。捷运通道最大冻胀为 1.6mm；最大主应力发生在通道底部，最大主应力数值为 1.57MPa；最小主应力发生在通道底部，最小主应力数值为 2.10MPa；剪应力发生在通道拐角部分，最大剪应力数值为 0.7MPa。地铁左线管片冻胀位移最大值为 2.1mm，最大主应力为 3.66MPa，最小主应力为 2.29MPa，剪应力为 4.42MPa；地铁右线产生的冻胀位移是 2.3mm，发生位置主要在旁通道冻结管周围位置，最大主应力为 4.48MPa，最小主应力为 2.61MPa，剪应力为 1.83MPa。通过计算数据与实测数据的对比可知，实测值与计算值数据相差较小，数据波动不大，在联络通道钻孔和冻结期间，各监测点变化量较小，对周边环境影响不大。

融沉方面，整体结构最大融沉位移为 48.5mm，最大融沉发生在冻胀最大处，即旁通道冻结管中间偏上位置。捷运通道下部土层融沉最大位移是 33.6mm，在冻结壁化冻过程中，为了避免融沉对上部结构和捷运通道产生影响，需对融沉位移较大位置进行注浆，故捷运通道下部土层产生的最大位移远远小于 33.6mm。

若不采取注浆的方式，可以得出地面最大沉降为 17mm，最大沉降位置为捷运通道上部中心位置，若采取注浆方式可以降低地面融沉，捷运通道最大位移变形为 33.7mm，变形最大处为捷运通道底部中间位置。最大主应力发生在捷运通道的拐角处，最大主应力为 9.9MPa。捷运通道最小主应力为 0.4MPa，捷运通道所受剪应力为 2.9MPa。

数值计算的目的是认识各种因素对地表和土体变形等的影响，为施工单位针对性地改进施工工艺和修改施工参数提供参考，减小冻结法联络通道施工对周边环境的影响，确保联络通道施工区域地表建筑物、构筑物的安全，为调整施工参数、控制地层变形、保护环境提供依据；同时预测下一步地表和土体的变形，为施工单位根据变形发展趋势和周围构筑物情况、决定是否需要采取保护措施,为确定经济合理的保护措施提供依据;为研究土体性质、地下水条件、施工方法与地表沉降和土体变形的关系累计数据,为改进设计提供依据。

四、冻结信息化监测平台开发及应用研究

（一）冻结信息化监测平台开发

随着工业技术的飞速发展,市政工程建设已朝着现代化、智能化、智慧化方向发展,不断与人工智能、大数据、机器智能装备等现代化技术深度融合,形成数据互联互通、实时感知等一系列智能系统,实现现场施工的智能智慧化运行。FameView 组态软件系统是基于 Windows 操作系统平台开发的组态监控软件,已经被应用于冶金、化工、电力、配电等各个行业,适合大中小型自动化项目的应用,其运行稳定、简单易用、功能强大,能为用户提供经济完善的工业自动化监控解决方案,具有通信速度极快,批量读、写的特点。同时,FameView 软件能使不同供应厂商的设备和应用程序之间的软件接口标准化,使数据交换简单化。FameView 组态监测软件如图 4-4-64 所示。

图 4-4-64　FameView 组态监测软件

（二）采集系统设计

冻结加固工程数据采集范围囊括了现场冻结运转的全部基础数据,内容包括冻结站机组运转参数、进回水盐水温度、盐水总流量、盐水液位、盐水压力、分组流量及温度、各个测温孔温度以及纵向测温和探孔测温数据等一系列监测条目,真正实现数据的智能化采集并通过数据库连接,将采集数据存储于数据库中,便于后期调取使用。自动化采集系统设计如图 4-4-65 所示。

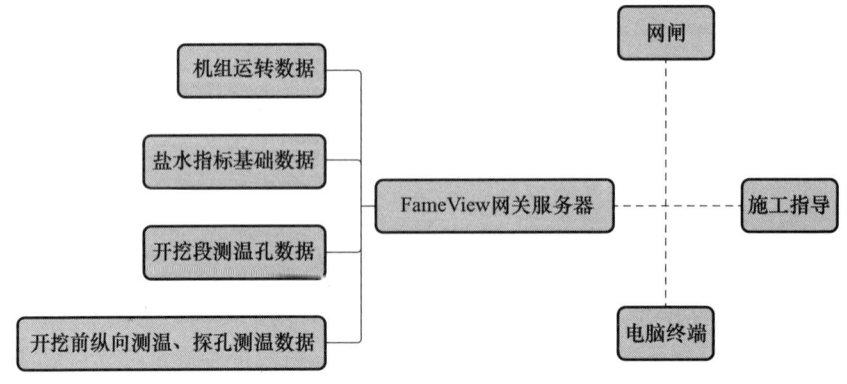

图 4-4-65　自动化采集系统设计

(三) 实现方案

1. 底层采集

施工现场各个数据采集模块与 FameView 组态软件的数据传输采用：S7TCP 和 MB_TCPIP 通信协议。

2. 数据交互

系统采集完成后需要完成与终端处理平台的数据交互。设置 OPCUA 服务器：选择本地网址 Localhost，安全认证选择 None，OPCUA 服务器地址空间支持节点对象为 AI、AO、AR、DI、DO、DR、VA、VD、VT。启动 OPCUA 服务器：在"我的系统设置"中，点击启动任务，启动 OPCUA 服务。启动完成后，可以采用该软件自带的 OPCUA 客户端进行测试配置是否成功。点击 AI、AO、AR、DI、DO、DR、VA、VD、VT，可以继续配置所需要的数据变量。FameView 运行数据库如图 4-4-66 所示。变量配置如图 4-4-67 所示。机组及测温孔监测界面如图 4-4-68 所示。纵向测温及探孔监测界面如图 4-4-69 所示。

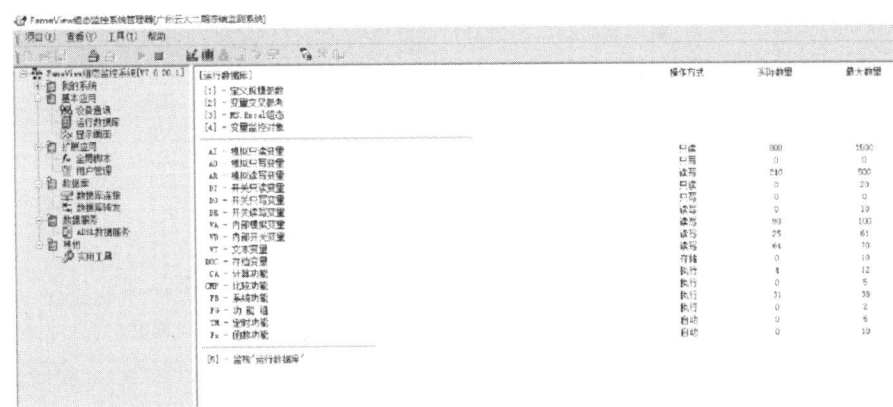

图 4-4-66　FameView 运行数据库

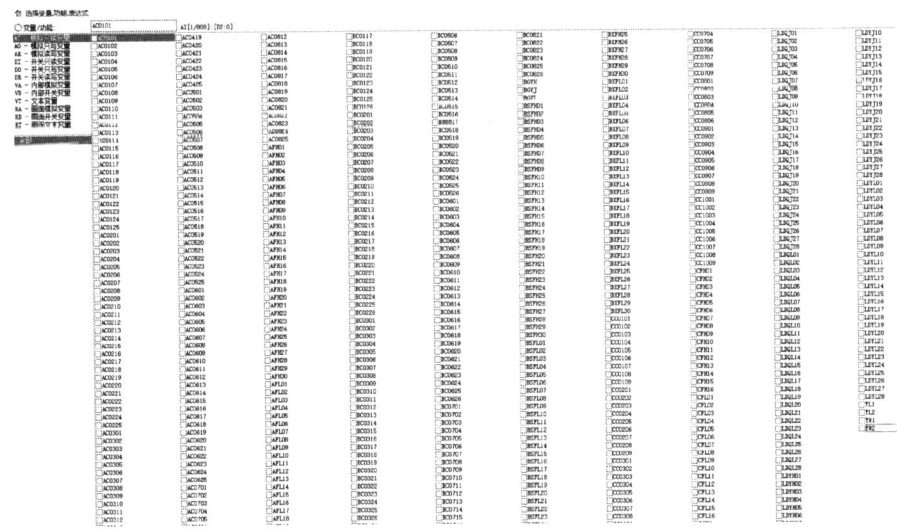

图 4-4-67　变量配置

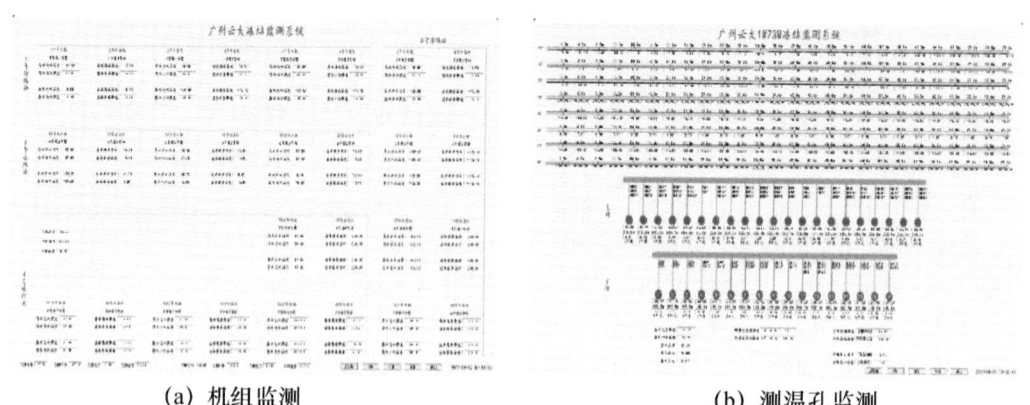

(a) 机组监测　　　　　　　　　　(b) 测温孔监测

图 4-4-68　机组及测温孔监测界面

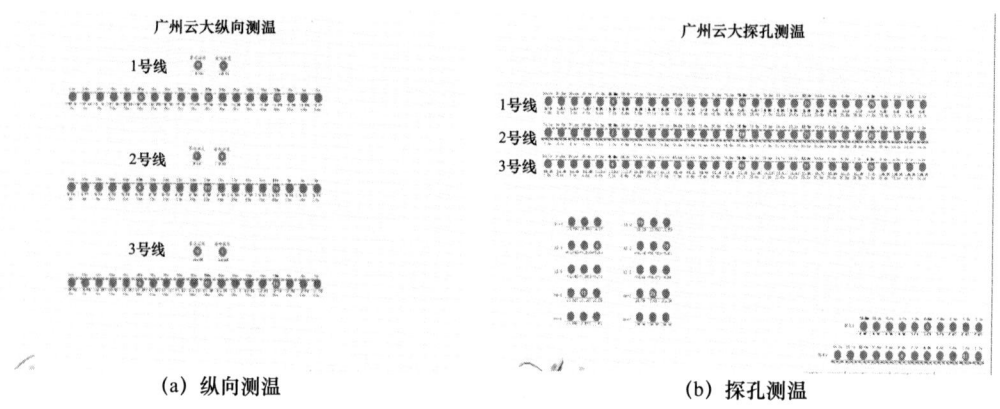

(a) 纵向测温　　　　　　　　　　(b) 探孔测温

图 4-4-69　纵向测温及探孔监测界面

（四）施工指导

1. 数据存储

运行完成相应的 FameView 组态软件测试配置后，即可进行相应的数据采集传输工作，数据通过 SQL Server 2008 软件进行储存处理，方便后期分析处理。具体如图 4-4-70 所示。

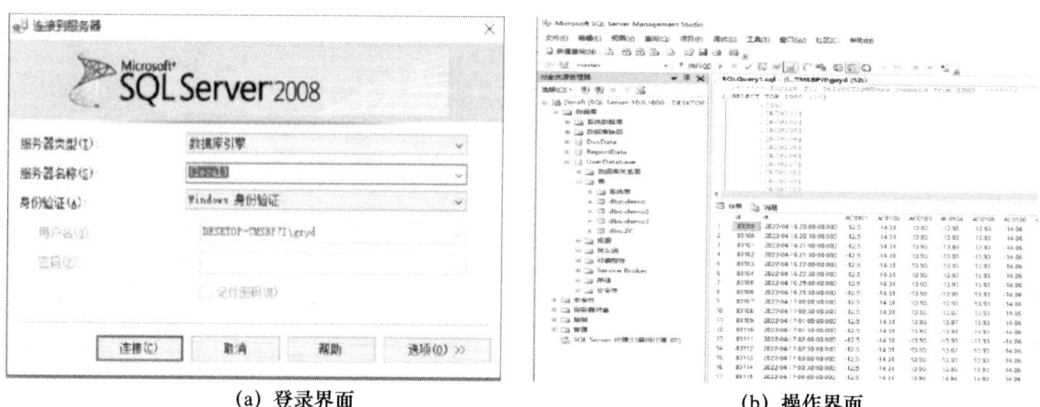

(a) 登录界面　　　　　　　　　　(b) 操作界面

图 4-4-70　SQL Server 2008 数据库软件及操作界面

2. 数据分析

对采集的数据进行加工,对异常波动点进行分析处理,实时掌握整个冻结过程中相应参数的变化,评判冻结壁厚度和平均温度的情况,保证后续开挖施工安全。具体如图 4-4-71、图 4-4-72 所示。

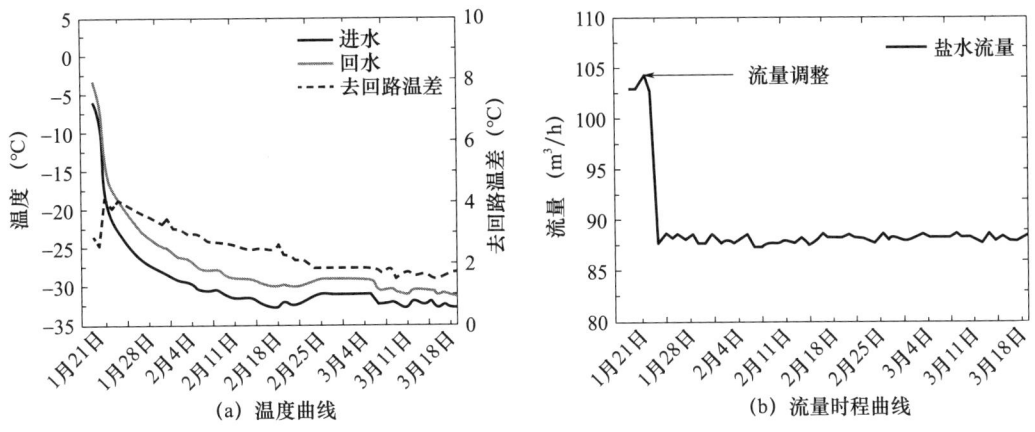

图 4-4-71　盐水温度、流量时程曲线

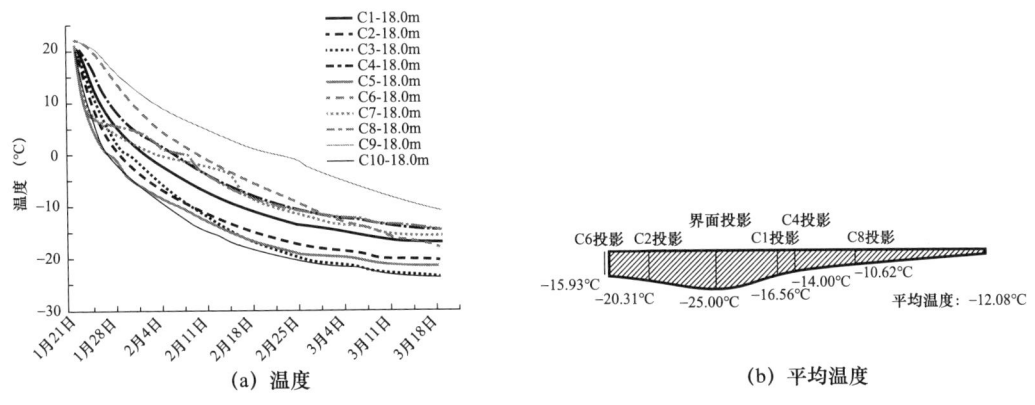

图 4-4-72　测温孔温度、平均温度处理结果

3. 指导施工

指导施工主要分为两个部分。

(1) 冻结过程指导。

现场积极冻结、维护冻结过程中,要及时关注冻结参数的变化,如盐水液位、盐水去回路温差、分组流量及温度、测温孔异常回温等情况,采取相应的技术手段对异常情况进行处理,保证整个冻结过程安全可靠,达到既定的冻结目标。

(2) 现场开挖指导。

开挖过程中,若出现测温孔异常回温、掌子面失稳、冻结壁渗水等情况,可通过调整冻结时长、加大盐水流量、加强局部冻结等措施进行相应的处置,保证整个开挖进程的安全。开挖施工现场如图 4-4-73 所示。

图 4-4-73 开挖施工现场

(五) 结论

利用综合化信息平台实现了有效的温度、压力、液位等数据的监控,并对异常温度进行报警。目前监测平台采用 FameView 组态软件作为基础,利用超声波、红外线测量仪器,以及热电偶传感器等数据采集仪对横通道冻结全过程土体温度、压力、流量等数据进行监控,大大节省现场人财投入,简化具体监测流程,实现数万条监测数据的采集及后处理工作,进而反过来指导现场实际施工过程,保障现场施工安全。

参考文献

[1] 荀勇. 含工业废料的水泥系固化剂加固软土试验研究 [J]. 岩土工程学报, 2000, 22 (2): 210-213.

[2] 郑佐西, 张怡, 朱欣研, 等. 固体放射性废物水泥砂浆固定配方工程验证试验 [J]. 原子能科学技术, 2019, 53 (2): 228-233.

[3] 李战国, 赵永生, 黄新. 工业废渣制备软土地基固化剂设计方法探讨 [J]. 北京航空航天大学学报, 2009, 35 (4): 497-500.

[4] 余暄平. 国内外高压旋喷技术的发展现状与趋势 [J]. 城市道桥与防洪, 2006 (4): 185-189.

[5] YOSHIDA K, KATAOKA I, YOSHIDA H, et al. Analyses of hydrodynamic structure of water jet and its application to jet grouting [C]. Asme/Jsme Joint Fluids Summer Engineering Conference, 2003: 199-213.

[6] 杨栋, 郭垚伟, 王义杰. 浅谈旋喷桩在砂层止水帷幕中的应用 [J]. 能源与环保, 2017, 39 (12): 91-94.

[7] 郑路, 李德洪. 三峡二期围堰高压旋喷试验施工与质量控制 [J]. 人民长江, 1999, 30 (5): 4-5, 10.

[8] 周建国. 浅议高压喷射注浆技术的应用 [J]. 福建建材, 2009 (3): 13-42.

[9] 朱科桥. 倾斜旋喷桩处治既有线路基病害的应用研究 [D]. 成都: 西南交通大学, 2018.

[10] 陈春生. 高压喷射注浆技术及其应用研究 [D]. 南京: 河海大学, 2007.

[11] 李保健. 高压喷射注浆施工工艺的改进与优化 [J]. 工业建筑, 1999, 29 (11): 66-69.

[12] 张云. 搅喷桩止水帷幕的应用研究 [D]. 北京: 中国地质大学, 2010.

[13] 姚占勇, 李家磊, 王兆军, 等. 变角速度旋喷防渗墙应用技术研究 [J]. 土木工程, 2020, 9 (2): 107-114.

[14] 刘宏运, 张微. 潜孔冲击高压旋喷桩 (DJP 工法) 止水＋封底帷幕在高水位砂层中的应用 [J]. 施工技术, 2019, 48 (1): 29-30, 35.

[15] 常明云, 赵明, 魏秀秀. 强透水砂卵石复杂地层的高压旋摆喷灌浆处理技术 [J]. 岩土力学, 2009, 30 (5): 1409-1414.

[16] 张金夫, 汶文钊. 大瑞铁路大柱山隧道高压富水断层处理技术 [J]. 现代隧道技术, 2018, 55 (3): 160-166.

[17] 胡奇凡, 张继清. 超高压旋喷注浆法在卵石地层的应用试验研究 [J]. 铁道工程学报, 2017, 34 (12): 13-17.

[18] 邝健政, 等. 岩土注浆理论与工程实例 [M]. 北京: 科学出版社, 2001.

[19] 李延川. 高压旋喷注浆固结体强度研究及系统可靠性分析 [D]. 沈阳: 东北大学, 2002.

[20] 杨震. 高压喷射注浆法防渗加固机理与施工技术应用研究 [D]. 长沙: 中南大学, 2008.

[21] 中华人民共和国住房和城乡建设部. 水泥土配合比设计规程: JGJ/T 233—2011 [S]. 北京: 光明日报社, 2011.

[22] 鹿存亮. 上海某临河基坑边坡渗流破坏事故分析 [J]. 工程勘察, 2017, 45 (6): 19-23.

[23] 张建忠, 潘冬庆, 钱国新, 等. 东南沿海地区某深基坑止水失效分析与修复研究 [J]. 施工技术, 2018, 47 (13): 6-9.

[24] 姜金雕. 环境侵蚀和冻融条件下水泥土强度特性及机理研究 [D]. 呼和浩特: 内蒙古工业大学, 2014.

[25] 梁仁旺, 张明, 白晓红. 水泥土的力学性能试验研究 [J]. 岩土力学, 2001, 22 (2): 211-213.

[26] 陈四利, 杨雨林, 周辉, 等. 污水环境对水泥土渗透性能影响的试验研究 [J]. 岩土力学, 2015 (11): 3047-3054.

[27] 张本蛟, 黄斌, 傅旭东. 水泥土芯样强度变形特性及本构关系试验研究 [J]. 岩土力学, 2015, 36 (12): 3417-3424.

[28] 周海龙，申向东，薛慧君. 单轴受压下水泥土全应力-应变关系曲线研究［J］. 硅酸盐通报，2015，34（9）：2674-2680.

[29] 张天红，周易平，叶阳升. 水泥土的强度及影响因素初探［J］. 中国铁道科学，2003，24（6）：53-56.

[30] 朱崇辉，王增红. 水泥土渗透系数变化规律试验研究［J］. 长江科学院院报，2013，30（7）：59-63.

[31] HORPIBULSUK S, MIURA N, NAGARAJ T S, et al. Assessment of strength development in cement admixed high water content clays with Abram's law as a basis［J］. Gcoteclmique, 2003, 53 (4): 439-444.

[32] 芮凯军，李俊才，杨宇，等. 不同土质水泥土性质的室内试验［J］. 南京工业大学学报（自然科学版），2019，41（2）：173-178.

[33] 邢政华，顾海荣，刘东华，等. 土质因素对TRD防渗墙工作性能影响的机理分析［J］. 山西建筑，2018，44（36）：61-62.

[34] 燕仲彧. 水泥土添加剂室内试验研究［D］. 南京：东南大学，2010.

[35] 杨爱武，周金，孔令伟. 天津滨海新区吹填软土固化试验研究［J］. 岩土力学，2013，（9）：2442-2448.

[36] 童小东，蒋永生，龚维明，等. 石灰在水泥系深层搅拌法中的应用［J］. 工业建筑．2000，（30）l：21-25，30.

[37] 张明，白晓红. 粉煤灰在深层搅拌桩中应用［J］. 太原理工大学学报，2001，32（1）：78-81.

[38] 黄春香，简文彬. 软土特性与水泥-水玻璃加固土效应的试验［J］. 福州大学学报（自然科学版），2001，29（3）：109-122.

[39] 刘鑫，范晓秋，洪宝宁. 水泥砂浆固化土三轴试验研究［J］. 岩土力学，2011，32（6）：1676-1682.

[40] UDDIN K, BALASUBRAMANIAM A S, BERGADO D T. Engineering behavior of cement-treated Bangkok soft clay［J］. Geotechnical Engineering, 1997, 28: 89-119.

[41] 侯永峰，龚晓南. 水泥土的渗透特性［J］. 浙江大学学报（自然科学版），2000，34（2）：189-193.

[42] 宋新江. 水泥土截渗墙渗透与力学特性研究［D］. 南京：河海大学，2010.

[43] KAMRUZZAMAN A H, CHEW S H, LEE F H. Structuration and destructuration behavior of cement-treated Singapore marine clay［J］. Journal of Geotechnical and Geoenvironmental Engineering, 2009, 135 (4): 573-589.

[44] HORPIBULSUK S, RACHAN R, SUDDEEPONG A. Assessment of strength development in blended cement admixed Bangkok clay［J］. Construction and Building Materials, 2011, 25 (4): 1521-1531.

[45] 陈艳丽，储冬冬，王小勇，等. 天然含水率对湿喷桩无侧限抗压强度的影响研究［J］. 工程质量，2016，34（4）：86-88，96.

[46] CONSOLI N C, ROSA D A, CRUZ R C, et al. Water content, porosity and cement content as parameters controlling strength of artificially cemented silty soil［J］. Engineering Geology, 2011, 122 (3): 328-333.

[47] 汤怡新，刘汉龙，朱伟. 水泥固化土工程特性试验研究［J］. 岩土工程学报，2000，22（5）：549-554.

[48] 储诚富，洪振舜，刘松玉，等. 用似水灰比对水泥土无侧限抗压强度的预测［J］. 岩土力学，2005，26（4）：645-649.

[49] HORPIBULSUK S, SUDDEEPONG A, CHINKULKIJNIWAT A, et al. Strength and compressibility of lightweight cemented clays［J］. Applied Clay Science, 2012, 69: 11-21.

[50] CONSOLI N C, FOPPA D, FESTUGATO L, et al. Key parameters for strength control of artificially cemented soils［J］. Journal of Geotechnical and Geoenvironmental Engineering, 2007, 133 (2): 197-205.

[51] 蒙强，邵俐，施倩芸. 粉煤灰水泥土力学特性试验研究［J］. 上海理工大学学报，2017，39（5）：490-496.

[52] 董玉萍，张玉佩. 高钙粉煤灰水泥土早期强度试验［J］. 硅酸盐通报，2019，38（10）：3248-3252.

[53] 崔靖俞，解邦龙，季港澳，等. 粉煤灰水泥土渗透性能的试验研究［J］. 科学技术与工程，2019，19（34）：323-329.

[54] 张明飞，童立元，郑灿政，等. 工业废渣用于地下工程止水帷幕的试验［J］. 重庆大学学报，2017，40（9）：19-29.

[55] 黄雨，周子舟，柏炯，等. 石膏添加剂对水泥土搅拌法加固软土地基效果影响的微观试验分析［J］. 岩土

工程学报，2010，32（8）：1179-1183.

[56] 梁仕华，林坚鹏，龚星，等．不同水泥基外掺剂固化广州南沙有机质软土的对比试验研究［J］．工业建筑，2019，49（2）：93-97.

[57] 霍曼琳，陈鹏柱，潘艳华．深层淤泥土中高压旋喷桩浆液材料与施工工艺研究［J］．施工技术，2011，40（7）：47-49，53.

[58] PAPAGEORGIOU A，TZOUVALAS G，TSIMAS S. Use of inorganic setting retarders in cement industry [J]．Cement and Concrete Composites，2005，27（2）：183-185.

[59] TZOUVALAS G，RANTIS G，TSIMAS S. Alternative calcium-sulfate-bearing materials as cement retarders：Part Ⅱ FGD gypsum［J］．Cement and Concrete Research，2004，34（11）：2119-2124.

[60] 米栋云．赤泥的掺入对水泥土特性的影响［D］．太原：太原理工大学，2017.

[61] 陈金辉．镍铁渣粉水泥土的固化机理试验研究［J］．水利与建筑工程学报，2020，18（1）：122-127.

[62] 陈峰．镍铁渣粉对水泥土的强度影响试验研究［J］．硅酸盐通报，2018，37（10）：3113-3118.

[63] 柯开展．早龄期镍铁渣粉水泥土强度试验研究［J］．水利与建筑工程学报，2018，16（4）：192-195.

[64] 王贤昆，庞建勇，王强．复合水泥土无侧限抗压强度正交试验研究［J］．长江科学院院报，2015，（12）：72-75.

[65] 莫奕新，庞建勇，黄金坤，等．粉煤灰-脱硫石膏复合水泥土渗透性试验研究［J］．新型建筑材料，2018，45（1）：122-125.

[66] 沈建生，徐亦冬，游伟国．脱硫石膏钢渣无熟料水泥对软土固化效果的研究［J］．硅酸盐通报，2018，37（12）：3888-3891.

[67] 孙家瑛，沈建生．新型固化剂 GSC 固化软土的力学性能试验研究［J］．土木建筑与环境工程，2013，35（1）：20-25.

[68] TELESCA A，MARROCCOLI M，CALABRESE D，et al. Flue gas desulfurization gypsum and coal fly ash as basic components of prefabricated building materials［J］．Waste Management，2013，33（3）：628-633.

[69] POON C S，QIAO X C，LIN Z S. Effects of flue gas desulphurization sludge on the pozzolanic reaction of reject-fly-ash blended cement pastes［J］．Cement and Concrete Research，2004，34（10）：1907-1918.

[70] 中华人民共和国交通部．公路土工试验规程：JTG E40—2007［S］．2007.

[71] 国家市场监督管理总局，国家标准化管理委员会．通用硅酸盐水泥：GB 175—2023［S］．2023.

[72] 中华人民共和国国家质量监督检验检疫总局，中国国家标准化管理委员会．用于水泥和混凝土中的粉煤灰：GB/T 1596—2017［S］．2017.

[73] 中华人民共和国工业和信息化部．建筑生石灰：JC/T 479—2013［S］．2013.

[74] 中华人民共和国国家质量监督检验检疫总局，中国国家标准化管理委员会．水泥胶砂流动度测定方法：GB/T 2419—2005［S］．2005.

[75] 国家能源局．水电水利工程高压喷射灌浆技术规范：DL/T 5200—2009［S］．2009.

[76] 中华人民共和国住房和城乡建设部，中华人民共和国国家质量监督检验检疫总局．建筑地基基础设计规范：GB 50007—2011［S］．2011.

[77] 程国栋．冻土力学与工程的国际研究新进展：2000 年国际地层冻结和土冻结作用会议综述［J］．地球科学进展，2001，16（3）：293-299.

[78] MA W. Review and prospect of the studies of ground freezing technology in China［J］．Journal of Glaciology and Geocryology，2001，23（3）：218-224.

[79] 张亮，许舒荣．江底联络通道冻结加固设计及温度场规律分析［J］．建井技术，2022，43（6）：61-64.

[80] 李方政．市政冻结技术的应用与展望［J］．建井技术，2017，38（4）：1-10.

[81] 杨志刚．大体量冻结工程长距离输冷冻结系统设计优化研究［J］．建井技术，2022，43（6）：65-70.

[82] 胡向东，赵飞．主隧道结构散热对联络通道冻结效果的影响［J］．岩石力学与工程学报，2009，28（增刊1）：3109-3115.

[83] 杨平，陈瑾，张尚贵，等．软弱地层联络通道冻结法施工温度及位移场全程实测研究［J］．岩土工程学报，2017，39（12）：2226-2234.

[84] 张松. 地铁联络通道冻结法施工中冷冻排管布置形式分析 [J]. 城市轨道交通研究, 2018, 21 (11): 108-111.

[85] 张松, 黄宝龙, 温汉宏, 等. 冻结孔排间距对冻结效果的影响研究 [J]. 建井技术, 2021, 42 (2): 29-32.

[86] 董新平, 井景凤, 王余飞, 等. 地铁联络通道冻土帷幕薄弱部位及其成因分析 [J]. 城市轨道交通研究, 2022, 25 (10): 20-23.

[87] 肖衡林, 吴雪洁, 周锦华. 岩土材料导热系数计算研究 [J]. 路基工程, 2007 (3): 54-56.